KB083067

해항의 정치사

메이지에서 전후로

지은이

이나요시 아키라 稻吉晃, Inayoshi Akira

1980년 일본 아이치현(愛知縣) 출생. 도쿄도립대학(東京都立大學) 경제학부 졸업 후, 동 대학원 사회과학연구과에서 석사과정, 박사과정(2005년 수도대학도쿄(首都大學東京))로 재편·통합)을 졸업했다. 전공은 일본의 정치외교사이며 2020년부터 니가타대학(新潟大學) 인문사회과학계열 교수로 근무하고 있다. 주요 저서와 논문으로는 『港町巡礼－海洋国家日本の近代』(2022), 「開港場行政の誕生－細分化する行政規則」(2022), 「東寿とその港湾運営構想 －戦後港湾行政を理解する手がかりとして」(2022) 등이 있다.

옮긴이

최민경 崔瑉耿, Choi Minkyung

1983년 서울 출생. 서울대학교 언어학과 졸업 후, 동 대학교 국제대학원 국제학과 석사과정, 일본 히도쓰바시대학(一橋大學) 사회학연구과 박사과정을 졸업했다. 전공은 역사사회학·일본지역연구로 2019년부터 부경대학교 인문사회과학연구소 HK교수로 근무하고 있다. 주요 저역서와 논문으로는 『동북아해역과 귀환－공간, 경계, 정체성』(공저, 2021) 『근대 아시아 시장과 조선』(공역, 2020), 「냉전의 바다를 건넌다는 것－한인 '밀항자' 석방 탄원서에 주목하여」(2021), 「패전 직후 일본의 해항검역과 귀환」(2021) 등이 있다.

해항의 정치사 메이지에서 전후로

초판인쇄 2023년 10월 20일 **초판발행** 2023년 10월 31일

지은이 이나요시 아키라 **옮긴이** 최민경

펴낸이 박성모 **펴낸곳** 소명출판 **출판등록** 제1998-000017호

주소 서울시 서초구 사임당로14길 15 서광빌딩 2층

전화 02-585-7840 **팩스** 02-585-7848 **전자우편** somyungbooks@daum.net **홈페이지** www.somyong.co.kr

값 41,000원

ISBN 979-11-5905-757-1 93910

이 책은 2017년 대한민국 교육부와 한국연구재단의 지원을 받아 수행된 연구임.(NRF-2017S1A6A3A01079869)

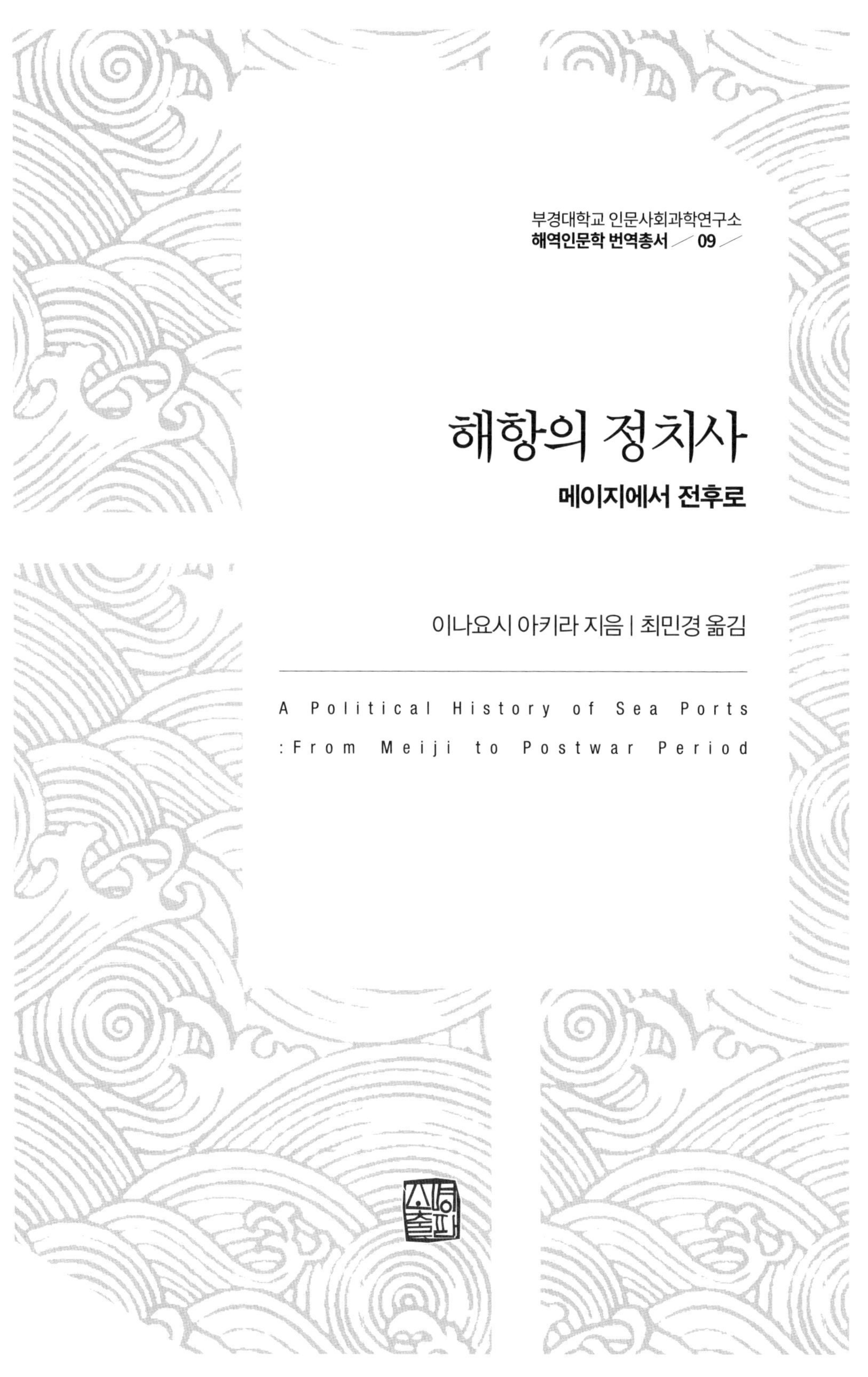

부경대학교 인문사회과학연구소
해역인문학 번역총서 ／ 09 ／

해항의 정치사

메이지에서 전후로

이나요시 아키라 지음 | 최민경 옮김

A Political History of Sea Ports
: From Meiji to Postwar Period

발간사

부경대학교 「인문사회과학연구소」와 「해양인문학연구소」는 해양수산 인재 양성과 연구 중심인 대학의 오랜 전통을 기반으로 연구 역량을 키워 왔습니다. 대학이 위치한 부산이 가진 해양도시 인프라를 바탕으로 바다에 삶의 근거를 둔 해역민들의 삶과 그들이 엮어내는 사회의 역동성에 대한 연구를 꾸준히 해 왔습니다.

오랫동안 인간은 육지를 근거지로 살아온 탓에 바다의 중요성에 대해 간과한 부분이 없지 않습니다. 육지를 중심으로 연근해에서의 어업활동과 교역이 이루어지다가 원양을 가로질러 항해하게 되면서 바다는 비로소 연구의 대상이 되었습니다. 그래서 현재까지 바다에 대한 연구는 주로 조선, 해운, 항만과 같은 과학기술이나 해양산업 분야의 몫이었습니다. 하지만 수 세기 전부터 인간이 육지만큼이나 빈번히 바다를 건너 이동하게 되면서 바다는 육상의 실크로드처럼 지구적 규모의 '바닷길 네트워크'를 형성하게 되었습니다. 이 바닷길 네트워크인 해상실크로드를 따라 사람, 물자뿐만 아니라 사상, 종교, 정보, 동식물, 심지어 바이러스까지 교환되게 되었습니다.

바다와 인간의 관계를 인문학적으로 접근하여 성과를 내는 학문은 아직 완성 단계는 아니지만, 근대 이후 바다의 강력한 적이 바로 우리 인간인 지금, '바다 인문학'을 수립해야 할 시점이라고 생각합니다. 바다 인문학은 '해양문화'를 탐구하는 차원을 포함하면서도 현실적인 인문학적 문제에서 출발해야 합니다.

한반도 주변의 바다를 둘러싼 동북아 국제관계에서부터 국가, 사회,

개인 일상의 각 층위에서 심화되고 있는 갈등과 모순들이 우후죽순처럼 생겨나고 있습니다. 근대 이후 본격화된 바닷길 네트워크는 이질적 성격의 인간 집단과 문화의 접촉, 갈등, 교섭의 길이 되었고, 동양과 서양, 내셔널과 트랜스내셔널, 중앙과 지방의 대립 등이 해역海域 세계를 중심으로 발생하는 장이 되었기 때문입니다. 해역 내에서 각 집단이 자국의 이익을 위해 교류하면서 생성하는 사회문화의 양상과 변용을 해역의 역사라 할 수 있으며, 그 과정의 축적이 현재의 모습으로 축적되어 가고 있습니다.

따라서 해역의 관점에서 동북아를 고찰한다는 것은 동북아 현상의 역사적 과정을 규명하고, 접촉과 교섭의 경험을 발굴, 분석하여 갈등의 해결 방식을 모색하여, 향후 우리가 나아가야 할 방향을 제시해주는 방법이 우선 될 것입니다. 물론 이것은 해양 문화의 특징을 '개방성, 외향성, 교류성, 공존성 등'으로 보고 이를 인문학적 자산으로 확장하고자 하는 근본적인 과제를 수행하는 일이기도 합니다.

부경대 인문한국플러스사업단은 바다로 둘러싸인 육역陸域들의 느슨한 이음을 해역으로 상정하고, 황해와 동해, 동중국해가 모여 태평양과 이어지는 지점을 중심으로 동북아해역의 역사적 형성 과정과 그 의의를 모색하는 "동북아해역과 인문네트워크의 역동성 연구"를 수행하고 있습니다. 이를 통해 우리는 첫째, 육역의 개별 국가 단위로 논의되어 온 세계를 해역이라는 관점에서 다르게 사유하고 구상할 수 있는 학문적 방법과 둘째, 동북아 현상의 역사적 맥락과 그 과정에서 축적된 경험을 발판으로 현재의 문제를 해결하고 향후의 방향성을 제시하는 실천적 논의를 도출하고자 합니다. 이를 바탕으로 본 사업단은 해역과 육역의 결절

지점이며 동시에 동북아 지역 갈등의 현장이기도 한 바다를 연구의 대상으로 삼아 현재의 갈등과 대립을 해소하는 방안을 강구하고, 한 걸음 더 나아가 바다와 인간의 관계를 새롭게 규정하는 '해역인문학'을 정립하기 위해 노력하고 있습니다.

부경대학교 인문한국플러스사업단이 추구하는 '해역인문학'은 새로운 학문을 창안하는 일이기 때문에 보이지 않는 길을 더듬어 가며 새로운 길을 만들어 가고 있습니다. 2018년부터 간행된 '해역인문학' 총서 시리즈는 이와 관련된 연구 성과를 집약해서 보여주고 있으며, 또 이 총서의 권수가 늘어가면서 '해역인문학'의 모습을 조금씩 드러내고 있습니다. 향후 지속적으로 출판할 '해역인문학총서'가 인문학의 발전에 기여할 수 있는 노둣돌이 되기를 희망하면서 독자들의 많은 격려와 질정을 기대합니다.

부경대 인문한국플러스사업단

단장 김창경

한국어판 서문

'해역 아시아'라는 말이 있듯이 아시아의 각 지역은 바다를 통해 이어져 있다. 그리고 해항은 고대부터 아시아의 각 지역을 잇는 창구 역할을 해 왔다. 그중에서도 부산은 일본에서 가장 가까운 아시아의 주요 항구이자 일본인에게 가장 친숙한 해항 중 하나이다. 그러한 부산에 위치하는 부경대학교 인문사회과학연구소에서 수행 중인 연구 사업의 일환으로 졸저拙著의 한국어판 번역본이 출판되어 매우 영광으로 생각한다. 우선은 졸저에 주목하고 번역에 공을 들여 주신 선생님께 감사의 말씀을 전하고 싶다.

근세 이전과 근대 이후의 해항은 매우 다르다. '해역 아시아'라는 개념이 근대 국민국가 중심의 역사관에 대한 비판을 바탕으로 한다는 사실에서도 알 수 있듯이 바다 근처에 사는 사람들은 주로 내륙에 살던 사람들과는 다른 질서, 네트워크 속에서 살아왔다. 하지만 근대 이후 바다의 네트워크에도 국민국가로의 이행이라는 변화의 파도가 몰아쳤다. 그리고 바다와 육지 사이에 위치하는 해항은 바다의 네트워크에 육지의 질서가 침투하면서 발생한 모순들이 가장 두드러지는 공간 중 하나였다고 말할 수 있다.

다만 이 책은 이와 같은 근세와 근대의 해항이 지니는 성격의 차이를 의식한 것이기는 하지만 그 자체가 검토의 대상은 아니다. 이 책은 근대 일본의 여러 지역에서 해항 건설이 어떻게 진행되었는지, 그 정치 과정을 분석한 것이다.

일본만큼 토목 인프라 정비의 정치 과정이 중요한 나라도 없을 것이다. 역사적으로 보면 일본은 태풍이나 지진, 화산 분화 등 재해가 많은 나라이기 때문에 재해로부터의 복구, 방재는 그 자체로 매우 중요한 정치였다. 재해 대응, 예방에 실패했기 때문에 권력을 잃은 통치자도 적지 않다. 이와 더불어 일본이 근대화의 길을 걷기 시작한 19세기 중반은 철도 등 교통수단 정비와 산업 발전을 통해 사람들의 생활 수준을 향상시키는 것이 통치자의 책무라는 생각이 퍼지기 시작한 시대이기도 했다. 따라서 하천을 개수改修하고 철도를 부설하는 일은 19세기 중반 설립된 메이지明治 정부의 지도자나 20세기 초반 정권을 이끌었던 정당 지도자에게 중요한 정치 과제였다.

물론 중앙 정부 홀로 토목 인프라 정비를 다 할 수 있는 것은 아니다. 중앙 정부의 자금력에는 한계가 있고 무엇보다 토목 인프라 정비가 해당 지역에 부작용을 미치는 일도 있으므로 지역 사회로부터의 유형·무형의 협조는 필수 불가결하다. 이와 더불어 일정 정도 이상의 면적의 영토를 지니는 국가라면 지역 간 격차가 느껴지지 않도록 지역 균형도 고려해야 한다. 한편 토목 인프라 정비는 중앙 정부에 대한 지역의 지지를 이끌어 올 수 있는 작업이기도 한데, 자유민주당自由民主黨은 이와 같은 측면을 잘 이해했기 때문에 전후戰後 일본에서 장기 집권이 가능했다. 그리고 이러한 배경으로 인해 일본에서는 하천 개수나 철도 부설 등 토목 인프라 정비의 정치 과정은 오랫동안 지속적으로 주목을 받아왔다.

그러나 해항 건설의 경우 동시대 연구 중에서도 그다지 주목을 받지 못했다. 그 이유는 바다에 사는 사람들의 이해관계가 내륙에 사는 사람들과 반드시 공유되는 것이 아니었기 때문이다. 그리고 이는 지금 시점에서 나의 잠정적인 결론이다. 바꾸어 말하자면 근현대 일본의 주요 지방 행정 단위는 현縣인데 이 현의 구역과 해항이 구성하는 경제적 배후지가 언제나 일치하지는 않는다는 것이다. 따라서 농촌 지역에 사는 사람들은 해항 건설의 중요성을 공감하기 어렵고, 그 결과 현의회縣議會에서 해항 건설을 승인받는 것도 쉽지 않았다. 한편, 토목 행정을 소관하는 내무성內務省도 주된 관심은 하천 개수였으므로 해항 건설은 대게 후순위였다.

하지만 관심이 적었다고 해서 근대 일본에 있어 해항 건설이 불필요했느냐 하면 그것은 물론 아니다. 근대 일본은 군사적·경제적으로 대외팽창을 이어갔고 섬나라라는 특성상 해항 건설은 이를 위한 수단이기도 했다. 그리고 전후 일본은 원료를 수입하여 제품을 수출하는 무역국가로서 국가 발전의 방향을 잡았으며, 이 경우에도 해항 건설은 매우 중요했다.

이와 같은 사실로부터 정리하자면 근대 일본의 해항 건설을 둘러싼 정치 과정을 검토하는 의의는 다음과 같다. 국가 통치에 필요했음에도 불구하고 지역 사회로부터 지지를 얻기 어려운 인프라 정비를 추진하는 경우, 어떠한 문제들이 발생하고 그것들은 어떻게 극복할 수 있는지를 살펴본다는 점이다. 이와 같은 시각은 사회의 다양성이 높아지면서 더 이상 국가 차원의 중요성이 지역 사회의 독자성을 짓누르는 면죄부로서 기능할 수 없게 된 현대 사회에서 오히려 주목해야 할 필요가 있다고 생각한다.

오늘날, 특히 최근 들어 전 세계적으로 기후 변동으로 인한 재해 발생이 눈에 띄는 한편, 글로벌한 사람, 물건의 이동도 더욱 활발해지고 있다. 이와 더불어 아시아 및 아프리카 지역에서는 주요 국가 간 ODA 경쟁도 여전히 진행 중이다. 그리고 이러한 변화 속 토목 인프라를 둘러싼 정치도 더욱 중요해질 것으로 보인다. 이 책의 한국어판 번역본 출판이 근대 일본의 경험을 세계에 소개함과 동시에 향후 계속해서 축적될 다양한 학술적 지견知見의 하나가 되기를 바란다.

2023년 9월

이나요시 아키라

차례

서장

근대 해항사란 무엇인가

19세기부터 20세기에 걸쳐 교통수단은 비약적으로 발전하였다.[1] 그리고 그 주역은 바로 증기 기관이었다. 현대적 의미의 철도는 1830년 영국 리버풀과 맨체스터 구간을 영업하면서 시작되었다고 알려져 있는데, 이 구간의 영업 시작 이후, 불과 10년 정도 사이에 영국의 주요 간선 철도는 대부분 완성되었다. 증기 기관은 육상 교통뿐만 아니라 해상 교통 발전에도 공헌하였다. 증기선은 범선보다 빠르고 안정적이었으며, 무엇보다 대형화가 가능했다. 1843년 대서양 항로에 투입된 증기선 그

1 19세기 교통수단이 발전한 역사에 대해서는 다음 문헌을 참조. 園田英弘, 『西洋化の構造 : 黒船·武士·国家』, 思文閣出版, 1993(이 중 제1장 「『극동』의 종언(『極東』の終焉)」 및 제2장 「증기선 충격의 구조(蒸気船ショックの構造)」); 園田英弘, 『世界一周の誕生ーグローバリズムの起源』, 文藝春秋, 2003; ロルト·L·T·C, 高島平吾訳, 『ヴィクトリアン·エンジニアリングー土木と機械の時代』, 鹿島出版会, 1989; シヴェルブシュ·ヴォルフガング, 加藤二郎訳, 『鉄道旅行の歴史ー19世紀における空間と時間の工業化』, 法政大学出版会, 1982.

레이트 브리튼호SS Great Britain의 크기는 3,618톤이었다. 대서양을 횡단하던 범선의 크기가 최대 1,000톤급이었으므로 증기선 도입을 통해 과거와 비교하면 3배 정도 큰 대형 선박이 대서양을 횡단하게 된 것이다.[2]

그리고 교통수단의 고속화 · 정기화 · 대형화는 해항海港[3]의 성격을 바꿨다. 1855년 런던항에 건설된 빅토리아 도크Victoria Dock는 내륙으로 이어지는 철도가 계선 부두繫船埠頭까지 연장된 최초의 사례였는데, 이후에는 계선 부두로의 임항 철도臨港鐵道 연결은 일반적인 풍경이 되었다.[4] 교통수단의 발전에 의해 해항은 더 이상 교역의 장이 아니라 육상 교통과 해상 교통의 터미널로 기능하기 시작한 것이다.[5]

나아가 이러한 변화는 이제껏 도시가 다뤄왔던 해항의 정비와 발전이라는 문제가 19세기 중반 이후 국가 차원의 과제로 바뀌는 것을 의미했다. 일정 영역을 통치하는 국가에게 내륙 농촌 지역과는 이질적인 공간을 지니는 항구 도시 · 마을港町은 오랫동안 '타자'일 수밖에 없었다.[6] 그러나 국내 각지에서 생산된 공업 제품 · 농산품이 철도를 통해 해항에 운

2 다만 선박의 크기와 적재 가능 화물량이 반드시 비례하는 것은 아니다. 이는 증기 기관과 이를 움직이기 위한 석탄이 선내의 많은 공간을 차지하기 때문이다. 따라서 정기적으로 운행하는 증기선의 경우 초기에는 우편선으로 쓰이다가 기술 혁신에 힘입어 점차 화물 수송선으로 활약하게 된다.(園田英弘, 위의 책, 2003, pp.48~49)

3 『고지엔(広辞苑)』과 『다이지센(大辞泉)』 등에 의하면 해항(sea port)은 해외 무역에 활용되는 항(港)이라는 의미를 포함한다. 지리적인 개념만을 나타내는 연안항과는 달리 해항은 기능도 포함하는 개념이다. 예를 들어 런던항이나 함부르크항처럼 하천과 접한 항이라도 해외 무역에 사용되면 해항이라 불린다. 다만 모든 항이 원리적으로는 해외 무역을 할 수 있으나 실제 그렇게 쓰이는지의 여부는 국가별 제도에 따른다. 이 책에서는 실제 해외 무역을 하는 항과 해외 무역을 통해 발전하고자 하는 항을 모두 합하여 '해항'이라고 하겠다. 이는 제도상 해외 무역을 인정하는 '개항', '무역항'과는 다르다. 또한 어항 · 피난항 등 터미널 기능이 없는 항까지 함께 총칭할 경우에는 '항만'이라고 한다.

4 Broodbank, Joseph G., *History of the Port of London,* Daniel O'Connor, 1921, pp.193~197.

5 高見玄一郎, 『近代港湾の成立と発展』, 東洋経済新報社, 1962, pp.35~37.

6 深沢克己, 『海港と文明－近世フランスの港町』, 山川出版社, 2002, p.15.

반됨으로써 내륙과 항구는 하나로 연결되었으며, 해항은 국가가 세계에 진출하기 위한 관문으로 자리매김한다. 14세기부터 17세기까지 한자 동맹Hansa League1)에 가입한 자유 도시로서 번창한 함부르크가 19세기 말부터 20세기 초반에 걸쳐서는 독일 제국의 해항으로 더 큰 성장을 이룬 것은 이러한 측면을 상징적으로 보여준다.[7]

교통수단의 발전과 이에 따른 해항의 기능 변화는 전 세계적인 현상이었다. 동아시아 지역에서도 19세기 말 이후 유럽과 마찬가지로 터미널로서 해항이 발전한다. 다만 그것은 아시아 국가들이 세계로 나가기 위한 관문이 아니라, 유럽 각국의 '비공식적 제국'의 중계점으로서 발전한 것이었다. 상하이上海 · 다롄大連 · 자오저우만膠州湾 · 광둥廣東 · 홍콩香港 등의 해항은 모두 열강의 조차지가 되었고, 항구에서 내륙으로는 열강 자본이 철도를 부설했다. 그리고 이렇게 형성된 후방 지역이 각 열강의 세력 범위라고 인식되었다.

동아시아 지역에서 예외였던 것은 일본이다. 다른 동아시아 국가들처럼 19세기 말 일본도 개항을 하였다. 하지만 잘 알려져 있다시피 일본의 경우에는 서구 열강의 식민지 · 반식민지가 되는 것을 피했고, 그 결과 해항과 해항에서 이어지는 국내 교통망 정비는 일본 스스로 할 수 있었다. 그런데 일본에는 유럽과 같은 해항 도시의 유산이 없었다. 오사카大坂2)나 에도江戶3)는 수운 도시이기는 했지만 외국 선박에 대응할 수 있는 시설과 해양 토목 기술, 그리고 재원이 없었다.이 책 본문에서 자세히 설명 따라서 일본은 유럽의 주요항, 예를 들어, 런던항처럼 기존의 민간 항만 기

7 高見玄一郎, 앞의 책, p.45; Clapp, Edwin J., *The Port of Hamburg*, Yale University Press, 1910, p.9.

업의 자율성을 배려하면서 지원·통합하는 것이 아니라[8] 국가가 보다 적극적으로 해항 정비에 관여할 수밖에 없었다.

근대 해항의 정비는 계선 부두나 방파제 등 좁은 의미의 해항 시설을 고치거나 새롭게 건설하는데 그치지 않고, 후방 지역의 교통망 형성과 연동한 것이었다. 그리고 근대 일본은 해항 관련 계획을 계속해서 국가가 주체적으로 책정한 몇 안 되는 나라 중 하나였다. 물론 시설 정비뿐만 아니라 해항의 입지 선정부터 설계, 재원 조달 방법까지 국가가 주체가 되어 일관하여 계획을 세운다는 것은 동시에 이와 관련된 다양한 이해 조정을 국가 스스로 해야 한다는 것을 의미한다. 따라서 근대 일본의 해항사란 이러한 이해 조정의 역사라고도 할 수 있다. 이 책은 위와 같은 문제에 주목하여 19세기 말부터 20세기 중반에 걸쳐 일본에서 해항이 어떻게 정비됐는지 그 궤적을 밝히는 것이다.

1. 해항과 이익

일정 영역과 그곳에 사는 국민을 존립 기반으로 하는 국민 국가는 항상 지역 이익local interest[9]을 실현해야 한다는 압박을 느낀다.[4)] 이는 국민

8 런던항은 복수의 민간 선거 회사로 구성되었는데 선박 대형화와 화물 수송 터미널화에 대응하기 위하여 1908년 공기업인 런던항만공사(Port of London Authority)로 통합하였다. Broodbank, op.cit., pp.322~346.

9 일본 정치사 연구에서는 '지역 이익'과 '국가 이익'이라는 표현이 일반적이다. 여기에서 말하는 '이익'이 경제적 이익만을 가리키지 않는다는 것은 당연하며, 다만 이 책에서는 꾸준한 관리가 필요한 이권·인맥·영향력 또는 흥미·관심사 등을 포함한다는 측면을 강조하기 위하여 '로컬 인터레스트', '내셔널 인터레스트'라는 표현을 사용한다. 이익의 개념에 대해서는 다음 문헌을 참조. 水谷三公, 『英国貴族と近代－持続する統治 1640~1880』, 東京大学出版会, 1987(이 중

국가를 통치하는 정부에게 영역 내부의 경제적 불균형을 해소해 줄 것이라 기대하기 때문이다. 따라서 국민 국가로 출발한 일본에게 철도나 도로, 하천 등 교통수단을 확충하는 것은 필수불가결한 사업이었다. 그런데 해항 정비에는 다른 교통수단의 정비와는 다른 고유의 어려움이 있었다.

첫째, 일반적으로 중앙 정부에게는 영역 내부의 경제적 불균형 해소를 기대한다. 따라서 그러한 중앙 정부가 해륙海陸 교통의 터미널로 기능할 해항의 입지를 선정하는 것은 매우 힘든 일이었다. '선'으로 뻗어가는 철도망이나 도로망은 그것이 가져다주는 편익을 영역 내부에 골고루 미치게 할 수 있으므로, 설령 일시적으로 경로 선정을 둘러싸고 지역 간 대립이 심해져도 장기적으로는 해결할 수 있다. 또한 항만 시설 중에서도 터미널 기능이 없는 어항이나 피난항 같은 경우도 각 지역의 기대에 차례로 부응할 수 있다.

그러나 교통망의 '점'이 되는 해항은 일정 지역 내에 두 개 이상 병존하는 것이 원리적으로 불가능하다. 따라서 두 개 해항이 인접한 경우, 중앙 정부는 이 중 하나를 선정하여 정비하지 않으면 안 된다. 유럽의 경우 18세기까지 해항 도시 간 자유 경쟁을 통해 선별이 이뤄졌는데, 일본에서는 중앙 정부가 이러한 작업을 해야 했다.

인위적으로 해항을 선정하는 경우, 선정의 정당성을 담보하는 것은 개별 정책 판단의 상위에 있는 국가상grand design과의 정합성일 것이다. 이 책에서 밝혀나가겠지만 1890년대 해항 정책 논의를 이끈 것은 자유당自

제4장 「토지 귀족과 〈정치〉의 변용—이익과 관리(土地貴族と＜政治＞の変容—インタレストとマネジメント)」).

由黨[5] 계열의 의회 정치인[6]이 아니라 대외 강경파라 불리던 사람들이었다. 이는 결코 우연한 결과는 아니었으며 독특한 통상 국가론을 주장하던 대외 강경파들이 그러한 국가상에 근거하여 해항을 선정한 것이었다.

한편 각 지역의 이익을 모아 이끌어가는 스타일이었던 자유당·정우회政友會[7]에게 해항 선정은 잘 못하는 일 중 하나였다. 20세기 초반 일본에서는 해외 무역 중추항의 시설을 집중적으로 정비해야 한다는 '대형항 집중주의'가 널리 수용되었다. 그 결과 해항 정비를 통해 지역 부흥을 시도하고자 하는 지역 유지들은 자신들 지역의 항만을 정비하는 것이 어떻게 일본 전체의 이익으로 이어지는지, 이 점을 강조하기 시작했다. 그러나 이렇게 해서는 자유당·정우회는 각 지역의 기대를 충족시킬 수 없었다. 자유당·정우회 계열 정치인이 해항 문제를 다루기 위해서는 '대형항 집중주의'라는 원칙을 지키면서도 중소형항에 대한 국고 보조를 정당화할 필요가 있었다.

해항 정비가 지니는 고유의 어려움 중 두 번째는 지역 주민에게 해항 관련 지역 이익을 실감시키기가 쉽지 않았다는 것이다. 국민 국가는 항상 지역 이익 실현이라는 압박을 받지만, 한편으로는 지역 사회 스스로에게 무엇이 이익인지 또한 명확하지 않다. 지역 사회에 존재하는 행정 과제 중 개별 행위자만이 관심을 가질 경우 지역 이익이라 할 수 없다. 행정 과제와 그 해결책을 지역 사회 전체가 공유하기 시작하면서 비로소 지역 이익으로 성립하는 것이다. 지역 사회가 국가로부터 재원이나 권한을 획득하기 위해서는 각종 행정 과제를 지역 이익으로 집약하여 지역 사회 내부에서 공유할 필요가 있으며, 이를 위해서는 눈에 보이는 성과를 반드시 도출해야 한다.

그런데 해항은 철도 등 다른 교통수단의 정비와 비교했을 때 경제적 이익과 시각적 효과 모두 설득력이 약했다.[10] 교통 인프라는 채산이 맞으면 사기업이 건설한다. 일본에서도 지방에서 철도 건설 사업을 견인한 것은 사기업이었는데, 해항은 이것이 힘들었다. 1880년대 모지門司나 고베神戸 등에서 시도된 사기업에 의한 매립, 잔교棧橋 회사 경영은 해항의 부분적 개발에 불과했으며, 이러한 부분 개발로는 대형 선박의 입항은 불가능했다. 선박의 대형화가 급속하게 진행되면서 이에 대응하기 위한 해항 전체를 둘러싸는 방파제 건설, 대규모 준설이 필요했으나 사기업은 이러한 작업을 할 수 있을 만큼의 자본이 없었다.[11]

해항 정비에 필요한 거액의 자금을 지역 사회에게 부담시키기 위해서는 그러한 부담에 상응하는 이익, 구체적으로는 해항에서 비롯되는 경제적 이익만이 아니라 해항 도시로서의 지위 등도 포함하는 이익을 얻을 수 있다는 점을 강조해야 한다. 이때 시각적 효과가 지니는 힘은 매우 크다.

철도가 지니는 강렬한 시각적 효과에 대해서는 많은 논자가 이미 지적하였다. 예를 들어 철학자 와쓰지 데쓰로和辻哲郎는 유소년기를 보낸 시

10 수리 토목 분야에서 이익을 실감하는 것이 어렵다는 사실은 이미 미쿠리야 다카시(御厨貴)가 지적한 바 있다. 하천 개수(改修), 해항 건설과 같은 수리 토목은 공사가 끝나야 비로소 효과가 나타나며, 이는 철도나 도로 건설처럼 부분 완성, 이용을 통해 효과가 나타나는 것과는 다르다. 게다가 해항의 경우, 수해 발생 등 "불이익의 실감"이 쉽지 않기 때문에 지역 이익으로 성립하는 것이 더욱 어렵다. 御厨貴, 『政策の総合と権力－日本政治の戦前と戦後』, 東京大学出版会, 1996, pp.104~105.

11 예를 들어 1893년 설립이 계획된 게이카쿠철도회사(京鶴鐵道會社)는 자본금이 500만 엔이었으며, 마이즈루(舞鶴)-교토(京都) 구간 철도 공사의 총비용을 15만 3,012엔이라 예상하였다. 한편, 1894년 입안된 오사카(大阪) 축항 계획에서는 1,586만 7,096엔 이상이 총 공사비로 책정되었다. 老川慶喜, 『明治期地方鉄道史研究』, 日本経済評論社, 1983, pp.26~27; 大阪市, 『大阪築港一〇〇年史－海からのまちづくり 上』, 大阪市港湾局, 1997, p.45.

골 마을에 처음으로 철도가 개통했을 때를 "나에게 '여행자'의 모습은 그다지 중요하지 않았고, 오히려 불빛이 새어 나오는 차창이 멀어져 가는 열차의 모습이 바깥 세상을 알려준다는 점에서 큰 의미를 지니게 되었다"[12]라고 추억한다. 철도 개통은 그 끝에 이어진 대도시를 상상케 함으로써 지역에 열광적인 철도 붐을 일으킨 것이다.

한편, 해항 건설 공사 그 자체는 수면에 변화를 가져오지 않기 때문에 시각적 효과가 없다. 오히려 해항 정비를 위한 대규모 매립지 조성이나 임항 철도 건설은 지역 주민과 해항의 거리를 멀어지게 만들어 해항 정비를 통해 얻을 수 있는 이익을 실감하기 어렵게 한다.[13]

시각적 효과가 있는 것은 해항 그 자체가 아니라 입항하는 대형 선박이다. 그리고 이러한 사실은 해항 정비를 지역 이익으로 성립시키는데 자주 역효과를 가져왔다. 1903년 완성된 오사카항大阪港의 대형 잔교는 6,000톤급 선박에 대응하기 위해 주변 수역을 최대 8.5미터까지 준설한 것이었다. 그러나 이 잔교는 러일전쟁 중 군사 시설로 쓰였지만, 그 후에는 경제 불황의 영향도 있어 거의 사용되는 일이 없었다. 잔교를 이용하는 사람은 낚시꾼밖에 없는 상황이 계속되었기 때문에 오사카항 축항 공사 그 자체가 "2,000만 엔짜리 낚시터"라는 비판을 받기 시작했다.[14] 결과적으로 이러한 비판을 피하고자 축항을 주도한 지역 유지들은 대형 선박을 입항시킬 필요가 있었다.[15]

12 安倍能成他編, 『和辻哲郎全集』 18, 岩波書店, 1990, p.176.
13 陣内秀信, 『東京の空間人類学』, 筑摩書房, 1985.
14 大阪市, 앞의 책, 1997, p.133.
15 예를 들어 오사카와 마찬가지로 거액이 들어간 축항 사업으로서 비판이 끊이지 않았던 나고야(名古屋)에서는 성과를 강조하기 위하여 1906년 호치신문사(報知新聞社)가 차용중이던 유람선 '로제타마루(ろっせた丸)'(3,800톤)을 입항시켰다. 名古屋港史編集委員会編, 『名古屋港史

근대 일본에서 철도 건설이나 하천 개수와 같은 행정 과제는 비교적 신속하게 지역 이익으로 성립하였다. 물론 개별 사례를 상세히 살펴보면 이들 행정 과제가 지역 이익으로 공유될 때까지 다양한 갈등이 있었던 것은 분명하다.[16] 그럼에도 불구하고 대도시로 연결되는 철도 건설이나 수해 가능성을 줄이는 하천 개수는 지역 사회가 지는 부담에 상응하는 투자로 인식하는 경우가 많았다. 그러나 해항 정비는 거액의 비용 부담에 걸맞은 이익이 쉽게 실현되지 않았다. 심지어 20세기에 들어서 상하수도·시내 철도 정비 등 도시 행정이 다양해지면서 해항 정비에 필요한 비용을 지역 사회에게 부담토록 하는 것은 더욱 어려워졌다. 따라서 지역 유지들은 해항 정비가 부담에 상응하는 이익을 가져온다는 사실을 계속해서 강조하지 않을 수 없었다.

해항 정비가 지니는 고유의 어려움 중 세 번째는 행정 영역의 복잡성이다. 해륙 교통의 터미널인 해항에서는 다양한 행정 관청이 활동한다. 주요 관청을 들자면 대장성大藏省 / 세관8) · 내무성內務省 / 건설·수상 경찰·항내 선박 관리9) · 체신성遞信省 / 항로 표지·도선(導船)·선박 검사10) · 철도성鐵道省 / 임항 철도 · 농상무성11)農商務省 / 수입 동식물 검역·창고업·항운업 · 군부국방·군사 수송 등이 있으며, 많은 관청이 어떠한 형태로든 해항 행정에 관여한다. 따라서 입출항·수출입 절차의 번잡함이나 해륙 연결의 불편함에 대한 선박 회사·무역업자의 불만이 높아졌으며, 1890년대에는 해항 행정 일원화를 요구하는 진정서가 제출되기에 이른다. 이에 관련된 정부 관청들도 해항 행정 일원화 및 항

(建設編·港勢編)』, 名古屋港管理組合, 1990, pp.53~54.

16 松下孝昭, 『近代日本の鉄道政策－1890~1922』, 日本経済評論社, 2004; 松下孝昭, 『鉄道建設と地域政治』, 日本経済評論社, 2005; 服部敬, 『近代地方政治と水利土木』, 思文閣出版, 1997.

만법 제정을 여러 차례 시도하였으나 전전戰前에는 실현되지 못했으며, 그 원인으로 많은 경우 할거주의割據主義, sectionalism12)를 든다.[17]

물론 해항 행정 일원화와 항만법 제정을 둘러싸고 할거주의가 나타난 것은 사실이다. 그러나 할거주의 그 자체보다 중요한 사실은 관청마다 독립된 해항 정책이 존재한 것이 아니라 어디까지나 다른 정책의 하위에 자리매김하였다는 점이다.

해항 행정 일원화를 시도한 것은 대장성·내무성·체신성이었는데, 이 세 성의 해항 행정 일원화 구상은 각각 완전히 다른 목적에서 비롯된 것이었다. 세관을 맡아 관리하는 대장성의 주요 관심은 관세·무역 정책이었고 해항 정책은 그 아래에 있었다. 그리고 해항 건설을 관장하는 내무성 토목국에게 해항 정책은 토목 정책의 일부에 불과했다. 또한 해운 행정의 일환으로 해항 행정에 뛰어든 체신성의 목적은 전시 체제 구축을 위한 하역량 증가였다. 이렇게 목적이 다른 세 성 사이에서 해항 행정 구상에 관한 합의는 성립할 수 없었고, 이 점이 해항 행정 일원화 및 항만법 성립을 어렵게 한 것이다.[18]

---

17 내무성 토목국 항만과 과장으로서 해항 행정 일원화 문제에 관여해 온 마쓰모토 가쿠(松本學)는 "항만법을 만든다고 하여 체신성 등 관련 관청과 논의 후 안이 만들어졌는데 결국 할거주의로 체신성이 반대해 완성하지 못했다"라고 회상한다. 内政史研究会編, 「松本學氏談話速記録上」, 『内政史研究資料』 52-58, 1967, p.61. 또한 행정학자 가가와 마사토시(香川正俊)도 1940년대 해항 행정 일원화가 실패한 주요 원인을 할거주의라고 한다. 香川正俊, 「一五年戦争期における交通行政機構の一元化過程と内閣総理大臣の権限」, 片岡寛光編, 『現代行政国家と政策過程』, 早稲田大学出版部, 1994.

18 해항 행정 일원화에 대한 회의적인 의견은 언제나 존재했다. 예를 들어 전후(戰後) 항만법 초안 작업을 한 전 내무성 관료 마쓰무라 기요유키(松村淸之)는 다음과 같은 의견을 제시했다. "단순히 추상적으로 항구 지역에서 일어나는 일은 모두 항만 관리자가 한다고 생각하면 안 됩니다. 몇 번이나 말씀드리지만 항만이라는 것은 하나의 지역이기 때문에 그 지역에는 여러 법률이 적용됩니다. 그것을 일원화해서 관리자가 한다는 것은 터무니없고(nonsense) 역시 지금과 같은 내용이면 좋다고 생각합니다." 「港湾法制定の経過とその後の問題点」, 『港湾』 57-9, 港灣協会, 1980.9.

게다가 해항 정책이 다른 정책의 하위에 자리매김함에 따라 각 성의 해항 행정에 대한 관심도 일정치 않았다. 1890년대부터 1900년대에 걸쳐 해항 행정을 주도한 것은 대장성이었는데 담당 관청이 아닌 대장성이 스스로 해항 건설에 관여하기 시작한 것은 원칙적으로 이를 맡아야 할 내무성 토목국이 주로 하천 개수에 관심을 두고 있었기 때문이다.[19] 내무성 토목국이 해항 건설에 본격적으로 뛰어들기 위해서는 전국 주요 하천의 개수 작업이 어느 정도 마무리될 필요가 있었고 1900년대 말이 되어서야 비로소 전국 해항 건설 방침을 제안하는 것이 가능했다. 또한 해항 행정에 그다지 관심을 보이지 않았던 체신성이 1940년대 개입하기 시작한 것은 전시 체제에 들어섰기 때문이었다. 해항 행정을 둘러싼 관청별 이익도 지역 이익과 마찬가지로 결코 자명한 것은 아니었다.

이처럼 근대 일본에서 해항 건설은 국가 차원에서도 지역 차원에서도 적극적인 추진 주체가 없었다. 결과적으로 이러한 상황에서 해항 건설의 추진 주체가 된 것은 국가와 지역의 경계에 위치한 행위자지방 관료·기업인·의회 정치인일 수밖에 없었다. 사회학자 로버트 K. 머턴Robert K. Merton은 커뮤니티 외부에 주로 관심을 보이면서 커뮤니티 내부에 큰 영향력을 미치는 사람들을 '세계시민형 영향력자cosmopolitan influentials'라고 했다.[20] 지

19 1870년대부터 1960년대 초반에 걸쳐 일본에서 사회 간접 자본 투자 총액 중 '하천'·'철도'·'도로'가 1위부터 3위를 다투며 20%에서 50% 정도를 차지한 것에 비해, '항만'은 줄곧 10%에도 미치지 못했다. 沢本守幸, 『公共投資一〇〇年のあゆみ－日本の経済発展とともに』, 大成出版社, 1981, p.76.

20 マートン·ロバート·K, 森東吾ほか訳, 『社会理論と社会構造』, みすず書房, 1961(이 중 제10장 「영향의 형식(影響の形式)」). 머턴은 '세계시민형 영향력자'를 다음과 같이 설명한다. "이들도 로베레(Rovere : [저자 주] 미국 동부 해안에 위치하는 인구 11,000명 정도의 도시)에 어느 정도 관심이 있고 이 지역에 영향력을 미치기 때문에 커뮤니티 내부에서 최소한의 사회관계를 유지해야 한다. 그러나 이들은 특히 로베레 지역 바깥의 세계 또한 지향하며 더욱이 스스로 그러한 바깥 세계에서 필수 불가결한 존재로 자임(自任)한다. 그렇다, 이들은 로베레에 거주하고

역 사회의 지도자는 지역 사회 내부에만 관심이 있는 사람들지역형과 지역 사회 외부에도 관심이 있는 사람들세계시민형로 나뉘는데 근대 일본에서 해항 건설 추진 주체였던 것은 세계시민형 지도자였다.

지방 장관이나 세관장 등 지방 관료는 그 지역에 일시적으로 존재하므로 지역 행위자local actor는 아니다. 반면에 임기 중에는 이들의 주요 관심사가 해당 지역에 있기 때문에 순수한 국가 행위자national actor라고도 할 수 없다. 이들은 중앙 관청에게 지역 사회의 이익을 대변함과 동시에 지역 사회에게 해항 건설에 필요한 비용 부담을 요구하는 것이 가능했다.

경영 기반이 특정 지역에 쏠려있는 기업인은 지역 행위자이지만 경영 규모가 클수록 이들은 국가 차원에서 생각하기 시작한다. 그 중간에 위치하는 기업인은 국가의 시점에서 지역의 문제를 다룬다. 즉, 이들은 지방 관료와 마찬가지로 두 차원의 경계에 있는 존재인 것이다. 이처럼 기업인은 중앙 정관계와의 연결고리가 의회 정치인보다 강한 경우가 많으며, 역시 중앙 정부로부터 재정 지원을 끌어낼 수 있었다.

의회 정치인은 지역 주민의 지지가 없으면 안 되기 때문에 지방 관료, 기업인 보다 지역 사회와의 거리가 가깝다. 따라서 일부 의회 정치인은 세계시민형 행위자가 되지 않는다. 그러나 의회 정치인의 주요 활동 무대는 국정이므로 국정과 지역 사회를 잇는 역할을 추구할 경우, 이들은 세계시민형 행위자가 된다.

세계시민형 행위자는 지역 사회에 정착한 존재가 아니었기 때문에 해항 건설을 통한 지역 부흥에 정당성을 부여할 수 있었고, 한편으로는 중

있기는 하지만 이들이 사는 세상은 보다 큰 사회인 것이다".

앙 정부로부터 재정 지원을 이끌어 낼 수도 있었다. 따라서 근대 일본에서 해항 건설의 역사가 어떻게 전개되어 왔는지를 알아보려면 세계시민형 행위자가 지역 이익을 성립시켜 나가는 과정에 주목해야 한다. 이 책에서는 다양한 세계시민형 행위자가 각자의 정치 자원을 활용하면서 해항 건설 관련 지역 이익을 성립시키고 실현해 나가는 과정을 중심으로 논의하고자 한다.

2. 이 책의 의의

근대 일본에서 해항 건설이 고유의 어려움을 지녔다는 사실은 관련 역사 연구가 발전하는데도 지장을 주었다고 본다. 일본 정치사 연구에서는 중앙과 지방의 이익 교환을 근현대 일본 정치의 "기초 과정"[21]으로 자리매김하는 것이 일반적이다. 대표적으로 도리우미 야스시鳥海靖·마스미 쥰노스케升味準之輔·미타니 다이치로三谷太一郎·반노 쥰지坂野潤治 등의 연구가 있는데,[22] 이들 연구에서는 초기 의회부터 청일전쟁 이후에 걸쳐 중앙 정계에서 번벌藩閥정부13)나 정당에 대한 지역 사회의 지지를 조달하는 수단으로 사회 간접 자본 사업재원의 배분이 유효하게 기능했다는 사실을 밝혔다. 또한 미쿠리야 다카시는 중앙 정부 내부의 관청 이기주

21 有泉貞夫, 『明治政治史の基礎過程－地方政治状況史論』, 吉川弘文館, 1980.

22 鳥海靖, 「鉄道敷設法制定過程における鉄道期成同盟会の圧力活動」, 『歴史学研究報告』 13, 東京大学教養学部歴史学研究室, 1967; 升味準之輔, 『日本政党史論』 2, 東京大学出版会, 1975; 三谷太一郎, 『日本政党政治の形成－原敬の政治指導の展開』, 東京大学出版会, 1967(増補版 1985); 坂野潤治, 『明治憲法体制の確立－富国強兵と民力休養』, 東京大学出版会, 1971.

의가 복수의 "지역 경영" 정책을 낳아 그것이 내각 제도 성립의 원동력이 되었음을 논했다.[23]

이와 같은 중앙 정부가 지역 이익을 어떻게 다뤄왔는지를 밝힌 연구와 달리 지역 사회의 시점에서 '지역 이익론'을 다시 해석한 연구도 존재한다. 아리이즈미 사다오有泉貞夫는 야마나시현山梨縣의 사례를 중심으로 제국의회帝國議會14) 개설 이전에도 국고 보조를 마중물 삼아 번벌 정부에 대한 지지를 이끌어 냈다는 사실을 밝혔다.[24] 핫토리 다케시服部敬는 에도막부江戶幕府15) 말기부터 1890년대 말까지 이어진 요도가와淀川 치수 사업에서 이와 관련된 지역 이익이 도시 정치 전개 과정에 어떠한 영향을 미쳤는지 검토하였다.[25] 최근 연구로는 마쓰자와 유사쿠松沢裕作가 에도막부 말기부터 메이지明治시대16) 초반에 걸쳐 개별 정책이 지역 이익이 될 수 있었던 제도 변용의 배경을 분석하였다.[26]

나아가 '지역 이익론'의 전개는 근대 일본에서 사회 간접 자본의 정비가 어떻게 이루어져 왔는지를 분석하는 작업으로 이어졌다. 나가쓰마 히로시長妻廣至는 중앙 정부가 지방 정부에게 교부하는 국고 보조금 제도의 변용,[27] 마쓰시타 다카아키松下孝昭는 철도 건설의 전개 과정을 분석했다.[28] 그리고 야마자키 유우코山崎有恒, 무라야마 도시오村山俊男가 내무성 하천 정책을 내재적인 시각에서 이해하려고 시도하였다.[29] 이들 연구에서

23 御厨貴, 『明治国家形成と地方経営』, 東京大学出版会, 1980.
24 有泉貞夫, 앞의 책.
25 服部敬, 앞의 책.
26 松沢裕作, 『明治地方自治体制の起源－近世社会の危機と制度変容』, 東京大学出版会, 2009.
27 長妻廣至, 『補助金の社会史－近代日本における成立過程』, 人文書院, 2001.
28 松下孝昭, 앞의 책, 2004.
29 山崎有恒, 「内務省の河川政策」, 高村直助編, 『道と川の近代』, 山川出版社, 1996; 村山俊男, 「内務省の河川政策の展開－1885~1896」, 『ヒストリア』 199, 大阪歴史学会, 2006; 村山俊男, 「土

는 사회 간접 자본의 정비는 지역 이익이 일방적으로 분출해서 진행되는 것이 아니라 국가 이익과 지역 이익이 일치할 때 실현됨을 밝혔다.

하지만 해항을 대상으로 한 연구는 매우 적다. 위에서 언급한 바와 같은 시각에서 해항 건설 문제를 다룬 연구로는 청일전쟁 이후부터 러일전쟁 이후까지 요코하마항橫濱港과 고베항神戶港의 건설 문제를 검토한 우쓰미 다카시內海孝의 연구가 유일하다.[30]

그 이유는 이미 설명하였지만 해항 건설 문제가 지역 이익으로 성립하는 것이 어려웠기 때문이다. 기존 연구에서 지적하였듯이 근대 일본에서 사회 간접 자본의 정비 조건 중 하나가 국가 이익national interest과 지역 이익의 일치였다면, 해항 건설은 중앙과 지방의 이익 교환에 적합하지 않은 행정 과제였다. 따라서 일본 정치사 연구에서 해항 건설 관련 주제는 거의 다뤄지지 않았다.

한편 앞에서 언급한 근대 일본에서 해항 건설이 직면했던 고유의 어려움은 일본 정치사 이외의 연구 분야에서도 해항사 연구가 발전하는 데 걸림돌이 되었다고 보인다. 해항 행정 일원화가 이루어지지 않은 것처럼 해항사 연구도 세분화되어 버린 것이다.

전후 항만 연구를 주도한 것은 경제학이었다. 1962년 설립된 일본항만경제학회日本港灣經濟學會는 항만 연구에 특화한 유일한 학회이며 이론·역사부터 실무에 이르기까지 다양한 각도에서 항만 연구를 진행 중이

木会に関する基礎的研究」, 『神戸大学史学年報』 21, 神戸大学史学研究会, 2006.

30 內海孝, 「横浜築港史論序説－産業資本確立期を中心に」, 『郷土よこはま』 88·89, 横浜市図書館郷土資料室, 1980; 內海孝, 「産業資本確立期における神戸築港問題－横浜港との比較のなかから」, 『郷土よこはま』 91, 横浜市図書館郷土資料室, 1981; 內海孝, 「日露戦後の港湾問題－『港湾政策』の成立過程」, 『社会経済史学』 47-6, 社会経済史学会, 1982.

다. 시바타 에쓰코柴田悦子가 정리한 바에 따르면 일본항만경제학회의 주요 연구 관심은 ① 항만을 육운陸運·해운·항만 운송의 결절점으로 보는 '항만 터미널론'과 그것이 진화한 '항만 근대화론', ② 항만을 자본과 노동의 관계를 통해 파악하려는 항만 노동에 관한 논의, ③ 교통 용역用役 생산의 일부로 항만 기능을 이해하려는 항만 교통에 관한 논의로 분류할 수 있다.[31]

'항만 터미널론'·'항만 근대화론'을 제안한 기타미 도시로北見俊郎는 "항만 행정은 '국가 활동'이고 따라서 기존의 국가 경제, 국익 또는 국제 경제력이라는 전체적인 가치 체계 안에서 항만을 자리매김하였으며 그 역할을 행정적으로 수행해 왔다는 역사적인 측면을 반성할 필요가 있다"고 하며 국가에 의한 항만 행정 그 자체를 부정적으로 바라보았다.[32] 그리고 이러한 시각에서 보면 해항 건설에 중점을 두는 내무성 토목국의 항만 행정 구상 또한 부정할 수밖에 없다. 데라타니 다케아키寺谷武明의 연구는 근대 일본의 해항 건설을 다룬 거의 유일한 연구이며 여기에서 그는 "건설 정책 즉, 항만 정책이 이렇게 된 이유는 국가가 무엇보다 근대 항만 건설이 급하여 항만 관리·운영까지 신경 쓸 여유가 없었기 때문일 것이다"[33]라고 평가하는데 그 결과 1930년대까지 대장성·내무성이 어떠한 해항 행정을 구상했었는지에 대해서는 관심을 보이지 않는다. 또한 행정학의 관점에서 해항 행정 통일 문제를 연구한 가가와 마사토시도 기타미 도시로나 데라타니 다케아키의 시각을 계승하며 관리 운

31 柴田悦子, 「戦後わが国における港湾研究」, 北見俊郎教授還暦記念事業会編, 『港と経済·社会の変貌』, 時潮社, 1985, pp.95~96.
32 北見俊郎, 『港湾総論』, 成山堂書店, 1975, p.392.
33 寺谷武明, 『近代日本港湾史』, 時潮社, 1993, p.16.

영 행정으로서 해항 행정이 시작되는 1940년대를 중심으로 고찰한다.[34]

그렇다면 토목사 연구의 관점에서는 근대 일본의 해항 건설 문제가 충분히 검토되어 왔을까. 그렇지 않다. 왜냐하면 토목사 연구의 주요 관심은 내무성 토목국이 힘을 쏟았던 하천 개수·도로 건설로 향할 수밖에 없었기 때문이다. 내무성 토목국은 하천 개수·도로 건설을 위해서는 전국 규모의 계획을 수차례 책정하였지만 해항 건설과 관련해서는 전무했다.

특히 하천 개수는 치수뿐만이 아니라 농업·생활용수 확보, 공업화에 따른 전력 확보 등 국민 생활 전반에 관련된 사업이다. 이에 대하여 토목사학자 마쓰우라 시게키松浦茂樹는 "하천 정비, 개발이 사회 기반 정비의 중심이었다"[35]라고 하였는데 정곡을 찌르는 표현이다. 근대 일본의 토목 정책을 다룬 연구에서는 하천 개수가 주요 주제였고 해항 건설 문제는 부분적으로 언급될 뿐이다.[36]

이처럼 경제학·토목사 분야가 근대 일본의 해항 연구에 관심을 갖지 않은 결과, 해항사 연구는 집약된 결과물 없이 다양한 분야의 연구 속에 부분적으로 등장하는데 그치고 있다. 대표적으로는 철도 정책의 하나로 지방항 정비를 다룬 미키 마사후미三木理文[37], 교통망 구상의 한 부분으로 해항론을 논의한 마스다 히로미增田廣實·다케치 교조武知京三·기타하라 사

34 1940년대 해항 행정 문제에 관한 가가와 마사토시의 연구는 매우 많은데 대표적인 것으로 다음 연구를 들 수 있다. 香川正俊, 「太平洋戦争期における港湾行政の一元化過程」, 北見俊郎教授還暦記念事業会編, 『港と経済·社会の変貌』, 時潮社, 1985; 香川正俊, 「港湾法制定における政治状況と政策決定過程」, 梅村勲編, 『熊本学園創立50周年記念論集』, 熊本商科大学, 1992; 香川正俊, 앞의 글, 1994.

35 松浦茂樹, 『戦前の国土整備政策』, 日本経済評論社, 2000, p.11.

36 대표적인 연구로 다음을 들 수 있다. 松浦茂樹, 『明治の国土開発史－近代土木技術の礎』, 鹿島出版会, 1992; 松浦茂樹, 『戦前の国土整備政策』, 日本経済評論社, 2000; 日本土木学会編, 『古市公威とその時代』, 土木学会, 2004.

37 三木理文, 『地域交通体系と局地鉄道－その史的展開』, 日本経済評論社, 2000.

토시北原聡[38], 도시 연구의 하나로 도쿄 축항을 검토한 후지모리 데루노부藤森照信・이시즈카 히로미치石塚裕道・사이토 노부요시斎藤伸義[39], 국가 구상으로서의 해항론을 분석한 히로세 레이코広瀬玲子・가와니시 히데미치河西英通[40], 동아시아 지역사 관점에서 동해[17)]의 연안항을 논한 요시이 겐이치芳井研一[41], 석탄 산업 경영사의 일환으로 전국 항만 조사全國港灣調査를 살펴본 다니구치 다다요시谷口忠義[42] 등의 연구가 있다. 또한 해항이 있는 도시에서는 지역사로 해항사를 다루기도 한다. 이러한 연구들은 각각의 시각에서 해항 문제를 다룬 우수한 연구이기는 하지만 해항사 전체를 이해하기 위한 목적으로 이루어진 것은 아니다.

바꾸어 말하자면 해항 문제는 지역 이익으로 성립하는 것이 어려웠기 때문에 일본 정치사 연구에서 주목하지 않았으며, 전전에는 해항 행정이 세분화된 상태였기 때문에 해항을 주요 대상으로 하는 역사 연구도 축적되지 않은 것이다. 그리고 이러한 기존의 일본 정치사 및 해항사 연구의 한계를 고려하였을 때 이 책은 다음과 같은 세 가지 측면에서 공헌할 수 있는 바가 있다고 보인다.

---

38 増田廣實, 「明治前期における全国的運輸機構の再編－内航海運から鉄道へ」, 山本弘文編, 『近代交通成立史の研究』, 法政大学出版局, 1994; 武知京三, 「四日市港をめぐる海運の動向」, 山本弘文編, 『近代交通成立史の研究』, 法政大学出版局, 1994; 北原聡, 「近代日本における交通インフラストラクチュアの形成－星享と原敬」, 『社会経済史学』 63-1, 社会経済史学会, 1997.

39 藤森照信, 『明治の東京計画』, 岩波書店, 1982; 石塚裕道, 「京浜工業地帯形成史序説－1910年代を中心に」, 『研究紀要』 51, 日本大学文理学部人文科学研究所, 1996; 斎藤伸義, 「自立経済と臨海工業地帯開発－東京都の港湾政策の検証から」, 栗田尚弥編, 『地域と占領－首都とその周辺』, 日本経済評論社, 2007.

40 河西英通, 『近代日本の地域思想』, 窓社, 1996; 広瀬玲子, 『国粋主義者の国家認識と国家構想』, 芙蓉書房出版, 2004.

41 芳井研一, 『環日本海地域社会の変容－「満豪」・「間島」と「裏日本」』, 青木書店, 2000.

42 谷口忠義, 「港湾調査はなぜ一九〇六年に開始されたのか」, 『社会経済史学』 73-5, 社会経済史学会, 2008.

첫째, 이익이 성립하는 구조를 국가와 지역 양쪽을 어우르며 이해할 수 있다. 국가 수준의 행위자에게 지역 이익이 다뤄야 하는 대상이라는 사실은 이미 기존 연구에서 지적한 대로이지만, 지역 사회 입장에서 이익이 명확하지 않은 행정 과제의 경우 지역 이익 그 자체를 먼저 성립시킬 필요가 있다. 그리고 이때 중요한 역할을 하는 것이 세계시민형 행위자이다. 국가와 지역의 경계에 위치한 세계시민형 행위자는 어떻게 지역 이익을 성립시키는가. 근대 일본의 해항 건설 과정을 살펴봄으로써 이 질문에 대답할 수 있을 것이다.

둘째, 전전 시기 전체에 걸쳐 일본 정치에서 지역 이익이 어떻게 다루어져 왔는지를 이해할 수 있다. 기존의 지역 이익에 관한 연구는 메이지 시대가 시작, 국가가 형성된 후 정당 정치가 확립할 때까지의 시기에 초점을 맞추는 경향이 강하다. 따라서 1930년대부터 1940년대에 걸쳐 지역 이익이 어떻게 다루어져 왔는지에 대한 연구는 의외로 적다.[43] 해항 건설 문제는 중앙과 지방의 이익 교환에 적합하지 않은 행정 과제였기 때문에 철도 건설이나 하천 개수와는 달리 지역 이익으로 성립을 시도하는 과정을 1870년대부터 1940년대까지 이어서 살펴보는 것이 가능하다.

셋째, 해항사의 연구 공백을 메울 수 있다. 근세 이전 해항에 관한 연구가 어느 정도 축적되어 있는 반면,[44] 앞에서 지적한 바와 같이 근대 해

43 예외적인 연구로 전전부터 전후에 걸쳐 수자원 문제를 검토한 미쿠리야 다카시의 연구가 있다. 御厨貴, 앞의 책, 1996.

44 특히 농촌을 중심으로 이루어진 기존 역사 연구에 대한 안티테제(Antithese)로서 내륙 지역과는 달리 이질적인 공간을 구성하는 항구 도시(마을)에 대한 관심이 강해졌다. 후카사와 가쓰미(深沢克己)의 연구(深沢克己, 앞의 책, 2002) 외에 역사학연구회(歷史學硏究會)가 출판한 『항구 도시(마을)의 세계사(港町の世界史)』 시리즈(歴史学研究会編, 『港町と海域世界』(港町

항에 관한 연구는 거의 없다. 그 이유는 근세 해항과 근대 해항의 성질이 다르기 때문이다. 국가가 본격적으로 개입하기 시작한 근대 해항을 도시만이 관여하던 근세 해항과 동일한 문맥에서 논할 수는 없다. 각각의 행위자의 입장에 따라 다양한 해항 행정이 구상, 주장되었다는 점이야말로 근대 해항의 본질적인 부분이기 때문에 특정 행위자의 행정 구상에만 초점을 맞춰버리면 근대 해항의 전체상을 그릴 수 없다. 근대 해항을 논할 때는 다양한 행위자 간의 경합 관계를 역동적으로 파악해야 한다. 이 책은 이와 같은 관점에서 근대 해항사를 검토하는 최초의 시도이다.

3. 이 책의 구성

이 책은 해항 행정을 주도한 행위자를 시기별로 구분하여 총 6개 장으로 구성하였다.

제1장에서는 1870~80년에 걸쳐 문명개화론 정책을 지향했던 유신관료維新官僚[45]가 해항 건설을 시도한 시기를 다룬다. 일본의 행정을 크게 제약했던 구조약舊條約[18)] 아래에서는 개항장의 지방 관료가 자유롭게 해항 행정에 뛰어들 수 없었다. 그리고 이 점은 일본에서 해항 행정 주체가 다원화한 원인이 되었다. 한편 비개항장에서는 식산흥업殖産興業 정

の世界史シリーズ①), 青木書店, 2005; 歴史学研究会編, 『港町のトポグラフィ』(港町の世界史シリーズ②), 青木書店, 2006; 歴史学研究会編, 『港町に生きる』(港町の世界史シリーズ③), 青木書店, 2006 등이 대표적이다.

45 시미즈 유이치로(清水唯一朗)의 연구(清水唯一朗, 『近代日本の官僚－維新官僚から学歴エリートへ』, 中央公論新社, 2013) 제3장.

책[19]의 일환으로 국가와 지역 차원에서 교통망 구상이 시작되었고 이를 바탕으로 해항 건설이 이뤄졌다. 개항장에서 해항 건설이 늦어진 반면 비개항장에서 해항 건설 구상이 활발하게 진행되었다는 사실은 일본의 해항 행정 주체가 불명확하다는 특징을 만들어 낸다.

제2장에서는 1890년대 세계적으로 교통망이 발전함에 따라 일본 전국 각지에서도 지역 유지들에 의해 해항론이 활성화하는 과정을 검토한다. 교통 터미널이 될 해항 건설을 정당화하기 위해서 각 지역의 세계시민형 행위자는 해당 해항이 국가 차원에서 얼마나 중요한지 강조하지 않으면 안 된다. 그러나 대장성이나 군부 등 국가 행위자에게 중요한 해항은 그렇게 많지 않았고, 오히려 대부분 지역의 해항론을 억제해야 했다. 반면에 국가 행위자에게 중요한 해항은 지역 사회의 비용 부담 능력을 넘어서는 대규모 설계가 필요했다. 어떤 쪽이든 해항에 관한 지역 이익이 성립하는 것은 어려웠다.

제3장에서는 조약 개정을 실현한 1890년대 말부터 1900년대에 걸쳐 대장성 관료가 해항 행정 구상을 확립하여 실현하려 한 과정을 고찰한다. 대장성 관료는 꾸준한 무역 활동을 기대할 수 없는 지방의 중소형항의 요구는 제지하면서, 요코하마·고베와 같은 중요 항만은 적극적으로 정비해야 했다. 그러나 국가 차원에서 중요성이 명백한 요코하마·고베의 지역 주민에게 해항 건설에 필요한 비용을 부담시키는 일은 쉽지 않았다. 이때 중요한 역할을 한 것이 세계시민형 지방 관료였다. 이들은 요코하마·고베에서 해항에 관한 지역 이익을 성립시키고 지역의 비용 부담을 끌어내 해항 건설 실현에 성공하였다.

제4장에서는 1900년대 말부터 1910년대 중반에 걸쳐 재정 제약 아

래 지역 기업인에 의해 해항 건설이 실현되는 과정을 살펴본다. 이 시기에는 과거 대장성 관료가 해항 행정을 주도한 사실이 토목 행정을 맡아온 내무성 관료를 자극하여 해항 건설 행정이 결국 내무성 관료 담당으로 다시 넘어가게 되었다. 그러나 당시는 재정 제약이 컸기 때문에 내무성 관료도 해항 건설을 적극적으로 실행에 옮길 수 없었다. 또한 각지에서 해항 건설 중단을 검토하기 시작했는데 이러한 움직임에 반대하여 해항 건설을 이끈 것은 지역 기업인이었다.

제5장에서는 1910년대부터 1920년대까지 내무성 관료에 의해 해항 행정이 본격적으로 추진되는 시기를 다룬다. 제1차 세계대전을 계기로 찾아온 경제 호황은 일본에서 내무성 관료가 정우회와 협력하여 해항 행정을 적극적으로 이끌어 나갈 수 있는 추진제가 되었다. 내무성 관료는 정우회와 협력함으로써 해항에 관한 지역 이익을 성립할 수 있었고 지역의 지방항 건설을 촉진하였다. 한편 내무성이 해항 행정을 본격적으로 주도함에 따라 이를 둘러싸고 관청 간 경합이 일어나기 시작했다. 이에 관청 간 경합을 극복하고 내무성 중심으로 해항 행정을 일원화하기 위해서 여론 기관인 일본항만협회日本港灣協會를 설립하고 세계시민형 행위자의 네트워크화를 도모했다.

제6장에서는 1930년대부터 1950년대 중반에 걸쳐 전시 체제 아래에서 체신성 관료가 해항 행정에 관여하는 시기를 검토한다. 1930년대에는 만주사변滿洲事變[20] 이후 대륙과의 원활한 연락이 중요해졌고, 그 결과 체신성이 점차 해항 행정에 관심을 가지게 되었다. 이에 대항하기 위하여 내무성 토목국은 지방 공업항 건설 정책을 제안하지만 중일전쟁 발발과 전선 확대에 따라 전시 체제가 강화되면서 해륙 수송의 효율화를

추구하는 체신성운수통신성(運輸通信省)이 해항 행정의 주도권을 쥔다. 그러나 전후, 전시 체제가 해체되면서 해항 행정 주체도 또 다시 나뉜다.

이미 앞에서 언급하였듯이 일본에서 해항 행정 일원화는 실현되지 않았으며 시기별 주도권의 구분은 상대적인 것에 불과하다. 모든 시기에 걸쳐 해항 행정 일원화를 시도한 관청과 이에 저항하는 관청, 그리고 각 관청을 통해 지역 이익을 실현하고자 했던 지역 유지라는 구도는 변하지 않는다. 근대 일본 정치의 축소판이라고도 할 수 있는 이 구도를 해항 정비 과정을 통해 살펴보고자 한다.

제1장
일본 해항 행정의 시작
유신 관료와 구조약·식산흥업

근대 일본 해항海港의 가장 큰 특징은 도시와 분리되어 있다는 것이다. 일본은 섬나라이기 때문에 대부분의 도시는 연안 지역에 위치한다. 그럼에도 불구하고 도쿄東京·요코하마橫濱·오사카大阪·고베神戶처럼 해항은 도시가 아니라 그 주변에 만들어져 있다.

이러한 특징은 서구 열강과 맺은 일련의 수호 통상 조약 교섭에 기인한다. 1850년대부터 1860년대에 걸쳐 막부幕府1)와 서구 열강이 수차례 교섭한 결과, 일본은 5개의 개항장과 2개의 개시장開市場에서만 통상을 하게 되었다. 막부가 대도시에 개항장을 설치하지 않은 이유 중 하나는 외국과의 통상을 독점하기 위해서였다.[1] 당시 일본 경제의 중심지였던 오

1 石井孝,『增訂 港都横浜の誕生』, 有隣堂, 1976.

사카大坂에는 막부에 반기를 들고 대치할 가능성이 있는 유력한 번藩[2)]이 소유한 창고 겸 저택인 구라야시키蔵屋敷가 많이 있었기 때문에 막부 입장에서는 오사카를 개항할 수는 없었다. 또한 군사상 이유에서 에도江戸 또한 개항할 수 없었다.

경제적 합리성이라는 측면에서 보면 운송 경로의 결절점인 해항은 대규모 생산지나 소비지와 인접한 것이 좋다. 이는 일반적으로 육상 운송보다 해상 운송에 적은 비용이 들기 때문이다.[2] 그런데 근대 일본에서는 통상 조약 체결 당시의 사정 때문에 대규모 소비지인 에도도쿄나 오사카에서 떨어진 요코하마와 고베가 개항장으로 선정되었다. 결과적으로 일본에서는 에도나 오사카 등 기존의 대도시에서 수운이 활발하게 이루어지고 있었음에도 불구하고 거기에서 겨우 수십 킬로미터 떨어진 지역에 새롭게 해항을 설치한 것이다.

이는 연안 해운 중심이었던 에도와 오사카의 경우 지형상 문제가 있었기 때문이다. 에도만江戸灣 · 오사카만大板灣 모두 멀리까지 얕아 외양을 항해하는 대형 기선이 입항할 수 없었고, 풍랑을 막아주는 산이 근처에 없어 선박이 정박하거나 화물을 상·하역 할 때 안전을 담보할 수 없었다. 이 점은 막부 측 관료뿐 아니라 일본에 왔던 외국인의 기록에서도 확인할 수 있다.[3] 따라서 에도나 오사카의 경우, 본격적으로 해항을 건설하기 위해서는 대규모 준설, 방파제 건설이 반드시 필요하다는 사실

---

2 カウツ・エリッヒ・A, 山上徹訳,『海港立地論』, 時潮社, 1978.

3 예를 들어, 프로이센함대의 운송선 함장으로 일본에 온 라인홀트 베르너(R.Werner)는 에도만이 멀리까지 얕을 뿐 아니라 남쪽으로 열린 형태이기 때문에 태풍을 피할 수 없어 중요한 무역항을 절대 품을 수 없다고 지적하였다. ヴェルナー・R, 金森誠也・安藤勉訳,『エルベ号艦長幕末記』, 新人物往来社, 1990, p.42.

이 어렵고 힘든 점이었다.

그리고 이처럼 해항과 도시가 떨어져 형성되었다는 사실은 메이지明治 정부가 출범한 후 교통망의 중심으로 해항을 정비하려 하였을 때 큰 걸림돌이 되었다. 1880년대 중반 이후 제국 수도의 현관 자리를 두고 도쿄와 요코하마는 경쟁하기 시작했고, 이러한 관계는 1890년대 이후 오사카와 고베 사이에서도 나타났다.

메이지 정부에 의한 해항 정비는 1880년대 이후 본격적으로 시작되었다. 메이지 정부의 최고 중요 과제 중 하나는 식산흥업殖産興業 정책이었고, 이것을 구체화하기 위해서는 국내 교통망 정비가 반드시 필요했다. 국내 교통망의 중심을 하천 수운이라고 생각하는 내무성內務省과 철도 운송이라고 생각하는 공부성工部省[3)] 사이에 대립이 있었지만, 두 경우 모두 교통망의 결절점에 해당하는 해항 정비가 필요했다. 따라서 1880년대에는 중앙 정부와 지방 정부 모두 해항 정비를 시작한 것이다.

한편, 일련의 수호 통상 조약은 해항의 입지 문제만이 아니라 일본의 해항 행정 그 자체에 큰 영향을 주었다. 조약을 운영하는데 영사 재판권을 확대 해석했기 때문에 일본은 자유롭게 해항 행정을 펼칠 수 없었다. 개항장마다 설치된 외국인 거류지에서 경찰을 비롯하여 일본의 행정권이 제약을 받았다는 사실은 잘 알려져 있는데[4] 이는 해항 행정에서도 마찬가지였다. 해항에서는 선박 입출항이나 정박 절차 등에 관한 항칙港則을 제정하고, 항내 선박에 대한 지휘 명령을 담당하는 항장港長을 정할

4 개항장에서의 행정권 제약에 대해서는 다음 연구를 참조. 下村富士男, 『明治初年条約改正史の研究』, 吉川弘文館, 1962; 森田朋子, 『開国と治外法権－領事裁判制度の運用とマリア・ルス号事件』, 吉川弘文館, 2005; 五百旗頭薫, 『条約改正史－法権回復への展望とナショナリズム』, 有斐閣, 2010.

필요가 있었다. 조약에 따르면 항칙은 일차적으로 지방 장관과 각국 영사가 협의하여 정하고 협의에서 결정되지 않을 경우, 일본 정부와 각국 공사가 정하기로 했다.[5] 그러나 대부분의 개항장에서 지방 장관과 영사들 사이의 협의가 이루어지지 않았고, 그 결과 1899년 조약 개정 때까지 항칙은 제정되지 않았다.

그러나 일본의 개항장은 청淸의 개항장처럼 서구 열강이 관리하는 형태도 아니었다. 따라서 구조약舊條約 체제 아래 일본의 개항장에는 행정상 공백air pocket이 생기게 된다. 그리고 이 공백은 이후 일본의 해항 행정을 규정하였다. 따라서 이 장에서는 개항장에 나타난 행정상 공백을 메우려고 한 일본 정부의 움직임과 같은 시기 일어난 중앙과 지방 양쪽의 해항 정비 시도를 살펴봄으로써 1870~80년대 해항 행정의 전개 과정을 밝히도록 한다. 제1절에서는 구조약 체제 아래에서 개항 행정이 어너하였는지 그 실태를 고찰하고, 제2절에서는 식산흥업 정책의 일환으로 시작된 해항 개축改築 사업을 분석한다. 제3절에서는 개항 행정 및 해항 개축 사업의 경험을 바탕으로 제1차 요코하마 축항 공사에 이르게 된 과정을 검토한다.

5 이후 조약 개정에서 인증(引證) 기준이 된 오일(墺日) 조약의 제3조에서는 "오스트리아 및 헝가리 사람들이 거주할 곳 또는 그 가옥을 세울 장소는 오스트리아 및 헝가리 영사 관리 와 그 곳에 있는 해당 일본 관리와 상담하여 정할 것. 또한 항칙도 마찬가지이다. 만약 오스트리아 및 헝가리 영사 관리 및 일본 관리가 결정할 수 없는 일은 오스트리아 및 헝가리 외교 사절 및 일본 정부에게 상신할 것"이라고 규정한다. 明治期外交資料研究会編,『明治期外務省調書集成 条約改正関係調書集』11, クレス出版, 1996, p.509.

1. 구조약과 개항 행정

1)항장과 항칙의 부재

메이지 신정부의 항칙 제정을 위한 움직임은 1868년메이지 원년(明治元年) 이하, 이 책에서는 서기로 통일하여 표기한다 오사카를 개시장에서 개항장으로 변경한 시점부터 시작한다. 오사카를 개항장으로 지정하면서 오사카부大阪府 판사判事4) 겸 외국관外國官5) 판사였던 고다이 도모아쓰五代友厚6)와 영국·미국·네덜란드·프로이센 영사는 「오사카 개항 규칙大阪開港規則」에 합의한다. 메이지 신정부는 이 규칙을 바탕으로 전국 개항장의 항칙을 통일하고자 했고 같은 해 10월 외무성外務省7)은 전국의 개항장을 대상으로 각국 영사와 협의를 시작하라는 통달通達8)을 내렸다.[6]

이 중 항칙 제정 협의가 가장 어려웠던 곳은 일본 최대의 외국인 거류지가 있는 요코하마항橫濱港이었다. 가장 초기에 개항한 하코다테箱館에서는 이미 1859년 하코다테부교箱館奉行9)와 영미 양국 대표자가 합의하여 「하코다테항 정칙箱館港定則」을 공식적으로 발표하였다. 이것은 전체 9조로 이루어진 매우 간소한 형태였지만, 이후 개정을 거쳐 1867년에는 「오사카 개항 규칙」과 내용면에서 거의 차이가 없는 「하코다테항 규칙서箱館港規則書」가 되었고, 이에 하코다테부교와 각국 영사가 합의한다. 나가사키長崎에서도 비록 일본 측 동의는 없었지만 영미 양국 영사에 의한 항칙이 존재했다. 이들 항칙은 세부 내용에 차이가 있고, 나가사키의 경우 일본의 동의가 없었다는 문제가 있지만 그래도 항내 선박이 지켜야

---

6 外務省記録·3門1類1項8号, 「横浜港則設立一件(10月15日, 各港宛外務省達)」.

하는 규칙을 제시한 것이었다.[7]

그런데 일본 최대 개항장이었던 요코하마항에는 아직 선박이 지켜야 할 규칙이 존재하지 않았고 항내 전체를 관리할 항장 또한 없었다. 증기선 조종에는 고도의 기술이 필요했기 때문에 이를 지휘하는 항장의 선임, 항칙 제정에는 외국 측 협조가 필수 불가결했다. 이에 외무성으로부터 통달을 받은 가나가와현神奈川縣은 거류지에서 가장 영향력이 크다고 판단한 영국 측 의향을 살피면서 항칙을 원활하게 실시하고자 했다.

1870년 5월 가나가와현 권판사權判事 이세키 모리토메井關盛艮는 영국 해군의 퍼비스G. Purvis 대령을 항장으로 초빙하여 항칙 제정 준비를 시작했으며, 같은 해 7월에는 퍼비스가 초안을 작성한 「요코하마 항내 규칙橫濱港內規則」을 각국 영사에게 보냈다. 이 규칙은 전체 28조로 구성되며 정박장소 지정제4·5조이나 입출항 절차제3·6조, 전염병 환자 승선 선박에 대한 대처제8·9조 등에 관한 항장의 권한이나 위반자에 대한 벌칙을 정한 것이었다.[8]

그런데 이 「요코하마 항내 규칙」 안에 대하여 영국과 포르투갈을 제외한 나머지 국가들의 영사가 반발했다. 미국과 독일 등 7개국 영사들은 항내에서 항장의 역할이 크므로 항장 선임 방법에 대해서도 지방 장관과 영사가 협의해야 한다고 주장했다.[9] 또한 이 시점에서 입장을 보류했던 프랑스도 1872년경에는 위의 7개국과 같이 반대 의견을 표명한다.

---

7 斎藤多喜夫, 「幕末の開港港則」, 『横浜開港資料館紀要』 2, 横浜開港資料館, 2004.

8 外務省記録·3門1類1項8号, 「横浜港則設立一件(庚午7月22日, 各国(米英仏瑞伊丁独蘭白葡)岡士宛桜田·中野·井関)」.

9 外務省記録·3門1類1項8号, 「横浜港則設立一件(1870年8月31日, 井関·中野·桜田宛丁以独蘭白米瑞岡士)」.

특히 강경했던 것은 미국이었다. 주일 미국 공사 드 롱C. E. De Long은 "정박장에 대하여 이래라 저래라 지시하는 것"은 곤란하다고 항의하였다.[10] 이에 대하여 이세키 모리토메는 퍼비스는 항칙 제정을 위한 조사를 하고 있을 뿐 "정박하는 선박 등에 대하여 이래라 저래라 지시하는 일은 없다"고 반론했지만 실제 퍼비스는 항내에서 전염병 환자 승선 선박에 대한 지시나 선박 충돌 사고 심판 등도 하고 있었다.[11]

7개국 영사가 반발한 배경에는 요코하마거류지에서의 주도권 경쟁이 있었다. 1867년 요코하마거류지의 행정권이 반환될 때 서구 열강 대표단의 합의에 의해 임시취체장관臨時取締長官에 임명된 것은 영국 영사관의 도멘M. Dohmen이었다. 그런데 특히 미국·스위스 양국 영사가 지대地代를 계속해서 지불하지 않는 등 거류지 운영은 결코 원활하지 않았다. 결국 이듬해 1868년 도멘의 후임을 뽑는 선거에서는 영국인 후보 보일H. L. Boyle을 누르고 미국인 벤슨E. S. Benson이 선출되었다. 득표수를 국적별로 살펴보면 영국을 제외한 모든 나라에서 벤슨이 과반을 훨씬 넘게 차지한 상태였다. 기존에 거류민 수를 앞세워 요코하마거류지 행정의 주도권을 장악하던 영국이었지만 1870년경부터는 이러한 주도권에 그림자가 지기 시작한 것이다.<표 1-1>[12]

결과적으로 7개국 영사는 항장 선임 과정 참여를 요구하였다. 이들은

---

10 外務省記録·3門1類1項8号, 「横浜港則設立一件(庚午6月3日, 澤外務卿寺島外務大輔米国公使デローング応接記)」.

11 다음 사료를 통해 퍼비스의 활동 중 일부를 알 수 있다. *The Japan Weekly Mail*, June 25th, 1870; 内閣文庫, 「神奈川県史料 43冊 外務部(明治3年)(1870年7月15日, 金川県権知事宛港長ポルヴィス)」; 外務省記録·3門6類7項9号, 「横浜港ニ於テ帝国軍艦雲場号へ英吉利国風帆船『フランシス, ヘレデー』号衝突ニ係ル損害賠償一件」.

12 横浜市編, 『横浜市史』 3(上), 1962, pp.366~396.

〈표 1-1〉 요코하마거류지 취체장관 선거 국적별 득표수

국적	벤슨(미국)	보일(영국)	윌리엄슨(영국)	시어(영국)	총 투표수
영국	25	106	8	4	143
미국	44	12	1		57
프랑스	28	8			36
프로이센	20	13			33
네덜란드	15	10	1		26
스위스	14	1			15
이탈리아	13	1			14
포르투갈	6	2			8
덴마크		1			

출처 : 横浜市編, 『横浜市史』 3(上), 1962, p.394.

각 나라의 선원은 "가나가와神奈川 해상에 머무르는 동안 요코하마항 육지에 체류하는 동일 국적인과 같은 취급"을 받을 권리, 즉, 영사 재판을 받을 수 있는 권리가 있는데, 그 "권리 중 일부를 항장에게 위임하는" 이상 항장은 "각국 영사관의 선거"에 의해 선출되어야 한다고 주장했다.[13]

나아가 1871년에는 주일 독일 공사 브란트M. von Brandt가 또 다른 요코하마항 관리 방법을 제안하였다.[14] 이는 구조약에서 인정되지 않았던 외국 선박에 대한 돈세噸税10) 징수를 허용하고 이렇게 징수한 돈세로 항과 등대를 관리한다는 것으로, 관리는 모두 일본에게 위임하거나 미국·영국·프랑스·독일로 구성된 국제위원회에게 위임하는 방안이었다. 대형 기선 관리를 일본이 단독으로 하는 것은 비현실적이었기 때문에 브란트의 제안은 결국 요코하마항 관리는 서구 열강이 하겠다는 의도를 지닌 내용이었다. 즉, 다른 행정 규칙처럼 영사 재판권의 확대 해석에 의해

13 外務省記録·3門1類1項8号, 「横浜港則設立一件 明治5年2月6日(外務卿輔宛仏国代理公使)」.

14 U.S.National Archives, Memorandom of points suggested by Mr. von Brandt charge d'affaries of the North German Confideration.

항칙 제정에도 제약이 생긴 것이다.

그런데 이세키 모리토메에게 역시나 가장 중요했던 문제는 항장 선임권이었다. 이세키 모리토메는 "항장을 초빙하거나 초빙하지 않는 것은 우리 정부에게 권한이 있다"[15]는 입장이었기 때문에 항장 선임 과정에 각국 영사가 참여하는 것을 인정할 수 없었다. 애초에 퍼비스를 초빙한 것도 개입을 피하기 위한 것으로 항장으로 외국인을 초빙한다 할지라도 주도권은 어디까지나 일본에 있어야 했다. 하지만 외국 측 요구를 주체적으로 수용하여 개입을 막는다는 이세키 모리토메의 시도는 요코하마 거류지 내부의 정세를 잘못 읽음으로써 실패한다.

이후 외무성이 항칙 제정 교섭을 이어갔으나 선박 지휘권은 자국민의 재산권 침해라는 입장을 지닌 서구 열강과 의견 차이를 좁히지 못했다.[16] 잘 알려져 있다시피 조약 개정 그 자체의 해결에 오랜 시간이 소요되었고 따라서 항칙 문제도 마찬가지로 단기간에 해결되지 않았다.

결과적으로 개항장에는 항장과 항칙이 없는 상황이 이어졌다. 요코하마항에서는 1873년 6월 퍼비스의 임기가 끝난 후 항장직은 없어졌다. 또한 요코하마항처럼 항칙이 제정되지 않았던 고베항에서는 영국인 마셜J. Marshall을 항장으로 초빙했는데, 이 경우 다른 나라들이 항장 선임 과정에 참여를 요구하지는 않았다. 그러나 고베항에서도 항칙 문제는 역시나 해결이 어려웠고 1874년 완성된 「고베항 항칙神戸港港則」도 시행하지 못했다.[17]

---

15 外務省記録 · 3門1類1項8号, 「横浜港則設立一件 庚午10月16日(外務省宛神奈川県)」.

16 外務省調査部監修 · 日本学術振興会編, 『条約改正関係日本外交文書』 1(上), 日本国際協会, 1941, pp.107~117.

17 外務省記録 · 3門1類1項9号, 「神戸港港則設立一件」.

2) 가나가와현과 요코하마세관의 시도

이세키 모리토메의 시도가 실패로 끝나면서 요코하마항에는 행정상 공백이 생겼다. 이를 메우기 위해 다양한 움직임을 보인 것은 가나가와현과 요코하마세관横濱稅關이었다. 그런데 구조약의 영향을 받던 개항장에서는 이러한 움직임도 원활하지 못했다.

외국 선박까지 대상으로 포함한 항칙을 시행하지 못하는 상황을 지켜보던 가나가와현은 우선 일본 선박만을 대상으로 한 항칙을 시행하고자 했다. 1872년 5월 가나가와현은 「요코하마항 일본 선박 정박 규칙橫濱港日本船碇泊規則」을 공포했다.[18] 그런데 이 규칙을 시행하기 위해서는 일본 선박용 부두를 정비해야 했으나 이에 서구 열강들이 반대 의사를 표명했다. 당시 요코하마에서는 외국인 거류지와 일본인 거리가 분리되어 있었는데 개항 초기에는 이러한 구분이 없었다. 그 결과 프랑스 공사관·네덜란드 영사관·독일 영사관이 일본 선박용 부두 앞에 자리한 상태였고, 「요코하마항 일본 선박 정박 규칙」을 제정하면서 가나가와현이 이를 정비하려고 하자 프랑스공사관이 항의한 것이다. 무엇보다 항의의 이유가 프랑스 공사관의 조망을 해친다는 아주 사소한 것이었다는 점이 중요하다. 가나가와현은 "이번에 당항當港 규칙을 취급하도록 결정하는 데 있어 귀국의 선박이 이 규칙을 준수하기는 어렵다는 점에 대해서는 지장이 없고 일리가 있으나, 우리 선박을 떼어내어 서로 엇갈림이 없도록 이미 조축造築을 시작했다"며 부두 조성이 일본 선박을 위한 항칙 제정에 필요한 조치라는 점을 강조하고, 조망을 저해한다는 이유를 "따라

18 太政類典·第2編第195巻, 「橫浜港内内国船碇泊規則」.

서 일본에서 일반적인 항칙을 만들기 위해서라도 이제 와서 바꾸는 것은 어렵다"고 프랑스 공사관으로부터의 항의를 일축해 달라 외무성에 상신하였다.[19]

이처럼 항칙·항장이 없는 상황은 선박에 대한 지휘권뿐 아니라 항내 인프라 정비 등 해항 행정 전반을 제약하였다. 그리고 이러한 상황 때문에 가장 곤란했던 것은 밀수와 탈세를 단속하는 세관이었다.

구조약에서는 세관에 관한 규칙도 항칙과 마찬가지로 각국 영사와 협의하여 공포하도록 무역장정貿易章程11) 제11칙에서 규정하였으나, 그 범위가 명확하지 않아 세관과 각국 영사 사이에 분쟁이 끊이지 않았다. 게다가 요코하마세관은 가나가와현처럼 전前 영국 영사 로우더F. Lowder를 초빙하는 등 영국에 배려하여 세관 규칙을 정하려 했기 때문에 역시나 다른 나라 영사들의 반발을 샀고 결국 세관 규칙을 공포하지 못했다.

게다가 세관 규칙 부재와 더불어 승하선 시설 또한 정비되어 있지 않아 세관의 단속은 매우 힘들었다. 당시 개항한 곳에는 대형 선박이 접안 가능한 안벽岸壁이 없어 여객과 화물 모두 부선艀船12)을 이용하여 육지를 오갔다. 따라서 선박의 정박 위치나 부선 단속이 세관에게 가장 중요한 과제 중 하나였다. 예를 들어 1873년 9월 고베항神戸港에서는 독일 상선 카산드리Cassandra호가 세관 허가 없이 부선을 이용하다 적발되어 육상으로의 화물 하역을 허가받지 못한 사건이 일어났다.[20] 독일 상사商社가 즉시 영사에게 호소했으나 고베세관 세관장 우류 하지무瓜生寅가 이에 대응하지 않았기 때문에 사건은 외교 문제로 발전했다.

---

19 外務省記録·3門13類1項2号, 「横浜海岸通仏国公使館前波止場増築ニ関シ同国公使苦情一件」.
20 外務省調査部編, 『大日本外交文書』 6, 日本国際協会, 1939, p.718.

우류 하지무가 강경한 자세를 취한 배경에는 고베세관의 밀수 단속 체제 강화가 있었다.[21] 이해 8월에는 고베세관의 허가를 받지 않으면 항내 부선업자가 외국 선박의 화물 운반을 할 수 없도록 부선 규칙을 정했다. 그러나 이 규칙은 일본인 소유 부선에 대한 규칙이었기 때문에 각국 영사의 승인을 얻어야 외국인 소유 부선에 적용할 수 있었다. 이에 우류 하지무는 카산드라호에 대한 제재의 근거로 「오사카 효고 간 선박 예인 등에 관한 규칙大坂兵庫間引船等ノ規則」 제7조, 즉, "오사카 또는 효고에 면허가 있는 선박을 대상으로 한 화물 상·하역은 일본 정부가 지정한 부두 또는 일본 정부로부터 면허를 받은 전마선傳馬船13)에 한정한다"를 들었다. 바꾸어 말하자면 오사카에서 온 소형 증기선으로부터의 화물 하역을 단속하는 일과 항내 정박선으로부터의 화물 하역을 단속하는 일은 같은 것이라고 고베세관의 행동을 정당화한 것이다.[22]

우류 하지무의 강경한 자세를 대장성大藏省도 지지했다. 대장성 사무총재事務總裁였던 오쿠마 시게노부大隈重信는 외무성에게 "동항同港(고베항-저자 주) 거류 외국인 중 경솔하게 일본식 부선 수척을 소유하면서 세관 면허는 취득하지 않고 각국 선박으로 화물을 운반하거나 자기 화물을 수송하는 자가 있는데, 이를 이대로 두면 항내 단속 일반과 어긋나며 결국에는 밀상密商과 탈세의 폐해를 낳을 수 있다"며 부선 단속은 밀수 및 탈세를 단속하는데 매우 중요하다는 사실을 강조하였고 고베세관의 행동을 정당화했다. 그러나 외무성은 밀수 및 탈세의 단속 권한이 세관에 있다는 점

21 太政類典, 「孛国ナピチカール艀船ヲ以テ貨物運輸ヲ留ムル件ヨリ生スル費金ヲ償フ(明治7年9月4日, 大蔵省伺)」.
22 外務省調査部編, 『大日本外交文書』 6, 日本国際協会, 1939, p.721.

은 인정하면서도 그것을 위해 외국인 권리와 관련된 규칙을 공포해야 한다면 외국 측 동의를 얻어야 한다는 입장을 밝혔다. 결과적으로 대장성과 고베세관은 독일 상사에게 배상금을 지불하였다.[23]

한편 요코하마항에서는 부두 이외에서 화물을 상·하역하는 것은 가나가와현 포고布告[14)]에 의해 금지되어 있었다. 요코하마항에는 1859년에 만들어진 영국 부두동쪽와 1863년 만들어진 프랑스 부두서쪽, 2개의 부두가 있었는데,[24] 실제로는 대부분의 외국인이 편한 장소에 사다리를 걸쳐 놓고 선박과 육지 사이를 오갔다.

그런데 1874년 4월 위 2개 부두 이외의 장소에서 상륙하고자 한 영국인과 러시아인을 요코하마세관이 단속하려 했고 결국 외교 문제로 번졌다. 영국 영사는 가나가와현 포고는 화물 상·하역을 금지하는 것으로 사람의 승·하선은 금지 대상이 아니라고 주장하였으며 러시아 영사는 가나가와현 포고가 각국 영사의 승인을 얻은 것이 아니므로 러시아 국민은 이를 따를 필요가 없다고 했다. 결국 세관은 영사들을 설득하지 못하고 부두 이외의 장소에서 승·하선을 인정할 수밖에 없었다.[25]

그리고 이러한 일련의 사건을 거치면서 요코하마세관의 관심은 밀수 및 탈세 단속에서 요코하마항 부두 정비로 바뀐다. 당시 요코하마항 2개 부두의 돌제突堤 길이는 60간間, 약 109미터 정도로 취급 가능한 화물량에는 당연히 한계가 있었다. 계속해서 늘어나는 화물량에 대응하고 밀수

23 外務省調査部編, 『大日本外交文書』 7, 日本国際協会, 1939, p.654.

24 運輸省第二港湾建設局編, 『横浜港修築史－明治·大正·昭和戦前期』, 運輸省第二港湾建設局京浜港工事事務所編, 1983, pp.64~69.

25 外務省記録·3門1類2項16号, 「横浜海岸石垣ヨリ乗船セシ英吉利国人『テールス』差押一件 附波止場外上陸場設置ノ件」.

및 관세 단속을 강화하기 위하여 대장성은 대형 선박이 접안 가능한 부두 정비 계획을 세웠다. 1872년 4월에는 이노우에 가오루井上馨 대장성 차관다이후(大輔)이 「요코하마항 부두 축조안橫浜港波止場築造伺」을 제출했다. 이노우에는 "요코하마항 해안은 간조 시 멀리까지 수심이 얕아 대형 선박이 운반을 자유롭게 하지 못한다. 이에 요코하마항에 입항하는 선박이 멀리에 정박하기 때문에 감독하는 선박을 타고 관리가 왕복하며 심문하는데 드는 비용이 적지 않다"[26]고 제안 의도를 설명하였다. 대장성은 요코하마항을 거대한 방파제로 둘러싸고 그 방파제에 선박을 접안시킴으로써 항내 선박 감시나 화물 상·하역을 용이케 하고자 한 것이다.

정부는 대장성 안을 수용하였고 공부성이 요코하마항 정비 설계를 시작하였으며 1874년 3월에는 공부성이 초빙한 영국인 기사技師[15] 브랜튼R. H. Branton의 설계안이 완성되었다. 브랜튼의 설계안은 대형 선박 6척과 소형 선박 9척이 동시에 접안할 수 있도록 요코하마거류지 앞쪽 해안에서 3,300피트약 990미터와 2,420피트약 726미터짜리 방파제 2개가 돌출하는 형태로 설계된 것이었다. 그리고 이 두 방파제는 접안 부두의 역할도 겸하는 것으로 방파제 내에는 최대 90척의 선박을 수용할 수 있는 112에이커약 13만 7,000평의 계선장繫船場을 설치하도록 하였다. 이듬해 4월 오쿠마 시게노부 대장경大藏卿[16]은 이 브랜튼의 설계안에 기반한 「요코하마항 대형 부두 신축안橫浜港大波戸場新築之儀ニ付伺」을 태정대신太政大臣[17]에게 제출하였다.[27]

그러나 대장성에 의한 부두 정비 구상은 실현되지 않았다. 오쿠마 시

26 公文録·明治5年·第21巻·大蔵省伺中, 「横浜波止場建築ノ儀伺」.
27 公文録·明治7年·第123巻, 「横浜港大波戸場新築之儀ニ付伺」.

게노부 대장경의 안에 대하여 내무성 토목료土木寮[18]가 이의를 제기한 것이다. 브랜튼의 설계안에 따르면 공사비는 대략 108만 엔에 이른다. 그런데 내무성이 초빙한 네덜란드 기사 반 도른C. J. van Doorn은 설계 및 자재를 재검토한 결과 31만 엔까지 비용을 줄일 수 있지만 당장 불완전한 공사를 시작하는 것보다 비용 등을 숙고하여 적합한 시기를 기다리는 것이 좋겠다는 의견을 냈다.[28]

이는 반 도른 개인의 의견이라기보다 당시 내무경内務卿[19]이었던 오쿠보 도시미치大久保利通의 의견이었을 것이다. 뒤에서 살펴보겠지만 1874년경 내무성은 독자적으로 하천 정비, 항만 건설 방침을 세워 가고 있었다. 더군다나 1874년 초에는 불평사족不平士族[20]에 의한 이와쿠라 도모미岩倉具視 습격 사건아카사카 구이치가이의 변(赤坂喰違の変)[21]과 사가의 난佐賀の乱[22]이 일어나는 등 국내 정세가 불안한 상태였다. 이에 오쿠보 도시미치는 사족의 불만을 잠재우기 위해 같은 해 5월 대만으로 출병을 강행했는데, 출병에 필요한 군사비를 마련하려면 요코하마항 정비는 당분간 연기할 수밖에 없다고 내무성 내에서 판단하였던 것이다.

반면에 오쿠마 시게노부 대장경은 대만 출병조차 식산흥업 정책의 일환이라 인식하고 있었다. 대만 출병을 계기로 대외 군사 행동에 필수 불가결한 해상 수송 능력을 강화하고 이를 평시에는 해운업에 전환 이용하여야 한다고 오쿠마 시게노부는 생각했다. 이를 위해서 오쿠마 시게노부는 13척1만 1,974톤에 달하는 기선을 영국으로부터 구입했다.[29] 그리고 이들 기선을 활용하기 위해서는 당연히 해항 정비가 필요했다. 1874

28 大隈文書 · A3004, 「横浜船舶荷揚場桟橋建築伺書」.

29 小風秀雅, 『帝国主義下の日本海運－国際競争と対外自立』, 山川出版社, 1995, pp.117~123.

년 제시한 요코하마항 정비안은 요코하마항의 감시 기능 강화를 위한 것임과 동시에 오쿠마 시게노부에 의한 일본 해운의 대외 진출 정책 중 하나이기도 했다.

그러나 거액의 재정 부담을 수반하는 오쿠마 시게노부의 해운 정책은 정부 내외에서 많은 비판을 받았으며 역체료駅逓寮23)가 담당하던 내무성의 해운 정책과도 충돌하는 것이었다. 결국 대만 출병과 오사카회의大阪會議24)를 거치면서 오쿠마 시게노부에 대한 긴축 재정파의 공격은 더욱 심해져 해운 행정의 주도권을 내무성에게 넘기게 된다.[30] 오쿠마 시게노부의 요코하마항 정비안은 받아들여지지 않았으며 해운 행정도 내무성으로 일원화되었다. 그리고 1881년에는 오쿠마 시게노부가 대장경 자리를 물러나고 마쓰가타 마사요시松方正義가 긴축 재정 노선을 펼치게 되면서 대장성에 의한 요코하마항 정비 요구는 이후 얼마 동안 자취를 감췄다.

지금까지 살펴본 바와 같이 1870년대 전반 요코하마항에서는 서구 열강과의 조약이 가져온 제약으로 해항 행정의 주체가 불명확한 상태가 이어졌다. 그런 상황 속에서도 해항 행정에 열의를 보일 수밖에 없었던 것은 대장성이었다. 대장성은 요코하마항에서 무역량이 늘어나는 상황에 대처하고 밀수 및 관세 단속을 강화하기 위하여 요코하마항 정비 계획을 세웠으며 그것은 일본 해운의 대외 진출책의 일환이기도 했다. 그러나 이렇게 대외 무역을 중시한 대장성의 해항 행정은 토목 행정을 담당하는 내무성에 의해 제동이 걸렸다.

---

30 위의 책, pp.123~131.

2. 식산흥업과 해항 건설–노비루 · 우지나 · 모지

1) 종합 교통망 구상을 둘러싼 대립–내무성과 공부성

요코하마항 정비는 반대했던 내무성이지만 해항 정비 자체에 관심이 없었던 것은 아니다. 개항장의 경우 구조약의 제약이 있어 쉽게 착수하지 못했으나 내무성은 국내 교통망 정비의 일환으로 해항비개항장(非開港場) 정비를 시작하였다. 이 절에서는 1870년대부터 1880년대에 걸쳐 국내 문제로서 해항이 만들어져 가는 과정을 살펴보겠다.

잘 알려져 있다시피 오쿠보 도시미치 내무경이 추진한 식산흥업 정책에서 국내 산업을 육성하는데 필요한 교통 인프라 정비는 주요 사업 중 하나였다.[31] 1871년 말부터 이와쿠라사절단岩倉使節團25)의 일원으로 유럽과 미국을 방문했던 오쿠보 도시미치는 귀국 후 1874년 식산흥업 정책을 제안했다.[32] 이는 지형이나 자연 조건이 유사한 영국을 모델 삼아 해운 보호를 통해 국내 공업을 육성하는 내용이었다. 따라서 오쿠보 도시미치는 수운과 해운을 중심으로 국내 교통망 정비를 구상한다.

내무성의 교통망 구상은 네덜란드인 기술자가 이끌었다. 이와쿠라사절단이 출발하기 전인 1870년 말에는 이미 국내 수운망 정비를 위하여 당시 세계 최고 기술을 자랑하던 네덜란드로부터 기술자 초빙을 결정하였으며, 1872년 2월, 앞서 등장했던 반 도른과 린도I. A. Lindo가 일본에 도착했다. 미국과 유럽을 돌아본 후 귀국한 오쿠보 도시미치는 네덜란드

---

31 中村政則 · 石井寛治, 「明治前期に於ける資本主義体制の構想」, 加藤周一他編, 『日本近代思想体系 8 経済構想』, 岩波書店, 1988.

32 日本史籍協会編, 『大久保利通文書』 5, 東京大学出版会, 1968, pp.561~566.

식 수운망을 전국적으로 정비하기 위해 에셔G. A. Escher와 드 리케J. de Rijke 등 제2차 네덜란드 기술단 초빙을 결정한다.[33]

결과적으로 수운을 중심으로 한 내무성 토목료의 교통망 구상은 1874년경 이미 완성되었던 듯싶은데, 예를 들어 1874년 2월 토목권두土木權頭[26)] 이시이 쇼이치로石井省一郎가 「수리 행정 개선안水政ヲ更正スル議」을 제출했다.[34] 이 안은 미곡이나 목재 등 무거운 물건의 운송에는 수운이 보다 효율적이라는 점을 강조하고 네덜란드 하천 정책을 참고하여 전국적인 수운망을 구축해야 한다고 주장하며, 간토關東과 간사이關西[27)]의 주요 수로인 도네가와利根川·요도가와淀川부터 시작하여 시나노가와信濃川·기소가와木曾川로 대상을 확대한다는 내용이었다.

그리고 이러한 내무성 토목료의 교통망 구상에 따라 네덜란드인 기술자들은 도네가와·요도가와는 물론 전국 각지의 하천과 해항을 시찰하고 개수 계획을 세웠다. 예를 들어, 오사카 축항 계획 입안을 위해 초빙된 에셔는 1873년 요도가와 수계水系를 조사한 후, 1876년에는 돗토리鳥取에서 후쿠이福井까지 돌면서 센다이가와千代川-가로항賀露港, 구즈류가와九頭竜川-사카이[미쿠니]항坂井(三國)港 개수 계획을 세웠다. 나아가 1877년에는 도네가와와 시나노가와 개수 계획도 내놓았다.[35]

내무성에 의한 전국 교통망 구상은 기존의 철도 중심 교통망 구상을 부정하는 것이었다. 메이지시대 초반부터 일본 국내 교통망은 여러 변화는 있어도 재정적인 이유로 인해 기본적으로 철도 건설 중심이라는

33 山崎有恒, 「内務省の河川政策」, 高村直助編, 『道と川の近代』, 山川出版社, 1996, pp.70~72.
34 大隈文書·A3911, 「水政ヲ更正スル議」.
35 伊東安男総合監修, 『蘭人工師エッセル日本回想録』, 福井県三国町, 1990.

구상을 공유한 상태였다. 1869년 12월에는 도쿄와 교토京都 간 철도 부설이 묘의廟議[28)]에서 결정되었고, 이듬해에는 영국인 초빙기사 브랜튼의 손에 의해 도쿄-요코하마, 교토-고베, 비와코琵琶湖-쓰루가敦賀 세 노선의 측량 및 설계가 시작되었다. 그리고 1870년에 공부성이 만들어지자 철도 건설은 공부성 주도로 추진되었다. 도쿄와 교토를 철도로 잇고 그 간선을 요코하마 · 고베 · 쓰루가와 같은 주요 해항으로 연결시키는 것이 메이지 정부가 애초에 가지고 있었던 교통망 구상이었다.

브랜튼은 메이지 정부가 처음으로 고용한 민간 토목 기술자였는데[36] 주요 임무는 일본 전국 연안을 측량하여 등대를 건설하는 것이었다. 따라서 브랜튼은 재임한 8년 동안 5개의 개항지는 물론 전국의 등대 설치 해역을 측량했다. 또한 대장성과 오사카부大阪府의 요청에 의해 앞에서 언급한 요코하마항을 시작으로 오사카항과 니가타항新潟港의 측량과 축항 설계도 하였다. 이들 축항 계획은 모두 실현되지 않았지만 철도 건설 계획 및 항로 유지를 위한 등대 건설 계획과 함께 추진되었던 것이다.

그러나 앞에서 언급한 것처럼 1875년에는 오쿠보 도시미치 내무경과 오쿠마 시게노부 대장경이 주도하여 해운 보호 정책이 본격적으로 시작된다. 1875년 1월 오쿠마 시게노부는 「수입 지출 원천을 투명하게 하여 이재理財 회계의 근본을 확립하는 안収入支出ノ源流ヲ清マシ理財会計ノ根本ヲ立ツルノ議」에서 철도 건설 중단과 철도 사업 불하를 주장했다.[37] 재원 제한으로 인해 해운 보호책과 철도 건설을 양립할 수는 없었기 때문에 오쿠마 시게노부에게 해운 보호책 추진은 동시에 철도 건설 동결을 의미했다.

---

36 ブラントン · R · H, 徳力真太郎訳, 『お雇い外人の見た近代日本』, 講談社, 1986, p.7.
37 大隈文書 · A0007, 「収入支出ノ源流ヲ清マシ理財会計ノ根本ヲ立ツルノ議」.

나아가 오쿠보 도시미치는 네덜란드인 기사단이 일하기 좋은 환경을 만들기 위해 공부성이 초빙한 영국인과 프랑스인 기사는 해고하기에 이른다. 이미 1870년대부터 메이지 정부 내부에서 네덜란드인 기사단과 영국인 기사단 사이의 대립이 표면화된 상태였으며 그러한 대립이 토목 정책 추진상 폐해로 작용하고 있었다. 이러한 상황을 고려하여 오쿠보 도시미치는 1875년 12월 초빙 외국인 삭감 방침을 냈고 브랜튼 등 공부성에서 초빙한 영국인 기사들은 귀국할 수밖에 없었다.[38]

당연히 공부성 기술 관료들은 내무성과 대장성의 방침에 반발했다. 그러나 정부 수뇌부가 해운 보호책을 내세운 이상, 공부성이 철도 건설을 추진하려면 내무성·대장성의 교통망 구상을 따르는 형태로 스스로의 철도 정책을 바꿔야 했다. 결국 1875년 이후 공부성은 수운을 중심으로 한 국내 교통망을 보완하는 것으로 철도 정책을 자리매김한다. 이는 도쿄와 교토를 잇는 간선 철도 건설을 당분간 단념하고 태평양 연안 해항과 동해 연안 해항 또는 해항과 내륙을 연결하는 교통망으로서 철도의 역할을 강조하기 시작했음을 의미한다.[39]

한편, 1876년 2월에는 공부성 철도 책임자 이노우에 마사루井上勝가 비와코 수운을 이용한 쓰루가선敦賀線 조기 착공을 공부경工部卿[29)]인 이토 히로부미伊藤博文에게 재촉했다.[40] 북일본 지역[30)]의 해산물이나 농산물을 운반하는 동해 연안 해운의 최대 장애물은 와카사만若狭灣에서 게이한京阪

38 山崎有恒,「日本近代化手法をめぐる相克－内務省と工部省」, 鈴木淳編,『工部省とその時代』, 山川出版社, 2002.

39 小風秀雅,「明治前期における鉄道建設構想の展開」, 山本弘文編,『近代交通成立史の研究』, 法政大学出版局, 1994.

40 増田廣實,「明治前期における全国的運輸機構の再編－内航海運から鉄道へ」, 山本弘文編,『近代交通成立史の研究』, 法政大学出版局, 1994, pp.186~187.

지방[31)]으로 이어지는 육로였다. 이미 1877년 착공한 교토-고베 간 철도가 완성 예정이었기 때문에 쓰루가선을 만들면 동해 연안 항로와 태평양 연안 항로를 연결할 수 있었다. 또한 나카센도철도中山道鐵道[32)]와 그 지선으로 주요 해항을 이어야 한다는 이유를 들며 도쿄와 교토 간 철도의 필요성을 계속해서 주장했다. 공부성은 수운으로는 대체할 수 없는 이들 노선의 중요성을 강조함으로써 철도 건설 사업을 존속시키고자 한 것이다.

어쨌든 간에 1870년대 중반에는 내무성과 공부성이 각각 해항을 결절점으로 하는 종합 교통망을 구상하고 있었다고 할 수 있다. 그리고 그것은 1878년부터 기업 공채 사업起業公債事業[33)]의 일환으로 실행에 옮겨졌다.

1878년 3월 오쿠보 도시미치 내무경은 「일반 식산 및 화족·사족 수산안에 대한 질의一般殖産及華士族授産の儀に付伺」[41], 오쿠마 시게노부 대장경은 「내국채 모집 관련 태정관 상신안 및 포고안内債募集に関する太政官への上申案並布告案」[42]을 각각 산죠 사네토미三條實美에게 제출했다. 이는 총 예산 1,000만 엔의 내국채를 발행하여 조달한 자금을 바탕으로 농지 개간, 광산 개발, 교통망 정비 등의 사업을 진행함으로써 국내 산업 육성과 수출 증진을 도모하는 것을 목적으로 하였다. 기업 공채 사업이라고 불린 일련의 사업은 메이지유신明治維新[34)]에 가장 심하게 저항했던 도호쿠東北 지방[35)]의 불평사족不平士族을 달랜다는 의도도 있었으며 노비루野蒜·니가타新潟·나카那珂·도쿄의 4개 항을 거점으로 하여 도호쿠부터 간토를 연결하는 교통망 형성을 목표로 한 것이었다.<그림 1-1>

---

41 日本史籍協会編, 『大久保利通文書』 9, 東京大学出版会, 1968, pp.39~52.
42 明治財政史編纂会編, 『明治財政史』 8, 明治財政史発行所, 1928, pp.131~137.

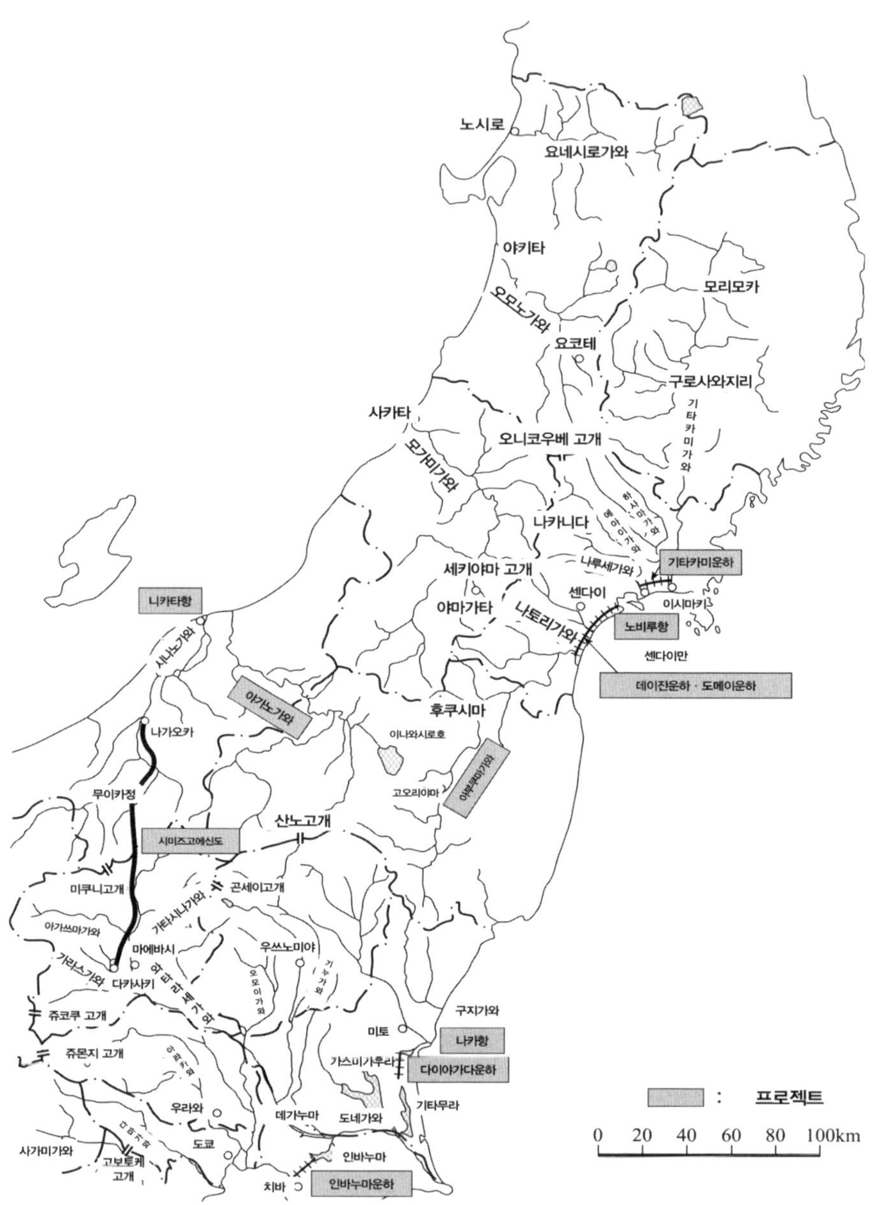

〈그림 1-1〉 오쿠보 도시미치(大久保利通)의 동일본 개발 구상
출처 : 日本土木学会編, 『古市公威とその時代』, 土木学会, 2004, p.110.

그 내용을 조금 더 구체적으로는 살펴보면 기업 공채 사업 중, 내무성에게 배분된 예산은 420만 엔이었고 이 중 토목비는 120만 엔이었다. 오쿠보 도시미치는 토목비를 노비루 축항에 약 25만 엔, 니가타항 개수改修에 약 36만 엔, 시미즈도우게淸水越, (군마(群馬)-니가타) 도로 개통에 약 29만 엔, 미야기宮城-야마가타山形 간 신규 도로 개통에 약 8만 9천 엔, 이와테巖手-아키타秋田 간 신규 도로 개통에 약 9만 3천 엔을 배분하여 위와 같은 구상을 실현하고자 했다.

노비루항野蒜港은 이와테와 미야기 지역을 세로로 관통하여 센다이만仙台灣에 흘러 들어가는 기타카미가와北上川 하구에서 약 20킬로미터 떨어진 곳에 위치하는 해항이다. 내무성 토목료는 기타카미가와 및 그 지류의 주운舟運을 이용하여 이와테와 미야기가 중심인 도호쿠 지방 전역의 생산물을 센다이만에 모아 거기에서 연안 해운망을 통해 국내 각지에 운송하려 했다. 그리고 시나노가와와 아가노가와阿賀野川의 수운을 이용할 수 있는 니가타는 남부 도호쿠 지방에서 신에쓰信越 지방36)으로 연결되는 교통의 요지였다.

그리고 이와 같은 내무성 토목료의 전국 교통망 구상에 국내 수운을 담당하는 미쓰비시회사三菱會社37)도 함께 했다.[43] 미쓰비시회사는 1880년 12월 노비루에 지사를 세우고 나아가 이듬해인 1881년 9월에는 오시카반도牡鹿半島 오기노하마荻ノ浜에 대규모 창고 건설을 계획했다.[44] 또한 니가타항에도 미쓰비시회사가 지원하여 니가타산 쌀의 운송과 판매를

43 增田廣實, 앞의 글, pp.172~173.

44 日本経営史研究所編, 「八ノ戸, 気仙沼地方景況」·「萩ノ浜埋立ノ件」, 『近代日本海運生成史料』, 日本郵船, 1988, pp.98~101.

담당하는 니가타물산회사新潟物産會社가 1879년 설립되었다. 나아가 1880년에는 미쓰비시회사가 니가타를 기항지로 하는 오사카-오타루小樽 항로를 개설하였다.

노비루항과 니가타항을 중심으로 한 교통망 구상은 일차적으로 국내 수운망 확충을 의도하였지만 장기적으로는 해외 무역 거점화를 염두에 둔 것이었다. 1872년 워싱턴에서 열린 조약 개정 교섭에서는 신규 개항 후보지로 센다이만의 이시마키石巻와 쓰루가가 거론되었다.[45] 이미 1869년 개항한 니가타항은 무역 실적은 거의 없었으나 1879년이 되면 니가타물산회사가 블라디보스토크에 쌀·보리 수출을 시도하는 등 해외 진출에 대한 관심은 있었다. 다만 블라디보스토크의 쌀·보리 수요가 크지 않아 니가타물산회사의 노력도 계속되지는 못했다. 그러나 노비루항과 니가타항에서는 계속해서 미곡과 그 외 생산품의 직수출이 시도되었다고 보인다.[46]

한편, 기업 공채 사업을 통해 공부성에게도 420만 엔이 배분되었으며 공부성은 이 중 약 210만 엔을 교토-쓰루가 간 철도 건설, 약 6천 엔을 도쿄-다카사키高崎 간 철도 측량비로 사용하려 했다.[47] 내무성이 도호쿠 지방 개발에 관심을 보인 반면, 공부성은 게이한신京阪神 지역[38)]의 해륙 연결망에 중점을 두었다고 할 수 있겠다.

그런데 공부성의 이러한 구상은 우여곡절을 겪을 수밖에 없었다. 공부성 철도료鐵道寮의 생각과는 달리 이노우에 가오루 공부경을 필두로 한

45 外務省調査部監修·日本学術振興会編, 앞의 책, p.120.
46 新潟市編, 『新潟開港百年史』, 新潟市, 1969, p.192.
47 増田廣實, 앞의 글, pp.157~162.

정부 수뇌부에 의해 도호쿠 지방 철도 건설 등이 시작되었기 때문이다.

기업 공채 사업에서는 해륙 연락 기능을 중시한다는 의미에서 공부성 철도료가 제안한 교토-쓰루가 간 철도가 최우선 과제였다. 교토-쓰루가 간 철도는 당초 교토-오쓰大津, 시오쓰鹽津-쓰루가를 철도로 잇는 것이었으며, 중간에 오쓰와 시오쓰 사이는 비와코 수운으로 연결하고자 했다. 이에 대하여 공부경 이노우에 가오루가 시오쓰-쓰루가 간 철도의 수익성에 부정적인 의견을 낸 결과, 시오쓰-쓰루가 구간이 나가하마長濱-쓰루가로 변경되었다. 나아가 수익성을 중시하는 이노우에 가오루는 고수익이 예상되는 도쿄-다카사키 간 철도 착공을 앞당겨 1880년 교토-쓰루가 간 철도와 동시에 시작하였다. 도쿄-다카사키 간 철도는 장기적으로는 아오모리항青森港까지 연장할 계획이었으나 공부성 철도료에게 도쿄-다카사키 간 철도 건설은 해륙 연결을 중시하는 기존 방침에서 벗어난 것이었다.[48] 게다가 이 노선의 건설이 공부성이 아니라 일본철도회사日本鐵道會社39)에 의해 민영으로 진행된다는 방침이 정해지자 철도료는 한층 심하게 반발하기 시작했다.[49]

이처럼 내무성과 공부성 모두 해항을 결절점으로 종합 교통망을 구상하였지만 공부성은 해항 정비라는 부분까지 관심과 예산을 쏟을 수 없었다. 이는 1870년대 중반 이후 브랜튼을 시작으로 공부성이 초빙한 외국인이 잇달아 해고되면서 기술을 계속해서 보유할 수 없었기 때문일 것이다. 이리하여 1870년대 후반 해항 건설은 내무성의 종합 교통망 구상에 따라 실시된다.

48 老川慶喜, 『近代日本の鉄道構想』, 日本経済評論社, 2008, pp.14~17.
49 中村尚史, 『日本鉄道業の形成－1869~1894』, 日本経済評論社, 1998, pp.48~51.

2) 국가 사업으로서의 노비루 축항

내무성 교통망 구상의 중심에 있었던 것은 노비루였다. 기타카미가와 하구의 이시마키가 아니라 노비루가 선정된 것은 주로 기술상의 이유 때문이었다. 하구항河口港은 하천 주운을 이용하여 배후지와 원활하게 교통을 연결할 수 있는 반면, 하천으로부터 계속해서 토사가 유입, 퇴적되기 때문에 항내 수심을 유지하기 힘들다는 단점이 있다. 계획을 보다 구체화하라는 지시를 받은 반 도른은 이 점을 고려하여 이시마키가 아닌 다른 지점을 선정해야 했다.

이에 반 도른은 센다이만의 또 다른 경제 중심인 시오가마鹽釜와 이시마키의 대략 중간 지점에 해당하는 노비루를 선택했다. 노비루에서 시오가마까지는 마쓰시마만松島灣을 경유하여 주운이 가능하다. 그리고 이시마키에서 노비루까지 기타카미운하北上運河를 함께 건설함으로써 하천 주운의 장점을 살려 도호쿠 지방 전역을 아우르는 교통의 최대 중심을 노비루에 만들고자 한 것이다.[50] 결과적으로 계획을 구체화하는 과정에서 반 도른은 오쿠보 도시미치의 구상을 충실하게 반영했다고 할 수 있다.<그림 1-2>

오쿠보 도시미치의 개발 구상에 미야기현宮城縣도 긍정적인 반응을 보였다. 미야기현은 1873년 이시마키항石巻港 정비를 위한 기사 파견을 내무성에 요청하는 등[51] 원래는 이시마키항 정비를 계획하였다. 그러나 내무성이 노비루 축항을 결정한 후부터는 노비루를 중심으로 교통망을 구상하기 시작한다. 그리고 1883년 미야기현의회에서는 총 공사비가 68만 4,600엔에 달하는 사업 계획이 통과되었다. 이 계획 중 특히 대규모

50 寺谷武明, 『近代日本港湾史』, 時潮社, 1993, pp.18~20.

51 宮城県文書, 「決議録 明治8・9年－陸羽近県地方への御下金之儀に付上申」.

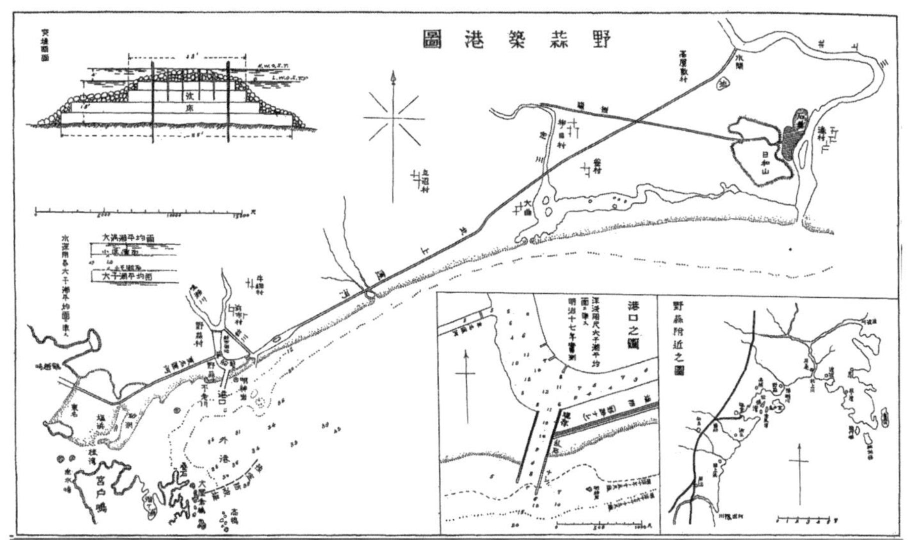

〈그림 1-2〉 노비루(野蒜) 축항도
출처 : 『일본 축항사(日本築港史)』의 부록 그림(廣井勇, 『日本築港史』, 丸善, 1927).

로 진행될 예정이었던 것은 마쓰시마만에서 아부쿠마가와阿武隈川로 이어지는 데이잔운하貞山運河의 건설이었다. 데이잔운하를 이용하면 노비루부터 아부쿠마가와 주운으로 하천 교통이 이어지고, 여기에 운하 교통을 연결하는 도로망을 정비함으로써 오쿠보 도시미치의 구상을 구체화하고자 지역 사회도 나선 것이다.[52]

이렇게 해서 1878년 7월 도호쿠 지방의 새로운 경제 중심을 지향한 노비루 축항이 시작된다. 제1기 공사의 주요 내용은 크게 세 가지였다. 즉, 노비루 자체에 선박 계선장정박장을 설치하고 거기에서 기타카미가와로 통하는 기타카미운하를 건설하며 노비루의 도시 기능 정비를 위하여 시가지를 조성하는 것이었다. 반 도른의 시산에 따르면 시가지 조성을 제외한 나머지 제1기 공사의 예산은 17만 1,000엔이었다. 계선장의 경

52 增田廣實, 앞의 글, pp.165~166.

우, 일본 선박을 최대 300척 수용하는 것을 상정하였으며 간조 때 수심이 14척약 4.2미터, 돌제 길이는 1,500척약 450미터이라는 규모였다.[53]

그런데 원래 예산을 크게 초과하여 약 67만 엔이 투입되었지만 이 사업은 실패했다. 공사비가 늘어난 주된 이유는 안일한 사전 조사와 물가 상승이었으나, 이것이 치명적으로 작용한 것은 아니었다. 내무성은 추가 예산을 들여 1882년 10월, 일단 돌제와 기타카미운하를 완성한다.[54] 결정적이었던 것은 기술의 한계였다. 완성한 노비루항 계선장에는 항상 남쪽 또는 남동쪽에서 바람이 불어 안전을 확보할 수 없었고, 계선장 내 토사 퇴적으로 인해 수심을 유지하는 것도 힘들었다. 게다가 1884년 가을에는 태풍으로 계선장을 둘러싼 돌제 자체가 무너져 계선장 내 수심 유지가 불가능해졌기 때문에 노비루 축항은 중단된다.[55]

그리고 이렇게 교통망의 중심으로 계획했던 노비루 축항이 실패로 끝나면서 내무성은 센다이만의 해항 입지를 수정할 수밖에 없었다. 그러나 수정 작업도 쉬운 것은 아니었다. 일반적으로 해항에 적합한 지리적 조건은 풍랑을 막아 선박이 안전하게 정박 가능한가, 충분한 수심을 유지하며 조수간만의 차가 적어 선박 접안이 쉬운가, 마지막으로 지반이 단단하여 도시 건설이 용이한가, 이 세 가지이다.[56] 정치적·경제적 요인을 제외하고 이 세 점만 고려한다면 해항의 입지로는 산이나 구릉에 둘러싸인 작은 만이 제일 좋은데 센다이만 북안北岸에는 그러한 곳이 많

53 公文録·明治11年·第36巻·内務省伺(3), 「陸前野蒜築港伺」.
54 公文録·明治15年·第35巻·内務省4, 「野蒜築港増額ノ件」.
55 増田廣實, 앞의 글, p.167.
56 カウツ·エリッヒ·A, 山上徹訳, 앞의 책, p.15; 深沢克己, 『海港と文明−近世フランスの港町』, 山川出版社, 2002, pp.72~76.

다. 그렇기 때문에 정치적 리더십과 기술적 타당성이 없어지면 입지 선정을 둘러싼 혼란은 피할 수 없는 것이었다.

그런데 메이지 정부에서 압도적인 지도력을 지녔던 오쿠보 도시미치 내무경은 1878년 5월에 암살당했고, 돌제 공사 실패로 인해 외국인 기사에 의한 입지 선정의 기술적 타당성 또한 사라졌다. 노비루항 돌제가 무너진 이듬해인 1885년 7월, 내무성은 노비루 대신 오나가와女川을 후보지로 생각하고 조사를 시작하였지만, 오나가와 말고도 많은 후보지가 센다이만 내에 있었다. 그 결과 센다이만에서 오나가와·시오가마·이시마키 등 여러 후보지 중 어느 해항을 정비할지 결정하지 못하는 상태가 1900년대까지 이어진다.

3) '목민관'의 교통망 정비

중앙 정부의 종합 교통망 구상은 오쿠보 도시미치의 죽음과 노비루 축항 실패로 좌절하지만 지방에서는 이후에도 지방 장관에 의한 교통망 정비 사업이 추진되었다.

메이지유신 이전 지역 사회에 축적된 인적 자원과 자본이 각 지역에 퍼지기 시작한 부국론富國論과 융합하면서 1880년대에는 전국적으로 지방마다 독자적인 공업화가 시도되었다.[57] 그리고 이러한 시도 중에서도 역시 교통망 구상은 중요한 과제였다. 오쿠보 도시미치의 종합 교통망 구상과 비교하면 소규모였지만 해항과 그것을 중심으로 한 교통망을 정비하여 경제의 구심력을 창출해 내기 위한 노력이 여러 지역에서 나타

57 中村尚史, 「第1章 日本における産業革命の前提－経営資源と工業化イデオロギー」, 『地方からの産業革命－日本における企業勃興の原動力』, 名古屋大学出版会, 2010.

나기 시작한 것이다.

공공 인프라인 교통망 정비의 선두에 선 것은 지방 장관들이었다. 이들은 대부분 스스로를 중앙 정부가 파견한 사람이 아닌 지역 사회를 선도하는 '목민관牧民官'이라 인식했고 이러한 사명감을 배경으로 독자적인 지역 개발 정책을 추진하였으며, 그 일환으로 교통망 정비에도 뛰어든 것이다.[58]

그러나 지역의 목민관들이 교통망 정비를 추진할 때 항상 걸림돌이 된 문제가 있었는데 바로 재원 문제였다. 이러한 문제에 직면했을 때 지방 장관이 가장 먼저 생각할 수 있는 대책은 중앙 정부로부터 보조금을 조달하는 것이다. 그런데 1880년대는 국고 보조금 정책이 크게 변한 시기이기도 하다. 1870년대까지 토목 사업은 근세近世40)부터 이어져 온 '오래된 관례舊慣'에서 자유롭지 못한 상태였다. 사회 인프라 정비 사업에 대한 구번舊藩들의 태도는 제각각이었고, 이를 전국적으로 통일하기에는 정치적 부담이 컸던 것이다. 하지만 구영주舊領主의 몫을 신정부가 언제까지나 책임질 수 없는 것도 사실이었다. 이에 1880년 제48호 포고를 통해 '관비 하도금官費下渡金'이 전면 폐지되었다. 한편, 중앙 정부는 지역 사회를 총괄할 필요도 있었기 때문에 국고 보조를 활용하기 시작했다. 1881년 이후 우선 재해 토목 보조라는 명목으로 국비 보조가 시행되었고 이는 점차 확대하였다.[59]

재원 문제를 해결하기 위한 지방 장관의 대책 중 두 번째는 민간 자금 활용이다. 메이지 정부는 처음부터 민간이 주도하는 인프라 정비에 기대를 걸었던 듯싶다. 이는 현영縣營 사업에 대한 민간의 비용 지출이나 기

58 有泉貞夫, 「第1章 自由民権期まで」, 『明治政治史の基礎過程 - 地方政治状況史論』, 吉川弘文館, 1980.
59 長妻廣至, 『補助金の社会史 - 近代日本における成立過程』, 人文書院, 2001, pp.47~57.

부금 모집뿐 아니라 경영 자체를 민간에게 위임하고자 하는 기대도 포함하는 것이었다. 이는 일본의 항만 관련 최초 법령이라 알려진 「도로·교량·하천·항만 등 통행료 징수 건道路橋梁河川港湾等通行銭徴収ノ件」 메이지 4년 태정관(太政官)41) 포고 제684호에도 나타난다. 이는 "유지有志ノ者"가 도로나 항만 등 시설을 정비했을 경우 투자 자본 회수를 위해 이용료 징수를 허가한 것이다.[60] 이는 지방 장관이 현영 사업뿐 아니라 민간의 항만 정비에도 크게 기대하고 있었음을 말해준다.

여기에서는 1880년대 지방 장관이 주도한 2개의 축항 사업, 즉, 우지나宇品 축항현영과 모지門司 축항민영을 검토하도록 한다.

4) 센다 사다아키 현령과 우지나 축항

1880년 히로시마현廣島縣 현령縣令42)으로 임명된 센다 사다아키千田貞曉도 다른 많은 목민관들과 마찬가지로 지역 교통망 정비를 통해 식산흥업의 기초를 닦고자 했으며, 그러한 교통망의 중심이었던 것이 바로 세토내해瀬戸內海43) 연안의 우지나였다.

히로시마성廣島城 아래쪽에 위치한 우지나에 해항을 건설하려는 시도는 센다 사다아키가 취임하기 이전, 이미 1878년경부터 히로시마현의 사업으로 계획되었는데, 센다 사다아키는 우지나 축항 계획에 더해 우지나를 중심으로 산요山陽 지방과 산인山陰 지방44)을 연결하는 3개 현에 걸친 도로, 바꾸어 말하자면, 인요연락삼현도陰陽連絡三縣道 정비를 제안한다. 동해 쪽 하마다浜田와 마쓰다松田에 연결되는 3개 도로히로시마-가베(可部)-

60 寺谷武明, 앞의 책, p.2.

하마다, 히로시마-가베-마쓰에(松江), 히로시마-미요시(三次)-마쓰에를 정비함으로써 지역 발전을 돕는 교통망을 구축하고자 한 것이다.[61]

우지나 축항에서 입지는 문제가 되지 않았다. 중세 이래 히로시마는 츄고쿠中國 지방[45)]의 정치·경제의 중심지였고, 우지나가 위치하는 오타가와太田川 하구는 이 지역 물류 거점이었다. 우지나 주변은 센다 사다아키의 축항 계획 이전부터 지역 교통망의 중심이었기 때문에 건설 그 자체의 시비를 논하는 의견은 있어도[62] 입지에 대해서는 통일된 의견을 보였다.

그렇다고 해서 우지나 축항이 마냥 순조롭게 진행된 것은 아니다. 우지나 축항 진행을 가로막은 것은 재원 문제였다. 우지나 축항 계획은 돌제 건설을 통한 계선장 정비, 우지나에서 히로시마 시내로 통하는 차도 정비, 간척 후 농지 정비라는 3개의 큰 사업으로 구성되었으며, 내무성이 초빙한 네덜란드인 기사 물더A. T. L. R. Mulder의 시산에 따르면 돌제 건설과 농지 정비에만 총 18만 엔이 들었다.[63] 이는 앞에서 살펴본 노비루 축항 제1기 공사의 당초 예산과 거의 같은 규모였다. 1881년 히로시마현의 세입歲入이 약 150만 엔에 지나지 않았고,[64] 이미 약 24만 엔 규모의 인요연락삼현도 정비를 시작했다는 점을 감안한다면 매우 부담스러운 상황이었다.

이에 센다 사다아키는 우지나 축항에 현비縣費, 지방세를 투입하지 않고 모든 비용을 사족수산금士族授産金[46)] 및 국고 보조로 조달하고자 했다. 물

---

61 広島県編, 『千田知事と宇品港』, 広島県, 1940, p.34.

62 우지나 주변 어민을 중심으로 간척 예정지의 어업권 보호를 요구하며 축항 반대 의견이 나왔으나 센다 사다아키는 이에 응하지 않았다. 위의 책, pp.36~37.

63 위의 책, p.34.

64 広島県, 『広島県統計書 明治14年』, 広島県, 1901, 107丁.

론 이를 위해서 건설비 절감도 필요했다. 센다 사다아키는 당시 막 개발된 인조석을 천연 토석 대신 사용하기로 하고, 인조석을 개발한 핫토리 쵸시치服部長七를 공사 감독으로 고용했다. 핫토리 쵸시치는 인조석 사용을 고려한 설계안을 작성하고 천연 토석도 지역 유지로부터 기부를 받아 예산을 더욱 절감하고자 했다. 그 결과 최종 확정된 예산은 8만 7,108엔까지 줄었다. 이 중 약 4만 9,310엔은 매립지 매각금으로 충당하고 나머지는 사족수산금과 국고 보조로 메울 계획이었다.[65] 그리고 마침내 1884년 5월 내무성이 사업 착공 허가를 냈고 같은 해 9월부터 공사가 시작되었다.

그런데 막상 우지나 축항이 정말 힘든 상황에 처하게 된 것은 공사가 시작된 후였다. 둑 부분이 잇달아 붕괴하면서 공사비가 늘어나 예산을 6만 7,050엔 이상 초과해 버린 것이다. 게다가 이렇게 비용은 늘어났으나 현비를 투입하지도 못하고 민간 기부금은 생각만큼 모이지 않았다. 이에 센다 사다아키는 내무성에 국고 보조금을 신청할 수밖에 없었다. 내무성은 1886년 11월 총 2만 1,762엔의 국고 보조를 승인하는데, 그럼에도 불구하고 공사비는 계속 모자라 1888년 센다 사다아키는 다시 국고 보조 3만 5,603엔을 신청한다. 두 번째 국고 보조 신청은 승인되지 않았으나 센다 사다아키는 또 한 번 신청했고 스스로의 감봉과 맞바꾸는 형태로 국고 보조를 받게 되었다.[66]

이렇게 센다 사다아키가 '목민관'으로서 노력한 우지나 축항 사업은 1889년 11월 준공했다. 하지만 총 공사비는 예산을 크게 초과해 30만

65 広島県編, 앞의 책, pp.37~38.
66 위의 책, pp.66~67.

142엔에 이르렀다. 한편, 우지나 축항을 통해 새롭게 얻은 총 62만 4,000평에 달하는 매립지는 이후 청일전쟁 때 수송 기지로 활용되면서 히로시마가 군사 도시로 거듭나는 기틀을 닦았다는 의미도 지녔지만 그 대가도 컸다.

해항 건설은 하천 개수와 마찬가지로 공사 난이도가 높아 우지나 축항도 노비루 축항처럼 계획대로 진행되지는 않았다. 이처럼 해항 공사는 많은 자본을 필요로 했으나 그만큼의 재원을 부담할 수 있을 정도로 당시 지역 사회의 자본력은 축적되어 있지 않았던 것이다.

5) 야스바 야스카즈 현령과 모지 축항

1886년 후쿠오카현福岡縣 현령으로 부임한 야스바 야스카즈安場保和는 지역 사회의 한계를 센다 사다아키와 다른 방법으로 해결한 인물이다. 야스바 야스카즈는 이와쿠라사절단을 수행한 경험을 통해 오쿠보 도시미치처럼 식산흥업 정책과 이를 위한 교통 인프라 정비의 중요성을 통감한 사람 중 하나였다. 더군다나 야스바 야스카즈는 후쿠오카 현령으로 부임하기 이전에 일본철도회사 설립에 관여한 바도 있어, 이와 같은 경험으로부터 민간 자본의 교통 사업 참여를 유도함으로써 경제 대책과 교통 인프라 정비라는 두 마리 토끼를 잡고자 했다.[67]

후쿠오카현 현령이 된 야스바 야스카즈가 주목한 것은 당시 후쿠오카와 구마모토熊本 두 현의 유지들이 검토 중이었던 규슈철도九州鐵道 계획이었다. 1882년경부터 후쿠오카현 유지들이 시작한 철도 계획 구상은 규

67 中村尚史, 앞의 책, 1998, p.226.

슈와 혼슈本州 사이 관문 역할을 하는 모지항과 구마모토현 현령인 도미오카 게이메이富岡敬明가 축항 중이던 미스미항三角港을 연결하는 것이었다.[68] 모지가 선정된 것은 혼슈와의 거리가 가장 가깝고, 규슈 북부 지역 국도의 기점인 다이리大里 부근 해류가 거세 선박 운항에 어려움이 있었기 때문이다.[69]

규슈철도 계획에서 지방 장관에게 기대한 역할은 후쿠오카와 구마모토 두 현에서 모두 심했던 지방 정파 간 대립을 조정하고 철도 부설 구상을 구체화하는 일이었다. 또한 여러 현에 걸쳐 진행되는 사업인 만큼 현령들 사이의 상호 의사 소통도 중요했다. 결국 이 계획은 후쿠오카·구마모토에 더해 사가현佐賀縣까지 세 현을 포함하여 구체적으로 만들어졌다.[70]

그리고 규슈철도 계획과 함께 그 기점인 모지항 정비도 야스바 야스카즈 주도 하에 구체적으로 진행되었다. 야스바 야스카즈는 1886년 모지항 측량을 시작하였고 이듬해인 1887년 11월에는 물더와 협의하여 측량값의 신뢰도를 높이는 작업을 하였다. 그리고 이해 말에는 내무성 기사 이시구로 이소지石黑五十二의 모지 축항 설계안이 확정된다. 이 설계안은 1만 3,787평을 매립하고 매립지 주변에 운하나 정박장 만드는 것으로 총 예산은 39만 9,835엔 28전錢이었다.[71]

문제는 역시 재원이었다. 축항 사업에 착수하기 전에 야스바 야스카즈

---

68 미스미 축항은 규슈의 중심 항만을 목표로 1884년 착공, 1887년 준공되었다. 설계는 내무성 토목국 소속 물더가 했다. 島崎武雄·山下正貴, 「三角西港の築港に関する研究」, 『日本土木史研究発表会論文集』 1, 公益社団法人土木学会, 1981; 星野裕司·北河大次郎, 「三角築港の計画と整備」, 『土木史研究講演集』 23, 公益社団法人土木学会, 2004.

69 高野江基太郎, 『門司港誌』, 私家版, 1897, pp.13~14.

70 中村尚史, 앞의 책, 1998, pp.230~250.

71 高野江基太郎, 앞의 책, pp.13~14.

는 다이리와 모지를 잇는 현도縣道 정비 사업을 계획하였으나, 이 계획은 1886년 현의회에서 부결되었다. 이처럼 축항을 현영 사업으로 시작하는 것에 대한 승인이 떨어지기는 힘든 상황이었다. 이에 야스바 야스카즈는 철도 계획과 마찬가지로 축항도 민간 자본을 투입하여 완성하고자 했다.

그러나 총예산이 약 40만 엔에 육박하는 공사비를 지역 재계를 통해서만 충당하기는 아무래도 어려웠다. 예를 들어, 야스바 야스카즈가 축항을 계획한 같은 시기, 시모노세키下關의 기업인 도요나가 쵸키치豊永長吉도 모지 축항 계획을 세우고 있었는데, 그 규모는 야스바 야스카즈 계획의 절반 정도에 지나지 않았다.[72] 당시 모지는 염전만 있는 가난하고 외진 마을에 불과했고 석탄업이 번창한 상태도 아니었다. 따라서 지역 사회에서 조달할 수 있는 자본은 내부에서부터 한계가 있었던 것이다.

이에 야스바 야스카즈는 시부사와 에이치澁澤榮一47) 등 중앙 재계의 협조를 얻고자 했다. 이야기를 들은 시부사와 에이치는 계획에 찬성하였고, 오쿠라 기하치로大倉喜八郎48) · 야스다 젠지로安田善次郎49) · 아사노 소이치로淺野總一郎50) 등과 함께 자본을 투자하기로 했다.[73] 야스바 야스카즈는 새롭게 세울 예정이었던 축항회사에 합류하는 것이 어떤지를 시부사와 에이치 · 오쿠라 기하치로 · 야스다 젠지로 · 아사노 소이치로에게 타진했는데 긍정적인 답을 얻었고, 이에 일을 진행하여 1889년 3월 모지축항회사門司築港會社를 설립했다. 자본금 25만 엔 중 10만 엔은 시부사와 에이치 · 오쿠라 기하치로 · 야스다 젠지로 · 아사노 소이치로가 출자한 것이었

72 도요나가 쵸키치의 계획에서는 총 매립 면적이 4만 5,251평이었다. 中山主膳編, 『硯海日誌と門司築港』, 門司市立図書館, 1959, pp.61~62.

73 畠中茂朗, 「明治期の関門地域における港湾整備－門司築港会社の事例を中心として」, 『地域文化研究』 15, 梅光女学院大学地域文化研究所, 2000.

다. 모지축항회사는 같은 해 7월부터 매립 공사를 시작했고, 9년 후인 1898년 모든 공사를 마친다. 이 회사는 공사가 완료되자 1898년 3월 해체하였는데, 한 주株 당 배당금이 230엔에 육박하는 등 영업 결과가 좋았다. 그리고 조성한 매립지도 주로 석탄 상인으로 구성된 출자자에게 배분됨으로써 모지가 최대 석탄 수출항으로 거듭나는 기반을 닦았다.

모지축항회사의 성공은 전국적으로 보면 특이한 사례였다. 시부사와 에이치 일행이 공사에 협조한 이유는 치쿠호筑豊 석탄51)의 산출지로 모지의 장래 비전을 높이 평가했기 때문일 것이다. 축항회사가 설립된 1889년, 모지는 특별 수출항特別輸出港으로 지정, 석탄 수출항으로서 급성장하기 시작한다. 해항을 중심으로 한 교통망 정비를 시도했다는 점에서 야스바 야스카즈와 센다 사다아키는 공통점이 있지만 모지의 경우, 중앙 재계로부터 자본 투자를 받았기 때문에 굳이 국고 보조를 획득할 필요가 없었던 것이다.

최대 석탄 산지인 규슈에는 위와 같은 이유에서 민영 해항이 많이 건설되었다. 모지와 마찬가지로 치쿠호 석탄 적출항積出港으로 건설된 와카마쓰항若松港, 1890년 착공이나 미쓰이광산三井鑛山 적출항으로 조성된 미이케항三池港, 1902년 착공 등이 대표적이다. 또한 석탄 적출항은 아니지만 하카타博多에서도 1870년대부터 몇몇 민영 회사가 축항 계획을 세웠다.[74]

이처럼 1870년대 중반부터 추진된 식산흥업 정책은 교통망의 결절점으로 기능할 수 있는 해항 건설을 장려했다. 그러나 그것은 자본과 기술 양 측면에서 한계를 지닌 것이었다. 당시 일본에는 대규모 매립이나 방

74 福岡市港湾局編, 『博多港史－開港百周年記念』, 福岡市港湾局, 2000, pp.17~33.

파제 건설이 가능한 기술력이 없었기 때문에 해항 건설을 포기하거나 공사비가 많이 늘어나는 결과를 초래했다. 그리고 우지나나 모지처럼 지역에서 착수한 축항 사업은 주로 매립지 조성이 목적이었으므로 선박 정박이나 화물 상·하역을 위한 시설을 정비하는 것은 아니었다. 이와 같은 점을 고려했을 때 본격적인 축항은 1890년 착공한 제1차 요코하마 축항부터 시작되었다고 할 수 있다.

3. 해항 건설을 둘러싼 경쟁–제1차 요코하마 축항

1) 도쿄 축항론과 수도 계획

제1절에서 살펴보았듯이 구조약 아래에서 이루어진 개항이 지속되는 한 해항 건설은 어려웠다. 이와 같은 상황 속에서 제1차 요코하마 축항이 진행된 계기는 1880년대 등장한 도쿄 축항론이었다. 본격적으로 처음 도쿄 축항론을 제안한 사람은 자유무역주의자로 알려진 다구치 우키치田口卯吉였다. 본인이 주필로 있는 『도쿄경제잡지東京經濟雜誌』에서 다구치가 도쿄 축항론을 주장하기 시작한 것은 1879년이다. 다구치 우키치는 이해 8월 「선거 개설안船渠開設の議」, 그리고 이듬해 8월에는 「도쿄론東京論」이라는 제목의 글을 통해 상하이上海나 홍콩香港에 버금가는 최대 해항 도시를 도쿄에 건설해야 한다고 주장했다.[75]

75 田口卯吉, 「船渠開設の議(明治12年8月)」, 『鼎軒田口卯吉全集』 5(復刻版), 吉川弘文館, 1990, pp.1~3; 田口卯吉, 「東京論 (1)~(5)(明治13年8月)」, 『鼎軒田口卯吉全集』 5(復刻版), 吉川弘文館, 1990, pp.90~102.

다구치 우키치는 미국과 아시아는 세계에서 가장 물건과 인구가 풍부한 지역이므로 두 지역 사이 교역이 활발해지면 일본은 그 중계 기지로 발전할 가능성이 있다고 했다. 이러한 생각은 영국이 발전한 원인을 "유럽 대륙의 화물을 싣고 이를 다른 대륙에 팔거나, 다른 대륙의 화물을 싣고 이를 유럽에 팔기 때문"이라고 이해했기 때문이다. 그런데 다구치 우키치의 경우, 오쿠보 도시미치나 오쿠마 시게노부처럼 국내 산업화만을 지향했던 것은 아니다. 국내 산업화를 최종 목표로 설정하면서도 "한 나라에 부강富强을 가져오기 위해 중심 시장이 되는 것보다 급한 일은 없다. 영국의 부강함에 관하여 천하에 자랑할 수 있는 것은 그 나라의 물건이 아니다"라고 하며 세계 교통망 속 중계 무역 기능을 담당하여 부국을 실현할 수 있다고 주장했다.

오쿠보 도시미치나 지역의 지방 장관이 국내 교통망의 중계 지점으로서 해항의 역할을 기대한 것처럼 다구치 우키치는 전 세계 교통망의 중계 지점이 되는 것을 기대한 것이다. 따라서 일본 해항에도 그러한 역할을 해낼 수 있을 만큼의 설비가 필요했다. 다쿠치 우키치는 기존의 5개 개항장에서는 "모두 부선을 사용하지 않으면 화물을 상·하역할 수 없고, 부선을 사용하여 화물을 상·하역하면 손상을 입을 수밖에 없다. 특히 화물 손상이 그치지 않아 결코 대형 화물은 운반할 수 없다"며 부선에 상·하역을 의존할 수밖에 없는 상황을 비판했다.

전 세계 교통망 속에서 화물 중계 기능을 수행하려면 화물을 신속하고 안전하게 취급할 수 있는 기중기·화물 상옥上屋·창고 등을 포함하는 접안 부두 정비가 필수 불가결했다. 다구치 우키치는 "서양 여러 나라 가운데 참으로 해상海商이 번영한 곳은 반드시 습선거濕船渠, wet dock[52])를 가지고 있다 (…중략…) 습선거란 화물 수출입을 편하게 해주는 것으로 육지를 파거나 바다를 막아 만든다. 수입輸入 선박이 선거 안에 들어가면 기중기를 사용하여 화물을 꺼내 곧바로 창고에 넣을 수 있다. 수출의 경우도 마찬가지다"라며 부선을 사용한 상·하역이 아니라 접안 하역을 전제로 한 해항 이미지를 제안하였다.

그리고 이와 같은 해항에 적합한 곳은 요코하마가 아니라 도쿄라고 다구치 우키치는 주장했다. 도쿄는 "남쪽 일대 시나가와만品川灣을 통해 범선을 가지고라도 5개 대륙으로 나아갈 수 있고, 동·북·서쪽으로는 넓은 평야가 멀리까지 펼쳐져" 있는 등 중심 기능을 하는 시장에 필요한 조건, 즉, 광대한 토지와 평온한 물살을 모두 지닌다. 반면에 요코하마는 "좁고 험하여 큰 시장이 되기에는 적절하지 않은" 토지이며, 무엇보다 "거류지 상업의 폐해"가 심하다. 기존 개항장에서는 외국인 상인에게 특권적 지위가 주어졌기 때문에 내국인과 외국인 모두 자유로운 경제 활동을 하지 못했다. 이에 다구치 우키치는 "현재 요코하마에서 이루어지는 거래 전부를 도쿄로 가지고 와 외국과의 통상 활동이 주는 큰 권리를 모두 이 지역에 모아야 하며"[76] 이를 위해서는 시나가와 앞바다에 큰 해항을 건설해야 한다고 주장했다. 구체적으로는 시나가와 앞바다 제1 대장臺場53)과 제5 대장 사이를 정박지로 삼고 제5 대장부터 시바芝 육군 용지까지를 매립하여 철도를 부설, 대규모 창고 지대를 정비한다는 계획이었다.

다구치 우키치의 도쿄 축항론이 특이했던 점은 그것이 단지 주장에

76 田口卯吉, 「東京論 (1)~(5)(明治13年8月)」, 『鼎軒田口卯吉全集』 5(復刻版), 吉川弘文館, 1990, pp.93~95.

그친 것이 아니라 실제 도쿄부東京府와 내무성에 의해 구체화하려는 시도가 있었다는 사실이다. 1879년 도쿄부 지사로 취임한 마쓰다 미치유키松田道之는 다구치 우키치의 도쿄 축항론에 찬성하면서 이를 시구 개정 계획市區改正計劃의 중심으로 자리매김했다.[77] 1880년 11월 마쓰다 미치유키가 도쿄부의회 의원들에게 자문한 「도쿄 중앙 시구 획정 문제東京中央市區劃定之問題」라는 제목의 시구 개정 계획은 바로 축항을 중심으로 한 수도 계획이었다. 이 계획에서 마쓰다 미치유키는 도쿄의 도시 정비를 하는데 현행 도쿄부 아래 15개 구 전부를 대상으로 하기에는 너무 방대하므로, 중앙 시구를 획정하고 그 부분을 집중적으로 정비한다는 방침을 내세웠다. 한편 "지금 당장 시구 축소에만 주목하여 그 지역이 번창할 방법을 생각하지 않으면 머지않아 다시 쇠퇴한다 (…중략…) 단기적으로는 시구 개정을 목적으로 하고 장기적인 계획을 세우려면 하루빨리 도쿄만을 여는 것 보다 좋은 방법은 없다. 따라서 새롭게 도쿄만을 열고 여기에 시장을 세우면 도쿄부 아래 시구는 상업 무역의 원천을 가지고 점차 번창할 것이라는 점은 더 이상 의심할 여지가 없다"며[78] 축항을 통해 도쿄를 경제 중심지로 만들려 했다. 구체적으로 이 계획에서는 이시카와지마石川島부터 시나가와 앞바다까지 매립하고 여러 개의 선거를 설치하며 매립지 위에 창고나 상옥을 건설하고자 했다.<그림 1-3>

그런데 다구치 우키치의 축항 계획은 설계 단계에서 변질되었다. 마쓰다 미치유키의 시구 개정 계획 발표 이후, 1881년 1월부터 도쿄부의회도 시구개정조사위원회市區改正調査委員會를 설치하고 축항을 위한 조사를 시

77 藤森照信,『明治の東京計画』, 岩波書店, 1982, pp.92~100.
78 東京市,『東京市史橋(港湾篇)』3, 東京市役所, 1926, p.917.

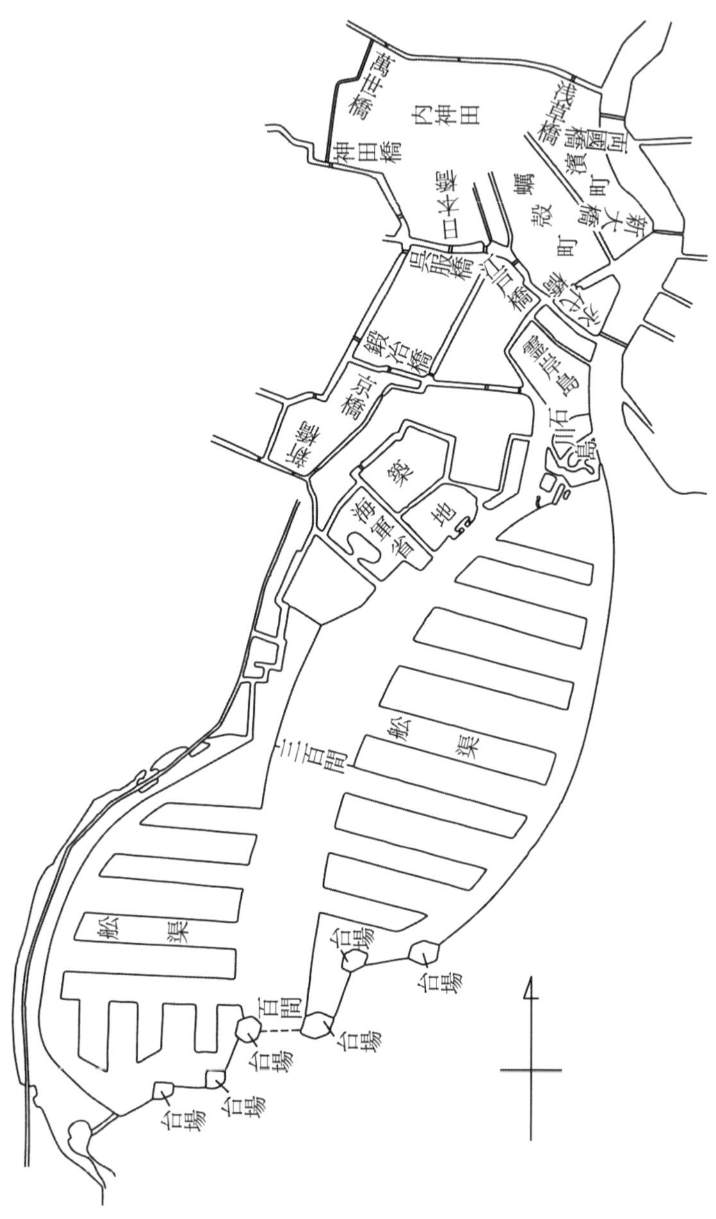

〈그림 1-3〉 도쿄(東京) 축항 / 『중앙 시구 획정 문제(中央市區劃定之問題)』 부록 그림
출처 : 東京都港湾局, 『東京港史』 2, 東京都港湾局, 1994, p.5.

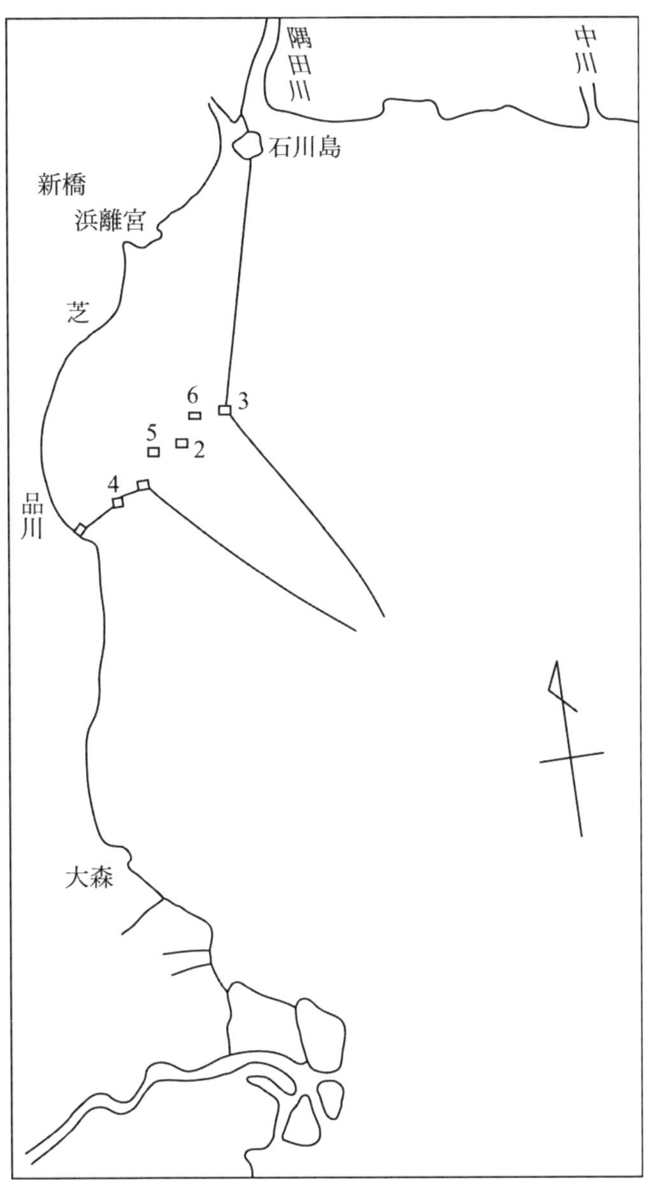

〈그림 1-4〉 도쿄(東京) 축항 / 물더(Mulder)의 계획안(심항안)
출처 : 運輸省第二港湾建設局編, 『横浜港修築史－明治··大正·昭和戦前期』, 運輸省第二港湾建設局京浜港工事事務所編, 1983, p.93.

작했다. 하지만 이 위원회에서는 이시카와지마부터 시나가와까지 해안 일대를 매립하는 계획의 실현성에 의문을 던지며 스미다가와隅田川 하구만 정비하는 하항河港안을 제시한다. 반면에 하항안에 대해서도 스미다가와에서 배출되는 토사로 인한 매몰 가능성이 제기되었기 때문에 위원회는 결론을 낼 수 없었다. 이에 마쓰다 미치유키는 내무성 초빙 기사 물더에게 축항 계획을 자문하였고, 1881년 12월 물더는 하천안과 심항深港안 2개 의견을 내놓았다. 이 중 물더가 추천한 심항안은 스미다가와 하구 이시카와지마부터 시나가와 대장까지 해수면을 방파제로 두르고 그 내부를 모두 계선장으로 사용한다는 대규모 계획이었다.[79] 이 계획에 따르면 대장에서 연장하는 방파제 길이만 해도 2,500간間, 약 4.5킬로미터, 간조시 수심은 24척尺, 약 7.2미터였다.[80] 노비루 축항의 방파제 길이가 1,500척약 450미터, 간조시 수심이 14척약 4.2미터였다는 사실을 고려하면, 도쿄 축항 계획이 얼마나 압도적인 규모였는지를 알 수 있다. 그러나 물더의 심항안은 깔때기 모양의 방파제를 설치함으로써 수심 유지에 노력은 기울였으나 선거 설치가 한 곳에 그쳤고 화물 상·하역 시설 또한 규모가 작았다.<그림 1-4>

다구치 우키치의 축항론은 방파제를 만들고 평온한 정박 구역을 확보하는 것뿐 아니라 선거·기중기·상옥·창고 등을 정비함으로써 화물 상·하역을 보다 신속하게 만들고자 하는 것이었다. 따라서 다구치 우키치와 물더의 축항안은 대규모 축항이라는 점에서는 같지만 지향하는 해항의 모습이 크게 달랐다고 할 수 있다.

---

79 東京市, 『東京市史橋(港湾篇)』 4, 東京市役所, 1926, p.49.
80 廣井勇, 『日本築港史』, 丸善, 1927, p.358.

그러나 이 시점에서 다구치 우키치와 물더의 의견 차이는 큰 문제가 되지 않았다. 도쿄 축항론을 구체적으로 이끌었던 마쓰다 미치유키가 1882년 7월 재직 중 급사했기 때문이다. 마스다 미치유키의 뒤를 이어 도쿄부 지사로 취임한 요시카와 아키마사芳川顕正는 도쿄 축항에 대하여 마쓰다 미치유키만큼 관심이 없었고, 시구 개정 계획을 중심으로 도로 정비와 구획 정리를 시작했다.[81] 그 결과 도쿄 축항을 구체화하는 움직임은 당분간 중단된다.

도쿄 축항이 다시 움직이기 시작한 것은 1884년 이후, 기업인에 의해서였다. 마쓰다 미치유키가 지사로 재임 중 진행한 시구 개정 계획에서 중심 역할을 한 것은 시부사와 에이치 등 도쿄상공회東京商工會의 기업인들이었다. 마쓰다 미치유키는 시구 개정 계획 실현에 필요한 지적 통치 관리 능력을 보완하고, 나아가 도쿄부 내부 여론을 환기하기 위해 의도적으로 기업인과 시구 개정 계획을 함께했다.[82] 따라서 지사 교체 후 시구 개정 계획의 기본 방침이 변한 것에 대하여 기업인들 사이에서 불만이 있었다.

그리고 이와 같은 기업인들의 불만은 1884년경 폭발한다. 1884년 『유빈호치신문郵便報知新聞』, 『요미우리신문讀賣新聞』 등 여러 신문에서 시구 개정 계획에 관한 논설을 경쟁적으로 실었는데, 모두 도쿄 축항의 실현을 호소한 것이었다.[83] 예를 들어, 1884년 1월 『지지신보時事新報』에서 후쿠자와 유키치福澤諭吉는 수에즈운하의 완성1869이나 파나마운하 착공1880

81 藤森照信, 『明治の東京計画』, 岩波書店, 1982, pp.110~138.
82 御厨貴, 『明治国家をつくる』, 藤原書店, 2007, pp.327~333.(『메이지 국가 형성과 지방 경영(明治国家形成と地方経営)』(東京大学出版会, 1980)과 『수도 계획의 정치-형성기 메이지 국가의 실상(首都計画の政治-形成期明治国家の実像)』(山川出版社, 1983)의 합본 재판)
83 위의 책, pp.366~367.

등 전 세계적으로 해운망이 발전 중임을 지적하며, 결과적으로 "동서 무역의 중심 시장"으로 일본의 지리적 중요성은 높아질 것이라고 주장했다.[84] 후쿠자와 유키치도 요코하마는 "지형이 작은 산맥에 둘러싸여 있어 구역이 좁고 험난하며 규모가 작아"[85] 일본의 중심 시장으로는 적합하지 않다고 생각하여 도쿄 축항을 지지한다. 그렇지만 후쿠자와 유키치가 요코하마항의 쇠퇴를 바랐던 것은 아니며, "오늘날까지 경영해 온 요코하마를 시장 이전과 함께 일부러 즉각 25년 전으로 돌려놓고 허무하게 덤불 속 작은 어촌"으로 만드는 것이 아니라, 해군 진수부鎭守府[54)]를 요코하마에 설치하고 조선소·조병창造兵廠 등을 정비하여 대형 해군항으로 활용할 것을 제안했다.[86]

하지만 후쿠자와 유키치와는 달리 해군은 요코하마를 군항으로 활용할 생각이 없었고, 도쿄 축항에만 찬성하는 입장이었다. 해군은 결국 1884년 말 동일본 지역의 해군 근거지인 도카이東海 진수부[55)]를 요코하마에서 요코스카横須賀로 옮기는데, 이는 요코하마항에서는 일본의 행정권에 제약이 따르는 이상, 군항을 설치하는 것이 어려웠기 때문일 것이다. 그러나 쓰키지築地에 본부와 학교1888년 에타지마(江田島)로 이전가 있으므로 도쿄항 정비는 해군에게도 중요한 문제였다. 해군성海軍省 수로료水路寮[56)]는 1872년부터 시나가와 측량에 나섰고[87] 물더의 축항 설계 또한 수로료의 측량을 기반으로 하였다.[88]

---

84 慶應義塾編, 「日本の貿易を助け長ずるの工風を為すべし」, 『福澤諭吉全集』 9, 岩波書店, 1960, pp.353~356.

85 慶應義塾編, 「大日本帝国内外貿易の中心市場」, 『福澤諭吉全集』 9, 岩波書店, 1960, p.358.

86 慶應義塾編, 「東京に築港すべし」, 『福澤諭吉全集』 9, 岩波書店, 1960, p.360.

87 海上保安庁水路部編, 『日本水路史－1871~1971』, 日本水路協会, 1971, p.29.

88 東京市, 『東京市史稿(港湾篇)』 3, 東京市役所, 1926, pp.936~946.

〈표 1-2〉 힌카이(品海) 축항 심사위원 명단

회장	요시카와 아키마사(芳川顕正)	내무 소보 겸 도쿄부 지사 (内務少輔兼東京府知事)
위원	가바야마 스케노리(樺山資紀)	해군 대보 해군 소장(海軍大輔海軍少將)
	야나기 나라요시(柳楢悦)	해군 소장(海軍少將)
	오자와 다케오(小澤武雄)	육군 소보 육군 소장(陸軍少輔陸軍少將)
	나가요 센사이(長與專齊)	내무성 삼등출사(內務省三等出仕)
	미시마 미찌쓰네(三島通庸)	내무성 삼등출사(內務省三等出仕)
	사쿠라이 쓰토무(櫻井勉)	내무성 대서기관(內務省大書記官)
	야카사키 나오타네(山崎直胤)	내무성 대서기관(內務省大書記官)
	구로다 히사타카(黑田久孝)	포병 대좌(砲兵大佐)
	시나가와 다다미치(品川忠道)	농상무 대서기관(農商務大書記官)
	구사카 요시오(日下義雄)	일등역체관(一等驛遞官)
	이노우에 마사루(井上勝)	공부 대보(工部大輔)
	하라구치 가나메(原口要)	공부 소기장(工部少技長)
	사와 다다시(佐和正)	일등경시(一等警視)
	오노다 마사요시(小野田正熙)	이등경시(二等警視)
	이토 마사노부(伊藤正信)	도쿄부 일등속(東京府一等屬)
	와타나베 다카시(渡邊孝)	도쿄부 소서기관(東京府少書記官)
	시부사와 에이치(澁澤榮一)	도쿄상공회 회원(東京商工會員)
	마스다 다카시(益田孝)	도쿄상공회 회원(東京商工會員)

출처 : 東京市, 『東京市史稿(港湾篇)』 4, 東京市役所, 1926, p.215.

결과적으로 요시카와 아키마사 지사 시절 도쿄 축항 계획은 기업인과 해군에 의해서 추진되었다고 할 수 있다. 1885년 2월 요시카와 아키마사 지사는 야마가타 아리토모山縣有朋 내무경에게 「힌카이 축항안 상신品海築港之義ニ付上申」을 제출한다.[89] 이는 도쿄를 상업 도시로 만들어야 할 필요성을 주장하며 물더의 심항안을 반영한 내용이었다. 요시카와 아키마사의 상신을 받고 도쿄시구개정위원회東京市區改正委員會에서는 힌카이축항심사위원회品海築港審査委員會를 설치·검토하기 시작했다. 심사위원회 구성은 〈표 1-2〉에 정리하였다. 이 중 논의를 주도한 것은 해군 소장少將 야나기

89 東京市, 『東京市史橋(港湾篇)』 4, 東京市役所, 1926, pp.189~190.

나라요시柳楢悅와 미쓰이물산三井物産의 마스다 다카시益田孝였다.

1880년대 해군은 군항을 전국적으로 배치하는 중이었다. 1881년부터 전국 연안 측량을 시작했고 그 결과를 바탕으로 1886년에는 전국을 5개의 해군 구역으로 나눠, 각각 진수부를 설치하는 것이 정해졌다. 이 전국적인 측량 사업을 지휘한 인물이 수로국水路局의 창설자이기도 한 야나기 나라요시였으며,[90] 그는 1872년이 되면 시나가와 근해를 측량한다.[91]

논의를 진행하는 과정에서 야나기 나라요시가 문제시 한 것은 물더의 심항안에서 계선 시설이 부족하다는 점이었다. 야나기 나라요시는 심항안의 경우, "겨우 2, 30척이 정박 가능한 50에이커acre[57)] 정도에 지나지 않는다. 여기에 추가로 3만 평을 더한다 해도 2, 30척을 더 정박시킬 수 있을 뿐이다. 이왕 새로운 항만을 만든다면 적어도 2, 300에이커 정도는 있어야지 보람이 있을 것이다"[92]라고 하며 계선 시설 확충을 주장하였다. 특히 도쿄항은 요코하마항과 비교했을 때 남풍의 영향이 강해 부선을 사용한 상·하역에 어려움이 있고 "요코하마 축항과 비교하여 도쿄로 바로 가지고 오는 것이 항해 상 큰 이득"[93]이라며 계선 하역의 필요성을 지적하였다.

마스다 다카시 또한 부선 하역을 문제시했다. 마스다 다카시는 "만약 요코하마에 축항한다 해도 도쿄에 들어가는 화물은 철도 또는 부선에 의존하지 않으면 안 된다"며 부선 하역에 소요되는 시간과 경비를 고려

90 小林瑞穗, 「海軍水路部における創設者・柳楢悅の顕彰－1930年柳楢悅胸像除幕式を中心に」, 『海事史研究』 64, 日本海事史学会, 2007.

91 海上保安庁水路部編, 앞의 책, p.29.

92 藤森照信監修, 「東京市区改正並品海築港審査議事筆記第10号」, 『東京都市計画資料集成(明治・大正編)』 1, 本の友社, 1988, 185丁.

93 위의 글, 189丁.

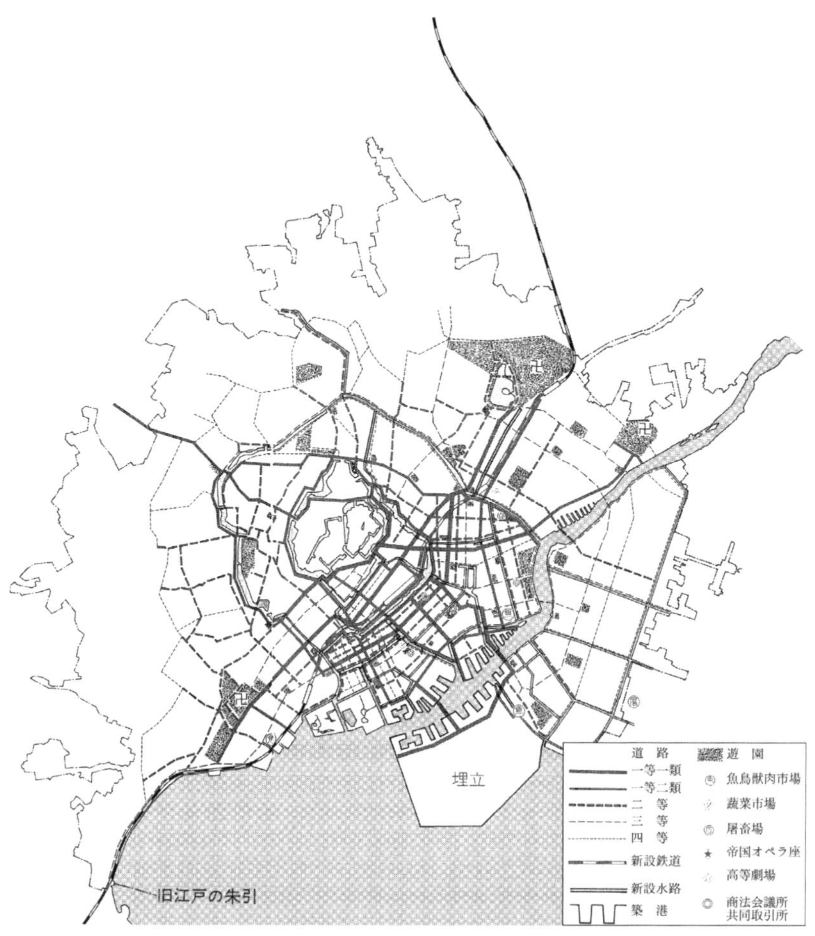

〈그림 1-5〉 도쿄(東京) 축항 / 시구개정심사회(市區改正審査會)안(1885.10)
출처 : 藤森照信, 『明治の東京計画』, 岩波書店, 1982의 부록 그림.

한다면, 많은 비용이 들더라도 도쿄에 축항하는 편이 바람직하다고 주장했다. 한편, 야나기 나라요시는 "힌카이에 축항을 하면 요코하마가 유지되지 않을 것이라는 의견이 있지만 나는 그렇게 보지 않는다"며 요코하마항을 배려하는 모습도 보였으나, 다른 위원은 "요코하마가 이로 인해 쇠퇴할 수 있다는 것을 모르지 않지만 오히려 요코하마가 제구실을 못하더라도 어쩔 수 없다"[94]고 발언하는 등 요코하마의 폐항廢港을 전제로 계획을 세워 나갔다.

결국 물더의 심항안은 요코하마 폐항을 전제로 선거 증설이라는 목표 아래, 전면 수정된다. 심사위원회에서는 야나기 나라요시 · 마스다 다카시 · 시부사와 에이치 · 시나가와 다다미치品川忠道, 농상무 대서기관(農商務大書記官) · 하라구치 가나메原口要, 공부 소기장(工部少技長) 5명으로 구성된 특별위원회를 만들어 수정안을 작성했다. 이 수정안은 시나가와 앞바다가 아니라 스미다가와 하구에 총 21개의 선거를 설치하고, 그 배후에 100만 평에 달하는 매립지를 조성하는 내용으로 도쿄항에서 접안 하역을 실현하고자 한 것이다.[95] 이처럼 요시카와 아키마사 지사 시절 내무성 토목국1877년 토목료에서 개칭의 손을 떠난 도쿄 축항안은 접안 하역에 중점을 둔 것으로 다시 태어나게 되었다.<그림 1-5>

2) 요코하마 축항의 구체화

항도港都 요코하마의 희생을 전제로 한 도쿄 축항론을 요코하마의 무역상들이 반대한 것은 당연했다. 개국 이래 일본의 해외 무역 대부분을 담당해 온 요코하마항을 버리고 이제껏 유지해 온 번성함을 도쿄로 옮기고자 한 것이니 그만큼 할 말이 있었을 것이다. 그러나 도쿄 축항론이 재계를 중심으로 수용될 여지가 있었던 것도 사실이다.

우선 요코하마를 일본의 관문이라 하기에는 경제적 측면에서 합리성이 떨어졌다. 요코하마항의 무역액은 1868년부터 1880년까지 계속해

94 위의 글, 186丁.

95 후지모리 데루노부(藤森照信)의 『메이지의 도쿄 계획(明治の東京計画)』(藤森照信, 앞의 책)의 그림 35.

서 전국 무역액의 70% 정도를 차지했다. 잘 알려져 있다시피, 이 기간 요코하마항에서 수출한 물건 대부분은 생사生絲와 차茶이다. 수출 생사의 주요 산지는 나가노長野 · 군마群馬였고, 이들 지역에서 가장 가까운 개항장이 바로 요코하마였던 것이다. 수출용 차는 생사와 비교하면 전국적으로 보다 넓은 지역에서 재배되었지만 그래도 시즈오카靜岡를 비롯한 전국 총 수출량의 60% 정도가 요코하마항을 통해서 해외로 나갔다.[96] 한편, 세이난전쟁西南戰爭[58)]이 끝나며 무기류 수입은 감소하였고, 이후 수입품은 사치품이나 면제품이 많았다. 이들 대부분 도쿄에서 소비되거나 도쿄의 도매상을 통해 일본 국내 각지로 유통되었다.[97] 즉, 요코하마는 간토 · 도카이東海 지방[59)]에서 수출품을 들여오고 도쿄로 수입품을 내보내는 무역으로 성립되는 중계 무역지로 번영한 것이다. 게다가 그러한 번영은 간토 · 도카이 지방에는 요코하마 외에 개항장이 없다는 매우 정치적인 사정을 배경으로 하는 것이었다.<표 1-3>

그런데 만약 요코하마에서 도쿄까지 운송비가 저렴했다면 도쿄 축항론 지지 세력은 늘어나지 않았을 것이다. 그만큼 도쿄 축항을 둘러싼 논의에서 기업인들이 신경을 많이 쓴 부분이 요코하마-도쿄 간 운송비였다. 마스다 다카시에 의하면 고베에서 요코하마까지는 운임이 1톤당 2엔이고 소요 시간이 24시간인데 반해 요코하마에서 도쿄까지 부선 운임은 1톤당 25전, 소요 시간은 3일이라고 한다.[98]

물론 운송비가 증가하는 원인은 해항 시설이 충분히 정비되지 않았기

96 横浜市編, 앞의 책, pp.486~594.
97 横浜市編, 『横浜市史』 3(下), 1963, pp.269~278.
98 東京市, 『東京市史稿(港湾篇)』 4, 東京市役所, 1926, p.217.

〈표 1-3〉 요코하마(橫濱) 및 전국 무역액 추이

연도	요코하마(엔)	전국(엔)	전국 대비 요코하마항 무역액 비중(%)
1868	30,096	35,436	84.93
1869	21,700	28,832	75.26
1870	34,760	46,264	75.13
1871	28,877	36,930	78.19
1872	34,108	50,483	67.56
1873	34,631	48,104	71.99
1874	29,295	44,391	65.99
1875	34,421	46,092	74.68
1876	40,274	51,548	78.13
1877	35,119	48,767	72.01
1878	42,104	59,594	70.65
1879	42,206	59,977	70.37
1880	44,921	64,042	70.14
1881	42,627	61,359	69.47
1882	46,779	66,404	70.45
1883	44,310	63,558	69.72
1884	40,891	62,459	65.47
1885	43,229	66,504	65.00
1886	52,013	81,045	64.18
1887	69,950	96,712	72.33
1888	77,360	131,161	58.98
1889	76,183	136,164	55.95

출처 : 横浜市編, 『横浜市史』 3(下), 横浜市, 1963, pp.196~197. 〈표 3〉과 〈표 4〉를 비탕으로 작성.

때문이다. 요코하마항에는 개항 당시 만들어진 소규모 부두는 있었지만 이 외에 추가로 대규모 건설 계획은 실행되지 않았다. 이는 제1질에서 살펴본 바와 같이 구조약의 제약 때문이기도 했지만, 한편으로는 도쿄 축항론의 근거가 되기도 했다. 자유 무역을 옹호한 다구치 우키치는 거류지 내 교역은 "간청하고 숙의하는 것을 방해하는 폐해"라고 하며 내지잡거內地雜居60)를 주장한 인물이기도 하다.[99] 다구치 우키치는 구조약의 제약을 받지 않는다는 측면에서도 도쿄 축항을 주장했던 것이다.

바꾸어 말하자면 요코하마는 일본 최대의 해항 도시가 될 수 있는 경제적 필연성은 거의 없었고 단지 정치적인 사정 때문에 발전한 도시였다. 그럼에도 불구하고 해항 시설에 대한 불만이 여러 방면에서 제기된다면 국내 유통망의 거점이자 최대 소비지이기도 한 도쿄에 새로운 해항을 건설함으로써 불만을 해소하자는 의견이 등장하는 것은 피할 수 없었을 것이다. 결과적으로 도쿄야말로 상하이나 홍콩에 비견할 만한 국제 경쟁력을 지니며 따라서 도쿄 축항이야말로 국가 이익에 부합한다는 다구치 우키치의 주장은 시부사와 에이치나 마스다 다카시 등 재계 인물들에게 널리 받아들여졌다.

그러나 수도 계획의 일환으로 다구치 우키치가 제안하고 해군과 기업인이 설계한 도쿄 축항 수정안은 내무성 토목국의 반대에 직면한다. 1885년 6월 힌카이축항심사위원회에서 토목국장 미시마 미찌쓰네三島通庸는 "축항과 같은 큰 사업을 아직 해본 적 없는 일본인들이 소수 모인다 한들 아무리 해도 이러한 사업의 옳고 그름을 논할 수 있다고 생각하지 않는다"[100]며 수정안에 대한 의구심을 드러냈다.

내무성 토목국은 마쓰가타 마사요시가 내무경에 취임한 1881년 이후 토목 사업을 축소할 수밖에 없었는데 1883년 말, 야마가타 아리토모가 새롭게 내무경이 되면서 도로·하천·해항 건설을 다시 적극적으로 진행하는 중이었다. 하지만 이렇게 내무성 토목국이 적극적으로 나오면서

---

99 田口卯吉,「内地雑居論(明治12年6月)」,『鼎軒田口卯吉全集』5(復刻版), 吉川弘文館, 1990, p.81.

100 藤森照信監修, 「東京市区改正並品海築港審査議事筆記第11号」, 『東京都市計画資料集成(明治·大正編)』31, 本の友社, 1988, 198丁.

역시나 토목 사업을 담당하는 공부성과 대립하게 된다.[101] 게다가 요시카와 아키마사 스스로 공부성 출신이었기 때문에 내무성 토목국은 토목 사업에 적극적으로 뛰어들고는 있었으나 한편으로는 도쿄 축항 주도권을 뺏길 수도 있는 상황이었다.

그런데 미시마 미찌쓰네 또한 물더안을 밀어 붙이기 어려운 상태였다. 이는 1884년 가을 폭풍우로 인해 노비루항 돌제가 무너진 결과, 네덜란드 수리 토목 기술에 대한 신뢰가 흔들리기 시작했기 때문이다. 결국 미시마 미찌쓰네는 "우리는 원안이 가능하다고 보지만 아무래도 매우 큰 사업이기에 정부에서도 충분히 논의를 하고, 만약 실행할 경우에는 외국에서도 이러한 대형 사업에 숙련된 기술자를 초빙하여 공사를 맡겨야 한다"[102]며 축항안을 보류했다. 그리고 도로 정비를 시구 개정 계획의 중심이라 보는 요시카와 아키마사 또한 가까운 시일 내 도쿄 축항을 시작할 생각이 없었으므로 재원을 확보하지 못한 도쿄 축항 계획은 다시 교착 상태에 빠진다.

이처럼 도쿄 축항 계획은 결국 실현되지는 않았지만 예상 밖의 부산물을 만들어 냈다. 대장성의 요코하마항 정비 계획이 무산된 이후 한동안 등한시 된 요코하마 축항 문제가 다시 정치 과제로 등장한 것이다. 그런데 요코하마의 무역상들이 축항을 실현하고 항도 요코하마의 지위를 유지하려면 다음과 같은 두 가지 문제를 해결해야 했다. 하나는 축항 계획을 설계할 수 있는 토목기사가 소속된 내무성이 도쿄 축항론요코하마 폐항론을 지지했다는 문제이다. 따라서 요코하마의 무역상들은 내무성의

101 御厨貴, 앞의 책, pp.52~64.

102 藤森照信監修, 「東京市区改正並品海築港審査議事筆記第11号」, 200丁.

생각을 요코하마 축항론으로 바꾸던가 아니면 내무성 계열이 아닌 토목기사를 확보할 필요가 있었다. 또 하나의 문제는 재원 확보였다.

재원 문제를 해소하는 가장 상투적인 방법은 민간 자본 활용이다. 도쿄 축항론이 전개된 과정을 보며 위기감을 느낀 요코하마 무역상들은 민간의 축항비 지출을 감수하겠다는 자세를 보였다. 1881년 3월 요코하마상법회의소橫濱商法會議所가 의결한 부두 건설 요청 건의에서는 "만약 관官이 이것을 하기 어렵다면 적당히 민력民力으로 보완해야 한다"[103]며 이와 같은 각오를 밝혔다. 그런데 이 시점에서 요코하마의 무역상들은 축항을 현영 사업으로 상정하고 있었던 듯싶다. 1884년 5월 요코하마쇼킨은행横浜正金銀行 은행장 하라 로쿠로原六郎가 이토 히로부미·마쓰가타 마사요시 두 참의參議[61)]와 면회하여 축항을 위한 현의 채권 발행 허가를 요청하였다.[104] 이는 축항을 현영 사업으로 하고 자금은 현의 채권을 인수하는 형태로 무역상들이 부담한다는 내용이었다. 하지만 마쓰가타 마사요시 대장경의 긴축 재정이 이어지는 가운데 현의 채권 발행이 가능할지는 불투명한 상황이었다.

그리고 토목기사 확보도 어려웠다. 해항 건설 공사에서는 내무성 토목기사에게 측량과 설계를 의뢰하는 것이 일반적이었는데, 내무성은 도쿄 축항론을 지지하는 쪽이었기 때문에 그렇게 하는 것이 곤란했다. 이에 1884년 6월 요코하마상법회의소는 축항을 위한 조사를 시작하면서 가나가와현에게 토목기사 파견을 요청하였다.[105]

103 横浜商工会議所創立百周年記念事業企画特別委員会百年史編纂分科会編, 『横浜商工会議所百年史』, 横浜商工会議所, 1981, p.117.
104 原邦造, 『原六郎翁伝』 中, 1937, pp.361~362.
105 横浜商工会議所創立百周年記念事業企画特別委員会百年史編纂分科会編, 앞의 책, p.117.

이러한 문제를 해결하는데는 역시 지방 장관의 역할이 중요했다. 가나가와현 현령 오키 모리카타沖守固는 이 시기 부임한 다른 많은 지방 장관과 마찬가지로 '목민관'으로서 현내 사회 자본 정비를 중요시했다. 게다가 요코하마 무역상을 대표하는 하라 로쿠로와 오키 모리카타는 영국 유학 시절1871~78부터 친구였다.[106] 이와 같은 개인적인 친분도 있어 오키 모리카타는 무역상들의 축항 계획을 적극적으로 후원하게 된 것이다. 우선 오키 모리카타는 1886년 요코하마 수도 부설 공사 감독으로 초빙한 영국 육군 공병 대좌工兵大佐 파머H. S. Palmer를 무역상들에게 축항 설계자로 소개한다.

그리고 이렇게 토목기사를 확보함으로써 요코하마 축항 계획은 단번에 속도가 붙는다. 한편 계획이 구체화하면서 운영 구상도 변했다. 구체적으로는 긴축 재정 노선이 유지되는 상황에서 현의 채권 발행 인가를 확신할 수 없었고, 그렇다면 현영 사업보다 민영 회사에 의한 축항이 보다 확실하다는 생각이었다. 즉, 축항 사업이 안정적인 수입을 낼 수 있을지 불투명한 점이 염려되는 상황이었던 것인데 마침 파머가 민간사업으로도 채산성이 좋은 설계안을 제시함에 따라 요코하마 축항은 민영으로 추진하는 것이 정해졌다.

파머의 설계안은 대략 다음과 같은 내용이었다. 요코하마 일본인 거리에서 가나가와 포대까지를 5,000피트약 1.5킬로미터와 3,800피트약 1.1킬로미터짜리 방파제 2개로 에워싸 계선장을 확보하고 여기에 최대 180척의 선박을 수용한다는 것이다. 총 공사비는 약 160만 엔, 유지비는 매년

106 高村直助, 「沖守固と原六郎」, 『横浜開港資料館紀要』 26, 横浜開港資料館, 2008.

5,000엔으로 잡혔는데, 이는 선박 크기에 따라 1톤 당 3전에서 18전까지 입항료를 징수하면 민간사업으로 수지타산이 맞는 규모였다.[107] 이 설계안을 바탕으로 1887년 6월 하라 로쿠로 외 16명의 무역상은 스스로를 창립 발기인으로 하는 요코하마항부제회사横濱港埠堤會社 설립 신청서를 오키 모리타카에게 제출했다.

무역상의 요코하마 축항 계획을 지원한 것은 지방 장관만이 아니었다. 예전부터 요코하마항 정비 상황에 불만이 있었던 요코하마세관도 무역상의 계획을 도왔다. 요코하마 무역상의 축항 계획에 관한 협의에 가나가와현 현령뿐 아니라 요코하마세관 세관장도 가세했다. 오랫동안 정비를 원하면서도 소속된 대장성의 긴축 재정 방침 때문에 축항을 구체적으로 진전시키지 못하는 상황이었기 때문에 요코하마세관은 민영 축항을 지지함으로써 빠른 시일 내 항만을 완성하고자 했던 것이다.

요코하마세관 세관장 아리시마 다케시有島武는 민영 축항을 위한 이론적 근거도 만들고자 했다. 요코하마 축항을 진행하는데 자금·기술과 함께 또 하나 큰 장애물로 존재했던 것이 거류 외국인의 저항이었다. 앞에서도 언급한 바와 같이 1870년대 항장직이 공석이 된 이후, 요코하마항에는 관리자가 없는 상태가 이어졌는데 그 근거가 된 것이 영사 재판권의 확대 해석이었다. 따라서 이와 같은 상황 속에서 축항을 단행했을 경우, 개항 행정권이 더욱 침해받을 수 있다는 우려가 있었다.

예를 들어 아리시마 다케시가 적었다고 추정되는 각서覺書에는 만약 축항부두 건설을 관영으로 하면 1866년 체결된 개세약서改稅約書62)를 근거

107 外務省記録,「横浜築港一件(パルマル築港意見書摘要)」.

로 서구 열강이 운영에 개입할 수 있으며 또한 부두 이용에 관한 행정 규칙도 외국 선박에는 적용하지 못하고 벌금을 징수할 수 없다. 하지만 민영으로 하면 손해 배상 등을 청구할 수 있다는 내용을 포함한다.[108] 이로부터 알 수 있는 사실은 요코하마항 조기 정비와 통관 업무의 원활화를 꾀하던 요코하마세관은 서구 열강과의 조약이 주는 제약을 구실 삼아서라도 민영 축항의 장점을 찾고자 했다는 것이다.

이처럼 가나가와현과 요코하마세관의 지원을 받아 요코하마 무역상의 민영 축항 구상은 구체화되어 갔다. 그런데 관민이 합세한 요코하마 측의 움직임은 도쿄 축항을 검토하던 내무성 토목국의 반발을 사게 된다. 가나가와현의 부제 회사 설립 상신을 받은 야마가타 아리토모 내무대신內務大臣63)은 토목국에게 해당 설계안을 면밀하게 살펴보도록 한다. 그리고 반년이 지난 1887년 12월 토목국은 파머의 설계안에 하자가 있고 도쿄 축항 진행 여부가 정해지지 않았다는 점을 들어 요코하마 축항은 보류해야 한다고 답신했다.[109] 이미 설명하였지만 도쿄 축항 계획은 재원 확보가 불투명하여 방치된 상태였다. 요시카와 아키마사 지사가 도쿄 축항을 상신한 것은 벌써 2년 전 일이었고, 이에 대한 결론이 짧은 기간 내에 나오지 않을 것은 확실했다는 점을 생각하면 내무성 토목국의 답신은 실질적으로는 요코하마 축항을 부정하는 것이었다고 할 수 있다.

내무성 토목국이 이와 같은 답신을 제출한 배경에는 외부, 즉, 내무성 토목국에 속하지 않은 토목기사의 설계에 대한 반발심도 있었다. 내무성 토목국이 준비해 온 도쿄 축항이 부결되고 요코하마세관이 추진하는

108 外務省記録, 「横浜築港一件(埠堤建設ニ付大体ノ覚書)」.
109 外務省記録, 「横浜築港一件(工師ムルデル氏築港計画意見書)」.

요코하마 축항이 승인된다면 해항 건설 행정에서 내무성이 주도권을 빼앗길 수도 있다는 우려가 있었다. 이는 실무적인 관점에서 요코하마항 정비를 중시한 대장성세관과 장대한 도쿄 축항을 지향한 내무성토목국 사이의 대립이기도 했다. 어쨌든 순조롭게 진행될 줄 알았던 요코하마의 민영 축항 구상이 내무성 토목국이라는 벽에 부딪치게 된 것이다.

3) 외무성의 관심

지역 간, 주관 관청 간 경합으로 교착 상태에 빠진 요코하마 축항을 다시 움직인 것은 외무성이었다. 1888년 2월 외무대신外務大臣에 취임한 오쿠마 시게노부는 요코하마 축항 문제 해결을 위해 나섰다. 오쿠마 시게노부는 취임 직후, 요코하마세관과 일본우선日本郵船[64]에게 요코하마항 이용 상황을 확인했다. 그리고 같은 해 4월, 이토 히로부미 총리대신總理大臣[65]에게 요코하마항 개축을 건의하는 등 외무대신 취임과 함께 발 빠르게 계획을 구체화해 갔다.

그런데 오쿠마 시게노부는 대장경 시절부터 요코하마항 정비에 관심을 가지고는 있었지만, 그것은 어디까지나 해운 정책의 일환이었다. 그렇다면 왜 외무대신이 되자마자 요코하마 축항을 위해 적극적으로 움직이기 시작한 것일까.

앞에서 설명하였듯이 요코하마항은 영사 재판권의 확대 해석으로 인해 일본의 행정권이 미치지 못한 상태였다. 1870년대 서구 열강이 해항 건설을 원하지 않았다는 점도 부두 정비를 못 한 원인 중 하나였다. 하지만 1880년대 말 이와 같은 상황은 크게 바뀐다. 우선 1888년 6월 요코하마외국인상업회의소Yokohama General Chamber of Commerce가 요코하마항 설비에 대한 불만을 표하기 시작했다. 이들이 요구했던 것은 매년 증가하는 내항 선박의 수용 시설 정비와 지체되기에 십상이었던 통관 업무의 기능 강화였다.[110]

매년 변화는 있었지만 요코하마항의 수출액은 1881년경까지 대략 1,500만 달러에서 2,000만 달러 사이를 기록했다. 그런데 마쓰가타 마사요시 대장경의 디플레이션 정책 이후 국내 수요가 줄면서 수출이 급증하였다.[111] 특히 요코하마항의 주요 수출품이었던 생사는 1881년 180만 근이었던 연간 수출량이 1888년에는 467만 근으로 겨우 7년 사이에 2배 이상 급증한다.[112] 그리고 이러한 수출량 급증 속에서 서구 열강 또한 해항 시설 정비를 요구하기 시작한 것이다.

이러한 상황 변화는 요코하마항의 미정비 상태가 외교 교섭상 일본의 약점이 아니라 서구 열강의 약점으로 전환되었음을 의미한다. 오쿠마 시게노부는 적극적으로 해항을 건설함으로써 개항 행정권 그 자체도 가져올 수 있다고 판단했을 것이다. 현행 조약으로는 일본에게 항세 징수 권한이 없었으나 오쿠마 시게노부가 구상한 신조약에서는 이 권한을 가져올 수 있었다. 게다가 오쿠마 시게노부는 조약 개정 교섭 타결 또한 자신했다. 실제 오쿠마 시게노부는 1889년 2월 미국, 같은 해 8월 러시아를 상대로 신조약을 조인한다.

그런데 오쿠마 시게노부의 의도가 개항 행정권을 돌려받고 항세港稅도 징수하는 것이라 한다면 축항은 관영으로 이뤄지는 것이 바람직했다.

110 外務省記録, 「横浜築港一件(横浜外国商業会議長トーマス氏演説ノ抜粋)」.
111 横浜市編, 앞의 책, p.209.
112 横浜市編, 「日本貿易統計」, 『横浜市史(資料編)』, 1962, p.62·85.

관영이어야만 유지비로 항세 징수를 한다는 명목도 내세울 수 있었다. 이에 오쿠마 시게노부는 이제껏 무역상과 가나가와현, 요코하마세관 등이 계획했던 민영 축항이 아니라 관영 축항을 추진한다.

문제는 재원 확보였다. 이는 요코하마항뿐 아니라 다른 많은 해항의 정비를 어렵게 한 최대 요인이었는데, 오쿠마 시게노부는 재원 또한 이미 준비해 둔 상태였다. 바로 미국으로부터 돌려받은 시모노세키포격사건下關砲擊事件, 186366)의 배상금이었다. 이 배상금은 이와쿠라사절단을 환영하는 분위기 속에서 일본의 학술 문화 향상을 지원한다는 명목으로 반환이 검토된 것이었다. 이후 미국 의회에서 로비 활동을 한 결과, 반환 후 사용 용도에 조건이 붙지 않게 되었으며 결과적으로 1883년 78만 5,000달러가 일본에게 무조건으로 반환된다.[113] 다만 무조건이라고는 해도 미국인의 행복과 이익을 위해 사용될 것이라는 기대감이 있었기 때문에 메이지 정부도 배상금의 사용 용도를 쉽게 정하지 못했으며, 결국 1888년 시점에서 이자 포함 약 124만 엔이 국고로 남은 상태였다. 오쿠마 시게노부는 이 정도면 파머의 설계안에 따른 공사비 160만 엔을 거의 다 충당할 수 있다고 하며 배상금을 요코하마항의 정비에 사용할 것을 요청한 것이다.[114]

그리고 이와 같은 오쿠마 시게노부의 건의와 요청이 받아들여져 외무성은 요코하마 축항 준비를 시작한다. 여기에 반발한 것이 내무성, 그

113 中西道子, 「横浜築港と下関砲撃事件賠償金」, 横浜開港資料館 · 横浜居留地研究会編, 『横浜居留地と異文化交流－19世紀後半の国際都市を読む』, 山川出版社, 1996.

114 外務省記録, 「横浜築港一件(明治21年4月23日伊藤首相宛大隈外相, 横浜港改築ノ件請議)」. 참고로 반환된 배상금을 요코하마 축항에 사용하는 아이디어는 이른 시기부터 검토된 듯싶다. 요코하마세관 세관장 아리시마 다케시도 반환 당시부터 요코하마 축항에 사용하자고 주장한 사람 중 하나였다. 有島武, 『有島武手記集』, 門司税関, 1942, p.9.

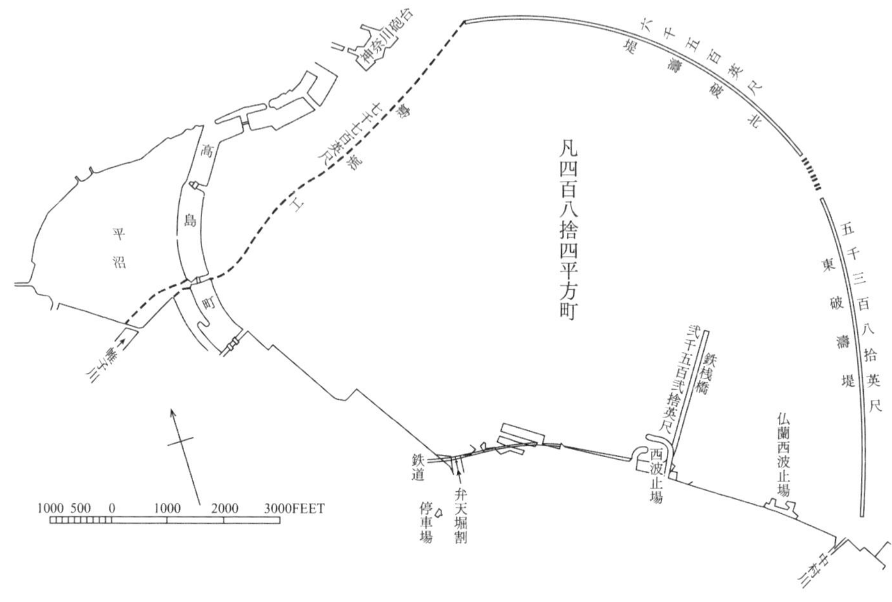

〈그림 1-6〉 요코하마(橫濱) 축항 / 파머(Palmer)의 계획안
출처 : 外務省記録, 「横浜築港一件」.

중에서도 토목국이었다. 하지만 요코하마 축항이 승인받은 이상 현실적으로 도쿄 축항은 당분간 실현되기 어려워졌다. 이에 내무성 토목국은 적어도 해항 건설 행정의 주도권을 유지하며 추후 도쿄 축항의 실현 가능성을 살려둘 필요가 있었다. 다만 이에 대하여 내무성 전체가 합의를 한 것은 아니었다. 내무성 기사들은 파머의 계획안을 다시 한번 부정하며 독자적인 요코하마 축항안을 제시하기도 했지만 이는 세세한 기술에 대하여 논하는 것으로 내무성의 해항 건설 행정 자체를 재구축한 것은 아니었다.[115] 야마가타 아리토모 내무대신도 토목국 안에 대하여 각의閣議[67)]를 통해 의견을 구하기는 해도 적극적으로 지지하지는 않았으며 1888년 말에는 유럽 시찰을 떠나버린다.

115 外務省記録, 「横浜築港一件(工師ムルデル氏築港計画意見書)」.

결과적으로 이러한 내무성 토목국의 움직임은 오쿠마 시게노부 외무대신이 직접 추진하고 설계·재원·외교 교섭을 종합해서 제시한 외무성 안에 대항할 수 없었다. 관영을 전제로 다시 설계를 수정한 파머의 계획안은 요코하마거류지와 일본인 거리 모두를 포함한 장대한 것이었고 이는 1889년 3월 각의에서 승인을 받는다.<그림 1-6>[116]

이리하여 도쿄 축항 계획은 실현되지 못했다. 장대한 프로젝트는 기술자를 보유하는 해군이나 내무성의 관심을 끌기는 했지만 그러한 장대함을 현실로 옮기기 위한 견실함이 부족했다.

결국 제1차 요코하마 축항은 가나가와현에게 맡기는 형태로 이루어졌다. 공사 주체는 가나가와현이었고 1889년 말에는 외무성 통상국장으로서 축항 조사를 담당하던 아사다 도쿠노리淺田德則가 가나가와현 지사에 취임함으로써 요코하마 축항에 대한 외무성의 주도권은 확실해졌다. 하지만 외무성의 주요 관심사였던 항칙은 실시되지 않았다. 1889년 9월 전국 개항장에 적용하는 개항 항칙의 초안이 완성되었지만,[117] 같은 해 6월경부터 오쿠마 시게노부의 조약안에 대한 반대 운동이 심해졌고, 10월에는 오쿠마 시게노부가 피습당하면서 개정 교섭이 중지되었기 때문이다. 이후에도 항칙을 둘러싼 교섭은 이어졌지만 실시 자체는 조약 개정 후 1898년에서야 이루어진다.[118]

그런데 오쿠마 시게노부 외무대신이 사임하면서 외무성의 요코하마 축항에 대한 관심이 옅어지자 내무성 토목국이 다시 축항 주도권을 잡

116 公文類聚·第13編·明治22年·第45巻,「横浜築港ヲ裁可シ工事ハ神奈川県知事ニ於テ執行セシム」.
117 外務省記録·3門1類1項19号,「開港港則制定一件(明治21年8月23日, 榎本逓相宛大隈外相)」.
118 稲吉晃,「不平等条約の運用と港湾行政 (2)」,『法学会雑誌』47-1, 2006, 首都大学東京法学会, p.149.

는다. 1891년 시멘트 납품을 둘러싼 의혹이 불거지고[119] 아사다 도쿠노리가 나가노현長野縣 지사로 자리를 옮긴 후로는 내무대신 아래에 임시요코하마축항국臨時橫濱築港局이 설치된다. 제3장에서 다시 살펴보겠지만 무엇보다 중요한 사실은 이로 인해 내무성 토목국이 요코하마 축항론으로 돌아선 것이 아니라 계속해서 도쿄 축항을 염두에 두고 있었다는 점이다. 이렇게 일본 최대 무역항인 요코하마항 정비는 누가 주체가 되어 진행할지 정해지지 않는 상태가 이어진다.

정리

에도막부 말기 체결된 일련의 수호 통상 조약은 근대 일본의 해항 행정을 크게 규정하였다. 구조약 아래에서는 외국 선박의 지휘권뿐 아니라 인프라 정비조차 일본이 자유롭게 할 수 없었기 때문이다.

이러한 행정상의 공백을 보완하기 위해 가장 적극적으로 활동할 수밖에 없었던 것은 세관대장성이었다. 요코하마세관은 밀수와 탈세를 단속하기 위해 부선이나 상륙지 등에 대한 경찰 업무를 시작했으며, 이에 대장성은 구조약 운용에 있어 국내에서 가장 강경한 태도를 보였다.[120] 그리고 이러한 배경 때문에 대장성은 축항 등 인프라 정비에도 관심을 갖게 된다.

한편, 1870년대부터 1880년대에 걸쳐 내무성은 토목 행정의 일환으로 해항 건설에 뛰어든다. 내무성은 국내 교통망의 중심으로 하천 주운

119 樋口次郎, 『祖父パーマー－横浜・近代水道の創設者』, 有隣堂, 1998, pp.95~104.
120 五百旗頭薰, 앞의 책, pp.41~47.

을 자리매김하고 기타가미가와 · 시나노가와 등 대형 하천의 하구에 전국적인 교통망의 결절점으로 해항을 건설하고자 했다. 또한 이와 같은 중앙 정부의 움직임에 영향을 받아 지방에서도 지방 장관이 교통망의 중심으로 해항을 건설하려 했다. 하지만 지방 장관이 지역에서 조달할 수 있는 자금에는 한계가 있었고 따라서 현영 · 민영 중 어느 쪽으로 추진하든 중앙 정부로부터의 지원이 꼭 필요했다. 게다가 수리 토목 기술도 부족한 상태였기 때문에 이들 계획 대부분은 예정대로 준공하지 못했다. 이처럼 1880년대 이전 일본의 해항 행정은 개항장에서는 서구 열강의 간섭으로 인해, 비개항장에서는 기술의 한계로 인해 충분히 정비할 수 없었던 것이다.

이러한 한계를 극복하기 위해 시작된 프로젝트가 도쿄 축항이었다. 수도 계획의 하나로 시작된 도쿄 축항은 다구치 우키치나 후쿠자와 유키치 등 사상가 · 저널리스트의 부국론을 배경으로 하였고 그 결과, 계선 시설, 육상 설비 등을 갖춘 장대한 구상으로 떠올랐다. 내무성 토목국은 장대한 도쿄 축항 계획을 지지하며 대규모 방파제 건설을 주요 내용으로 하는 계획을 세웠다.

도쿄 축항론 전개에 가장 먼저 반응한 것은 요코하마의 무역상이었다. 제국 수도의 해항으로서 입지가 흔들린다고 생각한 요코하마의 무역상은 도쿄 축항 반대를 주장함과 동시에 그들만의 해항 건설을 진행하기 시작한다. 처음에는 민영으로 추진하려 했던 제1차 요코하마 축항이었지만 개항 행정권을 회복하고자 했던 요코하마세관 및 외무성이 뜻을 함께하면서, 제국 수도의 해항이라는 지위를 둘러싸고 도쿄와 요코하마라는 지역 간 경합만이 아니라 해항 행정의 주체, 주도권을 놓고 내무성과 외무성 사이의 대립이 시작되었다.

하지만 장대한 축항 계획을 목표로 했던 내무성 토목국은 현실적인 도쿄 축항 계획을 제시하지 못했고 그 결과 재원과 축항 계획을 함께 내세운 외무성과 가나가와현에 의해 제1차 요코하마 축항 공사가 시작된다. 이 공사는 내무성의 도쿄 축항 고집과 비내무성 계열 주체들에 의한 해항 건설 실적을 남겼다는 점에서 일본 해항사에 있어 상징적인 공사라고 할 수 있다. 그리고 결과적으로 1890년대 이후 일본 각지에서 해항 건설이 활발해지는데 이들 공사는 지역 간 대립과 관청 간 대립을 내포하며 진행된다.

제2장

국제 교통망 확충과 일본의 해항

지방 장관 · 의회 정치인과 해항론

해항 건설 사업의 특징 중 하나는 하천 개수 등 다른 수리 토목 사업과 마찬가지로 그 효과를 실감하기 어렵다는 것이다.[1] 바꾸어 말하자면 공사가 완성된 부분부터 점차적으로 이용이 가능한 철도 · 도로 등 교통 사업이나 전신 · 전화 등 통신 사업과 달리 해항 건설은 모든 것이 완전하게 갖춰진 상태에서 처음으로 효과를 발휘하기 때문에 지역 이익으로 느껴지기 어렵다는 성질을 지닌다.

게다가 해항의 경우, 효과를 실감할 수 있는 범위는 하천 개수改修보다 작지만 부담은 넓은 범위에 걸쳐 평준화되어 나타난다는 점도 문제이다. 제1장에서 검토한 도쿄東京 축항 사례에서도 잘 나타나듯이 해항 건설을

1 御厨貴, 『政策の総合と権力－日本政治の戦前と戦後』, 東京大学出版会, 1996, p.104.

보다 완벽하게 하려 하면 할수록 비용은 눈덩이처럼 불어난다. 게다가 노비루항野蒜港이나 우지나항宇品港처럼 실패를 거듭하면서 수리 토목 기술에 대한 불신도 뿌리 깊게 남았다.

따라서 해항 문제를 지역 이익으로 성립시키려면 건설을 통해 얻을 수 있는 이익을 눈에 보이는 형태로 제시해야 했다. 1890년대에는 일본 국내에서 철도 부설이 진행되고 러시아에서도 착공함에 따라 교통론이 활발해졌는데, 해항 문제에 대해서는 하천 개수나 철도 부설 문제 이상으로 담론을 통해 설득하는 작업이 중요했다.

그리고 담론으로 설득하는 한편, 해항 건설의 이익을 해외 무역을 통해 가시적인 형태로 제시하는 것도 가능했는데, 이를 위해서는 해외 무역항으로 지정되어야 했다. 결국 1890년대 이후 각지에서 중앙 정부를 상대로 해외 무역항 지정을 요구하는 목소리가 나왔으며, 이러한 요구를 1890년 개설한 제국의회를 통해 실현하고자 했다.

이에 이 장에서는 1890년대 지역 사회와 제국의회에서 해항 문제가 어떻게 지역 이익으로 자리매김했는지를 같은 시기 전개된 철도 문제와 비교하면서 고찰하도록 한다. 제1절에서는 1890년대 해항과 관련하여 어떠한 논의가 있었는지를 개괄하고, 제2절과 제3절에서는 각 지역 사회의 동향을 검토하겠다. 제2절에서는 오사카항大阪港을 분석 대상으로 삼아 축항을 둘러싼 지역 사회 내부의 합의 형성 과정을 고찰한다. 제3절에서는 주로 동해 연안항에서 쏟아져 나온 무역항 지정 요구에 대하여 지역 사회 간 경쟁이라는 측면에서 검토하도록 한다.

1. 해항론의 전개-해항 배치와 지역 사회

1) 통상 국가 구상과 해항론

1880년대 다구치 우키치田口卯吉나 후쿠자와 유키치福澤諭吉가 주장한 해항론은 1890년대 보다 널리 퍼진다. 여기에는 국내외 교통망이 급속도로 정비되기 시작했다는 사실이 배경으로 작용했다. 1869년 수에즈운하 완성, 1880년 파나마운하 착공이 도쿄 축항론에 영향을 미쳤다는 것은 제1장에서도 언급하였지만, 1891년 시베리아철도 공사가 시작되면서 일본 국내 교통망 구상도 더욱 활발해진 것이다. 한편, 일본 국내에서는 1890년 공황의 영향으로 사기업에 의한 철도 건설은 정체 상태에 빠진다. 이에 1890년 설립된 제국의회에서는 철도 건설이나 항로 확장 등 교통망 구상을 정부에게 요구하기 시작한다. 1891년 가을에는 여러 지역 유지들이 모여 철도기성동맹회鐵道期成同盟會를 결성하고 철도 부설 청원 운동을 펼쳤으며,[2] 이듬해인 1892년 6월 성립한 철도 부설법鐵道敷設法에서는 노선 경합을 피하기 위해 주요 노선 경로 선정은 정부 자문 및 제국의회 동의를 거쳐 정하도록 하였다. 그리고 이 철도 부설법 성립을 계기로 철도 유치를 위한 운동이 여러 지역에서 활발해졌으며,[3] 결과적으로 중앙 정부뿐 아니라 지역 사회에서도 적극적으로 교통론을 펼친다. 이러한 교통론의 등장과 전개는 국내 교통망에만 국한되는 것이 아니라 '통상 국가通商國家 구상'을 염두에 둔 것으로 1892년 자유당自由黨이

---

2 鳥海靖, 「鉄道敷設法制定過程における鉄道期成同盟会の圧力活動」, 『歴史学研究報告』 13, 1967.
3 松下孝昭, 「第2章 鉄道敷設法の矛盾と始動」, 『近代日本の鉄道政策－1890~1922年』, 日本経済評論社, 2004.

제출한 항로 확장 건의안은 대표적인 예이다.[4]

즉 1890년대 해항론은 세계적인 해상 교통망과 국내 육상 교통망의 결절점으로서의 역할을 강조하는 것이었다. 특히 1890년대 해항론을 주장한 주요 논자 중 한 명으로 오이시 마사미大石正巳를 들 수 있다. 오이시 마사미는 1855년 도사土佐[1)]에서 태어나 1880년대 자유당 계열 정치인으로 활동하다가 1890년대 이후에는 비자유당 계열 정당의 대표로 활약한 인물이다. 오이시 마사미는 자유당을 떠난 직후인 1889년부터 영국에 체류했고 귀국 후 1892년에 『일본의 2대 정책日本之二大政策』을 출판한다.

이 책에서 오이시 마사미는 러시아로부터의 군사적 위협을 경계하면서 청淸과 경제적 관계, 특히 "장차 아시아 상업의 중심지가 될" 상하이上海와의 관계를 강화함으로써 일본을 통상 국가로 발전시켜야 한다고 주장했다. 그리고 이를 위해서는 교통 인프라 정비가 반드시 필요하며 그 중에서도 "3대 국항國港을 열고 3대 철도를 연결하며 4대 항로를 확장하는 것이 급선무"라고 하였다.[5] 여기에서 말하는 3대 국항은 나가사키長崎·요코하마橫濱·아오모리青森이고, 이 세 항을 잇는 노선이 3대 철도나가사키-모지(門司)·시모노세키(下關)-요코하마·요코하마-아오모리이다. 1891년 이미 일본 국내의 간선 철도는 아오모리에서 오노미치尾道까지 개통된 상태였으나 선로 너비가 표준보다 좁아狹軌 운송력이 떨어졌다. 이에 오이시 마사미는 운송력을 높이기 위해 간선 철도의 선로 너비를 표준 너비로 늘려야 한다고광궤화(廣軌化) 주장한다.[6]

---

4 中元崇智, 「栗原亮一と自由党『土佐派』の『通商国家構想』」, 『日本史研究』 516, 日本史研究会, 2005.
5 大石正巳, 『日本之二大政策』, 青木嵩山堂, 1892, pp.4~5.
6 위의 책, pp.110~118.

그리고 일본과 청의 협력 관계를 지향한 오이시 마사미에게 가장 중요했던 것은 상하이와의 연결 방법이었다. 상하이에서 보았을 때 일본의 현관은 동중국해에 면한 나가사키가 가장 적합했다. 오이시 마사미의 구상에 따르면 나가사키에서 넓은 선로의 철도를 타고 이어지는 요코하마항橫濱港은 수도인 도쿄로의 관문이자, 국내 각 지역에서 북미로 나아갈 수 있는 현관으로 정비된다. 한편 아오모리항青森港・무쓰만陸奧灣은 러시아를 막기 위해 정비한다. 오이시 마사미는 러시아가 일본을 침략한다면 석탄이나 어업 자원이 풍부한 홋카이도北海道를 노릴 것으로 추측했다. 따라서 홋카이도 개척과 방어 양 측면에서 무쓰만 항만 정비가 필요하다고 생각한 것이다.[7] 이와 같은 이유로 오이시 마사미에게 3대 국항은 해외 무역의 창구인 나가사키와 요코하마, 그리고 홋카이도 개발과 방어를 위한 아오모리를 의미했다.

이에 결과적으로 4대 항로는 해외 무역 창구인 나가사키와 요코하마로부터 세계를 향해 뻗어 나가게 된다. 나가사키에서는 조선의 항구를 거쳐 블라디보스토크에 이르는 북방 항로와 상하이 및 홍콩香港을 거쳐 오스트레일리아에 이르는 남방 항로, 요코하마에서는 중국 연안 및 인도를 거쳐 런던에 이르는 서방 항로와 샌프란시스코로 이어지는 동방 항로를 정비해야 한다고 오이시 마사미는 주장했다.

그런데 이와 같은 항로 확장안을 중심으로 한 통상 국가 구상은 오이시 마사미만 한 것은 아니었다. 1891년 설립된 동방협회東邦協會에서도 이나가키 만지로稻垣滿次郎나 후쿠모토 마코토福本誠, 후쿠모토 니치난(福本日南) 등이

7 위의 책, pp.99~109.

비슷한 논지를 펼쳤다. 동방협회는 "동남양東南洋 사물을 연구한다"는[8] 목적으로 오자와 가쓰로小澤豁郎·시라이 신타로白井新太郎·후쿠모토 마코토 등 국수주의자가 중심이 되어 설립한 단체이다.[9]

동방협회에서 통상 국가 구상을 주도한 이나가키 만지로는 1861년 나가사키에서 태어나 1886년부터 1891년까지 영국에서 유학하였다. 그는 영국에서 동아시아 국제 문제에 관한 글을 정리하여 귀국한 후 『동방책東方策, *Japan and the Pacific, A Japanese View of Eastern Questions*』을 발표했는데, 이 『동방책』을 포함, 이나가키 만지로의 일련의 저서를 통해 아시아 태평양 지역에서의 국제 문제동방 문제가 일본에서도 논의되기 시작했다고 알려져 있다.[10] 한편, 이나가키 만지로도 오이시 마사미와 마찬가지로 러시아의 시베리아철도 건설을 군사 위협이라 인식하였지만, 러시아에 그치지 않고 영국 등 서구 열강 전반에 대항할 필요가 있다고 주장했다. 그리고 서구 열강에 대항하기 위해서라도 국내의 산업 발전을 촉진하고 군사력을 강화해야 한다고 통상 국가 구상을 제시한 것이다.

물론 이를 위해서는 항로 정비가 필요하다. 오이시 마사미는 아시아 상업의 중심은 상하이라는 전제를 가지고 주장했지만, 이나가키 만지로는 그 중심이 이동할 것이라고 예상하며 논지를 펼쳤다. 바꾸어 말하자면 "동양에서 상공업의 중심은 북상하여 더 좋은 위치로 변천하는 것이 필연적 정세"이며 여기에서 말하는 더 좋은 위치는 서쪽으로 아시아 대륙, 동쪽으로 북미 대륙, 남쪽으로 오스트레일리아에 접하는 일본밖에

8 「東邦協会設置趣旨」, 『東邦協会報告』 創刊号.
9 安岡昭男, 「東邦協会についての基礎的研究」, 『法政大学文学部紀要』 22, 法政大学文学部, 1976.
10 広瀬玲子, 『国粋主義者の国家認識と国家構想』, 芙蓉書房出版, 2004, pp.375~377.

없다는 것이다. 그리고 동양의 상공업 중심지로 일본이 발전하기 위해서는 이들 지역을 잇는 6대 항로①쓰루가(敦賀)-블라디보스토크, ②일본-오스트레일리아, ③일본-상하이-중국 남안(南岸), ④일본-니카라과[파나마], ⑤일본-캐나다, ⑥일본-샌프란시스코를 개설할 필요가 있었다.

나아가 이나가키 만지로는 이들 항로와 일본 국내를 연결하기 위해 나가사키남대문, 쓰루가서대문, 아오모리동대문, 고베・오사카大阪, 중앙문라는 4개 해항을 대해항大海港으로 정비해야 한다고 주장했다. 한편, 4대 해항의 "축항 비용에 관해서는 국항은 일본 4천만 국민이 공유하는 점포의 현관과 같은 것이기 때문에 (…중략…) 국고에서 지출해야"[11] 한다고 축항비용 부담 방법까지 상세하게 언급하였다. 이나가키 만지로에 따르면 일본 국내 해항은 세 종류로 나뉜다. 첫 번째는 '국항'으로 이미 설명하였듯이 일본 정부가 정비한다. 두 번째는 한 개 이상의 부현府縣2)에 걸쳐 배후지가 형성되는 '한 지방의 항'이다. 이 경우 배후지에 해당하는 부현들이 정비 비용을 부담하고 국고 보조로 추가 충당한다. 세 번째는 '한 현縣의 항'으로 현이 정비한다. 즉, 해항 정비를 통해 혜택을 받는 배후지의 크기에 따라 해항의 순위를 매기고 국고 지원도 이 순위에 따라 한다는 것이 이나가키 만지로의 생각이었다. 이렇게 해항의 순위에 따라 비용 부담 비율을 결정하는 방법은 이미 1873년 대장성大藏省의 번외番外 포달布達「하항 및 도로 건설 규칙河港道路修築規則」에도 나타난 발상이다.[12]

이나가키 만지로와 마찬가지로 동방협회에서 통상 국가론을 펼쳤던 것이 후쿠모토 마코토이다. 후쿠모토 마코토는 1892년 잡지 『일본日

11 稲垣滿次郎,『東方策結論草案』上, 哲学書院, 1892, p.31.
12 寺谷武明,『近代日本港湾史』, 時潮社, 1993, pp.3~4.

本』에 「해국정담海國政談」이라는 글을 연재하여 조선 장려법造船奬勵法 및 항해 장려법航海奬勵法 제정과 정기 항로 개설, 나아가 해항 건설을 통한 해운 확장책이 필요하다고 했다.

그리고 후쿠모토 마코토 또한 6대 항로 정비를 주장했으나, 유럽 항로를 구상했다는 점이 이나가키 만지로와 다른 점이었다. 후쿠모토 마코토가 제안한 6대 항로는 ① 남청南淸 항로상하이·홍콩, ② 북청北淸 항로부산·인천·톈진(天津)·상하이, ③ 북러시아 항로블라디보스토크, ④ 호주 항로, ⑤ 미주 항로벤쿠버·샌프란시스코, ⑥ 유럽 항로였다. 유럽 항로를 중시했다는 점에서 후쿠모도 마코토의 논지는 오이시 마사미와 비슷했다고 할 수 있다.

결과적으로 해외 항로의 출발점인 해항 정비에 대해서도 후쿠모토 마코토와 오이시 마사미의 의견은 같을 수밖에 없었다. 후쿠모토 마사미는 6대 항로의 출발점으로 요코하마·고베·나가사키·아오모리·쓰루가라는 5개 해항의 정비를 주장했는데, 이 중 요코하마·나가사키·아오모리에 대해서는 "오이시 마사미의 3대 국항론과 의견을 같이 한다"[13]며 오이시 마사미의 주장을 그대로 인용한다. 다만 후쿠모토 마코토는 여기에 "일본 제2의 항"인 고베항神戶港과 쓰루가항敦賀港을 추가한 것이다.

한편 후쿠모토 마코토와 이나가키 만지로의 주장이 오이시 마사미와 가장 크게 달랐던 점은 러시아를 군사적 위협으로 보지 않고 무역 상대국으로 간주했다는 것이며, 따라서 동해 연안 해항의 정비도 필요했다. 하지만 동해 연안은 근세近世 후기부터 국내 물류의 주요 항로로 정비되었기 때문에 후나카와船川·후시키伏木·나나오七尾·쓰루가·오바마小濱·

13 福本日南, 『海国政談』, 日本新聞社, 1892, p.56.

미야즈宮津 · 사카이境 등 비슷한 규모의 중계항은 많았으나 특별히 중요한 해항은 없는 상태였다.

이나가키 만지로와 후쿠모토 마코토는 이 중 쓰루가를 선택한 것인데 이는 결코 우연은 아니었다. 당시 해상 교통과 육상 교통 모두 급속하게 근대화하는 가운데 해항에 적합한 조건 또한 변화하는 상황이었다. 단지 평온한 수면을 보유하는 것만으로는 충분하지 않고 잔교棧橋나 창고 등 계선 시설 정비의 용이함이나 철도와의 연결 유무 등이 새로운 조건으로 부상하였다. 그리고 이와 같은 조건을 갖춘 후보지를 압축하기 위해서는 기술적 근거가 필요했는데 그 역할을 한 것이 해군 수로부水路部였다.

1) 해군 수로부의 활동 – 기모쓰키 가네유키의 해항론

해군 수로부는 메이지明治시대 해항론을 이야기할 때 빼놓을 수 없는 존재다. 메이지 정부에 의한 해양 측량과 해도, 수로지 작성 업무는 1871년 7월 병부성兵部省[3)] 해군부에 만들어진 수로부가 담당했다. 수로부는 1872년 병부성이 육군성과 해군성으로 분리되면서 해군성에 속했으나, 1886년 해군성으로부터 독립하여 '해군 수로부'가 되었다. 수로부는 해군 함선뿐 아니라 민간 선박에게도 정보를 제공하였으며, 이러한 실태를 반영하여 1888년부터는 '해군'을 떼고 '수로부'라는 이름으로 부르기 시작했다.[14]

1850년대 이래 일본 연안 및 항만의 수로 측량은 영국이나 미국의 측

14 小林瑞穂, 「海軍水路部における創設者 · 柳楢悦の顕彰－1930年柳楢悦胸像除幕式を中心に」, 『海事史研究』 64, 2007, p.48.

량선에 의존한 상태였으나, 1880년대 들어서 독자적으로 측량을 할 수 있게 되었다. 1881년 11월 해군 수로부는 전국 해안 측량 12년 계획全國海岸測量十二ヶ年計劃을 세웠다. 이것은 사관士官 7명과 수병 5명, 합쳐서 12명을 한 조로 하고 측량반을 2개 편제하여 전국의 해안과 항만을 본격적으로 측량한다는 내용이었다.[15] 여기에는 총 16만 엔이 넘는 예산이 필요했으나 통상 촉진이라는 측면에서 농상무성農商務省의 동의를 얻어[16] 1882년부터 실시된다. 참고로 이 계획은 전국 406개 항만의 측량을 포함한다.

전국 해안 측량 12년 계획을 제안한 것은 수로부 측량과 과장이었던 기모쓰키 가네유키肝付兼行 해군 대위1881년 12월 소좌(少佐)로 진급였다. 기모쓰키 가네유키는 계획을 제안했을 뿐 아니라 직접 각 지역의 측량을 맡았다. 기모쓰키 가네유키는 1882년 이후 전국 연안을 측량했는데, 특히 1883년 2월 구레吳, 같은 해 5월 오무라만大村灣 측량은 구레와 사세보佐世保에 해군 진수부鎭守府를 설치할 때 기초 자료로 쓰였다.[17] 그리고 이와 같은 경력을 바탕으로 1890년대 이후 기모쓰키 가네유키는 해항 전문가로서 전국 각지의 해항 조사와 설계를 담당한다.[18]

---

15 海上保安庁水路部編, 『日本水路史－1871~1971』, 日本水路協会, 1971, pp.38~39.

16 公文類聚・第6編・明治15年・第57巻, 「海軍省全国海岸測量実施ノ為メ年々費金下付ヲ乞フ該費ハ既ニ十五年度以降据置額中へ編入ス」.

17 海上保安庁水路部編, 앞의 책, p.40.

18 기모쓰키 가네유키는 1853년 사쓰마번(薩摩藩) 무사 기모쓰키 가네다케(肝付兼武)의 장남으로 태어나 1871년 병부성 수로국에서 일을 시작하였다. 1888~92년, 1894~1905년 두 번에 걸쳐 수로부 부장을 역임하는 등 측량 사무 전문가로 활동하였다. 1906년 5월에는 예비역으로 편입하였고 1911년 7월부터는 귀족원(貴族院) 남작의원이 된다. 또한 해군 홍보 담당자로 대중 강연도 활발하게 많이 하였으며 해항 건설뿐만이 아니라 마한(A. T. Mahan)의 해양력(Sea power) 논의 등 해사 및 해군 사상 보급에도 힘쓴 인물이다. 柴崎力栄, 「海軍の広報を担当した肝付兼行」, 『大阪工業大学紀要(人文社会篇)』 55-2, 大阪工業大学, 2011.

해항 전문가 기모쓰키 가네유기의 시작은 「일본의 개항장은 시베리아 철도를 어떻게 대할 것인가西比利亜鉄道に対する日本の開港場を論ず」라는 제목의 연설이었다. 이는 1891년 11월 다구치 우키치가 중심이 되어 활동하던 경제학협회經濟學協會의 의뢰를 받아 한 것이었는데, 『도쿄경제잡지東京經濟雜誌』뿐 아니라 『일본상업잡지日本商業雜誌』하쿠분칸(博文館) 발행에도 실렸고[19] 이나가키 만지로의 『동방책』, 후쿠모토 마코토의 『해국정담』에서도 인용되는 등 큰 반향을 일으켰다. 이 연설에서 기모쓰키 가네유키는 시베리아 철도 개통 후 블라디보스토크를 기점으로 하는 3대 항로로 ① 미국 항로, ② 상하이 항로, ③ 일본 항로를 상정하고, 각 항로에 대하여 일본이 군사적·경제적으로 어떻게 대응할 것인지를 논하였다.

구체적으로 살펴보면 우선 ① 미국 항로에 관해서는 블라디보스토크에서 캐나다 서부 해안의 밴쿠버를 거쳐 샌프란시스코, 니카라과까지 이어지는 항로를 설정하고 이 항로에 대해서는 쓰가루해협津輕海峽에 개항장을 설치할 필요가 있다고 했다. 게다가 그것은 기존 개항장인 하코다테函館가 아니라 혼슈本州에 위치한 쓰가루만津輕灣 내 오미나토大湊여야 한다고 주장한다.

② 상하이 항로에서는 블라디보스토크에서 상해로 이어지는 항로를 설정하였다. 이 항로에서 요충지는 대한해협이다. 기모쓰키 가네유키는 한반도의 부산항이 지니는 유용성을 지적하고 부산에 대항하기 위해서는 규슈 북부 지역에 개항장이 필요하다고 주장했다. 그러나 모지·가라쓰唐津·이마리伊萬里 등 기존 해항은 모두 기선이 정박할 수 없는 지형이

19 『東京経済雑誌』623, 明治25.5; 『日本商業雑誌』1, 明治24.12.

라는 문제가 있으니 규슈철도 사가역佐賀驛에서 가까운 가리야仮屋의 개항장 정비를 요구했다.

그리고 기모쓰키 가네유키가 제일 공을 들여 논한 것이 ③ 일본 항로이다. 기모쓰키 가네유키는 이나가키 만지로와 마찬가지로 "동양의 상업권商業圈"을 상하이에서 요코하마·고베로 옮겨 오는 것을 목표로 삼았기 때문에 블라디보스토크와 요코하마·고베를 연결하는 동해 연안 해항을 중시했다. 물론 이를 위해서는 기선이 안전하게 정박할 수 있어야만 했고, 이에 지형 조건을 충족하는 후보지로 유야油谷·세토자키瀬戸崎·미야즈·마이즈루舞鶴·오바마·쓰루가·나나오·후나카와라는 8개의 항을 제안하고 이에 대하여 상세하게 검토했다.<표 2-1>

〈표 2-1〉 기모쓰키 가네유키(肝付兼行)의 동해 연안항 조사표

	육안(陸岸) 환경	수심 및 저질(底質)	육상 하역의 편의	내지(內地) 운반	시장 설치의 여지	등대 유무	암초 및 천주(淺州) 피해	군항 및 요항(要港)으로서의 제한	합계
유야(油谷) [山口縣]	70	70	100	-	-	-	-5	-	235
세토자키(瀬戸崎) [山口縣]	80	90	90	-	100	-	-10	-	350
미야즈(宮津) [京都府]	90	100	100	20	90	-	-	-	400
마이즈루(舞鶴) [京都府]	100	90	90	40	95	-	-	-50	365
오바마(小濱) [福井縣]	70	90	60	15	30	-	-	-	265
쓰루가(敦賀) [福井縣]	85	90	100	97	80	40	-	-	492
나나오(七尾) [石川縣]	90	80	60	15	100	-	-70	-	275
후나카와(船川) [秋田縣]	30	50	30	30	10	10	-10	-	150

출처 : 『東京経済雑誌』 613, p.305.

기모쓰키 가네유키는 '육안陸岸 환경', '수심 및 저질底質', '육상 하역의 편의', '내지內地 운반', '시장 설치의 여지', '등대 유무', '암초 및 천주淺州 피해', '군항 및 요항要港으로서의 제한'이라는 8개 조건을 점수화하여 비교한 결과, 쓰루가를 가장 유력한 후보지로 결정했다. 그리고 조사표로부터 기모쓰키 가네유키가 '내지 운반' 항목을 가장 중요하게 생각했음을 알 수 있다. 후보지 중 이미 철도가 개통한 곳은 쓰루가밖에 없었고, 다른 후보지의 경우 철도 부설 계획은 있으나 실현에 이르지 못한 상태였다. 이는 앞에서도 설명한 바와 같이 동방협회의 통상 국가 구상이 "동양의 상업권" 쟁탈과 확보를 전제로 한 사실과 관련이 있다. 요코하마와 고베에 여객 및 화물을 집중시키기 위해서 동해 연안 해항에게는 무엇보다 철도 연락 기능이 요구되었다. 당시 마이즈루에도 철도 부설 계획이 진행 중이었지만 해군인 기모쓰키 가네유키에게 군항인 마이즈루에 불특정 다수의 외국 선박이 드나드는 해항을 건설하는 것은 있을 수 없는 일이었다. 그 결과 설사 마이즈루철도舞鶴鐵道가 개통하더라도 마이즈루가 아닌 쓰루가에 해항을 건설하는 것으로 동방협회의 의견이 모이기 시작했다.

한편 기모쓰키 가네유키는 동해 연안항에 이어 태평양 연안 신규 개항장에 대해서도 경제학협회의 요청에 따라 연설을 했지만[20] 요코하마·고베와 같이 이미 대규모 해항이 존재하던 태평양 연안의 신규 개항을 주장하는 것은 어려웠던 듯싶다. 기모쓰키 가네유키는 요코하마·고베·하코다테·나가사키 등 기존 개항장에 대하여 "만일 앞으로 항해상 어떠한

20 肝付兼行, 「太平洋海岸に於ける我国将来の開港場を論ず」, 『東京経済雑誌』 623, 明治25.5.

변화가 일어나더라도 이들 요지要地는 더욱 중요한 최고 요지가 될 것이며 이를 능가하는 지역을 인정하는 것은 쉽지 않다"고 평가하였으며, 신규 개항장에 대해서는 "장차 수출할 물건이 많고 운송과 운반이 편리한 지방에 착안"해야 한다고 논했다. 그리고 이와 같은 관점에서 본다면 모지후쿠오카현(福岡縣) · 고와河和, 아이치현(愛知縣) · 시미즈淸水, 시즈오카현(靜岡縣) · 무로란室蘭, 홋카이도이 새 개항장이 될 가능성이 있으며, 장래에는 도호쿠東北 지역에도 개항장을 설치해야 한다고 주장하는데 그쳤다.

2) 지역 사회에서의 해항론

기모쓰키 가네유키의 해항론을 통해서도 알 수 있듯이 1890년대 크게 주목받은 것은 요코하마나 고베 등 이미 대규모 해항이 존재하던 태평양 연안이 아니라 동해 연안, 즉, 쓰가루해협부터 호쿠리쿠北陸 지방[4)]에 이르는 지역이었다. 이 지역은 홋카이도를 중심으로 하는 해운망이 이미 발달한 상태였으며 따라서 해항 건설을 통해 지역을 발전시키고자 하는 움직임도 일찍이 나타났다.[21]

특히 1890년대 해항론이 활발했던 이유는 이미 언급하였듯이 의회 등 중앙에서 논의가 전개되었다는 점과 함께 동해 연안의 경우 태평양 연안과 비교하여 철도 건설이 늦은 상태였다는 점을 들 수 있겠다. 1893년 4월 시점에서 보면 태평양 측은 아오모리에서 도쿄, 오사카를 거쳐 히로시마현廣島縣 미하라三原까지 철도가 남북을 꿰뚫고 나아가 규슈

21 예를 들어 1878년 12월에는 이시카와현(石川縣)의 사족(士族) 스기무라 간쇼(杉村寬正)는 이토 히로부미(伊藤博文) 내무경(內務卿)에게 후시키(伏木)와 나나오(七尾) 두 항을 개항장으로 지정해 줄 것을 청원했다. 大隈文書 A3018, 「開港場ニ就越中国伏木能登国七尾両湾得失便宜ノ見込草案」.

북부 지역에도 철도가 놓여 있었다. 반면에 동해 연안에서는 마이바라米原에서 쓰루가, 그리고 다카사키高崎에서 나오에쓰直江津까지만 철도가 다니는 상황이었기 때문에[22] 해항에 대한 기대가 매우 높았던 것이다. 한편, 철도 부설법은 쓰루가-도야마富山·나오에쓰-니가타新潟 등 동해 연안을 세로로 잇는 노선은 물론 마이즈루선舞鶴線·인요연락선陰陽連絡線[5)] 등 동해 연안과 태평양 측 간선을 연결하는 노선도 예정하였다.

이에 동해 연안에서는 철도 부설과 연결하여 해항론이 전개되었다. 예를 들어, 1892년 11월에는 자유당 계열 중의원 의원代議士인 이시구로 간이치로石黑涵一郎가 『마이즈루철도 및 항만舞鶴鐵道及港灣』이라는 책을 썼다.[23] 마이즈루철도에 관해서는 1880년대 중반 해군 진수부 설치를 검토하면서 마이즈루와 교토·오사카를 잇는 사설 철도 계획도 등장했었다.[24] 그러나 여러 개의 사설 철도 계획이 경합하면서 쉽게 실행에 옮겨지지 못하는 상태였다.[25]

그리고 결과적으로 사람들의 관심은 마이즈루항舞鶴港 정비에서 철도 노선 문제로 옮겨 갔으나, 이시구로 간이치로는 "마이즈루 인사가 소홀히 해서는 안 되는 급하며 중대한 일은 선로 경쟁이 아니라 항만 경쟁이다"라고 하였다. 왜냐하면 마이즈루철도의 노선 선택은 교토 등 관련 지

22 古厩忠夫, 『裏日本日本水路史－1871~1971近代日本を問いなおす』, 岩波書店, 1997, pp.8~9.

23 石黑涵一郎, 『舞鶴鉄道及港湾』, 私家版, 1892. 이시구로 간이치로는 1854년 마이즈루번(舞鶴藩) 무사의 집에서 태어나 1876년부터 도요오카(豊岡)·오사카(大阪)를 중심으로 대변인 활동을 시작했다. 1879년에는 오카야마(岡山)에 이주하여 산요자유당(山陽自由黨)·오카야마 대동구락부(岡山大同俱樂部)에 참여하여 조약 개정 반대 운동을 펼쳤다. 그리고 자유당에 들어가 『오카야마일보(岡山日報)』를 발간하기도 했다. 山崎謙編, 『衆議院議員列伝』, 衆議院議員列伝発行所, 1901, pp.31~32.

24 松下孝昭, 「軍事拠点と鉄道ネットワーク」, 坂根嘉弘編, 『軍港都市史研究(舞鶴編)』 I, 清文堂出版, 2010, pp.209~211.

25 小川功, 「第3章 阪鶴鉄道の資金調達」, 『企業破綻と金融破綻』, 九州大学出版会, 2002.

역 유지들이 검토하는데 반해 "항만의 이해득실은 마땅히 거주하는 인사들이 정밀하게 조사하여 널리 천하 공중에게 호소하고 찬동을 얻는 방법을 찾아야"하기 때문이다.

나아가 이시구로 간이치로는 "대의 정치 체제의 폐해로 양원兩院 의원이 반드시 모두 지세地勢를 아는 사람으로만 이루어진 것이 아니므로, 대세를 따르다 보면 의외의 결과에 이를 수도 있는데 이 또한 아직 모른다"며, "대세를 잡는 방법은 세력과 인망, 신용이 있는 기사技師에게 항만조사를 맡겨 논의의 근거를 굳히고 큰 목소리로 외침으로써 여론을 환기하는 데 있다"고 했다. 아울러 경쟁하는 항과 비교했을 때 마이즈루항이 지니는 우위를 기술자의 조사를 통해 강조해야 한다고 주장했다.

물론 이름을 거론하지는 않았지만 이시구로 간이치로가 기모쓰키 가네유키의 주장을 의식하며 논했음은 틀림없다. 이시구로 간이치로는 미야즈나 쓰루가와 비교하면 마이즈루항의 약점은 "군항이기 때문에 유사시 제약을 받을 수 있다는 점"과 "육상 하역장이 불편하다는 점", 이라 하였는데, 이는 앞에서 살펴본 〈표 2-1〉에서 기모쓰키 가네유키가 평가한 바와 같다. 다만 이시구로 간이치로는 군항으로서의 약점에 대해서는 마이즈루항의 경우 반도를 사이에 두고 동서로 나뉘기 때문에 군사상의 이유로 선박 이용에 제한이 생기는 것은 전시 상황에 국한된다고 반박했다. 한편 두 번째 약점인 "육상 하역장이 불편하다는 점"에 관해서는 "지주와 자본가가 함께 협력하여" 잔교 등 시설을 정비할 필요가 있다고 지역 사회의 합심과 노력을 요구했다.

이처럼 이시구로 간이치로의 해항론은 마이즈루 사람들의 적극적인 협력을 촉구하는 것이었다. 다만 이시구로 간이치로는 1854년 마이즈루에서 태어나기는 했지만, 1878년부터 활동 거점을 오카야마岡山로 옮겼기 때문에 그의 주장은 어디까지나 외부인의 주장이었다. 한편, 같은 동해 연안 중, 도야마현富山縣 후시키항伏木港의 경우는 지역 사회 내부에서 해항론이 나왔다.

후시키항은 고세이평야呉西平野를 유역 삼는 오야베가와小矢部川 하구에 위치한 하구항이자 배후지로 도야마현을 넘어 기후현岐阜縣 북부와 이시카와현石川縣까지 포함하는 해항이다. 근세에는 가가번加賀藩의 적출항積出港으로 번창했고, 1875년 미쓰비시회사三菱會社의 정기 항로사카이-쓰루가-후시키-사도(佐渡)-니가타 유치에 성공하면서 동해 연안 해항으로 존재감을 쌓았다.[26] 그리고 1880년 도쿄상법회의소東京商法會議所가 이시마키石巻·시모노세키와 함께 신규 개항장 후보지로 꼽는 등 중앙에서도 후시키항을 높게 평가했다.[27]

이 중 미쓰비시회사의 정기 항로는 선박 운송업자船問屋 후지이 노조藤井能三가 사비를 들여 등대를 세운 결과 유치할 수 있었는데, 그는 1882년에도 역시나 사비를 들여 기상대를 만드는 등 해항 정비를 통해 지역을 부흥시키고자 했다. 당연히 시베리아철도 건설에도 즉각 반응하여 1891년 『후시키 축항론伏木築港論』을 썼다.[28]

이 책에서 후지이 노조는 이나가키 만지로의 주장을 인용하며 시베리아철도 개통 후 "일본은 유럽에서 떨어져 있다는 걱정을 떨칠 수 있을 뿐 아니라, 진정 전 세계의 중심에 설 수" 있다고 했다. 시베리아철도를

26 伏木港史編さん委員会編, 『伏木港史』, 伏木港海運振興会, 1973, p.234.
27 위의 책, p.304.
28 藤井家文書·T683-71, 「伏木築港論」.

이용하면 일본에서 유럽 각국까지 9~11일이면 도착할 수 있으므로 상하이에서 수에즈운하를 거쳐 런던에 이르는 경로와 비교하면 40일가량 시간을 크게 단축할 수 있다. 따라서 "일본은 동양에서 유럽으로 가는 우편 항로를 점유"하게 되며 나아가 시베리아에 새로운 시장을 개척할 수도 있다고 주장한 것이다.

그러나 후시키항이 시베리아 무역의 중심지가 되려면 정비가 반드시 필요했다. 후지이 노조는 이를 "후시키 항민港民의 의무"라고 까지 표현했다. 내무성 기사 드 리케J. de Rijke는 "다소 수선"하면 후시키항에는 대형 기선도 입항할 수 있으므로 "후시키 항민은 다소의 측량 조사비는 달게 투자해야 한다"며, 이시구로 간이치로와 마찬가지로 지역 주민의 협조를 구했다. 후시키항론은 도야마현 지역 신문 『호쿠리쿠정론北陸政論』이나 『도야마일보富山日報』에 연재되었고,[29] 1894년 5월에는 후시키정伏木町 정장町長 나가타니 류후中谷逢風가 『후시키항 외국 무역에 관한 참고서伏木港外国貿易之儀ニ付参考書』라는 제목의 팸플릿을 만드는 등[30] 이후에도 시베리아철도 개통을 계기로 해항론이 활발해 진다.

해항론과 함께 국내 철도 정비를 검토한 것도 후시키항과 마이즈루항의 공통점이다. 철도 부설법에서 부설이 예정된 호쿠리쿠선北陸線, 쓰루가-도야마는 후시키항을 경유하지 않고 내륙의 다가오카高岡를 경유하는 경로였기 때문에 후시키항의 무역을 발전시키기 위해서는 다카오카에서 후

29 『호쿠리쿠정론』에는 1891년 12월부터 이듬해 1월까지 니시 모로오키(西師意)가 「후시키 축항론(伏木築港論)」을 연재했고, 『도야마일보』에는 1896년 9월부터 11월까지 류 다게오(竜岳生)가 「후시키 축항에 대하여(伏木築港に就て)」를 연재했다. 伏木港史編さん委員会編, 앞의 책, pp.306~310.

30 中谷隆風, 『伏木港外国貿易之儀ニ付参考書』, 私家版, 1894.

시키를 연결하는 철도 노선을 건설할 필요가 있었다. 이에 후지이 노조를 비롯하여 후시기정 유지들은 사설 철도 회사 설립을 계획하였다. 다만 1893년에 주식을 공모하고 체신성遞信省에게 설립원을 제출하였으나 각하되었다. 결국 다카오카와 후시키를 잇는 철도는 다카오카정高岡町 유지가 계획한 츄에쓰철도회사中越鐵道會社6)가 담당한다.[31]

이처럼 1890년대 초반 중앙에서 시작된 해항론은 지역에까지 퍼져 해항 정비와 철도 건설을 세트로 하는 지역 진흥론이 대두한다. 하지만 이 절에서 살펴본 마이즈루와 후시키 두 항 모두 단기간에 축항을 실현할 수는 없었다. 그 이유는 앞 장에서 설명한 바와 같이 단순한 매립 공사가 아니라 결절점으로서 해항을 건설하려면 기술과 자금 모두 뒷받침되어야 했기 때문이다. 그리고 이를 위해서는 내무성 토목국의 기술 지원과 지역 사회 내부에서 자금에 대한 합의 형성이 필요했다. 다음 절에서는 1897년 착공한 제1차 오사카 축항 공사를 사례로 이 두 조건이 갖춰지는 과정을 고찰하고자 한다.

2. 오사카 축항의 시작-내무성과 지역 사회

1) 오사카 축항과 요도가와 치수

오사카는 근세부터 근대에 걸쳐 일본 경제의 중심지로 전성기를 구가했는데, 이는 요도가와淀川 수운과 세토내해瀬戸内海 해운이라는 두 유통망

31 伏木港史編さん委員会編, 앞의 책, pp.276~280.

의 결절점에 위치하는 지리적 요건에 힘입은 것이었다. 오사카 시내에는 이들 두 유통망을 연결하는 수로망이 펼쳐졌고 오사카의 해항 기능은 이 수로망이 담당하였다.

그러나 오사카 시내 수로망은 좁고 수심이 얕아 외국 무역에 사용하는 대형 선박이 입항하여 화물 선·하적을 하는 것은 불가능했다. 따라서 요도가와 하구의 한 부분인 아지가와安治川 입구에서 화물과 여객을 소형선이나 부선艀船에 옮겨 실어야 했는데, 아지가와 입구도 수심이 얕아서 600톤급 선박 정도만 입항할 수 있었다.[32]

이러한 배경 때문에 오사카 축항은 메이지시대 시작 직후부터 검토 대상이 된 과제였다. 예를 들어 1868년에는 영국인 기사 브런튼R.H.Brunton, 1873년에는 네덜란드 기사 반 도른C. J. van Doorn이 축항안을 완성한다. 그러나 총 공사비를 보면 브런튼 안이 124만 엔, 반 도른 안이 320만 엔에 달해 결국 실현되지 못했다.[33]

그런데 오사카 축항을 더욱 힘들게 한 것은 요도가와 치수 문제였다. 오사카의 항만 기능은 요도가와 하류 아지가와를 중심으로 한 시내 수로망에 의존한 상태였다. 그래서 오사카 축항을 실현하고자 하면 요도가와 치수는 피할 수 없는 문제였다.

그리고 이는 내무성의 해항 행정 전반에 관해서도 마찬가지였다. 1870~80년대 내무성 하천 행정의 특징은 노비루 축항 사례가 전형적으로 보여주듯이 치수와 수운을 양립하고자 하는 시도였다는 점이다.[34]

32 大阪市, 『大阪築港一〇〇年日本水路史－1871~1971海からのまちづくり』 上, 大阪市港湾局, 1997, pp.31.
33 위의 책, pp.31~34.
34 松浦茂樹, 『明治の国土開発史日本水路史－1871~1971－近代土木技術の礎』, 鹿島出版会, 1992,

이러한 측면에서 보면 당시 내무성에서 하천 행정과 해항 행정은 분화되지 않은 상태였다고 할 수 있다.

내무성 토목국이 구상한 오사카 축항안은 1873년 반 도른의 설계안, 1884년과 1887년 두 번에 걸쳐 설계된 드 리케 안 등이 있는데, 모두 아지가와 하구를 준설하여 외양外洋을 항해하는 선박과 시내 수운망을 연결하는 것이었다.[35] 그리고 하구에 토사가 퇴적하는 것을 막기 위해서는 요도가와 본류 개수를 동시에 진행해야만 했다.

하지만 치수와 수운을 양립하고자 한 내무성의 시도는 하천 구조와 비용 부담이라는 두 가지 이유에서 불가능한 것이었다. 토사 퇴적이 문제가 된 것은 수운망으로 활용하고자 했던 하류만이 아니었다. 하천 바닥에 토사가 쌓이면 수질이 나빠져 그 유역 일대 농업에도 영향을 미치는 데다가 호우로 인한 홍수 가능성도 커진다. 그렇다고 상류에서 이 문제에 대응하면 중류 유역에 토사가 점점 더 퇴적하기 때문에 결과적으로 하천 개수를 둘러싸고 지역 간 대립이 끊이지 않았다. 문제를 근본적으로 해결하기 위해서는 하천 전역을 한꺼번에 준설할 수밖에 없었다. 이 점이 제1장에서도 설명한 내무성 토목국의 장대한 프로젝트 지향성을 설명해 준다.

문제는 하천 개수에 수반하는 부담에 대한 지역별 대응도 다양했다는 사실이다. 요도가와 치수와 관련해서는 이미 에도막부江戸幕府 말기에 상류인 비와코琵琶湖 주변 주민과 중하류 지역 군郡에 거주하는 주민 사이에 대립이 발생했었다.[36] 게다가 1884년부터 구체화한 교토부京都府의 비와

pp.26~28.

35 大阪市, 앞의 책, pp.33~36.

코 소수疏水 공사에 대해서도 오사카부大阪府 요도가와 주변 주민은 하류 지역에 홍수 위험성이 높아진다고 반대 운동을 펼쳤으며, 이를 요도가와 제방 건설 요구로 이어 나간다.[37] 그러나 한편으로 홍수 피해가 상대적으로 적은 오사카시 주민들은 냉담한 반응을 보였다. 이렇게 오사카부에서는 축항 추진파와 반대파가 교착 상태에 빠진다.

2) 오사카 축항의 시영화

오사카 축항의 교착 상태를 타개하고자 한 것은 1889년 오사카부 지사로 취임한 니시무라 스테조西村捨三였다.

니시무라 스테조는 오사카 축항과 요도가와 치수의 분리를 목표로 삼았다. 내무성 토목국이 지금까지 제시한 설계안은 오사카 축항과 요도가와 치수를 하나의 세트로 보는 것이었다. 하지만 오사카 시내를 관통하는 요도가와 본류의 하구에 오사카항을 만들지 않고, 요도가와 본류 자체를 오사카 시내에서 떨어뜨리면 둘을 함께 설계하지 않아도 된다. 니시무라 스테조는 축항과 치수를 분리하여 별도로 공사하면 비용 부담의 범위도 명확해지고 지역 주민의 이해도 얻기 쉬울 것이라 생각했다.

다만 이렇게 됐을 경우, 요도가와 치수와 분리한 오사카 축항의 비용은 이 공사를 통해 직접 이익을 얻게 될 오사카시 시민이 부담해야 했다. 니시무라 스테조의 요청을 받아 분리안을 설계한 드 리케는 "만약 이 축항 공사를 하천 개수 공사와 분리하여 별도로 시행하는 것이 가능하다면 해당 시의 상점 중에는 손해를 보더라도 이것이 성공하기를 바라는

36 服部敬, 『近代地方政治と水利土木』, 思文閣出版, 1995, pp.182~189.
37 위의 책, pp.196~197.

자가 많을 것이다"[38]라고 지적했다. 한편, 내무성 또한 오사카 축항을 요도가와 치수와 분리함으로써 오사카시 시민이 자발적으로 비용을 부담할 것이라 기대하였다.

이처럼 비용 부담 범위를 명확히 나누는 수법은 니시무라 스테조의 경력에 영향을 받은 것이라고 할 수 있다. 니시무라 스테조는 오사카부 지사에 취임하기 전 3년 동안1886~89 내무성 토목국장으로서 대규모 하천 개수 공사를 직접 지휘하였다. 여러 부현에 걸친 대규모 하천을 개수할 때는 비용 부담 비율을 둘러싸고 반드시 대립이 일어난다. 이에 대해 기후현과 아이치현에 걸쳐있는 기소가와木曾川, 구마모토현와 후쿠오카현에 걸쳐있는 치쿠고가와筑後川 개수 절차를 정리하는 등 니시무라 스테조는 토목국장으로서 대규모 하천 개수 과정이 피할 수 없는 지역 사회의 비용 부담 문제를 해결해 온 실적이 있었다.[39] 그리고 이와 같은 경험을 바탕으로 니시무라 스테조는 오사카부의 군과 시의 대립을 조정하는 수단으로 요도가와 치수와 오사카 축항 분리 방안을 모색한 것이다.

또한 당시 오사카시는 시제 특례市制特例7) 대상으로 지사가 시장을, 부의 서기관府書記官이 부시장副市長에 해당하는 시조역市助役을 겸임할 수 있었다. 행정 집행 기관은 시장지사 및 조역부서기관과 명예직인 참사 회원으로 구성된 시 참사회參事會8)였으나 실질적으로는 지사가 시정을 지휘했다. 따라서 오사카 축항을 시영市營으로 해도 니시무라 스테조가 이를 추진하는 상황이었던 것이다.

문제는 경영 형태였다. 오사카시 시민이 비용을 부담한다 하더라도

38 淀川百年史編集委員会編, 『淀川百年史』, 建設省近畿地方建設局, 1974, p.318.
39 西村捨三, 『御祭草紙』, 大林帳簿製造所, 1908, pp.58~61.

민영과 시영 사이에는 비용 부담 범위에 차이가 있는데 니시무라 스테조가 지향한 것은 시영이었다. 축항을 통해 직접 영향을 받는 시에 비용 부담을 국한하면 지역 사회 전체의 이해를 얻을 수 있을 것이라 생각했던 것이다.

한편 전례가 없는 시영항市營港이라는 발상은 오사카시 수도 공채公債가 좋은 결과를 얻고 있었기 때문이기도 했다.[40] 오사카의 수도 공사는 애초에 오사카부가 기획했지만 공사비가 250만 엔에 달해 한 때 좌절하였다. 그러나 1890년 콜레라가 유행하면서 수도 공사가 긴급하게 이뤄져야 한다는 인식이 생겼고, 이에 니시무라 스테조는 수도 공사를 시영으로 하고 공사비 250만 엔 전액을 시 공채로 충당할 계획을 세웠다. 이 공채 모집은 매우 성공적이었고, 1891년 4월과 1893년 4월 2차례에 걸쳐 모집한 공채 총 197만 엔의 실 수입액은 215만 엔이 넘었다.[41] 나아가 내무성으로부터 총 75만 엔의 국고 보조를 획득하는데도 성공했다. 이와 같은 경험은 니시무라 스테조로 하여금 공채 발행과 국고 보조를 통해 대규모 축항도 가능할 것이라 인식케 했다.

하지만 비용 부담을 해야 하는 축항을 오사카시 시민이 반드시 찬성할 것이라고 확신할 수는 없다. 게다가 오사카시에게는 상하수도 정비가 최우선 과제였다. 오사카시 세입 총액이 30만 엔에 조금 미치지 못하는 상황 속에서[42] 250만 엔 규모의 수도 정비를 진행하면서 동시에 축항을 시작하는 것에 대하여 오사카시 참사회와 오사카시의회는 소극적이었다.

40 大植寿栄一編, 『西村捨三翁小伝』, 故西村捨三翁顕彰委員会, 1957, p.65.
41 新修大阪市史編纂委員会編, 『新修大阪市史』 5, 大阪市, 1991, p.227.
42 위의 책, 230~231면. 메이지 22년도 오사카시 세입 총액은 29만 2,617엔이었다.

이에 니시무라 스테조는 수도 공사를 이른 시일 내 마치는 것을 목표로 하고 그동안 오사카 축항을 위한 여론 조성을 시도한다. 1891년 1월에는 여론 조성을 위한 조직으로 축항연구회築港研究會를 설립했다. 축항연구회 설립 발기인에는 오사카시 중에서도 연안 지역에 가까운 니시구西區 시의원인 모리 사쿠타로森作太郎나 이토 도쿠조伊藤德三 등 자유당 계열 변호사 그룹, 그리고 마찬가지로 니시구의 고이즈미 세자에몬小泉清左衛門 와 같은 중소기업인들이 이름을 올렸다.[43] 이처럼 오사카 축항에 대해서 직접적인 이해관계를 지닌 니시구를 중심으로 지지층이 있었던 듯싶다. 니시무라 스테조는 니시구에서 당선된 시의원을 중심으로 축항 지지 목소리를 오사카시 전역으로 확대, 조직화하려 한 것이다. 축항연구회 설립으로부터 약 1년이 지난 시점에서는 시의원·부의회府議會: 시부회(市部會) 의원·상업회의소 회원의 반 이상과 5만 엔 이상을 보유하는 자산가 70여 명이 오사카 축항에 찬성하였다고 하니,[44] 축항연구회 활동이 어느 정도 성공을 거뒀다고 볼 수 있겠다.

축항연구회가 처음에 목표로 한 바는 오사카 축항을 구체화하기 위해 반드시 필요한 측량 실시였다. 설계의 기초인 측량을 오사카시가 주체가 되어서 한다면 시영 축항의 길을 열 수 있다는 판단이었을 것이다. 축항연구회는 1892년 4월 오사카시 예산에서 축항 측량비 지출을 요청하는 건의서建議書를 시 참사회에 제출하였는데, 이 건의서는 약 400명의 서명을 포함하였다.[45] 이러한 외부로부터의 압력도 작용하여 같은 해

43 服部敬, 앞의 책, p.260.
44 「築港に関する当市民の傾向」, 『大阪每日新聞』, 明治25.4.25.
45 大阪築港事務所編, 『大阪築港誌』, 大阪築港事務所, 1906, p.9.

11월 오사카시의회에서는 측량비 1만 4,000엔 지출과 내무성을 상대로 한 기사 파견 요청이 의결되었다.[46]

그런데 내무성 직할·부영府營·민영 등 다른 다양한 선택지가 있는 가운데 오사카시 시민은 왜 전례 없는 시영 축항을 수용한 것일까. 더구나 당시 오사카시는 요도가와 치수·수도 사업 등 많은 프로젝트를 추진해야 하는 상황이었다. 이러한 상황 속에서 추가 부담이 늘어나는 시영 축항을 지지하는 분위기는 어떻게 생겨났을까.

축항에 대한 지지를 얻기 위해서 축항연구회가 가장 먼저 강조한 것은 축항에 따른 신시가지 조성이었다. 오사카의 해항 기능은 오사카 시내를 흐르는 아지가와가 담당하였다. 구체적으로는 가와구치거류지川口居留地9)를 비롯하여 아지가와 연안에 부두나 창고가 이어졌고 이들을 통해 해항으로서 기능하였던 것이다. 이에 대하여 축항연구회 석상에서 니시무라 스테조가 강조한 바는 오사카의 해항 기능을 아지가와 연안에서 텐포잔天保山 앞바다로 옮기고 오사카 시내와 텐포잔 사이의 전원 지역에 신시가지를 만든다는 것으로 해항 도시로서 오사카가 발전해 가는 이미지였다.[47]

하지만 이렇게 신시가지 조성을 강조하면 축항을 이용한 사적 이익 추구라는 부정적인 이미지가 생긴다. 오사카 축항이 구체화하면서 화제에 오른 것은 축항 예정지의 지가 상승이었다. 축항연구회가 신시가지 조성을 주장하면 주장할수록 텐포잔 부근 지가가 올라, 1년 동안 5~6배가 되었다고 한다.[48] 지가 상승은 축항연구회에 대한 의심의 시선으로

46 大阪市,『大阪市会史』1, 大阪市, 1912, p.1308.
47 「大阪築港に関する西村知事の意見(承前)」,『大阪毎日新聞』, 明治24.1.23.

이어지고 결과적으로 시영 축항 실현의 장애물이 될 수 있었다. 특히 축항연구회 회원이자 시의원인 노구치 시게헤野口茂平가 텐포잔 근처 토지를 취득한 일이 밝혀져 비난이 거세지자 축항연구회는 노구치 시게헤에게 탈퇴를 권고할 수밖에 없었다.[49] 게다가 신시가지 조성은 기존에 있던 부두나 창고와 잠재적으로 대립각을 세웠기 때문에 시영 축항에 대한 지지를 획득하는데 결정적인 역할은 하지 못했다.

축항연구회가 오사카 축항에 대한 지지를 얻기 위해 두 번째로 강조한 점은 국가적 차원의 중요성이었다. 예를 들어 1892년 9월 『오사카마이니치신문大阪毎日新聞』에는 오키노 다다오沖野忠雄 내무성 기사제4구 토목감독서(土木監督署)10) 서장의 의견이 실렸는데, 그것은 오사카항을 간사이關西의 해외무역 중심으로 만들어야 한다는 내용이었다.[50] 수도 공사를 모티브로 계획한 만큼 시영 축항에 있어 국고 보조를 기대하는 것은 당연했다. 그리고 이를 위해서는 오사카항이 국가적 차원에서 중요하다는 측면을 강조해야 했다.

그런데 오사카 축항이 지니는 국가적 차원의 중요성을 강조하는 것은 시영 축항 실현에 있어서 양날의 검과 같았다. 이는 국가적 차원에서 중요하다면 국가가 사업 주체가 되어야 하는 것 아니냐는 반론을 피할 수 없었기 때문이다.[51] 게다가 아지가와 연안은 오사카 시내였지만 텐포잔 부근은 당시 오사카시 경계 바깥에 위치하였으므로, 이 또한 시영 축항을 의문시하는 이유가 되었다. 실제 오사카시의회에서는 측량비 지출에 관

48 「大阪築港の地価に及ぶ影響」, 『大阪毎日新聞』, 明治26.5.6.
49 「築港研究会と野口茂平氏」, 『大阪毎日新聞』, 明治25.11.23.
50 「沖野第四土木監督署長の大阪築港論」, 『大阪毎日新聞』, 明治25.9.24.
51 「築港測量費と大阪市会」, 『大阪毎日新聞』, 明治25.11.26.

해 시가 측량을 하는 것에 대하여 의문이 제기되었다. 축항 자체를 반대하는 의견은 없었지만 "원래 축항은 지방세를 가지고 해야 하는 사업이니, 역시 시비를 지출해야 하는지 깊게 생각해 봐야 한다"나가타 니스케(永田仁助)는 신중론이나 축항은 "수년간 열망해 온 바이지만 그 비용을 지방세 또는 시비 어느 쪽에서 부담해야 하는가라고 묻는다면 지방세라고 생각한다"마에카와 히코쥬로(前川彦十郎)는 부영 축항론과 같이 시영 축항에 대해서는 신중하거나 반대하는 의견도 강하게 존재했다.[52] 그럼에도 불구하고 축항연구회가 시영 축항 지지를 얻을 수 있었던 것은 동시에 진행된 철도 유치 문제와 관련이 있었다.

3) 축항과 철도

앞에서도 설명한 바와 같이 오사카와 동해 연안을 잇는 마이즈루철도의 경우 노선 선택을 둘러싸고 지역에서 대립이 일어났다. 그리고 오사카에서 문제가 된 것은 그 중 하나인 동해 연안 마이즈루항에서 세토내해로 이어지는 노선마이즈루선이다. 마이즈루선에는 2개의 사설 철도 건설이 계획되어 있었다. 하나는 교토상업회의소京都商業會議所 중심으로 계획한 게이카쿠선京鶴線이고, 또 다른 하나는 효고현 유지가 계획한 도쓰루선土鶴線이다. 게이카쿠선은 마이즈루에서 아야베綾部·소노베園部 등을 거쳐 교토시에 이르는 경로로 교토시에서는 도카이도선東海道線11)을 이용함으로써 오사카로 연결되는 물류망을 구상하였다. 한편 도쓰루선은 마이즈루에서 아야베를 거쳐 세토내해 연안의 쓰치야마土山에서 산요철도山陽鐵道12)

52 大阪市, 『大阪市会史』 1, 大阪市, 1912, p.1298.

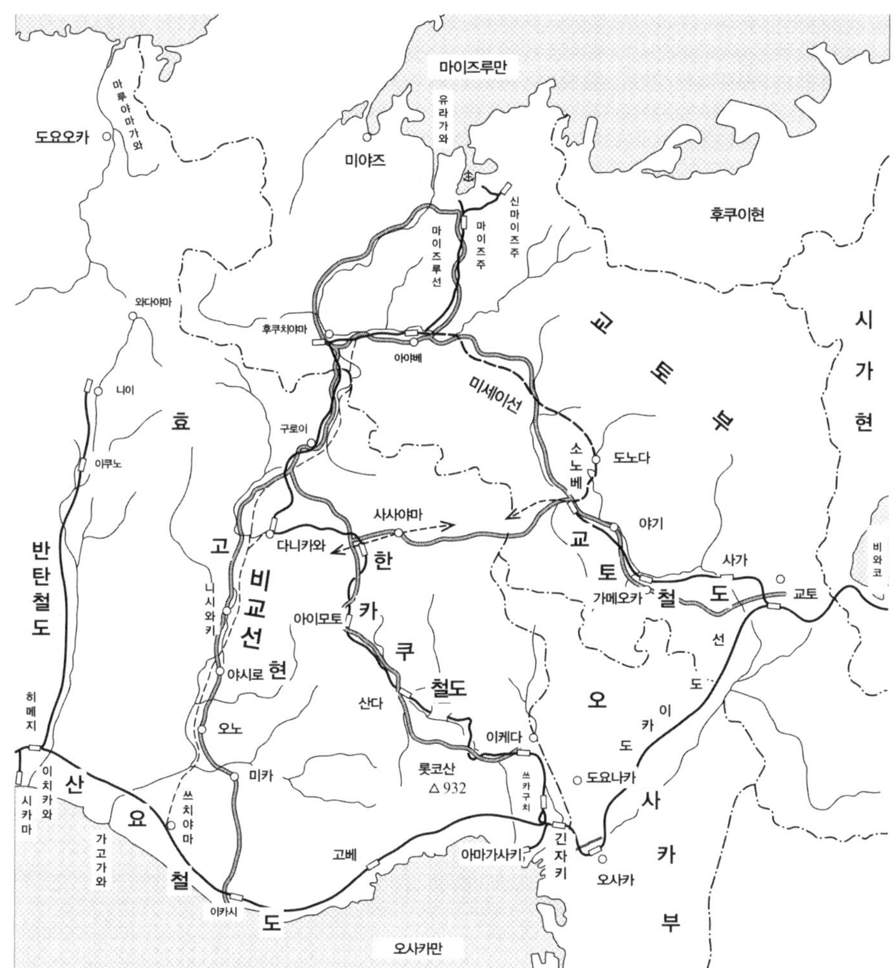

〈그림 2-1〉 마이즈루선(舞鶴線) 노선
출처 : 日本国有鉄道, 『日本国有鉄道百年史』 3, 日本国有鉄道, 1971, p.709.

와 이어지는 노선이었다. 이 두 노선의 경합은 교토시京都市와 고베시神戸市 두 도시의 경쟁과 같았으며 그 중간에 위치한 오사카시는 어느 쪽을 지지할지 판단을 내려야만 했다.<그림 2-1>

게이카쿠선과 도쓰루선 중 어느 쪽을 지지할지 정해야 한다면 오사카시 입장에서는 게이카쿠선을 선택하는 것이 당연한 것처럼 보인다. 왜냐하면 게이카쿠선이 선정되면 노선의 종착점이 오사카항인데 반해, 도쓰루선의 경우 동해 연안 지역의 상품이 마이즈루에서 직접 고베항으로 운송될 것이 분명했기 때문이다. 예를 들어 고베상업회의소 회장 야마모토 가메타로山本龜太郎는 도쓰루선 선정을 요청하는 건의서에서 고베항을 "간사이 제일의 상업항"이라 자리매김하고 장차 시베리아철도가 개통하면 "마이즈루항과 블라디보스토크가 교통 왕래하고 국내외 화물은 모두 본 항을 거쳐 도쓰루선을 타고 운송"하게 된다고 주장했다.[53] 이처럼 도쓰루선 부설 의도가 고베항의 성장에 있음은 주지의 사실이었다.

그리고 이 지점에서 마이즈루철도와 오사카 축항이라는 문제가 연결된다. 축항연구회 발기인 중 한 명이자 오사카시의회 회장인 모리 사쿠타로는 1893년 10월 제출한 의견서에서 "만약 이른바 도쓰루선이 부설된다면 북쪽 바다의 산물은 마이즈루항으로부터 쓰치야마를 거쳐 곧바로 효고兵庫에 몰려들게 된다. 그러면 고베 및 효고에서 취급을 끝내버려 오사카 상인의 손은 거치지 않게 되므로 북쪽 바다 산물에 대한 상권을 돌연 효고와 고베에게 빼앗기게"[54] 됨이 분명하다고 주장했다. 나아가 모리 사쿠타로는 다음과 같이 의견서를 이어 나갔다. "고베는 천연의 양항良港을 가지고 있으나 오사카는 항이 얕고 진흙이 많아 현재 거의 대부분의 보통 선박은 지나갈 수 없다. 오사카 축항이 이뤄지지 않는다면 해운 상업에 있어서 애초에 고베와 경쟁이 안 된다. 만약 축항에 성공한다 하더라도 해항으로서는 고베에 밀릴 수 있다. 따라서 오사카는 육운陸運

53 陸軍省雑文書・m26-14-99,「鉄道布設ニ関スル請願及意見書」(鉄道敷設法近畿予定線中舞鶴線ニ関スル意見).

54 森作太郎,「大阪ニ関スル舞鶴鉄道の利害(明治26年10月)」, 上野喬介編,『大阪市会鉄道敷設ニ関スル請願』, 私家版, 1894.

상업까지 철저하게 고베를 이길 수 있는 지위를 확보해야 앞으로 길게 오늘날과 같은 오사카를 유지할 수 있을 것이다."

즉 이들을 마이즈루선 부설과 오사카 축항을 위해 움직이게 한 것은 급성장 중이던 고베항에 대한 위기의식이었다. 그리고 마이즈루에서 육지로 하역하는 홋카이도산 해산물이나 동해 연안의 농산물을 연결하는 오사카 중심의 교통망 구상을 제시함으로써 게이카쿠선과 시영 축항 모두에 대한 지지를 얻어 나갔다.

하지만 오사카시 유지 모두가 게이카쿠선을 지지한 것은 아니었다. 이는 특히 대기업을 운영하는 기업인 중에는 오사카와 고베 양쪽에 이해관계가 있는 사람들이 적지 않았기 때문이다. 대표적인 인물이 후지타 덴사부로藤田傳三郎 · 다나카 이치베田中市兵衛 · 마쓰모토 쥬타로松本重太郎 등이다. 후지타 덴사부로는 방적업과 광산업 등을 다각적으로 경영하였고, 다나카 이치베는 가업인 비료 판매업을 중심으로 은행업 등에도 손을 뻗고 있었다. 무역업도 시작한 상태였던 후지타 덴사부로와 다나카 이치베는 고다이 도모아쓰五代友厚 등과 함께 1884년 고베에 잔교 회사를 설립하였으며, 다나카 이치베의 경우 1885년부터 이 회사의 사장을 맡았다. 한편, 마쓰모토 쥬타로는 스스로 설립한 130은행百三十銀行[13]을 중심으로 방적업 · 철도업 등 다양한 사업을 펼쳤으며, 1892년에는 고베와 미하라를 잇는 산요철도의 사장에 취임하여 이 노선을 히로시마 · 시모노세키로 연장하였다. 그리고 이들이 주력했던 방적업에 필수 불가결한 면화 수입과 면사 수출을 위해서는[55] 고베와 오사카 양쪽 모두에 무

55 후지타 덴사부로와 마쓰모토 쥬타로 등이 경영한 오사카방적(大阪紡績)은 1890년경부터 본격적으로 인도 목화를 수입했으며 같은 시기 상하이와 조선에 면사를 시험적으로 수출하기 시작했

역항이 필요했다. 바꾸어 말하자면, 이들은 대규모 사업을 펼쳤기 때문에 다각화·분산화 경향을 보였으며, 따라서 이해관계 또한 오사카 시내에 국한되지 않았던 것이다.

마쓰모토 쥬타로 등은 게이카구파京鶴派에 대항하는 목적도 포함하여 고노이케鴻池14)·스미토모住友15)를 끌어들여 1893년 7월 한카쿠철도阪鶴鐵道 계획을 세웠다. 이 계획에 따르면 도쓰루선에서는 세토내해 연안으로의 접속 지점을 고베 보다 서쪽에 위치하는 쓰치야마로 설정했는데, 이를 수정하여 오사카와 고베 중간에 있는 간자키神崎에서 도카이도선과 연결된다. 이들은 이렇게 수정함으로써 마이즈루선이 가져오는 오사카와 고베 양쪽의 이익을 조화롭게 누리고자 했다.

한편 요도가와에서 흘러들어오는 토사로 인해 오사카항이 매설되는 상황을 피할 수 없다면 막대한 비용을 들여 텐포잔 앞바다에 축항을 하는 것보다 "고베 부두와 오사카 시장을 연결하는 방안"[56]을 모색해야 한다는 의견도 있었다. 후지타 덴사부로와 마쓰모토 쥬타로가 경영에 관여하던 『오사카마이니치신문』은 이러한 입장에서 한카쿠철도를 지지함과 동시에 게이한신京阪神 간 철도 복선화도 주장했다.[57] 이들은 게이한신 지역 전반의 운송 능력 개선을 중시했으며, 이를 위해서는 오사카와 고베 양쪽에 축항을 하고 나아가 이 두 항으로부터 마이즈루까지를 한카쿠철도로 연결하는 것을 구상했다. 모리 사쿠타로 등 게이카쿠파가 고베항에 대한 대항 의식 속에 세력을 모은데 반해, 마쓰모토 쥬타로 등

다. 宮本又郎, 「大阪紡績の製品·市場戦略－大阪紡績経営史への断章」, 『大阪大学経済学』 35-1, 大阪大学大学院経済学研究科, 1985.

56 「大阪築港に対する府民の感情」, 『大阪毎日新聞』, 明治24.2.3.

57 「京都神戸間の鉄道を複線にすべし」, 『大阪毎日新聞』, 明治26.2.1~2.

한카쿠파阪鶴派는 오사카항과 고베항의 공존을 의도했다고 할 수 있다.[58]

물론 한카쿠파도 오사카 축항 자체를 부정했던 것은 아니다. 그러나 한카쿠파가 지향한 바는 장대한 비전을 바탕으로 한, 그래서 실현 가능성을 의문시할 수밖에 없는 해항 도시 오사카의 발전 방안이 아니라 경제적 합리성에 근거한 교통망 정비였다.

한카쿠파는 오사카 축항을 시영이 아니라 민영으로 추진해야 한다고 주장했다. 이미 고베에서는 무역량 증가와 함께 민간 회사의 잔교, 창고업 진출이 본격적으로 이루어지고 있는 상태였다. 예를 들어 다나카 이치베가 경영하는 고베잔교회사神戶棧橋會社는 부대 사업으로 창고업을 겸하면서 잔교 계선료 수입과 창고 및 상옥上屋 보관료 수입으로 순조롭게 성장 중이었다.[59] 그리고 고베항에는 이 회사 외에도 1882년 설립된 고베선교회사神戶船橋會社, 1889년 설립된 효고선교회사兵庫船橋會社 등이 있었다.[60] 한카쿠파는 이와 같이 민영의 잔교 회사와 창고 회사의 집합체로서 오사카항의 미래 모습을 그렸으며, 실제 1893년 10월에는 니시나리군西成郡에서 축항회사 설립이 검토되기도 했다.[61] 요도가와 치수나 수도 부설 등 많은 사업을 진행해야 하는 상황 속에서 더 규모가 큰 축항을 시영으로 추진하기 보다는 여러 민간 회사가 점진적으로 정비해 가야

58 게이카쿠파와 한카쿠파라는 그룹 분류와 양자 사이의 대립에 대해서는 다음 문헌을 참고할 수 있다. 老川慶喜, 「第1章」, 『明治期地方鉄道史研究』, 日本経済評論社, 1983; 小川功, 「第１部 企業破綻 第３章 阪鶴鉄道の資金調達」, 『企業破綻と金融破綻』, 九州大学出版会, 2002; 松下孝昭, 『鉄道建設と地域政治』, 日本経済評論社, 2005, pp.136~143.

59 安彦正一, 「神戸栈橋会社の成立過程と外国栈橋－五代友厚の事業を中心にして」, 『国際関係研究(総合編)』 20-2, 日本大学国際関係学部国際関係研究所, 1999.

60 山本泰督, 「民間資本による神戸港の港湾設備建設－明治期における神戸港修築にかんする一考察」, 『経済経営研究年報』 20-1·2, 神戸大学経済経営研究所, 1970.

61 「大阪築港株式会社」, 『大阪毎日新聞』, 明治26.10.20; 「西成郡に於る大阪築港」, 『大阪毎日新聞』, 明治26.10.22; 「大阪築港会社の見込」, 『大阪毎日新聞』, 明治26.10.26.

한다고 한카쿠파는 생각했던 것이다.

한카쿠파는 게이카쿠파와 비교했을 때, 자본 규모가 큰 기업인들이 중심이었기 때문에, 이러한 게이한신 전역을 시야에 넣고 경제적으로 합리성을 지닌 발전 방안을 주장할 수 있었다. 그러나 한편으로 이들은 자본 규모가 큰 기업을 경영한다는 이유로 오사카 시정에 대한 영향력이 제한적이었다. 모리 사쿠타로나 고이즈미 세이자에몬이 시의회에 의석을 가지고 있었던 반면, 한카쿠철도 발기인 대부분은 그렇지 못했다. 또한 마이즈루선을 둘러싸고 일어난 오사카상업회의소의 내분에서도 게이카쿠파가 강경하게 게이카쿠선 지지 의견을 의결해 버리는 등 한카쿠파를 누르고 게이카쿠파가 우위에서 일을 진행해 갔다.[62] 즉, 오사카에서는 중소기업인이 시정에 실질적으로 참여하고 있었기 때문에 게이카쿠파의 주장이 반영되기 쉬웠던 것이다.[63]

게다가 한카쿠파가 제시한 오사카항의 미래 모습, 즉, 여러 잔교 회사와 창고 회사의 집합체로서의 오사카항은 시영 축항론과 대립하는 것이 아니었다. 적어도 논리상, 민영 축항과 시영 축항은 양립 가능했다. 따라서 한카쿠파는 오사카 축항 자체의 필요성을 주장하면서 이와 동시에 지나친 시영 축항에는 반대한다는 이해하기 어려운 태도를 취할 수밖에 없었다. 그리고 이 점은 고베항에 대한 대항 의식을 바탕으로 대규모 시영 축항을 주장하는 게이카쿠파와 비교했을 때 호소력에 큰 차이를 보였을 것이다.

62 「田中会頭辞職の理由」, 『大阪毎日新聞』, 明治27.2.2.

63 당시 오사카시의 시정 구조에 대해서는 다음 문헌을 참고할 수 있다. 原田敬一, 「第4章 都市支配の構造」, 『日本近代都市史研究』, 思文閣出版, 1997.

이처럼 오사카 축항은 시영노선으로 크게 한 발을 내딛게 된다. 다만 이 시점에서 사업을 주도적으로 맡았어야 할 니시무라 스테조는 이미 오사카를 떠난 상태였다. 축항연구회의 활동이 활발하게 이루어지던 1891년 6월 니시무라 스테조가 농상무성 차관에 취임했기 때문이다. 니시무라 스테조는 이후에도 계속 개인적으로 축항연구회에 관여하지만, 그가 오사카부 지사를 그만둠에 따라 축항연구회는 일시적으로 리더를 잃게 된다.

4) 현실 노선과 확대 노선 – 야마다 노부미치와 우쓰미 다다카쓰

니시무라 스테조의 농상무성 차관 취임은 축항연구회에게 큰 손실이었다. 왜냐하면 니시무라 스테조의 후임으로 오사카부 지사에 취임한 야마다 노부미치山田信道는 한카쿠파가 주장하는 오사카 축항 민영론을 지지했기 때문이다. 야마다 노부미치는 지사 취임 직후 신문 지면을 통해 수도 부설 · 오사카 축항 · 요도가와 개수 등 대형 프로젝트를 동시 진행 중이던 오사카시의 현황에 대하여 이러한 상황을 정리할 의향을 밝혔다.[64] 특히 축항 문제에 대해서는 "오사카 사람들 눈에는 정말로 필요해 보이지만 일본 전국을 시야에 놓고 보면 바로 옆에 고베항이 있으니 외국 무역에도 지장이 없을 것이다 (…중략…) 특히 오사카 무역이 활성화하면 고베가 쇠퇴하는 것이 당연하니 이러한 측면을 공평한 눈으로 바라본다면 좀처럼 가볍게 논해서는 안 된다"[65]는 발언이 『오사카마이니치신문』을 통해 보도되었다. 야마다 노부미치가 한카쿠파의 의견에 동

64 「山田知事の言」, 『大阪毎日新聞』, 明治24.7.29.
65 「大阪築港に関する山田知事の意見」, 『大阪毎日新聞』, 明治24.8.29.

조하는 것은 분명했다.

그러나 이미 오사카시의회는 축항연구회, 즉 게이카쿠파의 손에 들어가 시영 축항을 확실히 지지하는 상태였다. 이에 야마다 노부미치는 축항 문제를 논하는 장을 오사카시의회와 분리함으로써 시영 축항 노선을 수정하고자 했다. 오사카시의회가 측량비 시비 지출을 결정하고 약 반년 후인 1893년 3월, 야마다 노부미치는 축항조사위원회築港取調委員會를 오사카부 부청에 설치했다. 이 위원회는 지사를 위원장으로 하고 부서 기관 1명, 시 참사회 회원 1명, 시의회 회원 8명, 시 공민公民 8명을 포함하는 총 18명과 지사가 선임하는 고문相談役으로 구성되었다. 야마다 노부미치 지사는 고문으로 고노이케 젠에몬鴻池善右衛門·후지타 덴사부로·다나카 이치베·마쓰모토 쥬타로 등 한카쿠파를 내세우고, 나아가 시 공민 호선 의원互選議員 또한 도이 미치오土居通夫를 비롯해 한카쿠파를 포함시켜 게이카쿠파가 주도하는 시영 축항론을 봉쇄하고자 했다.[66]

물론 축항연구회, 즉 게이카쿠파는 이와 같은 야마다 노부미치 지사의 현실 노선이 불만이었다. 그리고 불만을 품은 것은 축항연구회와 게이카쿠파만이 아니었다. 내무성 토목국도 마찬가지였다. 오사카시의회에서 측량비 지출이 의결된 후 실제 측량을 시작한 것은 내무성 토목국 기사 드 리케였다. 드 리케는 1890년 당시 지사였던 니시무라 스테조의 요청을 받아 요도가와 치수와 오사카 축항을 분리하여 설계하였다. 그에게 설계를 위탁하면 축항연구회와 게이카쿠파가 바라는 장대한 설계안으로 완성될 것이 분명했지만, 한카쿠파가 별도로 다른 기술자를 확

66 「築港取り調所委員及相談役」, 『大阪每日新聞』, 明治26.3.29; 「築港相談委員」, 『大阪每日新聞』, 明治26.4.4.

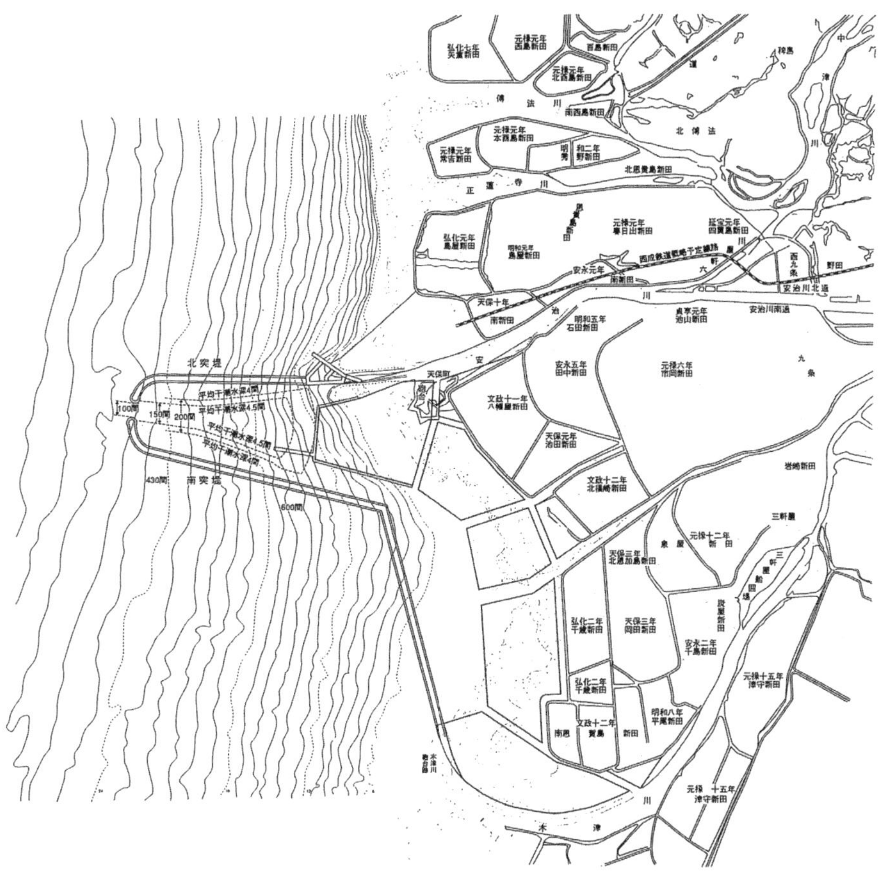

〈그림 2-2〉 오사카(大阪) 축항 / 드 리케(De Reijke)의 계획안(1894)
출처 : 大阪市, 『大阪築港一〇〇年－海からのまちづくり』 上, 大阪市港湾局, 1997, p.43.

보하는 일은 어려웠다. 결국 1894년 3월부터 6월에 걸쳐 드 리케가 제출한 축항 설계안은 역시 텐포잔 부근에 큰 계선장과 창고 지대를 조성하는 매우 대규모의 계획이었다. 이 설계안의 구체적인 내용을 살펴보면 다음과 같다.[67]

우선 아지가와 하구에 위치하는 텐포잔 앞 바다를 중심으로 수심 27

67 大阪市, 『大阪築港一〇〇年－海からのまちづくり』 上, 大阪市港湾局, 1997, pp.43~45.

척尺, 약8.1미터의 계선장을 정비한다. 계선장을 평온하게 하고 나아가 수심을 유지하기 위해서 남북 2개의 방파제로 항내를 에워싼다. 방파제의 길이는 북쪽 방파제가 1,200간間, 약 2,160미터, 남쪽 방파제가 2,760간약 4,960미터이다. 이렇게 하면 1,000톤급 선박 2,800척이 정박 가능하다.[68] 그리고 해안 지대에는 총 79만 2,000여 평의 매립지를 조성하고 텐포잔에도 대형 선박이 접안할 수 있도록 대형 잔교를 정비한다.<그림 2-2>

야마다 노부치미는 드 리케가 이러한 장대한 설계안을 제출할 것이라고 예상했던 듯싶다. 1895년 9월 야마다 노부미치는 드 리케의 설계안에 대하여 당분간 진행할 생각이 없음을 밝혔다.[69] 과거 노비루 축항이나 도쿄 축항과 마찬가지로 여기에서도 내무성 토목국은 장대한 프로젝트 실현을 꿈꿨지만 그것은 야마다 노부미치가 도저히 받아들일 수 없는 것이었다.

그러나 드 리케 설계안의 중단을 표명하고 바로 다음 달인 1895년 10월 야마다 노부미치가 교토부 지사로 옮겨 가자 상황은 다시 변한다. 후임으로 오사카부 지사에 취임한 것은 우쓰미 다다카쓰內海忠勝이었다. 앞에서 언급하였듯이 야마다 노부미치는 축항 주도권을 오사카시의회로부터 빼앗기 위해 축항조사위원회를 부청에 설치했는데, 우쓰미 다다카쓰는 취임하자마자 이 위원회의 위원을 19명에서 40명으로 2배 이상 늘린다.[70] 우쓰미 다다카쓰의 의도는 축항 설계안을 확대하는 것이었다.

68 드 리케의 설계안에는 정박 가능한 선박 수가 기재되어 있지는 않다. 본문에서 언급한 예상 선박 수는 오사카시의회에서 시 참사회가 답변한 바에 따른다. 大阪市,『大阪市会史』3, 大阪市, 1912, p.184.

69 「大阪築港の事」,『大阪毎日新聞』, 明治28.9.16.

70 「大阪築港の事」,『大阪毎日新聞』, 明治28.1.11.

결과적으로 위원 증원 후, 축항조사위원회 회의에서는 정세 변화에 따라 축항 설계안을 확대해야 한다고 주장하는 신규 위원과 현 설계안의 조기 착공을 주장하는 기존 위원 사이에 극심한 대립이 이어졌다.[71]

우쓰미 다다카쓰와 신규 위원들이 축항 확대를 주장한 배경에는 청일전쟁을 거치면서 일본 국내 기선이 급속도로 대형화했다는 사실이 있다. 청일전쟁 중 군사 수송의 필요에 의해 정부 및 민간 회사가 선박 확충을 시작했고, 그 결과 2,000톤급 선박도 더는 드물지 않게 되었다.[72] 게다가 청일전쟁 후에는 해외 항로도 확대하면서 선박 대형화가 한층 진행되는 중이었다. 예를 들어 1896년 3월 일본우선日本郵船이 유럽 항로에 투입한 도사마루土佐丸는 6,000톤급이었으며, 청일전쟁 이후가 되면 주요항에서는 이 정도 규모의 선박에 대한 대응 능력이 요구되었다.

그런데 설계를 대규모의 것으로 바꾸면 야마다 노부미치가 지향했던 민영 노선은 불가능하다. 우쓰미 다다카쓰는 대규모 설계로 바뀌면 축항 예산이 늘어날 수 있다는 점을 지적하고 민영 회사는 이를 부담할 수 없으므로 시영으로 축항을 진행하겠다는 방침을 명확히 했다. 재원은 국고 보조와 오사카부가 보유한 빈지濱地16)의 불하를 통해 3분 1을 충당하고, 부족하다면 기업세를 중심으로 증세를 단행할 생각이었다.[73] 그리고 이와 같은 우쓰미 다다카쓰의 오사카 축항론은 시영 축항을 지향한다는 측면에서 축항연구회 및 게이카쿠파의 생각과 일치했다. 결과적으

71 「大阪築港の事」, 『大阪毎日新聞』, 明治29.3.6. 신규 위원이 어떤 사람들이었는지 정확히 알 수는 없으나 제58은행(第五十八銀行) 은행장이자 청일전쟁 전후 경인철도 설립에 관여한 오미와 쵸베(大三輪長兵衛)나 중의원 의원인 기쿠치 간지(菊池侃二) 등 축항 확대파라 불리는 인물들이 중심이었던 것으로 보인다.

72 造船協会編, 『日本近世造船史』, 弘道館, 1911, pp.549~557.

73 「内海知事の談話」, 『大阪毎日新聞』, 明治28.12.29.

로 우쓰미 다다카쓰가 오사카부의 방침을 전환함에 따라 오사카 축항은 시영으로 추진하는 것이 거의 확정되었다.

다만 설계 규모에 관해서는 축항연구회 및 게이카쿠파와 우쓰미 다다카쓰의 의견이 달랐다. 우쓰미 다다카쓰가 주장하는 것처럼 확대하려면 이를 위한 재조사가 필요했고, 오사카 축항 실현에는 더 많은 시간이 걸린다. 따라서 고베와 대항하기 위해 하루빨리 축항을 시작했으면 하는 축항연구회와 게이카쿠파는 우쓰미 다다카쓰의 축항론을 환영할 수 없었다. 오사카시의회는 시 참사회가 제출한 재조사 예산안 약 3,138엔을 500엔으로 크게 감액함으로써 반대 의사를 표명했다. 오사카시의회가 내세운 반대 의견의 요점은 첫째, 드 리케보다 우수한 기술자는 국내에 없으므로 재조사는 소용없다, 둘째, 도사마루급 선박이 항의 안쪽까지 들어오는 것은 매우 드문 일이기 때문에 대응할 필요가 없다. 셋째, 재조사에 시간이 걸리면 공사가 늦어진다는 점이었다.[74]

이와 더불어 한카쿠파는 『오사카마이니치신문』을 통해 시영 축항에 대한 소극적인 보도를 계속 내보냈지만 대세를 바꿀 수는 없었다.[75]

이렇게 청일전쟁 이후 오사카 축항에 대해서는 세 가지 입장이 존재하게 된다. 어디까지나 시영 축항의 조기 실현을 지향하는 축항연구회 및 게이카쿠파, 민영을 통한 발전을 꾀하는 대기업인 및 한카쿠파, 그리고 설계를 수정하여 대규모 축항을 시도하는 우쓰미 다다카쓰 오사카부 지사 그룹이다.

74 大阪市, 『大阪市会史』 3, 大阪市, 1912, pp.157~163.

75 「築港を捨て広軌鉄道を布設すべしとの一説」, 『大阪毎日新聞』, 明治29.4.23; 「大阪築港事務」, 『大阪毎日新聞』, 明治29.5.18. 또한 5월 9일자 잡보(雜報) 「오사카 축항 공사와 자유당(大阪築港工事と自由党)」은 오사카 축항이 자유당의 세력 확장 수단으로 이용되고 있다고 보도했다.

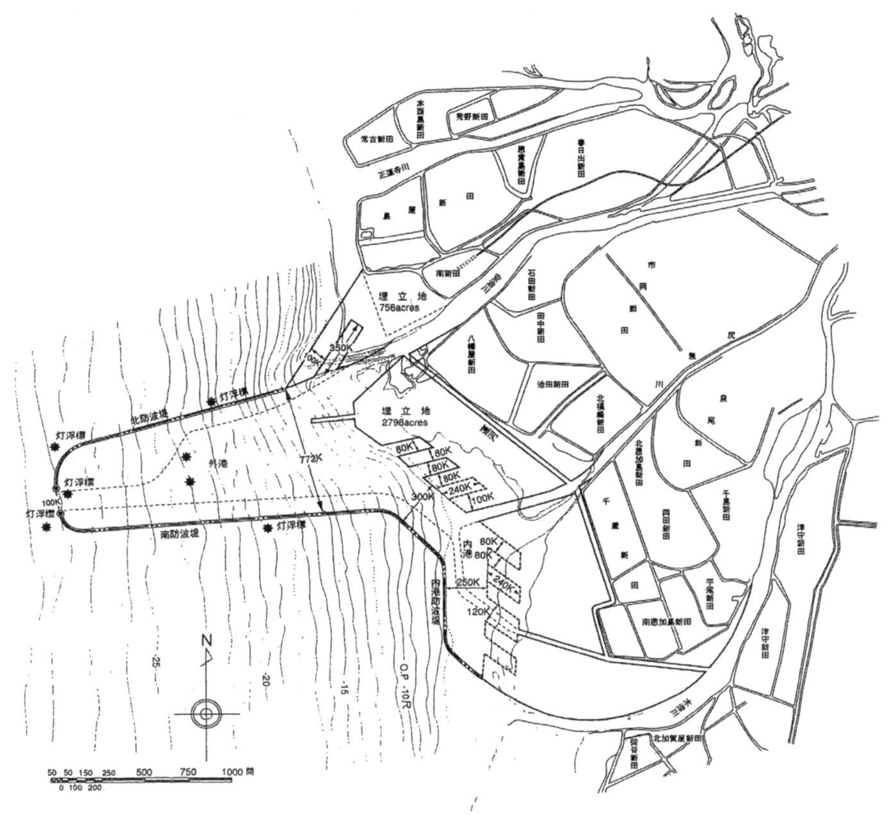

〈그림 2-3〉 오사카(大阪) 축항 / 확대 설계안(1896)
출처 : 大阪市, 『大阪築港一〇〇年 - 海からのまちづくり』 上, 大阪市港湾局, 1997, p.52.

그런데 이 시기 내무성 토목국은 이미 설계 확대를 시작한 상태였다. 내무성 토목국은 오사카 축항 설계안에 대하여 자문 기관인 토목회土木會에 의견을 구했고, 1896년 7월 토목회가 드 리케 안을 확대하는 수정안을 제안한 것이다.

토목회는 1892년 6월 설치된 내무대신內務大臣의 자문 기관이다. 각 지역에서 부설 요청이 빗발쳤던 철도 정책을 심의·조정하기 위해 설치된 철도회의鐵道會議처럼 주로 하천 정책을 심의·조정하기 위해 설치된 것이 이 토목회였다. 구성원을 보면 내무성뿐만 아니라 농상무성·체신성·

육해군성이나 참모본부 등의 기술관, 제국의회 대표자도 포함했다.[76] 그리고 하천 정책과 마찬가지로 내무성 토목국이 설계한 오사카 축항안에 대해서도 토목회 자문이 붙은 것이었다.

확대 수정안은 다음과 같은 내용이었다. 드 리케 안에서 간조 시 27척이었던 항내 수심을 28척까지 늘린다. 또한 방파제 위치를 남쪽으로 150간 이동시킴으로써 항내 정박 수역을 넓혀 계선 부표를 설치한다. 나아가 드 리케 안은 계선 안벽岸壁 정비를 포함하지 않았지만 토목회의 수정안에서는 총 길이 1,400간에 달하는 계선 안벽 정비를 포함하였다.<그림 2-3>77

토목회의 상세한 심의 내용은 정확히 알 수 없다. 그러나 신문 보도에 따르면 토목회에서는 축항 규모 확대로 의견이 일치한 듯 보이며,[78] 이는 일본 선박의 대형화에 대한 대응이 필요하다는 우쓰미 다다카쓰의 주장을 공유한 것이라 생각할 수 있다. 그리고 이와 더불어 축항 규모 확대에는 군부의 의견도 반영되었다.

5) 축항 확대파의 동상이몽

해군 대변인이자 수로부 부장인 기모쓰키 가네유키는 1896년 7월 『동방협회회보東邦協會會報』에서 오사카 축항에 대한 글을 발표했다.[79] 구체적인 내용을 보면 드 리케 안이 부선 하역을 전제로 한 것에 대한 비

76 村山俊男, 「土木会に関する基礎的研究」, 『神戸大学史学年報』 21, 神戸大学史学研究会, 2006, pp.28~31.

77 大阪市, 『大阪築港一〇〇年－海からのまちづくり』 上, 大阪市港湾局, 1997, pp.49~50.

78 「大阪築港の事」, 『大阪毎日新聞』, 明治29.7.28.

79 肝付兼行, 「大阪築港に関する意見大要」, 『東邦協会会報』 23, 明治29, pp.50~52.

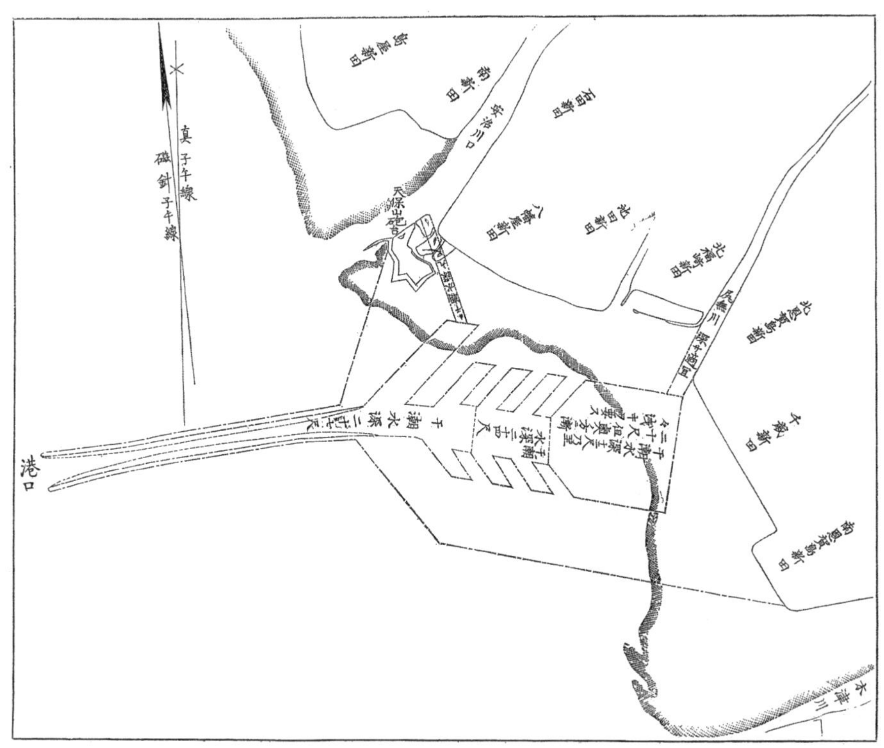

〈그림 2-4〉 오사카(大阪) 축항 / 기모쓰키 가네유키(肝付兼行)의 계획안
출처 : 『東邦協会会報』 23.

판이었다. 기존 축항 계획에서는 항내 선박은 방파제 안쪽에 정박하고 화물 선·하적은 부선이 담당하는 것을 전제로 했다. 요코하마나 고베에는 선박이 직접 계선할 수 있는 잔교가 있었지만 일본 국내에 계선 부두는 없었다. 기모쓰키 가네유키는 청일전쟁 후 일본 해운을 발전시키려면 선·하적 시간을 반드시 단축해야 하며, 따라서 오사카에는 계선 안벽을 설치해야 한다고 주장했다.<그림 2-4> 그리고 이러한 해군의 요청이 받아들여진 결과, 토목회에서 수정한 오사카 축항 설계안은 드 리케 안의 틀을 유지하면서도 계선 안벽을 포함하는 것으로 바뀐다.

또한 육군은 청일전쟁 경험을 통해 오사카항이 해외 병참 근거지로서 중요하다는 사실을 발견했다. 청일전쟁 당시 병사와 물자 수송 거점은 히로시마의 우지나항이었다. 이는 개전 직전인 1894년 7월 산요철도가 히로시마까지 개통하였고, 나아가 센다 사다아키千田貞暁 지사 시절 축항매립으로 대규모 병영 건설 용지를 확보할 수 있었기 때문이다.[80] 하지만 우지나항은 문제가 있었다. 바로 히로시마 시내에서 우지나항까지 거리가 너무 멀다는 것이다. 청일전쟁 개전 직후 육군은 히로시마와 우지나 사이 6킬로미터를 연결하기 위하여 단 17일 만에 돌관突貫 공사로 지선우지나선(宇品線)을 완성했는데 그래도 타이밍이 늦은 모양이었다. 특히 돌아온 부상병의 병원 수용이 늦어지는 것이 육군 내에서 문제가 되었다.[81] 또한 히로시마는 동일본 지역에서 병사를 소집하는데도 불편했다. 반면 오사카는 각 지역에서 철도 노선이 연결되어 있어 동일본 지역으로부터도 병사 소집이 편했고, 시내와 항이 가까워 병사 수용의 측면에서도 좋았다. 또한 조선소와 제철소가 많아 선박 수선도 가능하다는 이유 등으로 육군도 오사카항의 본격적인 정비를 바랬던 것이다.[82] 실제 토목회 수정안은 매립지 중 10만 평을 육군 용지로 사용한다는 내용을 포함했다.

한편 육군은 오사카 축항을 측면 지원함과 동시에 대륙으로의 관문이었던 모지에 군사 시설을 정비하였다. 1895년 군기軍器 제조소메카리(和布刈)·화약고(하세쵸(長谷町)·군수품 창고(마루야마쵸(丸山町)·오이마쓰쵸(老松町))를 설치하였고, 나아가 포병 제3방면 지서砲兵第三方面支署도 만들었다. 또한 이듬해인 1896년에

80 斉藤聖二, 『日清戦争の軍事戦略』, 美蓉書房出版, 2003, pp.22~23.

81 陸軍省大日記・日清戦訳書類綴・m27-9-121, 「臨発書類綴庶(10月24日参謀総長熾仁親王発陸軍大臣伯爵西郷従道宛, 宇品兵站司令部に患者収容し得る仮舎及び雑品庫並医員看病人の寝室建設)」.

82 『帝国議会衆議院議事速記録』 12, 東京大学出版会, p.512. 또한 1897년 2월에는 다카시마 도모노스케(高島鞆之助) 육군대신(陸軍大臣)이 오사카 축항을 지지하는 담화가 『오사카마이니치신문』에 실렸다. 「大阪築港に関する高島大臣の意気」, 『大阪毎日新聞』, 明治28.2.18.

는 고쿠라小倉에 사단을 신설하는 것도 내정되었으며, 1899년 시모노세키를 요새지로 지정받기 위해 군도軍都로서 간몬해협關門海峽 정비를 진행한다.[83] 즉 육군은 오사카항 정비를 지원함으로써 우지나를 중심으로 한 국내 운송 경로 확충을 꾀했던 것이다.

이에 원래 장대한 프로젝트 형식으로 축항을 진행하고자 했던 내무성은 군부의 지원을 얻어 오사카 축항의 규모를 확대하는 방향으로 나아간다. 오사카시의회가 처음 제안했던 드 리케 안은 공사비가 총 1,586만 엔으로 예상되었으나, 토목회가 수정한 바를 반영하여 내무성이 다시 계산한 예산은 약 2,249만 엔으로 크게 늘어났다.

그런데 오사카시에게 문제가 된 것은 이렇게 축항 규모가 커졌음에도 불구하고 국고 보조금이 애초에 요구한 것보다 줄어들었다는 사실이었다. 오사카시의회가 내무성에게 타진한 금액은 처음 예상한 공사비의 약 3분의 1에 해당하는 470만 8,844엔이었으나,[84] 내무성이 작성한 수정 예산의 국고 보조는 약 5분의 1인 468만 엔이었다. 게다가 지급 자체도 공사가 시작될 예정인 1897년도부터가 아니라 4년 후인 1901년부터 매년 46만 8,000엔씩 10년에 걸쳐 이루어진다는 계획이었다.[85]

우쓰미 다다카쓰 지사는 토목회에서 결론이 거의 정해진 1896년 7월 말, 시 참사회와 시의회 의원에게 비공식적으로 설계 확대와 이에 따른 시의 부담 증가에 대하여 타진했다. 설계 변경에 의해 오사카시는 매년 7만 엔이 조금 안 되는 금액을 더 부담하게 되었고, 부담 총액은 20만

83 北九州市開港百年史編さん委員会編, 『北九州の港史－北九州港開港百年を記念して』, 北九州市港湾局, 1990, p.42.
84 大阪市, 『大阪市会史』 3, 大阪市, 1912, pp.157~163.
85 大阪築港事務所編, 앞의 책, pp.90~104.

엔에 달했다. 그러나 축항 조기 착공을 바라는 이들에게 선택의 여지는 없었다. 3월 드 리케 안을 채택했을 때는 오사카시의회에서 3일에 걸쳐 심의를 했지만, 8월 신규 설계안 심의에서는 구체적으로 검토하지 않고 확대 예산안을 승인한다.[86]

규모, 경영 형태를 놓고 지역 사회 내부에서 대립이 이어졌던 오사카 축항 문제는 청일전쟁 이후 내무성과 군부가 개입하면서 매우 깨끗하게 결론이 났다. 그러나 이는 지역 사회에서 축항 규모, 경영 형태에 대하여 충분한 의견 공유가 이뤄지지 않은 채 마무리되었음을 의미했다. 따라서 경제 상황이 변화하여 공사 자체의 존속이 어려워지면 다시 한번 축항의 시비를 둘러싸고 대립이 나타날 수밖에 없다. 이 점에 대해서는 제4장에서 논의하도록 한다.

3. 무역항 제도의 변화–대장성과 지역 사회

1) 청일전쟁 전후의 제국의회

오사카 축항 국고 보조 예산안은 1896년 개회한 제10회 제국의회에서 심의되어 중의원 본회의에서는 172 대 73, 귀족원貴族院17) 본회의에서는 106 대 55로 큰 차이를 보이며 가결되었다.[87] 이미 1895년 제9회 제국의회에서 청일전쟁 후 경영 관련 중요 법안이 많이 통과되었기 때문에 오사카 축항도 중의원·귀족원 모두에서 지지를 얻을 수 있었다고 보인다.

86 大阪市,『大阪市会史』3, 大阪市, 1912, pp.232~262.
87 「附録」,『大阪毎日新聞』, 明治30.3.19;「附録」,『大阪毎日新聞』, 明治30.3.25.

다만 이 안과 관련하여 정당 간 의견은 통일할 수 없었다. 자유당·진보당 모두 오사카와 고베 사이의 지역 간 대립을 수습할 수 없었기 때문이다. 오사카 지부의 요청에 따라 자유당 본부는 3월 15일 의원 총회에서 오사카 축항비 보조 찬성을 당의 의견으로 결정하였다. 그런데 고베 지부가 이에 반발하여 탈당도 불사하겠다는 의사를 표명하였기 때문에 다음 날 평의원회와 의원 총회에서 이 결정을 취소하고 자유 투표를 할 수밖에 없었다.[88] 한편 진보당도 제2차 마쓰가타 마사요시松方正義 내각의 여당이면서도 축항 보조금에 대해서는 자유 투표에 맡길 수밖에 없었다. 진보당의 실질적 대표이자 제2차 마쓰가타 내각의 외무대신外務大臣이었던 오쿠마 시게노부大隈重信는 오사카 축항비 보조에 찬성 의사를 표명한 상태였다.[89] 그러나 고베 쪽 반대가 강해 3월 18일 의원 총회에서는 자유 투표를 하지만 가능하면 찬성표가 다수가 되도록 한다는 애매한 결론을 내렸다.[90]

많은 선행 연구가 지적하듯이 1890년대 정당은 축항 문제뿐 아니라 철도 건설이나 하천 정비 등에서도 지역 간 대립을 수습할 수 없었다. 결과적으로 의회에서 이들 문제를 조정한 것은 초당파 조직이었다.

철도 문제에 관해서는 이미 제2회 제국의회부터 초당파 조직이 만들어졌다. 민력휴양民力休養18)을 주장한 자유당에 대항하여 철도 부설을 요구했던 나가노·이시카와·후쿠이 등 십여 개 현의 대표가 모여 철도기성동맹회를 결성한 것이다.[91] 다만 이러한 철도 부설 요구는 착공 순서

---

88 『自由党党報』 129, 明治30.3, p.27. 이 시기 자유당의 동향에 대해서는 다음 문헌을 참고할 수 있다. 服部敬, 『近代地方政治と水利土木』, 思文閣出版, 1995, pp.281~287.

89 「大阪築港費に対する閣議の模様」, 『大阪毎日新聞』, 明治29.10.8.

90 「進歩党と大阪築港問題(準党議)」, 『読売新聞』, 明治30.3.19.

결정을 보류하면 조율이 쉬웠다. 철도 확장을 요구하는 목소리는 정부 내부에서도 커지는 상황이었기 때문에 정부와 의회의 대립은 구체적인 방법을 둘러싼 것에 지나지 않았다.[92] 제3회 제국의회에서는 정부안과 의원들이 제출한 법안을 절충하여 하나로 정리된 철도 부설법이 성립되었고 철도 건설을 심의하기 위한 철도회의 설치도 정해졌다.[93]

마찬가지로 하천 개수의 경우도 제1회 제국의회부터 치수파治水派 의원의 움직임이 활발했다. 각 지역에서 하천 개수를 요구하는 의원들이 연합하여 제4회 제국의회에서는 치수 정책에 관해 자유당과 대립각을 세우기도 했다.[94] 한편 내무성은 1896년 요도가와 개수 추진과 맞바꾸는 형태로 하천 정책의 기본법인 하천법 제정에 성공했는데, 이 과정을 살펴보면 의회 외부에 설치된 논의의 장인 토목회가 큰 효과를 발휘하였음을 알 수 있다.[95]

이처럼 1890년대에 걸쳐 철도 건설과 하천 개수 분야에서는 초당파 의원의 네트워크가 결성되어 정당이 개입하지 않는 형태로 지역 이익을 실현할 수 있는 경로가 만들어졌다. 그리고 정부 또한 이에 대응하기 위하여 철도회의나 토목회 등 의회 밖에서 정부와 중의원 의원 간 협력을 모색할 수 있는 장을 마련했던 것이다. 그렇다면 같은 시기 해항을 둘러싼 이익 경합은 어떻게 조정되었을까. 이 절에서는 1890년대 활발해진 지역으로부터의 무역항 지정 요구를 분석하여 이 문제를 검토하고자 한다.

---

91 鳥海靖, 앞의 글.
92 和田洋, 「初期議会と鉄道問題」, 『史学雑誌』 84-10, 山川出版社, 1975.
93 松下孝昭, 「第1章 鉄道敷設法の成立」, 『近代日本の鉄道政策－1890~1922年』, 日本経済評論社, 2004.
94 服部敬, 앞의 책, pp.232~233.
95 村山俊男, 「内務省の河川政策の展開－1885~1896」, 『ヒストリア』 199, 大阪歴史学会, 2006.

2) 특별항 제도와 대장성의 혼란

지역 사회에서 제국의회로 무역항 지정 문제를 가지고 온 것은 전 대장성 관료인 고무치 도모쓰네神鞭知常였다. 고무치 도모쓰네는 1884년 단고노쿠니丹後國19) 요사군與謝郡에서 태어나 1873년 당시 요코하마세관 차장이었던 호시 도오루星亨에 의해 초빙되어 대장성에 들어간다. 이후 1887년 사업에 뛰어들기까지 대부분의 기간을 대장성에서 근무했다. 1890년 제1회 중의원 의원 총선거에서는 고향인 교토 제6구에서 무소속으로 당선하였고, 그 후에는 재계 입장을 대변하는 의원으로 활동했다.[96]

중의원 의원으로서 고무치 도모쓰네가 보였던 특징 중 하나는 선거에 매우 강했다는 점이다. 고무치 도모쓰네는 제1회 중의원 의원 선거에서만 고무로 시노부小室信夫와 접전을 펼쳤고, 제2회 선거부터는 자유당 계열의 이시카와 사부로스케石川三良介를 큰 차이로 눌렀다.[97] 그가 이처럼 선거에서 강할 수 있었던 이유는 전 대장성 관료라는 경력을 이용하여 지역구에서 이익 유도 정치가 가능했기 때문이다. 고무치 도모쓰네는 1884년부터 주세국主稅局에서 근무하면서 같은 시기 단고 지역에서 펼쳐진 지가 수정 운동에 협조함으로써 지지 기반을 만들었다. 그리고 1892년경 지가 수정 운동이 일단락하자 고무치 도모쓰네는 지지 기반을 더욱 확충하기에 나선다. 그 일환으로 전개한 것인 미야즈항宮津港 특별 무역항 지정 운동이었다. 그렇다면 고무치 도모쓰네가 주목한 특별항 제도란 무엇일까.[98]

---

96 橋本五雄編, 『謝海言行録』(復刻版), 大空社, 1988, pp.9~27.

97 飯塚一幸, 「『対外硬』派・憲政本党基盤の変容－京都府丹後地域を事例に」, 山本四郎編, 『近代日本の政党と官僚』, 東京創元社, 1991, p.378.

98 특별항 지정 경위와 효과에 대해서는 다음 문헌을 참고할 수 있다. 安井杏子, 「旧条約下の不開

안세이 조약安政條約20)으로 일본에서 5개의 항이 개항한 것은 잘 알려져 있는데, 엄밀히 말하면 모든 해외 무역이 이 5개 항으로 한정된 것은 아니었다. 열강과의 조약에서 금지된 것은 외국인에 의한 비개항장에서의 수출입 활동이었으며 일본인의 활동이 금지된 것은 아니었기 때문이다. 그리고 실제 수출 촉진을 통한 외화 획득을 지향했던 대장성은 일본인에 한정하여 수출입 활동을 할 수 있는 특별항 제도특별 수출항 및 특별 무역항를 정비함으로써 이를 실현하고자 했다.

대장성은 특히 석탄과 미곡米穀을 중요한 수출품이라고 보았다. 일본산 석탄은 1870년대 말 상하이 수입 석탄 시장의 50퍼센트 이상을 점유하기까지 성장한 상태였다.[99] 또한 미곡도 1875년부터 수출이 시작되어 1881년에는 마쓰가타 마사요시 대장경이 생사生絲·차茶와 함께 주요 수출품으로 지목하는 등 본격적으로 해외에 진출한다.[100] 그러나 석탄과 미곡은 해외로 수출하는데 한 가지 문제가 있었다. 그것은 기존의 주요 수출품인 생사·차와 달리 무겁고 부피가 크다는 것이었다. 1880년대 기타큐슈北九州 각지에 탄광이 개발된 후 많은 사람들이 석탄 수출 때문에 나가사키로 회항하는 일을 부담스러워 하기 시작했다. 또한 전국 여러 지역의 미곡을 개항장까지 운송하는 비용도 역시나 큰 부담이었다.

이에 대장성은 석탄이나 미곡 등 무세품無稅品에 한하여 몇 개 항을 지정한 후 일본인의 직수출을 허용하기로 했다. 이것이 특별 수출항 제도이며, 외무성과 협의를 통해 1889년에는 석탄·미곡에 유황·보리·맥분麥

港場と対外貿易」,『駒沢史学』75, 駒沢史学会, 2010.

99 杉山伸也,「幕末・明治初期の石炭輸出と上海石炭市場」, 新保博・安場保吉編著,『数量経済史論集二 近代移行期の日本経済』, 日本経済評論社, 1989.

100 大豆生田稔,『近代日本の食糧政策』, ミネルヴァ書房, 1993, p.19.

粉을 더해 5개 품목을 특별 수출항 제도의 대상으로 하였다. 그리고 특별 수출항에는 시모노세키 · 모지 · 하카타博多 · 가라쓰 · 구치노쓰口之津 · 미스미三角 · 욧카이치四日市 · 후시키 · 오타루小樽의 9개 항이 지정되었다.[101]

그런데 대장성이 특별 무역항 제도를 정비한 배경에는 이처럼 수출 촉진뿐 아니라 밀무역 단속이라는 과제도 있었다. 이는 특히 조선과의 무역에서 중요했다. 조일수호조규朝日修好條規[21)] 체결 이후, 일본 정부는 조일 간 무역에서 세금을 없앰으로써 양국의 경제 관계를 보다 밀접하게 만들고자 했다. 그러나 1882년 이후 조선이 서구 열강과도 조약을 체결함에 따라 조일 간 무역만 세금을 없애는 것이 힘들어졌다. 이에 1883년 조일통상장정朝日通商章程 및 부속 세칙稅則[22)]을 맺으면서 출입 선박 톤세噸稅 및 조선으로의 수출품에 대한 관세를 징수하게 된다. 하지만 1876년 조일수호조규 체결을 계기로 조일 간 무역은 크게 늘어난 상태였기 때문에[102] 전부 나가사키를 경유하는 것은 지리적인 측면을 봐도 현실성이 떨어졌다. 그렇다고 해서 관세를 징수하는 이상 기존처럼 각 지역의 해항과 조선 사이의 자유로운 무역을 허용할 수도 없었다. 따라서 대장성은 이즈하라嚴原 · 시모노세키 · 하카타에 세관 출장소를 설치하고, 이 세 항을 경유하여 조선과 무역을 하도록 했다. 이것이 바로 특별 무역항이라 불리는 제도이다.[103]

정리하자면 대장성은 1880년대 수출 촉진과 밀무역 단속이라는 두

---

101 外務省記録 · 3門1類1項20号,「特別輸出港規則同施行細則制定一件」.

102 예를 들어 일본에서 조선으로 수출된 상품의 가격은 조일수호조규 체결 직후인 1878년에는 12만 6,568엔이었는데 1881년이 되면 194만 4,737엔으로 급증한다. 마찬가지로 조선으로부터의 수입품 가격도 1878년 5만 8,759엔에서 1881년 137만 2,025엔으로 크게 늘어났다. 大蔵省,「附録朝鮮旧貿易八ヶ年対照表」,『大日本外国貿易大照表』1, 大蔵省, 1909.

103 大蔵省関税局編,『税関百年史』上, 日本関税協会, 1973, p.148.

〈표 2-2〉 불평등 조약 아래 설치된 특별항 일람

개항	제한	수출입에 특별한 제한 없음
	항만명 [지정 연도]	요코하마(横濱), 나가사키(長崎), 하코다테(函館)[1859] 고베(神戸)[1867] 오사카(大阪), 니가타(新潟), 에비스(夷)[1868]
특별 무역항	제한	일본인 소유 선박으로 제한 수출입 모두 허용되나 무역 가능한 상대항에 제한 있음(품목도 일부 제한하는 경우가 있음)
	항만명 [지정 연도]	이즈하라(嚴原), 시모노세키(下關), 하카타(博多)[1884 : 조선] 사스나(佐須奈), 시시미(鹿見)[1890 : 조선] 미야즈(宮津)[1893 : 블라디보스토크, 조선] 후시키(伏木), 오타루(小樽)[1894 : 연해주, 사할린, 조선] 나하(那覇)[1894 : 청국]
우선(郵船) 기항	제한	우선의 기항만 허용(여객 운송, 우편물 선·하적)
	항만명 [지정 연도]	시모노세키(下關)[1875], 후쿠에(福江)[1884], 모지(門司)[1891]
특별 수출항	제한	일본인 소유·4고용선박으로 제한 특정 상품의 수출만 허용
	항만명 [지정 연도]	욧카이치(四日市), 하카타(博多), 구치노쓰(口ノ津), 미스미(三角), 오타루(小樽), 시모노세키(下關), 모지(門司), 가라쓰(唐津), 후시키(伏木)[1889] 구시로(釧路)[1890] 무로란(室蘭)[1894]
개항하지 않은 무역항	제한	일본인 소유·고용 선박으로 제한 수출입 모두 허용되며 상품 종류 및 무역 가능한 상대항에도 제한 없음
	항만명 [지정 연도]	하카타(博多), 가라쓰(唐津), 구치노쓰(口ノ津), 쓰루가(敦賀), 사카이(境), 하마다(濱田)[1896] 시미즈(淸水), 욧카이치(四日市), 나나오(七尾)[1897] 미스미(三角)[1898]

개항의 경우는 안세이5개국조약(安政五カ国条約)에 따라 개항 연도를 표시.
출처 : 大蔵省関税局編, 『税関百年史』 上, 日本関税協会, 1973, pp.148~151을 바탕으로 저자가 작성.

가지 관점에서 두 종류의 특별항 제도를 도입하였다. 하나는 특정 무세품을 수출하기 위한 특별 수출항이고 또 하나는 조선과의 무역을 촉진함과 동시에 밀무역을 단속하기 위한 특별 무역항이다. 특별 수출항에서는 무세품을 취급하기 때문에 원칙적으로 세관 출장소는 필요 없지만, 특별 무역항에서는 유세품有稅品의 수출입도 이루어지므로 세관 출장소를 설치해야 했다.<표 2-2>

어느 쪽이든 지역 사회 입장에서 중요했던 것은 특별항 지정으로 무역항이 되어 그것을 기폭제 삼아 지역이 발전할 수 있느냐는 점이었다. 대장성 관료로서 이러한 경위를 자세히 봐 왔던 고무치 도모쓰네는 무역항으로의 변화를 바탕으로 한 지역 진흥 구상을 내세움으로써 지지층을 더욱 넓히고자 했던 것이다. 1892년 8월 고무치 도모쓰네는 미야즈상항·철도기성회宮津商港·鐵道期成會를 결성하여 마이즈루철도 미야즈지선 부설과 미야즈의 특별항 지정 운동을 시작했다.

고무치 도모쓰네가 주목한 것은 1년 전 착공한 시베리아철도의 종착점인 블라디보스토크였다. 이나가키 만지로나 후쿠모토 마코토가 논한 것처럼 아시아와 유럽을 연결하는 시베리아철도의 부설은 물론 군사적 위협이기도 했지만, 상업적인 측면에서 보면 좋은 기회이기도 했다. 시베리아철도 동쪽 끝에 있는 블라디보스토크에서 도시 건설이 시작되면 건설 자재를 확보할 필요가 생겨 단고 지역에서 산출한 화강암 수출을 기대할 수 있다. 또한 식재료로 육우 수요가 높아질 것이므로 이 또한 단고 지역 특산물 중 하나인 육우 수출을 가능케 한다.[104] 이러한 블라디보스토크 무역에 대한 기대감을 바탕으로 고무치 도모쓰네는 같은 해 말에 개회한 제4회 제국의회에서 「미야즈항과 블라디보스토크 및 조선 등 무역에 관한 선박 출입 및 화물 선·하적 허가를 위한 법률안宮津港ト浦潮斯徳及朝鮮等貿易ニ関スル船舶ノ出入及貨物ノ積卸ヲ許スノ法律按」을 제출한다.[105]

고무치 도모쓰네가 법안을 제출하자 대장성은 당황하였다. 석탄이나 미곡 등 무세품 수출이 아니라 석재·육우처럼 유세품 수출을 본격적으로 시작하면 세관 출장소를 설치해야 한다. 그러나 세관 출장소를 설치

104 宮津市永年保存文書 113, 「商港に関する書類(宮津港ヲ特別輸出港ト定メラレン事ヲ望ム請願写)」.
105 『帝国議会衆議院議事速記録』 6, 東京大学出版会, p.1016.

하면 연간 2,000에서 3,000엔 정도 경비가 필요하기 때문에[106] 함부로 무역항으로의 변신을 허용할 수는 없었다. 고무치 도모쓰네는 블라디보스토크와 무역을 시작하면 연간 약 5,000엔 전후의 관세 수입이 있을 것이라고 주장했지만[107] 이는 탁상공론에 지나지 않았다. 의회에 법안을 제출하는 방법을 사용한 것은 고무치 도모쓰네가 주도한 미야즈항뿐이었지만 전국 각지에서 무역항 지정을 요구하는 청원이나 진정서를 보내오는 상황이었기 때문에 미야즈항을 인정하면 다른 지역에서도 의회에 법안을 제출하는 것은 불 보듯 뻔한 사실이었다.[108]

하지만 결국 대장성의 초조함과는 상관없이 미야즈항을 특별 무역항으로 지정하는 법안이 귀족원·중의원 모두를 통과한다. 수출 촉진을 위한 특별항 제도를 정비한 것이 다름 아닌 대장성이었다는 사실을 생각하면 참으로 얄궂은 결과였다. 그리고 제국의회 개설 이후, 칙령이 아니라 법률로서 구시로釧路를 특별 수출항으로 지정한 것도 대장성이었다.[109] 따라서 지역에서 특별항 지정을 요구하는 법안을 의회에 제출할 가능성이 있다는 점을 대장성은 고려했어야 했다.

이전부터 무역항으로 거듭나기 위해 청원과 진정을 반복해 온 지역 유지에게 의회를 통한 특별 무역항 지정에 성공한 고무치 도모쓰네의 전략은 획기적이었다. 대장성이 우려했던 것처럼 제5회 제국의회에서는 돗토리현鳥取縣 사카이항境港이 특별 수출항 지정 요구를 제출했다. 법안 제출

106 宮津市永年保存文書 111,「宮津商港及鉄道期成一件(宮津港法案并参考書)」.

107 위의 글.

108 대장성은 미야즈 이외에 무로란·쓰루가·다케토요·사카이·모지·하마다·후시키·나하(那覇)·오타루·시모노세키 등 11개 항으로부터 특별 무역항 지정 청원이나 진정서를 받았다. 公文雑纂·明治26年·第7巻,「貨物特別輸出入法案ノ件」.

109『帝国議会衆議院議事速記録』1, 東京大学出版会, pp.78~80.

자인 시마네현島根縣 사사키 젠우에몬佐々木善右衛門 의원은 동해 연안 시모노세키와 미야즈 사이에 무역항이 하나도 없다는 점, 그리고 블라디보스토크 및 조선에 미곡연간 약 3만 석(石) 수출을 예상할 수 있다는 점 등을 들어 사카이항이 무역항으로 발전 가능하다고 주장했다. 그러나 대장성 조사에 따르면 사카이항의 미곡 이출移出 실적은 연간 3,000석에서 5,000석에 불과했고, 이 정도의 무역을 위해 세관 출장소를 설치하는 것은 허용하기 힘들었다.[110]

대장성 입장에서 다행이었던 점은 사카이항의 무역항 지정 요구가 중의원을 통과하지 못했다는 것이다. 다만 제국의회에서 무역항 지정 요구가 남발하는 것을 막고 세관 출장소 설치에 일정 정도 제동을 걸기 위해서는 특별항 지정이나 폐지를 법률이 아닌 칙령으로 하도록 법을 개정할 필요가 있었다. 문제는 의회가 이를 승인할지 여부였다.

대장성은 무세품 무역을 전면 개방함으로써 의회 승인을 얻고자 했다. 제4회 제국의회 종료 이후인 1893년 10월, 대장성은 화물 특별 수출입 법안을 각의閣議에 제출하는데, 이는 구체적으로 다음과 같은 내용이었다.[111] 우선 세관 출장소를 설치한 항에서는 유세품과 무세품 상관없이 일본인의 무역을 전면 허용한다. 그리고 세관 출장소를 설치하지 않은 항에서도 세관 관리가 승선하여 검사를 받으면 무세품과 다시마·목재·판자 등 3개 품목에 한해 수출을 허용한다는 것이다.

기존의 특별 수출항, 특별 무역항의 틀을 없애고 세관 출장소 설치 유

110 『帝国議会衆議院議事速記録』 7, 東京大学出版会, pp.135~136. 참고로 1석(石)을 1표(俵)로 환산하면 쌀의 이출 금액은 7,000엔에서 1만 엔 정도밖에 안 된다.
111 公文雑纂·明治26年·第7巻「貨物特別輸出入法案ノ件」.

무에 따라 수출 품목을 정하도록 하면 실질적으로는 대장성 재량으로 무역항 배치를 결정할 수 있다. 게다가 무세품과 다시마·목재·판자의 경우, 일반항에서도 수출이 가능하므로 여러 지역에서 터져 나오는 무역항 지정 요구에도 답할 수 있다. 즉, 대장성은 무세품 무역의 전면 개방과 맞바꾸어 무역항 지정 권한을 다시 가져오고자 한 것이다.

그러나 무세품과 위의 세 품목다시마·목재·판자에 한정한다 해도 일본 각지의 모든 항의 수출을 허가하는 것은 현실과의 괴리가 너무나도 컸다. 이에 대장성의 화물 특별 수출입법에 대하여 외무성과 내각 법제국法制局[23]이 비판을 제기하였다. 조약 개정을 앞두고 있었던 외무성은 일본인에게만 특권을 부여하는 무역항 제도를 만들어 서구 열강을 자극하고 싶지 않았을 것이다. 또한 내각 법제국 입장에서는 기존의 특별항 중에는 제대로 충분한 실적을 내지 못하는 항도 있기 때문에 지금처럼 필요한 경우 입법 조치를 하면 된다고 생각했다. 이렇게 대장성은 막다른 상황에 처하게 된다.

3) 정부 내부로부터의 개항 요구

대장성이 처한 막다른 상황을 타개한 것은 원로 정치인이었다. 당시 내무대신이었던 이노우에 가오루井上馨는 대장성과 외무성·법제국의 대립을 보고 양측이 타협할 수 있는 절충안을 제시한다. 이는 기존의 특별수출항은 품목과 관계없이 무세품 수출을 전면 허용하는 한편, 안정적인 수출 실적을 보이는 특별 수출항의 경우는 새롭게 세관 출장소를 설치하여 유세품의 수출도 허용한다는 안이다. 그리고 이노우에 가오루의 제안을 받아 대장성은 새로운 무역항 법안 작성을 시작했다.

이노우에 가오루의 목적은 홋카이도 개발이었다. 이노우에 가오루가 「홋카이도에 관한 의견서北海道ニ関スル意見書」를 작성하여 홋카이도 개발의 기본 방침을 제안한 것은 1893년 11월이다. 이해 여름 홋카이도를 돌며 살펴본 이노우에 가오루는 오타루항을 중심으로 홋카이도 서부를 개발하는 구상을 했다.[112] 한편 홋카이도 남쪽 해안에 위치하는 무로란은 1892년 홋카이도탄광철도北海道炭鑛鐵道[24)]가 개통한 이후, 유바리夕張 석탄[25)]의 적출항으로 기능하고 있었다. 이에 이노우에 가오루는 해외 수출은 세관출장소가 설치된 해항에서만 이루어지도록 제한함으로써 현행 제도와의 정합성을 확보하고, 한편으로는 해외에서 수요가 많은 해산물과 석탄 등을 취급하는 오타루와 무로란 두 항을 무역항으로 만들고자 했던 것이다. 실제 1894년 5월 소집된 제6회 제국의회에는 오타루의 특별무역항 지정 법안과 무로란의 특별 수출항 지정 법안이 각각 정부 제출 법안으로 올라왔다. 이와 더불어 후시키와 나하의 특별 무역항 지정 법안 또한 제출되었다.[113]

그런데 홋카이도 개발에는 후시키항도 중요했다. 홋카이도 서쪽 해안과 동해 연안 지역은 에도막부 말기 이래 경제적으로 밀접한 관계를 맺고 있었으며, 1890년대에는 홋카이도 이주의 근거지로 기능했다. 1882년부터 1935년까지 약 50년 동안 전국에서 71만 7,424호戶가 홋카이도로 이주했는데, 이 중 약 3분의 1에 달하는 21만 5,958호가 호쿠리쿠 지방 4개 현에서 이주한 경우였다.[114]

112 広瀬順晧監修·編集, 『井上侯意見談話演説集』 上(近代未刊史料叢書 9), ゆまに書房, 1999, pp.323~383.
113 『帝国議会衆議院議事速記録』 7, 東京大学出版会, pp.17~19; 『帝国議会衆議院議事速記録』 7, 東京大学出版会, pp.24~25.

그리고 후시키항에서 홋카이도 이주와 함께 중요했던 것이 바로 북양어업北洋漁業이었다. 연해주에서 일본인이 수확하는 연어의 양이 1891년 120석에서 1894년 8,746석, 1896년 2만 4,218석까지 급증하는데, 여기에서 조업하는 일본 선박 대부분이 니가타현과 도야마현 소속이었다.[115] 후시키항의 특별 무역항 지정은 연해주 및 사할린의 일본인 어민을 상대로 수출을 하기 위함이기도 했다.[116]

정리하자면 대장성은 제6회 제국의회에서 정책적 의도를 지니는 4개 항을 무역항으로 지정하였지만, 그것이 지역으로부터의 요구를 더욱 폭발시킬 것은 분명했다. 게다가 1894년 7월부터 시작한 청일전쟁은 사람들의 관심을 대륙으로 향하게 했다. 한반도나 연해주와의 무역 가능성을 들며 무역항 지정을 요구했던 지역 유지들은 이를 다시없을 좋은 기회로 생각했다.

1894년 말 소집된 제8회 제국의회에서는 동해 연안을 중심으로 8개 항쓰루가·사카이·하마다·가라쓰·아오모리·시모노세키·모지·하카타를 특별 무역항으로 지정하는 법안이 개별적으로 제출되었다. 이들 법안은 중의원은 통과했지만 무역항에 관한 새로운 제도를 준비 중이라는 대장성의 의견을 반영하여[117] 귀족원에서는 부결된다.

실제 대장성은 새로운 무역항 제도를 준비하고 있었다. 1894년 일련의 조약 개정 교섭이 타결에 임박하면서 대장성은 어쨌든 새로운 무역

114 伏木港史編さん委員会編, 앞의 책, pp.332~333.

115 原輝之, 『北海道の近代と日露関係』, 札幌大学経済学部附属地域経済研究所, 2007, pp.47~48.

116 1893년 이후 후시키항의 외국 무역 실적은 연해주 어민을 대상으로 쌀과 잡화를 수출하고 그들로부터 해산물을 수입하는 것이 대부분을 차지했다. 横浜税関, 『新潟税関沿革史』, 横浜税関, 1904, pp.426~467.

117 『帝国議会貴族院委員会議録』 6, 臨川書店, p.955.

항 체제를 만들어야 했다. 그리고 대장성은 이노우에 가오루가 제시한 안을 따라 새로운 틀을 고안했다. 즉 개정 조약 시행을 계기로 기존의 특별항 제도를 폐지함과 동시에 한편으로는 세관 출장소가 설치된 항은 모두 외국과의 무역을 허용한다는 것이다.[118] 이렇게 하면 칙령으로 무역항세관 출장소 설치을 지정할 수 있게 되므로 무역항이 무제한 늘어나는 것을 막을 수 있다. 마침내 1895년 말 열린 제9회 제국의회에서 대장성은 위와 같은 방침을 바탕으로 「개항 외 항에서의 외국 무역을 위한 선박 출입 및 화물 수출입 건에 관한 법률안開港外に於て外国貿易の為め船舶出入及貨物輸出入の件に関する法律案」이하, 「개항 외 무역항 법안」을 제출한다.

그런데 대장성 입장에서 봤을 때 성가신 일이 생긴다. 제9회 제국의회에서 특별 무역항 지정을 원하는 항들이 상호 협력하는 모습을 보인 것이다. 특별 무역항 지정 운동을 위해 상경한 모지정門司町 정장 마에다 마스하루前田益春에 의하면 제9회 제국의회에서는 "해당 지역의 관련 의원끼리 모두 찬성하여 세력을 키우고 이를 통해 가결에 이르도록 한다"[119]는 사실을 공유했다고 한다. 이에 결과적으로 각 항의 특별 무역항 지정 법안은 가결 가능성이 높아졌다.

그러나 철도나 하천처럼 무역항 지정을 지향하는 지역이 연대를 강화했다고 판단하기는 이르다. 무역항 지정 요구가 과열된 상태였고 제5회 제국의회의 사카이항처럼 단독으로는 중의원에서 지지를 얻지 못한다는 사실 또한 스스로 알고 있었다. 이들의 연대는 어디까지나 중의원을 통과하기 위함이었지 실제 어느 항을 무역항으로 지정할지는 귀족원에

118 松尾家文書·第37册第26号, 「特別輸出港規則ノ処置ニ関スル方按」.
119 「前田門司町長の報告(特別輸出入港請願運動の顛末)」, 『門司新報』, 明治29.2.16.

맡긴다는 입장이었다.[120]

또한 제9회 제국의회에서는 다구치 우키치 등 자유무역주의자들이 개항법안을 제출하였으나 해당 지역의 중의원 의원이 이에 협조하는 모습은 찾아볼 수 없었다. 도쿄와 기타 주요항을 무역항으로 만듦으로써 해국海國으로서 일본의 발전을 지향하던 다구치 우키치는 "오늘날 동해와 면한 지역에는 아직 제대로 된 항을 찾아볼 수 없다. 실제 그 니가타항의 경우도 연 7천 5백 엔이라는 개항 경비를 들이지만 수입은 겨우 50엔 밖에 안 된다. 이러한 일은 가능하면 피하고 싶다"[121]며 동해 연안항의 무역항 지정에 소극적인 모습을 보였다. 하지만 이러한 다구치 우키치의 의견은 중의원에서 지지를 얻지 못했고 개항법안이 통과할 수 있을지의 여부도 불투명했다.[122]

어쨌든 제9회 제국의회에는 대장성·동해 연안 지역·자유무역주의자에 의해 세 종류의 개항법안이 제출되었다. 특별위원회는 이들 법안을 모두 검토했는데 결과적으로 대장성 안을 채택하였다. 또한 중의원 본회의에서도 제3 독회第三讀會[26)]를 생략하는 등 큰 어려움 없이 대장성의 개항 외 무역항 법안이 통과되었다.

여기에는 대장성이 동해 연안항들을 설득한 것이 배경으로 작용한 듯싶다. 앞에서 언급한 마에다 마스하루 모지정 정장에 따르면 주세국장이 유관 중의원 의원에게 특별항 지정 요구를 중단해 달라고 요청했나고 한다.[123] 그리고 실제 1899년 개정 조약 시행까지 3년간 대장성이 개항 외

120 위의 글.
121 『帝国議会衆議院議事速記録』 8, 東京大学出版会, p.163.
122 「前田門司町長の報告(特別輸出入港請願運動の顛末)」, 『門司新報』, 明治29.2.16.
123 위의 글.

무역항으로 지정한 곳은 쓰루가·사카이·하마다·가라쓰·하카타·구치노쓰·나나오·시미즈·욧카이치·미스미 등 10곳에 이른다. 대장성은 실질적으로 지역의 요구를 충족시킴으로써 무역항 지정 권한을 되찾은 것이다.

물론 대장성이 지역으로부터의 요구를 무조건 수용한 것은 아니다. 개정 조약 시행과 함께 기존의 개항과 개항 외 무역항은 모두 개항으로 일원화되는데, 이후 만 2년마다 수출입 화물 실적 5만 엔을 채우지 못하면 폐쇄하도록 했다.[124] 또한 향후에는 기본적으로 신규 개항을 허용하지 않는 방침도 각의에서 확인하였다.[125] 이러한 대책을 생각하지 않을 수 없을 만큼 대장성은 지역 사회의 요구에 힘들게 대처하고 있었다고 할 수 있겠다. 대장성 스스로도 무역항 확충을 꾀하고 있었던 만큼 도리어 지역 사회의 목소리를 무시할 수는 없었던 것이다.

4) 군부의 견제

한편 지역 사회의 무역항 지정 요구를 쉽게 거절할 수 있었던 것은 군부였다. 앞 절에서 살펴본 바와 같이 군부는 병참·국방 시설 정비를 진행 중이었으며, 이는 무역항 지정을 원하는 지역 입장에서 보면 큰 장애물이었다. 국방 기밀 유지를 위해 정해진 요새 지대법要塞地帶法, 1899년 공포에서 군사 시설 주변의 건축 제한을 포함하는 등 군부는 지역 사회의 목소리에 둔감했다.[126]

---

124 大蔵省関税局編, 앞의 책, p.294.

125 公文別録·大蔵省·第2卷, 「開港設置ニ関スル方針ノ件」.

126 遠藤芳信, 「要塞地帯法の成立と治安体制－1899年要塞地帯法の成立過程を中心に(I)」, 『北海道教育大学紀要(人文科学·社会科学編)』 51-1, 北海道教育大学, 2000; 遠藤芳信, 「要塞地帯

육군이 중시했던 것은 간몬해협이었다. 제9회 제국의회가 열리던 1896년 1월 대장성은 육군에게 총 9개 항, 구체적으로는 시모노세키·모지·후나코시船越·가라쓰·욧카이치·하마다·사카이·시미즈·오타루의 무역항 지정에 대한 의견을 조회했다. 이에 육군은 시모노세키와 모지 두 곳에 대하여 국방의 관점에서 무역항 지정을 거부했다. 시모노세키와 모지는 이미 일본인에 한정하여 무역을 할 수 있는 특별항으로 지정된 상태였는데, 외국인에게 무역을 개방하는 것에 육군이 거부 반응을 보인 것이다.[127]

그 결과 시모노세키와 모지의 무역항 지정은 다른 항보다 늦어졌다. 제9회 제국의회를 통과한 「개항 외 무역항 법」에 의해 1896년 10월에는 하카타·가라쓰·구치노쓰·쓰루가·사카이·하마다가, 이듬해 6월에는 시미즈·욧카이치·나나오가 각각 개항 외 무역항으로 지정되었는데 시모노세키와 모지는 여기에서 빠졌다. 이 두 항이 마침내 무역항으로 지정된 것은 요새 지대법 정비 후, 기밀 정보 보호 대책이 마련된 1899년이다.

그리고 보다 강경했던 것은 해군이었다. 연안 경비 시설 정비를 맡았던 해군에게 무역항 입지는 중요한 관심 대상이었다. 해군에서도 수로부를 중심으로 전국 연안 측량과 군항 선정을 추진 중이었는데 육군과 마찬가지로 국방 기밀 유지를 위해서는 군항진수부 근처에 무역항 지정을 허용할 수 없었다. 1880년대 해군은 5개의 해군구海軍區를 정하고 요코

法の成立と治安体制－1899年要塞地帯法の成立過程を中心に(II)」, 『北海道教育大学紀要(人文科学·社会科学編)』 51-2, 北海道教育大学, 2001.

127 密大日記·明治29年, 「大蔵省 下関其他を通商港と為すの件」.

스카横須賀 · 구레 · 사세보 · 마이즈루 · 무로란에 진수부를 설치하여 각 구역의 방어를 담당토록 했다.[128] 진수부 선정에서는 군함 정박에 적합한 지형일 것, 주위에 대도시가 없을 것 등이 주요 기준이 되었다.[129] 따라서 진수부 설치 시, 기본적으로 지역 사회와의 대립은 표면화하지 않았다. 다만 예외는 있었다. 바로 석탄 적출항 기능이 기대되었던 무로란과 주변 항의 무역항 지정에 영향을 받은 마이즈루였다.

무로란에서는 1890년 해군 진수부 설치가 결정된 직후부터 반대 운동이 일어났다. 이는 같은 시기 홋카이도탄광철도 부설 공사이와미자와(巖見澤)–와니시(輪西)가 착공하기도 하여 진수부 설치가 석탄 적출항으로서의 발전에 저해가 된다고 예상했기 때문이다. 1891년부터 1892년에 걸쳐 무로란군室蘭郡 내 마을町村 대표 6명이 정부를 상대로 무로란의 군항 지정 취소를 청원하였다. 하지만 해군의 입장은 바뀌지 않아 청일전쟁 직전인 1893년 무로란항은 제5 해군구 군항이 된다.[130]

상황이 바뀐 것은 청일전쟁 이후이다. 가상 적국으로 러시아가 부상하면서 쓰가루해협 방어가 중요해졌고, 결과적으로 무로란의 군사적 가치는 상대적으로 줄어들었다. 1895년 6월 제5 해군구의 군항은 무쓰만 내 오미나토로 옮겨가고 무로란은 요항要港, 준군항으로 격하된다.[131] 이는 무로란에게도 그리고 군항 지정을 통해 지역 발전을 도모하고자 했던 오미나토에게도 바람직한 결과였으나 어디까지나 해군의 입장에서 결

128 山村義照, 「鎮守府設置と海軍制度改革問題」, 『史友』 25, 青山学院大学史学会, 1993.
129 진수부 건설에는 조선소, 군수 공장 등의 대규모 개발이 필요하기 때문에 주위에 기존 시가지가 없는 것을 전제로 한다. 谷澤毅, 『佐世保とキール海軍の記憶 – 日独軍港都市小史』, 塙書房, 2013, p.116.
130 室蘭市史編さん委員会編, 『新室蘭市史』 2, 室蘭市史編さん委員会, 1983, pp.446~451.
131 河西英通, 『近代日本の地域思想』, 窓社, 1996, p.223.

정된 것이었다.

한편 마이즈루는 마지막까지 무역항으로 지정되지 못했다. 앞에서 설명한 바와 같이 1890년대 초반부터 마이즈루철도를 둘러싼 문제가 구체화하였으며, 그 배경에는 시베리아철도와 게이한 지역을 연결하는 구상이 있었다. 하지만 같은 와카사만 내에 있는 미야즈나 쓰루가가 순조롭게 무역항으로 지정된 반면, 마이즈루는 해군의 반대에 봉착했다. 마이즈루의 무역항 지정은 대장성 · 오사카 재계 · 교토부 등도 지지했지만 해군은 국방 기밀을 유지해야 한다는 점 그리고 근처 미야즈가 이미 무역항으로 지정되었다는 점을 이유로 반대했다. 이에 마이즈루 지역 유지들은 무역항 지정이라는 비장한 염원을 정부에게 계속 요구하게 된다.[132]

이처럼 대장성은 무역 확대를 지향하면서도 무역항 수를 제한해야 한다는 모순된 입장에 놓여 있었다. 한편 해군은 지역으로부터의 무역항 지정 요구를 모두 거부하면 된다는 점에서 편한 입장이었다. 그렇지만 지역의 요구를 고려하면서도 개항 요구를 억제하는 체계를 구축함으로써 대장성은 조약 개정 시행 후 해항 행정의 대략적인 틀을 잡을 수 있었다. 대장성에게 남은 과제는 요코하마나 고베 등 기존 해항의 건설 문제였다. 대장성은 1900년대 초반 계속해서 늘어나는 무역량에 대응하기 위하여 해항 건설에 본격적으로 나선다.

132 飯塚一幸, 「日露戦後の舞鶴鎮守府と舞鶴港」, 坂根嘉弘編, 『軍港都市史研究(舞鶴編)』 I, 清文堂出版, 2010.

정리

1890년대에는 세계적인 교통망 정비, 그 중에서도 시베리아철도 건설에 자극을 받아 일본 국내에서 해항론이 전개되었다. 이는 세계적인 교통망 속에 일본을 자리매김하려는 움직임이기도 하며, 해항과 철도 건설, 나아가 무역항 지정을 포함했다.

그리고 이와 같은 해항론의 전개는 지역 사회의 이익 성립에 크게 기여했다. 해항 건설은 큰 비용이 드는 반면, 직접 혜택을 받는 지역은 제한적이다. 따라서 부나 현 차원에서 축항에 대한 합의를 형성하는 것이 어려워 오사카 축항의 경우 시영으로 공사를 시작하였다. 하지만 시영으로 시작한다고 해서 무조건 축항에 대한 합의가 이뤄졌다고 보기는 어렵다. 오사카 축항에 대한 시비 지출을 정당화하기 위해서는 국가 차원의 중요성과 고베항의 위협을 강조할 필요가 있었다. 이에 같은 시기 진행 중이던 철도 건설 문제와 연계함으로써 오사카 축항을 둘러싼 대립은 정리된다.

한편 요도가와 치수와 불가분의 관계였던 오사카 축항 문제에 대하여 내무성 토목국은 처음부터 큰 관심을 보였다. 하지만 내무성 토목국의 관심이 높다는 사실은 반드시 오사카시 시민에게 좋은 일만은 아니었다. 내무성 토목국의 오사카 축항 설계안은 도쿄 축항 설계안과 마찬가지로 대규모의 것이었다. 오사카항이 군사 수송의 거점으로 중요하다는 점도 설계 확대에 영향을 미쳤다. 그러나 내무성 토목국은 설계는 확대하는 반면 국비 보조를 추가로 확보하지는 못했다. 토목회가 하천 정책 심의 기관으로 설치된 것처럼 내무성 토목국의 최우선 과제는 치수 대책이었지 해항 건설이 아니었다. 따라서 결과적으로 국고 보조 제도화도 늦어진 것이다. 결국 오사카시는 축항을 시작하기는 했지만 계속해서 비용 문제를 안고 가게 된다.

이처럼 해항론 전개 및 내무성 토목국의 지원을 배경으로 해항 관련 이익은 지역 차원에서는 성립하였다. 하지만 국가 차원에서는 지역의 이익과 조화를 이룰 수 없었다. 무역항 지정을 둘러싸고는 세계적 교통망의 중계 지점이라는 지위를 차지하기 위해 지역 간 경합이 생겨 철도 문제나 하천 문제처럼 지역을 초월한 협력은 이뤄지지 못했다. 또한 해항론을 주도한 유력 집단 중 하나인 다구치 우키치 등 자유무역주의자는 수출 확대를 예상할 수 있는 태평양 연안만을 대상으로 무역항 지정을 주장했기 때문에 동해 연안항과 연대할 수 없었다. 한편 지역에서 보조를 맞추지 못하는 동안 대장성은 무역항 지정 권한을 의회로부터 돌려받는다. 대장성은 지역의 요구를 실제로는 전부 수용하면서도 무역항 지정 조건으로 수출량 제한을 설정함으로써 지역 이익을 관리하는데 성공한 것이다.

나아가 대장성은 1894년 개정 조약 조인과 함께 신조약 실시 후의 개항 관리 체제를 구축하기 시작한다. 이는 필연적으로 내무성과의 대립을 낳을 수밖에 없었는데, 다음 장에서는 대장성이 다른 정부 관청과의 대립을 극복하고 개항 관리 체제를 구축하는 과정을 고찰하겠다.

제3장

조약 개정과 해항 행정

대장성 관료의 이상

조약 개정은 일본 해항 행정에서 큰 전환점이 되었다. 구체적으로 살펴보면 담당 책임자가 불확실했던 개항 행정권을 돌려받았고, 나아가 잠정적이었던 특별항 제도 또한 일부 예외를 제외하고 개항으로 통일되었다. 그리고 이후 개항 행정을 주로 도맡은 것은 구조약舊條約 아래에서 개항 행정권을 되찾기 위해 노력했던 대장성大藏省이었다. 조약 개정을 앞두고 대장성은 관세 관련 각종 제도를 정비함과 동시에 해항 행정 체계 구축을 시도한다.

그러나 대장성이 아무런 제약 없이 해항 행정을 진두지휘할 수 있었던 것은 아니다. 왜냐하면 조약 개정 후 해항 행정에 대하여 토목 행정을 담당하는 내무성內務省 토목국土木局과 관선管船 행정을 담당하는 체신성

遞信省 관선국管船局이 의욕을 내비쳤기 때문이다. 이뿐 아니라 제2장에서 검토한 것처럼 해항 건설이나 관리에는 지역 사회의 이해와 협력이 필수 불가결했다. 그리고 1900년대 초반 정당 또한 해항 문제를 세력 확장의 도구로 인식하기 시작했기 때문에 이에 대한 대책도 필요했다. 따라서 1890년대 말부터 1900년대 초반에 걸쳐 대장성은 내무성·체신성에 대항함과 동시에 정당 개입은 막고 지역 사회의 합의를 끌어내야 했다. 이 장에서는 이와 같은 대장성의 해항 행정을 분석하도록 하겠다.

한편, 선행 연구에서는 대부분 1907년 내무성이 책정한 「중요 항만 선정·시설 방침重要港湾ノ選定及施設ノ方針」을 일본 최초의 전국적인 해항 건설 방침이라고 평가하며,[1] 그 이전의 해항 행정에 대해서는 거의 밝혀낸 바가 없다. 우쓰미 다카시内海孝의 연구가 요코하마横濱·고베神戶 두 항만 건설을 둘러싼 대장성의 움직임을 고찰하기는 했지만, 이를 '변칙적'인 것으로 평가했기 때문에 해항 행정 구성 전반을 규명하는데까지는 이르지 못했다.[2] 하지만 이 장에서 살펴보듯이 1907년 이전 해항 행정을 주도한 것은 어디까지나 대장성이었으므로 이를 '변칙적'이라고 평가하는 것은 이후 해항 행정 전개 과정에 대한 그릇된 이해를 낳는다.

이에 제1절에서는 1880년대 중반 체신성이 해항 행정에 참여하기 시작하는 과정을 개괄하고, 이를 대장성과 내무성의 해항 행정과 비교하면서 1900년대 초반 행·재정 정리를 통해 대장성에게 유리한 형태로

1 寺谷武明, 『近代日本港湾史』, 時潮社, 1993, p.15; 日本港湾協会, 『新版 日本港湾史』, 日本港湾協会, 2007, p.8.

2 内海孝, 「日露戦後の港湾問題-「港湾政策」の成立過程」, 『社会経済史学』 47-6, 社会経済史学会, 1982; 内海孝, 「横浜築港史論序説-産業資本確立期を中心に」, 『郷土よこはま』 88·89, 横浜市図書館郷土資料室, 1980; 内海孝, 「産業資本確立期における神戸築港問題-横浜港との比較のなかから」, 『郷土よこはま』 91, 横浜市図書館郷土資料室, 1981.

해항 행정이 전개하는 모습을 고찰한다. 그리고 제2절에서는 같은 시기 논의된 해항론을 바탕으로 대장성이 주도한 제2차 요코하마 축항 및 제1차 고베 축항, 그리고 이에 반발하여 내무성이 독자적으로 해항 건설 방침을 만들어 가는 과정을 살펴보겠다.

1. 해항 행정을 둘러싼 세 관청의 대립

1) 체신청의 등장

체신성은 1885년 내각 제도 도입과 함께 설치된 성省[1])으로 후발 주자이다. 체신성은 그 전까지 공부성工部省과 내무성이 나눠서 관장하던 전신·등대·역체驛遞·관선 4개 국으로 구성되었다. 체신성은 이후 1891년에는 전기 행정, 1892년부터는 철도 행정을 맡기 시작하며 우편·전기·교통을 모두 담당하는 대형 관청으로 성장한다.

체신성은 설립 당시부터 관선 행정의 일환으로 해항 행정에 관여했다. 예를 들어 1888년 9월 외무성外務省이 조약 개정 회의에 제출 예정인 항칙港則 초안에 대한 의견을 조회하자, 체신성은 초안 내용에는 별도 의견이 없다고 전제를 단 후, 항칙 "실시에 관하여 본 성이 관련이 있으니 (…중략…) 귀 성에서 항칙 실시 절차에 착수하기 전에 미리 그 순서와 방법에 대하여 협의가 있으면 한다"[3]고 덧붙였다. 이 문서를 통해 체신성은 외무성에게 항칙 실시에 관한 사전 협의를 요구하기는 하였으나, 실제로

3 外務省記録, 「開港港則制定一件(明治21年9月8日, 逓信大臣榎本武揚 → 大隈重信)」.

는 항칙 실시 전부터 개항 행정에 개입할 수밖에 없는 상황이었다.

그 배경에는 급증하는 무역량이 있었다. 무역량 급증은 당연히 항내 교통을 혼잡하게 한다. 요코하마항橫濱港에 입항하는 외항 선박 수는 1885년 364척49만 5,772톤에서 1892년 472척85만 6,725톤으로 증가한다. 내항 기선까지 합하면 같은 해 3,396척220만 4,000톤의 선박이 입항하였다.[4] 더군다나 제1장에서 살펴본 것처럼 당시 요코하마항은 영사 재판권 확대 해석으로 인해 항내 선박 감독 권한이 일본에게 없는 상태였다. 따라서 항내 선박을 지휘하는 항장港長도 없었고, 항내 선박이 따라야 하는 규칙항칙도 정해지지 않았다. 그 결과 이전까지는 부두 정비에 비협조적이었던 요코하마의 거류민居留民이 일본에게 이를 요구하기 시작한다.

이와 같은 사태는 개항 행정권을 되찾고자 했던 일본이 외교 교섭을 진행하는데 유리하게 작용할 것이라 예상되었다. 오쿠마 시게노부大隈重信 외무성 장관은 급증하는 무역량에 대한 대책으로 축항을 실시하고 이를 발판 삼아 항내 선박 감독 권한도 돌려받고자 했다.[5] 그런데 오쿠마 시게노부의 이러한 시도는 성공하지 못했다. 제1차 요코하마 축항 공사 착공은 결정되었지만 조약 개정 시도 자체가 실패했기 때문에 개항 행정권도 돌려받지 못한 것이다.

결과적으로 요코하마항은 더욱 혼잡해졌다. 그 이유는 축항 공사가 요코하마항 주위를 방파제로 에워싸는 것이었기 때문이다. 1890년 4월 방파제 축조 공사가 시작되자 가나가와현神奈川縣이 외무성과 체신성에게

4 運輸省第二港湾建設局編, 『横浜港修築史－明治・大正・昭和戦前期』, 運輸省第二港湾建設局京浜港工事事務所編, 1983, p.78.

5 稲吉晃, 「不平等条約の運用と港湾行政 (2)」, 『法学会雑誌』 47-1, 首都大学東京法学会, 2006.

항칙 실시를 요구하는 상신上申을 올린다. 이 상신에서는 "해당 공사는 아직 완공하지 않았지만 항만의 폭, 항만의 구역에 이르기까지 흡사 준공 후 달라지는 점이 없다 (…중략…) 그런데 각 선박은 (…중략…) 자기 마음대로 정박장을 선정하고 거기에 닻을 내리기 때문에 때때로 선체 또는 부속 부표가 다른 선박 출입 항로 상 방해가 될 수 있다 (…중략…) 뿐만 아니라 결과적으로 공사에 걸림돌이 되는 경우도 적지 않다. 현재 힘들여 항내 진흙과 모래 준설을 시작하였음에도 불구하고 쓰레기 등을 물에 버려 생기는 어려움을 막기 힘들다"[6]며 항칙 부재의 폐해가 축항 공사 실시를 통해 표면화하는 상황을 호소하였다.

이에 체신성은 항내 선박을 규제하기 위한 항칙 제정에 나설 수밖에 없었다. 1892년 9월 체신성은 개항 항칙 제정을 위한 조사위원회를 설치하고 독자적인 항칙안을 제시한다. 구체적인 내용은 체신성이 각 개항의 경계선 설정이나 항내 선박 관리, 수수료 징수 등을 담당하는 것이었다.[7]

다만 아직 조약 개정 전이었기 때문에 일본의 판단만으로 항칙을 시행할 수 없었다. 이에 1893년 5월 체신성은 규칙안「개항 항칙 시행 세칙(開港港則施行細則)」·「항무국 관제안(港務局官制案)」·「잔교 규칙(棧橋規則)」 등을 외무성으로 송부했다.[8] 내용을 살펴보면 요코하마항을 비롯하여 개항마다 항무국港務局을 설치하고, 이 항무국이 선박의 정박 위치를 지정하며 정박료를 징수하도록 하는 것이다. 이를 통해 체신성은 개항을 일원화하여 관리하고자 하는 의향을 내비쳤다고 할 수 있다.

---

6 外務省記録,「開港港則制定一件(明治23年6月20日, 浅田神奈川県知事 → 青木外相·後藤逓相[上申])」.
7 外務省記録,「開港港則制定一件(明治25年9月10日, 黒田逓相 → 陸奥外相)」.
8 外務省記録,「開港碇泊料規則設定一件(明治26年5月26日, 逓信次官鈴木大亮 → 外務次官林董)」.

하지만 아무리 체신성이 그러한 의향을 내비친다고 한들 실제 요코하마항 항내의 치안 유지를 담당하던 것은 세관이었다. 제1장에서 검토한 바와 같이 요코하마세관은 메이지明治시대 초반부터 항내 외국 선박이나 외국인 단속에 고군분투하였으며, 타개책으로서 요코하마 무역상의 축항 구상을 지지했다. 또한 조약 개정 교섭 대상 중 하나가 외국 선박으로부터의 항세·톤세噸稅 징수였기 때문에 새롭게 설치되는 항장의 직무는 이를 포함할 가능성이 컸다. 그 결과 체신성이 항무국에 의한 일원화된 관리를 주장한 시기와 거의 비슷하게 대장성도 독자적인 「요코하마항 정박료 규칙橫濱港碇泊料規則」을 기안한다.[9]

체신성과 대장성의 경합은 제2장에서 살펴본 개항 외 무역항 지정을 둘러싸고도 나타났다. 대장성은 각 지역의 무역항 지정 요구를 조정하기 위하여 지정 권한을 되찾고자 「개항 외 무역항 법開港外貿易港法」을 정한 것이었다. 그런데 체신성은 무역항 선정을 포함하여 해항 행정의 기본 방침은 관련 관청으로 구성된 조사위원회에서 정해야 한다고 내무성·해군성海軍省과 함께 항만조사회港灣調査會 설치를 제안했다.[10] 대장성은 이미 해항에 관한 전국 조사를 실시하고 있다는 이유를 들어 반대했으나, 결국 내무대신內務大臣을 위원장으로 하고 각 성의 국장급이 참가하는 항만조사회제0차 항만조사회[11]가 설치된다.<표 3-1>

이처럼 1890년대에는 해항 행정을 둘러싸고 대장성과 체신성이 대립

9 外務省記録, 「開港碇泊料規則設定一件(明治25年7月7日, 松方藏相→松方首相)」.

10 公文類聚·第21編·明治30年, 「港湾調査ニ関スル衆議院ノ建議ヲ採用シ委員ヲ選定シ港湾ノ種類資格ノ調査並ニ其調査方法ノ審議ニ従事セシム」.

11 짧은 소견으로 보았을 때 이 항만조사회를 검토한 연구는 없는 듯싶다. 일반적으로 1900년 토목회에서 분리된 항만조사위원회를 제1차 항만조사회라 하므로, 이와 혼동하지 않도록 이 책에서는 1897년 설치된 항만조사회의 경우 제0차 항만조사회라 하겠다.

〈표 3-1〉 제0차 항만조사회 명단

위원장	가바야마 스케노리(樺山資紀)	내무대신(內務大臣)
위원	다카타 사나에(高田早苗)	외무성 통상국장(外務省通商局長)
	후루이치 고우이(古市公威)	내무성 토목기감(內務省土木技監)
	미사키 가메노스케(三崎龜之助)	내무성 현치국장(內務省縣治局長)
	다케토미 도키토시(武富時敏)	대장성 참사관(大藏省參事官)
	이시카와 아리유키(石川有幸)	대장성 주세관(大藏省主稅官)
	고다마 겐타로(兒玉源太郎)	육군 차관(陸軍次官)
	우에하라 유사쿠(上原勇作)	육군 공병 대좌(陸軍工兵大佐)
	이쥬인 고로(伊集院五郎)	해군 대좌(海軍大佐)
	아리카와 사다시로(有川貞白)	해군 소좌(海軍少佐)
	오이시 구마키치(大石熊吉)	농상무성 참사관(農商務省參事官)
	고마이 시게타다(駒井重格)	농상무성대신 비서관(農商務省大臣祕書官)
	사토 히데아키(佐藤秀顕)	체신성 관선국장(遞信省管船局長)
	마스다 레이사쿠(增田禮作)	철도기감(鐵道技監)

출처 : 公文類聚・第21編・明治30年, 「港湾調査ニ関スル衆議院ノ建議ヲ採用シ委員ヲ選定シ港湾ノ種類資格ノ調査並ニ其調査方法ノ審議ニ従事セシム・10月28日内務大臣伯爵樺山資紀ヲ委員長トシ外務省通称局長高田早苗以下十三名ヲ委員トス」.

하는 상황이 이어졌는데, 이미 20년 이상 관련 업무를 맡아 온 대장성과 경험이 전혀 없는 체신성 사이의 승패는 명확했다. 대장성은 조약 개정을 염두에 두고 관세 행정을 재편하는 과정에서 요코하마항 항내 행정의 주도권도 갖게 된다.

1894년 완성한 요코하마항 대잔교大棧橋는 요코하마세관이 관리하고 잔교에 계선하는 선박 또한 요코하마세관이 지휘하도록 정해졌다.[12] 그리고 같은 해 조약 개정 조인이 이뤄지자 여러 관세 관련법 또한 정비되는데 이와 더불어 세관의 권한도 커진다. 1897년 보세 창고법保稅倉庫法이 만들어져 세관이 보세 창고를 건설할 수 있는 법적 근거가 마련되었다. 나아가 1899년 제정된 관세법은 선박 입출항 수속이나 화물 상・하역 등에 관하여 광범위한 세관의 권한을 명기하였다.[13] 한편 대장성의 반대

12 公文類聚・第19編・明治28年・第27卷「横浜税関棧橋使用規則を定む」.

에도 불구하고 설치된 제0차 항만조사회는 특별한 활동 실적을 거두지 못했다.[14]

다만 이와 같이 개항 행정권 대부분을 대장성이 갖게 되었다고는 하지만 체신성의 움직임이 무의미했던 것은 아니다. 1898년 개항 항칙 제정에서 중요했던 3개 개항요코하마·고베·나가사키(長崎)에는 체신성 소관 항무국이 설치되었으며, 1900년부터는 여기에 모지門司도 추가되었다. 그리고 이를 통해 체신성은 본격적으로 개항 행정에 뛰어들 수 있었다.

이렇게 1898년 이후 일본 해항에는 관세 업무를 담당하는 대장성세관과 항내 선박을 관리하는 체신성항무국이 병존한다. 여기에 토목 공사나 수상 경찰은 내무성부현(府縣) 관할이었기 때문에 결과적으로 대장성·체신성·내무성이라는 세 관청이 개항 행정을 나눠 맡는 상황이었다고 할 수 있다.

2) 체신성에 대한 지역 사회의 기대 – 동해 항로의 확장

체신성은 뒤늦게 뛰어들었지만 철도와 해운 모두를 담당하기 때문에 그 결절점인 해항 행정 분야에서도 필연적으로 존재감을 더해 갔다. 예를 들어 1899년 요코하마상업회의소横濱商業會議所는 제1차 요코하마 축항 완성 이후 시책에 관하여 정부에게 건의서建議書를 제출했는데 그 안에서 "정부는 이를 꼭 체신성 직할로 하고 (…중략…) 적당한 시기를 보아 항정港政을 통일하도록 해야 한다"[15]며 체신성을 중심으로 해항 행정을 통

13 大蔵省関税局編, 『税関百年史』 上, 日本関税協会, 1973, pp.241~245.

14 1900년 내무성은 제1차 항만조사회를 설치하면서 제출한 칙령안에 "일단 항만조사회가 설치되었지만 이후 거의 소멸에 가까운 상태이다"라고 제출 이유를 밝혔다. 公文類聚·第24編·明治33年 「港湾調査会規則ヲ定ム」.

일할 것을 제안했다. 신조약 체결 후 개항 항칙 시행 등 항내 관선 행정이 본격적으로 진행되면서 체신성에 대한 지역 사회의 기대도 높아진 것이다.

하지만 그 전까지 해항 행정 경험이 없었던 체신성에게 실제 이를 담당해 온 대장성이나 부현 만큼의 활동을 기대할 수는 없었다. 한 가지 사례를 들자면 1898년 4월 모지항門司港 안에서 기선 도요시마마루豊島丸와 야에야마마루八重山丸가 침몰하여 항내 교통을 방해하는 상황이 발생하였는데, 이를 계속해서 방치한 체신성에게 강한 비난의 목소리가 쏟아졌다.[16]

지역 유지들이 체신성에게 기대한 것은 오히려 항로 유치였다. 제2장에서 검토한 바와 같이 1890년대 들어서 이들은 무역항 지정을 목표로 삼았다. 그리고 실제 동해 연안의 많은 주요항이 무역항으로 지정되었다. 하지만 무역항으로 지정되었다고 해도 무조건 무역이 번창한 것은 아니다. 더군다나 「개항 외 무역항 법」에서는 2년간 무역 실적이 5만 엔 이하인 경우, 개항 지정을 취소할 수 있도록 정했기 때문에 지역 유지들은 개항 자격을 유지하기 위하여 해외 무역 실적을 쌓아야 했다.

동해 연안항 중 가장 빨리 특별 무역항으로 지정된 미야즈항宮津港의 경우, 한반도원산·부산 및 러시아 연해주블라디보스토크와 무역을 시작하려 했다. 미야즈에서는 석재와 육우를 수출하고 대두 및 해산물을 수입하는 계획이었다. 이를 위해 1893년 지역 사회 전체가 나서 러일무역주식회사日露

15 横浜商工会議所創立百周年記念事業企画特別委員会百年史編纂分科会編, 『横浜商工会議所百年史』, 横浜商工会議所, 1981, p.282.
16 『帝国議会衆議院議事速記録 各巻』, 東京大学出版会, pp.1690~1691.

貿易株式會社를 설립하였다.[17] 그런데 이 회사에서 추진한 첫 항해가 폭풍으로 인해 실패하였고, 이후에는 청일전쟁의 혼란 속에서 무역 활동은 제대로 궤도에 오르지 못했다. 결국 러일무역주식회사는 1899년 해산하기에 이른다.[18]

이와 같은 상황은 동해 연안 다른 항에서도 마찬가지였다. 1896년 개항 외 무역항으로 지정된 쓰루가敦賀에서는 기타마에부네北前船2) 선주 오와다 쇼시치大和田莊七가 대륙과의 무역을 시작했다. 오와다 쇼시치는 1900년 쓰루가외국무역주식회사敦賀外國貿易株式會社를 설립하고 이듬해 3월에는 쓰루가와 뉴좡牛莊 사이를 연 4회 운항하는 정기 항로를 개설했다. 오와다 쇼시치는 이 정기 항로를 통해 대두·(대)두박 등을 직수입하고자 했다. 하지만 대두와 (대)두박 가격의 변동이 심해 큰 손실이 났기 때문에 정기 항로는 곧 중단되었다. 후쿠이현福井縣도 쓰루가항敦賀港에 도착하는 화물의 하주에게 보조금을 지급하는 등 오와다 쇼시치의 활동을 지원했지만 큰 성과를 거두지 못했다.[19]

한편 이러한 상황, 바꾸어 말하자면 지역이 독자적으로 수입을 확보할 수 없는 상황을 타개하는 유효한 방법으로 부상한 것이 명령 항로3) 유치였다. 행정 기관의 명령 항로로 지정되면 정부로부터 보조금을 받을 수 있기 때문에, 정기 항로 자체가 수익을 내지 못하더라도 존속 가능하다. 청일전쟁 후인 1895년 12월 체신성은 원양 항로에서 일본우선日本郵船의 국제 경쟁력을 높이기 위해 항해 장려법航海獎勵法 및 특정 항로

17 宮津市史編さん委員会編, 『宮津市史(通史編)』下, 宮津市, 2004, pp.805~806.
18 宮津市永年保存文書 111, 「宮津商港及鉄道速成一件(外国貿易ニ関スル歴史)」.
19 敦賀市史編さん委員会編, 『敦賀市史(通史編)』下, 敦賀市, 1988, pp.177~178.

조성책特定航路助成策을 제9회 제국의회에 제출하였다. 항로 보조 대상은 주로 유럽인도·미주·호주 등 원양 항로였지만 동해 항로 중에서도 니가타新潟와 블라디보스토크 간 우편 정기 항로가 취항하게 되었다. 이 항로는 오사카大阪를 거점으로 활동하는 오이에상선大家商船[4)]이 1896년 10월부터 운항하였다.

이후 동해 연안항 지역의 유지들은 이 항로를 기항시키고자 노력하였으며, 그 결과 1899년 제14회 제국의회에서 동해 항로 확장에 관한 건의가 의결되었다. 제4차 이토 히로부미伊藤博文 내각의 체신대신逓信大臣이었던 호시 도오루星亨는 이와 같은 요구를 적극적으로 수용하여 1900년 12월 각의閣議에서 필요한 추가 예산 배정을 제안하였다.[20] 그리고 결과적으로 1902년부터 동해 항로는 갑선甲線과 을선乙線 두 개로 확장된다.

갑선은 모지항을 기점으로 하마다濱田-사카이境-미야즈-쓰루가-블라디보스토크-쓰루가-나나오七尾-후시키伏木-에비스夷-니가타-하코다테函館-오타루小樽-코르사코프[5)]-오타루-블라디보스토크-원산-부산을 경유하여 다시 모지로 돌아오는 노선이다. 한편 을선은 오타루항小樽港을 기점으로 하코다테-에비스-니가타-후시키-나나오-쓰루가-블라디보스토크-쓰루가-미야즈-사카이-하마다-모지-부산-원산-블라디보스토크-오타루-코르사코프를 경유하여 오타루에 돌아오는 노선이다. 두 노선 모두 오이에상선이 운항하였다.[21]

이처럼 1890년대 말부터 1900년대 초반에 걸쳐 체신성은 항무국을 설치하여 해항 행정에 뛰어들고, 항로 정비를 통해 지역 사회의 요구에

---

20 公文雜纂・明治33年・第35巻,「衆議院送付日本海航路拡張及七尾灯台設置ノ件」.

21 逓信省,『逓信省年報』18, 逓信省, 1912, p.312.

대응하기 시작했다. 그리고 이러한 기대를 바탕으로 체신성은 해항 행정의 중심이 되고자 했다.

1901년 체신성은 제1차 항만조사회뒤에서 자세하게 논함에게 개항법안을 제출하였다. 이 법안은 전체 22조로 구성되며 체신성의 항내 선박 움직임, 즉, 정박지 지정제2조, 현장 조사臨檢, 제9조 감독 권한을 인정하는 것이었다. 주목해야 할 부분은 이전까지 대장성과 내무성이 각각 행사했던 개항 지정권제1조과 토목 공사 인허가권제11조을 체신성 장관이 갖게 된다는 점이다. 이 법안은 기존에 세 관청이 나눠 담당했던 해항 행정을 체신성 중심으로 통일하고자 하는 의도를 명확히 지닌 것이었다.[22]

하지만 이러한 움직임이 체신성 내부에서 해항 행정의 중요도가 높아졌음을 의미하지는 않는다. 체신성은 관선 행정의 하나로 해항 행정에 뛰어들기는 했으나, 모지항 침몰 선박 인양 건에서도 나타나듯이 그만큼 충분한 능력을 갖춘 상태는 아니었다. 참고로 1901년 이후 체신성이 개항법안을 추가로 추진한 흔적은 없다.

체신성의 움직임이 일시적인 것에 그친 이유는 같은 시기 정우회政友會가 여당인 제4차 이토 히로부미 내각에서 정당 정치인호시 도오루(1900.10~12)·하라 다카시(原敬, 1900.12~1901.6)이 체신대신을 맡았기 때문이다. 잘 알려져 있다시피 정우회 당인파黨人派[6]를 이끌었던 호시 도오루는 지방의 인프라 정비를 통해 세력 확장을 꾀했던 인물이다. 이러한 호시 도오루의 적극주의 노선을 상징하는 연설이 1899년 봄, 정우회의 전신인 헌정당憲政黨 노호

22 外務省記録, 「本邦開港場関係雑件(開港法案ニ関シ逓信省ヨリ照会ノ件)」, 明治34.2. 1901년 2월 9일 외무성은 이 법안에 이견이 없다고 회답하였으나, 외무성 외 관청에서 구체적으로 어떻게 대응하였는지는 짧은 소견 상 명확하지 않다.

쿠東北 출장소에서 있었다. 이 연설은 도호쿠 지방의 축항, 철도 부설, 대학 설치라는 세 항목의 실현을 주장한 것으로, 같은 해 가을에 있을 부현의회 선거 승리를 목표로 이루어졌다.[23]

호시 도오루는 체신성 장관 취임 직전인 1899년 봄부터 가을에 걸쳐 두 번이나 도호쿠 및 호쿠리쿠北陸 지방에서 유세를 하고 지역 사회의 기대감을 계속 환기했다. 즉 동해 항로의 기항지 확대나 개항법안 초안 작성은 체신성이라는 조직 차원의 뜻이라기보다 장관 개인의 생각이었을 가능성이 높다. 실제 호시 도오루가 확대한 동해 항로는 계약 갱신을 계기로 1903년 이후에는 기항지가 축소되며 1904년에는 쓰루가-블라디보스토크 직항 노선만 남는다.

한편 호시 도오루 후임으로 체신성 장관이 된 하라 다카시도 이러한 적극주의 노선을 계승하였다. 하라 다카시는 행·재정 정리를 추진하면서 공채로 이루어지는 사업의 전면 중지를 주장한 와타나베 구니타케渡邊國武를 비판하였으며, 결국 이 문제가 계기가 되어 제4차 이토 히로부미 내각은 해체한다.[24] 체신대신은 종종 '반식대신伴食大臣'[7]이라고 불릴 만큼 내각에서 결코 중요한 자리라고는 할 수 없으나, 그렇기 때문에 오히려 정당 정치인들이 취임하였고 적극주의 노선이 나타난 것이다.

3) 내무성의 축항비 보조 방침 확립 시도 - 제1차 항만조사회

다만 지역 사회가 항로 유치나 해항 행정 통일만을 기대했던 것은 아니다. 해항 건설에 필요한 국고 보조 요구가 무엇보다 중요한 문제였으

---

23 有泉貞夫, 『星亨』, 朝日新聞社, 1983, pp.267~271.
24 原奎一郎編, 『原敬日記』 1, 福村出版, 1981, pp.320~333.

며 그만큼 내무성의 존재감이 컸다.

제2장에서 살펴본 오사카 축항 관련 국고 보조 요구가 대표적인 예이다. 그리고 오사카 축항의 영향을 받아 1890년대 후반에는 고베에서도 축항을 위한 움직임이 본격적으로 나타났다. 오사카시 참사회參事會가 내무성을 상대로 축항비 국고 보조를 신청한 1896년 5월, 고베시의회는 만장일치로 「축항 건에 관한 의견서築港ノ義ニ付意見書」를 가결하여 오사카 축항에 대항하는 자세를 분명히 보였다. 나아가 고베시의회는 고베항 축항 실현을 위하여 내무성 토목국에게 설계 기사 파견을 요청하고 축항조사위원회築港調査委員會를 설치하기도 하였다.[25] 한편 같은 해 말부터 열린 제10회 제국의회에서 오사카 축항 국고 보조 예산안이 제출되었는데, 바로 직후인 1897년 1월부터 고베시의 노력에 힘입어 내무성 토목국이 고베로 기사를 파견하여 축항 설계를 시작했다.

그런데 제10회 제국의회에서 내무성 토목국은 오사카와 고베의 관계에 대한 질문을 받는다. 1897년 3월 중의원衆議院 예산위원회에서 가고시마현鹿兒島縣을 지역구로 하는 오시마 신大島信은 "과연 그곳오사카-저자 주에 항만을 선정하는 것이 우리나라라는 차원이 아니라 동양 제일의 무역장으로 해야 하는 곳을 정하는 것이라 한다면, 하나의 결점도 없나는 사실을 (정부는)저자 주 인정하는가. 그렇게 인정한 이상 우리나라 중앙에, 즉 이미 고베라는 개항장이 있는데 바로 거기에 인접한 오사카를 (…중략…) 무슨 필요에 의해 지정해야 하는가"[26]라며 내무성 토목국에게 기존 무역항인 고베보다 오사카 축항을 우선시하는 이유를 묻는다.

25 佐藤勝三郎編, 『神戸築港問題沿革誌』, 神戸市, 1908, pp.7~11.

26 『帝国議会衆議院委員会議録(明治篇)』 7, 臨川書店, p.280.

이에 대하여 정부 위원인 후루이치 고우이古市公威, 내무성 토목국장는 "원래 이 항은 지금 말씀하신 나라의 문호門戸가 이것 밖에 없다고 생각하여 보조를 결정한 것은 아니다"[27]라며 내무성 토목국의 기본 방침이 정해진 것은 아님을 고백했다. 제2장에서 검토한 바와 같이 하천 개수에 관해서는 이미 토목회土木會가 설치되어 사업의 정당성을 담보하는 장이 있었으나 해항 건설의 경우 아직까지 그러한 장이 없었다. 따라서 제국의회에서 사업의 정당성에 관한 질문을 받을 수밖에 없었다.

같은 문제는 정부 내부에서도 발생하였다. 1897년 착공한 오사카 축항은 국고 보조를 받았으나, 1896년 시작한 아쓰타熱田, 나고야(名古屋) 축항은 대상에서 제외되었다. 아이치현愛知縣 지사로서 아쓰타 축항을 추진했던 에기 가즈유키江木千之는 원로 정치인의 정치력을 활용하여 보조금을 획득하고자 했다고 회고한다. 구체적으로는 아쓰타 축항에 대한 이토 히로부미, 이노우에 가오루井上馨의 동의를 얻은 후, 대장성의 비황 저축備荒貯蓄8)에서 축항비를 빌리고자 했으나 결과적으로는 대장성을 설득하지 못하여 실패했다.[28]

이렇게 축항 사업에 대한 국고 보조 요구가 정부 안팎에서 빗발친 이유는 관련법이 정비되지 않은 상태였기 때문이다. 다만 이 또한 해항 보다 하천 행정에서 앞서 진행 중이었는데, 이미 1894년부터 토목국에서는 하천법 제정을 위한 준비를 시작했으며, 구체적으로는 하천 개수 사업에 대한 내무성 권한과 비용 분담 문제를 법적으로 정리하는 것을 목표로 했다. 당시 토목국장이었던 쓰즈키 게이로쿠都筑馨六의 회고에 따르

---

27 위의 책, p.281.
28 江木千之翁経歴団刊行会編,『江木千之翁経歴談』上(復刻版), 大空社, 1987, p.255.

면 하천법과 동시에 도로법과 항만법도 정비하려 했던 듯싶다.[29] 하지만 아마도 대장성과 체신성 사이에서 조율이 필요했고, 그 결과 항만법은 성립되지 못했다.

기본법이 없는 상태에서 오사카 축항 국고 보조를 실현하기 위해 제10회 제국의회에 제출된 것이 「국고 보조 공공 단체 사업에 관한 법률안国庫ヨリ補助スル公共団体ノ事業ニ関スル法律案」이었다. 이것은 다양한 규모·종류의 지방 행정 단위府縣郡市町村에서 수도·축항 등 공사를 실행할 때 주무 관청 장관이 필요하다고 인정하는 경우에 한하여 전액 또는 일부를 국고로 보조하도록 정한 것이다.[30] 그러나 이 법은 전체가 4조밖에 안 되어 매우 간소하며 잠정적인 것에 그쳤다. 따라서 향후 지역에서 축항 사업이 활발하게 이뤄질 것을 예상한다면 기본법 제정은 급선무였다.

한편 같은 해 말, 개항 유지 공사에 관해서도 임시로 법 정비가 이뤄졌다. 앞 절에서 분석한 바와 같이 개정 조약 실시를 위해 개항 관련법을 정비하고자 하였으나 준설이나 방파제 수선 등에 필요한 개항 유지비의 출처는 불투명했다. 내무성 토목국은 대장성 및 체신성과 협의하여 개항 유지비는 국고에서 지출할 것, 다만 개항이 소재하는 시정촌市町村9)은 공사비 중 최대 2분의 1을 국고에 납입하도록 정했다. 하지만 이 「개항 유지에 관한 법률안開港維持ニ関スル法律案」도 임시방편에 불과했다.[31]

바꾸어 말하자면 1890년대 말 내무성 토목국의 과제는 해항 건설 및 유지에 관한 권한과 비용 부담을 정하는 기본법 제정이었다고 할 수 있

29 馨光会編, 『都筑馨六伝』, 馨光会, 1926, p.93.
30 公文類聚·明治30年·第2巻 「国庫ヨリ補助スル公共団体ノ事業ニ関スル法律ヲ定ム」.
31 外務省記録, 「本邦開港場関係雑件(開港維持ニ関スル法律案)」.

다. 그리고 이를 위해서는 하천 행정의 토목회처럼 해항 건설 또한 그 정당성을 부여할 수 있는 장을 만들 필요가 있었다.

물론 가장 급했던 것은 해항 건설에 관한 기본 방침을 정하는 것이었다. 1890년대 말에는 한신阪神 지역[10)] 외에도 여러 지역에서 축항 사업을 시작한다. 예를 들어 1897년 홋카이도北海道 개척 사업[11)]의 하나로 방파제 건설을 포함하는 오타루 축항 제1기 공사가 착공하였으며, 현영縣營으로는 앞에서 언급한 아쓰타나고야를 비롯하여, 1897년 다카마쓰高松와 나가사키, 1898년 하카타博多 축항 공사가 시작되었다. 나아가 1899년에는 기타규슈北九州에서 와카마쓰축항회사若松築港會社가 제1차 확장 공사를 진행하였다. 〈표 3-2〉처럼 청일전쟁 후 착공한 축항 공사 중 국고에서 보조한 경우는 홋카이도 개척 사업의 일환으로 이루어진 하코다테와 오타루를 제외하면 나가사키와 와카마쓰若松뿐이다.

게다가 이 중 와카마쓰 축항의 국고 보조는 내무성 토목국이 주도하여 결정된 것이 아니고 유력 기업인과 원로 정치가가 추진한 것이었다.[32] 도카이만洞海灣 입구에 위치하는 와카마쓰항若松港은 치쿠호筑豊 석탄 적출항으로 주목을 받으면서 1889년 이 지역의 석탄 관련 업자들이 와카마쓰축항주식회사를 설립하기에 이른다. 이 회사는 미쓰비시三菱 등으로부터 지원을 받아 준설 공사를 진행하였고, 1893년 1월부터는 입항 선박에게 요금을 받기 시작하는 등 민영 항만 회사로서 본격적인 움직임을 보였다.[33] 축항 공사 결과, 1898년 와카마쓰항의 항내 수심은 14

32 清水憲一, 「安川家の発展とその蓄積構造」, 『北九州市史 近代·現代 産業経済 I』, 1991, pp.218~227.
33 北九州市開港百年史編さん委員会編, 『北九州の港史－北九州港開港百年を記念して』, 北九州市港湾局, 1990, pp.39~40.

〈표 3-2〉 청일전쟁 후 이뤄진 주요 축항 공사 일람(1896~1902)

항만명	착공 연도	준공 연도	총 공사비(엔)	비용분담	공사 개요	비고
하코다테(函館)	1896	1899	820,884	시비(이 중, 국비 200,000엔)	제1방파제 · 준설 · 선입장(船入場) · 매립	
아쓰타(熱田)	1896	1911	2,855,638	현비	동서 방파제 · 방사제 · 정박지 준설(7.0미터) · 매립 · 항로 · 잔교 · 계선 부표 · 상옥	
오타루(小樽)	1897	1908	2,200,409	국비	북쪽 방파제	
다카마쓰(高松) (제1차)	1897	1899	192,773	시비(이 중, 현비 15,225엔)	방파제 · 준설 · 매립 · 잔교 · 돌제	
오사카(大阪)	1897	1928	44,971,912	시비(이 중, 국비 1,872,000엔)	준설 · 남북 방파제 · 내항 방파제 · 매립 · 돌제, 잔교 · 계선안(繫船岸), 하역장 · 운하 · 정박지	1915년 중단, 1921년 재개
나가사키(長崎)	1897	1906	4,902,000	현비(이 중, 국비 800,000엔)	준설 · 매립	
하카타(博多)	1898	1908	78,000	사비(이 중 시비 45,000엔)	정박지 · 매립	1908년 후쿠오카시(福岡市)가 매수
와카마쓰(若松)	1899	1906	2,100,000	사비(이 중 국비 500,000엔)		
요코하마(橫濱) (제2차 전기)	1900	1905	2,304,649	국비	매립 · 안벽(岸壁) · 소형선 부두(物揚場) · 호안(護岸)	세관 확장 공사
사카이(境)	1900	1904	47,000	현비	소형선 부두 확장	
가고시마(鹿兒島)	1901	1905	800,000	현비	내항 건설 · 준설(2~5미터) · 굴삭 · 소형선 부두 · 부잔교(浮棧橋)	
다카마쓰(高松) (제2차)	1901	1904	133,428	시비(이 중 현비 48,922엔)	방파제 · 준설 · 매립 · 잔교 · 돌제	
호소시마(細島) (제2차)	1901	1901	5,426	현비	소형선 부두	
미이케(三池)	1902	1908	3,600,000	사비	도수제(導水堤), 선거 · 갑문 · 내항 · 잔교 · 호안 · 준설 · 선거 · 잔교 · 철제잔교	

출처 : 『일본 항만 건설사(日本港湾修築史)』(運輸省港湾局, 『日本港湾修築史』, 運輸省港湾局, 1951)를 바탕으로 항만별 역사, 축항지 등을 보완하여 저자가 수정 작성.

척약 4.2미터까지 깊어졌고 700톤급 선박이 들어 올 수 있게 되었다. 하지만 청일전쟁 후 도카이만 내에 야하타제철소八幡製鐵所[12]가 건설된 결과, 와카마쓰축항주식회사는 3,000톤급 선박에 대한 대응으로, 구체적으로는 수심을 6.6미터까지 늘려야만 했다. 확장 공사 예산은 약 210만 엔이 예상되었으나 회사 스스로 이만큼의 자금을 준비하는 것은 어려웠기 때문에 국고 보조50만 엔 신청을 검토하기 시작한다.[34]

와카마쓰축항주식회사 회장인 야스카와 게이지로安川敬一郎는 이노우에 가오루의 정치력을 통해 국고 보조를 얻으려 했고, 예산안은 1900년 2월 제14회 제국의회에 제출되었다. 야스카와 게이지로는 사전에 헌정당 자유당(自由黨) 계열 중의원 의원과 협의를 거듭했지만 중의원 예산위원회에서 강경한 반대 의견이 나와 결과적으로 중의원 본회의에서 부결된다. 중의원에서 반대한 두 가지 이유는 다음과 같다. ① 정부의 해항 건설 방침이 명확하지 않은 상태에서 약 10%의 배당금을 지급하는 민간 회사에게 보조금을 줄 필요가 없다, ② 국고로 보조할 만큼 중요한 항이라면 정부가 직접 공사를 해야 한다.[35] 다만 예산안은 귀족원貴族院에서 가결, 양원兩院 협의회를 거쳐 2월 19일 무조건 지급이 결정되었다.[36]

한편 1900년경이 되면 정당 안에서도 해항 건설을 통해 세력을 확장하려는 움직임이 나타난다. 제2장에서도 확인한 바와 같이 1890년대 말 『오사카마이니치신문大阪每日新聞』은 자유당 오사카 지부가 오사카 축항을 세력 확장에 이용하고 있다는 비판을 제기했다.[37] 하지만 이 시점에서 정당은 축항 문제를 유효한 정치 자원으로 활용하지는 못했다. 축항 문제를 정당의 세력 확장 수단으로 조직화한 인물은 바로 호시 도오루이다.

---

34 若築建設株式会社八十年史編纂委員会編, 『八十年史－若築建設株式会社』, 若築建設株式会社, 1970, pp.82~84.

35 日比野利信, 「解題1 安川敬一郎と安川敬一郎日記」, 『安川敬一郎日記』 1, 北九州市立自然史·歴史博物館, 2007, pp.27~28.

36 安川敬一郎, 北九州市立自然史·歴史博物館編, 『安川敬一郎日記』 1, 北九州市立自然史·歴史博物館, 2007, pp.126~128.

37 「大阪築港工事と自由党」, 『大阪毎日新聞』, 明治29.5.9.

체신대신으로서 호시 도오루는 기항지 확장과 마찬가지로 축항 문제를 세력 확대 수단으로 활용했다.

호시 도오루가 특히 힘을 쏟은 것은 도쿄 축항이었다. 제1장에서 살펴본 바와 같이 도쿄 축항을 주도했던 것은 기업인들이었다. 호시 도오루는 1899년 6월 시의회 선거에서 바로 이 기업인들의 지지를 얻기 위하여 도쿄 축항에 뛰어든다.[38] 도쿄시는 제1차 요코하마 축항이 결정된 후에도 계속해서 축항 문제를 검토하였고, 1899년 6월에는 후루이치 고우이와 나카야마 히데사부로中山秀三郎에게 새로운 설계안 작성을 의뢰하였으며, 이듬해 1월 이 설계안이 완성한다. 새로운 설계안은 10,000톤급 선박에 대응하기 위하여 항내 수심을 30척약 9미터까지 준설하고 연간 400만 톤의 화물 처리가 가능한 계선 시설을 갖추는 것이었다. 총 공사비가 4,100만 엔에 달하는 장대한 계획이었다.<그림 3-1>[39]

호시 도오루는 이 설계안에 찬성하였으며, 시의회에서 직접 설계안과 자금 계획을 설명하는 등[40] 적극적으로 추진한다. 그 결과 1900년 6월 도쿄시의회에서 12년 사업으로 축항 공사 추진이 가결되었고, 나아가 기모쓰키 가네유키肝付兼行, 수로부(水路部) 부장이나 시부사와 에이치涉澤榮一, 도쿄상업회의소 회장 등 전문가 조사를 거쳐 7월에는 도쿄시가 내무성에게 도쿄 축항 품신稟申과 국고 보조 청원을 제출한다.[41]

이와 같이 청일전쟁 이후 해항 건설에 대한 국고 보조 기준은 계속해서 불투명했기 때문에 내무성 토목국은 각지에서 일어나는 국고 보조

38 有泉貞夫, 앞의 책, p.271.
39 東京市, 『東京市史稿(港湾篇)』 4, 東京市役所, 1926, pp.707~730.
40 有泉貞夫, 앞의 책, p.320.
41 東京市, 앞의 책, pp.878~880.

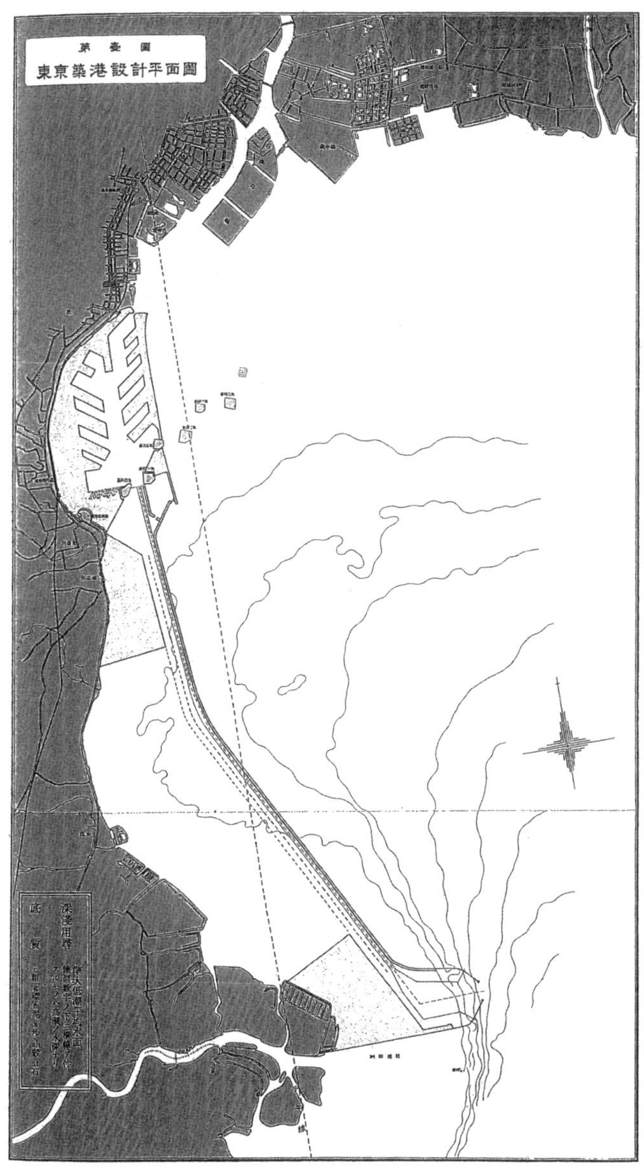

〈그림 3-1〉 도쿄(東京) 축항 / 후루이치 고우이(古市公威)·나카야마 히데사부로(中山秀三郞)의 설계안(1900)
출처 : 東京都港湾局, 『東京港史 1 通史編各論』, 東京都港湾局, 1994, p.13.

요구를 정리하고 정당성 있는 결론을 도출하는 장을 마련해야 했다. 이에 내무성 토목국은 1900년 3월 토목회 안에 있던 항만 관련 부문을 독립시켜 항만조사회港灣調査會, 제1차를 설치한다.[42]

토목회와 제1차 항만조사회의 가장 큰 차이는 위원 구성이었다. 해항 행정에 관한 이해 조정을 토목회에 맡기지 않고 일부러 독립시킨 이유를 위원 구성의 차이에서 추측할 수 있을 것이다.<표 3-3> 토목회 위원 구성은 내무성고등관(高等官) 3명・육군성陸軍省 및 참모본부・체신성고등관 2명・해군성과 농상무성이상 고등관 각 1명 그리고 도쿄제국대학東京帝國大學 공과대학 교수1명으로 총 10명이었던 데 반해, 제1차 항만조사회 위원 구성은 내무성고등관 3명・대장성・농상무성・체신성이상 고등관 각 2명・외무성・육군성・참모본부・해군성・해군 군령부軍令部・수로부이상 고등관 각1명와 도쿄제국대학 공과대학 교수1명로 총 16명이었다. 항만조사회에는 대장성・외무성・수로부처럼 다른 토목 사업에는 직접 관련이 없지만 해항 건설에는 관심이 있는 행정 관청에서 참가하였다.

나아가 더욱 특징적인 점은 제1차 항만조사회에는 제국의회 참가자가 없다는 사실이다. 토목회 위원 총수는 20명이고 이 중 토목회 규칙이 정하는 '필수 위원'은 앞에서 나열한 10명이다. 나머지 '임의 위원' 10명은 귀족원과 중의원 의원 중 선발되었다.[43] 반면에 제1차 항만조사회의 경우 위원 총수가 16명이고 '임의 위원'은 없었다.[44] 제2장에서 검토한 바와 같이 제국의회는 축항비 보조 및 무역항 지정 요구를 정리하지

42 公文類聚・明治33年・第6巻「港湾調査会規則ヲ定ム」.
43 村山俊男,「土木会に関する基礎的研究」,『神戸大学史学年報』21, 神戸大学史学研究会, 2006.
44 松尾家文書 第41冊 第1号「港湾調査会規則及同会議事規則」.

〈표 3-3〉 제1차 항만조사회와 토목회 위원 비교

	제1차 항만조사회		토목회(메이지 27년 이후)
회장	칙임관(勅任官)	회장	칙임관(勅任官)
위원	내무성 고등관(內務省高等官) 3명	필수 위원	내무성 고등관(內務省高等官) 3명
	대장성 고등관(大藏省高等官) 2명		-
	농상무성 고등관(農商務省高等官) 2명		농상무성 고등관(農商務省高等官) 1명
	체신성 고등관(遞信省高等官) 2명		체신성 고등관(遞信省高等官) 2명
	외무성 고등관(外務省高等官) 1명		-
	육군성 고등관(陸軍省高等官) 1명		육군성·참모본부 고등관(陸軍省·參謀本部高等官) 2명
	참모본부 고등관(參謀本部高等官) 1명		-
	해군성 고등관(海軍省高等官) 1명		해군성 고등관(海軍省高等官) 1명
	군령부 고등관(軍令部高等官) 1명		-
	수로부 고등관(水路部高等官) 1명		-
	도쿄제국대학(東京帝國大學) 공과대학 교수 1명		도쿄제국대학(東京帝國大學) 공과대학 교수 1명
임의 위원	-	임의 위원	10명 이내(양원 의원)
위원 총수	16명 이내	위원 총수	20명 이내
토목 감독 서장	7명	토목 감독 서장	7명
임의 위원	내무대신 주청에 따라 임명	임의 위원	
간사	내무성 고등관(內務省高等官) 1명	간사	주임관(奏任官)
서기	내무성(內務省) 소속 직원 약간명	서기	내무성(內務省) 소속 직원

- 항만조사회 규칙, 토목회 규칙을 참고하였다.
- 토목회의 임의 위원은 다음 문헌을 참고하였다.

출처 : 村山俊男, 「土木会に関する基礎的研究」, 『神戸大学史学年報』 21, 神戸大学史学研究会, 2006.

못했고 정당 또한 해항을 둘러싼 지역 사회 내부의 대립을 충분히 통제할 수 없었다. 예를 들어 호시 도오루는 분명 도호쿠 축항을 제안했지만 그것은 센다이만仙台灣 내 어딘가에 항만을 만들자고 주장함에 그쳤을 뿐 실제 어디에 항만을 만들지 정하는 것은 지역 사회의 몫이었다.[45] 내무

45 참고로 센다이만 축항 문제는 쉽게 결론이 나지 않아 하라 다카시(原敬)도 깊게 관여하지는 않았다. 러일전쟁 후인 1906년 9월 모리오카(盛岡)에서 도쿄로 돌아오며 센다이에 들린 하라 다카시는 지역 관리와 주민이 주최하는 환영회에 초청받았는데 이와 관련하여 "축항 문제 등에 관하여 나의 의견을 들으려는 생각이 있는 듯싶었으나 일체 구체적인 이야기는 하지 않는다고 비

성 토목국이 해항 행정 관련 심의를 토목국에서 분리한 의도는 상호 이익을 조정하지 못하는 제국의회 선출 의원의 참여를 막기 위해서였다고 볼 수도 있을 것이다.

제1차 항만조사회는 토목회와 마찬가지로 의사 내용을 공개하지 않았으며, 짧은 소견으로 보았을 때 의사록도 확인 불가능해 상세한 활동 내용은 알 수 없다. 하지만 마쓰오가문 문서松尾家文書에 남겨진 제1차 항만조사회를 상대로 한 자문 문서를 보면 후나카와·가고시마鹿児島·고베·도쿄 등의 축항에 대한 국고 보조 신청이나 모지항 항역港域 확대 신청, 오후나토大船渡 민영 축항 허가, 센다이만 내 항만 선별 등을 심의했음을 알 수 있다.[46] 또한 앞에서 언급한 것처럼 체신성이 초안을 작성한 개항법안도 심의했다.

하지만 결과적으로 제1차 항만조사회는 국고 보조 기준을 확정하지 못했다. 〈표 3-2〉에서 정리한 바와 같이 제1차 항만조사회가 설치된 이후, 신규 축항 공사에서 국고 보조가 이뤄진 사례는 없다. 뒤에서 살펴보겠지만 1900년대 초반 정부 관청 내에서는 행·재정 정리에 관한 논의가 활발하게 이루어졌고, 신규로 축항 공사를 시작할 수 있는 상황이 아니었다. 또한 이를 적극적으로 추진하던 호시 도오루가 1901년 6월 암살당하면서 도쿄 축항을 위한 움직임은 급속도로 동력을 잃는다. 호

공식적으로 약속한 후 들렀다"고 기록한다. 原奎一郎編, 『原敬日記』 2, 福村出版, 1981, p.195.

46 松尾家文書·第41册·第2号「国庫ノ補助ヲ受ケテ宮城県仙台湾ニ商港ヲ新築セントスルニ当リナシタル港湾調査会ニ対スル諮問事項」, 第3号「国庫補助ノ下ニ秋田県船川湾修築工事ヲ施行スルニナサレタル港湾調査会に対スル諮問事項」, 第4号「鹿児島湾修築工事施行国庫補助ニ関スル件港湾調査会ニ対スル諮問事項」, 第5号「神戸築港工事国庫補助ノ件ニ関シ港湾調査会ニ対スル諮問書」, 第6号「東京築港工事国庫補助ノ件ニ関シ港湾調査会ニ対スル諮問書」, 第7号「門司開港区域拡張ノ件ニ関シ港湾調査会ニ対スル諮問」, 第8号「大船渡築港ノ件ニ関シ内務大臣ヨリノ諮問」.

시 도오루의 죽음으로부터 2개월 후인 1901년 8월에는 도쿄항조사사무소東京港調査事務所가 폐지되는 등 축항 관련 조직은 축소되어 갔다. 그리고 축항조사위원회도 도쿄 축항 설계안을 높게 평가하기는 했지만 "장차 도쿄시가 발전하는 것에 맞춰 점차적으로 축항 사업을 완성하는 것이 적당하다"며 단기간에 완성한다는 방침을 버리고 점진적인 방침으로 전환한다.[47]

4) 대장성의 요코하마항 정비 – 해항 법인화 구상

이처럼 내무성이 축항비 보조 방침 확립에 어려움을 겪는 한편, 대장성은 요코하마와 고베를 본격적으로 정비할 필요성을 강하게 느끼기 시작한다. 이는 1890년대 말 무역량이 꾸준히 늘었고 따라서 2대 항 정비가 시급해졌기 때문이다.

제1차 요코하마 축항 공사는 이미 1896년 준공하였다. 그러나 방파제 2개와 잔교 1개만으로는 증가하는 무역량에 충분히 대응할 수 없었다. 신속하게 바다와 육지를 연결하기 위해서는 접안 부두가 필요했고, 늘어나는 화물을 처리하기 위한 창고나 상옥 등 육상 설비 확충도 불가피했다.

여기서 대장성이 맞닥뜨린 문제는 요코하마시 시민의 여론이었다. 요코하마시 시민이 제2차 축항에 적극적인 태도를 보이지 않았던 것이다. 요코하마시 시민은 원래 제1차 축항 공사에도 협조적이지 않았다. 예를 들어, 우선郵船 회사나 항내 운송업자는 기존 지형을 크게 바꾸는 세관 부

47 東京市, 『東京市史橋(港湾篇)』 5, 東京市役所, 1926, pp.1~7.

지 매립이나 대잔교를 도카이도선東海道線과 직접 잇는 연락 철도 부설에 반대했다. 이는 매립이나 철도 부설이 요코하마 시가지를 분단하기 때문이었다. 이들의 반대로 기존 부두가 그대로 남고 연락 철도 부설은 중단된다.[48]

결국 이와 관련하여 요코하마시 시민에 대한 비난이 다시 쏟아졌다. 예를 들어, 1898년 『시사신보時事新報』 기자 이시이 가시고로石井甲子五郎는 「일본의 항만日本の港湾」이라는 논설을 연재하는데, 여기에서 그는 무역항의 혜택을 받음에도 불구하고 정비에는 무관심한 점을 비판하였다. 이시이 가시고로는 조약 개정을 계기로 전국 각지의 항만이 "다섯 항의 독점권을 빼앗아야" 한다고 주장한다.[49]

하지만 이러한 비판에도 불구하고 요코하마시 시민은 쉽게 움직이지 않았다. 호시 도오루가 다시 정치 과제로 언급하기 전까지 도쿄 축항을 위한 구체적인 움직임은 없었으며, 그만큼 1880년대와는 달리 절박한 위기의식이 없었다고 할 수 있다. 물론 이는 요코하마시 시민이 불편함을 느끼지 못했기 때문은 아니다. 그들도 무역량이 증가하면서 부두 사용이 불편하다고 생각했다. 그러나 그것은 절박한 위기가 아니었기 때문에 오사카처럼 스스로 비용을 부담해서라도 축항을 실현하고자 하는 의견이 대세를 이루지 못했던 것이다.

그리고 가나가와현神奈川縣의 경우도 오사카부大阪府와 마찬가지로 요코하마시와 기타 군郡 사이에서 인프라 정비의 비용 부담 문제가 표면화한 상태였고, 따라서 요코하마항 개축을 현에서 주도할 가능성은 없었다.

48 臨時横浜築港局編, 『横浜築港誌』, 私家版, 1896, 51~68丁.
49 石井甲子五郎, 『日本の港湾』, 時事新報社, 1898, pp.3~6.

한편 요코하마시의회에서도 지주파地主派와 상인파商人派 간 파벌 대립이 심해져 제2차 축항을 추진할 수 있는 상황이 아니었다.[50] 즉, 요코하마의 경우도 현의회와 시의회 모두 축항을 위한 의견 수렴이 어려운 상태였던 것이다. 결국 이들이 실행에 옮길 수 있었던 사항은 요코하마상업회의소 결의로 항내 준설과 세관 창고 확충을 요구하는 것이었다.[51]

이와 같은 상황에 가장 크게 불만을 표한 것은 역시 세관이었다. 1898년 요코하마세관 세관장 오코시 나리노리大越成德는 새로운 방파제 축조 설계안을 작성했다. 이는 부선 하역 증가에 따른 것으로 공사비 총 40만 엔의 소규모 공사였다. 대규모 계선 부두 건설이나 임항 철도臨港鐵道 정비에는 항내 운송업자 등이 반발할 수도 있기 때문에 오코시 나리노리는 소규모 부두를 만들어 급한 불을 끄고자 했던 것이다.

오코시 나리노리의 부두 조성 계획을 대형 축항 계획으로 전환한 것은 오코시 나리노리 후임으로 요코하마세관 세관장에 취임한 미나카미 히로치카水上浩躬였다.[52] 미나카미 히로치카는 1898년 말 열리는 제13회 제국의회에 예산안을 제출하기 위하여 설계안 작성 및 관련 관청과의 협의를 시작했다.[53] 미나카미 히로치카는 총 500만 엔을 들여 접안 부두나 연락 철도를 정비하는 축항 계획을 생각하였는데, 문제는 역시 기술자 확보였다. 제1차 요코하마 축항 공사에서 방파제 건설 과정 중 콘

50 横浜市編, 『横浜市史』 4(下), 横浜市, 1968, pp.46~53.

51 横浜商工会議所創立百周年記念事業企画特別委員会百年史編纂分科会編, 앞의 책, pp.282~284.

52 미나카미 히로치카는 1891년 히고노쿠니(肥後國)에서 태어나 사법성 법학교(司法省 法學校)를 거쳐 1888년 법과대학을 졸업했다. 법제국 서기관, 중의원 서기관으로 일했으며 1892년 11월에는 이노우에 가오루(井上馨) 내무대신 비서관이 되어 홋카이도 조사를 수행하였고 1893년 9월부터는 나가사키현 서기관으로서 나가사키 축항 문제에 관여했다. 1898년 대장성에 들어가 고베세관 근무를 거쳐 요코하마세관 세관장에 취임했다. 水上浩躬資料, 「回顧録」.

53 水上浩躬資料, 「8年記(4年間史, 第3, 税関拡張工事の発起)」.

크리트 파손 문제가 발생했기 때문에 수리 토목 기술에 대한 의회의 불신이 큰 상황이었다.[54] 대장성에도 세관 창고 등을 설계하는 토목 기술자는 있었지만 이들은 어디까지나 건축 기술자였기 때문에 수리 토목을 맡길 수는 없었다. 그렇다고 해서 여전히 도쿄 축항 실현 방안을 모색 중인 내무성에서 기술자를 초빙할 수도 없었다.

그렇지만 행운은 미나카미 히로치카 편이었다. 대장성·내무성·체신성 간 할거주의割據主義를 타파할 수 있는 계기가 찾아온 것이다. 1898년 7월 출범한 헌정당憲政黨, 제1차 오쿠마 시게노부 내각에 반발하여 많은 관료들이 사임하였는데, 그중에 내무성 토목국장을 지냈던 후루이치 고우이도 있었기 때문이다.[55]

미나카미 히로치카는 곧바로 후루이치 고우이에게 세관 설비 공사 설계를 의뢰했다. 명칭은 세관 설비 공사였지만 계선 부두와 연락 철도 정비를 포함한 실질적인 축항 계획 의뢰였다. 이미 언급하였지만 후루이치 고우이는 여전히 도쿄 축항을 목표로 하였으나 "내무성은 현재 치수사업에 몰두하여 축항을 시작할 여유가 없어"[56] 당분간 착공이 힘든 상황이었다. 게다가 후루이치 고우이 또한 내무성을 떠나 "한가한 몸閑散の身"[57]이었으므로 어디까지나 미래의 도쿄 축항을 내다보면서 요코하마

54 寺谷武明, 앞의 책, pp.68~70.

55 후루이치 고우이는 1854년 히메지번(姬路藩) 무사집안에서 태어나 1869년부터 대학남교(大學南校)(개성학교(開成學校))에서 공부한 후 1875년 프랑스로 유학하여 토목 기술을 배웠다. 귀국 후 1880년부터 내무성 토목기사로서 전국의 토목 사업을 주도하는 한편, 도쿄제국대학 공과대학 학장으로 후학 양성에 힘썼다. 내무성 토목국장, 내무기감(內務技監), 체신성 차관, 경부철도 총재, 토목학회 회장 등을 역임하며 일본의 토목 행정을 주도했다. 日本土木学会編, 『古市公威とその時代』, 土木学会, 2004.

56 故古市男爵記念事業会編, 『古市公威』, 故古市男爵記念事業会, 1937, pp.93~94.

57 水上浩躬資料, 「八年記(四年間史, 第3, 税関拡張工事の発起)」.

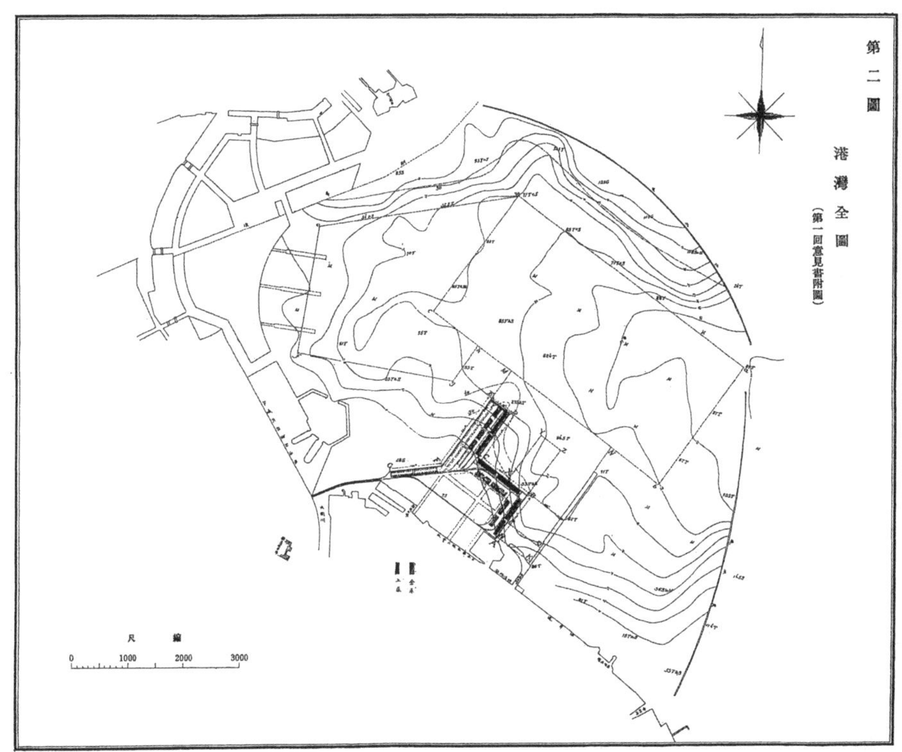

〈그림 3-2〉 제2차 요코하마(橫濱) 축항/후루이치 고우이(古市公威)의 계획안(1898)
출처 : 『요코하마세관 해면 매립 공사 보고(横浜税関海面埋立工事報告)』의 부록 그림
(臨時税関工事部, 『横浜税関海面埋立工事報告』, 臨時税関工事部, 1906).

축항 계획을 세우게 된다. 후루이치 고우이의 설계안은 요코하마항 내부 해저 지반에 따라 볼록한 형태의 매립지보세 지구를 조성하고 요코하마역横濱驛에서 연락 철도를 연결하는 것이었다.<그림 3-2> 이렇게 하면 1897년 요코하마항 화물 수출입 실적인 110만 톤에서 도쿄 화물 70만 톤과 계선 안벽을 이용한 석유 수입량 15만 톤을 뺀 25만 톤을 처리할 수 있었다. 공사비는 총 300만 엔이었고 이는 미나카미 히로치카가 원래 예상했던 것의 60% 정도에 그쳤다.[58]

58 臨時税関工事部, 『横浜税関海面埋立工事報告』, 臨時税関工事部, 1906, pp.9~26.

다만 미나카미 히로치카는 규모가 작아 불만이었던 듯싶다. 그러나 일본의 토목 기술 일인자인 후루이치 고우이의 설계를 번복할 수도 없었기에 미나카미 히로치카는 이 안을 받아들였다. 단, 연락 철도는 체신성에게 공사를 맡기도록 했기 때문에 그 비용을 제외하고 260만 엔이라는 예산을 가지고 시작했다.

그런데 여기에 체신성이 이의를 제기한다. 대장성은 예산을 의회에 제출하기 전에 내무성·체신성·해군성에게 동의를 얻고자 했는데, 체신성 항무국이 반대 의견을 낸 것이다. 항무국이 반대한 이유는 명확하지 않지만 매립지 확대로 인해 선박 정박 수역이 좁아지는 것을 우려했기 때문으로 예상된다.[59]

항무국이 강하게 반대하면 공사가 늦어질 가능성이 있었지만 미나카미 히로치카가 운이 좋았던 것은 당시 설계안을 작성한 후루이치 고우이가 체신성 소속이었다는 사실이다. 제1차 오쿠마 시게노부 내각이 출범하면서 관직에서 물러났던 후루이치 고우이였지만, 1898년 11월 제2차 야마가타 아리토모山縣有朋 내각에서 체신성 차관에 취임했다. 후루이치 고우이는 본인이 작성한 설계안에 대한 항무국의 이의 제기를 물리치고 축항 공사에 대한 정부 내 합의를 이끌어낸다.

이렇게 제2차 요코하마 축항 공사는 대장성이 실시하게 되었다. 1899년 대장성은 임시세관공사부臨時稅關工事部를 설치하고 축항 공사를 시작한

59 미나카미 히로치카가 회고한 바에 따르면 이 공사에 반대하는 의견 중에는 항내가 좁아지는 것을 걱정하는 내용이 많았다고 한다. 참고로 이후 고베 축항안을 검토할 때도 체신성 관선국 장 우치다 가키치(內田嘉吉)가 이 점에 대한 우려를 표명하며 방파제 건설을 반대했다. 水上浩躬資料, 「八年記(四年間史, 第3, 税関拡張工事の発起)」; 佐藤勝三郎編, 『神戸築港問題沿革誌』, 神戸市, 1908, p.86; 佐藤勝三郎編, 위의 책, 95면.

다. 이는 대장성 외 모든 관계자의 무관심과 비협조적인 태도를 극복하여 겨우 실현된 것이었다. 내무성 토목국은 계속해서 도쿄 축항을 하고자 했고, 체신성 항무국은 매립지 확대를 반대했다. 제2차 요코하마 축항 공사 실현은 미나카미 히로치카의 노력과 후루이치 고우이의 협력이라는 인적 요인에 기인한 바가 컸다. 하지만 해항 건설이 구체화되는 과정을 인적 요인에 의존할 수밖에 없는 상황은 향후 전개 양상이 불투명해진다는 측면에서 결코 바람직하지는 않았다. 결과적으로 제2차 요코하마 축항 공사 진행 경위는 대장성으로 하여금 해항 행정 제도화에 대한 관심을 더욱 강하게 만들었다.

대장성은 해항을 경영하는 새로운 방법을 모색한다. 대장성의 해항 건설 구상이 내무성 및 체신성과 가장 크게 다른 점은 방파제 건설이나 준설 등 해수면의 부분 정비보다 화물 처리에 필요한 육상 시설상옥·창고·임항 철도의 정비를 중시했다는 점이다. 예를 들어 1901년 2월 대장성 주세국主稅局 국장이었던 메가타 다네타로目賀田種太郎[60]는 한 강연에서 "기존에 몇 차례나 주창된 축항이 있지만, 이는 단지 작은 외항아웃 하버(out harbor), 즉 바깥 방파제를 만들 뿐 이너 하버inner harbor, 다른 말로 하면 내항을 계획하는 것은 거의 없습니다"[61]라고 불만을 표했다.

---

60 메가타 다네타로는 1853년 에도막부(江戶幕府)의 막신(幕臣) 집안에서 태어나 1870년 대학 남교에 입학하였으며 같은 해 9월에는 미국으로 유학을 떠났다. 1880년 귀국 후 대변인, 판사 등을 거쳐 1883년 대장성에 들어갔다. 1891년 7월부터 1894년 12월까지 요코하마세관 세관장으로서 항칙 제정 준비를 하였으며 1894년부터는 주세국장을 역임했다. 1904년 10월에는 한국 재정고문으로 부임하여 한반도 개항을 위한 정비도 하였다. 또한 제5장에서 설명하겠지만 1901년대 러일협회(日露協會) 러일무역조사부 부장으로 동해 무역 확대에 기여했다. 그리고 주세국장 취임 전인 1891년 7월부터 1894년 12월까지 요코하마세관 세관장으로 항칙 제정 준비를 한 인물이기도 하다. 故目賀田男爵伝記編纂会編, 『男爵目賀田種太郎』, 故目賀田男爵伝記編纂会, 1938, pp.154~162.

61 松尾家文書 第42冊 第29号, 「開港場ノ設備」.

물론 도쿄나 오사카 축항 계획을 봐도 알 수 있듯이 내무성도 육상 설비 정비에 무관심했던 것은 아니다. 하지만 기존 무역항인 요코하마·고베에 아직 본격적인 육상 설비가 없었기 때문에 대장성에게는 이들의 정비가 매우 시급했고, 많은 공사비를 어떻게 마련할지 생각해야 했다. 전액 국비로 부담하는 것은 토목 행정을 주관하는 내무성의 의향을 무시할 수 없다는 점과 각지에서 축항 요구를 야기할 수 있다는 문제가 있었다. 한편 요코하마나 오사카 사례에서 알 수 있듯이 부현이나 시의 자발적 정비를 기대하는 것도 어려웠다. 이에 대장성이 생각해 낸 것이 해항의 법인화특별 회계화였다.

메가타 다네타로의 강연에 의하면 과거 10년간 해항에서 얻은 국고 수입은 약 5,708만 엔인 반면에 해항 건설에 사용된 국고는 297만 엔 정도에 그친다고 한다. 이 중 대부분은 제1차 요코하마 축항 공사비이므로, 다른 거의 모든 해항에서는 국고 수입을 올리고 있음에도 불구하고 이에 상응하는 정비가 이뤄지지 않은 상태였다고 할 수 있다. 이러한 상황을 타파하기 위하여 메가타 다네타로는 해항이 직접 올리는 수입 중 일부를 건설에 사용하는 특별 회계 제도를 도입하고 무역업자나 선박업자 등 관계자를 참여시켜 독립 법인으로 해항을 경영하는 방법을 제안한다. 대장성은 당장 정비가 필요하다고 생각한 주요 해항요코하마·고베·나가사키·하코다테·오사카·오타루·와카마쓰에 총 공사비 1억 397만 엔이 들 것이라고 예상했는데[62] 해항을 법인화함으로써 이용료 수입 등을 통해 재원을 마련하고자 했다.

62 松尾家文書 第42册 第12号, 「東京市道路改良費調」.

이처럼 대장성의 해항 경영 구상은 해항을 부현 중심의 메이지 국가 체제에서 예외로 자리매김하는 것이었다. 그리고 해항 경영을 법인화하려는 시도는 당시 유럽에서 주류로 자리 잡기 시작한 방법이기도 했다. 하천의 일부로 해항을 인식하는 영국이나 독일에서는 선거를 중심으로 해항 기능을 정비하는 것이 주류였다. 선거는 일정한 구역을 안벽으로 에워싸기 때문에 민간 회사의 경영이 쉬웠고, 따라서 개방적인 해수면을 가리키는 경우가 많은 일본의 해항과 달리 영국이나 독일에서 해항이란 여러 선거 회사가 병립하는 것이었다.[63] 그런데 19세기 이후 선박이 급속도로 대형화하면서 선거도 커졌고, 그 결과 민간 선거 회사의 경영이 어려워졌다. 또한 무역량 급증으로 인한 항내 혼잡에 대응하기 위해서도 선거 회사를 종합적으로 관리할 필요성이 대두하였다. 이를 위해서 19세기 말 영국이나 독일에서는 여러 선거 회사를 한데로 묶는 공법인공사(authority)·위원회(board)·신탁(trust) 등의 해항 경영이 본격적으로 이루어지기 시작했다.

민간 선거 회사가 발달하지 않은 일본과 그 배경은 다르지만 공법인에 의한 해항의 독립적 경영은 대장성이 생각하기에 바람직한 형태였다. 이미 살펴본 것처럼 부현의회나 시의회라는 체제로는 필요에 의한 해항 건설이 어려운 경우도 있다. 대장성은 공법인의 특별 회계를 통해 해항 건설을 위한 재원을 안정적으로 확보하고자 한 것이다.

그리고 이는 여러 관청이 난립한 해항 행정을 일원화하는 의도도 포

63 항만사 연구자 고바야시 데루오(小林照夫)에 따르면 영국에서 일상적으로 '항'이라는 의미로 사용하는 단어는 '도크(dock)'라고 한다. 小林照夫, 『日本の港の歴史－その現実と課題』, 成山堂書店, 1999, p.3.

함하였다. 미나카미 히로치카가 회고한 것처럼 요코하마 해항 행정의 착종은 이용자의 혼란으로 이어지는 상황이었다. 당시 요코하마항에는 해항검역소 · 수상경찰서 · 세관 감시부 · 해무서海務署 · 현청 제6과 · 항로표지관리소 · 항무국이 있었으며, 외국에서 입항한 선박은 검역소 · 항무국 · 세관 모두에서 입항 절차를 밟아야 했다.[64] 대장성은 해항 법인화를 통해 이러한 폐해 또한 개선하고자 했다.

하지만 이와 같은 대장성의 자세는 하천 행정과 동일한 원칙으로 해항 행정을 펴고자 했던 내무성 토목국과 당연히 대립하게 된다. 전국의 해항 건설 정책 통합을 지향하는 내무성 토목국과 주요항의 중점 정비를 지향하는 대장성 사이의 대립은 더 이상 피할 수 없는 단계에 이른다.

5) 체신성의 후퇴 – 행 · 재정 정리의 영향

대장성은 위와 같은 구상을 1900년대 초 행 · 재정 정리를 통해 실현하고자 하였다. 1890년대 후반, 청일전쟁 후 국가 경영 방침은 청으로부터의 배상금 · 증세 · 공채 발행 등 재정 조치와 장기 금융 기관 설립 등 국내 금융 확대, 그리고 외자 유입 촉진 등을 통해 군비 확장과 국내 산업의 발전을 도모하는 것이었다.[65] 하지만 이러한 적극적인 정책은 두 차례에 걸쳐 전후 공황을 야기했고, 1900년 의화단운동[13)]으로 재정 위기가 심각해지면서 제4차 이토 히로부미 내각과 제1차 가쓰라 타로桂太郎 내각에서는 행 · 재정 정리에 돌입한다.

그리고 제2차 요코하마 축항 문제로 해항 행정 일원화의 필요성을 실

64 水上浩躬資料, 「八年記(続四年間史, 14, 港務局ノ廃止及港湾維持ノ管轄換)」.
65 神山恒雄, 「第3章 日清戦後の政策展開」, 『明治経済政策史の研究』, 塙書房, 1995.

감한 대장성은 행·재정 정리를 통해 이를 실현하고자 했으며, 그 중심에는 미나카미 히로치카가 있었다. 1901년 8월 미나카미 히로치카는 대장성 장관 소네 아라스케曾禰荒助로부터 해항 행정 일원화에 관한 의견서 초안을 작성하라는 명을 받는다. 이에 대하여 미나카미 히로치카는 체신성 항무국을 폐지하고 수상경찰서 소관인 부선 단속 업무를 세관으로 이관하는 것을 제언했다. 미나카미 히로치카는 일단 해무서와 항로 표지관리소는 제외하고 우선 항내 선박과 부선을 세관이 일원화하여 관리하고자 한 것이다.[66]

한편 해항 행정 일원화에 대해서는 대장성 외에서도 공감대가 있었다. 원로 정치인인 이노우에 가오루는 제1차 가쓰라 타로 내각 성립 전에 작성되었다고 추정되는 재정 정리 의견서[67]에서 "각 관청 할거의 폐해"로 해항 행정을 거론하며 내무성 토목감독서·부현 토목과·체신성 항무국·내무성 해항검역소·세관 등을 통일하여 관청을 설치해야 한다고 제안했다.[68] 또한 이토 히로부미 계파 관료인 오쿠다 요시토奧田義人 법제국 장관도 1902년 제출한 행·재정 정리 의견서에서 토목감독서·해항검역소·항무국 등의 통합과 함께 항만조사회 폐지도 제안하였다.[69]

그러나 이노우에 가오루나 오쿠다 요시토의 해항 행정 일원화 안은 세관이 아니라 부현으로 통합하는 내용이었기 때문에 대장성을 지지한 내용은 아니었다. 이들 의견서는 모두 다양한 내용을 포함하는데, 해항 문제에 관한 부분만을 정리하면 다음과 같다.

66 水上浩躬資料, 「八年記(続四年間史, 14, 港務局ノ廃止及港湾維持ノ管轄換)」.
67 伊藤之雄, 『立憲国家と日露戦争－内政と外交 1889~1898』, 吉川弘文館, 1999, p.107.
68 井上馨関係文書 677-10, 「井上伯財政整理意見」.
69 原敬文書研究会編, 『原敬関係文書』 7, 日本放送出版協会, 1987, pp.63~75.

이노우에 가오루의 제언은 ① 내무성 토목국 및 토목감독서를 농상무성으로 이관, ② 체신성 항무국 및 해사국을 부현으로 이관, ③ 체신성 항로표지관리소를 체신성 관선국으로 이관하는 내용이다. 한편 오쿠다 요시토의 제언은 ① 내무성 토목국 및 토목감독서일부, 임시세관공사부를 폐지하고 공부성을 신설, ② 체신성 항로표지관리소를 체신성 관선국으로 이관, ③ 토목회와 항만조사회 폐지, ④ 토목감독서 사무일부 · 해항검역소 · 해사국 · 항무국을 부현으로 이관하는 내용이다.

즉, 두 제언 모두 토목 행정을 내무성으로부터 분리하고 지방 파견 기관出先機關[14)]은 부현에 통합하려는 의도를 가진 것이었다. 그리고 이는 제1차 가쓰라 타로 내각 행 · 재정 정리 방침과 합치하는 것이기도 했다. 제1차 가쓰라 타로 내각 행 · 재정 정리 방침의 골자는 각 관청 정리와 지방 파견 기관 통폐합, 그리고 이에 따른 부현의 기능 강화였다. 그리고 이와 같은 구상은 각론 차원에서는 대립이 많았지만 전체적으로는 당시 정치 지도자들이 공유하는 바였다. 그리고 결과적으로 1902년 4월 체신성 항무국과 내무성 해항검역소는 폐지되어 모두 부현 항무부에 이관되었다. 다만 이렇게 해항 행정 일원화가 부분적으로 이뤄지기는 했지만 그것은 대장성이 지향하던 바와는 크게 다른 것이었다.

당연히 미나카미 히로치카는 불만이었다. 미나카미 히로치카는 부현 항무부 소속이 된 해무과 과장과 검역과 과장이 주임관奏任官 직급이기 때문에 실질적으로는 경비 절감이 안 된다고 불만을 내비쳤으며 "하루빨리 개정이 필요하다"고 다시 한번 대장성 중심으로 일원화를 시도한다.[70]

---

70 水上浩躬資料, 「八年記(続四年間史, 14, 港務局ノ廃止及港湾維持ノ管轄換)」.

그런데 대장성과는 대조적으로 체신성에서는 불만이 없었던 듯싶다. 항무국의 부현 이관에 대하여 난색을 표한 것은 오히려 우쓰미 다다카쓰內海忠勝 내무성 장관이었으며,[71] 짧은 소견으로 보았을 때 체신성이 반발한 흔적은 없다. 여기에는 아마도 철도 문제가 배경으로 작용했다고 보인다. 일련의 행·재정 정리 과정에서 체신성에게 해항 문제보다 중요했던 것은 철도 문제였다. 1901년 봄, 대장성에게 철도 건설비 증액을 요구한 것처럼 체신성은 서투른 해항 행정을 고집하지 않고 오히려 철도 건설과 항로 정비를 통해 실리를 확보하고자 했다. 그 성과는 1902년 말, 제1차 가쓰라 타로 내각이 내놓은 철도 10개년 계획에도 나타난다. 이 계획에서는 철도 건설 및 개량비로 매년 1,300만 엔, 총 1억 3,000만 엔의 지출을 명시하였다. 해항 관련 사업으로는 요코하마와 오사카의 해륙 연락선 건설비총 196만 엔을 포함했을 뿐이었으며 금액도 미미했다.[72]

이처럼 1900년대 초 행·재정 정리를 통해 체신성은 철도와 항로의 결절점인 해항 관련 행정의 일원화보다 각지에서 요청이 많았던 철도 및 보조 항로 연장에 관심을 갖게 된다. 그리고 체신성은 1908년 철도 부문이 분리하여 철도원鐵道院이 설립되면서 해륙 교통 결절점을 담당한다는 강점을 잃는다. 한편 내무성 토목국도 행·재정 정리의 영향에서 벗어날 수 없었다. 토목 행정은 내무성에 남았지만 제1차 항만조사회는 1903년 3월 폐지된다. 일련의 행·재정 정리 과정에서 내무성 토목국은 수세에 몰릴 수밖에 없었다. 그 결과 대장성 임시세관공사부도 존속하였으며 결국 해항 건설의 할거주의는 그대로 남았다.

71 広瀬順晧編, 『伊東已代治日記·記録－未刊翠雨荘日記』 3, ゆまに書房, 1999, pp.100~108.
72 松下孝昭, 『近代日本の鉄道政策－1890~1922年』, 日本経済評論社, 2004, pp.182~183.

2. 해항 행정 재편 – 제2차 요코하마 축항과 제1차 고베 축항

1) 해항론의 재연 – 해항 정비와 자유항론

1890년대 말부터 1900년대 초에 걸쳐 내무성은 축항 방침을 수립하지 못했고 대장성의 해항 법인화 구상도 실현되지 못한 결과, 다시 해항론이 활발해졌다. 제2장에서 검토한 바와 같이 1890년대 해항론은 시베리아철도 등 국제 교통망 정비와 국내 철도 부설법 제정을 계기로 시작하였으며, 따라서 국제 교통망과 국내 교통망의 결절점이라는 측면에서 전개되었다. 이에 반해 1900년대 해항론은 상하이나 다롄大連과 같은 중국 대륙의 해항과의 경합을 염두에 두고 펼쳐졌다는 특징을 지닌다.

예를 들어 도쿄고등상업학교東京高等商業學校 교수 세키 하지메關一은 1902년 12월 잡지 『태양太陽』에 발표한 글에서 "큰 상항商港은 한 나라의 현관에 있는 상점으로서 외국 무역의 흥망성쇠에 크게 관련이 있는 바, 국제 상항 간 경쟁이 치열해 지면 그 경쟁은 한 개 상항의 성쇠만이 아니므로 (…중략…) 국가는 그 경기장 속에서 서로 승패를 걸어야 한다"[73]고 논했다. 세키 하지메는 유럽의 경우 함부르크·로테르담·르아브르·런던이 치열하게 경쟁 중이라는 점을 지적하며 이렇게 "열강이 대치하는 모습"은 동아시아에서도 마찬가지라고 했다. 홍콩香港, 영국·자오저우만膠州灣, 독일·다롄러시아은 각각 서구 열강의 조차지이며, 대규모 축항 공사에 돌입하였다. 일본의 해항론이 "시베리아철도 개통, 중미 운하 준공을 꿈꾸고 있는 동안 중국의 여러 항은 일찌감치 번창하여 지반을 흔들고 발호跋扈하

73 関一, 「商港政策の方針を一定すべし」, 『太陽』 8-12, 明治35.10.

는” 상황이라는 인식이었다.

일본 해항이 처한 상황을 이렇게 분석한 후, 세키 하지메는 “한 나라의 상항 정책을 확립하고 국민 경제에 필요한 상항을 축성, 경영하며 질서 있는 조직을 갖추어 열강과의 경쟁에 임할 것”을 주장했다. 세키 하지메의 논지를 정리하면 다음과 같다. 일본의 해항 행정은 “완전히 지방 차원에 머무르며 개별적으로 대치”하는데, 예를 들어 요코하마항은 “국가 비용으로 축성 유지하는” 한편, 요코하마항만큼이나 중요한 오사카항의 정비는 “지자체에게 위임하여 단순히 보조하는데 그치는” 등 일정한 방침이 없다는 것이 문제이다. 요코하마항을 국비로 정비하고 오사카항에는 보조금을 지급한다면 도쿄 축항과 고베 축항도 보조하지 않을 수 없는데, “국민 부담 중 일부를 가지고 근접하는 지역에 큰 상항 2개를 만들어 서로 경쟁하는 것은 자본을 낭비하는 것이고, 나아가 결국 완전한 제1의 상항을 얻지 못하게” 된다. 따라서 “전국을 시야에 넣고 각 상항의 관계를 규정하고 자본을 집약적으로 사용하여 열강과 경쟁할 수 있는 대상항大商港을 완성”해야 한다. 이와 함께 세키 하지메는 관련 관청, 사기업 등의 이해관계가 착종하는 상태에서 해항을 경영하는 것은 매우 어렵다는 점을 지적하며 “세계적인 상업항으로서 우리나라의 현관이 될 곳은 상항 내부 조직 통일”을 꾀해야 한다고도 덧붙였다.

세키 하지메가 제시한 두 가지 문제, 축항 방침 수립과 해항 행정 일원화는 지금까지 살펴본 것처럼 결코 등한시되어 오지는 않았다. 하지만 이 문제들을 해결하기 전에 오사카 축항이나 와카마쓰 축항이 시작되었기 때문에 해항 행정을 위해 움직이지 않는 중앙 정부의 태도를 비판했다고 볼 수 있다. 그리고 유사한 논조를 기모쓰키 가네유키의 논설[74]이나

『요미우리신문讀賣新聞』 사설[75]에서도 찾아볼 수 있다는 점에서 보건데 정부의 해항 행정에 대한 비판은 꽤나 공유되어 있었다고 보인다.

한편 동아시아 해항의 경합 상황에 대한 인식은 일본 국내 해항에도 다롄이나 자오저우만처럼 자유항自由港 제도를 도입하자는 논의를 낳는데, 대표적인 논자가 나카하시 도쿠고로中橋德五郞이다.[76] 나카하시 도쿠고로는 1891년부터 체신성 관료로서 회계국장, 재무과 과장 등을 지냈으나, 1898년 7월 장인인 다나카 이치베田中市兵衛의 뒤를 이어 오사카상선大阪商船 사장에 취임한다.[77] 오사카상선은 1884년 세토내해瀨戶內海의 선주들이 합동으로 설립한 선박 회사로 오사카·고베를 기점으로 세토내해에서 조선과 대만에 취항하고 있었다. 청일전쟁 후 오사카상선은 대만총독부의 명령 항로로 1896년 5월 오사카-대만선, 1897년 4월 고베-지룽基隆선, 대만 연안선을 개설하는 등 대외적으로 확장하였다. 나카하시 도쿠고로가 사장에 취임한 이후에도 이와 같은 방침을 계승하여 1899년 4월부터는 대만총독부 명령 항로로 단수이淡水-홍콩선을 개설하였고, 체신성 명령 항로로는 1898년 상하이-한커우漢口선, 1905년 오사카-다롄선 운항을 시작하는 등 대만, 중국 항로를 확장하였다.[78]

---

74 肝付兼行, 「海港修築設備論」, 『実業時論』 3-3, 大日本実業学会, 明治36.3.

75 「港湾政策 上」, 『読売新聞』, 明治36.3.9; 「港湾政策 下」, 『読売新聞』, 明治36.3.10.

76 나카하시 도쿠고로는 1861년 가나자와번(金澤藩) 무사집안에서 태어나 1886년 도쿄제국대학 법과대학 선과(選科)를 졸업했다. 대학 시절에는 동향 출신인 도미즈 히론도(戶水寬人) 등과 교우 관계가 깊었다고 한다. 요코하마배심재판소(横浜陪審裁判所) 판사시보, 농상무성 참사관, 중의원 의원 서기관 등을 거쳐 1892년부터 1898년까지 체신성에서 근무했다. 이후 한 때 정우본당(政友本黨)에 참가하지만 정우회 소속 중의원 의원으로서 하라 다카시 내각, 다카하시 고레키요(高橋是清) 내각에서는 문부대신(文部大臣), 다나카 기이치(田中義一) 내각에서는 상공대신(商工大臣), 이누카이 쓰요시(犬養毅) 내각에서는 내무대신(內務大臣)을 역임했다.

77 中橋徳五郎翁伝記編纂会, 『中橋徳五郎』 上, 中橋徳五郎翁伝記編纂会, 1944.

78 大阪商船三井船舶株式会社, 『大阪商船株式会社八十年史』, 大阪商船三井船舶, 1966, pp.267~270;

이처럼 오사카상선은 오사카항을 거점으로 근해 항로를 운항하였는데, 나카하시 도쿠고로는 1897년 축항 공사가 시작되자마자 자유항 제도 도입을 통해 항로 중계 지점으로서 오사카항의 입지를 높이고자 했다.[79] 자유항이란 해항 전체 또는 일부에 무세無税지구를 설정하여 중계 무역이나 가공 무역을 촉진하는 제도이다. 나카하시 도쿠고로에 따르면 독일 공업이 급속하게 발달한 이유는 무엇보다 "함부르크 및 브레멘 두 항에 자유 무역항을 설치했기" 때문이다. 나카하시 도쿠고로는 태평양 무역의 중계 지점에 위치하는 오사카항에 무세 지구를 설정함으로써 일본의 공업을 발전시킬 수 있다고 주장했다.

그리고 이를 위해서는 오사카 축항을 중앙 정부 직할로 할 필요가 있었다. 오사카항 연안 500평 땅을 자유항 구역으로 설정하여 일단 정부가 매입한 후, 내·외국인 불문하고 매각하여 창고·공장·거래소 등을 영업하도록 한다. 이러한 방법을 취하면 오랫동안 재정 문제로 인해 막다른 상황에 놓여 있는 오사카 축항을 이어 나갈 수 있으며, 나아가 상공업 또한 발전시킬 수 있다는 것이 나카하시 도쿠고로의 의견이었다.

나카하시 도쿠고로의 해항론처럼 다롄·자오저우만·홍콩 등 동아시아 지역 자유항에 대항하기 위하여 일본에도 자유항이 필요하다 주장은 널리 찾아볼 수 있는 것이었다. 예를 들어, 『도쿄경제잡지東京經濟雜誌』는 오사카가 아니라 나가사키에 자유항을 설치하자고 주장했다.[80] 나가사키는 홍콩·상하이 등 중국 연안에서 한반도·블라디보스토크로 이어지

위의 책, p.286.

79 中橋徳五郎, 「大阪自由港論(明治33年2月)」, 『興国策論』, 政教社, 1913.

80 「長崎を自由港と為すの利益」, 『東京経済雑誌』 1133, 東京経済雑誌社, 明治35.5; 「東洋自由港の競争」, 『東京経済雑誌』 1195, 東京経済雑誌社, 明治36.8.

는 항로에 위치하며 나가사키항長崎港 취급 화물 대부분은 유럽과 미국·중국 남부·한반도·러시아령 아시아로 가는 중계 화물이었다. 자유항 제도는 중계 무역, 가공 무역을 촉진하는 제도이므로 원래부터 그러한 기능을 담당하고 있는 나가사키항에 자유항을 설치해야 한다는 것이 『도쿄경제잡지』의 주장이었다. 이에 더해 『도쿄경제잡지』는 자유항의 경우, 무세 지구와 기타 지역 사이의 밀수를 단속할 필요가 있기 때문에 오사카나 고베처럼 교통이 편리한 지역은 적합하지 않다는 점도 지적하였다. 즉, "나가사키항의 지형은 사면이 산으로 둘러싸여 있고 내륙과의 교통은 12개 도로 밖에 없으므로 여기에 관문을 만들면 육상 운송을 단속"하는 것이 용이하고 해상에서도 소형선으로는 내륙으로 이동하기 어렵기 때문에 역시나 감시하기가 쉽다는 것이다.

무엇보다 자유항 제도는 이미 대장성도 주목하고 있었다. 앞 절에서 소개한 메가타 다네타로 주세국장도 강연에서 자유항 제도를 언급한 것이다.[81] 메가타 다네타로에 의하면 최근 유럽에서 주류로 부상한 자유항은 해항 전역을 무세 지구로 만드는 "단순한 자유항"이 아니라, 해항 안에 무세 지구를 설정하는 이른바 "4분의 1 자유항"이라고 한다. 해항 안에 무세 지구를 설정하는 보세 창고 제도 자체는 일본의 경우 구조약 아래에서도 시행되었으며, 1866년 7월에는 열강과의 합의를 통해 차고 규칙借庫規則을 정했다.[82] 그리고 조약 개정 후에도 대장성은 중계 무역, 가공 무역 촉진을 위해서 보세 창고법保税倉庫法, 임시 적치장법假置場法을 정비하였다. 보세 창고란 수입 절차가 끝나지 않은 재화를 무세 상태로 보

81 松尾家文書·第42冊·第29号, 「開港場ノ設備」.
82 大蔵省関税局編, 『税関百年史』上, 日本関税協会, 1973, p.171.

관하는 창고를 말하며 임시 적치장에서는 보관만이 아니라 수입 절차 미완료 화물의 가공 및 재포장이 허용된다. 참고로 보세 창고법은 1897년 7월, 임시 적치장법은 1900년 4월 공포되었다.[83]

대장성이 특히 힘을 쏟은 것은 임시 적치장법이었는데, 대장성 내부에서는 이것을 자유항과 같은 성질로 이해하고 있었다. 임시 적치장법의 기안자 중 한 사람인 미나카미 히로치카는 이 제도의 목적을 "자유항을 시도해보는 데 있다"[84]고 회고하였으며, 메가타 다네타로도 앞에서 언급한 강연에서 "임시 적치장법이라 하지만 창고는 자유 창고이고 따라서 이 임시 적치장법을 만드는 방법에 따라서는 곧 4분의 1 자유항이 된다"고 했다.

하지만 대장성의 바람과는 달리 이 제도는 많이 이용되지 않았다. 메가타 다네타로는 그 이유로 시설 미비를 들고 "그것은 이미 말씀드린 바와 같이 매우 필요한 곳에 돈이 없다"고 지적하며, 계선 부두·상옥·창고·기중기 등 해항 설비를 완성해야 한다고 주장했다. 『도쿄경제신문』 등에서 논한 자유항론이 새로운 제도로서의 자유항을 구상했다면, 대장성 입장에서는 '제도로서의 자유항'은 이미 실현된 상태였고 오히려 그 이용 빈도를 높이는 것이 문제였다. 이에 대장성은 원래 있던 대규모 해항, 요코하마와 고베의 육상 시설 정비를 지향한 것이다. 그리고 이 과정을 통해 대장성이 추구해 온 법인화를 시도하게 된다.

83 위의 책, pp.243~249.
84 水上浩躬資料, 「税関八年史(第八仮置場法実施)」.

2) 요코하마 축항 확대와 관리위원회 구성

앞 절에서 검토한 바와 같이 제2차 요코하마 축항은 후루이치 고우이의 설계안을 바탕으로 시작했지만 미나카미 히로치카는 그 안이 제시한 축항 규모가 불만이었다. 결국 착공과 함께 미나카미 히로치카는 설계 변경을 시작한다. 1901년 9월 완성한 신규 설계안에서는 매립지가 늘어났고, 그 결과 안벽 유효길이 151간間, 계류 선박 톤 수 9,900톤, 면적 9,650평이 확대되었다. 물론 총 공사비도 늘어나 후루이치 고우이의 안은 약 128만 엔이었지만 설계 변경으로 인해 약 363만 엔이 되었다.[85]

하지만 제2차 가쓰라 타로 내각이 행·재정 정리를 진행하는 상태였기 때문에 이러한 확대 방침에 대한 동의를 얻는 것은 쉽지 않았다. 1901년 열린 각의에서는 설계 확대에 대한 각 관청의 동의는 얻을 수 있었지만, 공사 전체를 전기와 후기로 나누어 우선 기존 예산 범위 내에서 전기 공사를 준공하는 것으로 결정되었다.<그림 3-3> 따라서 후기 공사를 시행하기 위해서는 추가 예산이 필요했다. 그리고 전기 공사 준공 직전인 1903년경부터 미나카미 히로치카는 후기 공사 실현을 위해 움직이기 시작한다. 해항 건설 재원이 한정적인 가운데 추가 예산을 얻기 위해서는 어느 정도 예산을 줄임과 동시에 요코하마시에게도 비용 부담을 요구할 필요가 있었다. 이에 미나카미 히로치카는 1903년 9월 소네 아라스케 대장성 장관을 방문하여 다음과 같은 본인의 생각에 대한 동의를 얻었다.[86]

당시 요코하마항에서는 대장성 임시세관공사부가 제2차 축항 공사육상시설를 진행하는 한편, 가나가와현이 내무성에게 위탁받아 항내 준설·

85 臨時税関工事部, 『横浜税関海面埋立工事報告』, 臨時税関工事部, 1906, pp.29~51.
86 水上浩躬資料, 「八年記(四年間史, 第3, 税関拡張工事の発起)」.

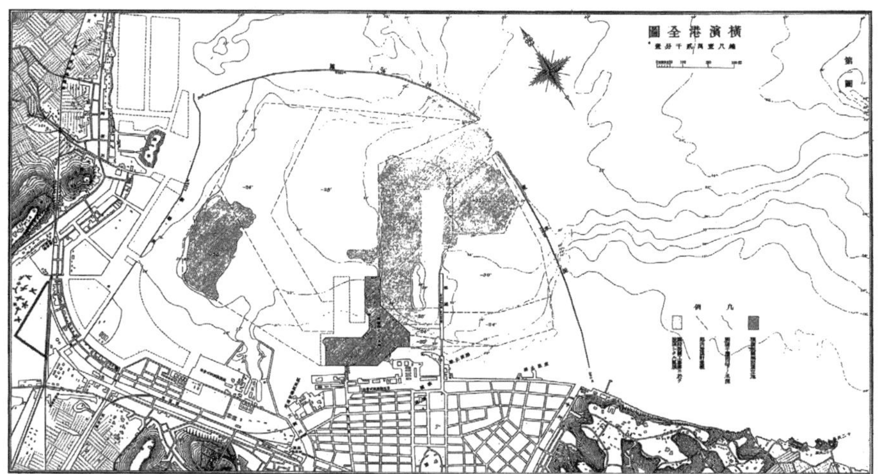

〈그림 3-3〉 제2차 요코하마(橫濱) 축항 설계안(1901)
출처 : 『요코하마세관 해면 매립 공사 보고(横浜税関海面埋立工事報告)』의 부록 그림
(臨時税関工事部, 『横浜税関海面埋立工事報告』, 臨時税関工事部, 1906).

방파제 수선을 하고 있었다. 이 중 미나카미 히로치카는 대장성 임시세관공사부가 담당하던 육상 설비의 경영을 요코하마시로, 가나가와현이 담당하던 항내 준설·방파제 수선 사업을 대장성으로 이관하려고 했다.[87] 구체적으로는 제2차 축항 공사와 항내 유지·방파제 수선 공사비를 합한 1,118만 1,000엔 중 창고·상옥 건설비인 281만 8,000엔을 삭감하고, 상옥나 수도 등 육상 시설 공사비 204만 3,000엔을 요코하마시가, 410만 8,000엔은 임시세관공사부가 부담하는 내용이다. 이렇게 하면 약 700만 엔 정도 국고 부담을 줄일 수 있고 게다가 요코하마세관과 요코하마시가 해항을 경영할 수 있게 된다.

그러나 지금까지 살펴본 것처럼 요코하마시 시민은 축항에 대하여 소극적이었다. 1900년 경 도쿄 축항론이 다시 활기를 띠었기 때문에 요코하마에서도 『요코하마무역신문橫濱貿易新聞』에 요코하마 시영 축항 실시를

87 위의 글.

요구하는 논설이 실리는 등[88] 해항 건설을 둘러싼 논의가 활발해졌다. 같은 해 6월 요코하마시의회에도 항만조사위원회가 설치되었고 호응하는 움직임도 있었지만 이듬해 도쿄 축항이 좌절되자 요코하마시의 관심도 다시 낮아진다.[89] 항만조사위원회는 거의 활동실적이 없었던 것으로 보이며[90] 미나카미 히로치카의 구상을 실현하기 위해서는 요코하마시가 비용 부담을 수용할 준비부터 되어 있어야 했다.

그리고 1903년 1월 이치하라 모리히로市原盛宏[91]가 요코하마시 시장으로 취임하면서 이 준비가 시작된다. 이치하라 모리히로는 취임 직후 시정 방침 연설에서 항만 개량 문제를 최고 중요 과제로 자리매김했다. 그는 지금까지 요코하마시가 발전한 것은 "천혜의 양항良港 및 정부 보호의 은혜를 받은 이른바 수동적인 발달"이었지만 "수동적인 발달은 이미 절정에 달했으며 이제는 자동적, 즉 적극적인 발달이 필요한 때"가 왔다고 호소했다.[92]

그런데 이를 위해서는 지주파와 상인파의 대립으로 교착 상태에 놓인 요코하마 시정 상황을 해결해야 했다. 이치하라 모리히로는 시의회·시

88 「東京築港と横浜人士」, 『横浜貿易新聞』, 明治33.5.30.

89 横浜市会事務局編, 『横浜市会史』 1, 横浜市会事務局, 1983, pp.591~595.

90 「横浜築港について」, 『横浜貿易新聞』, 明治36.4.8~16.

91 이치하라 모리히로(市原盛宏)는 1858년 아소(阿蘇) 대궁사(大宮司)의 중신 집안에서 태어나 1872년부터 구마모토양학교(熊本洋學校), 1876년부터 도시샤(同志社)에서 공부했다. 미국 유학 후 1893년 도시샤정법학교 교수가 되는데 1895년 일본은행 총재 가와다 고이치로(川田小一郎)의 발탁으로 일본은행에서 일한다. 1899년 일본은행을 그만 둔 후에는 제1은행(第一銀行)에서 요코하마 지점 지점장으로서 요코하마무역연구회(横濱貿易研究會)를 만드는 등 요코하마 경제계를 주도했다. 1903년 요코하마시 무역상들의 추천으로 요코하마시 시장을 맡았으며 1906년 5월에는 한반도에 건너 가 제1은행 한국총지점 지배인, 조선은행 총재 등을 역임하였다. 田中良一, 「蔵原推郭と市原盛宏ーその人となりと業績」, 同志社大学人文科学研究所編, 『熊本バンド研究ー日本プロテスタンティズムの一源流と展開』, みすず書房, 1965, pp.397~410.

92 「市原市長の演説」, 『横浜貿易新聞』, 明治36.7.8~12.

참사회 · 상업회의소 대표자로 구성되는 요코하마시개량기성위원회橫濱市改良期成委員會를 설치하고 기존 시정 틀을 해체하고자 했다. 그리고 이 위원회에서 축항 문제도 검토하기로 했다.

1904년 7월 요코하마시개량기성위원회가 제출한 시안은 지금까지 일본에서 이루어지던 해항 경영 방식과 완전히 다른 획기적인 것이었다. 구체적으로는 내각총리대신內閣總理大臣 아래에 요코하마항관리위원회橫濱港管理委員會를 설치하고 관세 사무를 제외한 모든 해항 행정 사무를 일원화하는 내용이다. 위원회는 지역 대표시의회 의원 5명·상업회의소 의원 5명·시장·선박 소유자·창고·선거업자·무역상·일반 상인 10명에 체신성 · 대장성 · 내무성 · 해군성 각각 1명씩 총 4명을 더해 구성된다. 요코하마항 내 창고 · 상옥 등 사용료, 안벽 · 부표 계선료, 도선료水先案內 등을 징수하여 이들 재원으로 위원회가 시설 정비 등 경영을 한다.[93] 이러한 구상은 해항 행정 일원화를 시도하고 나아가 해항 건설을 안정적으로 진행할 수 있는 안으로서 요코하마시 시민들에게 호응을 얻은 듯싶다.[94]

이처럼 이치하라 모리히로 시장의 등장으로 요코하마시는 주체적인 해항 경영을 시작하기 위한 체제를 갖춰 갔다. 예를 들어 1905년 7월 요코하마시개량기성위원회는 제2차 요코하마 축항을 이어가는 문제에 대하여 요코하마시 참사회와 협의를 시작하였고,[95] 이치하라 모리히로 시장과 오노 미쓰카게小野光景 상업회의소 회장 등은 관련 관청 장관에게 축항의 계속 진행을 요구하는 진정서를 제출했다.

93 「横浜港の経営に就て(改良期成委員会調査)」, 『貿易新聞』, 明治37.7.23~28.
94 「横浜経営策を評す」, 『貿易新聞』, 明治37.7.31~8.4.
95 「横浜港湾問題の協議会」, 『貿易新聞』, 明治38.7.14.

이와 같은 상황은 물론 대장성에게 좋은 것이었다. 단, 요코하마시가 단독으로 부분 공사를 진행하는 일은 요코하마항 전체의 정비 계획상 바람직하지는 않았다. 이에 1905년 8월 임시세관공사부 부장 와카쓰키 레이지로若槻禮次郎와 미나카미 히로치카가 협의하여 다음과 같은 요코하마항 경영안을 요코하마시에게 제출했다. 요코하마항의 부분 정비를 요코하마시가 단독으로 진행하는 것은 허용하지 않고, 어디까지나 임시세관공사부 사업에 참가하는 형식을 취하며, 비용 부담 비율에 따라 요코하마항을 관리하는 위원회 위원을 임명한다는 내용이다.[96] 이치하라 모리히로는 이를 받아들였고, 이듬해 9월 대장성에게 후기 공사비 및 유지비의 3분의 1을 부담해 달라고 요청했다.[97] 그리고 이는 바로 대장성이 구상하던 해항 법인화의 실현을 의미했다. 1890년대부터 모색되어 온 세관과 시정市町이 공동으로 해항을 경영하는 방식은 제2차 요코하마 축항 공사 계속 여부를 고민하는 가운데 실현에 가까워진 것이다.

대장성은 요코하마시의 요청을 받고 검토를 진행하여 1905년 12월 14일 요코하마항 설비 법인橫濱港設備法案을 각의에 제출한다.[98] 이 법안은 총 공사비 818만 엔 이내에서 제2차 요코하마 축항 공사를 계속하기 위한 것으로, 요코하마시가 1906년도부터 1911년도까지 6년간 총 270만 엔을 납부하는 것이 정해졌다.[제3조] 요코하마시는 비용을 마련하기 위해 시채市債를 발행할 수 있었으며,[제4조] 시채 상환은 매립지에서 얻은 수익으로 가능하도록 정하였다.[제5조] 한편, 축항 공사 설계 및 예산 관련 사

96 水上浩躬資料, 「八年記(明治38年追記, 2, 横浜商業会議所港湾改良期成問題)」.
97 公文類聚·第30編·明治39年, 「横浜港設備ニ付横浜市ヲシテ費用ヲ分担セシム」.
98 公文雜聚·明治38年·第17卷, 「横浜港設備法案·(提出ニ至ラス)」.

항은 대장성에 설치된 '요코하마항경영위원회横濱港經營委員會'가 정하도록 했다.제8·9조 이 위원회는 '고등 행정관·고등 기술관·요코하마시 시장·요코하마시의회 회장·요코하마상업회의소 회장·요코하마시의회에서 뽑은 요코하마시 공민公民 2명 및 요코하마상업회의소에서 뽑은 요코하마시 공민 1명'으로 구성된다. 하지만 이 시기 이미 가쓰라 타로 총리가 정우회 내각에게 정권 이양을 생각하고 있었기 때문에 새 내각 출범을 앞 둔 제22회 제국의회에 이 법안을 제출하지는 않았다.

결국 요코하마항 설비법은 성립되지 않았지만 1906년 6월 임시요코하마항설비위원회臨時橫濱港設備委員會가 만들어졌다. 구성원을 보면 위원장은 대장차관이 맡았고, 내무성 2명, 대장성 4명, 체신성 2명, 농상무성과 철도청에서 각 1명이 참가하였으며, 이 11명에 더해 요코하마 측에서는 가나가와현 지사·요코하마세관 세관장·요코하마시 시장·요코하마시의회 회장·요코하마상업회의소 회장·요코하마시의회 선출자 2명·요코하마상업회의소 선출자 1명이 포함되어 총 18명이었다. 이는 1905년 초안을 작성한 법안과 같은 구성이었으며, 비록 해항 법인화를 달성하지는 못했지만 일단 대장성은 해항 건설 권한을 손에 넣었다고 할 수 있다. 그리고 임시요코하마항설비위원회 주도로 제2차 요코하마 축항이 계속 진행된다.[99]

3) 고베 축항과 대장성

요코하마 축항에 이어 대장성이 대응해야 했던 과제는 고베 축항이었다. 고베의 경우 요코하마와는 달리 시민들이 비교적 이른 시기부터 해

99 公文類聚·第30編·明治39年, 「臨時横浜港設備委員会官制を定ム」.

항 건설에 직접 관여하였다. 그 배경에는 우선 1890년대부터 오사카 축항이 구체적으로 진행되기 시작했고, 이와 더불어 취급 화물량의 증가 폭이 요코하마항 보다 훨씬 커 항내가 급속하게 협소해졌다는 두 가지 이유가 있었다.

제2장에서 검토한 것처럼 1896년 오사카 축항의 세부안이 토목회에서 심의되었고 중앙 정계에서도 상세한 논의가 시작되었다. 그리고 이에 대항하듯이 같은 해 고베시의회는 축항 측량을 시작하는 한편, 중앙 정부에게도 진정서를 제출하였다.[100] 그 결과 1897년 1월 내무성 토목국으로부터 오키노 다다오를 초빙하여 고베 축항 설계안 작성을 의뢰하는데 성공한다.

그런데 이 오키노 다다오의 설계안에 대하여 고베시 내부에서 대립이 일어났다. 1898년 10월 완성한 오키노 다다오의 설계안은 매립면적 19만 9,300평, 총 공사비 1,574만 8,532엔에 달하는 내무성 토목국다운 장대한 규모였다. 문제는 이 설계안이 기존 고베항의 동쪽 부분을 확대하는 것이었기 때문에 고베항 서쪽에 위치하는 효고兵庫에서 반발한 것이다.[101] 결국 고베시 축항조사위원회에서는 서쪽에도 계선 안벽을 만들기로 결정하였고 설계 규모는 더 커졌다. 1901년 고베시의회에서 채택된 고베 축항 계획은 총 공사비 2,614만 3,380엔으로 이 중 1,495만 엔을 국고 보조, 1,049만 4,000엔을 공채, 69만 9,800엔을 시세市稅로 충당하는 내용이었다.<그림 3-4>[102] 그리고 예산안이 확정되자 고베시 시장

100 神戸市会編, 『神戸市会史』 1, 神戸市会事務所, 1968, 306~313면.
101 佐藤勝三郎編, 앞의 책, 13~33면.
102 神戸市会編, 앞의 책, 319면.

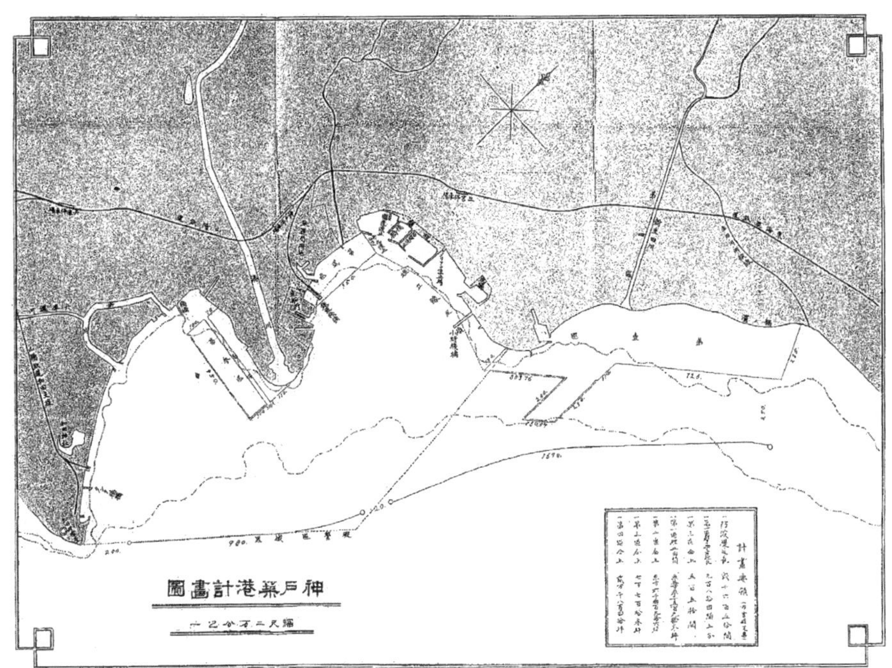

〈그림 3-4〉 고베(神戸) 축항 / 고베시의회 확정안(1900)
출처 : 『고베 축항 문제 연혁지(神戸築港問題沿革誌)』의 부록 그림
(佐藤勝三郎編, 『神戸築港問題沿革誌』, 神戸市, 1908).

나루타키 유키키요鳴瀧幸恭는 대장성과 내무대신에게 축항 사업 허가와 국고 보조를 요청하였다.

이처럼 시 내부에서 의견 조정이 필요하기는 했지만 고베도 오사카와 마찬가지로 시가 주체가 되어 축항을 진행할 수 있는 체제를 정비해 갔다. 그런데 1901년 5월 쓰보노 헤이타로坪野平太郎가 고베시 시장에 취임하면서 고베 축항 문제는 막다른 상황에 처한다. 쓰보노 헤이타로는 인프라 정비보다 교육 문제를 중시하였고, 축항 문제를 담당하던 고베시 기사 요시모토 가메사부로吉本龜三郎 또한 1901년 10월 퇴직한다.[103]

---

103 吉本亀三郎, 「築港の道草(神戸築港側面史) 下」, 『港湾』 7-12, 港湾協会, 昭和4.12, p.29.

쓰보노 헤이타로 시장 대신 고베 축항을 주도한 것은 효고현 지사 핫토리 이치조服部一三였다. 핫토리 이치조는 축항 문제에 소극적이었던 쓰보노 헤이타로에게 이 문제를 일임해 줄 것을 요청하였고, 기존에 제출한 축항 사업 허가와 국고 보조 요청을 취하한다.[104] 고베시의 대규모 축항안을 대신하여 핫토리 이치조가 제시한 것은 소규모 부두 축조안이었다. 그는 고베세관 세관장 사쿠라이 데쓰타로櫻井鐵太郎나 고베시 유지들의 단체인 무역실업협회貿易實業協會와 협의하여 화물 급증에 대응할 수 있도록 세관 부두를 확충하고자 했다. 그리고 1902년 말 오노하마세관小野濱稅關 부두 확장 예산안 296만 엔을 제17회 제국의회에 제출하였다.[105] 이에 필요한 비용은 전액 국고로 충당하고자 했으며 지역 부담은 없었다. 핫토리 이치조는 중앙 정계의 행·재정 정리 문제가 전개되는 상황을 보고 2,000만 엔이 넘는 대규모 축항안은 실현이 힘들 것이라 판단하였으며, 나아가 지역 부담도 필요하지 않을 정도의 현실적인 해결책을 제시한 것이다.[106]

결과적으로 제17회 제국의회가 해산하여 예산안은 통과하지 못했지만 1905년 봄 다시 세관 부두 확장을 위한 운동이 시작되었다. 1905년 4월 사쿠라이 데쓰타로 세관장이 상신을 올렸고 5월에는 고베상업회의소가 건의안을 제출했다. 그리고 이해 말 제22회 제국의회에서는 오노하마세관 부두 확장 예산 396만 엔이 통과하여 이듬해인 1906년부터 대장성 임시건축부의 5년 사업으로 실시된다.[107]

104 神戸市会編, 앞의 책, pp.44~45.
105 「神戸税関拡充に就て」, 『神戸又新日報』 明治35.11.13.
106 吉本亀三郎, 앞의 글.
107 神戸市会編, 앞의 책, pp.51~55.

이처럼 고베도 행·재정 정리의 영향으로 축항 계획 축소에 직면하였다. 하지만 고베의 경우 요코하마와는 사정이 달랐다. 고베에서는 오사카 축항 등을 배경으로 이른 시기부터 시민들은 축항에 적극적이었으나 시장과 지사 모두 소극적 또는 현실주의적이었기 때문에 세관이 부두 정비를 하는데 그쳤다.

이러한 상황 속에서 대장성이 해야 할 대응은 명확했다. 쓰보노 헤이타로 대신 축항에 적극적인 인물을 고베시 시장에 앉히고 효고현으로부터 축항 주도권을 다시 가져오는 것이었다. 그리고 여기에 적합한 인물은 미나카미 히로치카 밖에 없었다. 1905년 8월 고베상업회의소 회장 기시모토 호타로岸本豊太郎는 대장성 차관 사카타니 요시로阪谷芳郎를 찾아가 고베 축항 문제를 추진할 수 있는 인물을 추천해 달라고 부탁했다. 한편 축항에 소극적인 쓰보노 헤이타로 시장에 대한 시민들의 불만도 쌓여있는 상태였다. 사카타니 요시로는 미나카미 히로치카에게 의향을 타진했고, 이후 미나카미 히로치카는 후견인인 이노우에 가오루나 마쓰가타 마사요시의 승낙을 얻어 시장직을 수락한다.[108]

미나카미 히로치카의 역할은 고베항이 필요로 하던 규모의 축항 공사를 실현하는 것이었다. 따라서 부두 확장뿐 아니라 대규모 축항이 필요한 이유를 제시해야 했다. 미나카미 히로치카는 1906년 6월 『고베항의 현황과 개선책神戸港ノ現状及改良策』에서 홍콩과 상하이에 대항할 수 있는 국제 중계항으로서 고베항의 미래상을 제시한다. 이는 오사카항과의 차별화라는 관점에서도 필요한 비전이었다. 미나카미 히로치카는 수심이 얕

108 水上浩躬資料, 「回顧録(税関時代)」.

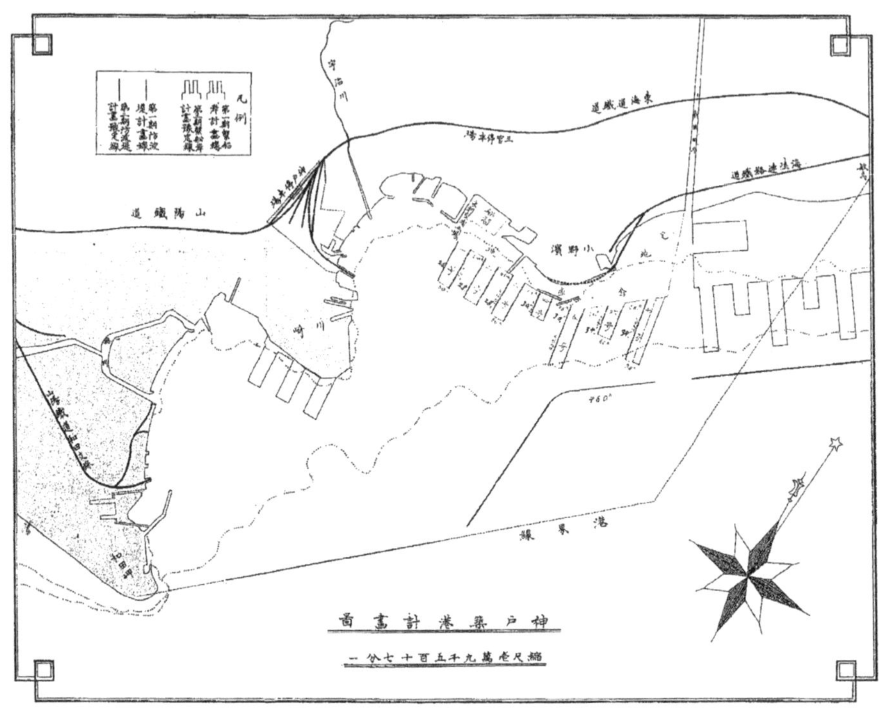

〈그림 3-5〉 고베(神戸) 축항 / 미나카미 히로치카(水上浩躬)의 계획안(1906)
출처 : 『고베 축항 문제 연혁지(神戸築港問題沿革誌)』의 부록 그림
(佐藤勝三郎編, 『神戸築港問題沿革誌』, 神戸市, 1908).

은 오사카항은 비교적 소형 선박이 많은 조선 및 북청北清 항로에 특화하고, 수심이 깊은 고베항은 인도나 유럽 항로에 특화함으로써 두 항이 공존할 수 있다고 주장했다.[109] 그리고 이와 같은 주장을 뒷받침하기 위해서 미나카미 히로치카의 설계안은 고베시의회의 설계안보다 대형 선박에 대한 대응, 특히 계선 부두 확대를 중시하게 된다.<그림 3-5>

나아가 미나카미 히로치카는 1906년 8월 시참사 회원9명, 시의회 의원 10명, 시 공민5명으로 구성되는 항만개량기성위원회港灣改良期成委員會, 9월에 고베

109 水上浩躬, 『神戸港ノ現状及改良策』, pp.26~32.

축항위원회(神戸築港委員會)로 명칭 변경를 설치하고 설계안 검토를 시작했다. 1906년 9월 4일 개최된 제1회 위원회에서는 요코하마시처럼 자진하여 비용 일부를 부담하겠다고 하며 정부에게 축항 조기 실현을 요구한다는 방침을 확인했다. 위원회는 미나카미 히로치카에게 일임하였고 미나카미 히로치카는 총 공사비 2,260만 1,600엔 중 4분의 1506만 5,650엔을 고베시가 부담한다는 조건으로 정부와 교섭을 시작한다.[110]

이렇게 고베에서 미나카미 히로치카가 축항 실현을 위해 동분서주하는 동안 대장성은 해항 법인화를 위해 움직이기 시작했다. 대장성은 1905년 요코하마 축항 계속 여부에 관해서 경영위원회를 설치할 수 없었는데, 고베 축항을 코앞에 둔 시점에서 다시 한 번 이를 시도한 것이다. 대장성은 요코하마와 고베 두 항을 법인화하는「항제 법안港制法案」초안을 만들었다.[111] 이 법안은 지금까지 대장성이 검토해 온 해항 법인화 구상을 집대성 한 것이었다. '항만'은 대장성 장관 감독 아래 부현 지사·부현 사무관·세관장·시장·시조역市助役·시의회 의장·시의회 의원2명·상업회의소 회장으로 구성되는 항회港會가 경영한다. 수입은 항내 시설 사용료 및 시설 건설 기채起債로부터 확보할 수 있도록 하였다. 이 법안의 내용은 기존에 대장성세관, 임시건축부·내무성부현 항무부·체신성해무서, 항로표지관리소로 나뉘어 있던 해항 행정을 대장성 중심으로 일원화하고 독립회계로 해항을 운영하고자 하는 것이었다.

그런데 요코하마 축항 문제 이후 내무성도 해항 행정에 본격적으로 관여하기 시작했다. 뒤에서 설명하겠지만 고베 축항 문제가 본격적으로

110 神戸市会編, 앞의 책, pp.126~128.
111 水町家文書 第8冊第11号,「港制法案に関する件」.

거론되기 시작한 1906년 4월, 내무성 토목국은 다시 항만조사회제2차를 설치할 준비를 하며, 전국 항만 조사에 뛰어든다.[112] 그리고 1907년 5월에는 제2차 항만조사회 제1회 회의를 여는 등 내무성 토목국은 해항 건설에 관한 근본적인 방침을 수립하고자 했다.

따라서 대장성은 해항 법인화를 추진하기 위해서 내무성의 기선을 제압할 필요가 있었다. 1907년 9월 16일 사카타니 요시로 대장성 장관은 고베항을 시찰하면서 고베시 내부와 외부의 유지들을 모아 고베 축항의 구체적인 계획과 실행을 호소하는 연설을 하였는데, 이 연설이 여러 신문에 실리면서 대장성의 고베 축항은 기정사실이 되었다.[113] 이에 대하여 하라 다카시 내무성 장관은 "아무리 보아도 감독 관청을 따돌리는 짓"[114]이라고 분개했지만 관료가 공언한 바를 철회하는 것은 어려웠고, 이해 12월 각의에서 예산안이 통과한다.[115]

하지만 사카타니 요시로는 고베 축항을 기회 삼아 해항 법인화까지 단숨에 추진하지는 못했다. 당시 대장성 차관이었던 아카쓰키 레이지로의 회고에 의하면 하라 다카시 내무성 장관과 협의하려 하자 하라 다카시는 "고베가 비용을 지불한다는 것이 우선 마음에 들지 않는다며" "'법은 필요없다'고 일관"했다.[116] 최종적으로는 대장성과 내무성은 법이 아니라 대장성령을 통해 자금을 각출하는 형식을 취하였으며, 경영위원회는 설치하지 않고 해항 건설을 위한 위원회를 마련하는 것으로 타협했

112 公文類聚·第30編·明治39年, 「港湾ニ関スル制度調査ニ従事ス」.
113 神戸市会編, 앞의 책, pp.132~145.
114 原奎一郎編, 『原敬日記』 2, 福村出版, 1981, p.213.
115 위의 책, p.214.
116 若槻禮次郎, 『古風庵回顧録』, 読売新聞社, 1950, p.94.

다. 그 결과 고베 축항도 요코하마와 마찬가지로 대장성 아래에 임시고베항설비위원회臨時神戸港設備委員會를 설치하고 이 위원회를 중심으로 공사를 진행하게 된다.[117]

4) 내무성의 반격 – 「중요 항만 선정 · 시설 방침」

고베 축항은 결국 대장성이 추진하게 되었지만, 이로 인해 발생한 일련의 혼란은 내무성 토목국에 의한 반격의 시작이었다. 내무성 토목국은 1900년대 초 전국적인 축항 방침을 만들려고 했으나, 제1차 항만조사회가 해체하면서 일시적으로 후퇴할 수밖에 없었다. 그런데 제2차 요코하마 축항과 제1차 고베 축항을 둘러싼 여러 혼란은 결과적으로 내무성 토목국의 해항 행정 복귀를 야기한다.

또한 1906년 1월 제1차 사이온지 긴모치西園寺公望 내각이 출범하면서 정우회 대표였던 하라 다카시가 내무대신으로 취임한 일 또한 토목국이 해항 행정에 복귀하는 배경이 되었다. 앞 절에서 살펴본 바와 같이 하라 다카시는 체신대신 시절 체신성을 중심으로 해항 행정을 통일하고자 했으나 내무대신이 되면서 내무성을 중심으로 이를 추진한다. 하라 다카시 내무대신 취임 직후인 1906년 4월 전국 항만 조사가 시작되었고, 그 결과 하라 다카시는 이듬해인 1907년 5월, 전국 771개 항 중 출입 선박 톤수, 수출입 실적 등을 기준으로 선발한 119개 항의 「항만 조사 요람港灣調査要覽」의 내용을 파악할 수 있었다.[118]

나아가 토목국 기사 오키노 다다오는 「항만 개량에 관한 의견港湾改良ニ

117 公文類聚 · 第31編 · 明治40年, 「臨時神戸港設備委員会官制ヲ定ム」.
118 原敬文書研究会編, 「港湾調査要覧」, 『原敬関係文書』 8, 日本放送出版協会, 1987.

関スル意見」을 하라 다카시에게 제출하여 내무성 토목국의 해항 행정 구상을 보여주었다.[119] 그것은 대장성의 해항 법인화 구상과는 대조적으로 어디까지나 국가가 전국적으로 항만을 정비한다는 내용이었다. 오키노 다다오는 9개 항, 즉, 도쿄 · 오사카 · 요코하마 · 고베 · 모지 · 나가사키 · 니가타 · 오타루 · 지룽을 가장 먼저 정비해야 하며, 이를 위해서 국고에서 총 1억 엔을 투입할 필요가 있다고 주장했다. 건설 공사에 필요한 재원은 공채 발행으로 충당하며 해항이 위치하는 지자체가 공사비의 3분의 1에서 2분의 1을 부담한다고 했다. 그리고 공사는 기본적으로 내무성 직할 공사로 하며 지자체가 단독으로 실시할 경우에도 내무성이 감독한다는 내용도 포함되었다.

오키노 다다오는 해항 관리에 가장 적합한 것은 "항만의 흥망성쇠와 직접 관련이 있는 단체, 즉, 항만이 위치하는 시정촌市町村 밖에 없다"고 하면서도 시정촌에게 전부 맡겼을 경우, 항로 · 방파제 · 항내 수심 등 직접적인 이익이 발생하지 않는 부분에 대해서는 공사가 이뤄지지 않을 우려가 있다고 지적했다. 이에 오키노 다다오는 ① 항로 유지, ② 돌제 및 방파제 유지 수선, ③ 항내 수심 유지 수선, 등대 및 항로 표지 부표 유지 수선 등은 내무성이 담당하고 ① 계선 안벽 · 잔교 · 습선거濕船渠, ② 육상 설비, ③ 수선용 건선거, ④ 계선 부표와 같이 사용료 수입이 있는 부분만 시정촌에게 경영을 위탁하는 방침을 제안했다.[120]

위와 같은 구상을 통해서 알 수 있듯이 내무성 토목국의 관심은 어디까지나 수리 토목 분야에 있었다. 항내 준설 및 방파제 건설 등 고도의

119 原敬文書硏究会編, 「港湾改良ニ関スル意見(沖野忠雄)」, 『原敬関係文書』 8, 日本放送出版協会, 1987.
120 위의 글, p.90.

기술은 필요하지만 사용료 수입은 기대할 수 없어 민간에서는 사업으로 성립되기 힘든 분야에서야 말로 내무성 토목국의 존재 의의를 발휘할 수 있다. 대장성이 방파제·계선 부두 건설은 물론 항만 하역·창고 등 육상 시설의 경영까지 모두 가능하다고 예상한 반면, 내무성 토목국은 방파제·계선 부두 건설을 육상 시설과 분리해야 한다고 생각한 것이다.

그리고 이러한 해항 행정 구상을 바탕으로 내무성은 제2차 항만조사회에서 각 관청의 양해를 얻고자 했다. 1907년 7월 열린 제1회 회의에서는 모든 위원에게 앞에서 언급한 「항만 조사 요람」을 배포하였고, 여기에 기재된 119개 항 중 주요항을 선정하여 중점적으로 정비를 진행하며 원안은 토목국이 작성한다는 점에 동의를 얻었다.[121] 대장성은 토목국이 원안을 작성하는 것이 아니라 특별위원회를 설치해야 한다고 했지만 육해군이 토목국에 일임하는 것에 찬성했기 때문에 결국 토목국의 주장이 받아들여졌다.[122]

그리고 1907년 10월 제2회 회의에서는 내무성이 시공하는 제1종 중요항으로 요코하마·고베·간몬해협·쓰루가, 지자체가 시공하고 국고에서 상당액을 보조받는 제2종 중요항으로 오사카·도쿄·나가사키·아오모리·아키타 해안·니가타·사카이·가고시마·이세만伊勢灣·센다이만仙台灣의 총 14개 항을 선정하는 원안을 제출하였다. 이는 오키노 다다오 스스로 "일본 연안을 여러 방면으로 나눠 봤습니다. (…중략…) 반드시 그 위치여야 하는 이유는 약합니다"[123]라고 인정하듯이 지역 안배를

121 内務省土木局, 『港湾調査会議事録抜粋』, 内務省土木局, 1933, pp.3~5.
122 内海孝, 「日露戦後の港湾問題－『港湾政策』の成立過程」, 『社会経済史学』 47-6, 社会経済史学会, 1982, pp.40~41.
123 原敬文書研究会編, 『原敬関係文書』 8, 日本放送出版協会, 1987, p.95.

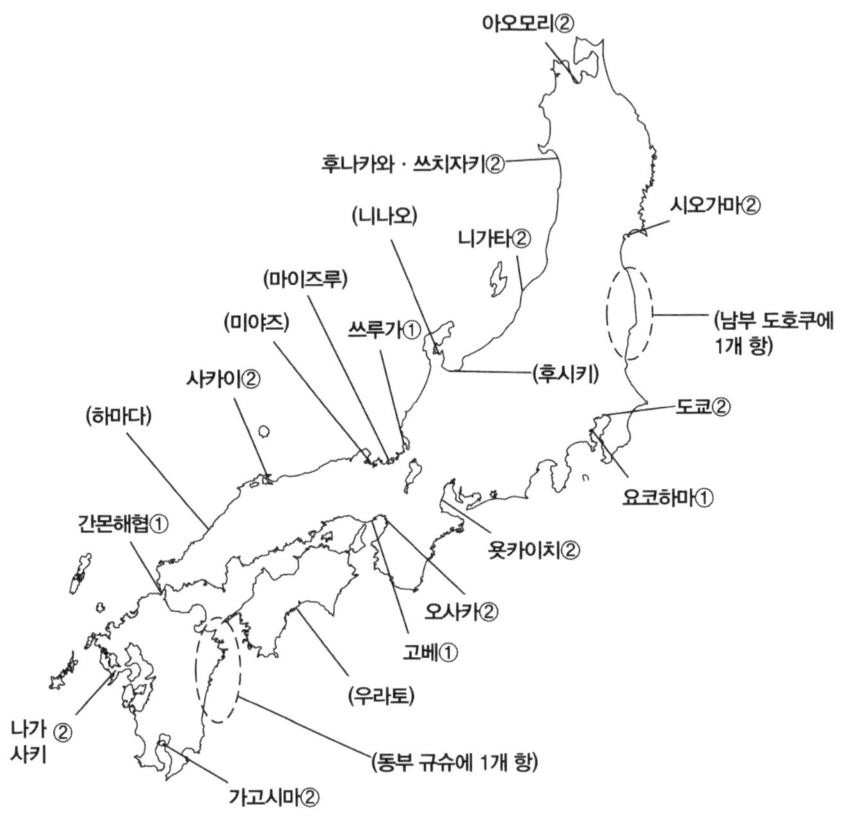

〈그림 3-6〉 중요항 배치도
①은 제1종, ②는 제2종을 뜻하며, 괄호 안은 후보로 거론되었지만 지정되지 않은 해항을 말한다.

최우선시 한 것으로 명확한 기준을 가지고 선정한 것은 아니었다. 따라서 한 지역에 비슷한 해항이 여러 존재하는 경우, 예를 들어, 아키타 해안 쓰치자키(土崎)·후나카와 · 이세만 욧카이치·나고야 · 센다이만 시오가마·노비루·마쓰시마 등에 대해서는 "어느 하나를 정하지 못하고 그 지역 중 한 군데라는 식으로 서술"[124]하였으며 추후 검토한다고 설명했다.<그림 3-6>

124 위의 책, p.92.

그런데 이렇게 지역 안배를 중시하면 결국 도쿄와 요코하마, 오사카와 고베의 자리매김이 문제가 된다. 내무성 토목국은 이 문제에 대하여 현재 상태를 인정하는 방향으로 추진하는 것을 제안했다. 회의 자리에서 하라 다카시는 "요코하마가 있는 한 도쿄는 나라가 경영할 필요가 없다. 과연 그러한지는 알 수 없으나, 고베 또한 그러하므로 오사카 축항을 나라가 할 필요가 없냐, 이 문제에 국한하면 그러합니다. 즉 현재 상태 그대로 하면 됩니다"라고 말했다. 바꾸어 말하자면 이미 시에서 축항 공사를 시작한 오사카와 시가 축항 계획안을 올린 도쿄의 경우 시가 경영하는 것은 인정하면서 국가가 보조하는 방향으로 정리한 것이다.

한편 지역 안배를 중시하여 중요항을 선정할 경우, 오키노 다다오도 인정한 것처럼 선정 기준 자체가 애매해진다. 그리고 선정 기준이 애매해지면 해당 해항을 확대해야 한다는 압력을 끊임없이 받게 된다. 우치다 가키치內田嘉吉, 체신성 관선국 장은 장기적으로 봤을 때 도쿄·오사카 두 항의 국영화가 바람직하다고 하였으며, 나아가 니가타와 쓰루가 사이, 그리고 규슈 동쪽 해안에 각각 한 개 항을 추가할 것을 제안했다. 또한 다라오 겐자부로多羅尾源三郎, 오사카상선 감사[125]는 시코쿠四國 남쪽 해안과 규슈 동쪽 해안에 각각 한 개 항을 추가해야 한다고 주장했다.

반면에 재정적인 측면에서 중요항 확대에 신중한 의견도 이어졌다. 쇼다 가즈에勝田主計, 대장성 이재국(理財局) 국장는 14개도 많다고 비판하였고, 이시모토 신로쿠石本新六, 육군성 차관도 각 지역의 해항 건설을 확실하게 추진하려면 수를 늘리지 않는 것이 좋다고 주장했다.

---

125 오사카상선은 1907년 4월 도사상선(土佐商船)을 매수하여 고치(高知) 항로를 독점하게 된다. 大阪商船三井船舶株式会社, 『大阪商船株式会社八十年史』, 大阪商船三井船舶, 1966, p.60.

결국 회의에서는 원안대로 가결되었다. 이에 대하여 하라 다카시는 "앞으로 몇 년 사이에 몇 개가 더 나올지도 모른다. 오늘 결정된 이것으로 더는 추가하지 않는다고 할 것도 없으며, 이후 조금씩 필요에 따라 더해 가면 어떨까"라고 향후 확대할 가능성이 있음을 내비치기도 했다. 이후 이와 같은 경위를 거쳐 제정된 「중요 항만 선정·시설 방침」을 바탕으로 내무성 토목국은 본격적으로 해항 행정을 시작한다. 내무성 토목국의 해항 행정이 어떻게 전개되었는지는 다음 장에서 살펴보도록 하겠다.

정리

1890년대 말부터 1900년대 초까지 일본의 해항 행정을 주도한 것은 대장성이었다. 관세법, 보세 창고법 제정 등 조약 개정 후의 각종 시스템을 검토하는 과정에서 대장성의 해항 경영 구상이 만들어진 것이다. 그것은 영국이나 독일 등 유럽의 해항 도시를 본보기로 삼은 것이었으며, 부현·시정촌에서 독립한 공법인위원회이 주도하는 내용이었다.

관세 행정이라는 관점에서 해항 경영을 구상했던 대장성의 특징은 방파제 건설이나 준설 등 수면 정비보다 창고나 상옥, 매립지 조성 등 육상 시설 정비를 중시했다는 점이다. 대장성은 선박 입항료와 창고·상옥 등 육상 시설 사용료를 재원 삼아 해항 건설을 추진하고자 했다. 그리고 이러한 구상은 해항 행정 통일을 지향하는 것이기도 했다.

반면에 내무성 토목국은 방파제나 준설 등 수리 토목을 중시하였고 해항을 '경영'한다는 발상을 하지 못했다. 그 결과 하천 개수나 도로 건설과 마찬가지로 중요도에 따라 등급을 매기고 국고 보조를 배분하는 제도를 지향했다. 하지만 내무성 토목국에게 우선순위가 높았던 것은 역시나 하천 행정이었으며, 해항 행정에 관해서는 임시로 법 정비를 할 뿐이었다.

결과적으로 이 시기 실현된 축항 사업에는 국고 보조가 자의적으로 이루어졌다. 오사카·와카마쓰·나가사키는 국고 보조를 받았지만 나고야 등 다른 축항 사업은 국고 보조를 받지 못했다. 그리고 당연하게도 국고 보조가 자의적으로 이루어진다는 점에 정당 정치인들은 주목했다. 호시 도오루·하라 다카시 등 이 시기 장관직을 맡은 정당 정치인은 각지에서 터져 나온 해항 건설·항로 유치 요구를 세력 확대와 연결하여 생각했다.

한편 이들이 '반식대신'인 체신성 장관 자리에 오르면서 체신성 또한 해항 행정에 적극적인 모습을 보였다. 체신성은 해항 행정에 대하여 의욕은 있었지만 후발 관청이었기 때문에 대장성이나 내무성을 상대로 주도권을 잡기가 쉽지 않았다. 그러나 체신성은 해운·철도·전신 등 사회 인프라 사업을 감독하는 최대 관청였기 때문에, 강력한 정당 정치인이 이끌게 되었을 때 해항 행정 통일을 위하여 확실하게 움직일 수 있었다. 단, 체신성에게도 해항 문제는 최우선 과제가 아니었기 때문에 행·재정 정리으로 인해 예산 삭감에 직면하자 너무나도 쉽게 항무국을 놓아 버린다. 나아가 철도원 분리의 결과, 해륙 교통의 결절점 확보라는 장점이 사라지면서 해항 행정에 대한 영향력은 더욱 줄어들었다.

이렇게 1900년대 초반에는 대장성이 해항 행정 일원화를 위해 움직였다. 하지만 체신성의 사례에서 알 수 있듯이 이 시기 정당의 영향력 또한 무시할 수 없을 만큼 강했다. 결과적으로 제1차 사이온지 긴모치 내각에서 하라 다카시가 내무대신에 취임한 이후 대장성은 해항 경영 구상을 단념하였고, 이후 내무성이 본격적으로 해항 행정에 뛰어들게 된다.

제4장

긴축 재정과 해항 건설

지역 기업인의 활동

1907년 제정된 「중요 항만 선정 · 시설 방침重要港湾ノ選定及施設ノ方針」은 정부가 직접 시공하는 제1종 중요항을 요코하마橫濱 · 고베神戶 · 쓰루가敦賀 · 간몬해협關門海峽 4곳으로 한정하였다. 그 결과 이에 대해서는 소수의 대외 무역항만을 건설 대상으로 지정한 '대형항 집중주의'라는 평가가 일반적이다.[1]

하지만 제3장에서 살펴본 바와 같이 1890년대에는 홍콩香港 · 다롄大連 · 자오저우만膠州灣 등 열강의 자유항에 대항하는 것을 염두에 둔 해항론이 전개되었고, 오사카大阪 축항에 대한 국고 보조조차 비판을 받았다.[2]

1 寺谷武明, 『近代日本港湾史』, 時潮社, 1993, p.15; 日本港湾協会, 『新版日本港湾史』, 日本港湾協会, 2007, p.8.

2 関一, 「商港政策の方針を一定すべし」, 『太陽』 8-12, 太陽社, 明治35.10.

대형항 집중주의를 주장하는 사람들 입장에서 보면 제1종·제2종 합쳐 14개 항만에 국고 보조의 가능성을 열어준 이 방침은 오히려 비판의 대상이었다. 실제 항만조사회港灣調査會에서 회장인 하라 다카시原敬가 "이후 조금씩 필요에 따라 더해 가면 어떨까"라는 의견을 냈듯이 「중요 항만 선정·시설 방침」은 추후 확대를 염두에 둔 것이었다.

한편 지역 이익을 실현해야 하는 정당 입장에서는 특정 해항의 건설만을 우선하기가 어렵다. 그런데 근대 해항의 특징은 교통 터미널 기능을 지닌다는 것이다. 따라서 '정당에 의한 해항 건설'을 모순 없이 하기 위해서는 대형항 집중주의라는 원칙을 따르되 실제로는 지방항을 건설하는 수밖에 없었으며 「중요 항만 선정·시설 방침」은 이를 실현하기 위한 시도였다고 할 수 있다. 그리고 이를 위해서 하라 다카시는 정우회政友會의 철도 정책, 건주개종론建主改縱論1)에 해항 정책을 결합하고자 했다.[3] 1910년 2월 하라 다카시는 철도 선로 궤간 확대를 주장하는 가쓰라 타로桂太郎 수상首相에게 "일본 철도는 유럽처럼 장거리 화물을 운반할 필요가 없고 철도에 따라 요소요소 항만을 건설하면 그 영향권 범위 내에서 화물을 집산할 수 있으므로 광궤廣軌로 개량할 필요가 없다"[4]며 협궤狹軌 철도와 지방항 정비를 조합한 교통망 구상을 피력했다. 그리고 여기에서 하라 다카시가 말하는 "요소요소 항만"이란 항만조사회에서 확정한 제2종 중요항이다.

그러나 실제로는 1900년대 말부터 1910년대 중반까지 제2종 중요항

---

3 北原聡, 「近代日本における交通インフラストラクチュアの形成－星亨と原敬」, 『社会経済史学』 63-1, 社会経済史学会, 1997.

4 原奎一郎編, 『原敬日記』 3, 福村出版, 1981, p.9.

건설은 쉽게 진행되지 않았다. 청일전쟁 이후 한층 더 행·재정 정리의 필요성이 높아졌기 때문에 정우회는 재정 정책의 주도권을 쥐지 못했고, 정부에 대한 요구도 기본적으로는 철도 부설 문제가 중심이었다. 그리고 그 결과 국고 보조가 확정된 제2종 중요항도 진전이 없었던 것이다. 하라 다카시는 제2종 중요항의 국고 보조를 위한 예산 확보를 열심히 요청했지만[5] 중요항이 아닌 해항은 당분간 조사를 하는 것에 만족하며 훗날을 기해야 했다.[6] 이처럼 해항 건설과 관련된 지역 이익 성립은 내무성内務省이 주도권을 지녔던 1910년대에도 계속해서 어려웠다. 결과적으로 재정상 제약이 있었던 내무성 대신 지방항 건설을 주도한 것은 지역의 기업인이었다.

이 장에서는 재정 제약이 있었던 1900년대 말부터 1910년대 중반까지 지방항 분산이 진행된 과정을 추진 주체였던 내무성 토목국·지역 사회·사기업의 관점에서 고찰하도록 한다. 제1절에서는 내무성 토목국의 해항 건설 활동을 개괄한다. 제2절에서는 행·재정 정리가 진행되는 가운데 오사카 축항이 규모는 줄어들지만 계속 이어지는 과정을 고찰하겠다. 제3장에서는 국가와 시에 의한 해항 건설이 막다른 상황에 빠지면서 사기업이 해항 건설을 진행하는 과정을 모지門司·와카마쓰若松 두 항을 대상으로 검토한다.

5 伏見岳人, 『近代日本の予算政治：1900~1914－桂太郎の政治指導政党内閣の確立過程』, 東京大学出版会, 2013, p.225.

6 위의 책, p.206.

1. 내무성의 해항 건설

1) 해항 정비의 주체, 부현－제1차 마이즈루 축항

1907년 축항 기본 방침을 확정한 내무성 토목국은 발 빠르게 전국적인 축항 활동을 시작하였으며 우선 대상으로 삼은 것은 제1종 중요항이었다.

그리고 1907년에는 제1차 쓰루가 축항 공사가 시작되었다. 이 공사는 러일전쟁 후 개설된 블라디보스토크와의 정기 직통 항로에 대응하기 위한 것이었다. 러시아 동아기선東亞汽船2)이 이 항로에 투입한 3,000톤급 기선이 안전하게 정박하려면 방파제를 연장하고 항내 수심을 24척7.3미터까지 준설할 필요가 있었다<권말 부록 표3>. 이와 함께 3,000톤급 기선 두 척이 동시에 접안할 수 있는 잔교 및 매립지가 조성되었다. 총 공사비는 80만 엔으로 전액 국고 부담으로 충당하였다.[7]

그리고 1910년부터는 간몬해협 개량 공사가 이루어졌다. 국내외 교통의 요충지인 간몬해협은 가장 좁은 곳의 폭이 약 600미터에 불과하고 얕은 곳이나 암초도 많으며 조류도 빨라 사고가 많았다. 1907년 『모지신보門司新報』를 통해 준설 필요성이 제기되는 등 통항 선박의 안전을 확보하고 모지와 시모노세키下關 두 항의 기능을 확충하기 위해서라도 정비를 요구하는 목소리가 높아진 상태였다.[8] 1907년 10월 항만조사회에서는 간몬해협의 수심을 장기적으로는 40척약 12.1미터까지 준설하는 계획을 세우고, 이 중 우선 33척10미터을 준설하여 항로를 정비하기로 합의하였다.[9]

---

7 敦賀市史編さん委員会編, 『敦賀市史(通史編)』 下, 敦賀市, 1988, pp.188~190.

8 北九州市開港百年史編さん委員会編, 『北九州の港史－北九州港開港百年を記念して』, 北九州市港湾局, 1990, p.66.

9 原敬文書研究会編, 『原敬関係文書』 8, 日本放送出版協会, 1987, pp.107~118.

총 공사비는 1,200만 엔이었고 역시나 전액 국고 보조로 실시되었다.[10]

이처럼 내무성 토목국은 제1종 중요항 정비를 시작했으나 이와는 대조적으로 제2종 중요항 정비는 진척이 없었다. 제2종 중요항 10개 중, 1910년대 신규 축항이 시작된 곳은 욧카이치四日市·후나카와船川·시오가마鹽釜·니가타新潟·아오모리青森 5개에 지나지 않는다<부록 표1>. 이는 제2종 중요항의 정비 주체가 어디까지나 부현府縣이었고, 각 지역마다 축항 준비 상황에 차이가 있었기 때문이다.

하지만 이를 거꾸로 생각해 보면 항만조사회의 지정 여부와 상관없이 부현이 어느 정도 준비를 마치면 지방항을 건설할 수 있다는 의미가 된다. 「중요 항만 선정·시설 방침」은 부현의 독자적인 해항 건설을 제한하는 것은 아니었기 때문에 1900년대 말부터 1910년대 걸쳐 마이즈루舞鶴·나고야名古屋·오이타大分·나나오七尾 등 제2종 중요항 외의 해항도 건설되었다<부록 표1>.

특히 쓰루가항의 제1종 중요항 지정은 교토부京都府에 의한 마이즈루 축항에 큰 힘이 되었다. 제2장에서 검토한 것처럼 마이즈루에서는 이른 시기부터 무역항 지정 요구가 있었지만 1889년 해군 진수부鎮守府 설치가 결정되면서 국방상의 이유로 실현되지 못했다. 그러나 러일전쟁에 승리하면서 마이즈루 지역 유지들 사이에서는 국방의 중요성은 약해졌다는 인식이 퍼졌고, 교토부 및 마이즈루정舞鶴町은 다시 무역항 지정을 적극적으로 요구하기 시작한다.[11]

---

10 北九州市開港百年史編さん委員会編, 앞의 책, p.66.

11 飯塚一幸, 「日露戦後の舞鶴鎮守府と舞鶴港」, 坂根嘉弘編, 『軍港都市史研究(舞鶴編)』 I, 清文堂出版, 2010, pp.95~96.

마이즈루의 무역항 지정 운동은 대장성大藏省과 수로부水路部도 지원하였다. 1906년 4월 대장성은 육군성陸軍省에게 마이즈루 무역항 지정을 타진하였다. 그러나 육군은 마이즈루항을 "북쪽 해안 유일의 군항 소재지"라며 개항을 거부하였다.[12] 그리고 같은 이유로 항만조사회에서도 마이즈루를 중요항으로 지정하지 않았다. 「중요 항만 선정 · 시설 방침」을 책정했을 때만 해도 사카모토 하지메坂本一, 수로부 부장는 "지금 쓰루가항敦賀港과 니시마이즈루西舞鶴를 비교하면 출입은 모두 쓰루가항이 물론 많지만, 항만으로서는 쓰루가항과 마이즈루항은 다릅니다 (…중략…) 향후 조선 방면으로 점점 발전해 나가려 한다면 쓰루가보다 오히려 마이즈루라고 생각하며, 또한 항만 설계에 관해서도 쓰루가항에 많은 경비를 쓰는 것보다 마이즈루항에 적은 경비를 투자하는 쪽이 완전한 항이 될 것입니다"라고 조선 무역의 발전 가능성과 지형 조건을 이유로 마이즈루항을 지지하였다. 하지만 이시모토 신로쿠石本新六, 육군 차관가 "국방상의 관계를 보았을 때, 해군대신海軍大臣과 육군대신陸軍大臣은 분명하게 그곳을 개항장으로 하는 것을 보류해 줬으면 좋겠다"며 반대하였고, 우치다 가키치內田嘉吉, 체신성(遞信省) 관선국 장도 "철도 교통편이라는 측면에서 보면 쓰루가를 선택하여 추가적인 조치를 취하는 것이 좋다"고 이시모토 신로쿠의 의견에 찬성하였다. 그 결과 마이즈루항의 중요항 지정은 보류되었고 쓰루가항이 제1종 중요항으로 거듭난다.[13]

그리고 쓰루가가 제1종 중요항으로 지정되면서 대장성 또한 마이즈루 개항에 소극적으로 변한다. 1907년 마이즈루의 개항을 요청하는 건

12 密大日記 · 明治39年, 「大蔵省舞鶴港中商港に属する分を開港となす件」.
13 原敬文書研究会編, 앞의 책, p.102.

의建議가 다시 중의원衆議院에 제출되었지만 대장성과 해군 모두 쓰루가항을 중시하는 입장을 분명히 보였다. 한편 이러한 경위로 인해 교토부 및 마이즈루정 유지들은 쓰루가와의 경쟁 관계를 더욱 강하게 의식할 수밖에 없었다.[14]

이처럼 쓰루가항과의 경쟁을 배경으로 1908년부터 제1차 마이즈루 축항 공사가 시작된다. 이 계획은 철도 정차지 부지를 매립하여 3,000톤급 기선 3척을 동시에 계선할 수 있는 잔교 등을 정비하는 것으로,[15] 확실히 쓰루가 축항을 의식하는 것이었다. 이 계획을 부회府會에 제안한 오모리 쇼이치大森鐘一 교토부 지사도 축항을 통해 마이즈루항이 쓰루가항을 대신할 수 있을 것이라고 하는 등 쓰루가항과의 경쟁을 강조함으로써 부회의 합의를 이끌어 내고자 했다.[16] 제2장에서도 검토한 바와 같이 해항 건설에 부현이 나서기 위해서는 부현 내부의 합의 형성이 필요했다. 오모리 쇼이치는 쓰루가와의 경쟁심을 부추겨 축항이 마이즈루정뿐만 아니라 교토부 전체에 이익이 된다는 점을 호소한 것이다. 결과적으로 이러한 노력이 결실을 맺어 교토부의회에서는 5년 사업, 총 공사비 약 25만 9,574엔의 축항 계획을 승인한다.

2) 제2종 중요항 정비 – 제1차 욧카이치 축항

이미 공사가 진행 중이었던 오사카항大阪港을 제외하면 제2종 중요항 중 가장 먼저 축항이 시작된 곳은 욧카이치항四日市港이었다. 욧카이치항

14 飯塚一幸, 앞의 글, p.103.
15 京都府庁文書·明 41-80,「舞鶴港修築誌」.
16 飯塚一幸, 앞의 글, p.100.

은 1868년 이나바 산에몬稲葉三右衛門이 건설을 시작한 후, 미에현三重縣이나 욧카이치정四日市町으로부터는 보조금을 받았고, 다른 한편으로는 지역 유지들에 의한 정비매립·준설가 이뤄졌다. 하지만 러일전쟁 이후 선박 대형화, 철도 운송망 정비처럼 상황이 변하면서 욧카이치 시영 해항 정비 계획이 수립된다. 그리고 1906년부터 1910년에 걸쳐서는 해수면 매립과 준설, 해항 주변 도로 및 하천을 정비하는 '4대 사업'이 이뤄졌다. 그런데 '4대 사업'에는 욧카이치시四日市市 특별 회계비의 약 98%에 해당하는 19만 7,894엔이 투입되었지만, 계선 안벽岸壁이나 방파제를 축조하지 못하는 등 본격적인 축항 공사라고는 할 수 없었다.[17] 그리고 이와 같은 상황 속에서 욧카이치의 유지들은 내무성의「중요 항만 선정 · 시설 방침」에 기대를 걸게 된다.

그런데 1907년 10월 시점에서 항만조사회는 이세만伊勢灣의 어느 해항을 제2종 중요항으로 할지 정하지 않은 상태였다. 이는 이세만에 욧카이치 이외에 나고야항名古屋港, 아쓰타항(熱田港)이라는 유력한 항이 있었기 때문이다. 내무성 토목국 조사에 따르면 1906년도 수출입 실적은 욧카이치항이 3,283만 407엔, 나고야항아쓰타항이 3,389만 5,148엔으로 비슷한 수준이었다.

다만 해항 정비 상태라는 측면에서 보면 나고야항이 한발 앞서 있었다. 나고야항에서는 이미 1896년부터 아이치현愛知縣이 총 공사비 약 189만 엔에 달하는 본격적인 축항 공사를 진행 중이었고, 항내 수심은 최대 6.1미터까지 늘어난 상태였다. 게다가 1903년부터는 육상 시설

17 三木理文,『地域交通体系と局地鉄道－その史的展開』, 日本経済評論社, 2000, pp.138~140.

정비를 중심으로 추가 공사도 시작하여 총 면적 6,600m²에 창고·상옥上屋, 철제 잔교, 기중기 등도 갖췄다.[18] 그리고 이와 같은 시설 정비의 결과 1907년 11월 개항 지정에 이른다.

물론 나고야 축항도 결코 순조롭게 진행된 것은 아니었다. 1898년 아이치현의회에 축항 중지 건의가 제출되는 등 특히 기소가와木曾川3) 개수를 최우선시 하던 군郡들 사이에는 축항 반대 의견이 뿌리 깊게 남아 있었다.[19] 따라서 축항 추진파는 호우치신문報知新聞 주관 아래 러일전쟁 당시 수송선으로 이용된 3,000톤급 기선 '로제타마루ロセッタ(Rosetta)丸'이 전국을 순회하는 동안 기항시키는 등 축항 성과를 널리 알려야만 했다.[20]

'로제타마루'의 입항은 나고야시 시민뿐만 아니라 욧카이치시 시민에게도 큰 영향을 주었다. 예를 들어 1907년 2월 이토 덴시치伊東傳七·구키 몬시치九鬼紋七 등 욧카이치시 시민 유지가 항만개량회港灣改良會를 결성하여 축항을 위한 여론 환기에 힘썼다. 그 결과 1908년 12월 미에현三重縣 현회에서는 「욧카이치항 건설에 관한 건의四日市港修築に関する建議」와 「욧카이치항 건설을 위한 국고 보조 요청 의견서四日市港修築に関し国庫補助を仰ぐの意見書」를 의결하고 각각 미에현 지사와 내무대신內務大臣에게 제출하는 등 축항을 위해 본격적으로 움직이기 시작한다.[21]

이후 미에현에서는 현 사무관 및 기사技師 9명이 욧카이치항건설조사위원회四日市港修築調査委員會를 조직하여 축항 설계안을 작성한다. 설계안의 요점은 항내 최대 수심을 28척약 8.4미터으로 만들고, 길이가 295간間, 약 536

18 名古屋港史編集委員会編, 『名古屋港史(建設編)』, 名古屋港管理組合, 1990, pp.33~50.
19 위의 책, p.60.
20 위의 책, p.53.
21 四日市市教育会, 『四日市港史』, 四日市市教育会, 1936, pp.58~62.

미터과 643간약 1,169미터인 방파제 2개로 항내를 둘러싸는 것이었다.[22] 총 공사비는 103만 4,586엔이었다. 현 당국은 1910년도부터 시작되는 4년 사업으로 1909년 12월 미에현의회에 예산안을 제출했다. 그러나 이 계획은 공사비 대부분을 현비縣費에서 지출하는 것이었기 때문에 현의회에서 부결된다. 이에 따라 현 당국은 총 공사비의 절반 가량에 해당하는 51만 355엔을 매립지 매각금으로 충당하여 현비 부담을 줄인 예산안을 작성한 후 이듬해인 1910년 1월 임시 현의회에 다시 제출하였고 가결되었다.[23]

그리고 같은 해 5월 3일 제2차 항만조사회에서는 이세만의 제2종 중요항을 욧카이치로 결정한다. 이 결정의 가장 큰 이유는 지형 조건 문제였다. '이세만 조사에 관한 특별위원회伊勢湾調査ニ関スル特別委員会' 보고서에 따르면 나고야항은 멀리까지 얕기 때문에 준설하기 위해서는 "많은 비용이 필요하고 나아가 유지에도 큰 비용을 투입해야 하므로 불리"하며, "대규모 확장을 위한 좋은 방법은 없다"는 평가를 받았다. 한편, 욧카이치에 대해서는 철도 연결이라는 측면에서는 나고야에게 뒤쳐지지만 이미 상옥이나 창고 등 육상 시설이 정비되어 있고 "원래부터 흘수吃水4)가 깊은 선박에 적합한 수심을 가지기 때문에 기존에도 나고야의 전항前港으로서 본분을 다했으며 따라서 우리나라 중앙 지역의 발전을 촉진하기 위해서 가장 효과가 있다"는 평가였다.[24]

한편 내무성의 입장에서는 이세만의 제2종 중요항이 이 시점에서 결

22 内務省土木局,『港湾調査会議事録抜粋』, 内務省土木局, 1933, pp.69~70.
23 四日市市教育会, 앞의 책, pp.69~80.
24 内務省土木局, 앞의 책, p.68.

정되어야만 했다. 이미 아이치현 내부에서도 제2차 나고야 축항을 위한 준비가 진행 중이었고 1909년 7월에는 나카야마 히데사부로中山秀三郎, 도쿄제국대학(東京帝國大學) 교수에게 설계 조사를 위탁한 상태였다. 이해 11월 답신答申으로 제출된 나카야마 히데사부로의 설계안은 5,000톤급 선박에 대응하기 위하여 항내 최대 수심을 7.6미터까지 늘리고 거기에서 나온 준설토를 이용하여 매립하는 것이었다. 총 공사비는 320만 1,000엔으로 예상되었으며, 이 예산안은 이듬해 1910년 9월 아이치현의회의 시부회部會에 제출될 예정이었다.[25] 국고 보조를 받을 수 있을지의 여부는 축항 계획 규모와 직결하는 문제였으므로 아이치현의회에서 예산안이 확정되기 전에 제2종 중요항으로 지정한 것은 내무성이 최대한 배려한 결과였다.

실제 항만조사회에 의해 욧카이치 축항 계획은 크게 확대된다. 1910년 5월 7일 항만조사회 특별위원회는 욧카이치 축항 계획 심사를 마쳤는데 "이 안의 설계는 겨우 당항當港이 현재 급하게 필요한 시설의 일부에 대한 것임을 인정할 수밖에 없고 이대로 만족하면 안 되는 것"이라고 평가하며 향후 축항 확대에 걸림돌이 되지 않도록 방파제 축조 계획은 각하하고 대신에 항로 및 부선艀船 정박장 확충을 지시하였다.<그림 4-1·2>[26]

한편 기존 계획에 따른 축항 공사는 1910년 7월 시작했지만 이듬해인 1911년 10월에 항만조사회에서 확대 설계안이 결정된다. 이는 수출입 물량 증가에 맞춰 항내 준설 면적을 기존 계획 10만 4,244평에서 25만 4,000평으로 늘리고, 나아가 약 12만 400평의 매립지를 조성하는 것이

25 名古屋港史編集委員会編, 앞의 책, pp.62~64.
26 内務省土木局, 앞의 책, pp.71~72.

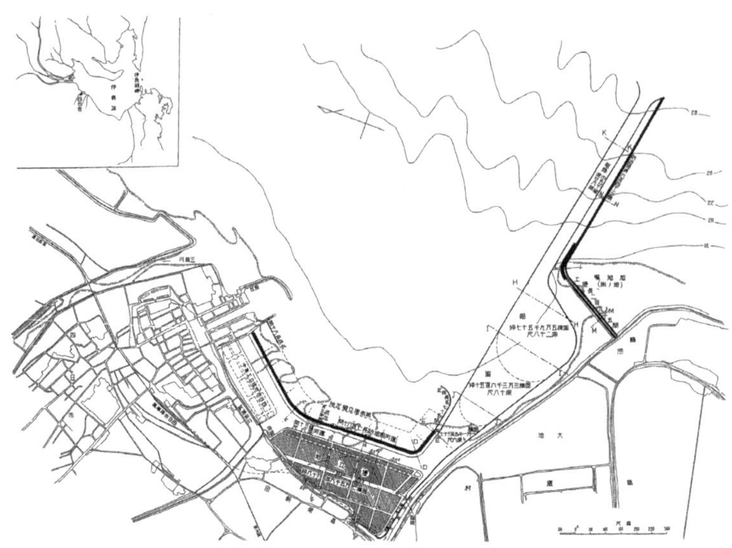

〈그림 4-1〉 욧카이치(四日市) 축항 / 항만조사회 제출안(1910.5)
출처 : 『항만조사회 의사록 발췌(港湾調査会議事録抜粋)』의 부록 그림 상권(p.26)
(内務省土木局, 『港湾調査会議事録抜粋』, 内務省土木局, 1933, p.26).

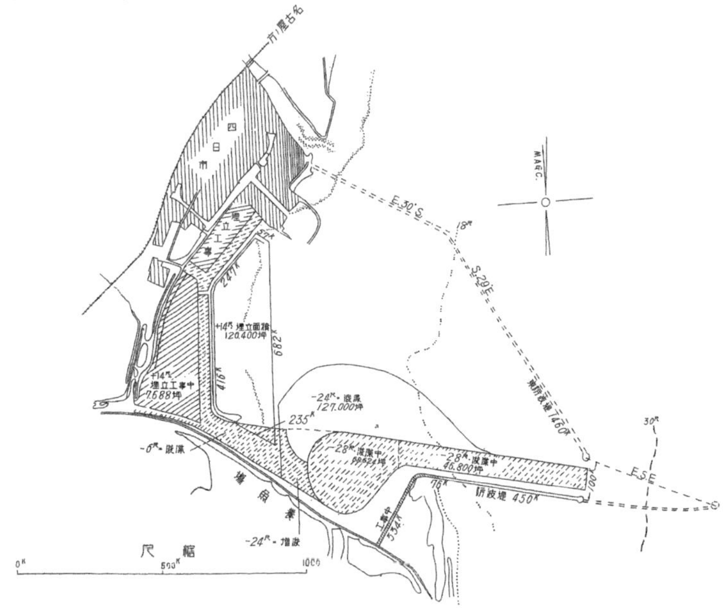

〈그림 4-2〉 욧카이치(四日市) 축항 / 항만조사회 확대안(1911.10)
출처 : 『항만조사회 의사록 발췌(港湾調査会議事録抜粋)』의 부록 그림 상권(p.48)
(内務省土木局, 『港湾調査会議事録抜粋』, 内務省土木局, 1933, p.48).

었다. 이 설계 확대에 따라 총 공사비는 384만 5,000엔이 되었으며 따라서 약 245만 엔이 추가로 필요해졌다.[27]

설계 확대의 배경에는 물론 국고 보조 확약이 있었고 따라서 미에현이 추가로 부담해야 하는 것은 12만 2,019엔이었으나 확대안을 거부한다는 선택지는 없었다. 같은 해 11월 개회한 미에현의회에서 현 당국은 "욧카이치항은 정부에서도 우리나라의 중요한 수출입항으로 인식하며 이번 건설을 지금 조금 확장한다면 국가에서도 상당 부분 보조할 예정입니다. 그러므로 정부가 필요하다고 하는 만큼 확장하고 3분의 2를 보조해 달라고 정부에게 청구할 생각입니다"[28]라며, 공사비 중 3분의 2를 보조 받는 것을 전제로 축항 확장안을 제출한다. 이에 현의회에서는 미에현이 추가로 부담해야 하는 비용은 현이 소유한 재산을 처분하여 마련한다는 조건으로 만장일치 가결했다.[29]

그런데 같은 해 8월 성립한 제2차 사이온지 긴모치西園寺公望 내각은 긴축 재정 방침을 취할 수밖에 없었기 때문에 제28회 제국의회에 제출된 1912년도 예산에는 국고 보조가 빠졌다. 그 결과 욧카이치 축항의 확대 설계안도 실행에 옮기지 못했다. 결국 확대 설계안이 다시 검토되는 것은 1913년 2월 발족한 야마모토 곤베山本權兵衛 내각에서였다. 제31회 제국의회에 1914년도부터 8년간 총 176만 2,000엔을 교부하는 욧카이치 축항 국고 보조안이 제출되었고 귀족원貴族院과 중의원 양의원을 통과했다. 그러나 그 직후 지멘스Siemens사건5) 으로 야마모토 곤베 내각이 해

27 위의 책, pp.103~104.
28 四日市市教育会, 앞의 책, p.101.
29 위의 책, p.106.

산하면서 실행되지는 못했다. 다만 이어서 출범한 제2차 오쿠마 시게노부大隈重信 내각에서는 연도 별 비율에 차이는 있었지만 기존의 176만 2,000엔을 동일하게 국고 보조하기로 결정한다.[30]

그런데 이렇게 확대 설계안이 결정되었고, 총 공사비의 3분의 2약 200만 엔가 국고 보조로 예정되어 있었음에도 불구하고 실제 집행 금액은 약 2분의 1에 그쳤다. 그 결과 미에현의회에서는 차액 84만 3,553엔의 마련 방법이 문제가 되었다. 현 당국은 당초 이 중 욧카이치시 기부금 7만 엔, 그리고 현 이재 구조 기금縣罹災救助基金에서 62만 3,400엔을 조달하고, 나머지 약 15만 엔을 현세로 부담하고자 했다. 그러나 현의회에서 반발했기 때문에 현 소유 재산 처분 및 현 지출 비용 정리를 통해 마련하고 현세 부담은 없도록 한다는 조건으로 예산안을 가결시킨다.[31]

이처럼 제2종 중요항의 건설 주체는 어디까지나 부현이었고 내무성 토목국은 부현 내부의 합의 형성을 기다렸다가 이를 구체화하였다. 그리고 부현 내부에서 합의 형성의 동력이 된 것은 역시 인접항과의 경쟁이었다. 한편 원래 장대한 계획을 선호하는 내무성 토목국은 끝없이 선박이 대형화하는 상황 속에서 축항 규모를 확대하는 경향이 있었다. 그러나 1900년대 말부터 1910년대 초반에 걸쳐 정부의 긴축 재정 방침 아래에서 국고 보조는 늘어나지 않았기 때문에 결과적으로 이 시기 해항 건설 건수는 거의 증가하지 않았다.

30 위의 책, pp.113~117.
31 四日市港管理組合,『四日市港のあゆみ』, 四日市港管理組合, 1987, p.99.

3) 하천 개수 공사로서의 축항 – 제1차 후시키 축항, 제1차 니가타 축항

이와 같은 부현에 의한 해항 건설과 함께 내무성 토목국이 취한 또 하나의 방법이 하천 개수의 일환으로 진행하는 것이었다. 지금까지 살펴본 바와 같이 내무성 토목국의 주요 사업은 하천 개수였다. 1890년대 이후, 하천 관련 투자액은 총 인프라 투자액의 약 20%를 차지한 반면, 해항 관련 투자액은 2% 정도에 그쳤다.[32] 이러한 하천 중시 경향은 인원 배정 비율에도 나타나, 1918년 내무성 니가타 토목출장소에 부임한 오시마 타로大島太郎의 회상에 따르면 이 출장소에는 하천 기술자가 10명 정도 있었던 반면에 해항 기술자는 오시마 타로 혼자였다고 한다.[33] 그리고 무엇보다 하천 토목 기술과 해항 토목 기술이 명확하게 구분되어 있었는지 알 수 없으며, 오시마 타로 또한 오야베가와小矢部川 개수 공사에 관여하였다. 일본의 많은 해항이 하구에 위치하는 이상, 하천 개수 공사와 동시에 해항 건설이 이뤄지는 것은 필연적인 일이었다.

내무성 토목국의 하천 개수가 본격적으로 시작되는 것은 1896년 하천법河川法이 제정된 이후이다. 하천법 제정은 내무성 토목국에게 두 가지 의미가 있었다. 첫째, 하천 개수 사업의 실시 주체 및 비용 부담 방법을 결정했다는 점, 둘째, 하천 정책의 기본 방침을 이수利水 목적의 저수低水 공사에서 치수 목적의 고수高水 공사6)로 전환했다는 점이다.[34] 제1장에서도 검토한 바와 같이 1890년대 초반까지 내무성 토목국은 하천 주운舟運을 국내 운송망의 중심으로 정비하고자 했으나, 이러한 방침이 하천

---

32 沢本守幸, 『公共投資一〇〇年のあゆみ－日本の経済発展とともに』, 大成出版社, 1981, pp.76~82.
33 大島太郎, 「内務省新潟土木時代の思い出」, 運輸省第一港湾建設局新潟港工事事務所, 『新潟港修築史－明治・大正・昭和』, 運輸省第一港湾建設局新潟港工事事務所, 1990, p.1210.
34 村山俊男, 「内務省の河川政策の展開－1885~1896」, 『ヒストリア』 199, 大阪歴史学会, 2006.

법 제정으로 인해 바뀌게 된 것이다. 결과적으로 대형 하천 하구부는 수심 유지를 목적으로 하는 것이 아니라 범람을 방지하기 위해서 분수分水 공사나 개착開鑿 등을 실시하게 된다.

하지만 이와 같은 방침 전환에 의해 하천 개수와 해항 건설이 완전히 분리된 것은 아니었다. 기존의 많은 해항은 하구에 위치하기 때문에 하천법 제정 후에도 하천 개수 사업의 일부로 해항 건설이 이뤄지는 경우가 적지 않았다. 대표적인 사례가 쇼가와庄川7) 개수 공사의 부대 사업으로 실시된 제1차 후시키 축항 공사이다.

1900년도부터 시작된 쇼가와 개수 공사는 하구부에 수로를 신설하여 하천 범람에 대비하는 것이었는데, 수로 신설로 인해 본류 수량이 감소하면 하구부후시키항(伏木港)에 선박 입항이 힘들어지기 때문에 그러한 폐해를 최소화하기 위하여 하구부에 돌제를 건설하고 하구부 수심을 최대 22척약 6.6미터까지 준설하는 내용도 함께 계획되었다.[35] 공사는 내무성 토목국이 실시하였고 총 공사비는 292만 2,432엔, 이 중 도야마현은 약 30%에 해당하는 84만 9,654엔을 부담했다.[36]

이 공사는 1909년도에 준공 예정이었으나 1908년경부터 후시키상공회伏木商工會·다카오카상업회의소高岡商業會議所를 중심으로 하구부 준설 구역 확대를 요구하는 의견서가 제출되었다.[37] 결과적으로 이에 응하는 형태로 공사 기간을 3년 연장하였고, 후시키항 호안護岸·준설을 중심으로

35 内務省土木局新潟土木出張所, 『伏木港修築工事概要』, 内務省新潟土木出張所, 1925, pp.7~9.

36 伏木港史編さん委員会編, 『伏木港史』, 伏木港海運振興会, 1973, pp.373~374.

37 藤井家文書·5-22, 「伏木港築港関係書類」; 藤井家文書·5-58, 「伏木商工会頭ヨリ内務大臣ニ対スル元庄川流末浚渫工事区域拡張ニ関スル意見開申書」; 藤井家文書·5-59, 「元庄川流末浚渫工事区域拡張ニ関スル意見再開申書」.

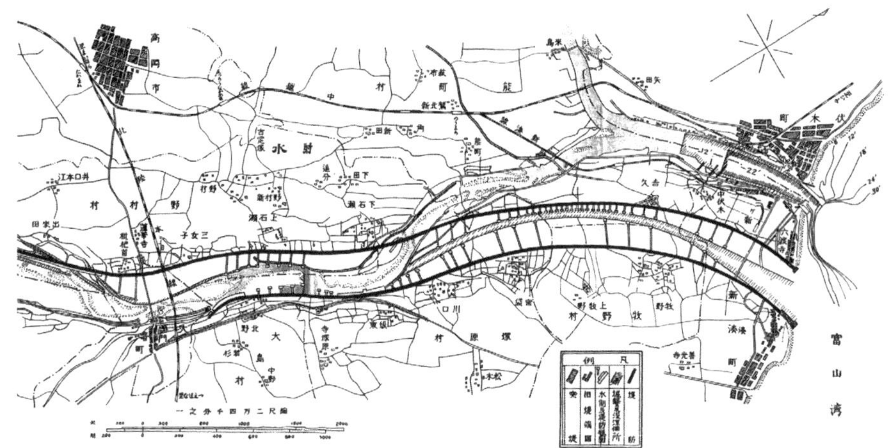

〈그림 4-3〉 쇼가와(庄川) 개수 공사 준공도
출처 : 『내무성 니가타 토목출장소 연혁과 사업(内務省新潟土木出張所沿革ト其ノ事業)』의 부록 그림(内務省新潟土木出張所, 『内務省新潟土木出張所沿革ト其ノ事業』, 内務省新潟土木出張所, 1930).

부대 공사를 실시한다.<그림 4-3>

쇼가와 개수 공사는 1909년도 말 시점에서 예산 중 33만 8,000엔이 남아 있었고 여기에 도야마현 현비 7만 엔을 추가한 총 40만 8,000엔으로 부대 공사가 이뤄졌다. 그 내용은 쇼가와 양안에 최대 3,000톤급 선박이 접안할 수 있는 호안 공사를 실시하고 철제 잔교를 설치하는 것이었다. 공사 내용에서도 알 수 있듯이 부대 공사가 곧 축항 공사임은 명확했지만 항만조사회의 심의를 거치는 일도 없이 어디까지나 쇼가와 개수 공사의 일부로 실행되었다.[38] 이처럼 후시키항은 제2종 중요항으로 지정되지는 않았지만 하천 개수 공사의 일환으로 공사가 이루어졌기 때문에 실질적으로는 축항 공사에 국고 보조금이 교부된 것이다.

마찬가지로 하천 개수 공사의 일환으로 축항 공사가 이뤄진 해항으로는 니가타항新潟港이 있다. 니가타항은 구조약 아래 문을 연 5개 개항 중 하

38 伏木港史編さん委員会編, 앞의 책, p.376.

나였고 더군다나 하천 주운과 연안 해운의 결절점이기도 했기 때문에 메이지明治시대 초반부터 축항 계획이 세워졌지만 시나노가와信濃川8) 개수 방침이 정해지지 않았기 때문에 본격적으로 착수하지는 못하는 상황이었다. 결국 하구부流末 공사가 시작된 것은 하천법 제정 후 1896년이었다.

시나노가와 하구부 공사는 돌제를 설치함으로써 토사에 의한 매설을 방지하고 나아가 준설을 통해 하구부니가타항 수심을 최대 15척약 4.5미터로 늘리는 것이었다.[39] 이 공사는 1903년 준공하였는데 이후 돌제가 자주 무너지고 시나노가와 상류에서도 토사가 흘러들어 수심 유지가 힘들어져 1907년도부터는 다시 새롭게 하구 개수 공사를 시작한다. 이 하구 개수 공사는 다른 해항과 마찬가지로 3,000톤급 선박에 대한 대응을 목적으로 하였으며 따라서 항내 최대 수심을 25척약 7.5미터까지 확보하기 위하여 돌제 건설 및 준설 공사를 실시하였다.<그림 4-4>[40]

그리고 내무성 토목국이 수면 부분 정비를 진행하자 니가타시新潟市도 보조를 맞추어 육상 시설을 본격적으로 정비하는 움직임을 보였다. 1913년 11월 니가타시는 항만조사회를 설치하고 축항을 위한 조사를 시작한다. 그런데 니가타시에는 축항 설계가 가능한 기술자가 없었기 때문에 내무성 토목국 기사이자 시나노가와 개수 공사를 담당하던 아키교이치安藝杏一에게 설계를 의뢰하였다.[41]

그 결과 이듬해인 1914년 니가타 축항 설계안은 시나노가와 개수 공사와 일체화된 내용으로 완성된다. 총 공사비는 121만 엔이었고 개요는

---

39 運輸省第一港湾建設局新潟港工事事務所, 앞의 책, p.71.

40 위의 책, pp.74~91.

41 安芸杏一, 「築港回顧録」, 運輸省第一港湾建設局新潟港工事事務所, 『新潟港修築史－明治・大正・昭和』, 運輸省第一港湾建設局新潟港工事事務所, 1990, p.1188.

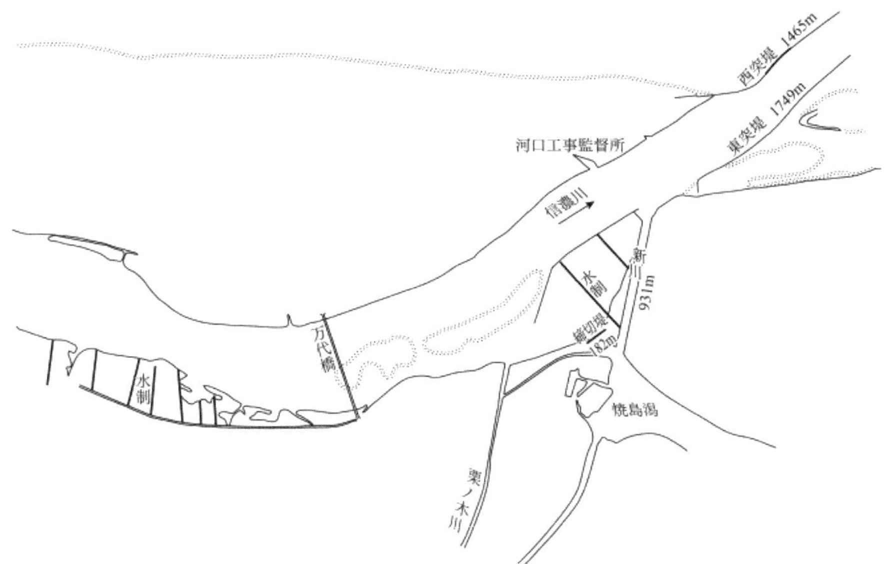

〈그림 4-4〉 시나노가와(信濃川) 하구부 공사(1896~1903)
출처 : 運輸省第一港湾建設局新潟港工事事務所, 『新潟港修築史－明治·大正·昭和』, 運輸省第一港湾建設局新潟港工事事務所, 1990, p.68.

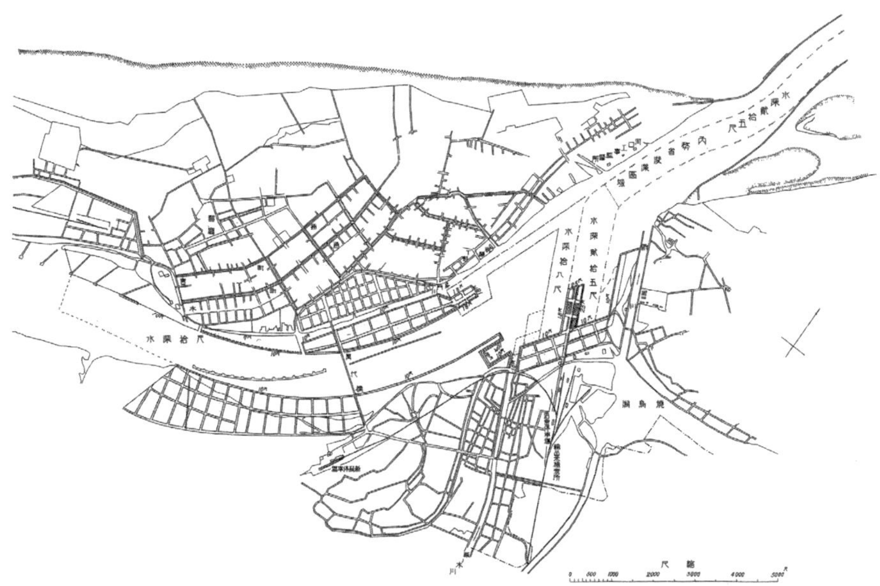

〈그림 4-5〉 니가타(新潟) 축항 / 항만조사회 설계안(1914)
출처 : 『항만조사회 의사록 발췌(港湾調査会議事録抜粋)』의 부록 그림 상권(p.83)
(內務省土木局, 『港湾調査会議事録抜粋』, 內務省土木局, 1933, p.83).

다음과 같다. ① 내무성이 시공 중인 하구 준설 구역과 연결하여 시나노가와 우안右岸에 연 70만 톤의 화물을 처리할 수 있는 계선 부두를 설치한다, ② 계선 안벽의 최대 수심은 25척약 7.5미터으로 하여 4,000톤급 선박이 접안 가능케 한다, ③ 7만 2,000평의 매립지를 조성하여 상옥 3개동을 건설한다. 그리고 계선 부두에는 철도를 부설하여 누타리역沼垂驛과 연결한다.

니가타시는 이러한 아키 교이치의 설계안을 받아들여 확정하고 1914년 11월 내무성 항만조사회에서 설계 인가를 받았다.<그림 4-5>[42]

니가타항은 제2종 중요항으로 지정된 상태였기 때문에 국고 보조금 교부가 확실하다고 예상되었으며, 이에 니가타시는 총 공사비 중 3분의 1을 국고 보조, 3분의 1을 현비 보조, 남은 3분의 1을 시비시채 발행로 부담하고자 했다. 그러나 1914년 말 제국의회가 해산하면서 국고 보조를 확보할 수 없었고, 당분간은 현 보조금과 시채 · 시세市稅로 충당하게 되었다.[43] 국고 보조금은 다음 연도부터 교부되었고 그 결과 1915년 개정한 예산에서는 총 공사비 137만 3,000엔 중 약 3분의 1에 해당하는 40만 3,000엔을 국고 보조로 확보한다.[44] 이처럼 제1차 니가타 축항은 내무성 니가타 토목출장소에서 전체 설계를 하고 하구부 준설 사업은 내무성 직할로 실시되었으며 계선 시설 및 육상 시설은 니가타시가 담당하게 되었다. 수면은 내무성 직할, 육상 시설은 지방 경영으로 분담한 것이며 이는 제3장에서 살펴본 토목국의 해항 경영 구상의 모델 사례였

42 内務省土木局, 『港湾調査会議事録抜粋』, 内務省土木局, 1933, pp.142~143.
43 「築港予算」, 『新潟新聞』, 大正4.4.13.
44 「築港補助年度割決定」, 『新潟新聞』, 大正5.9.29.

다고 할 수 있다.

이와 같이 내무성 토목국은 하천 개수 사업의 일환으로서 해항 건설에 뛰어들었지만 역시 문제는 재원 확보가 어렵다는 점이었다. 내무성의 하천 행정은 1910년 여름에 발생한 전국적인 수해로 인해 근본적인 수정 요구에 직면해 있었으며, 같은 해 10월 설치된 임시 치수조사회臨時治水調査會에 의해 전국 규모의 하천 개수 계획제1차 치수 계획(第1次治水計劃)이 세워졌다.[45] 그러나 제1차 치수 계획은 입안 직후인 1913년도부터 축소된다. 계획은 대장성 예금부 자금을 재원으로 하여 일반 회계와는 분리된 것이었는데, 자금의 증가 폭이 줄면서 1913년도 이후에는 사업이 차례로 연기되었고 예산 또한 당초 계획의 70% 정도 밖에 편성되지 않았다.[46]

4) 해항 행정 일원화의 시도

재원과 함께 내무성 토목국에게 문제가 된 것은 1910년대 토목 행정이 계속해서 다양화, 확대했다는 점이다. 1914년 4월 토목국장으로 취임한 고바시 이치타小橋一太[47]는 「토목에 관한 의견土木ニ関スル意見」이라는 제목의 의견서를 남겼는데, 여기에서 내무성 토목국이 당장 해결해야 하는 문제로 ① 하천 개수 사업의 원활한 실시, ② 해항 행정 통일, ③ 도로

45 山崎有恒, 「明治末期の治水問題－臨時治水調査会を中心に」, 桜井良樹編, 『地域政治と近代日本』, 日本経済評論社, 1998.

46 沢本守幸, 앞의 책, p.92.

47 고바시 이치타는 1870년 사족(士族) 집안에서 태어나 1897년 도쿄제국대학 법과대학을 졸업하고 내무성에 들어갔다. 1910년 위생국장, 1913년 지방국장, 1914년 토목국장을 역임하고 1918년부터 1920년까지 내무차관을 지냈다. 1920년에는 정우회(政友會)에 입당하였고, 1924년에 정우본당(政友本黨), 1927년부터는 민정당(民政黨)에 참가하였으며 하마구치 오사치(濱口雄幸) 내각에서는 문부대신(文部大臣)에 취임한다. 그리고 1937년부터 1939년까지 도쿄시 시장 재임 중에는 도쿄 개항 운동을 추진한 인물이기도 하다. 故小橋先生記念事業会編, 『小橋杏城先生をおもふ』, 故小橋先生記念事業会, 1941.

법 제정, ④ 지방 토목 행정 쇄신, ⑤ 상하수도 보조라는 5개 사항을 지적하였다.[48] 1910년 대규모 수해는 내무성 토목국에게 치수를 위한 제방 건설만으로는 부족하며 사방沙防 사업 등 치산治山 사업 통일도 필요하다는 교훈을 주었다. 또한 철도를 중심으로 한 전국 교통망 형성이나 자동차의 등장은 도로 정비의 필요성을 재인식케 했다. 따라서 고바시 이치타는 필요하다면 농상무성農商務省이 관장하는 치산 사무나 철도원과 공동 관장하는 궤도 사무 등을 내무성 토목국으로 일원화해야 한다고 주장했다.

그리고 고바시 이치타는 토목기사의 신분에 대해서도 언급하였다. 토목기사의 대부분은 명목상 국가의 관리이지만 실제로는 지방 단체에 속하기 때문에 "부현의회 의원으로부터 제재를 받아 (…중략…) 작은 지역의 이해를 우선시하는 경우"가 있다. 따라서 토목기사를 "순수한 국비國費 관리"로 만들어 임면권을 내무성 본성本省이 가지는 것이 시급한 과제라는 의견이다.

이처럼 토목 행정의 다양화 속에서 고바시 이치타는 내무성 토목국의 권한 강화를 위해 움직이기 시작한 것인데, 이는 당연히 해항 행정에도 영향을 미쳤다. 앞의 의견서 속에서 고바시 이치타는 "항만 개량 공사는 국가나 지방청 및 공공 단체 등이 하는데 경영 주체, 공사 시행청, 비용 부담 주체 등에 관한 근본 법규가 없기 때문에 매우 착잡錯雜할 뿐만 아니라 통일성이 결여"되어 있다는 사실을 문제시하였다. 그리고 이를 해결하기 위해서는 "항만법 제정" 및 "개항 규칙 · 항만 관리 · 유지 · 선거 잔교 육상

48 小橋一太文書 · 第291号, 「土木行政ニ関スル意見」.

설비·해항 검역·항내 경찰 위생·선박·선원·항로 등 관해管海 관청 사무" 등 기존에 체신성·대장성·철도원鐵道院 등으로 나뉘어 있는 해항 행정 사무의 일원화가 필요하다고 주장했다.

그리고 고바시 이치타가 소장하던 문서 중에는 전체 54조로 구성된 항만법 초안도 남아 있어 내무성 토목국의 해항 행정 구상을 엿볼 수 있다.[49] 초안은 군항 요항要港을 제외하고 "주무 대신大臣이 국가 또는 지방의 공익과 중대한 관계가 있다고 인정한" 항만을 대상으로 그 관리 운영 방법을 정한 것이다.제1조 대상 항만을 '상항商港'·'피난항'·'검역항'이라는 세 종류로 나누고 이 중 '상항'을 다시 '개항'과 '내항'으로 세분하여 각각의 관리 방법을 규정하였다.제5조 개항·피난항·검역항은 '주무 대신'이 관리하고 내항은 '행정청'이 관리하는데제6·8조 해항 행정 일원화라는 관점에서 문제가 되는 것은 '주무 대신'의 의미였다.

이 점에 대하여 초안에서는 내무대신·대장대신大藏大臣·체신대신遞信大臣이 감독하는 사항을 각각 규정하였다. 내무대신의 감독 사항은 ① 항만 부속물의 인정, ② 항만 관련 공사 시공·유지, ③ 계선 제방·상항 지구의 운수 교통, ④ 조업 설비 공사 시행, ⑤ 항만 내 사설 공사·사용 허가, ⑥ 항만 관련 경찰 사무의 여섯 항목이다.제36조 이에 반해 대장대신의 감독 사항은 ① 조업 설비 운용, ② 항세·사용료 징수였고,제37조 체신대신의 감독 사항은 ① 선박 출입·계선·정박, ② 예인·도선, ③ 해상 구조, ④ 점등 장치였다.제38조 즉, 해항 행정 일원화라고는 하지만 건설 공사 부문만 분리하는 것이 내무성 토목국의 목적이었음은 분명하다.

---

49 小橋一太文書·第298号, 「港湾法草案及び港湾法草案理由書」.

이와 같은 내용의 내무성에 의한 해항 행정 일원화 안에 대하여 가장 강하게 저항한 것은 역시 대장성이었다. 데라우치 마사타케寺內正毅 내각 1916.10~1918.9에서 대장대신을 지낸 쇼다 가즈에勝田主計의 소장 문서 중에는 「항만 행정 통일에 관한 건港湾行政統一に関する件」이라는 제목의 각서覺書가 남아있다.[50]

이 각서에서는 해항 행정의 내용을 '시설 방침 및 계획의 개요'와 '항만 설비', 2개로 나누어 내무성이 주도하는 해항 행정 일원화에 반론을 펼쳤다. 구체적으로 살펴보면 '시설 방침 및 계획의 개요'에서 대해서는 이미 내무성이 주최하는 '민관 관계자 및 전문가로 조직된 항만조사회'에서 결정하기 때문에 '불통일의 폐해'는 없다고 지적했다.

한편, '항만 설비'에 대해서는 확실히 중앙 정부·지방 정부·사기업이 각각 시행하고 있으며 중앙 정부 내부에서도 내무성 토목국·철도원·세관, 나아가 지방 정부부현 항무부가 각각 공사를 맡고 있다. 하지만 사기업이 시행하는 공사까지 통일하는 것은 재정 면에서 볼 때 비현실적이다. 또한 현행 제도 아래에서는 각 행정 기관이 토목 공사를 시행할 권한을 지니며 개별 토목 공사는 각 행정 기관의 행정과 밀접하게 관련되어 있기 때문에 항만 토목 공사만을 분리하는 것은 비합리적이다. 육군 임시건축부의 사단 건설, 문부성 영선과營繕課의 학교 건설의 예를 들며, 설령 세관 설비 공사를 내무성이 담당하게 되더라고 일원화 효과는 없을 것이라고 주장하였다.

---

50 勝田文書·第22册第2号, 「港湾行政統一に関する件」. 참고로 같은 문서가 대장성 임시세관공사부 토목과 과장·임시요코하마항설비위원 등을 역임하고 1900년대부터 1920년대까지 대장성 해항 행정을 주도한 니와 스키히코(丹羽鋤彦) 소상 자료에도 포함되어 있다. 鮫島茂資料(丹羽鋤彦旧蔵資料)·950-11, 「港湾行政に関する意見書」.

게다가 시공 중인 요코하마·고베세관 설비 공사에서는 이미 해면 매립이나 계선 안벽 축조 등 수면에서의 토목 사업이 거의 완료된 상태였다. 향후 임항 철도臨港鐵道나 기중기 설치, 창고 건설 등의 공사가 시작되므로 내무성 토목국에 이관하는 이점이 거의 없다. 따라서 "지금 함부로 법제의 형식적 통일을 위하여 실질적인 편의를 살피지 않고 임시 건축과의 사무를 나눠 내무성 소관으로 이관하려 하지만, 한편으로 철도원 등 다른 예외를 인정하는 이상 단순히 현행 제도의 원칙을 파괴하는데 그치고 목적하는 바, 즉, 법제의 형식적 통일 또한 달성할 수 없다"고 내무성 안의 불완전성을 지적하였다.

해항 행정을 일원화하기 위해서는 예전부터 대장성이 주장해 온 바와 같이 "해당 구역 내에서 행하는 모든 경영을 한 기관이 포괄 관리하도록 하고 이해관계자로 구성된 특종特種 법인의 자치에 맡기는 것, 역시나 영국의 '위원회'나 '컨소시엄'처럼 할" 필요가 있다. 그리고 이를 위해서는 '항(만)관리국港管理局'을 설치하여 육해군 공사·관세 징수·사법 경찰을 제외한 모든 사무, 즉, 해륙 설비 공사 신설·유지, 항세 및 기타 사용료 징수, 항만 노동자 단속 등의 권한을 줘야 한다. 하지만 이는 "우리나라 현 제도의 중대한 변경"이 되므로 신중하게 조사를 진행해야 하며 단기간에 해항 행정을 통일하는 것은 어렵다고 대장성은 결론을 내렸다.

이처럼 「중요 항만 선정·시설 방침」이 정해진 후에도 내무성 토목국에 의한 해항 건설은 안정적으로 이뤄지지 못했다. 경합하는 여러 해항 중 제2종 중요항을 선정하는 작업은 여전히 어려웠고, 내무성 토목국 내부에서도 하천 개수 사업의 일환으로 해항 건설을 실시하는 움직임이 나타나는 등 내무성 토목국 내부에서조차 해항 행정과 관련하여 관청 차원의 이익이 성립했다고 말하기 힘들다. 고바치 이치타에 의한 항만법 제정 시도는 해항에 관한 내무성 관청 이익을 성립하고자 하는 것이었으나 대장성의 반대로 실현에 이르지 못했다. 중앙 정부와 지방 정부의 재원 부족과 함께 이익이 성립하지 않은 결과, 해항 건설은 쉽게 진전되지 못한 것이다.

이와 같은 상황은 지금까지 해항론이 전제했던 '대형항 집중주의'에 대한 의문을 야기했다. 다음 절에서는 축항 예산 부족이 해항 건설 방침 전환을 촉진하는 과정을 오사카 축항의 사례를 통해 살펴보겠다.

2. 시영 축항의 축소-오사카 축항 중단 문제

1) 축항 계획의 축소

1897년 10월 착공하기로 한 오사카 축항은 계선 부두와 임항 철도를 조합한 설계에 바탕을 둔 축항 계획이었다. 하지만 이는 제2장에서도 살펴본 바와 같이 내무성 및 군부의 의향을 반영한 결과, 처음에 오사카시가 상정했던 규모를 넘는 대규모 계획이 되었다. 따라서 축항 공사는 개시 직후부터 자금 면에서 불안한 상태였다.

오사카 축항의 총예산은 2,249만 400엔이었는데 이 중 국고 부담은 10%도 안 되는 187만 2,000엔에 그쳤으며 대부분은 오사카시 부담이었다. 게다가 국고 보조금 교부가 착공에 맞춰서 이뤄지는 것이 아니라 1901년도부터 매년 46만 8,000엔씩 4년에 걸쳐 진행될 예정이었기 때문에 나머지 예산의 대부분에 해당하는 1,703만 8,000엔은 오사카시가 발행하는 공채로 충당할 계획이었다.

그런데 공사 시작 전부터 청일전쟁의 전후 불황으로 인해 오사카시 내부에서 공채를 소화하기 힘든 상황이 되었다. 축항사무소 소장 니시무라 스테조西村捨三는 야스다 젠지로安田善次郎에게 공채 소화를 의뢰했고, 그 결과 야스다安田 계열[9]의 기타하마은행北濱銀行이 오사카시 내에서는 유일하게 응했다. 하지만 1901년 봄 기타하마은행에서 예금 인출 소동이 일어남에 따라 오사카시 내에서의 공채 소화는 기대할 수 없게 되었다. 결국 공채는 런던 시장에 매각함으로써 소화되었는데 가격은 액면가에 크게 못 미쳤고 이를 메우기 위해 오사카시는 추가로 220만 엔의 공채를 발행할 수밖에 없었다. 이처럼 청일전쟁 전후 적극적인 재정 정책 속에서 급격하게 확대한 오사카 축항은 공사 결정 전후 찾아온 전후 불황의 영향으로 재정 면에서 막다른 상황에 빠지게 되었다.

이와 같은 사태를 타개한 것은 1901년 9월 오사카시 시장으로 취임한 쓰루하라 사다키치鶴原定吉였다. 러일전쟁 후 오사카시는 축항 사업뿐만 아니라 시전市電[10]이나 수도 등 많은 시영 사업이 비대해지는 상황에 골머리를 앓고 있었다. 이에 일본은행 오사카지점 지점장·간사이철도關西鐵道[11] 사장 등의 경력을 지닌 쓰루하라 사다키치에게 이들 시영 사업의 정리를 기대했던 것이다. 이러한 기대 속에서 오사카시 시장에 취임한 쓰루하라 사다키치는 축항사무소 체제를 바꾸고 축항 계획의 근본적인 수정을 시작한다.

쓰루하라 사다키치가 가장 먼저 착수한 것은 축항사무소 체제의 변화이다. 이미 검토한 것처럼 오사카 축항은 오사카부 지사인 니시무라 스테조 없이는 실현할 수 없었다. 게다가 니시무라 스테조는 내무성 토목국장을 지내는 등 토목 사업 경험도 풍부했기 때문에 오사카 축항 실현을 위한 사무를 그에게 일임하기로 했다.[51] 그러나 축항 예산을 둘러싼 일련의 과정과 공사 계획 및 시공 상 문제가 발생하는 등[52] 오사카 축항에 대한 니시무마 스테조의 주도력은 약해진다. 쓰루하라 사다키치는 기존에 니시무라 스테조에게 일임했던 축항사무소의 예산을 오사카시 의회가 관리하도록 하는 등 축항사무소의 주도권을 오사카시가 일원화하여 갖는 한편, 시가 소유한 빈지濱地 매각을 통해 1,300만 엔을 마련하여 축항 사업을 계속하고자 했다.

그리고 재원을 마련함과 동시에 쓰루하라 사다키치는 거대한 축항 계획을 축소하는 작업에 착수했다. 원래는 남북 방파제나 준설에 더해 총면적 149만평에 달하는 매립지를 조성할 계획이었으나, 쓰루하라 사다키치는 매립지 조성 면적을 46만 4,286평으로 크게 줄이고 공사비 대부분을 방파제·준설·대잔교에 집중시키기로 했다. 쓰루하라 사다키치가 이렇게 축항 사업을 정리, 축소함으로써 1903년에는 제1기 공사 기간 동안 완성된 부분남북 방파제·준설·대잔교·매립을 이용할 수 있게 되었다.

드 리케J. de Rijke가 상정한 것 보다는 소규모였지만 축항 공사를 일단 완성했다는 사실은 확실히 오사카항에게 큰 전환점이 되었다. 오사카항의 최대 결점은 멀리까지 얕아 외항 선박이 입항할 수 없다는 것이었지만, 방파제 건설과 준설을 통해 항내 수심이 최대 간조 시 해수면 아래

51 「大阪築港事務所長」, 『大阪毎日新聞』, 明治30.5.27; 「大阪築港の事」, 『大阪毎日新聞』, 明治30.6.5; 「大阪築港の事」, 『大阪毎日新聞』, 明治30.6.8.

52 방파제 건설에 당초 예상했던 것 보다 많은 석재가 필요해졌다는 점, 사용하는 콘크리트 블록에 균열이 발생했다는 점 등으로 인해 공사는 크게 늦어졌다. 大阪市, 『大阪築港一〇〇年－海からのまちづくり』 上, 大阪市港湾局, 1997, pp.90~91.

28척약 8.4미터까지 깊어지면서 6,000톤급 선박도 입항이 가능해져 문제가 일단락되었다.

그리고 그 결과 1903년에는 기존에 고베항을 기점으로 했던 오사카상선大阪商船12)의 근해 항로대만·중국 방면 일부가 오사카항을 기점으로 하게 된다. 또한 러일전쟁 발발 후에는 매립지 내에 무상 제공된 육군 용지에 병원·창고가 건설되어 육군이 오사카항에 기대했던 병참 기지로서의 역할도 수행했다고 한다.[53]

2) 오사카 축항을 둘러싼 논쟁－나카하시 도쿠고로와 마쓰오 고사부로

하지만 공사 자체는 당초 계획을 크게 축소한 것이었기 때문에 남은 과제도 당연히 많았다. 오사카 시내에서 오사카항까지 이어주는 육상 수송 기관임항 철도은 계속해서 미정비 상태였고 외항 선박을 접안할 수 있는 계선 설비도 대잔교뿐이었다. 이에 제2차 요코하마 축항과 마찬가지로 오사카 축항 또한 계속 여부가 정치 문제로 부상한다. 요코하마 축항의 경우 대장성요코하마세관(橫濱稅關)이 공사 계속을 지지하였는데, 오사카의 경우는 그렇지 않았다. 물론 오사카항 무역 확대에 따라 1906년 오사카 세관이 대장성 본성에게 세관 확장을 상신上申하였지만 그것은 축항 내 세관 시설 확충을 요구한 것으로 축항 자체가 대상은 아니었다.[54] 제3장에서 살펴본 것처럼 대장성은 고베 축항 실현을 목표하고 있었기 때문에 오사카 축항에 대한 관심은 그렇게 크지 않았던 것이다.

오사카 축항의 계속을 지지한 것은 오사카 시내 방적업자들이었다.

---

53 坂田幹太, 『谷口房蔵翁伝』, 谷口翁伝記編纂委員会, 1931, pp.228~240.
54 大阪市, 「大阪税関に関する上申書」, 『明治大正大阪市史』 7, 日本評論社, 1935, pp.452~467.

1890년대부터 오사카를 중심으로 일본의 근대 면사綿絲 방적업이 발전했다는 사실은 잘 알려져 있는데 그것은 중국·인도·미국 등으로부터의 원료 면화 수입을 기반으로 한 것이었으며, 따라서 오사카 시내 방적업자에게 해항 기능 정비는 중대한 관심사였다.

무엇보다 이 시점에서는 많은 외항 선박이 고베항에 취항하는 상태였고 따라서 면화 수입 대부분은 오사카항에서 이뤄지지 않았다. 하지만 무역량이 크게 늘어나면서 고베항 조차 이에 대응할 수 없게 되었다. 1905년 목화 유손濡損 사건고베항 창고나 상옥에 수용하지 못하고 야적해 둔 목화가 폭풍우와 높은 파도로 인해 큰 피해를 입은 사건을 계기로 목화를 오사카항에서 직수입하기 위한 운동이 오사카의 방적업자들 사이에서 일어나기 시작한다.

그리고 이 운동을 주도한 것이 오사카합동방적大阪合同紡績의 다니구치 후사조谷口房蔵였다. 다니구치 후사조는 일본우선日本郵船이나 오사카상선大阪商船의 인도 항로고베-뭄바이 취항에 힘썼던 이력도 있는데, 이 항로의 기점을 고베에서 오사카로 옮기고자 한 것이다.[55] 물론 이는 오사카 방적업자의 이익에 기반을 둔 것이었으며, 이대로 고베항에서의 면화 집적을 원하는 전국 규모의 방적업자대일본방적연합회(大日本紡績連合會)의 이익과는 일치하지 않았다. 1905년 9월 다니구치 후사조는 오사카의 다른 방적업자들과 함께 공동조합축항이용회共同組合築港利用會를 결성하고 기존과 같이 고베항을 통한 수입을 원하는 대일본방적연합회에게 대항하여 오사카항의 인도 항로 유치에 성공한다.

그리고 신흥 방적업자에 불과했던 다니구치 후사조 일행의 움직임을

55 大阪市,『大阪築港一〇〇年－海からのまちづくり』上, 大阪市港湾局, 1997, pp.116~117.

지원한 것은 오사카상선 사장 나카하시 도쿠고로中橋德五郎였다. 제3장에서도 언급한 바와 같이 나카하시 도쿠고로는 1899년경부터 오사카 축항에 관한 의견을 연설이나 잡지 논설 등의 형태로 발표하였으며,[56] 그 집대성이라고 할 수 있는 것이 러일전쟁 이후 1905년 발표한 「국항론國港論」이다.[57] 여기에서 나카하시 도쿠고로는 "교통 기관 경영의 요지는 우선 이에 적합한 지점을 선정하고 모든 간선, 모든 지선을 여기에 집중시켜 선박 철도 전신 전화 등이 있는 교통 기관으로서 (…중략…) 전부 중앙의 한 점에 집중할 필요가 있다"고 논했다. 그리고 집중할 한 점인 최대 국항에는 태평양 무역의 거점이 될 수 있는 지점을 선택해야 하며, 그 지리적·경제적 조건으로는 ① 세계 교통의 간선일 것, ② 주변 각국에서의 거리가 등거리일 것, ③ 수출 화물 제조 공장이 있을 것, ④ 광대한 국내 무역 구역을 배후지로 가지고 있을 것, ⑤ 양호한 정박 수면을 보유할 것, ⑥ 저렴한 연료 공급이 가능할 것이라는 6개 측면을 들었다. 나아가 이들 조건을 모두 충족하는 것은 요코하마·고베가 아니라 오사카이고 따라서 "동양에서 유일한 중앙 시장으로 오사카를 선택한 이상 현재의 오사카 축항 계획에 따라, 아니면 설계를 변경하더라도 반드시 더욱 적당한 선거 창고 설비를 갖춰야 한다"며 오사카 축항의 계속을 주장한 것이다.

러일전쟁 당시 분명해진 오사카항의 군사적 중요성에 더해 다니구치 후사조나 나카하시 도쿠고로의 축항 이용 제안도 있어 오사카 축항은

---

56 「大阪築港に就いて」, 『実業時論』 3-1, 大日本実業学会, 明治36.1; 「大阪築港国営論」, 『太陽』 10-4, 太陽社, 明治37 등. 이들 논설은 『흥국책략(興國策略)』에 정리되어 있다.

57 中橋徳五郎, 『興国策論』, 政教社, 1913, pp.579~601.

계속 여부가 인정되었다. 1906년 7월에는 오사카시가 920만 엔의 추가 비용을 들여 축항 공사를 10년 연장하는 것을 결정하였고 같은 해 9월 내무성도 이를 허가하였다.

이와 같이 오사카 축항 완성과 이용 촉진을 위하여 어느 정도의 성과를 낸 다니구치 후사조 일행이었으나 이들의 활동이 반드시 오사카시 전체의 의견은 아니었다. 러일전쟁 이후 대외 팽창 분위기 속에서 일단 축항 공사를 계속 하는 것은 정해졌지만 오사카의 경제 상황이 안 좋아지면서 1912년경에는 다시 축항 중단을 검토하게 된다.

1912년 6월 오사카시는 임시 항만조사회를 설치하고 축항 사업 재검토를 시작한다. 임시 항만조사회는 다른 많은 항만조사회와 마찬가지로 항만 관련 기업선박 회사·창고 회사 등의 대표자와 부의회, 시의회 의원 등 지역 정치인, 그리고 철도원이나 육군성 등 관청·군부 대표자로 구성된 것이었다. 임시 항만조사회는 마쓰오 고사부로松尾小三郎에게 축항 계획 재검토를 의뢰했다.

그런데 재검토라고는 했지만 마쓰오 고사부로에게 의뢰한 시점에서 축항 계획 축소는 기정사실이었다고 할 수 있다. 왜냐하면 마쓰오 고사부로는 1900년대 말부터 잡지 『태양太陽』이나 『도쿄경제잡지東京經濟雜誌』를 중심으로 접안 부두나 임항 철도를 포함한 대규모 계획을 비판하는 논설을 발표했던 인물이기 때문이다.

마쓰오 고사부로는 오이타현大分縣 쓰루사키鶴崎에서 태어나 도쿄상선학교東京商船學校[13]를 졸업한 후, 선원으로서 여러 나라를 항해하였고, 1900년대 초반에는 남만주철도南滿洲鐵道[14]에서 다롄 해무국장을 지낸 인물이다. 이러한 경험에서 마쓰오 고사부로는 나카하시 도쿠고로가 주장하는 것과 같은 대규모 해항에 화물을 집약하고 거기에서 전국으로 철도를 통해 운송하는 국내 유통망에 대해서 “장대한 주위 연안을 두고 2, 3개의 제한적인 국항으로 경영하려고 하는 것은 가령 그 국항이 아무리 완전하다고 한들 전적으로 자연에 배반하는 정책”이라고 비판했다. 국내 물류는 수운을 중심으로 하고 전국의 나루와 포구마다 시장 규모에 맞는 소규모 항만을 정비하며 나아가 이들 항만이 분업하여 역할을 담당하도록 하면 전체적인 물류비도 줄어든다고 마쓰오 고사부로는 주장한다. 그리고 마쓰오 고사부로는 다구치 우키치田口卯吉 이래 해항론에서 당연시되어 온 계선 안벽 건설 그 자체에도 이의를 제기하고 부선 수송의 유효성을 인정함으로써 전국적으로 중소 해항 정비를 진행해야 한다고 주장한 것이다.[58]

이처럼 내륙 수운을 중시한 해항론에 근거하여 마쓰오 고사부로는 1913년 1월 오사카시 임시 항만조사회에 답신했다. 그 내용을 요약하면 다음과 같다.[59] 오사카 축항 공사의 비용이 부족한 것은 계선 안벽이나 임항 철도를 만들려하기 때문이며 따라서 시내 수운을 이용하여 시내 각 공장에 직접 화물을 상·하역하면 많은 비용을 들이지 않고도 해항으로서 기능을 발휘할 수 있다. 구체적으로는 기존의 계선 안벽 축조 및 임항 철도 건설을 수정하여 ① 아지가와安治川 양안 정비, ② 시리나시가와尻無川 정비, ③ 북쪽 방파제 밖을 공업 지대로 정비, ④ 에노코지마江之子島 부근 수로 및 나카쓰가와中津川 정비를 제안하였다.[60] 마쓰오 고사부

58 松尾小三郎, 「根柢より誤れる日本現時の築港計画」, 『太陽』 16-10, 太陽社, 明治43.7; 「欧州竝に日本の港湾を論ず」, 『東京経済雑誌』 1628~30, 東京経済雑誌社, 明治45.1; 「港湾築造の方針に就いて添田博士に質す」, 『東京経済雑誌』 1639, 東京経済雑誌社, 明治45.3.

59 松尾小三郎, 『大阪港湾調査報告』, 大阪市臨時港湾調査会, 1913.

로의 답신은 축항 계획의 단순한 축소가 아니라 설계 이념을 근본적으로 수정하는 것이었다고 말할 수 있다.

계선 안벽과 임항 철도 폐지를 요구하는 마쓰오 고사부로의 주장에는 합리적인 근거가 있었다. 러일전쟁 이후 축항 사업을 재개하였지만 오사카항으로의 선박 입항은 저조한 상황이 이어졌다. 특히 오사카 시내로의 육상 운송 연락 수단이 없는 대잔교나 매립지로의 선박 입항이 적어 1903년부터 사용하게 된 대잔교의 경우, 1910년 연간 이용 선박이 10척총 유계(維繫)시간은 84시간[61]에 그치는 등 낮은 이용 빈도가 비판의 대상이 되었다.[62]

하지만 축항 추진파 입장에서 보면 오사카항의 이용 빈도가 낮은 원인은 바로 오사카 축항이 미완성 상태이기 때문이었다. 다니구치 후사조에 의하면 1912년 오사카 시내의 뭄바이면綿 소비량은 약 22만 표俵였는데, 그 중 오사카항에서 하역한 것은 7만 표 정도에 그치며 나머지 약 15만 표는 고베항에서 수입한 후 오사카로 다시 실어 날라回漕 받은 것이다. 방적 공장 대부분이 오사카에 있음에도 불구하고 왜 고베항에서 많은 목화를 상·하역하는가. 그것은 고베항에 해륙 연락 설비접안 부두나 임항 철도 등가 정비되어 있어 국내 각지로 분배 운송이 편리하기 때문이다. 따라서 오사카항도 이와 마찬가지로 해륙 연락 설비를 정비하면 이용 빈도도 높아지고 오사카 또한 일본에서 최대 목화 시장이 될 것이라고 다니구치 후사조는 주장했다.[63] 오사카가 '동양의 맨체스터'[64]로 발

60 稲吉晃,「近代日本港湾史における『大港集中主義』と『小港分散主義』」,『土木史研究講演集』30, 土木学会土木史研究委員会, 2010.
61 大阪市港湾課編,「築港現状の一斑」,『大阪港勢一斑 附録 大正7年』, 大阪市, 1926, p.20.
62 松波仁一郎,「大阪港の過去と将来」,『港湾』7-7, 港湾協会, 昭和4.7, pp.4~5.

전하기를 원했던 다니구치 후사조 일행에게는 축항 규모 축소를 지향하는 임시 항만조사회의 논의를 전환시킬 필요가 있었다. 그리고 이들의 운동은 오사카시 시정 전체의 변혁을 위한 움직임과 연동하게 된다.

3) 쇄신파의 저항

애초에 1900년대부터 1910년대에 걸쳐 오사카시 시정 구조는 전환기를 맞이한 상태였다. 1898년메이지 31년 시제市制 특례가 폐지되면서 오사카부 지사의 시정 개입은 없어졌고, 시정은 개별 이익이 첨예하게 대립하는 상황이었다. 지사의 압력이 없어진 시 정계에서는 '예선파豫選派'라고 불리는 지역 명망가가 선출한 시 참사회 회원 및 시의회 의원의 영향력이 컸고, 시장은 이들의 의향을 무시하고는 시정을 이끌어 나갈 수 없었다. 그 결과 예선파가 다수를 점하는 시 참사회 및 시의회와 오사카시 시장이 대립할 때마다 시장이 사직하는 사태가 반복되었다.[65] 초대 시장 다무라 다헤에田村太兵衛는 오사카시 명망가 중 한 사람이었으나 임기 6년을 다 채우지 못하고 시의회와의 대립으로 인해 사직할 수밖에 없었다. 시의회의 반예선파는 예선파를 누르기 위해 중앙 정계의 유력자이기도 한 쓰루하라 사다키치[66]를 다무라 다헤에의 후임으로 불러들이기도 했다. 앞에서 설명한 바와 같이 쓰루하라 사다키치는 오사카 축항 문

63 坂田幹太, 앞의 책, pp.240~244.

64 다니구치 후사조(谷口房蔵)는 고베와 오사카의 관계를 항만 도시 리버풀과 공업 도시 맨체스터의 관계에 비유함으로써 '동양의 맨체스터'를 지향해야 한다고 주장했다.

65 新修大阪市史編纂委員会編, 『新修大阪市史』 6, 大阪市, 1995, pp.11~15·64~72.

66 쓰루하라 사다키치(鶴原定吉)은 상하이 영사, 일본은행 오사카지점 지점장 등을 지낸 인물로, 정우회 창립 위원 중 한 사람이기도 하다. 池原鹿之助, 『鶴原定吉君略伝』, 私家版, 1917, pp.97~100.

제를 비롯하여 시 재정 개혁에 있어서 일정 성과를 올렸지만 결국 시의회와 대립하여 1905년 7월 사직한다. 그리고 쓰루하라 사다키치의 후임 야마시타 시게타케山下重威는 예선파가 추천한 인물이라 그만큼 반발도 강해 신문 지면에 전 조역助役이 "시정은 시의회 의원이 다 하고 시장이나 조역은 아무 권한도 없다"고 고발하는 상황에 이른다.[67]

이와 같은 상황에 대하여 '예선 체제'에 포함되지 않는 새로운 그룹이 시정에 등장한다. 그리고 그 중심에 있었던 것이 다니구치 후사조였다. 다니구치 후사조는 예선파에게 대항하기 위하여 오사카시의 변호사·신문사 등과 연계하여 1909년 오사카시민회大阪市民會를 결성한다. 이들은 예선파가 좌지우지하던 오사카시 시정의 쇄신을 지향하여 오사카 시정 쇄신 운동을 일으켰기 때문에 쇄신파라 불린다. 1910년 6월 오사카시의회 선거에서 쇄신파가 압승하자 이들은 나카하시 도쿠고로를 오사카시의회 의장으로 추천한다.

중소기업인이 중심이었던 예선파에 대한 대책으로 전 체신성 관료이자 오사카상선 사장이기도 한 나카하시 도쿠고로의 존재는 큰 효과를 보였다. 횡령 사건의 책임을 지고 사직한 야마시타 시게타케 시장 후임 문제에 관해서는 나카하시 도쿠고로의 조정을 통해 쇄신파가 우에무라 슌페이植村俊平, 철도원 규슈철도(九州鐵道) 관리국장를 앉히는데 성공했다.

그러나 다니구치 후사조나 나카하시 도쿠고로가 지향했던 오사카 축항 추진이라는 목표는 쇄신파 내부에서 공유된 것은 아니었다. 오사카시 시정의 혼란은 시전·전등·가스 등 공공사업을 둘러싼 것으로 이들

67 新修大阪市史編纂委員会編, 앞의 책, pp.66~70.

재원을 마련하기 위하여 우에무라 슌페이는 축항 축소로 생각이 기울기 시작했다. 마쓰오 고사부로의 축항 계획 재검토는 이러한 상황 속에서 이뤄진 것이다.

물론 다니구치 후사조나 나카하시 도쿠조에게 마쓰오 고사부로의 안은 도저히 받아들일 수 없는 것이었다. 1912년 시전 경로 선정과 관련하여 우에무라 슌페이와 내무성이 대립하였는데, 결과적으로 나카하시 도쿠고로라는 지원군을 잃은 우에무라 슌페이는 시장을 사임할 수밖에 없었다.[68] 우에무라 슌페이 후임으로 나카하시 도쿠고로가 주목한 사람은 수로부장으로서 오사카 축항 사안私案을 작성한 적이 있는 기모쓰키 가네유키였다. 그리고 기모쓰키 가네유키의 시장 취임을 계기로 다시 오사카 축항은 확대된다. 마쓰오 고사부로의 보고를 받은 오사카시 임시 항만조사회는 1913년 4월 최종 보고서 『오사카 축항 이용 완성에 관한 보고서大阪築港利用完成ニ関スル報告書』를 제출하는데 이것은 마쓰오 고사부로의 안과는 완전히 다른 것이었다.[69]

최종 보고를 항목별로 살펴보면 다음과 같다. ① 축항 이용 방안 중 가장 급한 것은 임항 철도 정비로 매립지 남부 및 사쿠라지마櫻島에서 화물 노선을 연장·확충한다, ② 항내 준설 및 시내 하천 운하를 정비하여 수운망 확충을 시도한다, ③ 선박 항행·정박을 용이케 하기 위해 항로 표지·계선 부표를 늘리고 회선장廻船場을 설치한다, ④ 하역 등 화물 처리에 용이하게 묘박지艀溜·저탄장·저목장貯木場 설치하고 기중기선·상옥·창고를 증설하며 공인 항만 노동자仲仕 제도를 마련한다, ⑤ 시영 가치

68 위의 책, pp.91~93.
69 大阪市役所, 『大阪築港利用完成ニ関スル報告書』, 1913.

장假置場·공설 건선거 설치, 톤세 및 입진료入津料 경감 등을 통하여 외국 항로를 유치하고 각종 공장 설치나 해원海員, 노동자 대우를 보호한다, ⑥ 오사카부大阪府 항무부 설치 및 오사카시 항만과 권한 확대를 통해 해항 행정 기관을 정리한다. 이처럼 시내 운하망 확충에 대해서도 언급은 하고 있지만 최종 보고서의 중심이 임항 철도 정비에 있음은 명백했다. 최종 보고서에 대해서 『오사카신보大阪新報』는 다양한 이해관계자의 주장을 담은 결과 "일정한 의견이 없는" 것이 되어버렸다고 비판하였는데,[70] 최대 무역항 건설을 목표로 삼았던 다니구치 후사조나 나카하시 도쿠고로 입장에서는 모든 설비가 필요했을 것이다.

하지만 다니구치 후사조나 나카하시 도쿠고로는 최종 보고서를 실현에 옮기지는 못했다. 우에무라 슌페이가 시장을 사임한 시점에서 이미 쇄신파의 세력은 약해지고 있었고 기모쓰키 가네유키의 시장 취임도 오사카시의회는 쉽게 승인하지 않았다. 일련의 혼란을 책임지는 형태로 1913년 나카하시 도쿠고로는 오사카시의회 의장을 사임하고 같은 해 8월 기모쓰키 가네유키도 시장을 그만둔다.

나카하시 도쿠고로가 오사카 시정에서 이탈하고 기모쓰키 가네유키가 시장을 사직하면서 오사카 축항 문제는 다시 축소 방침으로 돌아간다. 기모쓰키 가네유키 후임으로 오사카 시장을 맡은 것은 예선파가 지지하는 이케가미 시로池上四郎였다. 오사카부 경찰부장이라는 경력을 지닌 이케가미 시로는 예선파와 중립파의 지지를 받아 오사카시 재정 재건을 추진하는데 오사카 축항 문제에 대해서도 항무과 과상인 나가와 쇼지로

70 「築港利用案批判」, 『大阪新報』, 大正2.5.10~15.

田川正二郎를 중심으로 재조사를 진행하여 1915년 5월에는 축항 중단안을 시 참사회에 제출한다.[71]

이케가미 시로는 축항 중단에 관하여 신중하게 조사하고 사전에 오사카시 유력자들의 동의를 얻었던 모양이다. 1915년 5월 19일 시 참사회의 승인이 떨어지자 같은 달 27일부터 6월 11일에 걸쳐 『오사카아사히신문大阪朝日新聞』에 「오사카 축항 문제大阪築港問題」라는 제목의 특집이 연재되었다. 이 특집에서는 다가와 쇼지로뿐만 아니라 선박 회사 관계자오사카상선 감독과 과장 치우라 도모시치로千浦友七郎·일본우선日本郵船 오사카지사 지사장 이타미 지로伊丹二郎·토목 기술자내무성 토목국 오사카출장소 부장 미이케 데이치로(三池貞一郎)·항만 운송업자도미지마구미(富島組) 대표 이노우에 도라지(井上虎次)·오사카창고 조사부 부장 아카시 시게히로(明石重禮) 등에 의해 축항 중단을 지지하는 논평이 실렸으며 이는 오사카시 내부의 여론 지지를 얻기 위한 것이었다.[72]

이들 주장은 각자의 입장을 반영한 결과 상세한 부분에서는 차이점이 있었지만 ① 오사카 축항 규모가 일본의 경제 규모에 비해 과대, ② 임항철도는 니시나리선西成線15)으로 대체 가능, ③ 운하 정비에 의한 축항 매립지 이용 촉진 필요라는 3개 측면에서는 공통점을 보였다. 나카하시 도쿠고로가 퇴사한 오사카상선이나 확대 설계안을 작성한 내무성 토목국도 포함하여 이 시점에서는 마쓰오 고사부로의 안에 대한 지지가 모아졌다고 할 수 있다.

물론 다니구치 후사조는 이러한 움직임에 반발하였다. 축항 중단안은 6월 2일 오사카시의회에 제출되지만 다니구치 후사조는 시의회 위원회

71 坂田幹太, 앞의 책, p.386.
72 「大阪築港問題 (1)~(6)」, 『大阪每日新聞』, 大正4.5.27~6.11.

에서 이 안을 부결시키고자 했으며, 이와 동시에 『오사카마이니치신문』을 이용하여 축항 계속 진행을 위한 캠페인을 전개하였다. 그 결과 5월 31일에는 시정광市政狂이, 6월 1일 및 12일부터 16일에 걸쳐서는 도남생圖南生이 축항 중단안 비판을 『오사카마이니치신문』에 연재한다.[16)] 나아가 다니구치 후사조 본인 이름으로도 같은 해 9월 5일부터 18일에 걸쳐 축항 중단안 비판을 연재하였다.[73]

이들의 주장은 대략 다음과 같다. 오사카 축항은 해외 여러 지역과 서일본西日本 전역을 잇는 '중계항'을 지향하며 당시의 내무성과 육군성이 주도하여 설계한 것이다. 따라서 오사카항과 국내 각지를 연결하는 임항 철도 및 계선 부두는 기능면에서도 필수 불가결한 설비이고 중앙 정부의 의향을 반영한 것이기 때문에 쉽게 그만둬서는 안 된다. 비용에 관해서는 1905년 기채 허가를 받은 980만 엔 중 483만 엔이 미발행 상태이므로 이를 모집하면 계선 부두 건설은 불가능하지 않다.

즉, 1915년 시점에서는 임항 철도 부설의 현실성이 문제가 되었다고 할 수 있다. 그리고 임항 철도 부설은 내무성이나 대장성이 아니라 체신성-철도원 소관이었다. 제3장에서 살펴본 바와 같이 체신성-철도원은 1900년대 이후 육해상 교통의 결절점으로서의 해항 행정에 관심을 잃은 상태였다. 그 결과 임항 철도의 우선순위는 결코 높지 않았으며, 1914년 철도원이 작성한 7년 계획에서 오사카임항선大阪臨港線은 빠져있었다.[74] 그리고 이처럼 임항 철도 조기 실현이 불투명한 상황이 이케가미 시로 일

73 市政狂, 「築港中止に関して市民に檄す」, 『大阪毎日新聞』, 大正4.5.31; 図南生, 「築港打切り案」, 『大阪毎日新聞』, 大正4.6.1; 図南生, 「大阪築港に就て」, 『大阪毎日新聞』, 大正4.6.12~16; 谷口房蔵, 「大阪築港に就て」, 『大阪毎日新聞』, 大正4.9.5~18.

74 図南生, 「築港経営」, 『大阪毎日新聞』, 大正5.7.27.

행의 축항 중단안을 뒷받침한 것은 분명하다.

하지만 다니구치 후사조 측은 축항을 중단하면 임항 철도 실현 방안도 막혀버린다고 어디까지나 축항 중단에 반대했다. 오사카시의회의 중립파는 중단이 아니라 연기라는 타협안을 내세워 조정을 시도했다. 그리고 중립파에 의한 조정의 결과, 축항 공사를 1916년도부터 5년간 중단하고 1921년도부터 재개한다, 단, 정부가 임항 철도 부설을 실시할 경우, 중단 기간 중이라도 즉시 공사를 재개한다는 내용으로 타협하였으며 1915년 11월 오사카시의회에서 의결되었다.

4) 중단 후의 오사카항

결국 다니구치 후사조 측의 운동은 실패했다. 1890년대와 달리 축항 문제를 오사카시의 지역 이익으로 만들지 못했던 것이다. 그 이유는 오사카가 도시로서 발전한 결과, 축항 이외의 공영 사업시전·전등·가스 사업의 필요성이 높아져 축항을 통해 얻을 수 있는 이익을 공유할 수 없었기 때문이다. 게다가 오사카시 시정이 과거의 명망가 지배에서 전환기를 맞이한 때이기도 해 혼란 속에서 축항 사업은 많은 지지를 얻을 수 없었다.

그런데 1915년 시점에서 오사카의 해항 정비가 완전히 멈춘 것은 아니었다. 오히려 이후에 오사카항 정비는 비약적으로 진척된다. 시영 축항 중단 후, 해항 기능 정비를 추진한 것은 사기업이었다. 전년도에 발발한 제1차 세계대전의 영향으로 일본 경제가 호전되었고 선박 회사나 창고 회사를 비롯하여 사기업이 시설 투자에 뛰어든 것이다. 나아가 해외 무역량이 급속도로 늘어나면서 요코하마·고베 등 대형 무역항도 선박과 화물 수용 능력에 부족함을 보였고 결과적으로 오사카항에 대한 기대 또한 급격하게 높아졌다.

1916년에는 스미토모창고住友倉庫·도쿄창고東京倉庫·도신창고東神倉庫 등 재벌 계열의 창고 회사가 잇달아 오사카시에게 매립지 이용 신청을 했다. 같은 해 1월 스미토모창고는 축항 부두 매립지 2만 4,000평의 임차 신청서借地願를 오사카시에게 제출했다. 이것은 시가 축조 예정이었던 제1 선거 북쪽 계선 안벽을 축조하여 상옥·창고를 건설하는 것이었다. 시영 축항 중단을 결정한 오사카시에게 이는 환영할 만한 일이었다. 오사카시와 스미토모창고는 절충을 거쳐 계선 안벽 공사를 시가 위탁하여 스미토모가 실시하는 형태로 계약을 맺었다. 계약 기간은 20년으로 그동안 스미토모창고는 계선 안벽의 우선 사용권을 가지며 배후의 약 2만 1,500평짜리 시유지를 임차하여 창고업을 경영할 수 있게 되었다. 나아가 오사카항 북부 쇼렌지가와正蓮寺川 유역 지주 조합을 조직하여 북항 건설 계획을 세운 후 오사카시에게 신청했다.[75]

이처럼 오사카시가 종합적인 축항을 일시 중단한 이후 사기업에 의한 부분적인 축항 사업이 진행되었다. 오사카시에서는 축항을 둘러싼 지역 이익은 성립하지 않았지만 민간 이익을 통해 부분적으로 실현된 것이다. 하지만 사기업에 의한 부분적인 해항 건설이 진행되면서 전체 계획과의 조정이 문제가 되었다. 즉, 민간 이익과 지역 이익의 대립은 형태를 바꿔 계속 존재했다고 할 수 있겠다. 다음 절에서는 사기업이 공업항 건설을 추진한 기타규슈北九州 지역을 대상으로 이와 같은 문제를 검토하도록 한다.

75 大阪市, 『大阪築港一〇〇年－海からのまちづくり』 上, 大阪市港湾局, 1997, pp.135~138.

3. 민영항의 적극적 전개-기타규슈 지역 항만 정비

1) 기타규슈 공업 지대의 특징

1900년대부터 1910년대에 걸쳐 일본 해항에 일어난 가장 큰 변화는 공업항으로서 기능하게 되었다는 점이다. 기존에 해항은 물류의 결절점이었고 항구 도시는 내륙으로 원료 및 제품을 중계하는 지점으로 번창하였다. 하지만 중화학 공업 부문이 발달하면서 원료와 제품 운송비를 줄이기 위해 임해 지역에 공장 건설이 집중적으로 이루어지게 된다.〈그림 4-6〉 그리고 이 공업항으로의 변화야말로 해항 건설에 사기업이 적극적으로 뛰어든 배경으로 작용하였다.

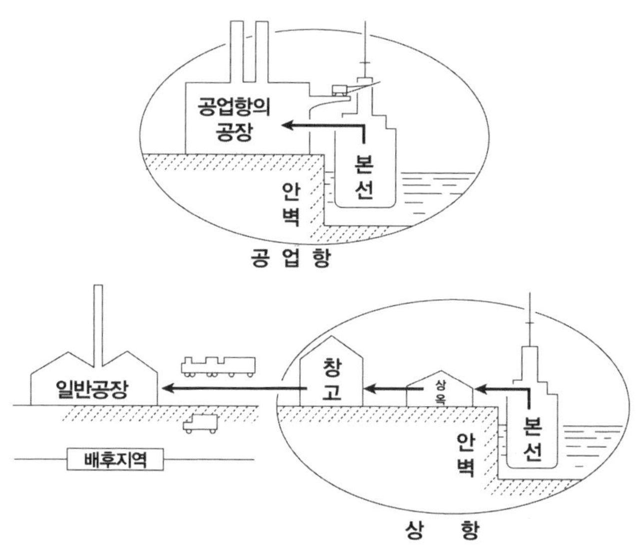

〈그림 4-6〉 공업항 이미지
출처 : 内務省土木局, 『工業港の躍進』, 内務省土木局, 1935, p.2.

일본에서 (집합)공업항 건설은 아사노 소이치로淺野總一郞에 의한 쓰루미항鶴見港 건설이 그 시초라고 알려져 있다.[76] 아사노 소이치로는 청일전쟁 이후 영미英美 시찰 경험을 바탕으로 요코하마항 부근에 대규모 공업 지대 건설을 지향하게 되었으며, 시부사와 에이치 · 야스다 젠지로 등의 협력 아래 1908년 쓰루미매립조합鶴見埋立組合을 설립하였다.[77] 그리고 가나가와 현으로부터 다지마田島 · 마치다町田 두 마을의 지선 해면地先海面 약 150만 평을 대상으로 한 매립 사업의 허가를 얻어 공사를 시작하였다. 이 매립지에는 일본강관日本鋼管, 1912 · 아사노조선소淺野造船所, 1916 · 아사노제철소淺野製鐵所, 1917 · 아사노시멘트淺野セメント 등이 공장을 건설하였고, 이후 게이힌공업지대京濱工業地帶17)의 중심을 이룬다.[78] 공업항에서는 임해 지역이 그대로 공장이 되기 때문에 사기업의 진출 의지가 강하다. 그 결과 1910년대 이후 사기업이 부현의 허가를 얻어 매립지를 조성하는 일이 일반화되었다.

물론 기존의 중계항에 사기업 진출이 없었던 것은 아니다. 예를 들어 영국에서는 20세기 초반까지 해항은 복수의 선거 회사의 집합체인 것이 보통이었다. 그리고 일본에서도 제1장 제2절에서 언급한 바와 같이 일부 해항에서는 창고업 · 선거 회사를 중심으로 사기업이 뛰어들었다.[79] 하지만 일본 근대 해항의 특징은 선박 대형화와 물류량의 급속한 증가

---

76 矢野剛, 『全訂増補 商港論』, 二里木書店, 1943, p.373.

77 神奈川県企画調査部 · 神奈川県県民部県史編集室, 『神奈川県史(各論編)』 2, 神奈川県, 1970, p.14.

78 石塚裕道, 「京浜工業地帯形成史序説－1910年代を中心に」, 『研究紀要』 51, 日本大学文理学部人文科学研究所, 1996.

79 예를 들어 고베항에서는 1880년 고다이 도모아쓰(五代友厚) 등을 중심으로 고베잔교회사(神戸棧橋會社)가 설립되었다. 이 회사는 2,500톤급 선박을 계선할 수 있는 산교 · 상옥 2동 · 창고 4동을 건설하고 계선 · 항만 운송 · 창고 등 해항 경영 사업을 종합적으로 경영하였다. 제1차 고베 축항 공사가 시작될 때까지 경영을 계속하였으며, 이 공사 시공 중인 1909년 정부가 매수하였다. 山本泰督, 「民間資本による神戸港の港湾設備建設－明治期における神戸港修築にかんする一考察」, 『経済経営研究年報』 20-1 · 2, 神戸大学経済経営研究所, 1970.

를 사기업의 규모가 따라잡지 못했다는 데 있다. 지금까지 살펴본 것처럼 요코하마나 오사카 등 일본의 대표 해항에서 필요한 설비 전부를 사기업이 정비하는 것은 힘들었다. 해항으로서 필요로 했던 규모가 사기업이 정비 가능한 규모를 크게 웃돌았기 때문이다.

사기업이 주도한 해항 정비가 가능했던 것은 요코하마나 오사카와 같은 종합 무역항이 아니라 석탄 적출積出을 담당한 중소 해항이었다. 석탄의 경우 대량의 화물을 적출하기 위한 설비가 필요했고 따라서 광산과 해항을 함께 경영하는 것이 가능했다. 예를 들어 후쿠오카현 미이케항三池港은 미이케탄광三池炭鑛의 적출항으로 새롭게 정비한 해항이었는데, 이는 모두 미쓰이광산三井鑛山이 진행했다. 1902년 시작한 미이케 축항 공사는 미이케의 석탄을 적출하기 위하여 2,000톤급 선박에 대응하는 것을 목표로 하였으며, 남북 각각 3,000척의 방파제와 계선 안벽, 탄적기炭積機, 저탄장 등을 정비하는 내용이었다.[80]

그리고 1900년대 석탄 적출항에서 대형 공업 지대로 전환한 것이 기타규슈 지역이다. 미이케의 경우, 하나의 기업이 단독 경영을 하였지만, 기타규슈 지역에서는 모지 · 와카마쓰若松 · 도바타戸畑 · 고쿠라小倉 등의 해항이 경쟁하면서 사기업에 의한 해항 정비가 진행되었다.

그런데 기타규슈 지역은 게이힌 지역이나 한신阪神 지역과는 달리 지역 자본이 취약하다는 특징을 지닌다. 잘 알려져 있다시피 기타규슈 지역은 석탄 때문에 발전하였다. 풍부하게 산출되는 치쿠호筑豊 석탄의 적출 지역으로 발전의 계기를 잡았고, 나아가 그 치쿠호 석탄을 연료로 사

80 逓信省管船局, 『長崎海事局館内航通運輸ニ関スル報告』 7, 逓信省管船局, 1909, pp.77~79.

용하는 공업 지대로 발전한 것이다. 그러나 기타규슈 공업 지대 발전의 직접적인 계기가 된 야하타제철소八幡製鐵所 건설이 정부에 의해 이뤄진 사실이 상징하듯이 중공업을 경영할 수 있는 자본력이 기타규슈 지역에는 없었다.

따라서 미쓰비시나 미쓰이 등 중앙 자본이 이 지역에 진출하여 광산 경영 및 각종 공장 건설에 뛰어들기 시작한다. 제1장에서 언급하였듯이 치쿠호 석탄 적출을 위하여 1880년대 시도된 모지 축항 사업은 지역 경제계 단독으로는 자금 조달을 하지 못해 시부사와 에이치로나 미쓰비시 등 중앙 자본의 지원을 요청할 수밖에 없었다.

치쿠호 석탄의 또 하나의 적출항으로 1889년 시작된 와카마쓰 축항도 이와 같이 중앙 자본의 지원으로 실현에 이른 것이었다. 와카마쓰 축항은 당시 지역 탄광업자와 석탄상을 중심으로 계획되었지만, 1890년 공황의 영향으로 경영 상황이 악화되자 미쓰비시나 시부사와 에이치로의 지원을 받아야만 했다.[81]

지역 자본이 취약성은 특히 금융면에서 두드러졌다. 1890년대 말 이후 모지에는 은행이 잇달아 설립되었는데 대부분은 도쿄 및 오사카 은행의 지점이었다. 게다가 청일전쟁 이후부터 러일전쟁 이후에 걸쳐서는 은행 간 과다 경쟁으로 인해 경영 기반이 약했던 지역 자본 은행이 많이 도태되었다.[82]

그리고 이와 같은 상황은 자연스럽게 기타규슈 지역의 지역 이익 성립

---

81 石野寛平,「若松築港沿革記」, 若築建設株式会社八十年史編纂委員会編,『八十年史－若築建設株式会社』, 若築建設株式会社, 1970, p.75.
82 北九州市開港百年史編さん委員会編, 앞의 책, pp.56~57.

에도 영향을 미쳤을 것이다.[83] 이하 이 절에서는 1910년대 석탄 적출항에서 종합 무역항으로의 탈피를 시도한 모지항門司港과 와카마쓰항若松港의 사례를 통해 사기업이 해항 경영에 참가하는 과정을 검토하도록 하겠다.

2) 모지항의 발전

기타규슈의 여러 항 중에서도 가장 시급하게 정비를 요구받은 것은 모지항이었다. 제2장에서 설명한 것처럼 모지항은 1889년 특별 수출항으로 지정, 석탄 외 5개 품목의 수출이 허용되었으며, 1899년에는 개항 지정을 받아 무역 제한이 해제되었다. 그 결과 동아시아를 대상으로 한 석탄 수출을 중심으로 나가사키를 대신하여 규슈의 대표 해항으로 자리 잡는다.

특별 수출항으로 지정된 1890년 시점에서는 모지항의 연간 수출액은 34만여 엔으로 나가사키항약 431만의 10분의 1도 되지 않았다. 하지만 모지항은 이후 착실하게 수출 실적을 늘려 1897년 450만여 엔으로 나가사키와 비슷한 규모를 겨루게 된다. 그리고 무역 제한이 풀린 1901년에는 전년의 약 569만 엔에서 약 1,361만 엔으로 2배 이상 늘어 급격한 성장세를 보였다. 한편 나가사키항의 연간 수출액은 1901년 약 485만 엔으로 보합 상태가 지속되었다.[84]

그리고 이러한 무역량의 급증은 당연하게도 모지항 정비 요구로 이어졌다. 특히 선박 대형화에 대한 대응은 모지 사람들에게 중대한 관심사

83 清水憲一, 「北九州工業地帯と工提用地・海面埋立ー工場地帯形成と地域経済」, 後藤靖編, 『日本帝国主義の経済政策』, 柏書房, 1991.

84 大蔵省, 『大日本外国貿易37年大照表(自明治元年至同三十七年)』, 大蔵省, 1909, pp.7~9.

였다. 일본우선이 1913년 유럽 항로에 투입한 1만 톤급 기선가토리마루(香取丸)·가시마마루(鹿島丸)이 정박 안정성을 이유로 모지항이 아닌 나가사키항을 기항지로 삼은 사실은 모지 사람들에게 위기감을 불러일으켰다.[85]

선박 대형화의 진행 속에서 문제시된 것은 모지항 앞바다의 모래톱사주(中洲)·모지슈(門司洲)의 존재였는데 이에 대해서는 이미 내무성이 대책을 마련한 상태였다. 앞에서 설명하였듯이 간몬해협 및 모지·시모노세키 두 항의 준설은 우선 33척10미터, 장래에는 40척약 12.1미터까지 준설하는 것을 제2차 항만조사회에서 결정하였다.

따라서 모지 사람들에게 더욱 절박했던 것은 육상 시설 문제였다. 『후쿠오카니치니치신문福岡日日新聞』 기자 다나카 가즈지田中一二는 일본우선이 모지를 기항지로 하지 않은 원인을 수심 문제가 아니라 석탄 적출 등 육상 시설이 빈약하기 때문이라고 했다. 와카마쓰·미이케·무로란 등 민간 업자가 경영하는 석탄 적출항에서는 이미 석탄 적출의 기계화가 시도되고 있었다. 하지만 이미 살펴본 것처럼 기타 대형 항만에서는 임항 철도 부설조차 늦어지는 상황이었으며 모지에서도 이들 시설의 조기 정비가 과제로 떠오른 것이다.

게다가 모지는 상옥·창고 용지도 부족했다. 제3장에서 검토하였듯이 세관대장성은 요코하마와 고베의 시설 정비에 바쁜 상황이었고, 다른 한편으로는 지역 자본이 취약하여 무역량 급증에도 불구하고 창고 등의 건설이 전혀 진행되지 않았다. 1900년대까지 모지항에는 도신창고가 보유하는 창고 4동밖에 없었으며, 심지어 세관은 그 일부를 빌려 보세 창고로

---

85 田中一二, 『帝国の関門』, 積善館, 1914, p.101. 참고로 당시 1만 톤급 기선에 대응하기 위해서는 수심 9.5미터가 필요하다고 인식되었다. 鈴木雅次, 『港湾』, 岩波書店, 1933.

사용하는 형국이었다.

이와 같은 상황은 당사자인 중앙 자본 관계자들조차도 모지항 발전의 저해 요인이라고 인식했다. 미쓰이 계열 창고 회사인 도신창고 모지지점 지점장, 가토 나오노리加藤直法는 "모지항과 같이 실력 없는 상인만 있는 도시에서는 화물을 성과 없이 통과시켜 버려 한시도 머무는 일이 없기 때문에 창고는 쉬고 은행은 한산한 상태가 반복되기에 이르러 시의 성쇠를 좌우하는 일이 결코 적지 않다"[86]며 지역 자본의 취약함이 모지항 발전을 막고 있다고 지적했다.

이러한 모지항의 육상 시설 정비에 뛰어든 것은 고베의 무역 회사 스즈키상점鈴木商店 이었다. 1907년 스즈키상점은 모지시 산바시도오리桟橋通り에 지점을 내고 모지에 본격적으로 진출했다. 무엇보다 모지항은 평야부와 매립 용지가 적기 때문에 육상 시설 건설이 어려웠다. 이에 스즈키상점은 모지항에서 5킬로미터 정도 떨어진 다이리大里 지구에 육상 시설을 건설코자 했다. 1910년 스즈키상점은 다이리에 1만 평에 달하는 대규모 창고군을 건설하고 나아가 제분소 · 제염소 · 맥주 공장 · 유리 제조소를 잇달아 만드는 등 다이리의 육상 시설 정비 및 공업항으로의 변화를 이끌었다.[87]

스즈키상점이 주도한 다이리의 공업항으로의 변신은 모지항 정비가 늦어지고 있다는 현실의 반증이기도 했다. 물론 이미 살펴본 것처럼 중앙 정부도 모지항을 중요시하고는 있었다. 그러나 내무성 주도로 시작된 모지항 정비는 육상 시설 정비에 충분한 관심을 두지 않았던 것이다.

---

86 田中一二, 앞의 책, p.166.
87 北九州市開港百年史編さん委員会編, 앞의 책, p.85.

항만조사회가 모지항 정비 계획을 시작한 것은 1908년의 일이었다. 여기에서는 안전한 정박지 확보를 위하여 모지슈 제거를 확인했는데 기타 화물 처리 시설 확충을 위해 확인된 방침은 다음 2개 사항으로 요약할 수 있다.[88] 첫째, 장래 모지항에서 처리하는 석탄의 최대량을 연간 500만 톤, 나아가 최대 저탄량을 60만 톤으로 상정하고 이에 대응하기 위한 철도 연락 및 창고 시설을 정비한다. 둘째, 간몬 두 항을 통일하여 관리하고 간몬해협의 혼잡을 완화하기 위한 부선 단속 규칙을 정한다.

첫 번째 사항의 전제는 현저하게 발전 중인 기타규슈 지역에서는 모지항에만 기능을 집중하는 것이 아니라 고쿠라·와카마쓰 등 주변 지역 해항을 포함하여 종합적으로 개발한다는 구상이었다. 항만조사회 제2회 회의에서 히로이 이사미廣井勇, 도쿄제국대학 공과대학 교수는 "이 와카마쓰와 같은 경우 이미 출탄 준비는 되어 있지만 얕은 곳이 많아 들어갈 수가 없기 때문에 역시 부선으로 회송하고 있다. 이것을 깊게 하는 것도 모지를 편리하게 할 것이다. 또한 고쿠라 축항을 하는 것도 마찬가지로 모지를 돕게 되는 것이니 전체적으로 이 지방에 항이 하나 생기면 이익이 될 것이다"[89]라고 의견을 펼쳤다.

특히 의식한 것은 모지와 마찬가지로 치쿠호 석탄 적출항이었던 와카마쓰항이다. 와카마쓰에서는 지역 석탄업자가 중심이 되어 와카마쓰축항회사若松築港會社를 설립하고, 이후 이 회사가 해항 건설을 실시했다. 1890년부터 개시한 축항 공사를 통해 과거 수심이 6척약 1.8미터도 채 되지 않았던 와카마쓰항은 1898년 최대 수심이 14척약 4.2미터까지 늘어난다.

88 原敬文書研究会編, 「関門両港調査書」, 『原敬関係文書』 8, 日本放送出版協会, 1987, p.164.
89 原敬文書研究会編, 「港湾調査会議事速記録第二号」, 『原敬関係文書』 8, 日本放送出版協会, 1987, p.103.

나아가 1913년 착공한 제3기 공사에서는 최대 수심을 20척약 6미터까지 확대하기로 계획하였다.[90] 또한 석탄 적출의 기계화를 위해 이미 1898년 호이스트 크레인hoist crane 및 수압 크레인을 1대씩 설치한 상태였다.[91]

뒤에서 설명하겠지만 모지와 와카마쓰의 지역 사회는 서로 경쟁자로 여기고 있었으나, 중앙 정부에서는 상호 보완하면서 치쿠호 석탄 적출이 이뤄지기를 기대했기 때문에 제2차 항만조사회 논의에서는 와카마쓰와 모지에서 같은 규모 또는 그 이상의 석탄 적출을 상정한 것이다.

두 번째 사항은 이미 요코하마와 고베에서도 문제가 된 해항 행정 일원화 문제였다. 그리고 해난사고가 잦은 상황이었던 간몬해협에서는 그 필요성이 더욱 절박했다. 게다가 이 해협은 야마구치山口와 후쿠오카 두 현에 걸쳐있기 때문에 부현이 관리하는 것도 힘들었다. 이에 항만조사회에서는 이누즈카 가쓰타로犬塚勝太郎, 내무성 토목국장 · 우치다 가키치체신성 관선국장 · 다라오 겐사부로多羅尾源三郎, 오사카상선 감사역를 '간몬 양항 관리 및 부선 단속에 관한 주사위원関門両港ノ管理及艀船取締ニ関スル主査委員'으로 임명하고 관리 방법을 검토하도록 했다.

위원회에서 내놓은 결론은 간몬 두 항을 일원화하여 관리하는 '간몬해무국關門海務局'을 설치한다는 것이었다.[92] 간몬해무국은 항로 유지나 항칙 사무 등 항내 선박 관리와 함께 선거 · 잔교나 해면 매립 등 항내 공사 인허가, 검역, 도선, 육상 설비까지 포괄적으로 관리하는 관청으로 구상되었다. 대장성 · 철도원을 배제하고 구성한 이 위원회에서는 창고나 상옥

90 若築建設株式会社, 『若築建設百十年史』, 若築建設, 2000, p.39.
91 北九州市開港百年史編さん委員会編, 앞의 책, p.73.
92 原敬文書研究会編, 「関門海峡管理及関門両港艀船取締リニ関スル件」, 『原敬関係文書』 8, 日本放送出版協会, 1987, pp.173~174.

등 육상 시설에 대한 관심은 낮았고 수면 부분 관리와 육상 시설 경영을 분리하는 해무국 구상에 이른 것이다. 당연히 해무국 구상은 대장성의 반발을 샀고, 이후 항만조사위원회에서 이 구상을 검토한 흔적은 없다.

한편 해무국 구상뿐만 아니라 모지와 시모노세키 두 항의 육상 시설 정비 계획도 실시될 움직임이 전혀 보이지 않았다. 그 이유는 역시 재원 문제였으며, 중앙 정부 관청 내에서 여러 재원 마련책을 검토하였다. 가장 먼저 검토한 것은 민영론이었다. 여기에는 와카마쓰 축항의 성공이 배경으로 작용했을 것이다. 당시 일본 경제를 견인하던 석탄 관련 상공업자가 지원하면 사기업에 의한 축항은 성공할 것이라 예상되었다. 내무성 토목국에서는 이미 1907년 시점부터 오키노 다다오沖野忠雄가 육상 시설은 민간에 위탁하는 의견을 제출하였다.[93] 또한 1911년 4월에는 가쓰라 타로 총리 겸 대장대신이 정우회 간부인 하라 다카시에게 모지항을 민간에 위탁하는 안을 제시했고 이에 하라 다카시도 찬성하였다.[94]

하지만 이로부터 3개월 후인 7월 가쓰라 타로는 하라 다카시에게 해항 건설 문제를 철도원으로 이관하고 철도 특별 회계에 포함시키는 것을 제언하는 등[95] 제2차 가쓰라 타로 내각의 방침은 일정하지 않았다. 중앙 정부는 모지 축항의 계획 자체는 세웠지만 실행 수단을 좀처럼 구체화하지 못한 것이다.

93 沖野忠雄, 「港湾改良ニ関する意見」, 原敬文書研究会編, 「関門海峡管理及関門両港艀船取締リニ関スル件」, 『原敬関係文書』 8, 日本放送出版協会, 1987, p.87.

94 原奎一郎編, 『原敬日記』 3, 福村出版, 1981, p.61.

95 위의 책, p.144.

3) 모지의 미래상에 관한 논쟁

따라서 모지항 육상 시설 정비는 결과적으로 모지시가 주체적으로 해야 했다. 그런데 오사카의 사례가 말해주듯이 해항 건설에 관한 지역 사회의 합의를 형성하는 것은 예상외로 어렵다. 모지시 시장 나가이 다마키永井環 주도로 1911년 5월 항만조사위원회가 설치되었으나 이 위원회에 대한 비판도 많았다.[96]

『후쿠오카니치니치신문』의 기자였던 다나카 가즈지는 모지시 항만조사위원회가 시정 유력자만으로 구성되어 실제 해항 시설을 이용하는 사람들의 의견은 반영하지 못한다고 비판하였다.[97] 이 위원회는 시 공민 중 선거권을 가지는 자6명·시의회 의원4명·시 참사회 회원2명으로 구성되었는데, 다나카 가즈지는 이러한 구성으로는 전문 지식이 필요한 해항 문제에 대하여 충분한 논의가 이루어질 수 없다고 지적했다. 확실히 같은 시기 설치된 오사카시 임시 항만조사회가 지역 정치인 외에 사기업이나 관청 관계자까지 포함했다는 사실과 비교하면 모지시 항만조사위원회의 구성은 지역 정치인에 편중된 상태였다고 말할 수 있다.

그리고 다나카 가즈지는 1913년 3월 철도원이나 창고 회사 지점장 등 모지항과 직접적인 이해관계를 가지는 사람들의 의견을 『후쿠오카니치니치신문』에 싣고 모지시가 주도하는 축항에 대한 반대 캠페인을 전개한다.[98] 나아가 이들 의견을 수록한 『제국의 관문帝国の関門』을 간행하여

---

96 北九州市開港百年史編さん委員会編, 앞의 책, p.68.

97 「西九州の港湾 門司港」, 『福岡日日新聞』, 大正元年.12.25.

98 「門司港湾問題 1~13」, 『福岡日日新聞』, 大正2.3.6~21. 여기에 의견을 낸 것은 모지세관 세관장(가사하라 지츠타로(笠原實太郎)), 규슈철도 관리국장(후지타 고리키(藤田虎力)), 규슈철도 공작과 과장(스즈키 기야타(鈴木幾弥太)), 도신창고 모지지점 지점장(가토 나오노리(加藤直法)), 스즈키상점 모지지점 지점장, 후쿠오카현 항무부 부장(사카타 미키타(坂田幹太)),

모지 축항에 대한 논의의 장을 좁은 의미의 모지시 정계에서 모지항과 관련된 관청·경제계까지 넓히고자 했다.

『후쿠오카니치니치신문』과 『제국의 관문』에서 엿볼 수 있는 모지항 논의의 대립축은 모지항 건설 방침을 기존과 같이 석탄 수출 기능 중시로 할 것인지 아니면 종합 무역항으로 발전시키기 위해 공업 용지 확보를 최우선시 할지로 집약된다.

석탄 수출 기능을 중시하는 대표 논자는 철도원 규슈철도 관리국장 나가오 한페이長尾半平였다. 나가오 한페이는 기존에 모지시내에 있던 모지항의 지리적 우위를 과도하게 평가하는 의견을 경계한다. 오사카 축항이 실패한 것은 고베와 지리 경쟁에서 졌기 때문이 아니라 오사카 축항 설계 자체에 문제가 있었기 때문이다. 따라서 나가오 한페이는 모지 축항 계획을 생각할 때도 "동서에서 오고가는 선박이 반드시 이곳에 정계碇繫해 있으면서 갖가지 상품과 재화를 끌어들이는 힘을 지닐" 것 등, "지리의 이점에 기대 의존하지 말고 다양한 계획에 확실한 기반을 만들" 필요가 있다고 논했다.

그리고 나가오 한페이가 생각한 모지항의 "확실한 기반"이야 말로 모지항 발전의 계기가 된 치쿠호 석탄의 취급이었다. 분명히 모지항의 취급 품목 중 석탄이 차지하는 비중은 줄어들고 있었다. 하지만 석탄 대신 모지항의 주요 취급 품목으로 부상하던 정당精糖 등 기타 공업 제품은 치쿠호 석탄 공급이 있기 때문에 생산되는 것이었다. 치쿠호 석탄 적출항으로서 모지는 와카마쓰와 경쟁 관계에 있으며 따라서 탄적기 설치를

모지시 항만조사위원(아쓰미 이쿠로(渥美育郎)), 전 다이리정당소(大里精糖所) 지배인(히토미 이치타로(人見一太郎)) 등이었다.

서두를 필요가 있다고 나가오 한페이는 주장했다.[99]

한편 나카오 한페이 전임으로 규슈철도 관리국장을 맡았던 후지타 고리키藤田虎力는 "더 이상 석탄을 유일한 생명줄로 해야 하는 시대가 아니다"[100]라고 하며 탄적기 설치에 구애받지 않는 입장을 보였다. 후지타 고리키는 석탄을 어떻게 적출할지를 생각하는 것이 아니라 석탄을 어떻게 이용할지 생각해야 한다고 논하며 해항 문제보다 공업 문제를 검토해야 한다고 주장했다.

다나카 가즈지는 본인의 축항론을 밝히지는 않았지만 『후쿠오카니치니치신문』 지면에서는 종합 무역항론이 대세였던 것으로 보아 후지타 고리키가 주장하는 종합 무역항론을 지지했을 것으로 보인다. 예를 들어 스즈키상점 다이리제당소大里製糖所 지배인 히토미 이치타로人見一太郎는 석탄 적출 시설은 기항 선박에 공급할 정도만 설치하고 미쓰비시나 미쓰이 등 중앙 자본의 공장 유치에 힘을 쏟아야 한다고 주장했으며, 오사카상선회사 아쓰미 이쿠로渥美育郎는 모지항을 통과하는 여객이나 화물을 붙잡아 두기 위해 유력 상인을 유치하고 여객 시설을 정비할 필요가 있다고 논했다.

하지만 이들도 축항 계획의 구체적인 안을 가지고 있었던 것은 아니다. 해항 건설의 전체 계획은 이미 내무성 제2차 항만조사회에서 검토 중이었다. 히토미 이치타로는 "모지항 설비에 대하여 모지시 시민 일부가 지방 중심적 생각으로 설계하려 하는 것도 (…중략…) 토목국 방침과 충돌하면 실행이 불분명해지므로 오히려 모지시 독자 조사 등 쓸모없는

99 田中一二, 앞의 책, pp.18~20.
100 위의 책, p.27.

방법은 그만두고 토목국에게 조사 설계를 위임하는 것이 현명한 처치"[101]라고 생각했다. 아마도 『후쿠오카니치니치신문』에 기고한 많은 논자들도 같은 생각이었을 것이다.

어쨌든 간에 이들의 논의는 모지 사람들에게 탁상공론에 지나지 않았다. 히토미 이치타로가 지적하듯이 1909년 시점에서 이미 제2차 항만조사회에 의한 모지항 연안 이용 계획이 정해져 있었다. 구체적으로는 시라키자키白木崎부터 고모리에小森江에 이르는 연안은 석탄 적출 지대, 시라키자키부터 구 모지모지 정차장(停車場)까지는 일반 화물 적출 지대로 만드는 계획이다.[102] 이 일반 화물 적출 지대 중 모지시가 독자적으로 정비할 수 있는 범위를 확정하지 않으면 모지시 항만조사위원회가 할 수 있는 일은 아무것도 없었다. 따라서 위원회는 모지항에 관한 각종 통계를 모으고 내무성 기사에게 설계 의견을 묻는 정도밖에 하지 못했던 것이다.[103]

이들에게 필요했던 것은 모지항의 미래상에 관한 추상적인 논의가 아니라 구체적인 설계안이었다. 그리고 1910년대 이를 제공한 것은 역시 대장성이었다. 모지세관이 나가사키세관으로부터 독립한 것은 1909년이었는데, 요코하마·고베와 마찬가지로 모지에서도 세관이 해항 건설을 주도해 나간 것이다.

모지세관이 책정한 설계안은 모지항 해안 일대에 길이 300간間, 폭 30간의 매립지9,168평를 조성하여 외국 화물 상·하역 용지를 확보하고 나아가 계선 안벽을 축조하는 것이었다.[104] 이 공사의 예산안은 1914년

101 위의 책, pp.145~146.
102 内務省土木局, 앞의 책, p.33.
103 「門司と港湾問題 上」, 『門司新報』, 大正2.4.20.
104 内務省土木局, 앞의 책, 156면.

도 대장성 예산에 포함되었으나 제31회 제국의회가 해산하면서 예산이 성립되지 않는 등의 영향으로 착공이 늦어졌고[105] 1916년부터 공사가 구체화된다. 결과적으로 같은 해 4월 제2차 항만조사회에서 설계안이 승인·착공한다.

모지세관 정비 계획이 분명해지면서 모지시도 독자적으로 해항 건설에 뛰어드는 것이 가능해졌다. 모지세관 설비 공사에서 매립 용지는 지금까지 국내 무역에도 사용되던 장소였기 때문에 공사로 인해 국내 무역이 지장을 입을 것으로 예상되었다. 모지시는 설계 단계부터 세관에게 매립지를 국내 무역에도 사용할 수 있도록 요청하였으며,[106] 항만조사회에서도 이를 위한 설비 정비를 조건으로 붙였다. 하지만 모지세관 설비 공사 설계안이 항만조사회에서 승인된 직후인 1916년 5월, 세관에 기대하기 보다는 모지시 스스로 축항에 나서야 한다는 동의動議18)가 시의회에 제출되었으며,[107] 이듬해인 1917년도부터 모지시는 시영 축항에 착수한다.

모지시 시영 축항 공사는 내무성 시모노세키 토목출장소 소장 하라다 데이스케原田貞介의 설계로 약 5,500평에 이르는 연안 매립을 한 후에 기존의 제2 계류장을 6,500평으로 확장하고 국내 무역 시설을 확충하고자 하는 것이었다.[108] 이 계획은 1917년 4월 제2차 항만조사회에서도 가결되었다.[109] 총 공사비는 32만 엔이고 1917년부터 1918년에 걸쳐 2

105 「復活したる門司税関設備費」, 『門司新報』, 大正4.9.26.
106 門司市会会議録, 大正5.3.13.
107 門司市会会議録, 大正5.5.29.
108 「門司港湾調査会」, 『門司新報』, 大正5.9.10.
109 内務省土木局, 앞의 책, 166면.

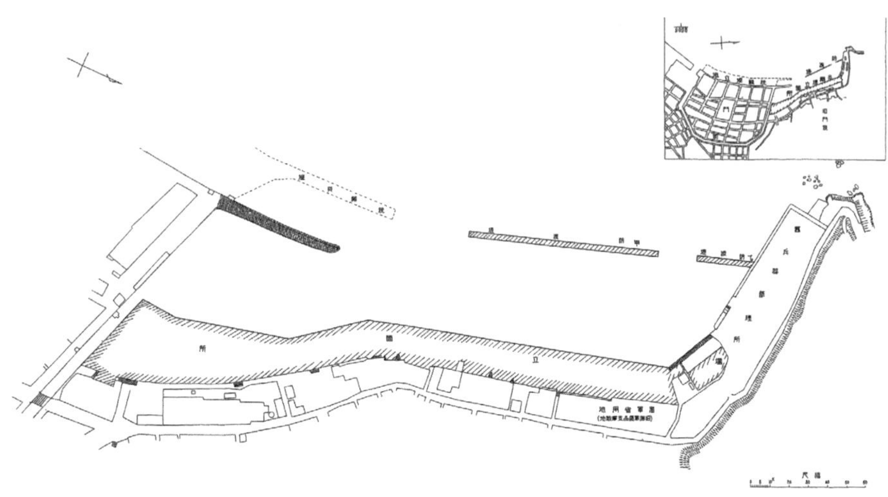

〈그림 4-7〉 모지(門司) 시영 축항 공사 / 확정안(1917.4)
출처 : 『항만조사회 의사록 발췌(港湾調査会議事録抜粋)』의 부록 그림 상권(p.111)
(内務省土木局, 『港湾調査会議事録抜粋 附図上巻』, 内務省土木局, 1933, p.111).

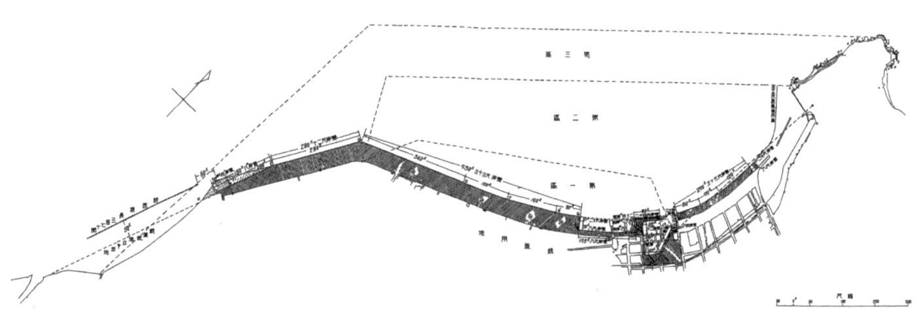

〈그림 4-8〉 제1차 모시 축항 공사 / 획정안(1918.12)
출처 : 『항만조사회 의사록 발췌(港湾調査会議事録抜粋)』의 부록 그림 상권(p.129)
(内務省土木局, 『港湾調査会議事録抜粋 附図上巻』, 内務省土木局, 1933, p.129).

년 사업으로 실시되었다.[110]

이렇게 모지 축항은 대장성[외국 무역 시설]과 모지시[국내 무역 시설]에 의해 개별 공사로 진행되었는데, 이들 공사는 응급 조치에 불과했다. 이미 1909년 제2차 항만조사회에 의한 기본 설계안은 완성되었고, 이를 구체화하는 종합 계획이 필요한 상태였던 것이다.<그림 4-7>

이를 위해서는 역시 내무성 토목국의 협조가 필수 불가결했다. 모지세관·모지시 및 내무성 시모노세키 토목출장소는 협의를 거듭한 끝에 1918년 여름 제1차 모지 축항 공사 설계안을 완성했다.[111] 이 설계안은 시라키자키부터 구 모지에 이르는 구간에 계선 안벽을 설치하고 그 앞쪽을 수심 10미터까지 늘여 1만 톤급 기선에 대응하도록 하는 것이 주안점이었다. 총 공사비는 589만 엔이고 이 중 국내 무역 시설 부분의 반, 103만 엔을 모지시가 부담하고 그 외는 국비로 충당하는 것이었다.<그림 4-8>[112]

이와 같이 모지 축항은 재원난으로 인해 중앙 정부가 민영론을 모색하지만 최종적으로 대장성·내무성·모지시라는 삼자가 건설하는 방식, 즉, 요코하마·고베에서 취한 방식으로 진행된다. 이렇게 된 최대 원인은 도신창고의 가토 나오노리가 지적하였듯이 모지에는 '실력 있는 상인'이 없었기 때문이라고 할 수 있다. 『후쿠오카니치니치신문』에서의 논쟁은 구체적인 계획이 뒷받침되지 않은 탁상공론에 지나지 않았다. 그리고 '실력 있는 상인'이 있고 나아가 구체적인 계획까지 겸비한 것은 모지항의 라이벌로 언급되던 와카마쓰항이었다.

110 門司市会会議録, 大正6.2.16.

111 中野金次郎, 『海峡大観－関門海峡及北九州の対外的発展と其将来』, 海峡研究所, 1925, p.8.

112 北九州市開港百年史編さん委員会編, 앞의 책, p.105.

4) 와카마쓰 축항 제4차 확장 계획과 와카마쓰시

와카마쓰항이 위치하는 도카이만洞海灣에는 제1차 세계대전을 계기로 중화학 공업을 중심으로 다양한 기업의 공장이 설립되었다. 1910년대 초반 설립된 주요 공장은 다음과 같다. 와카마쓰와 바다를 사이에 두고 맞은편에 위치한 도바타戸畑에는 도바타제철戸畑製鐵·도요제철東洋製鐵·아사히글라스旭硝子 등 제철소 및 화학 공장과 메이지방적明治紡績 공장 등이 세워졌다. 그리고 야하타에는 규슈제강九州製鋼·야스카와전기安川電氣·구로카와요업黑川窯業 등 각종 공장이 만들어졌다. 와카마쓰에도 도카이강업東海鋼業·일본이타글래스日本板硝子·이시카와지마조선石川島造船·규슈조선九州造船 등 공장이 건설되었다.

이들 공장 건설 용지 대부분이 도카이만을 매립하여 조성된 것이었다. 그리고 매립은 사기업인 와카마쓰축항회사가 시행하였다. 와카마쓰축항회사는 1890년부터 축항 사업을 시작했는데 그 비용은 크게 두 가지 방법으로 마련하였다. 하나는 입항하는 선박에게 징수하는 입항료入港錢이고, 다른 하나는 항내 및 항로 준설 결과 발생한 토사로 조성한 매립지의 매각이다. 이 회사는 설립 당시부터 매립지를 매각했으나 특히 1916년경부터 매각 건수가 급증한다. 와카마쓰축항회사는 와카마쓰에 약 5만 평, 도바타 및 에다미쓰枝光에 약 2만 평을 소유하고 있었는데 1917년도 말에는 와카마쓰 소유지 중 약 4만 평을 매각하고 도바타 및 에다미쓰 소유지도 거의 전부 매각하였다. 이렇게 매각한 토지는 앞에서 언급한 각종 공장 건설에 이용되었다.

소유 매립지 대부분을 매각한 와카마쓰축항회사는 당연히 신규 매립지 조성을 모색하기 시작했다. 1916년 10월 와카마쓰축항회사는 도카이만 일주 항로 준설 및 매립지 조성 공사 허가를 후쿠오카현에 신청했다. 바로 제4차 확장 계획이라고 불리는 것이다. 계획 내용은 수심 20척약6미터, 폭 5간약9미터의 도카이만 내 일주 항로를 준설하고 그 주위에 매립지를 조성하여 공장들에게 매각하는 것이었으며 총 공사비는 372만 5,000엔으로 예상되었다.[113]

한편 와카마쓰 지역 사회에서는 독자적으로 부두 정비를 시도하고 있었다. 도카이만 연안에 공업항이 만들어지자 동시에 노동자 유입이 일어났다. 와카마쓰 인구는 축항이 시작된 1890년 2,934명에 지나지 않았으나, 1910년 30,253명으로 불과 20년 사이에 10배가 늘어났다.[114] 그러나 한편으로는 이들 인구가 필요한 만큼의 생활 용품을 철도로 운송하는 것이 힘든 상태였다. 모지와 와카마쓰 사이에는 도카이만이 가로지르기 때문에 철도 운송의 비용 부담이 크게 느껴지게 되었다.[115]

그리고 이러한 인구 팽창과 지형상의 특징은 와카마쓰항에게 요구되는 기능도 바꾸었다. 1890년 당시에는 석탄 적출 시설만으로 충분했지만 공업항으로 바뀌면서 공장 원료 및 제품, 노동자의 생활 용품 등의 이출입을 담당하는 잡화 부두 정비가 필요해진 것이다.[116]

이에 와카마쓰시는 1914년부터 독자적으로 시영 잡화 부두 정비에 착수하였다. 와카마쓰시는 규슈제국대학 교수인 기미시마 하치로君島八郎에게 설계를 의뢰하였고 이듬해인 1915년 6월 설계안이 완성한다. 기미시마 하치로의 설계안은 도카이만 입구와카마쓰시 측 도선장 서남쪽에

113 清水憲一, 앞의 글.
114 若松市編, 『若松市誌』, 若松市, 1921, pp.15~16.
115 「洞海湾の諸問題 中」, 『福岡日日新聞』, 大正6.5.11.
116 「若松の連絡設備 (2)」, 『福岡日日新聞』, 大正5.10.9.

400간약 730미터의 소형선 부두 · 횡잔교橫棧橋를 정비하는 것이다. 이를 통해 석탄 이외의 화물을 연 20~35만 톤 취급할 수 있다고 하였으며, 총 공사비는 26만 6,359엔으로 예상되었다.[117] 와카마쓰시에서는 해륙연락조사위원회海陸連絡調査委員會 및 시의회 승인을 거쳐 1917년 4월 후쿠오카현에게 공사 허가를 신청했다.

5) 도카이만 국영론의 전개

이와 같이 1910년대 중반 와카마쓰 지역 사회에서도 독자적인 축항 움직임이 활발한 상태였다. 그리고 이는 와카마쓰항 부두에 그치지 않고 도카이만 전체 축항을 민영이 아니라 국영으로 진행할 것을 요구하는 움직임으로 발전한다. 1918년 초에는 연안의 와카마쓰 · 도바타 · 야하타 · 구로사키黑崎 · 오리오折尾의 상공회들이 연합하여 도카이만개발연합조사회洞海灣開發連合調査會를 결성하였으며, 이들은 상경하여 중앙 정부에게 도카이만 국영화를 진정했다. 나아가 정우회 계열 이시자키 도시유키石崎敏行나 국민당國民黨[19)] 계열 마토노 한스케的野半介 등 각 지역에서 선출된 현의회 의원과 중의원 의원도 국영화론을 지지하였다.[118] 또한 후쿠오카현 지사인 다니구치 도메고로谷口留五郎도 국영론을 지지하고 운동을 지원하기 시작한다.[119]

이러한 도카이만 전체가 관여한 운동은 공업항으로의 변화 때문에 일어난 것이었다. 1917년 5월 『후쿠오카니치니치신문』을 중심으로 도카

117 石崎敏行文書, 「大正四年貯水池決潰事件沿岸整理設計調下水道改良設計報告書」.
118 石崎敏行, 『若松を語る』, 私家版, 1934, p.117; 和田新一郎, 『的野半介』, 私家版, 1933, p.171.
119 福岡県議会事務局編, 『詳説福岡県議会史(大正編)』上, 福岡県議会, 1959, pp.698~702.

이만 국영론이 전개되었는데 여기에서 주장하는 바는 대략 다음의 세 가지로 요약할 수 있다.[120] 첫째, 도카이만의 공업항으로의 변화는 매우 빠르고 규모가 방대하므로 입항료 수입과 매립지 매각 이익을 가지고 공사비를 마련하여 정비하는 와카마쓰축항회사의 방법으로는 시간이 너무 많이 걸린다. 둘째, 와카마쓰항이 취급하는 품목 중 석탄 비중은 낮아지고 있으며 석탄 적출항에서 종합 무역항으로 탈바꿈 중이다. 그런데 석탄 이외의 화물을 실은 선박 입장에서 보면 와카마쓰축항회사가 징수하는 입항료는 큰 부담이다. 셋째, 입항 선박이 급증하면서 항내 교통을 단속하기 위하여 사기업이 아니라 관청이 관리를 하는 것이 바람직하다.

와카마쓰항이 단순히 석탄 적출항이었을 때는 석탄업자가 설립한 축항회사에 내는 입항료도 그다지 부담은 아니었을 것이다. 하지만 일대가 공업 지대로 바뀌면서 입항료는 부담하지만 수심은 늘어나지 않는 상황에 대한 사람들의 불만이 와카마쓰축항회사로 향하기 시작한 것이다.[121]

따라서 도카이만 축항 규모가 커지면 커질수록 국영론자에게는 유리한 상황이었다. 그리고 이러한 의미에서 국영론은 내무성 토목국의 장대한 프로젝트 지향성과 친화적이었다. 와카마쓰시에 의한 잡화 부두 정비 허가 신청을 받고 1917년 4월부터 내무성 토목국도 도카이만 조사를 시작한다. 도카이만의 경우 1868년 드 리케J. de Rijke가 수심 유지를 위한 '매립 불가' 원칙을 세워둔 상태였다. 그러나 조사를 담당한 내무

120 「洞海湾の諸問題」, 『福岡日日新聞』, 大正6.5.10~13; 「若松港国港問題」, 『福岡日日新聞』, 大正6.9.13; 「洞海湾の発展と若松港経営問題」, 『福岡日日新聞』, 大正6.12.18; 「洞海湾国港問題の進捗」, 『福岡日日新聞』, 大正7.4.14~16.

121 石井鉄太郎, 「洞海湾調査会宣言書」, 『戸畑大観』, 戸畑新聞社, 1923, p.146.

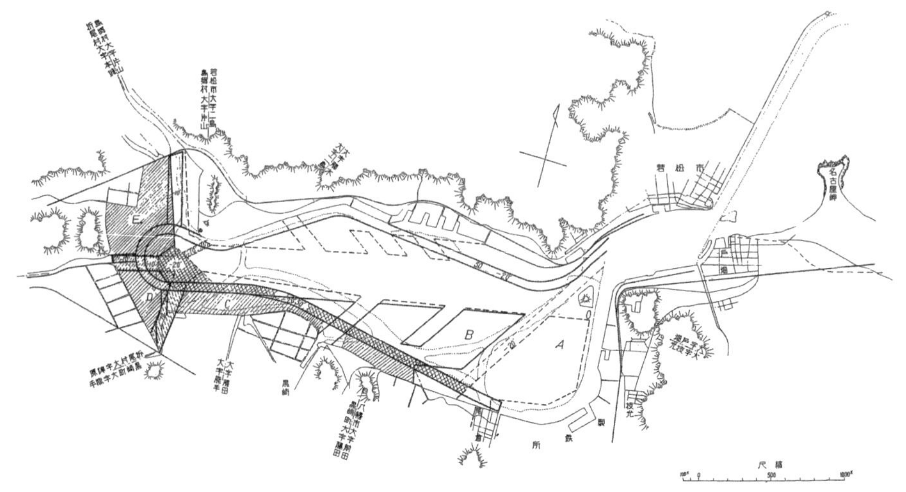

〈그림 4-9〉 도카이만(洞海灣) 건설 공사 / 설계안(1918.12)
출처 : 『항만조사회 의사록 발췌(港湾調査会議事録抜粋)』의 부록 그림 상권(p.133)
(内務省土木局, 『港湾調査会議事録抜粋 附図上巻』, 内務省土木局, 1933, p.133).

성 기사 아키 교이치는 대규모 매립 공사를 해도 수심 유지를 방해하지 않는다고 판단, '대형 공업항'을 건설하는 방향으로 전환해 간다.[122]

내무성 토목국은 도카이만 국영화에 긍정적이었고, 결과적으로 제2차 항만조사회의 심사를 거쳐 1918년 5월 토목국 안이 완성한다. 이는 수심 30척약 9.09미터, 항로 폭 300척약 90.9미터에 이르는 항로를 준설하고 그 주위에 매립지를 조성하는 것으로 총 공사비가 700만 엔이나 되는 대규모 계획이었다.[123] 최종적으로 확정된 건설 사업은 10년 사업, 총 공사비 970만 엔에 달했으며 1919년도 내무성 사업 예산에 포함될 예정이었다.<그림 4-9>

122 安芸杏一, 「洞海湾改修の思ひ出」, 若築建設株式会社八十年史編纂委員会編, 『八十年史－若築建設株式会社』, 若築建設株式会社, 1970, p.138.
123 清水憲一, 앞의 글, p.78.

그런데 최종적으로 도카이만 건설 예산은 내무성 예산에서 빠진다. 1918년 말 열린 제41회 제국의회에는 제1차 모지 축항 공사 예산안도 제출되었는데, 내무성 토목국으로서는 제1종 중요항인 모지항보다 큰 규모의 대형 건설안을 중요항이 아닌 도카이만에 투입할 수는 없었을 것이다. 중의원 예산위원회에서는 홋타 미쓰구堀田貢 토목국장이 "여러 가지로 재정상 형편이 안 되므로 쉽사리 언제부터 그 대규모 축항을 하자는 전망을 세울 수 없습니다"[124]라고 도카이만 국영화를 명확하게 부정했다.

재원 확보 전망이 없으면 도카이만 국영론도 성립되지 않는다. 도카이만 국영론의 가장 중요한 추진 논리는 와카마쓰축항회사의 경영 규모나 방법으로는 신속하고 충분한 해항 건설이 불가능하다는 점이었다. 하지만 연안의 시정촌市町村이 벌인 운동의 결과 분명해진 사실은 국가 또한 그만큼의 재원을 마련할 여유가 없다는 것이었다. 다니구치 도메고로 지사는 현영으로 도카이만 건설 공사를 하려고 방법을 모색하였으나, 역시나 재원을 해결하지 못했으며 도카이만 건설은 다시 와카마쓰축항회사 손에 맡겨지게 되었다.

문제는 비대해진 설계안이었다. 와카마쓰축항회사 단독으로는 도저히 970만 엔에 달하는 규모의 설계안을 실현할 수 없었다. 1916년 10월 축항회사가 제시한 제4차 확장안은 어디까지나 3,000톤급 기선에 대한 대응을 염두에 둔 것이었는데, 국영론자들은 이를 "미봉책"이라고 비판하였다.[125] 따라서 와카마쓰축항회사에 건설을 의뢰한다면 규모에

124 『帝国議会衆議院委員会議録』 19, 臨川書店.
125 「問題の洞海湾修築 上」, 『福岡日日新聞』, 大正8.1.21.

대한 합의가 필요했다. 후쿠오카현은 내무성 토목국이 수정한 설계안 실현을 와카마쓰축항회사에게 요구했고, 양측은 절충을 거듭한 결과,[126] 와카마쓰축항회사 단독이 아니라 미쓰비시합자三菱合資·규슈제강과 분담하여 공사를 실현함으로써 후쿠오카현이 요청하는 규모와 비슷해졌다. 하지만 내무성 토목국이나 국영론자에게는 여전히 불만이 남아 있었으며, 다음 제5장에서 설명하듯이 1938년에는 후쿠오카현에 이관된다.

정리

1907년「중요 항만 선정·시설 방침」이 책정되었지만 내무성 토목국의 해항 행정 주도가 확립된 것은 아니었다. 이 장에서 밝힌 바와 같이 1907년 이후에도 내무성 토목국은 하천 개수 사업의 일환으로 중요항도 아닌 후시키 축항에 착수하는 등 내무성 토목국에게 해항 관련 관청 이익은 아직 성립하지 않았다. 또한 재정 제약이 컸다는 점도 있어 제2종 중요항 건설도 쉽게 진행되지 않았다. 따라서 내무성 단독으로 해항 건설을 진행할 수 없었고, 모지 축항의 사례가 보여주듯이 대장성이 해항 행정에서 차지하는 역할도 여전히 컸다.

이와 같은 상황 속에서 해항 건설을 진행한 것은 역시 세계시민형 행위자였다. 특히 이 시기 해항 건설에 적극적으로 나선 것은 지방 기업인이었다. 오사카 축항이나 모지 축항에 관해서는 지방 기업인이 해항론

126 わかちく史料館所蔵文書,「洞海湾毎築工事関係官公衙諸願届往復綴 自大正8年至同10年」.

을 주도하고 해항 건설 사업 축소에 계속해서 저항했다. 그리고 이때 강조한 것은 당연하게도 국가 차원의 중요성과 인접항의 위협이라는 2개 요소였다. 각 지역의 축항 축소파는 중소형항 분산주의, 즉, 각 지역의 필요한 범위 내에서 소규모 건설을 실시함으로써 국가 전체적으로 해항 기능을 유지할 수 있다고 주장하였지만, 축항 확대파는 여전히 대형항 집중주의, 바꾸어 말하자면 터미널로서의 해항 건설을 주장한 것이다. 하지만 대형항 집중주의자가 요구한 해항의 규모가 지역 사회의 비용 부담 능력에 비해 과했던 것도 사실이며, 따라서 이러한 현실 속에서 대형항 건설은 일시적으로 동결된다.

내무성 토목국과 지역 사회 양측 모두 해항 건설을 확대할 수 없는 상황 속에서 해항 건설을 현실적으로 추진한 것은 사기업이었다. 이 시기 일본 국내에서 진행된 공업화라는 배경 속에서 원료 수입이 필수 불가결한 중화학 공업을 중심으로 임해 공업 지대가 조성되기 시작했다. 임해부가 공업 지대로 변하면 노동자 유입에 따른 도시화도 진행된다. 따라서 사기업에 의한 부분 정비도 역시 지역 이익 성립이라는 문제를 피할 수 없었다. 도카이만 국영론은 임해 공업 지대에서 지역 이익을 성립시키고자 한 시도였다.

그리고 도카이만 국영론을 지원한 것은 내무성 토목국이었다. 사기업에 의한 부분 정비는 내무성 토목국의 장대한 프로젝트 지향성과 맞지 않았다. 따라서 내무성 토목국은 사기업의 부분 정비를 정리하고 도카이만 전체의 해항 건설을 목표로 하게 된다. 이는 내무성 토목국이 해항 관련 관청 이익을 성립하는 계기가 되었지만 현실적으로 재정 제약이 큰 상황 속에서 실현하는 것은 불가능했다. 내무성 토목국이 본격적으로 해항 건설에 뛰어들기 위해서는 적극적인 재정 정책과 정당 내각 설립을 기다려야만 했던 것이다.

제5장

정당 내각기의 해항 행정

내무성 관료의 리더십

1918년 9월 하라 다카시原敬 내각 성립은 내무성內務省 토목국에게 큰 전환점이 되었다. 하라 다카시가 이끄는 정우회政友會가 4대 정강政綱, 교육·교통·산업·국방의 충실으로 상징되는 적극주의를 표명하면서 지역 사회의 지지를 얻은 것은 잘 알려진 사실이다.[1] 하라 다카시 내각 성립을 계기로 내무성 토목국은 해항 행정뿐 아니라 토목 행정 전반의 재구축에 나선다. 예를 들어, 1918년 말 열린 제41회 제국의회에서는 여러 해 동안 과제였던 도로법道路法이 성립하였다. 이 법은 도로를 국도·현도縣道·군도郡道·정촌도町村道로 나눠 서열을 매기고, 각각 주무 대신大臣·부현府縣 지사·군장郡長·정촌장町村長을 관리자로 하며 정비 비용 마련 방안 등을 규정한

1 成澤光, 「原内閣と第一次世界大戦後の国内状況 (1) – 日本政党政治史(大正7年~昭和7年)研究序説」, 『法学志林』 66-2, 法政大学法学志林協会, 1968.

것이었다.[2] 또한 같은 해 6월에는 도로 행정 관련 사항을 심의하는 기관으로 도로회의道路會議를 설치하고 도로 개량 계획 입안을 시작한다. 즉, 도로법의 성립을 통해 내무성 토목국은 하천 행정에 준하는 형태로 도로 행정 구축에 성공한 것이다. 그리고 도로법을 성립시킨 내무성 입장에서 다음 과제는 항만법 성립이었다. 이에 이 장에서는 1910년대 말 이후 정우회와 협조하며 적극적으로 추진된 내무성 토목국의 해항 행정이 어떻게 전개하였는지 그 과정을 밝히는 것을 목적으로 하겠다.

물론 내무성 토목국 단독으로 해항 행정을 전개하는 것은 불가능하다. 내무성과 정우회의 협력 관계에서 주축이 된 것은 지방 장관이었다. 1900년대부터 정우회 계열이라고 불리던 지방 장관이 전국 각지에서 인프라 정비를 실현한 사실은 이미 많은 연구에서 지적한 바와 같다.[3] 또한 1920년 말에 열린 제44회 제국의회에서는 수면 매립 인허가권자·어업권 등 보상 관련 재정권자로 부현 지사를 규정하는 공유 수면 매립법公有水面埋立法이 성립하였다. 따라서 해항 행정에서도 지방 장관의 역할이 중요했는데, 한편으로 해항이 가져다주는 이익의 범위가 반드시 부현의 범위와 일치하지 않는다는 사실은 이미 살펴본 대로이다. 그 결과 부현 범위를 넘어 이익을 성립시키는 것이 내무성 토목국과 지역 사회 유지에게 중요했다. 그리고 1910년대부터 20년대 초반에 걸쳐 그 매개 역할을 한 것은 정우회 계열 중의원衆議院 의원이었다. 이에 제1절에서는 정우회 계열 지방 장관·지역 유지정우회 계열 중의원 의원·내무성 토목국

2 鈴木勇一郎,「大正8年道路法成立試論」,『紀要(青山学院大学文学部)』45, 青山学院大学文学部, 2003.

3 예를 들어 다음과 같은 연구가 있다. ナジタ・テツオ(佐藤誠三郎監修・安田志郎訳),「第3章」,『原敬－政治技術の巨匠』, 読売新聞社, 1974.

이라는 삼자 협력에 의해 지방항이 건설되어가는 과정을 후시키伏木 · 사카이境 · 쓰루가敦賀 3개 항에 주목하여 검토한다.

한편, 내무성 토목국 입장에서 봤을 때 정우회가 결코 만능은 아니었다. 지방항 건설과 함께 내무성 토목국에게 중요했던 과제는 하천법 · 도로법에 준하는 항만법 제정이었다. 정당을 매개로 하는 수법은 지역 사회 내외의 경쟁을 극복하기 위해서는 유효했지만, 관청 간 경쟁은 극복할 수 없었기 때문이다. 그 결과 내무성 토목국은 항만법 제정을 위해 새로운 방법을 찾을 수밖에 없었는데, 바로 해항 정비와 관련이 있는 민관의 모든 행위자들을 망라한 외곽 단체, 항만협회港灣協會의 설립이었다. 제2절에서는 이와 같은 목적으로 설립된 항만협회의 활동 실태를 검토하도록 한다.

1. 지방항 건설의 전개-후시키 · 사카이 · 쓰루가

1) 내무성으로의 해항 행정 일원화

하라 다카시 내각이 출범한 직후인 1918년 10월, "항만 경영을 내무성이 통일 시행하는" 것이 각의閣議에서 결정되었다.[4] 각의 결정의 주요 내용은 다음 세 가지 사항이다. ① 국가가 직접 경영하는 항만의 설비 공사는 내무성이 시행한다. 단, 육상 설비의 경우, 이용자 및 대장성大藏省과 사전에 협의한다. ② 국고 보조를 받아 지방 관청이 시행하는 지방 중요 항만

4 公文類聚 · 第42編 · 大正7年, 「港湾経営ヲ内務省ニ於テ統一施行スル件並開港ニ関スル工事ノ手続ヲ決定ス」. 참고로 1907년 설치된 임시요코하마항설비위원회(臨時横濱港設備委員會)는 1918년 3월 제2차 요코하마 축항 공사 준공과 함께 폐지되었다.

건설 공사는 내무성이 감독한다. ③ 국고 보조를 받아 지방 관청이 시행하는 어항 건설 공사는 내무성·농상무성農商務省, 두 관청이 감독한다. 그리고 이러한 각의 결정이 이뤄진 이유로 "항만 경영 및 공사 계획은 국내외 무역 추세, 상공업 상황, 육상 교통 기관과의 연락 및 후방 지역에서의 물자 집산 등을 검사 검토하여 각종 방면에 걸쳐 신중하게 조사해야 하므로 단순히 세관 사무의 편의 여하만 가지고 판단해서는 안 된다"고 강조하였는데, 이를 통해서도 요코하마橫濱·고베神戶 두 항의 건설 공사를 염두에 두고 해항 행정에서 대장성을 배제하려 한 의도가 있었음을 알 수 있다.

이 각의 결정의 결과, 행정 조직 개편도 진행되었다. 1919년 12월 내무성 토목국의 분과分課 규정 개정이 이뤄져, 항만과가 하항과河港課에서 독립, 하천과와 항만과로 나뉘게 되었다.[5]

그리고 이와 같은 경위에서 알 수 있듯이 내무성 토목국의 관심은 어디까지나 전국적인 해항 정비로, 그것은 내무성 토목국이 소관하는 다른 전국 규모의 사업하천 정책·도로 정책에 준하는 것이었다. 내무성 토목국은 1896년 하천법을 제정하는데 성공하였지만 같은 시기 검토 중이던 도로법과 항만법을 실현시키지 못했다.[6] 따라서 1910년대 내무성 토목국의 주요 과제는 항만법과 도로법을 성립하는 것이었다.

제4장에서 언급한 고바시 이치타小橋一太 토목국장의 「토목에 관한 의견土木ニ関スル意見」에서도 "도로에 관한 법규는 매우 부족하여 오늘날의 실정에 맞지 않는다 (…중략…) 법전 편찬을 기획함으로써 제도 확립을 시도할" 필요성을 주장하였다. 의견서가 작성된 시점에서는 이미 "법안 조

5 大霞会編, 『内務省史』 3, 地方財務協会, 1971, p.8.
6 馨光会編, 『都筑馨六伝』, 馨光会, 1926, p.93.

사를 마치고 지금은 하나의 성립된 안을 확보한" 모양이었으며, 1918년 12월 개회한 제41회 제국의회에 실제로 도로법안이 제출되었다. 이 도로법안의 목적은 도로 정비에 대한 국비 투입을 제도화하는 것이었으며 이를 위해서 국도·부현도府縣道 등 도로를 내무대신內務大臣 및 지방 장관이 독자적으로 승인한다는 내용이었다.[7] 그러나 제4장 제1절에서 검토한 바와 같이 내무성 토목국은 항만법도 준비하고 있었으나 대장성의 저항으로 인해 실현하지 못했다.

따라서 이 시기 내무성 토목국의 관심은 해항 건설에 국비를 투입하기 위한 등급화를 추진하는 것이었다. 1907년 「중요 항만 선정·시설 방침」에서는 제1종과 제2종 합쳐서 14개의 중요항에 국고 투입을 제도화하였으나 전국적으로 해항 공사를 더욱 확대하기 위해서 내무성 토목국은 등급 세분화를 검토한 것이다.

고바시 문서小橋文書에 따르면 내무성 토목국은 "주무 대신의 인가 아래 시행"하는 해항을 새롭게 여섯 종류로 나누려 한 듯싶다.<표 5-1>[8] 제1종은 중요 해외 무역항으로 요코하마·고베 등 10개 항이다. 제2종은 "중요한 연해 무역항"으로 해외 무역도 하는 항이며 욧카이치四日市·쓰루가 등 12개 항이다. 제3종은 "연해 무역을 주로 하는 항만"으로 아쓰타熱田·후시키 등 12개 항이다. 구체적으로 명칭을 거론한 것은 이상의 세 종류로 이들 총 43개 항은 내무성 토목국이 직접 공사를 시행하고 국고로부터 공사비 보조를 받는 것을 상정하였다고 보인다. 나아가 제4종에 해당하는 피난항 및 검역항, 제5종의 어업항에도 국고 보조 교부를 예정했다.

7 鈴木勇一郎, 앞의 글, p.9.
8 小橋一太関係文書·第229号, 「港湾種別其他」.

〈표 5-1〉 내무성 토목국의 항만 분류 구상

종류	정의	항만명
제1종	중요한 해외 무역항	요코하마(横濱), 도쿄(東京), 고베(神戸), 오사카(大阪), 모지(門司), 시모노세키(下關), 나가사키(長崎), 니가타(新潟), 하코다테(函館), 오타루(小樽), 지룽(基隆)
제2종	중요한 연해 무역항으로 해외 무역도 겸하는 항	욧카이치(四日市), 구치노쓰(口ノ津), 다케토요(武豊), 이토자키(糸崎)(오노미치(尾道)), 가라쓰(唐津), 와카마쓰(若松), 무로란(室蘭), 시미즈(清水), 사카이(境), 아오모리(青森), 쓰루가(敦賀), 이시마키(石巻)(센다이만(仙台灣))
제3종	연해 무역을 주로 하는 항	아쓰타(熱田), 와카야마(和歌山), (시오츠(鹽津)) 도쿠시마(德島), 우라도(浦戸), 산가하마(三ヶ濱), 다마시마(玉島), 우지나(宇品), 다도쓰(多度津), 오이타(大分)(우스키(臼杵)), 가고시마(鹿兒島), 미스미(三角), 나하(那覇), 하카타(博多), 이즈하라(嚴原), 마쓰에(松江), 나오에쓰(直江津), 후시키(伏木), 쓰치자키(土崎)(또는 사카타(酒田)), 미야코(宮古), 히라카타(平潟), 마이즈루(舞鶴)
제4종	피난항, 검역항	–
제5종	어업항	–
제6종	제1종부터 제5종까지로 분류하기에는 정도가 낮은 항	–

출처 : 小橋一太関係文書・第229号, 「港湾種別其他」.

그러나 제4장 제1절에서 살펴본 바와 같이 내무성 토목국의 항만법 초안은 각 관청의 합의를 얻지 못했다. 따라서 기존의 14개를 크게 웃도는 총 43개 항, 나아가 그 이상에 대한 국고 투입 제도화도 보류된다.

이에 내무성 토목국은 차선책으로 기존의 제2종 중요항을 확대하고자 하였다. 1919년 7월 24일 항만조사회港灣調査會에서 나고야항名古屋港이 제2종 중요항으로 지정된 것을 시작으로[9] 이듬해 1920년 10월에는 시미즈清水・나하那覇 2곳,[10] 1921년 6월에는 와카마쓰若松・다카마쓰高松・고마쓰시마小松島・이마바리今治・후시키・이마리伊萬里 6곳이 제2종 중요항으로 지정되었다. 나아가 내무성 토목국은 제2종 중요항 외의 지방 중소형항에도 국고 보조를 확대하기 위하여 1922년 5월 지정 항만 제도指定港

9 内務省土木局, 『港湾調査会議事録抜粋』, 内務省土木局, 1933, pp.185~186.
10 위의 책, pp.208~209.

灣制度를 도입하였다.[11] 지정 항만 제도는 내무대신이 지정한 "항만 신축·개축·제거 공사와 관련하여 그 항만 이용에 현저하게 영향을 미치는 곳"에 대해서는 내무대신의 인가를 의무화하도록 정한 것이다. 이는 부현 또는 민간에 맡겨져 있던 지방 중소형항 건설 공사에 대한 내무성의 감독권을 강화한 것이었는데, 뒤에서 검토하듯이 실질적으로는 건설 공사에 국고 보조를 투입할 경우의 기준이 되는 것이었다.

이와 같이 정우회 내각 아래에서 내무성 토목국은 현안이었던 해항 건설의 양적 확대를 목표로 움직이기 시작했다. 하지만 이미 살펴본 것처럼 지역 부담을 수반하는 건설 사업은 지역 사회의 합의 형성이 어려웠다. 해항 건설을 통해 실감할 수 있는 이익이 미치는 범위는 부현 전역을 포함하지 않았고, 경우에 따라서는 부현의 경계를 넘는 문제가 되기도 했다. 그리고 1910년대 말부터 1920년대 초에 걸쳐 해항 건설 문제를 지역 이익의 문제로 만드는데 공헌한 것은 선행 연구에서도 지적하는 것처럼 정우회였다.

따라서 이 절에서는 1910년대 말부터 1920년대 초에 걸쳐 내무성 토목국이 정우회와 협조하여 지방항 건설에 뛰어드는 과정을 검토하고자 한다. 분석 대상으로는 1921년 6월 제2종 중요항으로 새롭게 지정되는 후시키항伏木港, 제2종 중요항 중 가장 마지막으로 건설이 결정된 사카이항境港, 제1종 중요항이지만 대장성의 관심이 적었던 쓰루가항敦賀港을 살펴보기로 하겠다.

11 昭和財政史資料·第3号第66册,「国庫補助指定港湾選択基準」.

2) 대안 항로 유치 – 도야마현 후시키항

제4장 제1절에서 설명한 바와 같이 제1차 후시키 축항은 쇼가와庄川 개수 공사의 일환으로 이루어진 것이었다. 후시키항은 쓰루가항이나 니가타항新潟港 등 다른 동해 연안항과 마찬가지로 홋카이도北海道와의 교역으로 번성한 해항이었으나, 1910년대 들어서는 역시 대안對岸 항로에 대한 기대가 높아졌다. 예를 들어 제1차 후시키 축항 공사 준공을 눈앞에 둔 1912년경에는 하마다 쓰네노스케濱田恒之助 도야마현富山縣 지사가 「동해 연안의 발전日本海沿岸の発展」·「후시키항伏木港」 등의 논설을 발표했다.[12]

하마다 쓰네노스케는 후시키 축항 완성 직전, 정기 항로 유치·동해 측 간선 철도 정비·조선장造船場 설치 등 인프라 정비를 통한 지역 진흥책을 제시하였다. 후시키항 이출입移出入 실적은 쓰루가항과 비교했을 때 해외 무역의 경우는 적지만, 홋카이도를 중심으로 한 국내 무역에서는 손색이 없었다.<표 5-2> 따라서 하마다 쓰네노스케는 미곡·면직물·짚공예품 등의 이출과 비료·석탄의 이입을 중심으로 하는 홋카이도 무역을 가장 중시해야 된다고 자리매김하였다. 그리고 이후 더욱 중요해지는 것이 러시아 연해주의 일본인 출어자出漁者를 대상으로 한 수요품 공급과 어획물 수입이라고 주장한다. 1913년 개통 예정인 후쵸쿠선富直線, 도야마(富山)–나오에쓰(直江津)을 경유하면 후시키에서 도쿄까지의 거리는 272리哩가 되며 쓰루가–도쿄도카이도선(東海道線)의 313리보다 단축된다. 따라서 하마다 쓰네노스케는 블라디보스토크와의 무역뿐만 아니라 조선과의 무역에서도 후시키항이 유리해질 것이라고 분석했다.

---

12 浜田恒之助述·中川信吾編, 『経世小策』, 中田書店, 1914, pp.114~131.

〈표 5-2〉 쓰루가(敦賀)·나나오(七尾)·후시키(伏木) 세 항의 수·이출입액 가격 비교

	쓰루가(敦賀)			나나오(七尾)			후시키(伏木)		
	내국 무역	해외 무역	합계	내국 무역	해외 무역	합계	내국 무역	해외 무역	합계
1909	16,608,255	3,831,641	20,439,896	-	-	-	15,556,349	298,628	15,854,977
1910	16,892,232	2,953,489	19,845,721	-	-	-	15,276,878	99,354	15,376,232
1911	19,125,375	3,544,959	22,670,334	-	-	-	16,519,550	501,112	17,020,662
1912	11,652,256	4,278,145	15,930,401	-	-	-	16,408,718	686,383	17,095,101
1913	9,686,543	4,382,168	14,068,711	-	-	-	19,759,767	1,064,628	20,824,395
1914	12,450,743	6,296,888	18,747,631	-	-	-	18,129,186	906,159	19,035,345
1915	5,926,493	40,047,557	45,974,050	-	-	-	15,406,358	317,161	15,723,519
1916	6,789,707	55,977,540	62,767,247	7,529,255	56,612	7,585,867	19,567,827	241,941	19,809,768
1917	10,178,974	48,037,746	58,216,720	7,349,823	670,531	8,020,354	28,178,778	296,883	28,475,661
1918	13,282,322	31,050,497	44,332,819	11,416,516	1,140,236	12,556,752	41,563,930	541,125	42,105,055
1919	15,532,984	45,715,888	61,248,872	14,296,558	332,097	14,628,655	67,719,035	862,484	68,581,519
1920	15,159,118	13,914,757	29,073,905	10,097,770	645,322	10,743,102	67,334,394	913,678	68,248,072
1921	13,173,856	7,032,911	20,206,767	22,227,350	817,269	23,044,619	57,672,329	1,369,326	59,041,655
1922	11,207,163	7,165,447	18,372,610	27,660,094	768,959	28,429,053	61,929,373	3,164,782	65,094,155
1923	10,549,963	5,114,360	15,664,323	26,705,080	1,691,891	27,796,971	81,993,064	3,874,197	85,867,261
1924	14,905,250	5,703,127	20,608,377	26,862,363	1,144,546	28,006,909	72,528,625	6,623,573	79,152,198

단위는 엔(円). 조선 무역은 내국 무역에 포함한다.
출처 : 内務省土木局港湾課, 『大日本帝国港湾統計』, 各年度.

그리고 대안 무역 확대를 위해 필요한 것은 해항 시설의 추가 확충과 명령 항로 유치였다. 하마다 쓰네노스케는 제1차 축항에서 정비된 계선 안벽 및 연락 철도에 더해 계선 부표·창고·선박 수리소 등의 정비가 필요하다는 의견을 내놓았다. 나아가 장래에는 5,000톤급 선박에 대응하기 위하여 수심을 25척[약 7.57미터]까지 늘릴 필요가 있다. 또한 현재의 홋카이도 항로는 부정기적으로 운항 중이며 더군다나 기항지가 많아 "화물을 끌어들이는 힘"이 부족하다. 블라디보스토크 항로도 나나오七尾·니가타·아오모리青森를 거치는 항로이므로 역시 "화물과 승객이 적은" 양상을 보인다. 그러므로 하마다 쓰네노스케는 후시키에 있는 2

개의 기선 회사 및 개인 소유 기선 등을 합쳐 항로 발전에 일조할 것을 제안하였다.[13]

하마다 쓰네노스케의 구상은 이러한 대안 무역의 발전에 더해 산업 진흥도 고려하였다는 점에서 특색이 있었다. 하마다 쓰네노스케는 도야마현 내 중소기업이 합병 등을 통해 규모를 키우는 것을 장려하였고, 또한 "도야마현은 지세의 경사가 가파르고 산악 지대가 험준하여 물이 흘러내리는 힘이 급하다 보니 수력 전기를 만드는 데 적합하다"고 지적하며 풍부한 수력과 경사가 급한 하천이 많다는 자연 환경을 이용한 대규모 공업 지대 조성을 제안하였다.[14] 도야마현에서 발전 시설 개발이 본격적으로 시작된 것은 1911년 1월 일본전기화학공업회사日本電氣化學工業會社 가타카이가와발전소片貝川發電所 건설부터인데,[15] 하마다 쓰네노스케는 후시키항을 물류 거점으로 하고 나아가 수력 발전을 이용하여 공업 지대를 만드는 것을 도야마현의 미래상으로 제시한 것이다. 그리고 1915년 8월 하마다 쓰네노스케가 미야기현宮城縣 지사로 전임한 이후에도 이들 구상은 후임 지사나 도야마현 유지가 계승한다. 결과적으로 1920년 히가시조노 모토미쓰東園基光 지사가 현영 전기 사업을 시작하고 죠간지가와常願寺川 수계 개발도 이루어진다.

하지만 후시키항보다 먼저 대안 명령 항로로 지정된 것은 경쟁항이라 여겨지던 쓰루가항이었다. 제3장에서 검토한 바와 같이 1890년대 말 호시 도오루星亨와 하라 다카시가 체신성遞信省 장관으로 재임했던 시대에

13 위의 책, p.138~150.
14 위의 책, p.193~194.
15 富山県編, 『富山県史(通史編)』 6, 富山県, 1984, p.902.

는 체신성 명령 항로를 후시키를 포함하여 각 지역을 순회하는 항로로 변경하였지만, 2년 정도가 지난 후 이 순회 항로는 폐지되었고 쓰루가와 블라디보스토크를 잇는 직항 노선만이 명령 항로로 남게 되었다. 나아가 러일전쟁 이후 1906년 2월 러시아 동아기선東亞汽船이 블라디보스토크-쓰루가 직통 정기 항로를 개설하는 등 러시아도 쓰루가항을 주목하기 시작한다. 그리고 1912년에는 도쿄와 유럽을 연결하는 구아국제연락급행열차歐亞國際連絡急行列車1)가 쓰루가를 경유하면서 쓰루가항은 명실상부 동해 연안 대표항이 된 것이다.[16]

블라디보스토크 사이에 정기 명령 항로가 취항하면서 쓰루가항의 무역량은 비약적으로 늘어났다. 쓰루가항 무역의 최고 전성기는 1916년이었으며 총 무역액은 약 6,276만 엔, 이 중 해외 무역액은 약 5,598만 엔의 실적을 올렸다. 이는 전국의 해외 무역항 중 5위라는 실적이었다. 무엇보다 무역액 중 대부분은 수출액약 5,428만 엔이고 그중에서도 러시아를 상대로 한 군수품 수출이 무역액 급증의 배경이었다.[17] 그 결과 러시아혁명의 발발은 쓰루가항 무역에 심각한 영향을 미치게 된다. 1916년을 정점으로 해외 무역 수출액은 급감했고 1918년에는 2,500만 엔 정도까지 줄어든다.<표 5-3>

쓰루가항에서 러시아 무역의 손실을 메운 것은 조선 무역이었다. 〈표 5-3〉에서 알 수 있듯이 쓰루가항의 조선 무역은 1917년까지는 이·출

16 福井県編, 『福井県史(通史編)』 5, 福井県, 1994, pp.926~927.

17 福井県編, 「第四五八表敦賀港外国貿易(品目別輸出価格)」, 『福井県史(資料編)』 17, 福井県, 1993, pp.538~539. 참고로 수출액 급감과 함께 수출 품목 구성도 크게 변했다. 1914년부터 1919년까지는 의류·신발 등 군수 물자가 수출 품목의 상위를 점했지만 1920년 이후는 청주나 어망 등이 대체한다.

〈표 5-3〉 쓰루가항(敦賀港) 수·이출입액 추이

연도	해외 무역		조선 무역		내국 무역		총액
	수입액	수출액	수입액	수출액	수입액	수출액	
1916	1,699,629	54,277,911	40,927	2,846	6,311,200	434,724	62,767,247
1917	2,911,884	45,125,862	32,891	7,965	9,641,296	496,822	58,216,720
1918	5,963,950	25,086,547	1,886,722	1,744,603	9,210,295	440,702	44,332,819
1919	6,164,213	39,551,675	4,274,856	1,048,263	1,989,794	8,220,071	61,248,872

단위는 엔.

출처 : 内務省土木局港湾課, 『大日本帝国港湾統計』, 各年度.

입액 모두 5만 엔에도 미치지 않았지만, 조선총독부 보조로 정기 명령 항로조선우선회사(朝鮮郵船會社)2)가 취항한 1918년부터는 수·출입액 모두 1,000만 엔을 넘어설 만큼 증가하였다. 주요 이출품은 밧줄이나 대자리 등 짚공예품·면제품·어망 등이었고 주요 이입품은 대두·소 등이었다. 다른 동해 연안항과 마찬가지로 쓰루가항의 대안 무역은 일본인 어업자에 대한 어구 공급과 대두 등의 수출을 통해 성립되었다.

다만 조선 소의 이입량은 그다지 많지 않았으나[18] 쓰루가가 조선총독부의 명령 항로를 획득하는 데는 중요한 의미를 지녔다. 생우生牛를 이입하기 위해서는 검역이 필요하지만, 당시 수·이입 수류獸類 검역소는 요코하마·고베·나가사키·이즈하라嚴原·시모노세키下關의 5개 항에만 설치되어 있어, 혼슈本州 동해 연안에서 조선 소 수입을 할 수 없는 상태였다. 결과적으로 쓰루가항은 수역 검역소를 유치함으로써 다른 동해 연안항들과 차별화에 성공했다.

쓰루가항에 대항하기 위해 도야마현 유지들이 취한 방법은 인접하는

18 조선 소의 수입 가격은 1919년에는 21만 1,000엔, 1920년에는 6만 5,000엔에 지나지 않았다. 한편, 쓰루가항의 수입량 대부분을 차지하는 대두의 수입 가격은 1919년 250만 2,000엔, 1920년에는 215만 1,000엔으로 조선 소와는 10배 이상 차이가 났다. 敦賀市史編さん委員会 編, 『敦賀市史(通史編)』 下, 敦賀市, 1988, p.279.

이시카와현石川縣과 협력하는 것이었다. 이시카와현 서쪽 해안에는 비바람을 막을 만한 지리적 조건을 갖춘 해항은 없고 현내 유일한 개항은 노토반도能登半島에 위치하는 나나오항七尾港이었다. 후시키항과 나나오항은 40킬로미터 정도밖에 떨어져 있지 않으며, 따라서 기항지를 후시키·나나오 2개 항과 원산·청진·블라디보스토크에 국한하면 한 항해 당 14일 만에 순회할 수 있었다.

이와 같은 대안 항로 구상은 정우회 계열 중의원 의원을 중심으로 구체화하였다. 도야마현에서 선출된 정우회 계열 중의원 의원인 야마노야스타로山埜安太郎·다카미 유키미치高見之通·스가노 덴에몬菅野傳右衛門·히로세 친시廣瀬鎮之·이시하라 쇼타로石原正太郎에 더해, 이시가와현에서 선출된 정우회 계열 중의원 의원인 도미즈 히론도戶水寬人·요네다 유미노루米田譲·니시무라 마사노리西村正則 등의 이름으로 작성한 「후시키·나나오와 블라디보스토크 및 조선 북부 지역 간 정기 명령 항로 개설에 대하여伏木七尾ト浦塩北鮮間ノ定期命令航路開設ニ付」라는 제목의 취의서趣意書에는 이 항로 계획이 상세하게 기술되었다.[19]

취의서에서는 하마다 쓰네노스케 지사와 마찬가지로 쓰루가항에 비해 도쿄와의 거리가 가깝다는 점, 그리고 풍부한 전력을 이용하여 후시키항이 공업항으로 거듭나고 있다는 점을 강조하였다. 특히 공업항으로의 변신은 다른 동해 연안항과 차별화하는데 가장 중요한 요소였다. 구체적으로는 "전기 제철·펄프 제조·두박豆粕 제조·성냥 제조·인조 비료 제조·축목軸木 제조 등 각종 제조 공장이 설립되었고 그 원료는 만주

19 高岡市立中央図書館所蔵古文献資料·T683-1, 「伏木七尾ト浦塩北鮮間定期命令航路開設趣意書」.

북부 지역블라디보스토크 경유 및 조선 북부 지역에서 청할 수 있는 것인데 청하는 것이 불가능한 바가 많다"고 논했다.

실제 1910년대 후반에는 철강·화학·제지製紙 등을 중심으로 후시키항 주변의 공업 지대화가 급속도로 진행되었다. 1917년 2월 전기제철주식회사電氣製鐵株式會社 후시키 공장의 건설을 시작으로, 1918년에는 홋카이전화공업주식회사北海電化工業株式會社, 1919년에는 홋카이조달주식회사北海曹達株式會社·후시키제지주식회사伏木製紙株式會社·홋카이공업주식회사北海工業株式會社의 공장들이 조업을 시작하였다. 취의서에서는 "전기제철회사는 일찍이 내지 선철銑鐵 사용을 그만두고 조선 북부 지역에서 원료를 이입하기에 이르렀고", "또한 펄프 제조회사는 장래 홋카이도 및 사할린 목재 사용을 중지하고 러시아령의 가문비나무イゾ松[3], 일본개분비나무トド松 및 조선 북부 두만강지역에서 나는 삼송杉松을 사용할 계획이 있다"며 각 공장에서 사용되는 선철·목재 등 재료의 경우, 지금은 국내산을 사용하지만 가까운 미래, 러시아·조선 북부 지역 및 중국 동북부 지역에서 수입될 전망이라고 주장하였다.

이처럼 후시키항의 공업항으로의 변화에 따른 수입 화물 수요 증가와 이시카와현에서 생산되는 도자기·칠기 등의 수출을 예상하고 정우회 계열 중의원 의원들은 정기 항로를 실현하고자 한 것이다. 이노우에 고사이井上孝哉·히가시조노 모토미쓰東園基光 등 역대 도야마현 지사도 이들의 움직임에 힘을 실었고, 그 결과 1920년 도야마현 및 이시카와현, 그리고 조선총독부로부터 보조를 받은 조선총독부 명령 항로로서 후시키-나나오-블라디보스토크선청진 기항이 취항한다.

정우회 계열 중의원 의원들은 처음에는 조선우선주식회사가 운항하는 쓰루가와 조선 북부 지역 간 정기 명령 항로를 후시키항까지 연장하고자 했으나 이는 실현되지 못했다. 차선책으로 고베조합기선회사神戸組合汽船會社에게 운항을 의뢰했지만, 이 또한 성사되지 않았고 결국에는 기업인이기도 했던 이시하라 쇼타로를 중심으로 호쿠리쿠기선회사北陸汽船會社를 설립하여 항로를 운영하게 되었다. 이 회사는 도요해운기선회사東洋海運汽船會社로부터 노토마루能登丸를 용선傭船하여 1920년 11월 18일부터 항해를 시작하였다.[20]

그런데 이렇게 대안 항로 실현에는 성공했지만 정우회 계열 중의원 의원들은 이에 대한 현비 투입에 관하여 현의회의 합의를 끌어내야 했다. 왜냐하면 대안 항로의 기점인 후시키항은 쇼가와가 흐르는 도야마현 서부 지역을 배후지로 하므로 진즈가와神通川를 배후지로 하는 도야마현 동부 지역에는 직접적인 이익을 가져오지 않기 때문이다.

다행히 1918년부터 내무성 직할로 진즈가와 개수 공사가 시작되었고 이 공사의 일환으로 진즈가와 하구에 위치하는 히가시이와세항東岩瀬港 건설 공사가 가능해졌다. 예를 들어 1919년 10월 오야베가와小矢部川를 시찰한 내무성 토목국의 히다 고이치比田孝一 조사과 과장은 북선北鮮4) 항로 개설 후에는 후시키항의 보조항이 필요하다고 발언하여 히가시이와세 축항 시작을 위한 분위기를 만들었다.[21] 진즈가와 개수 공사를 실시하는 내무성 니가타 토목출장소에서 입안한 축항 설계안은 진즈가와 하구부에 돌제를 건설하고 항내 수심을 4.5미터까지 준설함으로써 1,000톤급 선박에 대응하는 것을 목적으로 하였다.[22]

---

20 「能登丸の処女航海」(『富山日報』, 大正9.11.19), 『鴻爪集』.
21 「県にて港湾調査」(『富山日報』, 大正8.10.22), 鴻爪集.

이 공사의 총 공사비는 58만 엔으로 예상되었는데 도야마현은 이 중 약 절반에 해당하는 30만 엔을 지출하고 나머지 28만 엔을 도야마시와 히가시이와세정東岩瀬町이 부담하는 예산안을 세워 1920년 도야마현의회에 제출하였다.[23] 현의회에서는 제2차 후시키 축항이 실현되면 히가시이와세 축항은 필요 없는 것은 아니냐는 질문도 있었으나, 모리모토 이즈미森本泉 내무부장은 "주요한 상업항으로는 후시키항이 있으므로 여기에 힘을 쏟아 경영해야 한다. 그 다음으로 히가시이와세는 도야마를 옆에 두는 항이기 때문에 일반적으로 보아 후시키 다음으로 중요한 항으로 (…중략…) 상당한 설비를 갖추고자 한다"[24]며 히가시이와세항은 후시키항과는 다른 배후 지역을 가진다는 점을 이유로 이해를 구했다. 나아가 상업항인 후시키 · 히가시이와세와 함께 히미氷見 · 우오즈魚津를 어항으로 건설하기 위한 조사를 진행하고자 했고, 그 결과 항만 조사비도 이해 예산에 포함되었다.[25]

이처럼 도야마현 내 여러 지역으로부터 양해를 얻은 결과, 대안 항로에 대한 현비 보조 및 히가시이와세 축항은 실현할 수 있었다. 또한 대안 항로 개시 이후에는 내무성 토목국이 제2차 후시키 축항 설계도 시작하였고, 결과적으로 1921년 6월 후시키항은 제2종 중요항으로 지정되기에 이른다.

22 内務省新潟土木出張所, 『内務省新潟土木出張所沿革ト其ノ事業』, 内務省新潟土木出張所, 1930, pp.270~272.
23 「大正九年通常富山県会議事速記録」, pp.24~25.
24 위의 글, pp.255~257.
25 위의 글, p.229.

3) 현의 경계를 넘는 축항 문제–돗토리현 사카이항

후시키항과 마찬가지로 배후지가 여러 현에 걸친 지방항으로는 돗토리현鳥取縣 사카이항이 있다. 사카이항은 돗토리현과 시마네현島根縣 경계에 위치하며 심지어 돗토리현 현청 소재지인 돗토리시鳥取市보다 시마네현 현청 소재지인 마쓰에시松江市와 가까운 항이었다.[26] 그리고 시마네현에 속하는 오키제도隱岐諸島5)로의 연락선은 사카이항을 기점으로 했으며, 이 항로를 담당하던 오키기선회사隱岐汽船會社는 사카이항–조선 항로를 운영했다. 즉, 사카이항의 배후지는 돗토리현 서부 지역부터 시마네현 동부 지역에 걸쳐 펼쳐져 있었던 것이다. 따라서 예를 들어 1911년 시마네현의회에서는 「현의 경계 변경에 관한 의견서県の境界変更に関する意見書」가 의결되는 등 이전부터 사카이항이 위치하는 사이하쿠군西伯郡의 시마네현 이관론이 나올 정도였다.[27]

사카이항 건설 계획이 본격적으로 시작되는 것은 1907년 이후이다. 사카이항의 경우, 그 전까지 소규모 공사는 이루어졌지만 건설이 본격적으로 진행되지 않았다. 하지만 제2종 중요항 지정을 계기로 내무성 토목국 주도로 축항 계획이 구체화한다. 1913년부터 내무성 기사 아키교이치安藝杏一가 사카이항 실측 조사 및 설계 입안을 진행하였고 1916년 설계안이 완성되었다.[28] 이 설계안은 2,000톤급 선박에 대응하는 것을 목적으로 하였으며, 개요를 살펴보면 계선 안벽총 길이 200간(間) · 방파제총 길

26 사카이항에서 돗토리시까지의 거리가 약 100킬로미터인 반면 마쓰에시까지는 직선 거리로 약 25킬로미터이다.

27 島根県議会史編さん委員会編, 『島根県議会史』 2, 島根県議会事務局, 1959, p.705.

28 境港湾修築期成会編, 『境港湾修築略史』, 境港湾修築期成記念会, 1941, p.5. 이하, 사카이 축항에 대해서는 특별한 언급이 없는 경우, 이 책에 따른다.

이 1,655간 · 준설최대 수심 21척 · 매립약 3,800평이다. 그리고 총 공사비는 180만 엔을 예상하였다.

내무성 토목국의 축항 계획 입안에 응하여 돗토리현도 축항을 구체화하기 시작한다. 1916년 말 돗토리현의회에서 축항 조사비 3,600엔을 의결하였고, 이듬해에는 현청 내에 사카이항조사회境港調査會를 설치하였다. 이 조사회가 착수한 것은 축항의 경제 효과, 특히 대안 무역의 가능성에 관한 조사였다. 1917년 6월에는 돗토리현 내무부 부장 다카라베 사네히데財部實秀를 중심으로 한 조사단이 만주와 한반도를 시찰하였다. 당시 한반도 동쪽 해안에서는 돗토리현 선출 중의원 의원인 오쿠다 가메조奧田龜造가 어업 경영에 관여하고 있었으며 따라서 어업용 짚공예품 등에 일정 정도 수요가 있을 것으로 예상하였다.[29] 이러한 상황도 작용하여 사카이항조사회는 1918년 9월 6일 총회에서 현비 부담 100만 엔을 상한으로 하는 사카이 축항 시행을 의결한다. 제2종 중요항인 사카이항에서는 총 공사비의 반에 대한 국고 보조를 예상했고 그러한 예상도 영향을 미쳐 사카이 축항의 분위기 또한 고조되었다고 할 수 있다.

그러나 의결 직후인 9월 13일부터 14일에 걸쳐 시마네현에 수해가 닥친 결과, 상황은 크게 변한다. 수해 복구에는 총 1,300만 엔이 필요할 것으로 예측되었기 때문에 사카이항 건설비를 마련하기가 힘들어진 것이다. 그리고 대수해로 인한 사카이 축항 사업의 지연은 사카이항 행정구획 변경 논의를 불러일으켰다. 돗토리시에서 발행하는 『인파쿠시보因伯時報』에 따르면 축항 지연에 대한 불만으로 인해 사이하쿠군을 중심으

29 內藤正中, 「境港の朝鮮貿易」, 『北東アジア文化研究』 15, 鳥取看護大学·鳥取短期大学北東アジア文化総合研究所, 2002, pp.8~9.

로 시마네현 이관론에 대한 지지가 높아졌다고 한다. 이에 반해 사이하쿠군의 시마네현 이관을 반대하는 『인파쿠시보』에서는 "대수해 때문에 1,300만 엔의 부채가 있지만 시마네현과 공동 사업으로 하면 사카이항 건설 실행은 결코 불가능한 사업은 아니다"[30]라고 돗토리와 시마네 두 현의 사업으로 실시하는 것을 제안하였다. 사카이 축항은 총 공사비의 절반에 대한 국고 보조가 확실한 상태였고, 따라서 지역이 부담해야 하는 비용을 돗토리현과 시마네현이 절반씩 마련하면 돗토리현의 부담 비용은 총 공사비의 4분의 1이면 된다. 사이하쿠군 이관론이나 돗토리·시마네 합병론의 고조를 막으면서 돗토리현의 재정 부담을 경감하는 안으로 제안한 방법이 바로 사카이 축항의 공동 사업화였다.

1919년 6월에는 사카이상공회境商工會 회장 오카다 쇼사쿠岡田庄作를 중심으로 사카이항만건설기성회境港灣修築期成會가 결성되었는데, 그 설립 선언서에는 "돗토리 시마네 두 현의 관민이 하나가 되어 제휴하고 위아래 서로 호응하여 산인도山陰道 개발 과정을 향해 돌진한다"[31]는 말을 통해 공동 사업으로 사카이 축항을 실현하는 내용이 포함되었다. 또한 같은 해 8월, 돗토리현 내무부 부장으로서 대안 조사를 한 다카라베 사네히데가 시마네현 지사로 취임한 일도 공동 사업화에 대한 기대를 높였다. 1919년 말 돗토리현의회는 "이 항사카이항에 있어 두 현이 지니는 이해利害가 있으니 조속하게 시마네현 당국과 교섭을 시작할 것을 희망하며 두 현의 공동 사업으로 빠르게 건설에 착수"할 것을 요구하는 의견서를 결의하였다. 그리고 이에 대응하여 같은 해 12월 15일 사카이항만건설기

30 境港湾修築期成会編, 앞의 책, p.9.
31 위의 책, p.15.

성회는 시마네현 현청 및 의회를 방문하여 사카이 축항 문제에 대한 협조를 요청하였다.

돗토리현과 시마네현 당국이 사카이 축항 문제에 대하여 의견을 맞추는 데는 그렇게 많은 시간이 걸리지 않았다. 1920년 6월에는 아베 히사노리阿部壽準 돗토리현 지사가 마쓰에시를 방문하여 다카라베 사네히데 시마네현 지사와 축항비 부담 비율에 관한 협의를 시작했다. 이해 8월부터 9월에 걸쳐서는 두 현의 내무부 부장·참사회 회원 사이에 의견 교환이 이루어졌으며, 최종적으로 돗토리현은 총 공사비 180만 엔 중 지역 부담액 90만 엔의 절반 또는 3분의 1[30~45만 엔]의 부담을 시마네현에게 요청하였다.

그리고 이어서 1920년 말 다카라베 사네히데 시마네현 지사는 현의회 협의회에게 비용 부담의 구체적인 안을 제시한다. 이는 지역 부담액 90만 엔 중, 돗토리현이 30만 엔, 사카이정境町이 20만 엔을 각각 부담하고 준설선 및 기계 매각금으로 20만 엔을 충당하며, 나머지 20만 엔을 시마네현이 부담한다는 것이었다. 다카라베 사네히데 지사는 20만 엔을 5년에 걸쳐 지출하면 매년 지출액은 4만 엔에 그치므로 현 재정을 압박하지 않는다고 설명했다.

하지만 시마네현의회 내부에서 분규가 일어났다. 두 현이 교섭 중이던 1920년 9월 열린 임시 현의회, 나아가 구체적인 안이 제시된 통상 현의회에서는 사카이 축항을 둘러싸고 현 내부 지역 간 대립이 현저해졌다. 사카이 축항에 대한 비용 부담에 소극적이었던 것은 시마네현 중에서도 하마다항濱田港의 배후지인 이와미石見 지역이었다. 하마다항도 사카이항과 동시에 특별 무역항으로 지정되었지만 무역 실적은 거의 없었다. 하마다정濱田町 사람들은 그 이유를 해항 시설과 내륙 교통망의 미정비 때문이라 생각했고, 1910년경 하마다항 및 군도郡道 건설을 시마네현 의회에 제안하였으나 실현하지 못했다. 따라서 1920년에는 사카이항에 대항하듯이 하마다항건설기성동맹濱田港修築期成同盟을 결성하고[32] 시마네현 의회에 하마다항 건설을 요구하는 의견서를 제출하였다.[33]

시마네현 내에서 사카이 축항에 적극적이었던 것은 오키군隱岐郡과 마쓰에시였다. 특히 마쓰에의 경제 단체마쓰에상업회의소(松江商業會議所) 및 마쓰에경제회(松江經濟會)는 사카이항 건설에 관한 의견서를 작성하고 시마네현 내에 배포하는 등 여론 환기를 위해 노력했다. 다만 마쓰에경제회의 의견서에서는 사카이 축항의 경제 효과를 "작게는 산인도山陰道 일대 토지를 개발하는 것이고, 크게는 우라니혼裏日本[6)]에서 우리 지역邦家이 개항장으로서 자연의 양항이라는 점을 발휘하는 것"이라고 막연하게만 표현하였다. 오히려 그들은 비용 대비 효과에만 주목하는 논의를 견제하였다. "정부가 사카이항을 15개 항 중 하나로서 중요하게 생각하고 있음에도 불구하고, 기존 사실에 의거하여 양兩 현민이 이 항만의 이용 빈도에 준거하고 경비 문제에 구애를 받아 주저하며 의심하는 것은 거의 이해가 불가능하다"[34]고 주장하며 정부가 중요항으로 지정했다는 사실을 바탕으로 사카이 축항을 정당화하였다.

현의회에서의 회파끼리 지역 간 대립을 수습하기 위한 노력이 이뤄졌다. 정우파政友派에서 해결에 나선 것은 시마네현 정우파 장로인 오가와

---

32 島根県,『新修島根県史(通史篇)』2, 島根県, 1967, p.750.
33 島根県議会史編さん委員会編, p.998.
34 境港湾修築期成会編, 앞의 책, p.55.

구라지로小川藏次郎와 사노 마사오佐野正雄였다. 12월 6일부터 열린 정우회 시마네 지부 총회에서 이와미의 각 군 선출 현의회 의원은 찬동하지 않았지만, 최종적으로는 오가와 구라지로와 사노 마사오 두 사람에게 일임하는 것으로 결정하는데 성공하였다. 한편 헌정파憲政派에서는 시마네현이 부담하는 20만 엔 중 2만 엔을 마쓰에시가 부담하는 것을 조건으로 합의가 성립하였다. 12월 9일 열린 두 파의 협의 결과, 20만 엔을 6년 계속 경비로 지출하고, 이 중 2만 엔을 마쓰에시가 부담하는 것이 결정되었다. 이후 12월 16일에는 시마네현의회에서 사카이항 건설비 예산안이 통과한다.

이와미 지역이 양보한 배경으로는 조선 항로를 둘러싼 두 현의 협력관계를 들 수 있겠다. 마쓰에상업회의소는 1923년 사업 대강大綱에서 사카이 축항과 함께 하마다-포항 간 항로 개설도 언급하면서 포항-하마다-사카이항이라는 삼각 항로의 운영을 중요 과제로 설정했다. 그리고 같은 해 6월에는 돗토리·시마네 두 현의 상공회 연합회가 만선무역조사회滿鮮貿易調査會를 설치하였다. 이 조사회에는 두 현 상공회 연합회의 정·부회장과 각 현에서 10명이 참가하여 매월 2회 정례회를 개최하도록 하였으며, 결과적으로 두 현이 공동으로 조선 무역을 진행할 수 있는 체제가 구축되었다.[35]

1920년 11월에는 돗토리현의회에서도 만장일치로 건설 예산이 의결되었다. 현의회에 제출된 예산안은 사카이항 건설비 중 돗토리현 부담액 70만 엔을 현비 부담 45만 엔, 사카이정 부담 25만 엔으로 나누는 것이

35 島根県,『新修島根県史(通史篇)』2, 島根県, 1967, pp.737~740.

었다.[36] 그리고 현의회에서 예산안이 확정되자 돗토리현과 사카이항정境港町 유지들은 국고 보조 획득을 위한 진정 운동을 전개하기 시작한다.

4) 제1종 중요항의 확장 – 후쿠이현 쓰루가항

사카이항 건설비와 마찬가지로 1921년 초 진정 운동이 전개된 곳은 쓰루가항이었다. 쓰루가항은 블라디보스토크로의 연락항으로서 제1종 중요항으로 지정되었으며, 1909년부터 4년 사업으로 제1차 축항이 실시, 3,000톤급 선박 2척을 동시에 계선할 수 있는 잔교가 완성된 상태였다. 하지만 이미 설명하였듯이 블라디보스토크 및 조선과의 정기 명령 항로 취항에 따라 1910년대 중반부터 쓰루가항의 대외 무역액은 정점을 찍었고 새롭게 6,000톤급 선박에 대한 대응을 구상하기 시작했다.

제2차 쓰루가 축항을 위한 움직임을 주도한 것은 쓰루가상업회의소敦賀商業會議所 회장 오와다 쇼시치大和田莊七였다. 오와다 쇼시치는 앞에서 언급한 수역 검역소나 조선총독부 명령 항로 유치를 주도하는 등 중앙 정치가와 관료에게 직접 압력을 가한 실적이 있었다. 그러므로 제2차 축항에 대해서도 마찬가지로 정당을 매개로 하지 않고 직접 관료를 상대하였다.

오와다 쇼시치는 러시아 및 조선과의 관계를 중시하는 정치가나 관료를 대상으로 쓰루가항에 대한 관심을 높이고자 했다. 이에 오와다 쇼시치가 주목한 것은 러일협회日露協會였다. 러일협회는 1902년 에노모토 다케아키榎本武揚 회장을 필두로 설립된 반관 반민 교류 단체로, 1915년 1월부터는 대장성 주세국장이나 조선통감부 재정고문 등을 역임한 메가타

36 境港湾修築期成会編, 앞의 책, pp.71~74.

다네타로目賀田種太郎가 이 협회의 러일무역 조사부 부장으로 취임하여 러시아 무역 확대를 위한 조사를 시작하였다. 오와다 쇼시치는 러일협회 쓰루가지부 부지부장을 맡았으며, 이에 메가타 다네타로에게도 제2차 축항의 필요성을 호소하였다.

메가타 다네타로는 1917년 4월 쓰루가항을 시찰하고 쓰루가 축항에 관한 의견서를 공표하였다.[37] 당시 쓰루가 축항 설계안으로는 쓰루가만 전체를 개축하는 대규모 계획안과 쓰루가정敦賀町 전면만 개축하는 계획안 2개가 있었으나, 메가타 다네타로는 쓰루가만 전체를 개축하는 계획은 “무역 상대인 러시아와 미국의 통과 물품에만 한정되는 쓰루가에서는 매우 먼 장래에 필요한 것으로 현재는 필요 없다”고 거절했다. 메가타 다네타로는 제2차 축항으로 조성된 돌제를 연장함으로써 약 15만 평의 정박 수역을 확보하고 해외 및 조선 무역에 필요한 임항 철도·창고 시설 등을 정비해야 한다고 주장했다. 또한 위험물 보관소 설치·공장 지대 정비·정차장 시설 정비 등도 함께 제안하였다.[38] 이처럼 제2차 쓰루가 축항을 위한 분위기는 고양되어 갔는데, 오와다 쇼시치가 개인의 네트워크라는 차원에서 지녔던 문제는 그것이 내무성 중심이 아니라는 점이었다. 오와다 쇼시치의 전기를 보면 가까운 관계였던 인물은 마키노 노부아키牧野伸顕·마에다 마사나前田正名·시모무라 후사지로下村房次郎·고토 신페이後藤新平 등으로 후쿠이현 지사 시절의 마키노 노부아키를 제외하면 내무성 계열이 아니라 농상무성·철도성鐵道省 계열의 관료들이다.[39]

---

37 故目賀田男爵伝記編纂会編, 『男爵目賀田種太郎』, 故目賀田男爵伝記編纂会, 1938, pp.682~684.

38 目賀田種太郎, 「敦賀港改善施設に関する卑見」, 秋元義親編, 『日露貿易調査事業経過報告』, 日露協会, 1919, pp.57~61.

39 中安信三郎, 『北陸の偉人大和田翁』, 似玉堂出版部, 1928.

따라서 제2차 축항에서도 오와다 쇼시치는 내무성 토목국이 아니라 철도 관료에게 압력을 가하게 된다. 그리고 1918년 봄, 오와다 쇼시치는 철도성 운수국장인 기노시타 도시오木下淑夫와 만나 철도성과 내무성이 공동으로 제2차 축항을 시행하는 계획에 대하여 합의했다.[40]

그런데 같은 해 9월 정우회 내각이 성립하자 사태는 크게 변한다. 기노시타 도시오는 채산성이 떨어지는 신규 노선 건설에 소극적이었고,[41] 따라서 철도의 '건주개종建主改従'이 당의 방침인 정우회 내각에서는 쓰루가 축항 문제에 계속 관여하는 것이 어려웠기 때문이다. 기노시타 도시오는 하라 다카시 내각이 성립한 직후인 10월, 철도성 운수국장에서 중부철도中部鐵道 관리국장으로 전출되었으며 이듬해 1920년에는 퇴임한다.[42]

그리고 쓰루가항도 사카이항과 마찬가지로 배후지가 현의 경계와 일치하지 않는다는 문제를 안고 있었다. 후쿠이현의 주요 수출품은 견제품絹製品이었는데 이는 주로 북미·유럽을 대상으로 한 것이었기 때문에 철도로 요코하마항橫濱港까지 옮겨졌고, 쓰루가항으로부터의 수출은 거의 없었다.[43] 따라서 결과적으로 쓰루가항 건설 문제는 현 전체의 과제가 되지 못했던 것이다.

이에 오와다 쇼시치는 철도성을 통하는 방법 대신, 내무성·정우회를 중심으로 한 새로운 체제를 구축해야만 했다. 오와다 쇼시치에게 행운이었던 것은 1919년 4월 후쿠이현 지사로 취임한 유치 고헤이湯池幸平가 제2차 쓰루가 축항에 긍정적이었다는 사실이다. 유치 고헤이의 지지를

40 위의 책, p.250.
41 木下淑夫,『国有鉄道の将来』, 鉄道時報局, 1924.
42 鉄道史学会編,『鉄道史人物事典』, 鉄道史学会, 2013, p.163.
43 福井県編,『福井県史 通史編』5, 福井県, 1994, pp.928~933.

얻은 오와다 쇼시치는 기존의 농상무성·철도성을 통해 중앙 정부와 지역 사회를 잇는 방법 외에 내무성 및 정우회를 중심으로 지역 사회의 이익을 실현하기 위한 조직을 설립한다.

그리고 1920년 4월 후쿠이현 현청 내에 대안실업협회對岸失業協會가 설립되었다. 이 협회 회장은 유치 고헤이였고, 고문은 전 에치젠번越前藩 번주 가문의 마쓰다이라 야스타카松平康莊·러일협회 고토 신페이·조선총독부 정무총감인 전 내무성 토목국장 미즈노 렌타로水野鍊太郎·정우회 계열 정치인 스기타 데이치杉田定一·야마모토 죠타로山本條太郎 등이었으며, 부회장으로는 후쿠이현 내무부 부장과 후쿠이현의회 회장을 임명했다. 오와다 쇼시치 스스로는 쓰루가지부 지부장을 맡았다. 대안실업협회의 기관지인 『대안시보對岸時報』 창간호에 실린 대안자對岸子7)의 칼럼에는 "후쿠이현 대안실업협회는 참으로 쓰루가항을 위해 사람들의 화합을 얻기 위한 목적으로 만들어졌다고 할 수 있다"[44]는 내용이 실리는 등, 이 협회의 목적이 제2차 쓰루가 축항 실현을 위한 여론 형성에 있음은 명확했다.

그리고 대안실업협회의 설립 작업과 함께 내무성 토목국에도 접근했던 모양으로, 이 협회 발족식에는 토목과 과장 홋타 미쓰구堀田貢도 출석하였다.[45] 게다가 같은 해 9월에는 내무기사 아키 교이치의 제2차 쓰루가 축항 계획이 제2차 항만조사회에 제출된다. 설계안은 기존 방파제 연장 및 신규 방파제 건설을 통해 항내 수면을 확장하고, 계선 안벽을 축조함으로써 6,000톤급 기선 2척·3,000톤급 기선 3척·1,000톤급 기선 1척의 계선을 목적으로 한 것이었다. 총 공사비는 350만 엔, 예정

44 『対岸時報』創刊号, 大正9.9, p.2.
45 위의 책, p.79.

공사 기간은 5년이었다.[46]

쓰루가항은 제1종 중요항이었고 제1차 축항은 전액 국비 부담이었기 때문에 내무성 토목국도 처음에는 전액 국고 보조를 상정했던 모양이다. 1921년도 해항 건설 예산으로는 제3차 요코하마 축항·제1차 시미즈清水 축항·제1차 시모노세키下關 축항과 함께 제2차 쓰루가 축항도 포함되었다. 그러나 1920년경부터 전후 불황이 시작되면서 대장성은 긴축 재정으로 방향을 돌렸다. 그 결과 각의에서 1924년까지는 축항 비용에 대하여 국고 보조는 하지 않기로 결정하였다. 이에 내무성은 1921년도부터 1924년도까지 4년간은 지방비를 전용하여 지출하고, 1925년도부터 국고 보조를 받는 것을 제안하였으며 대장성도 내무성 제안에 동의하였다. 그 결과 전액 국고 부담을 전제로 했던 쓰루가 축항은 1921년도 착공이 불가능해졌다.

즉, 쓰루가 축항을 조기에 시작하기 위해서는 지역 부담이 필수 불가결했고, 결국 오와다 쇼시치와 유치 고헤이는 협의 결과, 대안실업협회로부터 10만 엔, 현비에서 10만 엔, 그리고 축항에 의해 생기는 매립지 매수 비용으로 30만 엔을 오와다 쇼시치 개인이 마련함으로써 총 50만 엔의 지역 부담금을 준비할 수 있었다.[47]

5) 중앙 정부에 대한 진정 활동

이처럼 1921년도 추가 예산 및 1922년도 예산과 관련하여 사카이와 쓰루가 두 항만의 축항이 내무성에서 문제가 되었다. 제44회 제국의회

46 內務省土木局, 앞의 책, p.210.
47 中安信三郎, 앞의 책, pp.253~255.

가 개회 중이던 1921년 1월에는 이와타 마모루巖田衛 돗토리현 지사 외에 현의회 의원과 사카이미나토정境港町 정장 등이 상경하여 돗토리현 및 시마네현 선출 중의원 의원들과 함께 도코나미 다케지로床次竹二郎 내무성 장관에게 직접 진정하였지만 실현되지 않았다. 이에 최대 장애물은 대장성이라 여겨졌으며, 예를 들어 돗토리현 선출 중의원 의원 기요세 기쿠오淸瀨規矩雄는 대장성을 상대로 진정 활동을 더욱 강화할 필요가 있음을 글로 적어 오카다 쇼사쿠 현의회 의장에게 전달했다. 그리고 기요세 기쿠오는 마찬가지로 해항 건설 예산 실현을 목표로 하는 후쿠이현 선출 중의원 의원과 협조하여 대장성에게 압력을 행사할 예정이라고도 보고하였다.[48] 사카이항과 쓰루가항의 협력이 어떻게 이루어졌는지 분명하지는 않지만, 전기에 따르면 오와다 쇼시치도 1921년도 추가 예산을 통해 건설을 실현하고자 했던 듯싶다.[49] 결국 두 항이 실현하고자 했던 추가 예산은 제44회 제국의회에 제출되지 않았으나, 사카이항 건설 속성 건의안境港修築速成建議案이 확정되었기 때문에 두 항 모두 1922년도 예산을 목표로 삼았다.

그런데 이미 중요항으로 지정된 상태였던 사카이항과 쓰루가항에게 국고 보조 실현은 그다지 절박하지 않았다고 보인다. 지금까지 진행된 중요항 건설에는 모두 국고 보조가 교부되었기 때문에 지역 부담금 문제를 해결하면 사카이항에 대한 국고 보조도 확실하다고 여겨졌다. 그리고 1921년 5월에는 마쓰에시에서 열린 정우회 츄고쿠中國·시코쿠四國 대회에 출석한 도코나미 다케지로 내무성 장관이 사카이항을 시찰한 일도 낙관적인

48 境港湾修築期成会編, 앞의 책, pp.78~79.
49 中安信三郎, 앞의 책, pp.256~261.

분위기를 더욱 강하게 하였다.[50] 한편 제2차 쓰루가 축항에 관해서는 이 해 정우회 호쿠신北信8)대회가 나가노에서 개최된 결과, 도코나미 다케지로 내무성 장관이 쓰루가항을 시찰할 기회는 없었다. 그러나 내무성의 의향에 따라 지역 부담금을 마련한 경위도 있어, 역시 국고 보조 실현을 낙관적으로 예상했다고 보인다. 실제 1922년도 내무성 예산에는 사카이항·쓰루가항과 다카마쓰항高松港까지 세 항만의 건설비가 포함되었다.

그런데 사카이항과 쓰루가항의 예상은 빗나갔다. 긴축 재정 방침을 견지하던 대장성이 3개 항만의 건설비 요구를 거부한 것이다. 사카이항 유지들은 "원래 지방비 부담만 결정하면 국고 보조는 간단하다"고 생각해서 지역 사회 내부의 합의 형성을 이끌어 온 것인데 "이제 와서 매우 예상과 다르다는 것을 안"[51] 것이다.

이에 같은 해 가을 이후 두 항이 위치한 지역의 유지들은 잇달아 상경하여 내무성과 대장성을 상대로 계속 진정 활동을 하였다. 그리고 1922년 10월 쓰루가의 오와다 쇼시치는 후쿠이현 선출 중의원 의원과 함께 다카하시 고레키요高橋是清 대장성 장관을 비롯한 내무성·농상무성·체신성 장관과 만나 쓰루가 축항 실현을 요구했다.[52] 또한 11월에는 사카이항만건설기성회 회장 오카다 쇼사쿠도 상경하여 돗토리현 선출 중의원 의원들과 함께 대장성·내무성·농상무성·체신성 장관과 면담하고 사카이 축항 실현을 요청했다.[53]

내무성과 대장성의 협의 결과, 세 항만의 건설비에 대한 국고 보조금은

50 境港湾修築期成会編, 앞의 책, p.83.
51 위의 책, p.84.
52 「大正拾年度敦賀商業会議所事務報告」, p.15.
53 境港湾修築期成会編, 앞의 책, pp.84~86.

1926년도 이후에 교부하는 것으로 정해졌다. 그리고 이에 따라 반액을 보조하는 사카이와 다카마쓰 두 항만의 건설비는 해당 연도까지는 지방비에서 지출하는 반면, 지역 부담보다 국고 지출이 많은 쓰루가 축항의 경우는 해당 연도까지의 지출은 후쿠이현이 체당하는 것으로 합의하였다.[54]

이와 같이 1910년대 말부터 1920년대 초반에 걸쳐 내무성 토목국은 지방 장관과 지역 유지들과 협조하여 지방항 정비를 실현하였다. 해항의 배후지는 반드시 현의 경계와 일치하지는 않았지만, 그 틈을 메운 것은 정당이었다. 정우회 계열 정치가는 현의 경계를 넘어 협력하고 현의회를 정리함으로써 지방항 건설을 실현한 것이다.

2. 항만협회 설립과 활동

1) 항만법 불성립과 항만협회 설립

내무성 토목국에게 지방항 건설과 함께 가장 중요했던 과제는 항만법 제정이었다. 제4장 제1절에서 검토한 바와 같이 1910년대 중반 내무성 토목국은 이미 항만법 초안을 만들었다. 총 45조로 구성되는 이 초안은 내무성의 일원적 관리를 지향한 것이 아니라 해항 행정에서 내무성·대장성·체신성이 각각 소관하는 범위를 명확히 하는 것을 목적으로 하였다.

하지만 하라 다카시 내각에서 보다 적극적으로 변한 내무성 토목국은 실제 내무성을 중심으로 해항 행정을 일원화하기 위한 항만법 초안을 잡기

54 中安信三郎, 앞의 책, pp.258~259; 위의 책, p.89.

시작한다. 1921년 작성한 항만법 초안[총 76조]의 내용은 대략 다음과 같다.[55]

이 법에서는 항만을 '국가의 영조물[營造物]'이라 자리매김하였으며, 항만을 '국가항'과 '지방항' 두 종류로 분류하고 '국가항'은 주무 장관, '지방항'은 지방 장관이 관리한다는 원칙을 내세웠다[제6·9조]. '국가항', '지방항'의 구체적인 이름을 기술하지는 않았지만, '국가항'은 '국가 공익에 중대한 관련이 있는 항진[港津] 또는 특별한 사유가 있는 항진'이며 주무 장관이 인정하는 것이라 정의하였다.[제7조] 한편 '지방항'은 '국가항 이외의 부현 내 주요 항진'으로 부현 지사가 인정하는 것이다.[제8조] 주무 대신 및 부현 지사의 인정을 받지 못한 항만은 이 법의 대상이 아니다.[제1조]

관리자[주무 대신·부현 지사] 권한의 범위는 넓어 ① 항만 구역의 지정[제11조], ② 공사 시공 및 유지[제12~19조], ③ 매립 및 시설 점용 허가[제20~35조], ④ 입항료·사용료 징수[제37·38조] 등이다. 그리고 원칙적으로 국가항은 국고 부담, 지방항은 부현 부담이다.[제43·44조] 단, 칙령으로 정하는 지방항 건설 공사는 비용의 일부를 국고에서 보조한다.[제45조] 또한 관리자는 관련 시정촌으로 하여금 건설 공사비의 일부를 부담토록 할 수 있다.[제46조] 입항료 및 기타 수입은 관리자의 수입이 된다.[제57조]

해항 행정을 내무성 중심으로 일원화하는 의도를 지닌 이 법안은 당연하게도 다른 관청의 반발을 샀다. 내무성 토목국은 1921년 6월 11일에 열린 제2차 항만조사회에 초안을 제출했는데,[56] 초안을 심의하기 위

55 外務省記録, 「本邦港務規則関係雑件(植原外務次官宛小橋内務次官)」, 大正10.6.16.

56 특별위원회 구성은 이데 겐지(井出謙治, 해군성 차관), 이시마루 시게미(石丸重美, 철도성 차관), 와카미야 사다오(若宮貞夫, 체신성 관선국장), 마쓰모토 시게타케(松本重威, 대장성 주세국장), 마쓰다 겐지(松田源治, 내무성 참사관), 모기 고우지(茂木鋼之, 내무성 기사), 다나카 류조(田中隆三, 농상무성 차관), 우시오 시게노스케(潮惠之輔, 내무성 위생국장), 스즈키 시게루(鈴木繁, 요코하마세관 세관장), 아리요시 츄이치(有吉忠一, 효코현 지사), 구보타 기요치카

한 특별위원회는 체신성과 철도성의 내부 의견이 정리되지 않았다는 이유로 항만법 심의 자체의 중단을 요구했다.[57]

이 초안에 대한 각 관청의 구체적인 대응은 좁은 식견 상 명확히 알 수 없지만, 그전까지 체신성과 철도성이 해항 행정 일원화를 본격적으로 검토하지 않았음은 분명한 듯싶다. 체신성은 관선 행정의 일환으로 외국의 개항 제도를 연구하기는 했으나 이는 선박업자에게 정보를 제공하기 위함이었으며 일본의 해항 행정 통일을 목적으로 검토한 것은 아니었다.[58] 그리고 같은 해 11월에는 철도성 운수국이 『항만과 철도의 관계 조서 제1집(港湾と鉄道との関係調書, 第一輯)』를 작성하였고,[59] 1922년과 1925년에도 같은 조서의 제2집과 제3집을 간행하였는데,[60] 이들 조서는 항만조사회에 항만법 초안이 제출된 사실에 대응하여 작성이 이루어진 것이었다.

따라서 체신성과 철도성은 내무성의 안에 대한 대안도 없이 반대를 이어가게 된다. 이후에도 내무성 토목국은 관련 관청을 상대로 설득을 계속했지만 특별위원회에서 항만법에 관한 합의를 얻지는 못했다.

1921년 12월 토목국 항만과 과장에 취임한 마쓰모토 가쿠松本學의 회고에 따르면 항만법을 가장 거세게 저항했던 것은 체신성이었다고 한

(久保田政周, 요코하마시 시장)의 11명이었다. 内務省土木局, 앞의 책, 218면.

57 「港湾法審議」, 『大阪時事新報』, 大正10.6.16.

58 예를 들어 『체신성 임시조사국 해사부 보고 제16호－프랑스 주요 개항에 관한 조사(逓信省臨時調査局海事部報告第十六号仏国ニ於ケル主要開港ニ関スル調査)』(大正7年) 등.

59 鉄道省運輸局編, 『港湾と鉄道との関係調書 第1輯』, 鉄道省運輸局, 1921. 이 조서에는 나고야·도바(鳥羽)·니시노미야(西宮)·시카마(飾磨)·마이즈루(舞鶴)라는 5개 항의 연혁이나 출입 선박·수출입 화물 등에 대하여 각 철도국의 조사서를 수록하였다.

60 鉄道省運輸局編, 『港湾と鉄道との関係調書』 2, 鉄道省運輸局, 1922; 鉄道省運輸局編, 『港湾と鉄道との関係調書』 3, 鉄道省運輸局, 1925. 제2집은 사카이데(坂出)·욧카이치(四日市)·다케도요(武豊)·사카타(酒田)의 4개 항, 제3집은 아오모리(青森)·시오가마(鹽釜)·후나카와(船川)·나오에쓰(直江津)·우오즈(魚津)의 5개 항에 대한 조서를 실었다.

다. 마쓰모토 가쿠도 항만법을 성립시키고자 했는데 "같은 일을 반복해도 소용이 없다고 생각하여" "외곽 단체를 만들어 항만 여론을 일으키고 그 힘으로 추진하자"고 생각했다고 한다. 또한 마쓰모토 가쿠는 항만은 해운·항운·창고·육운 등 여러 사업 형태와 관련이 있기 때문에 1921년 항만법 초안과 같이 주무 대신이나 부현 지사가 항만을 직접 관리하는 것이 아니라, "항만을 이용하는 다양한 업태業態가 힘을 모아 하나의 기업체로서 움직이는 기구"를 통해 해항을 경영한다는 기본 이념에 입각한 항만법을 만들어야 한다는 의견을 표하기 시작한다.[61] 그리고 마쓰모토 가쿠는 이러한 새로운 이념을 바탕으로 한 항만법을 제정하기 위하여 지역 유지나 토목 관계자뿐만 아니라 선박업자나 창고업자 등 기존에 내무성에게 별다른 영향력을 행사하지 않았던 사람들을 포함한 여론 단체, 즉, 항만협회 성립을 위한 준비를 진행하기 시작한다.

물론 이 구상이 체신성과 철도성에게 알려지면 항만협회 설립 자체가 실패로 끝날 가능성이 있었기 때문에 협회 설립 준비는 두 관청을 제외하고 진행되었다. 마침 1922년 6월경 남만주철도회사南滿洲鐵道會社의 다롄大連 부두사무소도 화물이나 여객을 원활하게 처리하기 위하여 각 지역의 항만과 연락 협의회를 결성할 생각을 하고 있었기 때문에 마쓰모토 가쿠는 이 연락 협의회 결성 준비를 이용하여 항이 위치하는 부현과 시정촌의 수장, 선박 회사·창고 회사 등 관계자와 협의를 하면서 항만협회 설립 준비를 진행하였다. 구체적으로는 마쓰모토 가쿠가 항만협회 회칙 초안을 작성하고, 대장성의 기술자인 니와 스키히코丹羽鋤彦[62]나 조선총독부

61 内政史研究会編, 「松本學氏談話速記録 上」, 『内政史研究資料』 52~58, 1967, pp.89~90.
62 니와 스키히코는 1889년 7월 내무성에서 입사하였으나 1899년 제2차 요코하마 축항 착공 때

토목부 부장 하라 시즈오原静雄 등과 함께 설립 준비를 하였다.[63]

그리고 1922년 10월 12일 다롄에서 열린 항만 관계자 초대회에는 일본 국내 항만 소재 부현·시정촌 대표, 상업회의소 회장·선박 회사나 창고 회사 등 민간업자, 나아가 조선·칭다오青島·만주의 항만 관계자도 초대를 받아 회의가 성대하게 열렸다. 이 석상에서 마쓰모토 가쿠는 "항만에 관한 여론을 만드는" 것과 "관민이 협력하여 항만 발달에 임하는" 것이라는 두 가지 이유를 들며 항만협회 설립 동의動議를 제출하였다. 회의에서는 체신성 오사카체신국大阪遞信局 해사부 부장인 고바야시 오토하치小林音八가 "여러 관청 단체에게 완전한 양해를 얻고, 그리고 이를 일반적인 의견에 비추어 협회 설립 이야기를 진행하고 있는 것인가"라며 사전에 충분한 설명이 없는 점에 대하여 불만을 표했으나 "민간에서는 누구 하나 반대하는 사람이 없어" 동의 그 자체는 의결되었다.[64]

이처럼 다롄에서 항만협회 설립을 기정사실로 하고자 했던 마쓰모토 가쿠는 귀국 후, 구체적인 설립 준비를 시작했으며, 같은 해 11월 회장에 현직 내무대신인 미즈노 렌타로水野錬太郎,[65] 부회장에 토목업계 일인자인 후루이치 고우이古市公威와 내무성 토목국장인 홋타 미쓰구堀田貢를 추천하기

대장성 임시세관공사부 토목과 과장으로 취임하여 이후 1921년까지 대장성 토목기사로 활약하였다. 1921년에는 대장성을 나와 도쿄시(東京市) 도로국장 및 하항과 과장을 맡아 도쿄 축항 계획 책정에 관여하였다. 吉田律人, 「丹羽鋤産と帝都復興 ①－東京市河港課『震火災の1周年を迎かひて』」, 『横浜市史資料室紀要』 1, 横浜市史資料室, 2011.

63 港湾協会, 『港湾協会10年史』, 港湾協会, 1934, p.4.

64 위의 책, pp.20~27.

65 회장직·부회장직은 내무대신과 토목국장의 당연직이 아니었다. 미즈노 렌타로(水野錬太郎)는 내무대신 사임 후에도 항만협회 회장직을 이어 갔으며 1947년 3월까지 일본의 해항 행정을 주도하였다. 홋타 미쓰구도 1926년 사망 때까지 부회장직을 맡았다. 참고로 1947년 3월 회장직을 이은 것은 마쓰모토 가쿠였고(1947.3~1963.10) 마쓰모토 가쿠 또한 오랫동안 해항 행정에 관여한다.

로 결정하고 항만협회를 정식으로 창립하였다. 한편 창립 발기인으로는 내무성에서 16명, 대장성과 체신성에서 각각 9명이 이름을 올렸으며 최종적으로는 대장성과 체신성 모두 항만협회 설립에 동의한 모양이었다.[66]

협회 설립에 관해 관계 관청에 충분한 정보를 주지 않은 마쓰모토 가쿠였지만 협회 설립 이후에는 대장성·체신성과의 협력 관계 구축을 위해 힘을 쏟았다. 1925년에는 부회장직을 늘려 후루이치 고우이·마쓰나미 니이치로松波仁一郎라는 학자와 함께 내무성·대장성·체신성의 차관이 더해져 총 5명이 맡게 되었다.[67] 결과적으로 이를 통해 내무성·대장성·체신성이라는 해항 행정 관련 3개 관청의 협조의 장으로 항만협회가 정비되었다고 할 수 있다.

항만협회가 제2차 항만조사회와 가장 달랐던 점은 정책 결정의 장이 아니라 여론 형성의 장이었다는 것이다. 항만협회 회칙에서는 목적을 "항만 정책을 힘써 연구하고 항만 건설 및 해륙 연결 설비 완성을 촉진하여 항만 이용 방법을 개선함과 동시에 항만 관계자의 연락 친목을 도모한다"고 하였으며,제1조 이 목적을 달성하기 위하여 ① 항만에 관한 조사 연구, ② 항만에 관한 자료 수집, ③ 항만에 관한 강연회·강습회·전람회 개최, ④ 항만 관련 도서 간행, ⑤ 회보 발행, ⑥ 항만 관련 당국 자문에 대한 대응 또는 건의, ⑦ 기타 필요 사업을 행한다.제3조

앞 절에서 살펴본 바와 같이 이전에도 해항 건설에 관해서는 내무성 토목국 기사의 설계를 바탕으로 각 지역에서 축항 계획이 세워졌고, 지

---

66 港湾協会,『港湾協会10年史』, 港湾協会, 1934, pp.29~30. 참고로 3개 관청 차관의 부회장 취임은 당연직인 듯싶다. 예를 들어 1925년 9월 내무성 차관이 유아사 구라헤이(湯淺倉平)에서 가와사키 다쿠키치(川崎卓吉)로 바뀌자 부회장도 교체되었다.

67 위의 책, pp.55~56.

역 사회의 합의 형성을 시도했다. 그러나 해항을 둘러싼 이익은 다양하여 각 지역 유지는 개별 행정 과제마다 관련 관청에게 진정하였고, 지역 주민의 합의를 이끌어내야 했다. 항만협회는 그러한 행정 과제를 종합하여 논의할 수 있는 장으로 만들어진 것이다.

따라서 해항을 통한 지역 발전을 꾀하는 사람들은 항만협회에 큰 기대를 걸었다. 항만협회 임원은 회장·부회장 외에 약간 명의 이사를 두기로 했는데, 마쓰모토 가쿠에게 이사 취임을 타진하는 사람들이 있었던 모양이다. 예를 들어 1922년 12월 아오모리현青森縣을 지역구로 하는 중의원 의원 기타야마 이치로北山一郎가 마쓰모토 가쿠를 찾아와 이사 취임을 간청하였다.[68] 기타야마 이치로는 1919년경부터 시작된 아오모리항青森港 건설 운동의 중심 인물로,[69] 건설 실현을 위하여 항만협회 이사에 취임하는 것이 유익하다고 판단한 듯싶다. 기타야마 이치로의 간청은 받아들여져 도호쿠東北·호쿠리쿠北陸·츄고쿠시코쿠中國四國의 대표로 기타야마 이치로와 함께 오와다 쇼시치·사카구치 헤이베坂口平兵衛의 3명이 이사로 취임하였다.[70]

이와 같이 관청 간 경쟁을 극복하기 위하여 지역 사회·사기업 등 해항 관련 행위자 모두를 포함한 조직으로서 내무성은 항만협회를 설립하였다. 이하에서는 1920년대 항만협회의 활동을 ① 자유항 문제, ② 해항 행정 일원화 문제, ③ 항만법 제정 문제, ④ 지방항 건설 문제라는 4개 측면에서 살펴보겠다.

---

68 「日誌」, 『松本學関係文書』, 大正11.12.16.
69 北山一郎, 『北山一郎自叙伝』, 私家版, 1949, pp.25~27.
70 港湾協会, 『港湾協会10年史』, 港湾協会, 1934, p.54.

2) 자유항론의 전개

1923년 4월부터 간행된 항만협회의 기관지 『항만港灣』에서 가장 먼저 다룬 것은 자유항 설치론이었다. 제1권 제1호에 가와즈 스스무河津暹, 도쿄제국대학(東京帝國大學) 경제학부 교수의 「자유항론自由港論」이 실린 것을 시작으로 제2호에서는 이시이 도오루石井徹, 일본우선회사(日本郵船會社) 부사장 · 나오키 린타로直木倫太郞, 오사카시(大阪市) 항만부 부장 겸 도시계획부 부장 · 미쓰하시 신조三橋信三, 미쓰비시창고(三菱倉庫) 상무 취체역(取締役) · 시마무라 하타히코島村幡彦, 오사카상선(大阪商船) 조사부 부장의 자유항론이 게재되었으며, 제3호에서는 「자유항론 시비是非」라는 특집이 마련되었다.<표 5-4>

〈표 5-4〉『항만(港灣)』에 실린 자유항론

권호	주제	저자	
제1권 제1호	자유항론	가와즈 스스무 (河津暹)	도쿄제국대학(東京帝國大學) 교수, 법학박사
제1권 제2호	자유항에 대하여	이시이 도오루 (石井徹)	일본우선회사(日本郵船會社) 부사장
	자유항조사위원회 설립을 촉구한다	나오키 린타로 (直木倫太郞)	오사카시(大阪市) 항만부 부장 겸 도시계획부 부장, 공학박사
	자유항론 비판	미쓰하시 신조 (三橋信三)	미쓰비시창고(三菱倉庫)상무 취체역(取締役)
	자유항론의 가치	시마무라 하타히코 (島村幡彦)	오사카상선(大阪商船) 조사부 부장
제1권 제3호	자유항론에 대하여	야마모토 고로 (山本五郞)	합자회사 스미토모창고(住友倉庫) 지배인
	자유항의 목적과 활용 요소	이사카 다카시 (井坂孝)	요코하마상업회의소(橫濱商業會議所) 회장
	자유항 설치에 관한 의견	후지야마 라이타 (藤山雷太)	도쿄상업회의소(東京商業會議所) 회장
	자유항에 대하여	하자마 다이조 (間泰藏)	주식회사 가이쓰사(開通社) 취체역
	자유항 설치의 요부(要否)	이나바타 가쓰타로 (稲畑勝太郞)	오사카상업회의소(大阪商業會議所) 회장

권호	주제	저자	
제1권 제3호	자유항 설치 요부 및 이해(利害)	미쓰하시 신조(三橋信三)	미쓰비시창고(三菱倉庫) 상무 취체역
	자유항 설치 방침을 확립해야 한다	가도노 도미노스케(上遠野富之助)	나고야상업회의소(名古屋商業會議所) 회장
	자유항과 나가사키항(長崎港)	다지리 쓰네오(田尻常雄)	나가사키고등상업학교(長崎高等商業學校) 교장
제1권 제4호	자유항구(自由港區)에 대하여	나카노 긴지로(中野金次郎)	모지상업회의소(門司商業會議所) 회장
	자유항 설치에 대하여	다라오 겐자부로(多羅尾源三郎)	오사카해상화재보험주식회사(大阪海上火災保險株式會社)
	고베 자유항구 설치 제창	후쿠모토 기료(福本義亮)	고베상업회의소(神戶商業會議所) 서기장
제2권 제1호	우리나라 자유항 문제	이시바시 고로(石橋五郎)	교토제국대학(京都帝國大學) 교수, 문학박사
제2권 제2호	요코하마항(橫濱港) 자유항구 설치에 대하여	소다 기이치로(左右田喜一郎)	법학박사
제2권 제3호	요코하마항에서 본 외국 자유항 제도 개요	소다 기이치로(左右田喜一郎)	법학박사
제2권 제4호	구미의 자유항	하야시 치아키(林千秋)	홋카이도청(北海道廳) 기사
제2권 제5호	다시 자유항 문제에 대하여	미쓰하시 신조(三橋信三)	미쓰비시창고(三菱倉庫) 상무 취체역

또한 『항만』이 간행된 1923년 4월, 내무성 토목국이 편찬한 『자유항 고찰自由港の考察』이라는 제목의 소책자도 출판되었다.[71] 이 책자는 내무성 토목국이 자유항에 관한 조사를 위하여 수집한 자료를 수록한 것으로 독일이나 미국에서 나온 자유항 관련 논문과 조사 자료를 일본어로 번역하여 실었다. 머리말에는 "최근 민간 식자들 사이에 자유항 설치 논의가 굉장히 활발한 것도 자유항 설치 여부가 그로부터 영향을 받는 측면이 매우 크기 때문"이며, 내무성 토목국은 "항만 관리 관청으로서 결코 소홀히 해서는 안 되는 사항이므로 행정 및 기술 양 측면에서" 조사 연

71 內務省土木局編, 『自由港の考察』, 港湾協会, 1923.

구를 시작하였다고 기술하였다.

따라서 항만협회가 가장 먼저 착수한 과제는 자유항 문제였고, 심지어 그것은 내무성 토목국과의 협조 속에서 도출한 과제라고 해도 좋을 것이다. 하지만 자유항 문제는 1890년대부터 널리 논의되어 온 문제로 결코 새로운 것은 아니었다. 내무성 토목국과 항만협회가 일부러 자유항 문제를 내세운 배경에는 역시 내무성 토목국이 주도하는 해항 행정에 대한 지지를 얻고자 하는 의도가 있었다고 생각해야 할 것이다.

『항만』에 자유항론을 게재한 논자의 직책을 보면 행정 관료나 토목기사가 아니라, 경제학자, 선박·창고 회사 임원, 그리고 지역 상업회의소 회장 등이 다수를 점하고 있다는 사실이 눈에 띈다. 이들은 제2차 항만조사회를 주요 정책 형성의 장으로 삼았던 내무성 토목국과는 관련이 적은 사람들이었다. 제2차 항만조사회에는 임시위원으로 단 다쿠마團琢磨나 쇼다 헤이고로莊田平五郎 등 재계 인사가 출석하는 때도 있기는 했지만 이는 매우 드문 일이었다.<권말 부록 표2>

그런데 예를 들어 1920년 12월에는 일본선주협회日本船主協會가, 1922년 1월에는 요코하마상업회의소가 각각 내무대신에게 해항 행정 일원화를 요구하는 진정서를 제출하는 등[72] 이들도 해항 행정에 무관심했던 것은 아니다. 오히려 이들은 대장성이 과거 제시한 바와 같이 위원회 방식으로 해항 행정을 실천하고자 하는 모습을 보이기도 했다.

앞서 언급한 일본선주협회의 진정서에 따르면 고베항에서는 "본 항의 개량·발달에 관한 연구를 목적"으로 고베항만위원회神戶港灣委員會가 만들

72 内務省土木局編,『港湾行政資料』1, 内務省土木局, 1922, pp.36~45.

〈표 5-5〉 고베(神戸)·요코하마(橫濱) 항만위원회 조직

고베 항만 위원	비고	요코하마 항만 위원	비고
지사		지사	
세관장		세관장	
고베철도국(神戸鐵道局) 국장		도쿄철도국(東京鐵道局) 국장	
오사카체신국(大阪遞信局) 국장		도쿄체신국(東京遞信局) 국장	
대장대신 관방 임시건축과 고베출장소(大藏大臣官房臨時建築課神戸出張所) 소장		내무성 요코하마토목출장소(橫濱土木出張所) 소장	
내무성 고베토목출장소(神戸土木出張所) 소장		시장	
시장		시의회 의장	약간명
고베상업회의소(神戸商業會議所) 회장		시의회 의원	
고베상업회의소(神戸商業會議所) 의원	호선 : 2명	요코하마상업회의소(橫濱商業會議所) 회장	약간명
원양 기선 회사 대표	일본선주협회(日本船主協會) 선출 : 4명	요코하마상업회의소(橫濱商業會議所) 의원	
근해 기선 회사 대표	일본선주협회(日本船主協會) 추천 : 2명	원양 근해 항로 기선 회사 지점장	
무역업자 대표	단체 또는 동업자 호선 : 2명	무역업자	약간명
창고업자 대표(하역도급업 포함)	동업단체 선출 : 2명	창고업자	약간명
선박 취급업자 대표	고베해운업조합(神戸海運業組合) 선출 : 1명	해상보험업자	약간명
바지선·소증기선·예인선업자 대표(육상 운송업 포함)	단체 또는 동업자 호선 : 2명	운송업자	약간명
공업자 대표(임해공장 소유자)	저명업자 호선 : 1명		
석탄업자 대표	동업단체 선출 : 1명		
해원협회(海員協會) 대표	동 협회 선출 : 1명		
해상보험업자 대표	동업자 호선 : 1명		

출처 : 内務省土木局編, 『港湾行政資料』 1, 内務省土木局, 1922, pp.41~45.

어졌는데, 이는 "항만 행정 통일 기관이 설치될 때까지, 그리고 그러한 기관 설립 후라도 정부 당국에서 항만 시설 등에 대해 일을 할 때, 특히 본 항에 관한 것에 대해서는 본 회의 의견을 구해야 하는" 단체로 "해당 제도를 장차 다른 주요 항에 파급하는 것"을 목표로 했다. 이 위원회의

조직은 지사 · 세관장 · 고베철도국장 · 오사카체신국장 · 대장대신大藏大臣 관방官房 임시건축과 고베출장소 소장 · 내무성 고베토목출장소 소장 · 시장 · 고베상업회의소 회장에 더해 동업자 단체에서 선출된 선박 회사 대표나 창고업자, 항만 하역업자 등도 참가하는 것이었다. 한편, 요코하마에서도 이러한 위원회의 설립을 시도했다.<표 5-5>

따라서 내무성 토목국은 여론 단체인 항만협회를 설립하고 이들의 지지를 얻을 필요가 있었다. 그리고 이를 위해서는 지금까지 내무성 토목국이 강점을 보였던 토목기사나 지역 사회 만이 아니라 선박 회사 · 창고회사 · 항만 하역업자 등이 공유할 수 있는 문제로서 자유항 문제는 아주 좋은 주제였던 것이다.[73]

이때 상정한 자유항 제도는 "선박이 출입하고, 수입 화물 양륙, 재포장 · 보관 · 가공 · 제조 등을 행하는 지역 또는 관세 제도상 예외적으로 외국이라 간주하여 이를 자유롭게 할 수 있도록 허가"[74]하는 것이었으므로 해항 정비를 통해 지역 발전을 지향하는 사람들은 물론, 사업의 자유도가 높아지는 선박 회사나 창고 회사에게도 매력적인 것이었다. 예를 들어 일본우선日本郵船 부사장 이시이 도오루石井徹는 "외국 화물에 과세하지 않고 수출입을 할 수 있는 자유항 구역에는 화물이 점차 모입니다.

---

73 항만협회가 자유항 문제를 제기한 시기를 전후하여 요코하마 · 고베 · 오사카에서도 자유항 문제를 검토하기 시작했으며, 관민을 불문하고 많은 자유항론(팸플릿)이 출판되었다. 1923년의 주요 출판물만 살펴보더라도 고베시청 항만부의 『자유항 제도 개관(自由港制度概観)』, 『자유항에 관한 설명(自由港ニ関スル説明)』, 『자유항 문제 조사 참고자료(自由港問題調査参考資料)』, 요코하마시청 요코하마항조사위원회의 『자유항 연구(自由港の研究)』, 요코하마항조사위원회 제4부 자유항부의 『요코하마항에서 보는 자유항 문제(横浜港より観たる自由港問題)』, 고데라 겐키치(小寺謙吉)의 『자유항의 놀라운 편익(自由港の驚くべき便益)』, 『코펜하겐 자유항(コーペンハーゲン自由港)』 등이 있다.

74 河津暹, 「自由港論」, 『港湾』 1-1, 港湾協会, 大正12.4, p.49.

그리고 그 결과 창고업·보험업·금융 기관이라 하는 것들이 발달하며 자연스럽게 일이 흥하게 된다"[75]고 설명하였으며, 스미토모창고住友倉庫 지배인인 야마모토 고로山本五郎도 "우리나라의 자유항시自由港市를 터미널[9)]로 삼아 선박 출입, 발착하는 것이 해운 정책에 얼마나 유리하며 (…중략…) 게다가 자유항 내에서 발달 가능성이 있는 조선업이 가져오는 이익은 우리나라에 가장 현저할 것이다"[76]라고 기대감을 환기했다.

나아가 자유항론은 기존 대형 해항의 보수도 포함하고 있었다. 야마모토 고로는 "일본에 물자를 집중시키고 선박을 불러 모아 일본을 화물의 집산지이자 선박의 터미널로 만들기 위해서는 항만 개량이 당장 급한 일"이라고 지적하였다. 무엇보다 축항에 드는 비용 부담이 자유항 반대론의 근거가 되지 않도록 야마모토 고로는 "처음부터 자유항이 되는 것을 예상하여 축항 계획을 세운다면 (…중략…) 항만 설비 축조비 측면에서 보면 문제가 되지 않을 정도의 소액으로 가능하지 않을까"라고 주장하였는데, 어느 쪽이든 자유항 제도 도입으로 화물량이 늘어난다면 신규 축항이 필요한 것은 분명했다.

이처럼 『항만』에 게재된 자유항 관련 논설 대부분은 자유항 설치 추진론이었고, 선박 회사·창고 회사·무역상·토목 기술자 등 해항 관련 거의 대부분의 행위자의 기대를 불러일으키는 것이었다.

『항만』 지면에서 유일하게 자유항 설치 반대론을 주장했던 것은 미쓰하시 신조미쓰비시창고 상무 취체역이었다. 미쓰하시 신조는 자유항론이 언급되기 시작한 배경으로 "현재의 불황에 대하여 그 누구든지 이를 구제할 수

75 石井徹, 「自由港に就て」, 『港湾』 1-2, 港湾協会, 大正12.6, p.8.
76 山本五郎, 「自由港論に就て」, 『港湾』 1-3, 港湾協会, 大正12.8, p.31.

있는 어떠한 방법이라도 갈망하고 있었으므로 흡사 이와 같은 상황에 반응하는 것처럼 (…중략…) 바로 중대한 시국 문제가 되기에 이르렀다"고 지적하며 실제로는 자유항 설치가 가져오는 경제 효과에 의구심이 든다고 주장했다.

미쓰하시 신조는 해항 내 일부를 자유항 구역으로 하는 구상처럼 "지대가 비싸고 노동력 및 자금을 얻는 것이 어려운 장소에서 한 나라의 무역이 좌지우지되는 것처럼 산업이 발흥勃興한다고 생각하는 것은 상당한 오해"라고 확언했다. 애초에 "한 나라의 무역이 융성하는 것은 지리적 관계는 물론 그 나라의 산업·상업·교통 등 기타 기관의 발달과 완비 상태에 기댈 뿐 아니라 나아가 노임勞賃·지대 등 상품 원가를 구성하는 요소의 저렴함, 기술의 우수함 (…중략…) 등, 복잡한 원인에 기인하는" 것으로 이들 요인을 고치지 않고서 자유항 제도만을 도입한다 해도 무역이 융성하는 것은 아니라고 미쓰하시 신조는 자유항론을 비판하였다.

그러나 1923년 자유항론의 고조가 내무성 토목국 및 항만협회에 의해 의도적으로 연출된 것이었던 만큼 항만협회의 대부분이 자유항 설치로 기운 것은 당연했다. 1923년 10월 고베에서 개최된 항만협회 제1회 총회에서 나카야마 노조무中山望 평의원·가쓰타 긴지로勝田銀次郎 이사가 자유항에 관한 의안議案을 제출하였다. 그리고 이어서 항만협회는 자유항에 관한 조사위원회를 발족하여 본격적으로 자유항 제도를 검토하기 시작했다.

이 위원회는 1924년 5월과 이듬해인 1925년 4월 2차례에 걸쳐 개최되었다.[77] 위원회에서는 자유항 설치를 주장하는 이시이 도오루·나오

77 港湾協会, 『港湾協会10年史』, 港湾協会, 1934, pp.167~168면.

키 린타로直木倫太郎 · 야마모토 고로와 자유항 설치를 반대하는 구로다 히데오黑田英雄, 대장성 주세국장 · 미쓰하시 신조 · 니와 스키히코丹羽鋤彥 사이에서 격렬한 논쟁이 계속해서 이뤄졌다.[78]

자유항 설치 추진파는 천연 자원이 적은 일본이 경제적으로 발전하기 위해서는 중계 무역가공 무역 진흥을 시도할 수밖에 없으며, 이를 위해서는 자유항 설치가 필요하다고 기존 주장을 반복했다. 이에 대하여 자유항 설치 반대파가 위원회에서 내세운 주장은 다음의 세 가지 내용으로 정리할 수 있다.

첫째, 중계 무역 발전은 현재의 보세 창고 · 가치장 제도 운용을 개선하는 것으로도 충분히 가능하다. 이는 예전부터 대장성이 주장해 온 내용으로 이용자가 매우 적어 기존 법 제도에 개선의 여지가 있다는 사실은 대장성도 인정하였으며, 구로다 히데오는 "가능하면 이번 회차 의회에서는 상당한 안을 만들어 최대한 장애물을 없애고 편의를 도모하고 싶다"[79]고 의견을 밝혔다. 또한 니와 스키히코는 "오늘날의 가치장이 자유항과 같은 것인데 가치장이라 부르는 의미가 세계에 철저하게 알려지지 않아 오해가 생긴 것은 아닌가 (…중략…) 이를 이번 법 개정에서 (…중략…) 가치장을 자유항 구역이라는 이름으로 바꾸면 어떤가"[80]라고까지 논하며 자유항 추진론자의 이해를 구했다.

둘째, 자유항 설치에 따라 발생하는 관세 행정상의 어려움이다. 보세 창고 제도와 자유항 제도의 가장 큰 차이는 '수면'을 보세 지역에 포함할

78 鮫島茂資料(丹羽鋤彦旧蔵資料) · 980, 「自由港問題に関する委員会議事速記録」.
79 위의 글, p.11.
80 위의 글, p.18.

지의 여부였다. 야마모토 고로는 위원회 장에 총 7개 조항으로 구성되는 '메모'를 제출하였는데, 그 취지는 자유항 구역에 수면도 포함하여 선박으로부터 세관 절차를 거치지 않고 화물을 상·하역한다는 것이었다.[81]

이에 대하여 구로다 히데오는 "수면을 포함하여 선박을 자유롭게 출입시키는 것은 지당한 말씀입니다만, 함부르크항의 경우 장벽이 있어 거기에 들어갈 때는 단속선의 감독을 받아 상·하역을 한 후, 필요에 따라 처리하는 단속 방법도 비교적 용이"하지만, "일본의 현재 항만 설비로는 그렇게 수면을 구획하는 것이 과연 간편하게 될 수 있을지"[82]라며 습선거wet dock 중심인 유럽식 해항과 개방적인 수면을 지니는 일본 해항의 차이를 언급하며 실현 가능성에 의문을 던졌다.

또한 미쓰하시 신조는 "세관과 같은 감독자가 감시해도 절차가 늦다, 인수가 늦다 등 꽤나 불만이 많다. 감독이 없는 채 놔둘 경우 빨리 인수해 주면 좋지만 시간이 많이 지나도 상품은 그대로 일 것이다"[83]며 세관이 감시를 하지 않으면 오히려 화물 지연을 초래한다고 주장했다.

셋째, 자유항 설치에 관한 비용 대비 효과의 문제이다. 애초에 대장성

---

81 위의 글, p.37. 참고로 7개 조문의 원문은 다음과 같다. 1. 자유항 구역을 확장하여 수면을 포함한다, 2. 자유항 구역 내에서는 화물 재포장, 분류 등 처리 이외에 일반 공업을 허가하며 나아가 상업 기관, 특히 산물 거래소, 공매소(公賣所) 등을 허가한다, 3. 국외와 자유항 구역 사이를 출입하는 화물에 대해서는 통계 재료 등 필요한 사항 외에는 거래, 이동에 최소한의 제한을 둔다, 4. 국외와 자유항 구역 사이는 선박이 자유롭게 출입할 수 있도록 하고 최소한의 제제를 두어 절차를 간편하게 한다, 5. 자유항 구역 내의 상공 산업 경영상 필요한 최소한의 인원에게 자유항 구역 내 거주를 허가하고, 항만 노동자(仲仕)·선원·직공 등 용무가 있는 자의 출입에는 상당한 감시와 제한을 행한다, 6. 자유항 구역과 내지와의 경계를 출입하는 화물, 선박 등에 대해서는 일반 관세 감독을 따르며, 경계 및 감시에 관한 비용은 해당 항만이 있는 시에서 부담한다, 7. 자유항 구역 규모는 그 항만이 있는 시의 상공 산업 상황에 따라 정하는 것이 가능하며 장래 필요할 경우, 확장할 수 있도록 시는 설계를 해둬야 한다.

82 鮫島茂資料(丹羽鋤彦旧蔵資料)·980, 「自由港問題に関する委員会議事速記録」, pp.20~21.

83 위의 글, p.24.

은 제도를 정비하기만 하면 결과는 자연스럽게 따라온다는 생각에 회의적이었다. 제2장에서 검토한 바와 같이 1890년대 무역항 제도 개정 때부터 경제 규모에 걸맞은 해항 정비를 지향한다는 점에서 대장성은 일관성이 있었다. 그리고 이는 자유항 관련 위원회에서도 마찬가지였다. 예를 들어 구로다 히데오는 개항 제도를 예로 들어 "개항을 시끄럽게 요구해서 개항으로 하면 이번에는 세관이나 지서를 두고 또 그러하다. 하지만 무역이 있으면 세관은 반드시 따라간다. 개항으로 해달라고 시끄럽게 해서 개항으로 해도 물건이 오지 않는 곳이 있다"[84]고 논했다.

대장성 조사에 따르면, 일본 국내에서 중계 무역 비중이 가장 큰 고베항 조차 무역 화물 전체 중 중계 무역 화물이 차지하는 비중[톤수]은 가장 높았을 제1차 세계대전 기간에도 10%정도에 그치며, 1921년에는 2.9%까지 떨어진다. 자유항 추진론자의 목적은 기존 해항에 자유무역지구를 정비하는 것이었기 때문에 자유항을 설치할 때 당연히 새롭게 건설 공사가 필요했다. 그러나 구로다 히데오는 "그렇게 거액의 경비를 들여 지역을 한정하고 그곳에서 여러 자유를 속박하며 그러한 설비를 하는 것이 과연 이익이 있을지"[85]라고 효과를 의문시했다.

위의 세 가지 내용을 중심으로 구로다 히데오 등이 강력하게 반대함으로써 위원회에서의 논의를 쉽게 정리할 수 없게 되었다. 그렇지만 항만협회가 설치한 위원회에서 자유항을 설치하지 않는다는 결론을 내릴 수도 없었다. 제2회 위원회에서 위원장 히로이 이사미廣井勇는 "자유항을 포기하는 것만은 하고 싶지 않다"고 말하며 구로다 히데오 등에게 호소

84 위의 글, p.23.
85 위의 글, p.8.

했고, 야마모토 고로는 장래에는 자유항을 "설치할 수 있다"는 표현으로 타협을 요구했다.[86] 결국, 조사를 계속하기로 하며 제2회 위원회는 해산했는데, 짧은 식견 상, 제3회 위원회가 열린 흔적은 없다.

위원회 심의가 중단되면서 항만협회에서의 자유항론도 정리되었는데, 지금까지 살펴본 바와 같이 대장성도 보세 창고 제도 개정의 필요성은 이해한 상태였다. 따라서 위원회에서의 발언처럼 대장성은 보세 창고 및 가치장 제도 확충을 실시한다. 그리고 1927년에 열린 제52회 제국의회에 가치장법 대신 새로운 법안을 제출하였다. 보세 공장법保稅工場法이라는 이름의 법안은 제국의회에서 "자유 지구와 동일하게 해외 물품을 이곳에서 가공하여 내보낼 수 있다는 점에서 기능상 같은 결과를 얻을 수"[87] 있다고 설명한 것처럼 대장성의 의도대로 사실상 자유항 제도를 도입한 것이었다. 그러나 위원회에서 니와 스키히코가 언급하였듯이 자유항 구역이라는 명칭을 넣은 것은 아니었기 때문에 이후에도 자유항 설치를 요구하는 논의는 반복된다.[88]

2) 행·재정 정리와 해항 행정 일원화 문제

자유항론에 이어 항만협회가 처리해야 했던 문제는 행·재정 정리 문제였다. 이미 하라 다카시 내각 말기부터 재정난에 대응하기 위한 행·재정 정리를 시작하고자 했으나 정우회 내에서 반발이 있어 실현에 이

86 위의 글, p.35.

87 『帝国議会衆議院委員会議録(昭和篇)』 6, 臨川書店, 509면.

88 제2차 세계대전 후, GHQ가 요코하마·고베 두 항을 접수해제 했을 때도 역시 자유항 설치론이 전개되었다. 柴田銀次郎, 『自由港の研究』, 同文館, 1955; 岩田直栄, 「自由港の考察」, 『港湾』 25-2, 港湾協会, 昭和23.7; 松本清, 「自由港制度論に対して」, 『港湾』 25-2, 港湾協会, 昭和23.7; 矢野剛, 「工業港の自由港化」, 『港湾』 25-2, 港湾協会, 昭和23.7.

르지 못했다. 하지만 1921년 11월부터 다카하시 고레키요 총리가 행·재정 정리를 본격적으로 진행한다. 그리고 지금까지 이뤄졌던 행·재정 정리 문제와 마찬가지로 이때도 해항 행정 일원화 문제가 거론되었다.

다카하시 고레키요 내각이 행정정리준비위원회行政整理準備委員會를 설치한 것은 1922년 5월이다. 그리고 같은 해 6월 제출된 제1차 안은 정부 관청의 개폐를 포함한 과감한 것이었다.[89] 이 책의 입장에서 주목할 부분은 제1차 안에서는 체신성과 철도성을 합병하여 교통성交通省을 신설하는 구상이 등장하였다는 점이다. 행정정리준비위원회는 해항에 관한 사무도 교통성이 소관하는 것을 상정하였으며, 이를 위해서 부현 항무부港務部 및 세관 폐지를 검토하였다.[90] 나아가 이듬해 1923년 7월 완성된 행정정리준비위원회의 제3차 안에서도 교통성 설치와 세관·부현 항무부 폐지를 명기하였고, 이 방침은 다카하시 고레키요 내각에서 가토 도모사부로加藤友三郎 내각으로 정권이 교체된 후에도 유지되었다.[91]

이처럼 항만협회 설립을 전후한 시기에는 행·재정 정리의 일환으로 해항 행정 일원화가 검토되었으며 당연하게도 항만협회 또한 이에 대응하는 움직임을 보였다. 1924년 4월 제1회 총회에서는 해항 행정 일원화 문제를 결의하였고, 이 문제를 조사하는 특별위원회도 조직하였다. 이 위원회에서는 해항 행정 일원화에 관한 구체적인 요구사항을 포함한 건의서를 작성하여 4월 26일 기요우라 게이고清浦奎吾 총리를 비롯하여 내무성·대장성·체신성·농상무성·철도성 장관 및 제국경제회의帝國經濟

89 公文別録·大正11年,「行政整理の実行ヲ期スル為閣議決定通牒」.
90 公文別録·大正11年,「行政整理ニ関スル一般要項」.
91 小橋一太関係文書·第254号,「行政整理準備委員会関係書類 16(「行政整理案」)」.

會議 의장에게 제출하였다.[92]

건의서의 주요 내용은 해항 행정에 관하여 "장차 중앙으로 통일할 기관을 설치할 필요가 있으나", 이를 단기간에 행하는 것은 어려우니 "우선 항만 관련 사무를 통일할 유력한 기관을 지방에 설치"한다는 것이다. 이에 따르면 지방 기관은 ① 항무부, ② 임시해항검역소, ③ 식물검사소, ④ 수상경찰서, ⑤ 지방 장관의 항만에 관한 사무 전부와 ⑥ 내무성 토목출장소 중 항만 건설 공사에 관한 사무, ⑦ 세관 사무 중 소형선 부두物揚場·상옥·창고·예인선·기중기·잔교·계선 안벽 및 계선 지정에 관한 사무, ⑧ 항로표지관리소 사무 중 선박 입출항을 위해 설치한 항로 표지 사무, ⑨ 해사부 사무 중 도선사 감독 및 해원海員 고용에 관한 사무를 총괄하는 것이었다. 또한 지방 기관은 내무대신 관할 아래에 설치되며 개별 사무는 각각 관련 장관의 지휘 명령을 받는다.[93]

항만협회의 건의서를 받고 행정정리준비위원회에서는 해항 행정 일원화를 위한 구체안 검토를 시작했는데, 역시나 대장성과 체신성으로부터 반대 의견이 나왔다.[94] 대장성에서는 고무치 쓰네타카神鞭常孝, 요코하마세관 세관장가 "관세 징수에 대해서는 사물의 성질상 관계 설비의 상당한 관리"를 해야 하므로 항만협회의 안처럼 지방 기관을 설치해도 이중 행정은 해소되지 않는다고 반론했다. 또한 체신성에서는 히로하타 다다타카廣幡忠隆, 관선국 서무과 과장 겸 조사과 과장가 "항로 표지에 관한 사항은 항만 고유의 사항이 아니므로 전국적으로 통일하는 것이 편리하다", 그리고 해원 고용에 대

92 港湾協会, 『港湾協会10年史』, 港湾協会, 1934, p.153.
93 港湾協会, 『港湾協会10年史』, 港湾協会, 1934, p.154.
94 小橋一太関係文書·第254号, 「行政整理準備委員会関係書類 35(港湾統一に付各方面の意見)」.

해서도 "다른 부국과 합동하는 것은 각별한 실익이 없을 뿐 아니라 이 사무를 때때로 다른 부국과 합동하는 것은 불편"하다고 반론하였다.

특히 체신성의 태도는 강경했다. 체신성은 "항무부 사무 중 주요 업무는 체신성에 속해야 한다고 생각하기 때문에 만약 이를 중심으로 통일 관청을 설치한다면 체신성 내부가 되어야 한다"며 해항 행정 일원화 주체로서 의욕을 분명히 밝혔다. 그리고 이를 위해서 체신성은 해항 행정 사무와 관선·항로 표지 사무를 종합하는 해사원海事院 구상을 제시한다.[95] 체신성은 원래 "개항 규칙에 관한 사무는 현재 체신성 소관임에도 불구하고 이를 집행하고 부현 항무부에서 장악하는 것은 매우 변태적"이라고 현재 상황을 비판하며, "항만 행정과 선박 운항과의 관계를 보았을 때 당연히 이를 해사 행정 주무 관청인 체신성 장관의 관리 아래 두어야 한다"고 주장한 것이다.

이와 같이 1924년경 해항 행정 일원화 문제를 둘러싸고 내무성-항만협회와 대장성·체신성의 대립이 현저해졌는데 1924년 6월 호헌 3파護憲三派[10])를 여당으로 하는 가토 다카아키加藤高明 내각이 탄생하면서 상황은 크게 바뀐다. 잘 알려져 있다시피 가토 다카아키 내각은 헌정회憲政會·혁신구락부革新俱樂部와 정우회총재파가 연립하여 성립한 것이었는데, 내무대신와카쓰키 레이지로(若槻礼次郎)·대장대신하마구치 오사치(濱口雄幸) 등 주요 각료 자리를 대장성 관료 출신인 헌정회 대표가 차지했다. 즉, 미즈노 렌타로·고바시 이치타 등 내무성 계열 정치가가 기존에 지니고 있었던 해항 행정 주도권에 변화가 생긴 것이다.

95 小橋一太関係文書·第254号, 「行政整理準備委員員会関係書類 31(海事行政機関の組織改善に関する件)」.

그리고 1924년 10월에는 항만조사회가 폐지되었다. 폐지 이유는 "중요 항만 24개 중 이마리항伊萬里港을 제외하고는 모두 건설 계획이 세워져 있어 당분간 항만조사회를 존치할 필요가 없기에 이르렀다"는 것이었다. 1925년 11월에는 임시 항만조사회로서 다시 설치되었으나 내무성 토목국 해항 행정의 중핵이었던 제2차 항만조사회 폐지는 이러한 주도권 변동을 상징하는 사건이었다.

제2차 항만조사회가 폐지되기 2달 전인 8월에는 하마구치 오사치 대장성 장관을 중심으로 행정 정리안이 완성되었다.[96] 이 안에서는 "세관 권한을 확대하고 항무부 소관 사무, 해항 검역 사무, 해항 항칙에 의한 수상 경찰 사무 및 식물 검사 사무를 함께 관장한다"며 지금까지 논의와는 전혀 달리 해항 행정을 세관 중심으로 일원화하는 것을 제안하였다.[97]

당연히 이에 대해서 내무성은 "해항 검역을 지방 장관의 권한에서 세관으로 이관하는 것은 지방 장관이 관장하는 육상 방역 사무와 연락 및 협조 등에 있어 불편함을 초래하고", "항내 일반 행정 경찰 사무를 세관에 이관하면 이 중 일부에서 지방 장관의 행정 경찰권을 빼앗는 것"이 된다며 반론하였다. 결국 두 관청이 절충한 결과, "해항 검역에 관해서는 원안대로 세관에 이관토록" 하는 반면, "항내 행정 경찰에 관해서는 세관 권한을 '개항 규칙 시행에 직접 필요한 항내 행정 경찰 관련 사항'"에 한정하는 것으로 타협했다.[98] 이에 따라 해항 건설 사무를 제외한 개항 행정 사무항무부·해항 검역 사무·개항 항칙에 의한 수상 경찰 사무·식물 검사 사무가 세관 중

96 土川信男, 「護憲三派内閣期の政治過程」, 『年報・近代日本研究』 6, 山川出版社, 1984.
97 公文別録・大正13年, 「行政整理案」.
98 内務省警保局文書・内務大臣決裁書類・大正15年, 「港務部を税関に統一したる経過等(枢密院に於ける開港々則改正審議会資料)」.

심으로 일원화된다.[99]

가토 다카아키 내각에 의한 행·재정 정리는 이렇게 전개하였는데, 그 결과 내무성 토목국에서 항만협회의 중요성은 오히려 커졌다. 예를 들어 1925년 1월 『항만』에는 미즈노 렌타로 회장·홋타 미쓰구 부회장이 가토 다카아키 내각을 비판하고 항만협회의 의의를 강조하는 논설을 실었다.[100]

미즈노 렌타로는 "우리나라의 상태를 보면 사면이 바다로 둘러싸인 나라임에도 불구하고 기존에 항만 개량과 같은 것은 거의 등한시하여 외국 무역의 주요항이라 일컬어지는 요코하마·고베 조차 항만 설비라 볼 수 있는 것이 없다 (…중략…) 영국·미국·독일·프랑스 등의 그것과 비교하면 거의 항만이라 할 수 있는 시설"이 없는 상태라 하며, 제2차 항만조사회가 불필요하다고 단정한 정부를 비판하였다. 특히 해항 건설은 "만약 한 번 그 방책이 틀리면 (…중략…) 매립한 토지, 설치한 방파제를 후일 제거해야 하거나, 또는 해륙 연락 관련 설비를 잘못 만들어 매우 큰 비용을 바닷물 속에 버리는 일이 일어나면 국가 재정은 물론 국민 부담 차원에서도 굉장히 불리해지는" 일이므로 신중한 조사와 심의를 행하는 제2차 항만조사회는 매우 중요한 기관이라고 주장했다. 그리고 "지금은 이렇게 중요한 기관이 폐지된 이상, 이를 대체할 만한 기관이 없으면" 안 되고 "이를 위해 우리 항만협회는 앞으로 더욱 중요해진 기관으로서 활동해야 할 시기를 맞이하였다"라며 항만협회의 의의를 강조하였다.

99 公文類聚·第48編·大正13年·第4巻, 「税関官制ヲ改正シ◯税関官制第一条第一項九号乃至第十二号又ハ同条第二項ノ事務ニ従事スル職員ノ服制ヲ定メ◯地方待遇職員令◯恩給法施行令中ヲ改正ス」.

100 水野錬太郎, 「港湾政策を論じて本会の責務に及ぶ」, 『港湾』 3-1, 港湾協会, 大正14.1; 堀田貢, 「港湾に関する根本法規制定に就て」, 『港湾』 3-1, 港湾協会, 大正14.1.

또한 홋타 미쓰구도 "오늘날 국민을 힘들게 하는 물가 급등을 억제하기" 위해서는 "어떻게 이 바다를 이용하기 편하게 하고 물자 이동을 원활하게 할지"가 중요한데, 일본의 해항 행정이 "이른바 조령모개朝令暮改하여 내각 경질과 재정 상황에 따라 정책이 자주 바뀌면 항만 개량 및 기능 발휘 상 완벽을 기하는 것은 불가능하다"고 비판하였다. "지금처럼 철도는 체신성이 주관하고 도로는 내무성이 주관하며, 항만은 내무성 · 체신성 또는 이번 행정 정리의 결과에 따라 대장성이 중요 항만 행정 사무를 관장한다고 하지만, 이러한 상태로는 각종 교통 기관의 원활한 기능 발휘가 가능할지 나는 매우 의문"이라며 세관 중심으로 해항 행정을 통일하는 것에 대해서도 불만을 감추지 않았다. 그리고 제2차 항만조사회가 "이번 행정 정리에서 폐지됨에 따라 우리 협회가 항만 관련 유일한 기관이 되었다. 따라서 향후 (…중략…) 제반 문제에 대하여 항상 여론의 중심이 되어야" 한다고 항만협회의 존재 의의를 다시 한번 강조하였다.

3) 항만법 검토

이렇게 1922년부터 1924년경에 걸쳐 행 · 재정 정리가 이뤄짐에 따라 항만협회 활동도 활발해졌다. 그리고 그러한 활동의 주요 관심은 항만법 제정으로 향했다. 앞의 논설에서 홋타 미쓰구는 내각 경질과 재정 상황에 따라 해항 행정이 바뀌지 않으려면 "항만의 관리 유지 및 개량, 진보, 이용 등에 대하여 기초가 되는 법령을 제정하고 그 법령을 통해 각각 적절한 시설을 만들어 이를 통해 질서 정연하게 발달하는" 것이 중요하다고 말했다. 내무성 토목국이 항만법 제정을 시도했던 1921년 당시, 토목국장이었던 홋타 미쓰구 입장에서는 세관을 중심으로 한 해항

〈표 5-6〉 항만법 제정 문제 조사위원

마쓰나미 니이치로(松波仁一郎)	법학박사
니와 스키히코(丹羽鋤彦)	공학박사
오타 헤이시로(太田丙子郎)	오사카상선주식회사(大阪商船株式會社) 전무 취체역(取締役)
오쿠무라 규로(奥村久郎)	도신창고주식회사(東神倉庫株式會社) 상무 취체역
가케이 쇼타로(筧正太郎)	철도성 운수국장
가와무라 데이지로(川村貞次郎)	미쓰이물산주식회사(三井物産株式會社) 상무 취체역
가와즈 스스무(河津暹)	법학박사
다케다 료타로(武田良太郎)	일본우선주식회사(日本郵船株式會社) 전무 취체역
다니모토 이타로(谷本伊太郎)	미쓰비시창고주식회사(三菱倉庫株式會社) 취체역 사장
나카야마 히데사부로(中山秀三郎)	공학박사
나가하마 데이이치(長濱貞一)	농림성 수산국장
나라자키 이타로(楢崎猪太郎)	
구로세 히로시(黒瀬弘志)	고베시 시장
후지이 사다노부(藤井眞信)	대장성 주세국장
후지무라 시게미치(藤村重道)	해원협회(海員協會) 전무이사
데라시마 시게노부(寺島成信)	경제학박사
아리요시 츄이치(有吉忠一)	요코하마시 시장
미야자키 기요노리(宮崎清則)	체신성 관선국 장
미야자키 미치노스케(宮崎通之助)	내무성 토목국장
히로이 이사미(廣井勇)	공학박사
히다 고이치(比田孝一)	

출처 : 鮫島茂資料(丹羽鋤彦旧蔵資料)·984-⑨, 「港湾法制定問題調査委員」.

행정 일원화는 항만법이 제정되지 않았기 때문에 발생한 문제였으며 따라서 다시 한번 항만법 제정의 필요성을 실감했다고 할 수 있다.

결국 1926년 8월 오타루小樽에서 열린 항만협회 제3회 총회에서 항만법 제정에 관한 건의가 이뤄진 것을 계기로 항만협회에서 항만법 검토를 시작한다.[101] 그리고 같은 해 10월에는 항만법 조사 위원이 위촉, 항

101 港湾協会, 『港湾協会10年史』, 港湾協会, 1934, pp.140~141.

만법 초안 검토에 들어갔다.<표 5-6>[102]

1927년 4월 8일에 열린 제1회 항만법 제정 문제 조사위원회港湾法制定問題調査委員會에는 미즈노 렌타로 회장이 참석하였고, 항만협회 간사인 구보 요시오久保義雄가 위원회의 과제로 ① 항만법 제정이 필요한 이유, ② 새롭게 제정하는 항만법과 기존의 단편적인 법률 및 관습과의 관계, ③ 항만법에 규정해야 하는 내용이라는 세 가지 사항의 정리를 제시하였다.[103] 위원회에서는 내무성 토목국 초안을 바탕으로 기존 관습이나 규정을 상세히 조사하여 항만 관리자・비용・단속의 대강을 정하는 것부터 시작하였으며, 이를 위해서 마쓰나미 니이치로항만협회 부회장, 법학박사・니와 스키히코공학박사・데라시마 시게노부경제학박사・하라 시즈오原靜雄, 요코하마시 항만부부장의 4명으로 구성되는 특별조사위원을 선정했다.

무엇보다 위원회 자리에서 구보 요시오가 "항만은 (…중략…) 본래 국가가 소유, 관리해야 하는 것"이라는 원칙만은 인정했으면 좋겠다고 발언한 것처럼 해항을 "국가의 영조물"로 간주하고 그것의 유지 관리를 토목국이 담당한다는 내무성 초안이 기초가 된다는 것은 기정사실이었다. 그렇기 때문에 하라 시즈오가 "항만법 성립을 서두르려 한다면 내무성 계통의 행정 사무만 포함하여 항만법을 만들면 가장 빠릅니다. 다른 관청에 속하는 항만 관련 규정은 대략 갖춰져 있으니 이것을 통일하려 하면 해당 관청과 관련해서는 이치는 맞아도 실행할 수 없습니다. 따라서 빨리 성적을 올리려면 내무성 계통 일을 하면 된다"고 지적하였듯이 해항 행정 일원화를 위한 항만법 제정은 곤란하다는 견해도 있었다.

102 鮫島茂資料(丹羽鋤彦旧蔵資料)・984-⑨,「港湾法制定問題調査委員」.
103 鮫島茂資料(丹羽鋤彦旧蔵資料)・984-②,「第一回港湾法制定問題調査委員会議事速記録送付ノ件」.

실제 4명으로 구성되는 특별조사위원회 내부에서조차 항만법에 관한 의견을 통일하지 못했다. 같은 해 11월에 열린 제2회 위원회에서 특별조사위원이 항만법 초안을 제출하였는데 뒤에서 설명하겠지만 거기에는 니와 스키히코 위원의 '소수 의견'도 첨부되어 있었다. 이 항만법 초안의 요지는 아래와 같다.

초안에서는 항만을 "나라의 영조물"이라고 자리매김하였다. 그 이유로 "영국의 항청港廳 제도와 같이 항만 이용자 및 항만 소재지 시민의 선거와 관련이 있는 위원을 중심으로 조직하는 자치 위원회"가 이상적이기는 하지만 "현재 일본의 나라 사정으로 봤을 때 갑자기 이 제도를 취하는 것은 곤란"하다고 지적했다. 그리고 해항이 소재하는 시정촌에서 관리하는 방법도 "우리나라 일반의 시정촌 현황을 보았을 때 아직 그 지경에 도달했다고 인정하기는 어렵다"고 논외로 하였으며, "중요한 항만"은 주무 대신, "그 뒤를 잇는 항만"은 부현 지사가 관리해야 한다고 주장했다. 단, "우리나라에서 가장 중요한 지위를 차지하는 항만"에서는 공사비의 약 절반을 시가 부담하고 있다는 사정도 있으니 "가능한 시장이 직접 관리토록" 한다. 초안에서는 전국의 해항을 1등항·2등항·3등항의 세 종류로 분류였는데 이는 기존의 제1종 중요항·제2종 중요항·지정 항만을 상정한 것으로, 1등항·2등항은 내무대신, 3등항은 부현 지사가 관리한다.

해항 관리자에게 주어진 권한은 ① 공사 인허가, ② 수면 매립 허가, ③ 개항 항칙 사무, ④ 해항 검역 사무, ⑤ 출입항 수속의 5개 항목이다. 특히 해항은 "국가의 영조물"이라는 관점에서 해항 내에서는 사권私權은 제한되고 공사나 수면 매립 및 점용 등에 관해서는 관리자주무 대신 및 부현 지사가 광범위한 권한을 가진다.

한편 "항만 관련 비용"은 국고 및 부현, 시가 부담하는 것이 기본이며 필요한 범위 내에서 특별세 부과 및 입항료·사용료 등의 징수를 허가한다.

주무 대신은 ① 개항의 지정·외국 무역 설비에 관한 사항에 대해서는 대장대신, ② 어항 지정·어업 설비에 관한 사항에 대해서는 농림대신, ③ 개항의 구역·선박·항로 표지·도선에 관한 사항에 대해서는 체신대신, ④ 해항 구역 내 및 임항 철도에 관한 사항에 대해서는 철도대신, ⑤ 해항 구역 내 및 임항 지역 내의 궤도에 대해서는 내무대신과 철도대신으로 하며 기타 사항은 모두 내무대신이 담당한다.[104] 그리고 이들 관청 간 연락 기관으로 관련 관청 당국자·항만 관련 사업 경영자·학식 경험자·제국의회와 부현 및 시의회 의원 등으로 구성된 중앙항만위원회中央港灣委員會 및 지방항만위원회地方港灣委員會를 설치하고 중요 사안은 모두 항만위원회에서 결정하기로 했다.

하지만 이처럼 관청 간 연락 기관으로서 항만위원회 설치를 포함하기는 했으나 특별조사위원의 초안에 담긴 발상은 기본적으로 1921년 내무성 초안을 계승한 것이었다. 따라서 대장성 계열 기사인 니와 스키히코는 초안에 동의할 수 없었다.

특별조사위원의 항만법 초안 요지에 첨부된 니와 스키히코의 '소수 의견'은 다음과 같은 내용이었다.[105] 니와 스키히코는 "항만법에서 1등항 관리자를 주무 대신으로 하고 그 항만에 관련된 비용을 국고에서 부

104 鮫島茂資料(丹羽鋤彦旧蔵資料)·984-⑩, 「昭和2年11月港湾法制定問題特別調査委員起草 港湾法草案」.

105 鮫島茂資料(丹羽鋤彦旧蔵資料)·984-②, 「第1回港湾法制定問題調査委員会議事速記録送付ノ件」.

담하는 원칙을 인정하는 것은 항정港政에 있어 시대를 역행하는 정책"이라며 항만법의 기본 이념부터 부정했다. 그 이유는 영국·독일·네덜란드 등 "상업항의 발전이 두드러지는 나라"에서는 중앙 정부가 중요항을 관리하는 사례가 없고, 오히려 정부 개입이 "상업항 부진의 원인"이라는 인식이 있으며 "자치하는 공영의 특설 기관"을 설치하는 것이 세계적인 조류이기 때문이었다.

구체적으로 니와 스키히코는 중앙 정부가 해항을 직접 관리할 경우의 폐해로 아래와 같이 5개 측면을 꼽는다. 첫째, 해항 설비는 임기응변으로 정비를 진행해야 하는데 정부 직할을 하게 되면 제국의회의 협조가 필요해 기동적으로 지출하기 힘들다. 둘째, 정당이 정치적 문제로 이용하기 쉽다. 셋째, 해항 정비를 둘러싸고 '국가 관념'과 '지역 이익'이 충돌할 가능성이 있다. 넷째, 해항이 소재하는 시·지역 시민이 '애항심愛港心'을 잃을 가능성이 있다. 다섯째, 특정 해항 정비에 국고를 지출하면 인근 경쟁항을 압박할 가능성이 있다.

이처럼 니와 스키히코는 지역의 해항이 각자 발전하는 자유경쟁주의를 취하였으며 이는 대장성이 예전부터 지향해 온 해항 행정의 기본 방침이기도 했다. 니와 스키히코는 항만법 초안에서도 '1등항'의 경우 시장이 관리 경영을 맡는 것이 적합하다고 인정하고 있으니 "거기에서 한 발자국 나아가 정비 관리 제도를 배척하는 것도 (…중략…) 입법 정신에 큰 영향이 없다"며 요코하마·고베 등 대규모 해항에는 특례를 적용해야 한다고 주장했다.

그러나 니와 스키히코의 반대 의견은 받아들여지지 않았고, 결과적으로 어느 정도의 어구만 수정하여 1928년 4월 항만협회가 항만법 초안을 확정하였다. 그리고 5월 28일에는 다나카 기이치田中義一 수상을 비롯하여 내무성 · 외무성 · 대장성 · 육군성 · 해군성 · 농림성 · 상공성 · 체신성 · 철도성 장관에게 건의하였다.[106] 하지만 항만협회 내부에서도 의견을 통일하지 못한 이 초안이 각의의 승인을 받을 수 있을 리는 없었고, 항만법은 이때도 성립되지 못한다.

4) 행 · 재정 정리와 지방항 정비

행 · 재정 정리는 해항 행정 일원화뿐만 아니라 해항 건설 예산에도 영향을 미쳤다. 가토 도모사부로 내각에서는 1923년도 계속비 예산 중 20%가 연기되었고 나아가 제2차 야마모토 곤베山本權兵衛 내각에서도 간토대지진關東大地震11)의 복구비 등으로 1924년도 이후 계속비 중 25%가 연기될 예정이었다. 이 예산안은 제48회 제국의회가 해산한 결과, 성립하지는 않았지만 기요우라 게이고 내각에서는 실행 예산으로 결정되었다.

이처럼 해항 건설 예산은 1923년부터 1924년에 걸쳐 두 차례 연기되었는데, 그 결과 가장 큰 피해를 입은 것은 이 장의 제1절에서도 검토한 후시키항이었다. 1921년 6월 제1종 중요항으로 지정된 후시키항의 경우, 1922년 말 도야마현의회에서 후시키항 건설을 내무대신에게 요청하는 건의안이 만장일치로 의결되는 등 제2차 축항을 원하는 분위기가 고조된 상태였다. 내무성 토목국도 이에 대응하여 건설 계획안을 작성하였으며 1923년 6월에는 『도야마일보富山日報』 지면을 통해 설계안을 발표했다. 이 안은 총 공사비 1,000만 엔에 달하는 장대한 계획으로 실

106 港湾協会, 『港湾協会十年史』, 港湾協会, 1934, p.143.

시 계획은 3기로 나뉜다. 제1기 공사의 경우 공사비는 500만 엔이었으며 이 중 절반을 국고가 보조하는 것이었다.

하지만 1923년 8월 완성된 대장성의 행정 정리 안에서는 신규 착공 사업인 후시키항이 제외되었기 때문에 도야마현 지사와 지역 유지들은 급거 상경하여 여러 방면으로 진정을 해야 했다.[107] 그리고 그 결과 1924년 5월 같은 연도의 추가 예산으로 후시키 축항비총 공사비 500만 엔, 10년 사업가 승인된다.[108]

그런데 1924년 6월 성립한 가토 다카아키加藤高明 내각은 고베 · 요코하마 · 모지의 세 개 항은 계속비 중 50%를 연기하고, 기타 사업은 모두 중단하는 방침을 제시하였기 때문에 후시키의 유지들은 다시 상경하여 분주하게 진정하였다.[109] 제2차 후시키 축항 예산안은 결국 변경되는 일 없이 같은 해 7월 귀족원과 중의원을 통과하였지만, 행 · 재정 정리는 각 지역의 해항 건설 사업에 큰 영향을 주었다고 할 수 있다.

한편 이와 같은 상황에 직면한 내무성 토목국은 항만협회를 통해 여론 환기에 힘쓴다.[110] 내무성 토목국의 고다마 신지로兒玉信治郎은 「항만 개량비 연기 및 중단 문제港湾改良費繰延並打切問題」라는 제목의 글에서 최근 일본 해운의 눈부신 발전에 비해 해항 정비가 뒤처지고 있는 상황을 강조하며 추가 연기에 반론했다. 고다마 신지로는 "우리나라 항만 정비는 매우 유감스럽게 빈약하여 구미 선진국에서 찾아볼 수 있는 안전하고 신속한 하역과 같은 일은 도저히 바랄 수가 없다. 그리고 항내 제반 비용이 높

107 「伏木港拡築費予算削減さる」(『富山日報』, 大正13.8.3), 『鴻爪集』.
108 「伏木港拡築費予算復活」(『富山日報』, 大正13.8.8), 『鴻爪集』.
109 伏木港史編さん委員会編, 『伏木港史』, 伏木港海運振興会, 1973, p.490.
110 兒玉信治郎, 「港湾改良費繰延並打切問題」, 『港湾』 2-6, 港湾協会, 大正13.11.

은 결과 물가도 급등하였으며 국민이 부지불식간에 막대한 손해를 입게 되었다"고 논하며 요코하마·고베 두 항을 포함한 전국적인 해항 정비는 국민 생활에 이익을 가져온다고 강조했다.

나아가 고다마 신지로는 "무엇보다 가장 중요한 소수의 항만에 전력 집중"하는 방식을 비판했다. 구체적으로는 "지방 경제계가 눈에 띄게 진보, 발달하고 항만에 출입하는 선박 화물이 격증하여 하루도 버려두기 어려운 상태에 이르렀다면 (…중략…) 언제라도 상당한 계획을 세워 공사를 시작해야 한다 (…중략…) 소수 항만에 집중하는 방식을 택하면 다른 항만은 아무리 필요하다 한들 다시 수십 년을 기다려도 설비를 갖출 수 없다"며 각 지역의 경제 사정에 따라 해항을 분산해야 한다고 논했다.

게다가 해항 정비란 방파제 등 외곽 공사와 상옥·창고·임항 철도 등 육상 공사를 조합했을 때 비로소 효과를 발휘하기 때문에 "도중에 공사를 중단하면 만약 일부 준공했다 하더라고 결코 이용할 수 없다. 특히 항만 공사는 그 작업의 성질상 또는 공사 경제상 한쪽에서 시작하여 한 부분씩 준공하며 순차적으로 다른 부분에 이르는 식으로 만들 수 없다. 전체적인 장면에 걸쳐 일제히 진행해야 하기" 때문에 원래 계획대로 완성해야 한다고 주장했다.

이처럼 항만 건설비 연기에 대한 내무성 토목국의 반론을 『항만』 지면에 게재하는 한편, 항만협회는 독자적인 대응을 협의한다. 1926년 9월 이사회를 열고 "항만 개량 건설은 기정 계획에 따라 이를 수행할 것"이라고 결의하고 총리를 비롯하여 관련 대신에게 건의를 제출하기 위한 준비를 시작했다. 10월에는 지방 평의원을 소집하여 평의원회를 열고 이사회 결의의 취지를 관철하기 위한 특별위원회를 설치했다. 특별위원회는 정부에 대한 건의에 그치지 않고 직접 정부를 설득할 필요가 있다는 생각을 가지고 10월 8일 내무성 차관 및 대장성 차관과 면담하여 기정 계획 수행을 호소했다.[111]

나아가 항만협회는 해항이 위치하는 지역의 조직화도 시작했다. 특히 힘을 쏟은 것은 동해 연안항이었는데 이는 육군으로부터의 요청에 대응하는 것이었다. 만철滿鐵의 지선 중 하나인 깃카이철도吉會鐵道, 길림성-회령 부설이 본격적으로 시작되자 대륙과 일본을 연결하는 최단 경로로서 동해 항로에 대한 기대가 높아졌다. 참모본부 제3 부장이자 항만협회 이사이기도 했던 기하라 기요시木原清는 1925년 10월경 이사회에서 깃카이철도의 종단항終端港 문제를 제안하고 1926년 4월에는 『항만』에 「감히 우라니혼의 인사에게 묻는다敢て裏日本の人士に問ふ」라는 제목의 논고를 실어 만주 북부로 가는 최단 경로로서 동해 연안 해항 정비의 필요성을 호소하였다.[112]

기하라 기요시는 깃카이철도와 그 종단항이 정비되면 지금까지 다롄을 경유하던 만주와 일본 내지 사이의 연락 경로는 크게 변할 것이라고 논했다. 특히 만주 북부에는 군사 수송이라는 측면에서도 해항이 필요하여 후보지로는 나진·청진·웅기 등을 검토하고 있었다. 만주 북부·한반도 북부에서 일본으로 수·이출되는 목재·석탄·대두 등의 총량은 280만 톤에 달하며 이들 화물을 수용할 수 있는 해항이 필요하다고 기하라 기요시는 주장했다.

항만협회 간사인 오타키 미키마사大瀧幹正, 전 육군 중좌(中佐)[113]는 기하라 기

111 宮津市永年保存文書 113, 「商港に関する書類」(港湾改良修築問題対応策ニ関スル経過概要竝ニ宣告).

112 木原清, 「敢て裏日本の人士に問ふ」, 『港湾』 4-4, 港湾協会, 大正15.4.

113 오타키 미키마사의 경력은 상세히 알 수 없으나 1867년 쇼나이번(庄內藩) 무사 집안에서 태

요시 이사의 제언에 응하여 예전부터 경쟁 관계에 있던 동해 연안항 간 협력을 꾀했다. 오타키 미키마사는 1926년 8월 오타루에서 열린 항만협회 총회 자리에서 해당 항만 관계자들을 설득했으며, 같은 해 10월에는 '니혼카이항만공영회日本海港灣共榮會'를 설립하고 쓰루가에서 제1회 총회를 개최했다.[114] 규약에서 이 회의 목적을 동해 연안항의 '여러 문제를 강구하고 그 개선을 시도하기 위해 상호 협력하여 항만의 공영을 도모하는 것'제2조라 밝혔으며, '연 1회 회의를 개최하는 것'이 정해졌다.

하지만 관련 지역의 니혼카이항만공영회에 대한 기대는 크지 않았다. 제1회 총회에는 18개 시정市町(하코다테시函館市·아오모리시青森市·후나카와정船川町·쓰치자키미나토정土崎港·사카타정酒田町·니가타시新潟市·료쓰정両津町·우오즈정魚津町·후시키정伏木町·나나오정七尾町·미쿠니정三國町·쓰루가정敦賀町·오바마정小濱町·신마이즈루정新舞鶴町·마이즈루정舞鶴町·미야즈정宮津町·사카이미나토정境港町·마쓰에시松江市)이 참가했으나 다음 총회 개최를 희망하는 곳은 없었으며 "다만 얼굴을 보고 경원하는 것인지 겸손해하는 것인지 모르겠으나 오로지 당첨되지 않는 것을 희망하는 모습"이었다고 한다.[115] 결국 미야즈정에서 열린 제2회 총회1927.8에는 제1회에는 출석하지 않았던 한반도의 참가자가 추가로 있기는 했지만원산상업회의소·성진항만회, 홋카이도 및 혼슈에서는 9개 시정하코다테시·니가타시·료쓰정·쓰치자키정·나나오정·쓰루가정·마이즈루정·신마이즈루정·미야즈정만 참가하였다.[116] 그리고 후시키정의 경우 1930년 제4회 총회

어나 1914년 육군을 퇴역했다. 1922년 항만협회 창립 당시부터 간사를 맡았다. 1936년 간사를 그만둔 후에도 특별 회원으로서 항만협회 활동에 관여했다. 港湾協会, 『港湾協会二十年史』, 港湾協会, 1944, p.402.

114 宮津市永年保存文書 113, 「商港に関する書類(宮津町長内山廣三宛大瀧幹正, 大正15.7.3)」.

115 『対岸時報』 7-5, 福井県対岸実業協会経営対岸時報編輯部, 大正15.12月, p.19.

116 京都府庁文書·大15-111, 「港湾一件」(日本海港湾共栄会第2回総会出席者名簿).

개최를 타진하였으나 건설 공사 지연을 이유로 거절하였다.[117] 결국 니혼카이항만공영회는 나나오정에서 개최한 제5회 총회1932.5가 마지막 총회가 되었다.[118]

니혼카이항만공영회가 제대로 기능하지 못한 것은 동해 연안 주민들이 그 필요성을 느끼지 못했다는 의미일 것이다. 실제 제1회 총회에서 의결된 항목은 '오모노가와雄物川 개수 공사의 조기 시행'이나 '깃카이철도 전면 개통 촉진' 등 대립이 적은 문제뿐이었다. 한편 '쓰치자키 하항河港 건설 문제'는 나나오항이 반발했고, '동해 횡단 항로 연장 문제'를 둘러싸고는 쓰루가와 하코다테의 의견이 일치하지 않는 등[119] 니혼카이항만공영회는 동해 연안 고유의 문제를 해결하지 못했다.

이는 역설적이지만 항만협회가 각 지역의 기대감이나 요구를 모으고 받아들이는 기능을 충분히 했다는 증거이기도 할 것이다. 항만협회가 그 기능을 한다면 동해 연안 고유의 문제에 대처하지 못하는 니혼카이항만공영회는 불필요했다. 그리고 1927년 4월 정우회 대표를 수반으로 하는 다나카 기이치 내각이 성립 후, 재정 정책은 적극적으로 변했고, 항만협회는 창구 기능을 하게 된다.

5) 산업입국 정책과 항만협회 – 제2차 마이즈루 축항

금융 공황 대처 실패가 직접적인 원인으로 퇴진한 제1차 와카쓰키 레이지로 내각의 뒤를 이어 성립한 다나카 기이치 내각에게는 무엇보다 경제

117 「伏木港拡張工事遅々として進まず」(『高岡新報』, 昭和5.4.20), 鴻爪集.
118 「第五回日本海港湾共栄会」, 『港湾』 10-6, 港湾協会, 昭和5.6.
119 『対岸時報』, 7-5, 大正15.12, 福井県対岸実業協会経営対岸時報編輯部, pp.15~18.

정책에 대한 기대감이 컸다. 그리고 다나카 기이치 내각의 여당인 정우회는 이 점을 명확하게 인식하였기 때문에 분배보다 생산을 중시하는 '생산 제일주의'를 주창하며 산업입국産業立國을 내각의 방침으로 내세웠다.[120] 그런데 다나카 기이치 내각으로 바뀌었다고 해서 국가 재정이 좋아지는 것은 아니었고, 따라서 해항 건설 예산이 비약적으로 증가한 것도 아니었다.[121] 하지만 그렇기 때문에 신규 사업의 시작은 큰 영향력을 가졌다.

1928년도 내무성 예산안에는 게이힌운하京濱運河[12)] 개착총액 2,100만 엔, 초년도 150만 엔, 쓰치자키총액 250만 엔, 초년도 125만 엔 · 호소시마細島, 총액 187만 엔, 초년도 93만 5,000엔 · 오이타大分, 총액 220만 엔, 초년도 110만 엔 · 미야코宮古, 총액 220만 엔, 초년도 110만 엔 · 우라토浦戶, 총액 437만 엔, 초년도 218만 5,000엔 · 오나하마小名濱, 총액 388만 엔, 초년도 194만 엔 항만의 건설비 보조 및 시미즈항 확장비 보조총액 162만 엔, 초년도 81만 엔가 포함되었다.[122] 그리고 같은 해 10월 열린 임시 항만조사회에서는 오나하마 · 미야코 · 나나오 · 오노미치尾道 · 고치高知 · 하카타 · 오이타 · 호소시마의 8개 항이 새롭게 중요 항만으로 지정된다.[123]

그리고 이들 8개 항이 제2종 중요항으로 지정된 배경에는 항만협회 활동이 있었다. 지방항 정비에 미치는 행 · 재정 정리의 영향이 커졌을 무렵부터 항만협회는 각 지역의 해항 건설 지원을 시작했다. 항만협회는 1925년 6월에는 호소시마 · 오이타의 2개 항, 1926년 11월에는 미야코 · 나나오 · 오노미치 · 오나하마의 4개 항, 1927년 5월에는 하카타 · 마이즈루의 2개 항이라는 총 8개 항의 중요항 지정을 요구하는 건의

120 土川信男, 「政党内閣と商工官僚」, 『年報 · 近代日本研究』 8, 山川出版社, 1986.
121 伊藤之雄, 『大正デモクラシーと政党政治』, 山川出版社, 1987, p.219.
122 「昭和三年度内務省土木局港湾費予算」, 『港湾』 5-8, 港湾協会, 昭和2.8.
123 内務省土木局, 『港湾調査会議事録抜粋』, 内務省土木局, 1933, pp.279~288.

를 관련 관청 장관에게 제출하였고, 실제 이 중 7개 항이 1927년 10월 제2종 중요항 지정을 받았다.[124] 1928년 8월에는 마이즈루항도 제2종 중요항이 되었고 결과적으로 항만협회를 통해 건의서를 제출한 모든 해항이 제2종 중요항이 되었다. 이 예산은 제54회 제국의회 해산으로 성립하지는 못했고 1928년도에 착공할 수도 없었으나,[125] 항만협회는 제2종 중요항 지정이라는 성과를 낸 것이다.

그리고 이와 같은 성과는 항만협회에 대한 지역 사회의 기대감을 더욱 높였다. 히로시마우지나항의 제2종 중요항 지정을 목표로 하던 히로시마상공회의소廣島商工會議所에서는 "사실 작년 11월 제2종 중요 항만으로 지정된 오노미치·하카타·오이타·나나오·우라토·미야코 및 오나하마의 8개 항은 이 협회가 건의한 것이지만, 결국 내무대신의 자문 기관인 임시 항만조사위원회의 대부분이 항만협회 관계자라는 점이 크게 작용했다. 따라서 항만에 관하여 정부에게 시설을 요구할 때는 우선 항만협회를 움직이는 것이 무엇보다 지름길이다"[126]라고 지적했다. 이미 살펴본 바와 같이 실제 항만협회에는 각 관청의 차관·국장급 인물들이 포함되어 있었으며 나아가 내무성 계열뿐만 아니라 다른 관청의 토목기사 및 경제학자, 해항 관련 사업자도 관여했기 때문에 항만협회에서 결정된 사항이 바뀌는 일은 상상하기 힘들었다.

그렇다면 히로시마항은 항만협회를 움직여 제2종 중요항 지정을 받기 위해서는 무엇이 필요하다고 생각했을까. 히로시마상공회의소는 "본

124 港湾協会, 『港湾協会10年史』, 港湾協会, 1934, p.157.
125 「議会解散と港湾費」, 『港湾』 6-2, 港湾協会, 昭和3.2.
126 広島商工会議所, 『港湾都市としての広島』, 広島商工会議所, 1928, p.26.

회本會를 움직이는 것은 무엇보다 다수 회원의 힘"이고 마찬가지로 히로시마현 내 오노미치항尾道港이 제2종 중요항으로 지정된 것은 "고작 인구 3만 명의 소도시에 130여 명의 회원이 있어 각자 분담하여 협회를 움직였기 때문은 아닐까"라고 추측했다. 그리고 이에 "현명한 시민들의 양해를 얻어 많은 사람들이 입회하는" 것이 히로시마항의 제2종 중요항 지정으로 이어진다며 시민들의 항만협회 가입을 권장했다.

이처럼 다나카 기이치 내각의 성과는 결과적으로 지역에서 항만협회에 대한 충성심을 경쟁하게 만들었다. 그리고 항만협회도 이러한 기대를 배경으로 내무성 주도 해항 행정을 추진한 것이다. 이와 관련하여 다나카 기이치 내각 동안 항만협회와 지역 사회의 공동 작업으로 해항 건설이 이뤄지는 과정을 제2차 마이즈루 축항 사례를 통해 확인해 두겠다.

제4장 제1절에서 검토한 바와 같이 마이즈루는 쓰루가와의 경쟁 관계 속에서 해항 정비를 진행했는데 해군 진수부鎭守府가 위치했기 때문에 무역항으로의 전환 및 중요항 지정이 연기된 상태였다. 그러나 1922년 2월 워싱턴 해군 군축 조약[13)]이 체결된 후 같은 해 7월 마이즈루 진수부의 요항부要港部 강등이 발표되었다. 그리고 그 결과 마이즈루의 무역항 전환이 다시 한 번 모색되기 시작한다.[127]

무역항 전환을 위해 마이즈루정舞鶴町에서는 독자적으로 소규모 해면 매립 등을 시행했으나,[128] 본격적인 축항을 위해서는 기술자의 설계가 필요했다. 이에 1927년 8월 마이즈루정 정장町長 미즈시마 히코이치로水

127 飯塚一幸, 「日露戦後の舞鶴鎮守府と舞鶴港」, 坂根嘉弘編, 『軍港都市史研究(舞鶴編)』 I, 清文堂出版, 2010.
128 京都府庁文書 · 大15-111, 「港湾一件(大正15年8月5日, 京都府内務部長宛舞鶴町役場)」

島彦一郎는 교토부京都府 지사를 통해 항만협회에 조사 위원 파견과 축항 계획 입안을 의뢰했다.[129]

이에 항만협회는 같은 해 10월 30일부터 4일간에 걸쳐 상의원常議員14) 나오키 린타로와 항만협회 간사 세키다 고마키치關田駒吉·구보 요시오 3명을 마이즈루정에 파견하여 조사 설계를 하도록 했다.[130] 현지에서는 나오키 린타로·세키다 고마키치 및 교토부 토목부장 무라야마 기이치로村山喜一郎의 강연도 진행하여 마이즈루 축항에 대한 기대감과 관심을 높였다.[131] 나오키 린타로가 강조한 바는 '천연의 지세'이며, 험준한 산과 깊은 수심이라는 측면에서 장점을 지닌 마이즈루항은 쉽게 건설 가능하다고 했다. 그리고 현지 조사를 바탕으로 나오키 린타로는 계선 안벽 정비를 중심으로 하는 제2차 축항 계획을 책정한다.[132] 총 공사비는 230만 엔으로 3,000톤급 기선 2척, 2,000톤급 기선 2척을 동시에 계류할 수 있는 계선 부두를 정비하는 것이었다.

항만협회가 제2차 축항안을 책정하자 내무성 토목국도 축항 계획 및 제2종 중요항 지정을 위하여 움직이기 시작했다. 1927년 12월 토목국 기사 스즈키 마사쓰구鈴木雅次는 교토부에게 마이즈루항과 미야즈·쓰루가 두 항의 관계에 대한 자료 제출을 요청했고, 이듬해 1월에는 직접 현지를 시찰했다.[133] 그리고 이어서 마이즈루정 및 교토부 또한 자료 수집에 힘써

129 「舞鶴港修築計画案依頼」, 『港湾』 5-9, 港湾協会, 昭和2.9, pp.80~81.

130 「舞鶴港修築計画実地視察」, 『港湾』 5-12, 港湾協会, 昭和2.12.

131 直木倫太郎, 「舞鶴港所見」, 『港湾』 5-12, 港湾協会, 昭和2.12; 村山喜一郎, 「閑却せられたる日本海の港湾」, 『港湾』 5-12, 港湾協会, 昭和2.12; 関田駒吉, 「港湾に就て」, 『港湾』 5-12, 港湾協会, 昭和2.12.

132 京都府庁文書·昭2-123, 「舞鶴港調査一件 直木博士調査(昭和2年12月, 舞鶴港修築計画概要)」.

133 京都府庁文書·昭3-228, 「舞鶴港調査一件 内務省鈴木内務技師調査(昭和2年12月26日, 土木部長村山喜一郎宛鈴木雅次)」

〈그림 5-1〉 제2차 마이즈루(舞鶴) 축항 / 확정안
출처 : 『항만조사회 의사록 발췌(港湾調査会議事録抜粋)』의 부록 그림 하권(p.236)
(内務省土木局, 『港湾調査会議事録抜粋 附図下巻』, 内務省土木局, 1933, p.236).

「마이즈루정 후방 지역 인구, 상업 통계 및 교통에 관한 건舞鶴町後方地域ニ属スル人口、産業統計並交通ニ関スル件」·「마이즈루항과 미야즈항, 쓰루가항과의 관계 조서舞鶴港ヲ第二種重要港湾ニ編入申請理由書、舞鶴港ト宮津港、敦賀港トノ関係調書」 등을 정리하여 내무성을 상대로 제2종 중요항 편입을 신청했다.[134]

그리고 1928년 7월에는 임시 항만조사회에서 마이즈루항 제2종 중요항 지정 및 건설 계획에 대한 심사가 이뤄졌다. 이 조사회에는 내무성 토목국의 의뢰를 받아 마이즈루항 관련 위원으로 교토부 지사 대리인 토목부장 무라야마 기이치로·부의회 회장 대리인 부의장 나카무라 지

134 京都府庁文書·昭3-228, 「舞鶴港調査一件 内務省鈴木内務技師調査(昭和3.4.1, 舞鶴港後方地域ニ属スル人口, 産業統計並交通ニ関スル件, 舞鶴港ヲ第二種重要港湾ニ編入申請理由書, 舞鶴港ト宮津港, 敦賀港トノ関係調書)」.

사쿠中村治作·마이즈루정 정장 미즈시마 히코이치로·오사카 토목출장소 소장 사나다 히데키치眞田秀吉도 출석했다.[135] 제2종 중요항 지정에 대해서는 요네무라 스에키米村末喜 해군소장少將이 "군사상 관련이 있는 항만의 편입은 미리 요항부와 충분히 교섭해야 한다"고 언짢음을 표했으나 이의 없이 결정되었다. 그리고 건설 계획으로는 나오키 린타로가 작성한 설계안과 같은 내용이 제출되었다.<그림 5-1>[136] 참고로 조사회에서는 주입장舟入場 및 저수장 위치에 대하여 수정안이 제출되었으나 결국에는 원안대로 가결되었다.[137]

한편 1928년 8월에는 제2종 중요항 지정 통지가 내려왔는데, 건설비 예산은 예측 불가능한 상태였다. 같은 해 10월 항만협회는 교토부 지사에게 "마이즈루항 건설비를 내년도 예산에 계상하기 어렵다 하니 지역에서 한층 더 노력할 것을 희망한다"는 취지의 전보를 보냈으며, 여기에서 내무성 토목국이 축항 예산 획득을 목적으로 항만협회를 통해 지역 유지를 동원했음을 알 수 있다.[138] 동원의 성과가 어느 정도였는지는 알 수 없으나 1929년도부터 제2차 마이즈루 축항은 시작된다. 총 공사비는 나오키 린타로가 시산한 대로 230만 엔이었으며 이 중 약 절반에 해당하는 109만 7,000엔을 국고가 보조하였다.[139]

이 1929년도 예산에는 전년도 착공이 결정되었지만 의회 해산으로

135 京都府庁文書·昭2-125,「舞鶴港第二種重要港編入一件 舞鶴修築計画確定一件(臨時港湾調査会議事経過)」.
136 内務省土木局,『港湾調査会議事録抜粋』, 内務省土木局, 1933, pp.317~318.
137 京都府庁文書·昭2-125,「舞鶴港第二種重要港編入一件 舞鶴修築計画確定一件(臨時港湾調査会議事経過)」.
138 京都府庁文書·昭2-125,「舞鶴港第二種重要港編入一件 舞鶴修築計画確定一件(昭和3年10月12日, 港湾協会)」.
139 舞鶴市史編さん委員会編,『舞鶴市史(通史編)』下, 舞鶴市, 1982, p.77.

시작하지 못했던 8개 항의 신규 축항비에 더해 요코하마·고베·이마바리·고마쓰시마·시오가마 축항의 조기 시행 등도 포함되었다. 그리고 그 결과 해항 건설비는 총 1,000만 엔을 넘어 전례를 찾아볼 수 없는 큰 규모의 비용을 요구하게 되었다.[140] 나아가 1929년 3월 내무성 토목국은 지정 항만 제도 확충에 뛰어들었다. 새롭게 제시한 기준은 ① 출입 선박 톤수 10만 톤 이상, ② 출입 화물 톤수 5만 톤 이상, ③ 출입 화물 가격 300만 엔 이상이라는 세 가지 조건 중 하나를 충족시키거나, "전호前號에 해당하지 않지만 특별한 이유가 있는 것"이라 하여 실질적으로는 모든 해항 건설에 국고 보조를 확정하였다.[141]

6) 두 번째 긴축 재정과 그 반동

이처럼 다나카 기이치 내각에서 내무성 토목국과 항만협회의 해항 행정은 전성기를 맞이했다고 봐도 좋을 것이다. 하지만 1929년 7월 다나카 기이치 내각이 퇴진하고 하마구치 오사치濱口雄幸가 이끄는 민정당民政黨 내각이 성립하자 상황은 다시 크게 변한다.

건전재정주의를 표방한 하마구치 오사치 내각은 성립 직후 재정 긴축 방안을 내놓았는데, 이는 당연하게도 해항 건설비에 영향을 미쳤다. 7월 중순 제시된 대장성 안에서는 앞당겨 시행될 예정이던 고베·요코하마·시오가마·이마바리·고마쓰시마의 5개 항만 건설 공사가 원래 계획대로 돌아갔으며 이와 더불어 20~25% 감액되었다. 시미즈·가고시마·후시키의 건설비는 20~30% 감액, 모지해협 확장비는 60만 엔에서

140 「昭和四年度新規港湾修築費と年度割改定」, 『港湾』 6-12, 港湾協会, 昭和3.12.
141 「指定港湾の整斉と修築費の助成」, 『港湾』 7-3, 港湾協会, 昭和4.3.

10만 엔으로 줄어들었다. 또한 쓰치자키 · 오나하마 · 우라토 · 나나오 · 오노미치 · 하카타 · 마이즈루 · 나제名瀬의 신규 착공은 중단되는 등 매우 혹독한 것이었다.[142]

그리고 이와 같은 정보를 접한 해당 지역에서는 격한 반대 운동이 일어났다. 후시키정에서는 50만 엔을 예정했던 지역 부담금을 78만 엔으로 늘리는 방안을 내놓고, 정장과 현의회 의원 등이 상경하여 관련된 여러 방면에 반복해서 진정했다.[143] 한편 지역 부담금을 증액할 만큼의 재정력이 없었던 오나하마정小名濱町에서는 200명이 넘는 주민들이 상경하여 메이지신궁明治神宮[15)]에서 내무성까지 시위 활동을 했다.[144]

이렇게 관련 지역에서 운동이 전개하는 가운데 내무성과 대장성의 교섭 결과, 최종적으로는 고베18만 2,000엔 · 요코하마36만 4,750엔 · 시오가마6만 엔 · 이마바리6만 8,200엔는 적게나마 증액되었다. 그리고 쓰치자키를 비롯한 8개 항만의 신규 축항비도 나제항名瀬港을 제외하고는 감액은 되었지만 살아남았다.[145]

그리고 내무성과 대장성의 교섭은 1929년도 예산으로 끝나지 않았다. 긴축 재정 방침은 이듬해인 1930년도에도 이어졌고 해항 건설 계속비는 추가로 25% 절감을 요구받는다. 1930년도 해항 관련 예산은 규정액으로는 1,321만 2,207엔이 될 예정이었다. 하지만 대장성이 제시한 삭감안에 따르면 해항 건설 관련 예산은 총 831만 1,478엔이었으며 규정액의 약 33%인 490만 729엔을 대폭 삭감한 것이었다.

142 ST生, 「昭和四年度港湾改良費実行予算に就て」, 『港湾』 7-9, 港湾協会, 昭和3.9.
143 伏木港史編さん委員会編, 앞의 책, p.495.
144 磐城顕彰会編, 『国際港の礎石ー小名浜港湾史』, 磐城顕彰会, 1964, pp.51~52.
145 ST生, 「昭和四年度港湾改良費実行予算に就て」, 『港湾』, 7-9, 港湾協会, 昭和3.9.

그러나 1930년도 예산은 세입이 부족하여 다시 제2차 실행 예산을 편성하게 되었고 내무성과 대장성의 교섭도 이어졌다. 내무성에서는 토목 관련 예산은 실업 대책이 된다며 추가 삭감에 반대했으나 1930년 7월 대장성이 제시한 2차 실행 예산안에서는 추가로 190만 엔을 삭감했다.

대장성이 국고 지출을 승인하지 않는 이상 공사를 계속하기 위해서는 지방비 부담을 늘릴 수밖에 없다. 내무성은 지방비 조기 집행을 통해 항만 관련 예산의 삭감액을 50만 6,118엔까지 낮추는 한편, 국고 부담액도 103만 6,760엔 줄이는 절충안을 대장성에게 제시했다. 이를 위해서 지방비 부담은 총 53만 6,041엔 증가하지만 공사를 계속하기 위해서는 다른 선택지가 없었다. 결과적으로 대장성도 내무성의 절충안을 받아들여 7월 18일 각의 결정이 이뤄진다.[146]

〈그림 5-3〉 제2차 후시키(伏木) 축항 / 수정안
출처 : 『항만조사회 의사록 발췌(港湾調査会議事録抜粋)』의 부록 그림 상권(p.249)
(内務省土木局, 『港湾調査会議事録抜粋 附図下巻』, 内務省土木局, 1933, p.249).

146 ST生, 「昭和四年度港湾改良費実行予算に就て」, 『港湾』 7-9, 港湾協会, 昭和3.9.

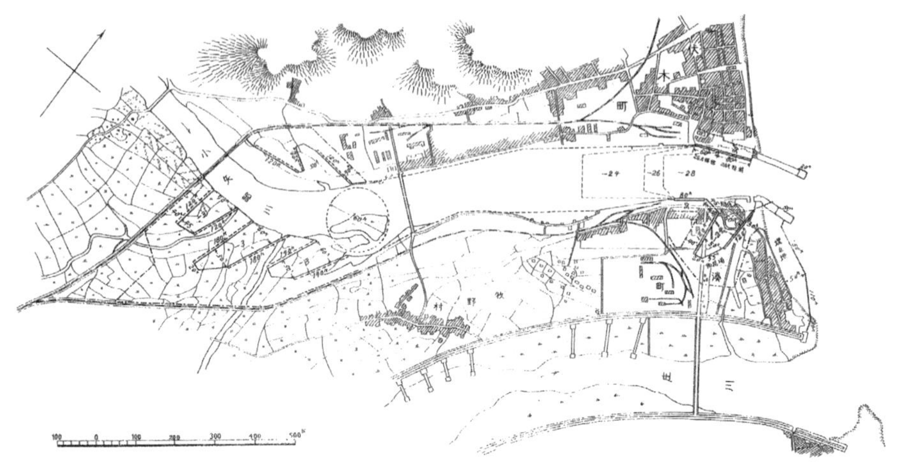

〈그림 5-2〉 제2차 후시키(伏木) 축항
출처 : 『항만조사회 의사록 발췌(港湾調査会議事録抜粋)』의 부록 그림 하권(p.204)
(内務省土木局, 『港湾調査会議事録抜粋 附図下巻』, 内務省土木局, 1933, p.204).

그리고 이러한 형식은 1931년도 예산 편성에도 사용되었다. 대장성은 국고 보조 연기를 요구하고 이에 대하여 내무성은 지방비 조기 집행으로 답했다. 두 관청이 교섭한 결과, 1931년도 항만 건설비는 국비가 기존보다 56만 2,000엔 감소한데 반해 지방비는 44만 8,000엔 늘어 국비 삭감액을 거의 상쇄하는 모양새였다.[147]

물론 지방에도 충분한 재원이 있었던 것은 아니다. 부족한 재원은 기채를 하거나 설계 자체를 축소할 수밖에 없었다. 예를 들어 후시키항의 경우는 기채조차 하지 못하고 재원을 마련할 방도가 없었기 때문에 설계 변경으로 대응했다.[148]

제2차 후시키항의 당초 설계는 하구부에 위치한 방파제의 좌안20간 : 약

147 「昭和六年度港湾修築費の決定」, 『港湾』 8-12, 港湾協会, 昭和5.12.
148 「伏木港港湾委員会(『高岡新報』, 昭和5.4.11)」, 『鴻爪集』.

36미터과 우안50간: 약 90미터을 연장하고 항내 최대 수심을 28척약 8.4미터까지 준설하며 나아가 횡잔교 3곳 · 선거 5곳을 신설함으로써 화물량 150만 톤에 대응하는 것을 목적으로 하였다.<그림 5-2>[149]

그러나 예산 삭감과 공사 기간 중 지가 급등으로 인해 내무성 토목국은 설계 변경을 하지 않을 수 없었다. 1929년 6월 예산 삭감 후에는 즉시 내무성 임시 항만조사위원회에서 설계 변경을 검토하였으며, 1930년 12월에는 새로운 설계안이 완성되었다. 새로운 설계안에는 방파제 연장, 항내 수심 등 기초 공사는 남았지만 급하지 않은 선거 신설은 줄이고 매립은 폐지하여 예산에 맞췄다.<그림 5-3>[150]

그런데 내무성에 의한 지방비 조기 집행은 대장성에게 약점을 잡히는 결과를 초래했다. 1932년도 예산을 둘러싸고 대장성은 제2종 중요항의 전면 지방 이관을 요구한다. 대장성은 일련의 행 · 재정 정리를 이용하여 내무성이 급속하게 늘린 제2종 중요항을 정리하고 제1종 중요항 정비에 국고 지출을 집중시키고자 했다.

이렇게 건전 재정주의를 내세웠던 민정당 내각에서는 해항 건설 예산의 삭감은 되풀이되었고, 따라서 공사를 계속하기 위해서는 지방비 부담을 늘릴 수밖에 없었다. 그러나 지방비 부담의 증가는 대형항 집중주의를 취하는 대장성으로 하여금 제2종 중요항의 지방 이관을 제안케 하는 배경이 된 것이다.

149 内務省土木局新潟土木出張所, 『伏木港修築工事概要』, 内務省新潟土木出張所, 1925.
150 内務省土木局, 『港湾調査会議事録抜粋』, 内務省土木局, 1933, pp.338~341.

정리

이 장에서는 1910년대 말부터 1920년대에 걸친 내무성 토목국의 해항 행정 전개 양상을 고찰하였다. 하라 다카시 내각에서 내무성 토목국을 둘러싼 상황은 크게 변했다. 하라 다카시 내각은 적극적인 재정 정책과 내무성 중심의 해항 행정 일원화를 각의 결정하였기 때문에 내무성 토목국은 지방항 건설에 뛰어들 수 있었다. 내무성 토목국은 제2종 중요항을 확대할 뿐만 아니라 지정 항만 제도를 도입하여 실질적으로는 무제한으로 국고 보조를 확대할 수 있도록 했다. 그리고 국고 보조 확대를 배경으로 지방항 건설을 늘린 것이다.

하지만 국고 보조가 아무리 늘어났다 해도 지방 부담이 요구되는 것은 마찬가지였다. 따라서 해항에 관한 지역 이익 성립은 이 시기에도 난제였다. 지방항의 배후지는 부현 경계와 반드시 일치하는 것은 아니다. 한편, 내무성에게 지방 통치 단위는 부현 이외는 있을 수 없었기 때문에 해항 건설비 부담의 주체는 어디까지나 부현이었다. 이러한 부담과 수익의 불일치를 메우고 각 지역의 축항 사업 실현을 이끈 것은 정우회 계열 지방 장관이나 국회의원이었다. 후시키항이나 사카이항 등 현 경계 부근에 위치하는 해항에서는 정우회 계열 정치가들이 복수의 현에 의한 공동 사업으로 항로 보조나 해항 건설을 실시했다.

또한 정우회의 네트워크는 각 현 내부의 합의를 형성한 후 중앙 정부에게 국고 보조를 요구할 때도 유효했다. 중요항으로 지정된 해항은 국고 보조의 확약을 받은 셈이었지만 이는 내무성 내부의 논리였고, 대장성의 심사는 피할 수 없었다. 따라서 지역 유지들은 대장성과 기타 관련 관청 장관에게 진정을 해야 했으며, 진정을 할 때는 정우회의 네트워크가 유효했다. 바꾸어 말하자면, 지방항 건설을 위해서는 부현의 경계를 가로지르는 지역 이익을 성립시킬 필요가 있었고 이때 유용했던 것이 종횡하며 펼쳐진 정당의 네트워크였던 것이다.

이처럼 내무성 토목국은 정당 네트워크에 의존함으로써 지방항 건설을 실현해 갔는데, 여기에는 한계도 있었다. 정당 네트워크는 지역 사회 내부의 합의를 형성하는 데는 유효했지만 관련 관청 간 대립을 극복할 수는 없었기 때문이다. 하라 다카시 내각에서도 내무성 토목국은 항만법 제정을 시도했으나, 체신성의 반발로 실현에 이르지는 못했다. 이에 내무성 토목국은 관청 간 대립을 극복하기 위한 여론 단체로 항만협회를 설립한다. 해항을 둘러싼 이익은 다양하지만 내무성 토목국-정우회가 강점을 보였던 것은 지역 이익이었을 뿐 해항 관련 사기업의 이익을 파악하지는 못했다. 내무성 토목국은 항만협회 설립을 통해 이들 이익을 포섭하고자 한 것이다.

항만협회가 가장 먼저 제기한 문제가 오랜 기간 과제로 자리매김해 온 항만법 문제가 아니라 자유항론이었다는 점은 이를 상징적으로 보여준다. 자유항론을 지지한 것은 선박 회사나 창고 회사의 임원들이었으며 그들은 독자적으로 해항을 건설하고 있었다. 제4장에서 검토한 도카이만洞海灣 국영론의 전개 과정을 통해서도 알 수 있었듯이 내무성 토목국은 부분 정비의 통합을 시도하고자 했으며 양자는 제법 긴장된 관계 속에 있었다. 자유항론을 제안함으로써 내무성 토목국은 스스로의 해항 행정 구상에 대한 지지를 얻고자 했다. 그리고 항만협회가 해항 행정 구상을 논의하는 장으로 기능하였기 때문에 내무성 토목국의 시도는 어느 정도 성공했다고 할 수 있다.

다만 이 자유항론은 대장성의 반대로 실현되지 못했고, 나아가 호헌3파 내각이 행·재정 정리를 진행하면서 내무성 토목국은 일시적으로 해항 행정에 대한 영향력이 줄어든다. 그러나 이러한 역경은 오히려 내무성 토목국-항만협회의 움직임을 활발하게 만드는 효과를 가져왔다. 내무성 토목국-항만협회는 전국에 토목기사를 파견하여 지방항 건설을 위한 분위기를 조성했으며 실제 제2종 중요항을 확대하여 지방항 건설을 실현함으로써 정우회 네트워크와는 별개로 독자적인 네트워크를 만들어 나간다. 이렇게 내무성 토목국-항만협회의 해항 행정은 전성기를 맞이한 것이다.

제6장

전시 체제와 해항 행정

체신 관료의 도전

1910년대부터 1920년대에 걸쳐 내무성內務省 토목국이 주도하는 해항 행정은 전성기를 맞이하였다. 그리고 이 전성기를 지원한 것은 정당이었다. 따라서 1930년대 정당의 시대가 막을 내리자 내무성 토목국의 해항 행정도 자연스레 동요하기 시작했다.

내무성 대신 해항 행정의 주도권을 가져간 것은 체신성遞信省이었다. 정당 정치의 쇠락은 '정치'와 '행정'을 연결하는 역할을 해 온 내무성의 존재 의의를 훼손하였고, 이와 동시에 같은 시기 진행된 전시 체제화로 인해 내무성 외 관청이 활발하게 지방 파견 기관出先機關을 설치하기 시작했다.[1] 이러한 흐름 속에서 1920년대 중반부터 내무성 토목국이 주도하

1 黒澤良, 『内務省の政治史－集権国家の変容』, 藤原書店, 2013, p.13.

는 해항 행정에 반발해 온 체신성이 전시 체제 아래, 드디어 본격적으로 해항 행정에 뛰어들기 시작한 것이다. 그리고 체신성의 관심은 내무성과는 달랐다. 해운 행정의 일환으로 해항 행정에 대처하던 체신성의 관심은 해항 건설이 아니라 하역 등 항만 운송의 원활화로 향했다. 또한 전시 체제 구축을 위해서는 해륙 연락 운송의 통합도 필요했기 때문에 교통성交通省 구상이 부상하였다. 군부의 지원도 받아 체신성은 해항 행정뿐만 아니라 교통 행정 일원화를 위해 움직이기 시작한다.

한편 지역 사회의 이익에 대한 요구는 전시 체제에서도 이어졌다. 그리고 그러한 요구의 경로는 역시 내무성-항만협회港灣協會 외에는 있을 수 없었다. 내무성-항만협회는 전시 체제에 대응한 새로운 해항 건설 방안으로서 지방 공업항 정비를 모색하였지만, 전시 체제의 진전은 내무성 토목국도 동요시켰다. 기존에 문관文官과의 차별 대우에 불만을 가졌던 기사技師 중 일부가 군부·혁신 관료에게 동조하기 시작한 것이다.

이러한 1930년대부터 1940년대에 걸쳐 일어난 해항 행정을 둘러싼 환경 변화와 그 결과가 전후 일본의 해항 행정에 미친 영향을 고찰하는 것이 이 장의 과제이다. 제1절에서는 만주사변滿洲事變을 계기로 체신성 및 군부가 해항 행정에 본격적으로 뛰어드는 한편, 이에 대한 대항 조치로 내무성이 지방 공업항 건설을 추진하는 과정을 고찰한다. 제2절에서는 전시 체제 속 추진된 해항 행정의 일원화가 전후 해항 행정을 규정해 가는 양상을 밝히도록 한다.

1. 1930년대의 해항 문제-동해 노선과 산업 진흥

1) 동해 노선 문제의 재연

제5장에서 살펴본 것처럼 1920년대부터 중국 동북부를 남북으로 달리는 남만주철도南滿洲鐵道 본선에서 동해 연안으로 지선동해 노선을 건설하려는 시도가 있었다. 우선 동해 노선의 기본 구상과 그 경위를 개괄해 두겠다.

동해 노선의 기본 구상은 만철滿鐵 본선의 종점에 해당하는 창춘長春에서 동쪽으로 철도를 연장하여 동해로 통하는 노선을 건설하는 것이다. 이 중 창춘과 지린吉林을 연결하는 깃쵸선吉長線은 1911년 전체 개통하였고, 1920년대에는 지린에서 동쪽으로 둔화敦化 및 회령까지 이어지는 노선깃톤선(吉敦線)·깃카이선(吉會線) 건설이 구체화되었다. 그러나 동해 노선을 실현하는 데는 2가지 과제가 있었다.

첫 번째는 동해 노선의 창구가 될 대륙 쪽 해항 선정 문제였다. 만주 지역은 동해와 면하지 않기 때문에 대륙 쪽 해항은 조선 북동부에 만들어야 했는데, 이 지역에는 청진·나진·웅기라는 3개의 후보지가 있었다. 이 중 청진은 1908년 개항한 해항이다. 당시 한국 정부 재정고문이었던 메가타 다네타로目賀田種太郎가 개항으로 지정하고 이후 많은 일본인이 이주하기도 하여 1923년에는 인구가 2만 명을 넘는 도시가 되었다.[2] 따라서 1920년대까지는 동해 노선의 창구로 청진을 상정하였다.[3]

하지만 1920년대 중반이 되면서 나진 축항론이 부상한다. 이는 청진항은 대형 해항을 건설하는데 지형이나 겨울철 동결 등 자연 조건의 제

2 滿洲事情案內所編, 『東滿事情』, 滿洲事情案內所, 1941, p.202.

3 芳井研一, 『環日本海地域社会の変容－「滿豪」·「間島」と「裏日本」』, 青木書店, 2000, p.198.

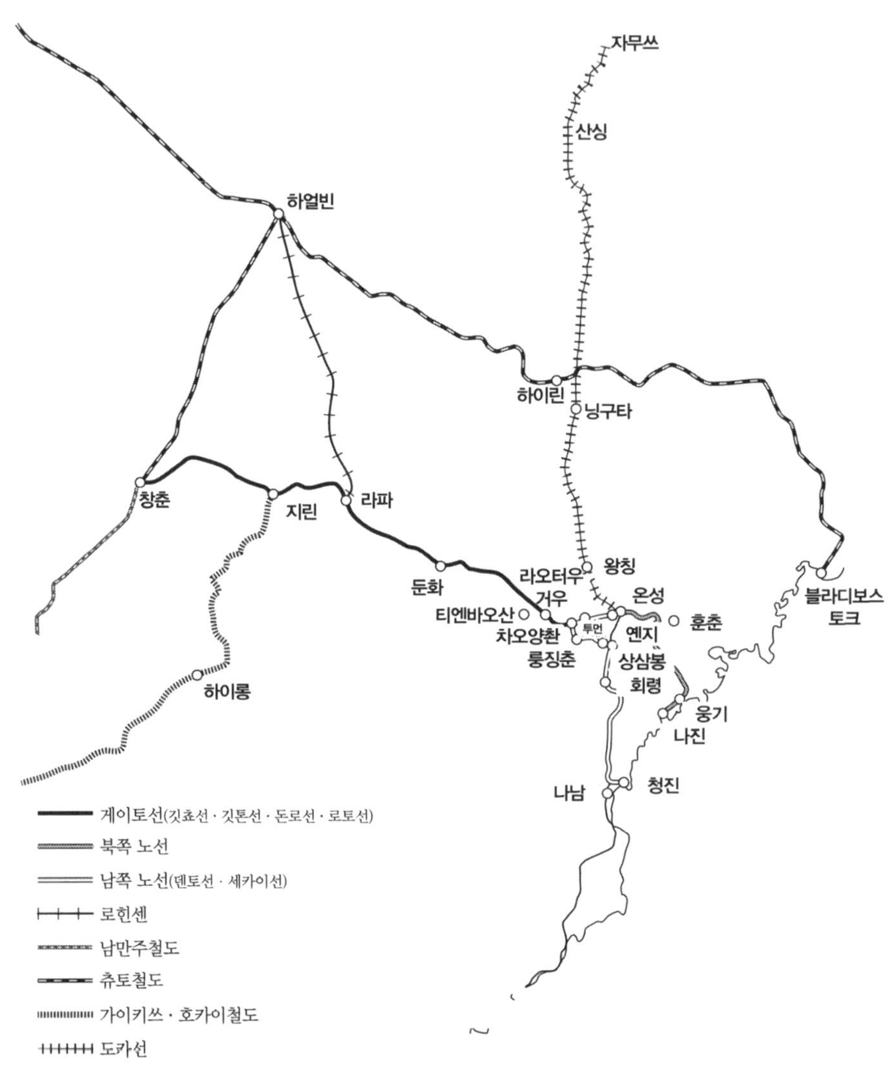

〈그림 6-1〉 깃카이철도(吉會鐵道) 개념도
출처 : 芳井研一, 『環日本海地域社会の変容 –「満豪」·「間島」と「裏日本」』, 青木書店, 2000, p.193.

약이 크며, 이러한 측면에서 보다 우수한 나진 축항을 요구하는 주장이었다. 그 배경에는 육군의 의견도 작용했는데, 참모본부 제3부장이자 항만협회 이사이기도 했던 기하라 기요시木原清는 청진항을 "도저히 지방항을 넘어서는 능력이 없다"[4]고 평가하며 새로운 해항 건설을 요구하였다.

한편 나진 축항론의 배경에는 해항으로서의 자연 조건만이 아니라 그곳으로 이어지는 지선 노선 선택의 문제도 있었다고 보인다. 지선 노선에 관해서는 청진에서 중조中朝 국경까지 뻗은 덴토철도天圖鐵道[1)]로 일부를 대체하는 계획남쪽 노선을 고려하는 중이었으며 외무성外務省이나 조선총독부는 이 계획을 지지했다. 그러나 만철은 보다 자유롭게 경영할 수 있는 독자 노선북쪽 노선을 만들고자 했다. 해항 선정을 둘러싼 대립의 배경에는 지선 건설의 주도권을 놓고 일어난 만철과 조선총독부의 대립이 있었던 것이다.[5]

동해 노선 실현을 위한 두 번째 과제는 만철의 경영 문제였다.[6] 영리기업인 만철은 남만주 지역 화물을 다롄항大連港으로 집약하는 '다롄 집중주의'를 취하였으며 경제적 이익을 기대할 수 없는 동해 노선 건설에는 처음부터 소극적이었다. 그러나 1920년대 마쓰오카 요스케松岡洋右 이사 취임을 계기로 만철은 깃카이선 건설에 뛰어든다. 마쓰오카 요스케는 만몽滿蒙 권익 확대를 꾀하던 외무성, 그리고 소련과의 전쟁 준비를 중시하던 육군의 지원을 받아 펑톈군벌奉天軍閥[2)]·베이징정부北京政府[3)]와 깃카이선 등 지선 건설 교섭에 임했다. 그리고 교섭의 결과, 1924년 말 만

4 木原清, 「吉会鉄道の促進と北鮮港湾修築の必要」, 『港湾』 3-8, 港湾協会, 大正14.8.
5 芳井研一, 앞의 책, pp.192~196.
6 加藤聖文, 「吉会鉄道敷設問題－『満鮮一体化』の構図」, 『日本植民地研究』 9, 日本植民地研究会, 1997.

철과 베이징정부은 지린과 둔화를 연결하는 깃톤선의 도급 계약을 체결하고 이듬해 착공한다.

하지만 1924년 성립한 가토 다카아키加藤高明 내각이 만철 수뇌부를 경질하면서 마쓰오카 요스케도 이사직를 사임하게 되고, 1920년대 중반 이후 만철의 동해 노선 건설은 교착 상태에 빠진다. 뒤이은 다나카 기이치田中義一 내각에서는 마쓰오카 요스케가 부사장으로 만철에 복귀하여 다시 동해 노선 건설을 모색했지만, 하마구치 오사치濱口雄幸 내각에서는 또 한번 만철 수뇌부를 경질했기 때문에 동해 노선 건설은 좌절된다.[7]

동해 노선 문제를 다시 불러일으킨 것은 1931년 9월 발발한 만주사변이었다. 잘 알려져 있다시피 만주사변의 목적은 만몽 권익의 강화였고 이에 준비 단계부터 관동군關東軍4) 및 육군 중앙부에서는 소련전을 상정한 동해 노선 정비를 모색했다. 애초에 만주사변을 주도한 관동군 참모 이시와라 간지石原莞爾는 열렬한 나진 축항론자이기도 하여, 사변 직후 마쓰오카 요스케에게 나진 축항을 요청했다.[8] 또한 육군 중앙부에서도 만주사변 발발 직후인 9월 25일 고이소 구니아키小磯國昭 군무국장이 "깃카이선 즉시 부설"을 목표로 한다는 의견을 밝혔다.[9]

관동군은 만주사변 이후 만주 지역 교통망을 만철에 위탁할 방침이었다. 같은 해 10월 관동군은 만철에게 10개의 요망 사항을 통달通達했는데, 주요 내용은 만주 지역에 난립한 각종 철도일본 계열 철도·펑톈군벌 계열 철도를 만철이 일원화하여 관리하고 깃카이 및 쵸다이선長大線, 창춘(長春)-다라이(大

7 昭和財政史資料・第5号第186册, 「吉敦鉄道延長建造請負契約」.
8 芳井研一, 앞의 책, pp.265~266.
9 小林竜夫・島田俊彦編, 「滿州事変機密政略日誌 其一」, 『現代史資料 (7) 滿州事変』, みすず書房, 1964, p.194.

費)을 신속하게 부설하는 것 등이었다.[10] 나아가 12월에는 관동군 참모 제3부가 「만몽 개발 방책안滿蒙開發方策案」을 내놓았는데, 여기에는 "다롄 및 북선北鮮 항만의 2대 해항주의를 철저하게" 할 것, 그리고 "철도·항만에 관해서는 만철"이 관장하는 것이 명기되었다.[11] 기존에 다롄 중심주의와 2대 해항주의동해 노선 건설 사이에서 동요하던 만철에게 관동군은 2대 해항주의를 취하도록 요구한 것이다.

그리고 만주사변 발발 직후에는 관동군과 거리를 두었던 만철도 이 10개 항목 제안 이후에는 2대 해항주의로 기운다.[12] 10월 6일 관동군 사령관과의 회담 석상에서 만철 총재 우치다 야스야內田康哉는 10개 항목 제안에 대하여 "매우 만족스러운 의견을 표명"[13]했다고 한다. 진작부터 만철 내부에서는 깃쵸선 등 지선일본 계열 차관 철도의 건설 교섭이 외무성 주도로 이루어졌으며, 이와 관련해서는 충분한 권한을 부여받지 못한 것이 불만이었다.[14] 따라서 관동군이 제안한 만주 지역 철도의 일원적 경영안은 다롄 중심주의를 버릴지의 여부와는 상관없이 만철에게도 매력적인 제안이었던 것이다.

관동군의 제안에 답하는 형태로 같은 해 12월 만철은 「만몽 경제 정책 요강滿蒙經濟政策要綱」을 작성했다.[15] 이 요강에서는 만주의 교통망 형성을 위

10 小林竜夫·島田俊彦編, 위의 글, p.203.
11 小林竜夫·島田俊彦編, 「満州事変機密政略日誌 其三」, 『現代史資料 (7) 満州事変』, みすず書房, 1964, p.292.
12 加藤聖文, 『満鉄全史－「国策会社」の全貌』, 講談社, 2006, pp.125~127.
13 小林竜夫·島田俊彦編, 「満州事変機密政略日誌 其一」, 『現代史資料 (7) 満州事変』, みすず書房, 1964, p.204.
14 佐藤元英·波多野澄雄, 「解題 満洲事変前後の満鉄－刊行に寄せて」, 『村上義一文書収集文書目録』, 2003, p.21.
15 村上義一文書·6D-6, 「満蒙経済政策要綱(軍司令部)」.

해서 "3항 3대 간선주의" 채택을 명기하였으며, 다롄항을 중심으로 동부에 웅기항, 서부에 후루다오항葫蘆島港을 배치하는 교통망 구상을 포함했다.

다롄항은 "만몽의 중앙부"를 배후지로 하며, 안닝安寧・잉커우營口 두 항을 다롄항의 보조항으로 자리매김한다. 후루다오는 "중국 북부 지방北支을 상대하는 항만으로 활용"하고, 친황다오秦皇島를 보조항으로 삼으며 배후 철도들은 만철이 위임 경영한다. 웅기항은 "일본 관련 항만으로 활용"하도록 하고 청진・나진 두 항이 보조항이 되며 배후 철도와 웅기항은 만철이 위임 경영한다. 나진이 아닌 웅기가 선택된 이유는 나진은 아직 본격적인 축항 공사가 이루어지지 않았기 때문이었을 것이다. 웅기항도 나진항과 마찬가지로 지선 노선은 북쪽 노선을 지향했으므로 지선의 일원적 경영이라는 측면에서 보면 만철의 관심과 맞아 떨어지는 것이었다.[16]

어쨌든 만철이 동해 노선 건설에 적극적인 자세를 취하기 시작함에 따라 문제는 해항 선정으로 옮겨졌다. 웅기항이 중심이 되는 것에 대하여 조선총독부가 반대했기 때문이다. 1932년 2월 조선총독부는 척무성拓務省에게 「깃카이철도 부설에 관한 의견吉会鉄道敷設ニ関スル意見」을 보냈다. 이 의견서에서 조선총독부는 지선으로서는 북쪽 노선과 남쪽 노선 2개 노선을 건설할 필요가 있고 따라서 "청진 및 웅기는 이 중 하나를 충실하게 한다고 해서 다른 하나의 설비를 살피지 않고 방임하는 것은 적합하지 않다"고 논했다. 당분간은 "청진 및 웅기 두 항을 함께 사용하고 장래 이들이 부족한 시기가 오면 나진에 설비를 갖춰도 늦지 않다"며, 청진・웅진 병용론을 주장했던 것이다. 또한 남쪽 노선에 해당하는 덴토철

16 芳井研一, 앞의 책, p.250.

도 건설을 추진해 온 기업인 이다 노부타로飯田延太郎, 다이코합명회사(太興合名會社)도 이미 마을이 발달하기 시작한 덴토철도 연선 및 청진항을 유지하는 것이 조선 통치에 반드시 필요하다고 호소했다.[17]

하지만 청진항의 규모가 육군의 요구에 미치지 못하는 것이었다는 사실은 이미 밝힌 바대로이며, 해군도 육군의 입장을 지지했다. 이해 1월에는 해군성도 척무성에게 깃카이철도 종단항終端港에 대한 의견서를 제출했고 이 중에서 청진항은 "물건을 받아들이고 내보내는 항吐呑港으로는 가치가 작다"고 평가했다.[18] 그 이유로는 청진항 및 웅기항은 남쪽으로부터의 풍랑을 차단하는 것이 없고 대규모 방파제 공사를 하지 않으면 안전하게 정박할 수 없다는 점을 들었다. 한편, 나진항은 항내 면적이 넓고 수심도 적절하기 때문에 대형 함대 정박에 적합하다. 나아가 청진 축항을 요구하는 조선 측 의견에 대해서는 "깃카이선의 임해항 선정은 지방 발전에 큰 영향을 미치므로 청진 및 웅기는 기존의 경제적 기반을 바탕으로 각자 스스로에게 유리하게 만들고자 노력하고 있지만, 깃카이선은 원래 경제적 의의뿐만 아니라 대러시아 작전상 필요하여 계획한 군사적으로 중요한 의미를 가진 것"이라 하며 경제적 측면이 아니라 군사적 측면에서 종단항을 선정할 것을 주장하였다.

이처럼 동해 노선의 종단항을 둘러싸고 조선총독부 및 조선 거주 일본인과 육해군의 대립이 표면화했지만, 이 문제에 대하여 항만협회는 입장을 명확하게 하지는 않았다. 항만협회는 종단항 문제가 표면화한 1925년 '깃카이철도 및 그 종단항에 관한 특별위원회吉会鉄道及其終端港に関する特別委

17 村上義一文書 · 6G-7, 「吉会鉄道経由地及終端港ニ関スル意見, 建議及陳情」.
18 위의 글.

員会'를 설치했다. 그리고 이듬해인 1926년 6월 아키 교이치安藝杏一·기하라 기요시木原清 등이 현지 조사를 실행하고 내린 결론은 3개 항 중 종단항으로 우수한 해항의 순위는 첫째 웅기, 둘째 나진, 셋째 청진이었다.[19] 이를 바탕으로 1932년 1월 항만협회는 관련 장관들에게 건의를 제출하였으며 여기에서 "웅기항은 비교적 유망하므로 속히 당국이 구체적인 조사를 진행할" 것을 요구하는 한편, "청진항은 웅기항 건설과 관계없이 (…중략…) 배후지의 자원 개발에 응해야 하므로 이에 상당하는 규모의 건설을 시행할 필요가 있다"고 평가했다. 대형항 집중주의에서 중소형항 분산주의로의 전환을 분명하게 밝힌 항만협회 입장에서는[20] 종단항을 한 곳으로만 정하는 것 자체가 말도 안 되는 일이었다고 할 수 있다.

그리고 만철 입장에서 가장 합리적인 해결책은 항만협회의 제안이었다. 만철은 조선총독부·덴토철도 연선 주민들의 의향을 완전히 무시할 수도 없었지만, 다른 한편으로 나진항을 본격적으로 이용하기 위해서는 거액의 축항비가 필요했다. 이에 당분간은 청진·나진 두 항을 함께 사용하는 것으로 만철은 결론을 내렸다.[21]

하지만 군부는 강경하게 나진 축항론을 주장했다. 1932년 4월 열린 5개 관청 회의에서 원래 청진항과 웅기항을 병용할 방침이었으나, 육해군은 나진 축항을 주장하며 양보하지 않았다. 척무성拓務省은 신규 축항에 대하여 추가 조사를 진행하여 1933년도 이후 착수하는 타협안을 제시했지만 육해군은 응하지 않았고, 최종적으로는 나진 축항 시작을 결정하였다.[22]

19 安芸杏一, 「満鮮交通線に関する北鮮港湾に就て」, 『港湾』 10-3, 港湾協会, 昭和7.3; 安芸杏一, 「築港回顧録 第十九回」, 『港湾』 26-5, 港湾協会, 昭和24.7.
20 久保義雄, 「重要港湾主義転換論」, 『港湾』 8-10, 港湾協会, 昭和5.10.
21 八田嘉明文書143, 「満州事情ニ関スル報告書」.

2) 동해 노선을 둘러싼 지역 간 경쟁–명령 항로 문제

이처럼 바다 건너편에서 동해 노선 문제가 재연함에 따라 1930년대 일본 내 동해 연안항에서도 이를 둘러싼 지역 간 경쟁이 다시 일어났다.

지금까지 살펴본 바와 같이 동해 연안항들의 경쟁은 축항보조이라는 하드웨어적인 측면의 요구만이 아니라 명령보조 항로 유치라는 소프트웨어적인 측면도 함께 전개되었다는 특징을 지닌다. 근세에는 국내 유통의 중계점으로 번성한 항들이었지만 국내 교통망의 주역이 철도로 바뀌면서 그러한 역할이 약해지는 상황이었다.[23] 국내 교통망의 중계점이라는 역할을 단념한 항들은 대안對岸 항로에 기대를 걸었는데 이때 직면하게 되는 과제는 자주 항로를 유지할 만큼의 화물량을 기대할 수 없다는 점이었다. 따라서 일정한 보조금이 지급되는 명령 항로 지정은 동해 연안항들에게 필수 불가결한 일로 인식된 것이다.

명령 항로 유치라는 점에서 다른 해항보다 우위에 있었던 것은 쓰루가항敦賀港이었다. 1922년부터 착공한 제2차 축항을 통해 쓰루가항은 최대 6,000톤급 선박의 입항이 가능해졌는데, 1930년대 초반 동해 연안항들 중 이렇게 대응할 수 있는 것은 쓰루가항뿐이었다. 또한 쓰루가항에서는 1902년부터 체신성 명령 항로로 블라디보스토크 항로, 1918년부터는 조선총독부 명령 항로로 청진 항로가 취항하였다. 1918년 시점에서 대안 명령 항로의 기점으로 지정된 해항은 혼슈本州 동해 측에서는

22 村上義一文書7B-5, 「吉敦延長線建造方針要綱閣議決定経緯」; 芳井研一, 앞의 책, pp.253~254. 참고로 5개 관청 회의의 구성원은 명확하지 않지만, 이 회의에 앞서 열린 만몽위원회(滿蒙委員會)에 외무성(外務省) · 척무성 · 대장성(大藏省) · 육군성(陸軍省)이 참가하였으므로 여기에 해군성(海軍省)을 더해 5개 관청이었다고 추측할 수 있다.

23 예를 들어 메이지(明治) 초반까지는 미곡과 같은 산물의 중계항으로 번성했으나 철도 개통으로 쇠퇴한 해항의 예로는 후쿠이현(福井縣)의 미쿠니항(三國港) 등이 있다.

쓰루가뿐이었다.

그러나 제5장에서 검토한 것처럼 1920년대에 들어 조선총독부 명령 항로로 후시키 기점의 항로후시키(伏木)–성진·원산·청진·웅기도 취항한 결과, 쓰루가항의 우위는 약해졌다. 따라서 만주사변 발발 후 깃카이철도 문제의 진전은 쓰루가 사람들에게 다시없는 좋은 기회로 다가온 것이다.<표 6-1>

조선총독부 명령 항로인 청진–쓰루가선은 성진·원산에 더해 1925년부터 미야즈宮津·마이즈루舞鶴를 경유하기 시작했고,[24] 이는 편도 5일이 걸렸다. 이에 쓰루가와 청진 양쪽에서 직통 항로 개설 운동이 일어났으며 1928년 1월부터 북일본기선회사北日本汽船會社5)의 자주 항로로 직통 항로가 취항한다. 그 결과 청진–쓰루가 간 소요 시간은 46시간까지 줄었지만 체신성·조선총독부로부터의 보조는 실현되지 않았다.[25] 이 항로는 깃카이철도의 전면 개통을 염두에 두고 "수지 타산을 도외시하고 궐기한"[26] 노선으로, 명령 항로 지정이 이뤄지지 않으면 폐지될 가능성도 높았다.

한편 만주사변 이후 쓰루가의 움직임은 신속했는데, 5개 관청 회의에서 나진 축항이 결정되기 직전인 1932년 3월에는 쓰루가정敦賀町 정장町長과 쓰루가상업회의소敦賀商業會議所 회장이 연명으로 「북선 직통 정기 항로에 관한 건의北鮮直通定期航路ニ関スル建議」를 체신성·대장성 장관 및 조선 총독에게 제출하였다.[27] 이 건의에서는 1922년 착공한 제2차 쓰루가 축항 공사가 애초에 조선 북부 지방과 내지를 연락하는 의도를 지닌 것이었

24 昭和財政史資料·第6号第64冊, 「命令航路現行施設調」.
25 北日本汽船株式会社編, 『北日本汽船株式会社25年史』, 北日本汽船, 1939, pp.87~89.
26 위의 책, p.88.
27 『敦賀商業会議所月報』 220, 敦賀商業会議所, 1932.4, p.7.

〈표 6-1〉 쓰루가항(敦賀港)·후시키항(伏木港) 대안 명령 항로 일람(1918~30)

<table>
<tr><th>기점</th><th>보조 기관</th><th>취항 회사</th><th>기간</th><th>기항지 및 종점</th></tr>
<tr><td rowspan="9">쓰루가(敦賀)</td><td rowspan="5">조선총독부</td><td rowspan="5">조선우선(朝鮮郵船)</td><td>1918.4~1920.3</td><td>성진·원산·청진</td></tr>
<tr><td>1920.4~1925.3</td><td>성진·원산·청진</td></tr>
<tr><td>1925.4~1930.3</td><td>미야즈(宮津)·마이즈루(舞鶴)
·성진·원산·청진</td></tr>
<tr><td>1930.4~1931.3</td><td>미야즈(宮津)·마이즈루(舞鶴)
·성진·원산·청진</td></tr>
<tr><td>1931.4~1932.3</td><td>미야즈(宮津)·마이즈루(舞鶴)
·성진·원산·청진</td></tr>
<tr><td rowspan="4">체신성(遞信省)</td><td rowspan="3">오사카상선
(大阪商船)</td><td>1921.4~1923.3</td><td>블라디보스토크(직항선)</td></tr>
<tr><td>1923.4~1926.3</td><td>블라디보스토크(직항선)</td></tr>
<tr><td>1926.4~1929.3</td><td>블라디보스토크(직항선)</td></tr>
<tr><td>북일본기선
(北日本汽船)</td><td>1929.4~1932.3</td><td>블라디보스토크(직항선)</td></tr>
<tr><td rowspan="7">후시키(伏木)</td><td rowspan="3">조선총독부</td><td rowspan="3">호쿠리쿠기선
(北陸汽船)</td><td>1920.10~1923.3</td><td>나나오(七尾)·청진
·블라디보스토크</td></tr>
<tr><td>1923.4~1925.3</td><td>나나오(七尾)·성진·원산·청진
·블라디보스토크</td></tr>
<tr><td>1925.4~1930.3</td><td>성진·원산·청진·웅기
·블라디보스토크</td></tr>
<tr><td rowspan="4">도야마현
(富山縣)
이시카와현
(石川縣)</td><td rowspan="4">호쿠리쿠기선
(北陸汽船)</td><td>1920.11~1923.3</td><td>나나오(七尾)·청진
·블라디보스토크</td></tr>
<tr><td>1923.4~1926.3</td><td>나나오(七尾)·청진
·블라디보스토크</td></tr>
<tr><td>1926.4~1929.3</td><td>나나오(七尾)·신마이즈루(新舞鶴)
·성진·원산·청진·웅기
·블라디보스토크</td></tr>
<tr><td>1929.4~1932.3</td><td>나나오(七尾)·신마이즈루(新舞鶴)
·성진·청진·웅기·나진
·블라디보스토크</td></tr>
</table>

출처 : 逓信省管船局, 『海事摘要』, 各年度; 朝鮮総督府, 『朝鮮総督府逓信年報』, 各年度.

으므로 깃카이철도 문제가 해결된 이상 쓰루가와 청진을 잇는 직항선을 정비해야 한다고 주장했다.

쓰루가-청진 직항선 취항을 원한 것은 쓰루가와 청진 양쪽 상공회의 소였지만, 이 항로를 운영하던 북일본기선회사가 이들에게 휘둘렸던 것은 아니다. 원래 북일본기선회사는 사할린樺太 항로의 안정화를 위하여

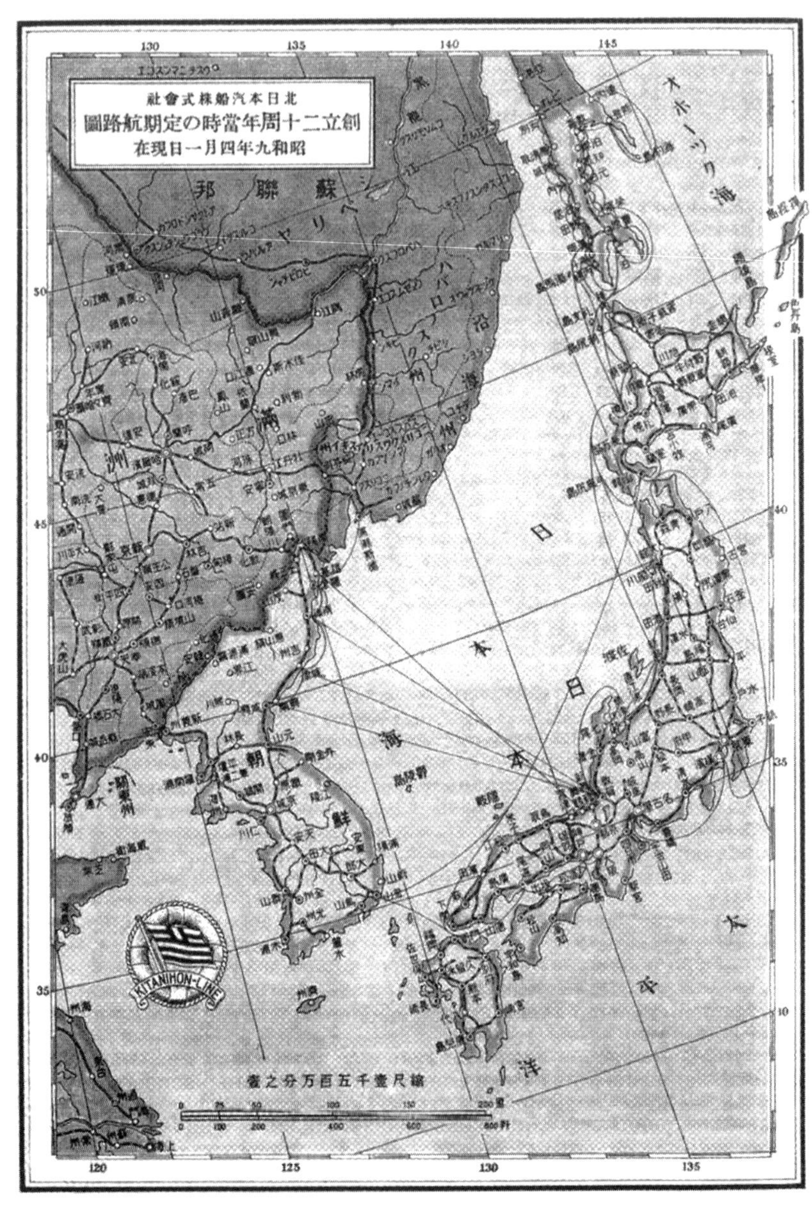

〈그림 6-2〉 동해 항로
출처 : 北日本汽船株式会社編, 『北日本汽船株式会社二十五年史』, 北日本汽船, 1939.

선주들이 힘을 모아 항로를 독점 운영할 수 있도록 가라후토청樺太廳6)이 주도하여 설립한 회사였다. 하지만 가라후토청이 1921년 다시 사할린 항로를 자유화했기 때문에 북일본기선회사는 이 항로를 보완하기 위한 새로운 수익원을 발굴해야 했다. 그리고 동해 연안을 주요 활동 무대로 삼았던 북일본기선회사가 대안 항로에서 가능성을 찾은 것은 매우 타당한 판단이었다.

하지만 대안 항로에 경제적 실적이 없는 이상, 이 항로를 정당화하기 위해서 북일본기선회사에게는 다른 논리가 필요했다. 이때 강조한 것이 동해 호수화론日本海湖水化論이었다. 동해 호수화론이란 1930년대부터 1940년대에 걸쳐 동해 연안 지역에서 활발하게 논의된 대안 개발론이다.[28] 이 개발론의 시작은 언론인인 마쓰오카 마사오松岡正男가 『도쿄니치니치신문東京日日新聞』 및 『오사카마이니치신문大阪毎日新聞』에 게재한 「동해의 호수화日本海の湖水化」라는 논설이다.[29] 마쓰오카 마사오는 만주사변 이후 만주 동부 및 조선 북동부 개발이 본격적으로 이루어지기 시작했다는 인식 아래, 이를 완성하기 위해서는 해당 지역과 일본을 잇는 동해 항로 정비가 최우선이라고 논했다. 그리고 이러한 논설을 본 북일본기선회사는 그 취지를 표어로 한 포스터를 국내 및 조선 각 지역에 배포하여 동해 항로의 중요성을 호소했다.[30]

동해 호수화론을 강조하자 당연하게도 경쟁자가 출현하였다. 예를 들어 1930년대 후시키항에서도 대안 무역에 대한 기대감이 높았다. 깃카

28 동해 호수화론에 대해서는 요시이 겐이치(芳井研一)의 『환동해 지역 사회의 변용(環日本海地域社会の変容)』의 제11장을 참고할 수 있다.

29 松岡正男, 「日本海の湖水化」, 『東京日日新聞』, 昭和7.1.5~6.

30 北日本汽船株式会社編, 앞의 책, pp.102~103.

이선 부설이 구체화된 1932년 2월 『다카오카 신보高岡新報』 지면에 후시키과 웅기항 사이의 무역이 활발해질 것이라는 전망을 바탕으로 제2차 축항 공사를 확대해야 한다는 주장이 실렸다.[31] 하지만 체신성 명령 항로는 쓰루가항이 기점이었기 때문에, 후시키항을 기점으로 삼는 호쿠리쿠기선北陸汽船의 항로에 대한 보조는 도야마富山 · 이시카와石川 두 현 및 조선총독부로부터 교부되는 것이 전부였다. 따라서 후시키정伏木町 유지들은 동해 노선 건설 착수를 계기로 염원하던 체신성 명령 항로 실현을 위한 운동을 시작한다.

그런데 이를 위해서는 동해 노선 문제를 현의 전체 과제로 확대할 필요가 있었고, 그 결과 1932년 4월 대안무역척식진흥회對岸貿易拓植振興會가 설립되었다. 이 진흥회는 "북선 및 만몽 방면 산업 진흥 척식 및 물자의 수급 상태를 조사하고 무역 척식의 진흥을 기하는" 것을 목적으로 하였으며 회장은 지사가 취임, 부회장에는 현의회 의장 · 현 내무부장과 호쿠리쿠기선회사 대표인 이시하라 쇼타로石原正太郎가 선출되었다.[32] 그리고 도야마현 및 후시키정은 대안무역척식진흥회의 지지를 받으며 상경하여 진정 운동을 전개했다.[33] 또한 1933년 1월에는 도야마현 지사가 항만협회에게 제3차 축항의 조사 설계를 의뢰했다.[34]

도야마현에서 일어난 진정 운동의 특징은 후시키항으로의 명령 항로 유치 · 제3차 축항과 함께 히가시이와세항東巖瀨港의 개항 지정을 요구하

31 「伏木港振興会 拡大の計画」(『高岡新報』, 昭和7.2.5), 『鴻爪集』; 「吉会線完成を前に伏木港湾関係者の意向」(『高岡新報』, 昭和7.2.26), 『鴻爪集』.

32 「会則」, 『富山県対岸貿易拓殖振興会会報』 創刊号.

33 「指定港獲得運動に上京」(『高岡新報』, 昭和7.8.23), 鴻爪集.

34 「伏木港修築計画調査依頼」, 『港湾』 11-2, 港湾協会, 昭和8.2.

는 운동이 전개되었다는 점이다. 구체적으로는 대안무역척식진흥회 및 후간진흥회富巖振興會를 중심으로 1933년 히가시이와세개항기성동맹회東巖瀨開港期成同盟會가 설립되었다.[35] 동맹회의 설립 취의서에는 "조속히 후시키항의 항개港開를 확장하여 히가시이와세를 포함하거나 히가시이와세항 개항 지정을 받는 방법을 통해 외국 선박이나 외국 무역에 종사하는 선박이 자유롭게 출입할 수 있도록 하기를 요망"한다는 기술이 포함되었다. 그리고 동맹회 설립 목적은 후시키항과 히가시이와세항의 일체화였다. 제5장 제1절에서 살펴본 바와 같이 도야마현 내에는 후시키항의 배후지인 현 서부와 히가시이와세항의 배후지인 현 동부라는 2개의 경제권이 있었기 때문에 대안무역척식진흥회는 양쪽의 이익을 통합하는 것이어야만 했다.

대안에서 후시키에게 반응을 보인 것은 청진의 경쟁항인 웅기였다. 1933년 6월 간행된 대안무역척식진흥회 회보에는 웅기항만확충기성회雄基港灣擴充期成會 회장 나카무라 나오사부로中村直三郎가 「웅기는 도야마현과 굳게 제휴한다雄基は富山県と固く提携す」라는 제목의 논설을 게재하였다. 앞의 〈표 6-1〉에서 정리한 바와 같이 웅기와 쓰루가를 연결하는 명령 항로는 없었고, 따라서 웅기 입장에서 후시키와의 협력 관계는 필수 불가결했던 것이다. 이처럼 쓰루가·후시키 두 항의 운동이 구체화하면서 1932년 9월 체신성은 쓰루가·후시키의 명령 항로 지정을 내정하였다.[36]

이 결정에 반발한 것이 니가타항新潟港이었다. 1932년경 동해 노선 건설이 진행되자 니가타에서도 자주 항로의 명령 항로화를 요구하는 운동

35 「東岩瀨開港期成同盟会」, 『富山県対岸貿易拓殖振興会会報』 創刊号.
36 芳井研一, 앞의 책, p.283.

이 일어났다. 니가타항에서는 1929년 5월부터 니가타의 가기토미선박부鍵富船舶部가 자주 항로니가타-원산-청진를 취항하였고, 1930년부터는 시마타니기선嶋谷汽船이 니가타현新潟縣·니가타시新潟市 명령 항로를 취항하였다. 1932년 4월에는 이들 자주 항로를 정부 명령 항로로 해줄 것을 요구하는 「니가타 북선 간 정기 명령 항로 개설에 관한 진정서新潟北鮮間定期命令航路開設に関する陳情書」가 니가타상공회의소新潟商工會議所와 니가타 시장 연명으로 체신성·척무성·철도성·대장성·육군성·해군성 장관에게 제출되었다. 또한 같은 해 9월에는 니가타현 지사가 체신성·척무성 장관에게 같은 내용의 진정서를 제출했다. 나아가 같은 달 니가타시의회 및 상공회의소 대표가 상경하여 각 관청 및 조선총독부 출장소를 상대로 진정을 했다.[37] 그리고 이러한 진정 활동에 더해 니가타상공회의소 및 니가타시는 각각 팸플릿을 만들어 니가타항의 중요성을 호소했다.[38]

일본 국내에서 니가타의 움직임에 호응한 것은 니가타항의 배후지인 간토關東 및 신에쓰信越 지방 상공 단체였다. 1932년 10월 니가타상공회의소 회장 시로세 료사쿠白勢量作는 도쿄상공회의소東京商工會議所 임원회에 출석하여 간토 지방 산품의 만주 수출 증진이라는 차원에서 니가타항으로의 명령 항로 지정의 유용성을 호소했다. 시로세 료사쿠의 주장은 받아들여졌고 도쿄상공회의소는 「니가타 북선 간 정기 명령 항로에 관한 건의新潟北鮮間定期命令航路に関する建議」를 체신성에 제출했다.[39] 나아가 10월 13일에는 도쿄상공회의소에 도쿄東京·요코하마橫濱·하치오지八王子·나가오

37 新潟市編, 『新潟開港百年史』, 新潟市, 1969, p.312.
38 塚野俊郎, 『日本海貿易の要津新潟港』, 新潟商工会議所, 1932; 新潟市, 『対満通商貿易港としての新潟港』, 新潟市, 1932.
39 東京商工会議所編, 『事業成績報告書』, 昭和7, p.219.

카長岡 · 다카사키高崎 · 마에바시前橋 · 우에다上田 · 나가노長野 · 도치기栃木 · 우쓰노미야宇都宮 · 다카다高田 · 나오에쓰直江津 · 니가타의 상공회의소 대표가 모여 이 건의안을 결의했다.[40] 그리고 결과적으로 미나미 히로시南弘 체신성 장관은 웅기-후시키 항로에 니가타를 더한 삼각 항로를 약속할 수밖에 없었다.[41]

그런데 체신성이 삼각 항로를 결정한 이유는 상공회의소 연합의 압력 때문만은 아니다. 니가타의 움직임에 만철이 호응한 것이 가장 큰 요인이었다. 채산 문제로 동해 노선 건설에 소극적이었던 만철에게 이 노선의 일관 경영은 필수 불가결했다. 따라서 만철은 산하의 다롄기선大連汽船을 여기에 취항할 예정이었으나 일본 국내 선박 회사가 반대하였다. 이에 체신성은 호쿠리쿠기선의 웅기-후시키 항로를 니가타항으로 회항시킴으로써 다롄기선의 동해 항로 진출을 저지하고자 했던 것이다.[42]

이처럼 쓰루가 · 후시키 · 니가타 및 국내 선박 회사의 의견을 배려한 결과, 체신성은 청진-쓰루가, 웅기-후시키-니가타의 2개 항로를 명령 항로로 선정하게 된다. 그러나 이 항로안은 대장성의 심사에서 삭제, 1933년도 예산으로 실현되지 못했다.[43] 한편 어디까지나 직통 항로 취항을 요구하던 니가타 측은 체신성의 해결안에 만족하지 못했고, 만철 또한 계속해서 동해 항로의 일관 경영을 모색했다. 그 결과 1932년 12월 다롄기선이 다롄-니가타 간 자주 항로를 개설한다.[44]

40 芳井研一, 앞의 책, pp.283~284.
41 「北朝鮮命令航路問題解決」(『高岡新報』, 昭和7.10.15), 『鴻爪集』.
42 新潟市編, 앞의 책, p.313.
43 芳井研一, 앞의 책, p.284.
44 新潟市編, 앞의 책, p.314.

이처럼 1932년경, 쓰루가·후시키·니가타 3개 항을 중심으로 동해 노선의 중계항 지위를 둘러싸고 격렬한 경쟁이 펼쳐졌다. 그리고 이는 쓰루가-청진 및 후시키-웅기와 같이 1920년대 이후의 정기 명령 항로를 바탕으로 대륙 쪽 항만과 연계를 모색하며 일어난 것이었다. 한편, 기존에 정기 명령 항로가 없었던 니가타는 만철과 제휴함으로써 새로운 항로를 취항하고자 했다.

3) 산업 진흥 사업과 해항 건설

만주사변 이후 동해 노선이 정치 과제가 되지만 내무성 토목국은 완전히 다른 이유로 해항 건설 문제에 뛰어든다. 제5장에서 언급한 바와 같이 1920년대 말 민정당民政黨 내각은 긴축 재정 방침을 취하면서 해항 건설비는 감액될 수밖에 없었다. 이와 같은 상황 속에서 내무성 토목국이 토목비 획득의 명목으로 기대했던 것은 실업 구제 사업失業救濟事業이었다. 제1차 세계대전 이후 전후 불황의 영향으로 1920년대 중반에는 도시부에서 도로·수도 공사를 중심으로 실업 구제 사업이 실시되었으나, 1929·30년도에는 도시로 실업자 유입을 억제하고 도시의 실업자를 농촌으로 돌려보내는 효과를 기대하며 지방 도시나 농촌에도 확대된다.[45] 실업 구제 사업의 중심 주체는 시정촌市町村이었지만 내무성 토목국은 이를 토목국 소관 사업으로 확장하고자 하였다.

하지만 실업 구제 사업의 고정화를 경계하던 대장성은 이미 계속되어 온 하천·해항 관련 공사를 실업 구제 사업에 편입하는 것을 강하게 반

45 加瀨和俊, 『戦前日本の失業対策－救済型公共土木事業の史的分析』, 日本経済評論社, 1998, p.105.

대했다. 1931년도 예산에서는 실업 구제 사업에서 하천·해항 관련 공사는 삭제되었고, 1932년도 예산 편성에 관해서는 내무성 토목국과 대장성이 대립하였다. 내무성이 실업 구제 사업비로 4,500만 엔을 요구하였지만, 최종적으로 대장성이 승인한 것은 3,650만 엔에 그쳤다.[46]

다만 1931년 12월 이누카이 쓰요시犬養毅가 이끄는 정우회政友會 내각의 성립은 내무성 토목국에게 환영할 만한 일이었다. 왜냐하면 정우회는 농촌의 토목 사업은 중지·연기하면서 도시의 소규모 사업에만 보조하는 것은 "자가당착의 극치"[47]라고 민정당 내각의 실업 구제 사업을 비판했기 때문이다. 결과적으로 정우회 내각이 실업 구제 사업 중 국가 직할 사업 및 부현府縣 사업 부분을 산업 진흥 사업産業振興事業이라는 명목으로 변경함에 따라 내무성 토목국은 하천·해항 관련 공사 확대를 위해 움직일 수 있게 되었다.[48]

그리고 이듬해인 1932년 1월 내무성 토목국은 총 3억 6,500만 엔에 달하는 산업 진흥 명목의 토목 사업 계획을 입안한다.[49] 이는 어디까지나 단년도 사업이 원칙이었던 실업 구제 사업과 달리 1932년도부터 1937년도에 걸친 5년 사업으로 계획된 것이었다. 이 계획 중 해항 건설비는 요코하마·후시키 외에 진행 중인 축항 공사의 조기 준공, 간몬해협關門海峽 추가 공사 및 이마바리今治·가고시마鹿兒島 등의 신규 축항 공사, 기타 지정 항만 개량비 등 총 9,864만 엔에 달했다.[50] 그리고 5·15사건

46 위의 책, 255~261면.
47 「第58回帝国議会報告書」, 『政友』 358, 昭和5.7.
48 加瀬和俊, 앞의 책, 269~270면.
49 伊藤之雄, 『大正デモクラシーと政党政治』, 山川出版社, 1987, 274면.
50 ST生, 「産業進行と土木事業」, 『港湾』 10-2, 港湾協会, 昭和7.2.

5·15事件7)으로 이누카이 쓰요시 내각이 붕괴한 후에는 내무성 토목국이 '농촌 구제'를 목적으로 한 토목 사업 확대 구상을 내놓으면서 추가 확대를 추진한다.[51]

'농촌 구제'를 목적으로 한 내무성 토목국의 해항 건설 사업은 전국적으로 전개되었지만,[52] 특히 와카사만若狭灣 연안에서는 동해 노선 문제와 맞물려 큰 기대를 모았다. 교토부京都府에서는 쓰루가·후시키 두 항에 대항하여 해항 건설과 항로 유치 움직임이 일어났다. 그런데 무엇보다 교토부에는 마이즈루舞鶴·신마이즈루新舞鶴·미야즈宮津라는 3개의 해항이 있었기 때문에 도야마현의 경우와 마찬가지로 이들을 통합할 단체가 필요했다. 이에 교토부는 1932년 6월 교토 시내에 마이즈루·신마이즈루·미야즈의 항만 관계자를 모아 단고항만간담회丹後港灣懇談會를 개최하고 그 자리에서 단고항만협회丹後港灣協會를 설립했다.[53] 단, 현 지사가 회장에 취임한 도야마현대안무역척식진흥회富山縣對岸貿易拓殖振興會와 달리, 교토부 지사는 고문을 맡았으며 이사장은 교토부 토목부 부장인 무라야마 기이치로村山喜一郎였다. 이 사실은 마이즈루·미야즈 지역 유지들의 관심이 정기 명령 항로 유치보다 해항 건설 문제에 있었음을 말해준다.

1932년 8월에는 단고항만협회가 「청진항 및 웅기항과 마이즈루항간 선차 연락 운수 방법清津港雄基港ト舞鶴港間船車連絡運輸方之議」·「마이즈루 항만 건설 공사 연한 단축과 속성舞鶴港湾修築工事年限繰上速成ノ議」·「미야즈 항만 건

51 加瀬和俊, 앞의 책, 280~283면.

52 1933년도 시국 광구 사업(時局匡救事業)에서 건설비 보조가 승인된 항만은 신규 28개 항, 계속 33개 항, 합계 61개 항에 이른다. 그러나 중소형항 건설 사업이었기 때문에 축항 규모가 작아, 같은 연도 축항비 보조 총액은 325만 8,000엔이었다. 「時局匡救地方港湾修築補助費」, 『港湾』 11-2, 港湾協会, 昭和8.2.

53 宮津市永年保存文書113, 「商港に関する書類1(丹後港湾協会ノ事業経過報告)」.

설에 대한 국고 보조宮津港湾修築之義ニ付国庫補助」·「미야즈 항만 건설 시 임항 철도 부설 및 쾌속 열차 운전宮津港湾修築之義ニ付臨港鉄道布設並ニ快速列車運転」·「신마이즈루항을 공업 상항으로 만들기 위한 시설新舞鶴港ヲ工業的商港トシテ諸施設」이라는 5개 항목에 관한 청원을 각 소관 관청 장관에게 제출했다. 나아가 이 협회는 같은 해 10월부터 마이즈루·미야즈·신마이즈루 3곳의 도시 계획에 대한 조사도 시작했다.[54]

이처럼 단고항만협회는 항로 유치·해항 건설·도시 계획이라는 광범위한 문제에 관여했으나 이 시점에서 대안과의 정기 직항 항로 개설의 구체적인 전망은 없었던 듯싶다. 후쿠오카현福岡縣 지사 오구리 가즈오小栗一雄의 보고에 따르면 1934년까지도 교토부는 북선 항로와 관련하여 "장래의 경제적 가치를 여러 가지 각도에서 관찰 연구 중"이었다고 한다.[55] 이미 자주 항로를 운영 중이었던 후시키·니가타와는 달리 마이즈루·미야즈에서는 선박 회사 선정에도 시간이 필요했다.

보다 현실적이었던 것은 내무성 토목국-항만협회가 힘을 쏟았던 해항 건설 사업이었다. 제5장에서 살펴본 바와 같이 제2차 마이즈루 축항은 1929년도부터 10년 사업으로 시작되었는데, 교토부는 추가로 미야즈항 건설에 뛰어들었으며 역시나 내무성 토목국 기사의 손에 의한 제1차 미야즈 축항 계획총 공사비 28만 엔을 세웠다. 단고항만협회의 청원 결과, 1933년도 시국 광구 토목 사업時局匡救土木事業[8)] 예산에는 제1차 미야즈 축항 보조비도 포함되었으며 총 공사비의 약 3분의 2에 해당하는 20만

54 宮津市永年保存文書113, 「商港に関する書類1(理事会決議事項其筋へ請願書トシテ提出ノ件)」.
55 外務省記録, 「本邦航運関係雑件(内相·外相·指定庁府県長官宛福岡県知事, 宮津航路開拓ニ関スル件)」, 昭和9.9.18.

7,000엔의 국고 보조가 이루어졌다.[56]

그리고 나아가 이러한 성과를 배경으로 단고항만협회는 마이즈루 축항의 공기 단축과 제2차 미야즈 축항 실현을 목표로 삼는다. 제2차 마이즈루 축항의 총 공사비는 230만 엔이 중 국고 보조는 105만 3,500엔이었는데, 1930년에는 재정 긴축으로 인해 총 공사비 중 51만 엔이 줄었으며 공기도 2년 연기되었다.[57] 이에 1933년 5월에 열린 항만협회 통상 총회에서는 교토부 지사 및 마이즈루정 정장이 마이즈루항 재확장을 요구하는 의안을 제출하였고, 같은 해 말에는 교토부 지사가 제1차 미야즈 축항 확장을 위한 설계안 작성을 항만협회에 의뢰한다.[58]

미야즈 축항은 일부 토목기사로부터는 지지를 받았던 듯싶다. 도쿄시東京市·오사카시大阪市에서 축항 계획을 입안한 나오키 린타로直木倫太郎는 1933년 9월 미야즈항 현지 조사를 실행하고 그 결과를 항만협회에 보고하였다. 나오키 린타로는 나진항이 1만 톤급 선박에 대응하기 위한 계선 안벽수심 9.5미터을 정비할 계획이 있으므로 동해 연안항에도 이와 마찬가지로 1만 톤급 선박에 대응하는 시설이 필요하다는 전제를 가지고 해항 선정을 해야 한다고 주장했다. 나오키 린타로에 따르면 현재 해안선으로부터 수심 9미터 지점까지의 거리는 오바마항小濱港이 약 600간間, 약 1,090미터인 반면, 미야즈항은 약 100간약 181미터이기 때문에 계선 안벽을 만들 경우, 미야즈항이 가장 적은 비용으로 정비 가능하다. 또한 육상 교통이라는 측면에서도 오바마는 쓰루가를 반드시 경유해야 하지만 미

56 「時局匡救地方港湾修築補助費」, 『港湾』 11-2, 港湾協会, 昭和8.2.
57 「舞鶴港修築起工式」, 『港湾』 10-12, 港湾協会, 昭和7.12.
58 宮津市永年保存文書115, 「商港に関する書類3(港湾協会長宛京都府知事斎藤宗宜)」, 昭和8.12.28.

야즈는 교토·오사카로 직통 노선이 정비되어 있기 때문에 미야즈항의 우위는 분명하다고 평가하였다.[59]

그리고 마이즈루·미야즈와 같이 와카사만 연안에 위치한 후쿠이현 오바마항도 축항 운동을 본격적으로 시작하였다. 계기는 오바마 출신의 해군 대장大將 나와 마타하치로名和又八郎에 의한 오바마 축항론 제창이었다.[60] 나와 마타하치로의 축항론에 응하는 형태로 1920년대 말에는 해군 중장中將 도고 기치타로東鄉吉太郎 등 해군 내부 일부에서도 오바마항을 통해 노선의 거점항으로 만드는 것을 지지하는 목소리가 나왔다.[61] 이들은 쓰루가나 마이즈루와 비교했을 때 기존의 해항 시설이 없는 오바마항이야말로 자유롭게 시설 정비를 할 수 있기 때문에 점차 확대될 것으로 보이는 대안 무역에 대응 가능하다고 주장했다.

해군 유력자가 오바마 축항론을 주창한 결과 1930년대 오바마정小濱町 유지들에 의한 축항 운동도 본격적으로 이루어졌는데, 교토부의 지원을 받을 수 있었던 마이즈루·미야즈와 달리 후쿠이현으로부터의 지원에 대해서는 구체적인 전망이 없었다. 따라서 오바마정 유지들은 해군 및 도쿄·오사카에 거주하는 이 마을 출신자의 협력을 기대할 수밖에 없었다. 오바마 축항 운동의 중심 인물 중 한 사람인 도리이 시로鳥居史郎는 1932년 8월 25일부터 상경하여 오바마 출신 중의원衆議院의원 소에다 게이치로添田敬一郎의 소개를 받고 직접 유력자들을 면회하고자 했다. 오카다 게이스케岡田啓介 해군성 장관이나 미나미 히로시南弘 체신성 장관과 회담

59 宮津市永年保存文書114, 「商港に関する書類2(宮津港ニ関スル工学博士直木倫太郎氏ノ意見摘要)」.
60 名和又八郎, 「小浜港の将来に就て」, 『若州新聞』, 大正11.5.8.
61 山森友嗣, 「小浜港湾修築運動」, 『福井県立美方高等学校研究集録』 18, 1994.

을 하지는 못했지만 해군 관계자를 방문하여 의견을 교환하고 8월 29일에는 오바마항만문제간담회小濱港灣問題懇談會에 출석했다.[62]

한편 같은 해 10월에는 오바마공회당小濱公會堂에서 오뉴遠敷·오이大飯 두 군의 마을들이 모여 회의를 개최하였고, 오바마항만건설기성동맹회小濱港灣修築期成同盟會을 결의했다. 같은 달 말에는 오사카면업구락부大阪綿業俱樂部에서 오바마항만기성간사이동맹회위원회小濱港灣期成關西同盟會委員會가 만들어졌고 11월에는 도쿄에서도 오바마항만건설기성동맹회의 발족식이 열렸다. 이처럼 오바마 축항을 요구하는 운동은 오바마에서만이 아니라 오사카와 도쿄의 두 동맹회를 중심으로 전개된 것이다. 이듬해인 1933년 2월에는 도쿄동맹회가 항만협회에 오바마 축항 설계를 의뢰하였고, 다른 한편으로 오사카에서는 오바마 축항에 대한 지지를 얻기 위한 운동이 진행되었다. 그리고 이해 9월 『오사카마이니치신문大阪每日新聞』에서 오바마항이 유력하다고 보도한 것을 보았을 때 동맹회의 활동은 어느 정도 성과를 올렸다고 보인다.[63]

이와 같이 동해 노선 문제의 재연과 시국 광구 사업 착수로 인해 와카사만 연안항들은 해항 건설을 위해 활발하게 움직이기 시작하였는데, 이를 한층 활성화한 것은 내무성 토목국-항만협회였다. 1932년 10월 항만협회는 '대만선연락항조사위원회對滿鮮連絡港調査委員會'를 설치하고 각 지역의 실태 조사를 시작하였으며, 1933년 3월부터 6월에 걸쳐서는 내무성 토목국이 니가타·후시키·나나오·쓰루가·마이즈루·미야쓰·사

62 鳥居史郞家文書4(上京日記).
63 「羅津との連絡港小浜港に決定か」, 『大阪每日新聞』, 昭和8.9.9; 「『小浜港』最有力」, 『大阪每日新聞』, 昭和8.9.22.

〈표 6-2〉 오사카상업회의소(大阪商業會議所)에 의한 와카사만(若狭灣) 4개 항의 비교

	장점	단점
미야즈항 (宮津港)	A. 천연의 양항으로 장차 군다만(栗田灣)과 사이에 운하를 만들면 대규모 항만이 될 가능성을 지님, 저목장(貯木場)으로서는 아마노하시타테(天橋)의 내만(內灣)이 있음 B. 천연의 장해물이 없음 C. 배후지가 비교적 넓음 D. 천연의 풍광이 좋으며 방문자를 위한 설비를 갖추고 있음	A. 게이한신(京阪神)과의 관계가 가장 유리한 마이즈루항(舞鶴港)과 인접함
마이즈루항 (舞鶴港)	A. 천연의 양항임 B. 기후가 미치는 장해가 적음 C. 저목장으로서 적당한 작은 만이 있음 D. 이미 항만으로서 상당한 시설을 지님 E. 장차 오사카와의 교통 운송 면에서 가장 유리한 지위에 있음 F. 제2종 중요항에 지정되었 있음	A. 항내는 요항부(要港部)의 제3구이지만 항만는 제2구에 속함
오바마항 (小濱港)	A. 자연의 대항만임, 특히 서항(혼고항(本鄕港)은 최고의 양항임 B. 수면적이 넓음 C. 저목장으로 적당한 와다만(和田入江)이 있음 D. 처녀항(處女港)이라 자유로운 계획이 가능함	A. 오사카와 교통 연락 기관이 갖춰지지 않음 B. 임항 지대가 비교적 협소함 C. 경쟁항인 쓰루가와 가까움 D. 서항이 오바마정(小濱町)에서 비교적 떨어져 있음
쓰루가항 (敦賀港)	A. 국제항으로서 역사가 있음 B. 제1종 중요항에 지정되어 있음 C. 이미 제반 설비가 갖춰져 있음	A. 항만이 북서쪽을 면하고 있어 북서풍의 영향을 받음 B. 다른 항에 비해 오사카와 비교적 거리가 있음 C. 오사카와의 연락 수단이 성선(省線)[9)] 한 노선밖에 없고 연락도로가 없음

출처 : 宮津市永年保存文書114, 「商港に関する書類2(北日本四港視察報告書)」.

카이 · 오마바의 항만 조사도 착수하였다.[64] 그러나 내무성 토목국-항만협회의 목적은 소규모 해항 건설을 통한 여러 항만의 공존이었기 때문에 각 지역에서 원하는 동해 노선의 거점항을 정하는 일은 없었다.

이러한 태도는 동해 연안항들이 기대했던 오사카에서도 마찬가지였다. 1933년 8월 오사카상업회의소 교통부가 미야즈 · 마이즈루 · 오바마 · 쓰루가의 항만을 조사하였는데 그 결과는 미야즈 · 마이즈루를 높게 평가하는 것이었다. 평가의 최대 요인은 〈표 6-2〉에 나타낸 것처럼 이

64 「対満鮮連絡港調査委員会」, 『港湾』 10-12, 港湾協会.

미 오사카와의 사이에 철도가 개통되어 있다는 점이다. 교통부의 보고서는 "장차 다롄항에 필적할 최대 탄토항呑吐港인 나진항에 일항주의一港主義로 대응하는 것은 항만의 모습이나 주위 환경으로 보았을 때 도저히 불가능하며 오히려 분항주의分港主義가 적절하다"[65]고 평가하였다. 그중에서도 미야즈·마이즈루에 대해서는 "이 기회에 두 항을 하나로 만드는 계획을 수립하는 것이 긴요"하다며 일본 쪽에 대형 해항을 정비하는 것이 아니라 미야즈·마이즈루 두 항을 하나로 간주한 운송 계획을 세움으로써 대응 가능하다는 주장이다.

무엇보다 오사카상업회의소의 속내는 동해 노선이 아니라 기존의 다롄 노선을 확충하는 것이었다. 오사카상업회의소 조사과는 교통부 조사에 앞서 1933년 7월, 동해 노선에 대한 대응을 검토한 조사 결과를 발표했다.[66] 이에 따르면 깃카이선 개통 후 하얼빈과 오사카 사이 거리는 다롄 경유 시, 2,562킬로미터인 반면, 청진·쓰루가 경유 시, 1,727킬로미터, 나진·쓰루가 경유 시, 1,786킬로미터로 동해 노선이 우위에 있다. 하지만 조사과에 따르면 "가장 중요한 안건은 운임 문제로, 운임이 어떠한지는 거리와 마찬가지로 북만北滿 화물 수송의 분수령을 결정하는 중요한 요소"이다. 그리고 만주로부터의 주요 수입품인 대두의 경우, 1톤 당 하얼빈-오사카의 운임은 다롄을 경유하면 21엔 20전인 반면, 청진·쓰루가 경유는 31엔 73전, 나진·쓰루가 경유는 31엔 78전으로 약 10엔 가까이 비싸다. 이는 다른 와카사만 연안항을 경유할 경우도 마찬

65 宮津市永年保存文書114, 「商港に関する書類 2(北日本四港視察報告書)」.

66 宮津市永年保存文書114, 「商港に関する書類2」(大阪商工会議所調査課, 『吉会線の開通と内地港(大阪, 神戸, 敦賀, 舞鶴, 宮津)満鮮間の運輸関係』(昭和8.7)).

가지로 청진·마이즈루 경유는 31엔 23전, 청진·미야즈 경유는 30엔 64전이었다. 따라서 깃카이선 개통 후에도 "크게 영향은 없으며 오히려 장차 일본과 민주의 관계에서는 오사카항 이용이 늘어날 것으로 예상된다"[67]며 조사과는 결론을 내렸다.

즉, 와카사만 연안항 유지들이 배후지로 기대했던 오사카는 실질적으로는 북선 항로를 다투는 경쟁자였던 것이다. 실제 같은 해 5월 오사카상선大阪商船은 오사카–북선 항로오사카–고베–모지–청진–웅기에 취항할 선박을 1,000톤급에서 2,500톤급으로 확충하는 등 오사카에서도 북선 항로 확대가 이루어졌다.[68] 그리고 당연하지만 오사카상업회의소의 조사 결과에 각 항들은 반발했다. 항만협회에 따르면 오사카상업회의소의 조사 결과 공표는 오히려 오사카에서 항만 별로 진행되던 지지 획득 운동을 격화시켰다고 한다.[69] 이렇게 소련전을 대비한 병참선으로서 동해 노선을 확립하고자 했던 육군의 생각과 달리 대안의 나진 축항 결정 이후에도 동해 연안 해항의 선정을 둘러싸고는 혼란스러운 상황이 지속되었다.

4) 동해 노선 문제의 결말 – 교통심의회 · 니혼카이상업위원회

동해 쪽 해항 선정이 혼란스러웠던 가장 큰 요인은 명령 항로를 지정하는 체신성과 해항 건설을 소관하는 내무성이 서로 다른 관심을 가지고 동해 노선 문제를 다뤘기 때문이다. 따라서 이 문제를 해결하기 위해

67 宮津市永年保存文書114, 「商港に関する書類2」(大阪商工会議所調査課, 『吉会線の開通と内地港(大阪, 神戸, 敦賀, 舞鶴, 宮津)満鮮間の運輸関係』(昭和8.7.)), pp.46~52.

68 外務省記録, 「本邦航運関係雑件(昭和8年5月11日(内相・外相・指定各庁府県長官宛, 大阪府知事, 大阪商船会社ノ大阪清津間航路充実ニ関スル件))」.

69 「満鮮連絡港問題」, 『港湾』 11-10, 港湾協会, 昭和8.10.

서는 각 관청이 함께 협의하는 장이 필요했고, 1933년 9월 교통심의회 交通審議會가 설치되었다.[70]

교통심의회는 내각총리대신內閣總理大臣이 회장, 위원은 내무·대장·육군·해군·체신·철도·척무대신 및 민간 위원으로 구성된 심의회이다. 또한 간사로서 내각 서기관장內閣書記官長, 법제국 장관 및 각 관청 차관이 취임하였다.<표 6-3> 1933년 7월 참모본부가 제출한 「교통심의회 자문사항안交通審議會諮問事項案」에는 동해 노선과 관련하여 동해 연안 해항 정비 문제와 함께 간몬항關門港 정비 문제 및 해항 행정 통일 문제도 거론되었으며 이로부터 만주사변 후 육군의 교통망 재구축 의도를 엿볼 수 있다.<표6-4>[71]

특히 동해 노선 문제는 육군에게 중요한 관심 대상이었다. 이 문제에 대해서 육군성도 "깃카이선 개통을 좋은 기회로 삼아 동해 연안에 불급불요한 축항을 경영하려는 기운이 있다. 이미 내무성에서는 이번 연도 예산에서 이에 대한 조사를 시작했다"며 동해 연안 각지의 움직임과 이에 응하고 있는 내무성의 자세를 비판하였다. 또한 체신성도 "독자적인 입장에서 북선 및 동해 연안 항만 간 명령 항로를 설정하고 국비로 보조하고" 있지만 "이것들은 아무런 통제를 받지 않은 것으로 인정"할 수 없으므로 "국가적 차원의 판국에 비추어 대책을 확립"할 필요가 있다며,

70 『항만(港灣)』의 기사에 따르면, 교통심의회 설치는 아라키 사다오(荒木貞夫) 육군성 장관의 제창에 의한 것이있다고 한다. 「交通審議会の創設」, 『港湾』 11-10, 港湾協会, 昭和8.10. 참고로 각 관청이 함께 협의하는 장인 교통심의회에 대해서 내무성 토목국도 기대했던 바가 있어 항만법 심의를 요청하기도 했다. 그러나 결국 항만법 심의는 실현되지 않았다. 「内務省土木局港湾協議会」, 『港湾』 11-12, 港湾協会, 昭和8.12.

71 各種調査会委員会文書, 「交通審議会書類·一関係書類」(昭和8.7.5, 参謀本部第三部, 交通審議会諮問事項案 (1)).

〈표 6-3〉 교통심의회 명부

회장	사이토 마코토(齊藤實)	내각총리대신(內閣總理大臣)
위원	야마모토 다쓰오(山本達雄)	내무대신(內務大臣)
	다카하시 고레키요(高橋是淸)	대장대신(大藏大臣)
	아라키 사다오(荒木貞夫)	육군대신(陸軍大臣)
	오스미 미네오(大角岑生)	해군대신(海軍大臣)
	미나미 히로시(南弘)	체신대신(遞信大臣)
	미쓰치 츄조(三土忠造)	철도대신(鐵道大臣)
	나가이 류타로(永井柳太郞)	척무대신(拓務大臣)
	미즈노 렌타로(水野鍊太郞)	
	시바 츄타로(斯波忠太郞)	
	가타오카 나오하루(片岡直溫)	
	이노우에 다다시로(井上匡四郞)	
	야마모토 죠타로(山本條太郞)	
간사	호리키리 젠지로(堀切善次郞)	내각서기관장(內閣書記官長)
	구로사키 데이조(黑崎定三)	법제국 장관(法制局長官)
	우시오 시게노스케(潮惠之輔)	내무차관(內務次官)
	구로다 히데오(黑田英雄)	대장차관(大藏次官)
	야나가와 헤이스케(柳川平助)	육군차관(陸軍次官)
	후지타 히사노리(藤田尙德)	해군차관(海軍次官)
	오하시 하치로(大橋八郞)	체신차관(遞信次官)
	구보타 게이치(久保田敬一)	철도차관(鐵道次官)
	가와다 이사오(河田烈)	척무차관(拓務次官)

출처 : 昭和財政史資料·第6号第61册, 「交通審議会関係書類」.

〈표 6-4〉 교통심의회 참모본부 자문안

자문안
깃카이선(吉會線) 개통에 따른 동해 연안 항만 증축의 필요 여부 및 여기로 통하는 횡단 철도의 필요 여부, 그리고 이들이 필요할 경우, 항만 및 철도 선정과 건설 정도
혼슈(本州)와 규슈 사이의 교통 시설 개선 및 이와 관련하여 시모노세키(下關), 모지(門司) 두 항만 건설에 대한 대책
내지(內地) 철도 건·개축 방침 확립, 철도망 재검토와 자동차 도로망과의 통제 강조에 대한 대책
내지, 조선, 만몽(滿蒙)에 걸친 통제 항공로 설정 및 항공 발달에 관한 대책
항만 행정 통일에 관한 대책
내지 및 식민지 해운 행정 통일 및 만주국 해운 행정과의 협조를 규정할 방책
조선과 만주의 철도를 만철에서 통일하여 경영하고 나아가 전시 이를 육군이 관리하는 제도를 확립

출처 : 昭和財政史資料第6号第61册, 「交通審議会関係書類」.

육군성은 해항 건설 문제와 명령 항로 지정 문제를 통일하는 기본 방침 확립을 요구한 것이다.[72]

9월 25일 열린 제1회 총회에서는 우선 내무성이 나진·다롄 두 항의 현황을 설명했고, 이어서 동해 연안항들후나카와·쓰치자키·사카타·니가타·후시키·나나오·쓰루가·오바마·마이즈루·미야즈·사카이에 관하여 각각 시설 설명 등이 이루어졌다.[73] 제1회 총회에서 논의를 이끈 것은 만철 총재를 역임한 야마모토 죠타로山本條太郎였다. 야마모토 죠타로는 나진 축항이 완성된 후에도 "나진에서 큰 화물이 나갈 것이라 생각하지 않는다"는 전제를 가지고 "우라니혼裏日本의 지정항은 여객 중심"이 될 것이라 예측하였다. 나아가 야마모토 죠타로는 동해 노선을 여객 중심으로 편성한다면 국제연락철도[10)]가 지나는 쓰루가항이 기점임은 자명하다고 논했다.[74]

그리고 11월 9일 열린 제2회 총회에서는 미쓰치 츄조三土忠造 철도대신鐵道大臣과 미나미 히로시 체신대신遞信大臣이 역시나 쓰루가항을 지지하는 발언을 했다. 미쓰치 츄조는 나진에서 실려 나오는 화물은 요코하마·나고야 등으로 운송되는 것이므로 동해 노선을 둘러싼 각 지역의 운동은 "엉뚱한 운동"이라고 비판했다. 이에 더해 명령 항로의 기점으로 쓰루가는 이론의 여지가 없으며 문제는 니가타와 후시키를 어떻게 취급할지에 있다고 논했다. 한편 미나미 히로시는 "대체적인 의견은 미쓰

72 各種調査会委員会文書, 「交通審議会書類·一関係書類」(昭和8年9月8日幹事会, 陸軍省提出, 交通審議会諮問案).

73 各種調査会委員会文書, 「交通審議会書類·一関係書類」, 第一回総会記事.

74 야마모토 죠타로는 후쿠이현 출신의 기업인이자 중의원 의원으로, 후쿠이현대안실업협회(福井縣對岸實業協會) 고문이기도 했다. 한편 야마모토 죠타로는 1930년『경제 국책의 제창(経済国策の提唱)』이라는 책을 써 '국책'으로서 산업 입국을 주장한 바 있는데, 이 사실은 그의 언행에 영향을 미치지 않은 듯 보인다. 伊藤隆, 「『国是』と『国策』·『統制』·『計画』」, 中村隆英·尾高煌之助編 , 『日本経済史六 二重構造』, 岩波書店, 1989, pp.342~343.

치 츄조군과 같다"고 하며 "쓰루가항은 국제 교통로가 되므로 정기 항로로서 보조하는 것은 적당하다"고 역시나 쓰루가항을 기점으로 삼을 것을 제안했다.[75]

교통심의회의 논의가 '교통의 논리'에 따라 전개되는 상황 속에서 내무성 토목국-항만협회는 동해 연안항들의 축항 필요성을 강조해야 했다. 미즈노 렌타로 항만협회 회장은 "국방의 문제를 해야 하면 고려해야 한다"며 '군사의 논리'를 가져와 아라키 사다오 육군대신의 축항 동의를 기대했다. 그러나 아라키 사다오는 "각 항만의 조영造營, 건설은 당분간 이대로면 된다"며 해항 건설 보다 국내 철도망 정비후시키-나고야와 동해 항로의 쾌속선 도입이 시급하다는 견해를 나타냈다.

아라키 사다오 육군대신陸軍大臣의 발언에 응하여 사이토 마코토 회장이 "항만 설비를 새롭게 하지 않고 현재 상태의 추이를 보며 후일 설비를 갖추는 것이 가능하지 않겠냐"고 논하는 등 총회의 논의는 축항 불요론으로 기울었다. 이에 대하여 야마모토 다쓰오 내무대신은 "우라니혼의 항만은 모두 손을 대지 않으면 문제가 된다"며 현재 계획 중인 것은 예정대로 축항에 착수할 것을 요구하였다. 최종적으로는 신규 축항 계획의 필요성은 인정할 수 없지만, 시공 중 또는 계획 중인 축항 계획은 승인한다는 결론이 내려졌다. 이는 동해 연안항들의 기대를 비껴간 결론이었다.

따라서 해당 항만이 소재한 지역의 유지들은 동해 노선 활성화를 위해 재계를 설득하려 했지만 이들의 관심은 더는 동해를 향하지 않았다.

75 各種調査会委員会文書, 「交通審議会書類・一関係書類」, 第二回総会記事.

〈표 6-5〉 지정 항만 건설 공사 일람(1933~35)

부현	항만(괄호 안은 총 공사비. 단위는 천 엔)
도쿄(東京)	오카다(岡田)(200), 후타미(二見)(200)
교토(京都)	미야즈(宮津)(280)
오사카(大阪)	기시와다(岸和田)(450), 오쓰(大津)(840)
효고(兵庫)	시카마(飾磨)(900), 아이오이(相生)(320), 쓰이야마(津居山)(300)
나가사키(長崎)	아이노우라(相ノ浦)(230), 시마바라(島原)(230), 고우노우라(郷ノ浦)(150), 후쿠에(福江)(356)
니가타(新潟)	나오에쓰(直江津)(420), 에비스(夷)(290)
치바(千葉)	기사라즈(木更津)(380), 다테야마(館山)(120)
미에(三重)	도바(鳥羽)(288), 구와나(桑名)(148), 도미스하라(富洲原)(200)
아이치(愛知)	한다(半田)(410), 도코나메(常滑)(450), 가마고오리(蒲郡)(300)
시즈오카(靜岡)	누마즈(沼津)(400), 시모다(下田)(200)
미야기(宮城)	이시노마키(石巻)(200)
이와테(巖手)	가마이시(釜石)(340), 오후나토(大船渡)(300), 구지(久慈)(320)
아오모리(青森)	하치노헤(八戶)(1250)
후쿠이(福井)	미쿠니(三國)(210)
이시카와(石川)	우시츠(宇出津)(300)
도야마(富山)	히가시이와세(東岩瀨)(350)
돗토리(鳥取)	요나고(米子)(300)
시마네(島根)	야스기(安來)(160)
오카야마(岡山)	가타카미(片上)(500)
히로시마(廣島)	이도사키(絲崎)(350), 다케하라(竹原)(240), 아가(阿賀)(785)0
야마구치(山口)	하기(萩)(500), 우베(宇部)(580)
와카야마(和歌山)	다나베(田邊)(600), 유아사히로(湯淺廣)(100)
도쿠시마(德島)	도쿠시마(德島)(1000), 무야(撫養)(340)
가가와(香川)	마루가메(丸龜)(245), 간온지(觀音寺)(300)
에히메(愛媛)	미쓰하마(三津濱)(1050), 우와지마(宇和島)(660), 호죠(北條)(200), 미카메(三瓶)(210)
후쿠오카(福岡)	우노시마(宇島)(500)
오이타(大分)	우스키(臼杵)(300)
사가(佐賀)	가라쓰(唐津)(557)
구미모토(熊本)	미나마타(水俣)(505), 오니이케(鬼池)(150), 햣칸(百貫)(275)
미야자키(宮崎)	아부라쓰(油津)(295)
가고시마(鹿兒島)	나제(名瀨)(1270), 마쿠라자키(枕崎)(160)
오키나와(沖繩)	나하(那覇)(700), 도구치(渡久地)(240)

출처 : 『港湾』 13-2, 港湾協会, 1935.2, p.20.

1935년 10월 도야마현대안무역척식진흥회富山縣對岸貿易拓殖振興會와 니가타상공회의소新潟商工會議所에 의해 일만실업협회日滿實業協會에 니혼카이상업위원회日本海商業委員會가 만들어졌다.[76] 니혼카이상업위원회는 니가타·도야마·이시카와·후쿠이·나가노·야마가타·아키타·홋카이도 및 청진·나진·웅기의 각 시와 상공회의소를 구성원으로 하였으며, 관련 관청 후원 아래, 동해 연안 지역의 진흥을 논의하는 장으로 설치되었으나 결국에는 연안 각 지역, 그리고 관련 관청의 보조가 맞지 않음을 보여주는 결과만 가져왔다.[77]

5) 내무성 토목국의 공업항 건설

지역의 요구에 부응한 것은 역시 내무성 토목국이었다. 내무성 토목국은 동해 노선 문제와 지방항 건설 문제를 분리함으로써 문제를 해결하고자 했다. 정당 내각기에 토목 사업을 축소해야만 했던 내무성 토목국에게 시국 광구농촌 구제 사업은 가뭄의 단비와 같았다. 항만 건설 사업만 보아도 1932년도부터 1934년도에 걸쳐 새롭게 착공한 지정 항만은 61개에 이른다.<표 6-5> 하지만 시국 광구 사업은 3년 한정 사업이었기 때문에 1934년 여름 즈음에는 지역에서 국고 보조의 계속을 주장하는 목소리가 활발해졌다.[78]

---

76 일만실업협회(日滿實業協會)는 1933년 8월 열린 만주대박람회(滿洲大博覽會)를 계기로 만들어졌다. 일본과 만주의 경제 단체에 의해 조직된 단체로, 회장에는 고 세이노스케(鄕誠之助)가 취임하였고 부회장은 일본흥업은행(日本興業銀行) 총재인 유키 도요타로(結城豊太郎)가 맡았다. 주요 활동은 일만 무역에 관한 의견을 교환하고 관련 관청에 건의·진정하는 것이었다. 日滿実業協会, 『事業報告書』, 各年度.

77 日滿実業協会編, 『日本海商業委員会議事録第一回』, 日滿実薬協会, 1935; 芳井研一, 『環日本海地域社会の変容－「滿豪」·「間島」と「裏日本」』, 青木書店, 2000, pp.291~292.

78 1934년 8월에는 다음 연도 이후에도 공사를 계속하는 18개 항 소재 시정촌(이시마키시(石巻

내무성 토목국에서는 이들 사업을 장기적으로 안정화하기 위하여 1933년 8월 토목회의土木會議를 설치했다.[79] 토목회의는 기존에 내무성 토목국의 장기 정비 계획을 입안해 온 자문 기관인 임시 치수조사회臨時治水調査會·도로회의道路會議·임시 항만조사회臨時港灣調査會를 통합한 것이다. 내무대신이 의장을 맡으며, 내무성·대장성·체신성·육해군성·철도성·상공성 차관, 귀족원 및 중의원 의원, 학계 전문가 등의 위원으로 구성되었다. 토목회의 안에는 하천·도로·항만이라는 3개 부회가 설치되어, 하천 부회에서는 제3차 치수 계획 책정, 도로 부회에서는 제2차 도로 개량 계획이 의제로 올랐다. 제3차 치수 계획에서는 국가 직할 사업으로 새롭게 24개 하천의 개수 작업을 시작하고 이와 더불어 부현이 시행하는 중소 하천 개수 사업에 대해서는 2분의 1을 국고에서 보조하게 되었다. 그리고 제2차 도로 개량 계획에서는 국가 직할 사업으로 보통 국도 중 6,903킬로미터를 개량하고 부현 도로 개량 사업에 대해서는 3분의 1을 국고 보조하는 것이 정해졌다.[80]

항만 정비에 관해서도 치수 계획·도로 개량 계획과 마찬가지로 국가 직할 사업과 부현 사업에 대한 국고 보조 확충을 이루고자 했다. 항만 부회 개회에 앞서 1934년 10월부터 12월에 걸쳐 『항만』에서는 '효성曉

市)·오무타시(大牟田市)·미야즈정(宮津町)·미나토촌(港村)·료쓰정(兩津町)·시카마정(飾磨町)·미쓰하마정(三津濱町)·가마고오리정(蒲郡町)·다나베정(田邊町)·가라쓰정(唐津町)·도코나메정(常滑町)·하치노헤시(八戶市)·한다쵸(半田町)·나오에쓰정(直江津町)·도쿠시마시(德島市)·구마모토시(熊本市)·무야정(撫養町)·하치죠지마(八丈島)·기사라즈정(木更津町)·우베시(宇部市)·오카와정(大川町)·아카시시(明石市)·누마즈시(沼津市)·구레시(吳市)·가마이시정(釜石町)·히가시이와세정(東巖瀨町)·가타야마정(片山町)·우노시마정(宇島町))이 내무성과 대장성을 상대로 국고의 계속적인 지원을 요구하며 진정서를 제출했다. 「中小港湾修築工事継続の要望」, 『港湾』 12-9, 港湾協会, 昭和9.9.

79 加瀨和俊, 앞의 책, p.326.

80 松浦茂樹, 『戦前の国土整備政策』, 日本経済評論社, 2000, pp.65~67.

星'이라는 인물의 지방항 개량을 정당화하는 논설을 연재하였다.[81] 효성이 강조한 점은 지방 항만 개량이 대형항 집중주의를 부정하는 것이 아니라 보완하는 것이라는 점이다. 효성은 소형항 분산주의를 "소수의 항만에만 자본을 집중하는 것은 불가하다는 만연한 평등의식, 총화주의總花主義에서 출발하였으며", "현실적인 경제 관계와 괴리되어 있다"고 비판하였다. 한편, 그는 "대형항에만 역량을 집중하고 다른 것은 전혀 살피지 않아도 좋다는 의미가 아니라며", "기존의 대형항 집중주의"도 부정하였다. "제 나름 해석하는 대형항주의의 경우, 중소 항만의 지위는 반드시 대형항의 지배 아래 있고, 이를 보조하는 범위를 벗어나지 않는 반면, 만약 이 범위를 넘어 대형항과 길항하는 일이 생긴다면 이를 절대 허락해서는 안 된다"고 주장했다.

효성이 주장하는 "새로운 의미의 대형항 집중주의"는 게이힌京濱·한신阪神·기타규슈北九州라는 대규모 공업 지대의 해항 정비를 진행하면서 지방 중소형항에 대한 국고 보조도 확충한다는 내무성 토목국의 방침을 나타낸 것이었다.[82] 그리고 12월부터 열린 토목회의 항만 부회에서는 새롭게 제2종 중요항으로 하치노헤八戸·시키마飾磨·우베宇部의 세 개 항을 지정하는 한편, 지정 항만에 대한 국고 보조 기준을 정했다.[83] 지정

---

81 曉星, 「地方港改良に対する一つの感想」, 『港湾』 12-10, 港湾協会, 昭和7.10; 曉星, 「地方港改良に対する一つの感想」, 『港湾』 12-11, 港湾協会, 昭和7.11; 曉星, 「地方港改良効果の一側面」, 『港湾』 12-12, 港湾協会, 昭和7.12.

82 항만협회는 1929년 10월 『항만』에 항만협회 간사 구보 요시오(久保義雄)의 이름으로 「중요항만주의 전환론(重要港灣主義轉換論)」을 발표하고 대형항 집중주의에서 중소형항 분산주의로의 전환 의사를 밝혔으나 여전히 요코하마 등 중요항의 시설 확충도 필요했다. 이에 중요한 정비와 중소형항 정비를 양립하는 방침으로서 '새로운 의미의 대형항 집중주의'를 내세운 것으로 보인다. 久保義雄, 「重要港湾主義転換論」, 『港湾』 8-10, 港湾協会, 昭和4.10.

83 「土木会議港湾部会議事速記録」, 『昭和財政史資料』 第6号第66册,

항만은 1934년 시점에서 303개에 달했기 때문에 내무성 토목국의 과제는 남은 200개 이상의 항만을 순차적으로 정비하는 것이었다. 1929년 정한 지정 항만 선택 표준은 모두 연간 ① 출입 선박 톤수가 10만 톤 이상, ② 출입 화물 톤수가 5만 톤 이상, ③ 출입 화물 가격이 300만 엔 이상이라는 세 조건 중 하나를 만족시키거나 "전항前項에 해당하지 않더라도 특별한 이유가 있을 것"이라는 내용이었다. 반면에 항만 부회에서 정한 새로운 국고 보조 표준은 동일하게 1년을 기준으로 하여 연간 ① 출입 선박 톤수가 100만 톤 이상, ② 출입 화물 톤수가 10만 톤 이상, ③ 출입 화물 가격이 500만 엔 이상이거나 여기에 해당하지 않는 항만 중 도서부나 피난항 등의 이유로 개량이 필요하다고 인정된 경우이며, 지정 항만 중 국고 보조 대상을 좁히기 위한 목적으로 제시한 것이었다.[84]

항만 부회에서 국고 보조 기준이 의결된 직후인 1935년 2월 『항만』에서는 항만협회 간사 오타키 미키마사大瀧幹正, 오타키 하쿠오(大瀧白櫻)의 해설을 게재하였다.[85] 오타키 미키마사오타키 하쿠오는 제2종 중요항은 "단순히 항만 이용률만을 기준으로 한 것이 아니라 (…중략…) 해당 부현의 대표항으로서" 선정된 것이기 때문에, 입항 선박이나 입항 화물량 등 항세港勢에 더해 지리적 요소도 선정 기준이 된다. 한편 지정 항만은 항세상, 건설이 필요하다고 여겨지는 항만에 국고 보조를 지급하는 목적으로 정한 것이라고 설명하며 지리적 제약이 없다는 점을 강조함과 동시에 나아가 국고 보조를 얻을 수 있는 절차를 밝혔다. 오타키 미키마사오타키 하쿠오는 지역 유지가 새롭게 국고 보조를 받기 위해서는 ① 선택 기준

84 「土木会議港湾部会」, 『港湾』 13-1, 港湾協会, 昭和10.1.

85 大瀧白櫻, 「地方港湾改良費国費補助に就て」, 『港湾』 13-2, 港湾協会, 昭和10.2.

에 도달할 수 있도록 항세를 강화하고, ② 항만협회에 의뢰하여 개량 계획을 수립하며, ③ 개량 공사 경영자를 결정하여부현·시정촌에 한함, ④ 내무성 토목국이 예산 편성을 시작하는 6월부터 7월 하순까지의 기간 동안 국고 보조 신청을 해야 한다고 설명했다. 그리고 국고 보조 지정 기준을 충족하는 지정항 61개를 구체적으로 밝히며 지역으로부터의 요구를 환기하였다.

이처럼 내무성 토목국-항만협회는 토목회의에서 새롭게 지정 항만 건설 방침을 제시함과 동시에 각 지역을 돌면서 항만 건설 기운을 고조시키는 활동도 했다. 직접적인 계기는 1934년 말부터 오카다 게이스케岡田啓介 내각이 착수한 도호쿠東北 진흥 운동이었다. 1931년과 1934년 흉작을 겪은 후, 1934년 12월에는 도호쿠진흥조사회東北振興調査會, 이듬해 5월에는 도호쿠진흥사무국東北振興事務局을 설치하는 등 도호쿠 지역 진흥이 정치 과제로 떠오르기 시작했는데, 항만협회는 발 빠르게 이러한 움직임에 반응했다. 1935년 6월 항만협회에는 도호쿠지방항만조사위원회東北地方港灣調査委員會가 설치되었고, 또한 같은 해 9월 『항만』에는 회장 미즈노 렌타로의 논설 「도호쿠 특별 시정론東北特別施政論」이 실렸다.[86] 도호쿠지방항만조사위원회는 1935년 6월부터 7월에 걸쳐 도호쿠 지방 6개 현44개 항을 시찰하고, 각 현의 주요항인 오나바마小名濱·시오가마·미야코·하치노헤·사카타·후나카와·쓰치사키·아오모리에서는 지역 주민과 좌담회를 개최하는 등 도호쿠 지방 항만 건설을 위해 움직이기 시작했다. 항만협회 활동은 도호쿠 지방에 그치지 않고 이듬해 1936년에는 호쿠

86 水野錬太郎, 「東北特別施政論」, 『港湾』 13-9, 港湾協会, 昭和10.9.

리쿠·산인항만조사회北陸山陰兩地方港灣調査會, 1937년에는 규슈지방항만조사회九州地方港灣調査會, 나아가 1940년에는 츄고쿠지방항만조사회中國地方港灣調査會를 설치하고 마찬가지로 현지 시찰·좌담회를 진행했다. 다만 항만협회가 독자적으로 도호쿠 지방 진흥 문제에 뛰어든 것은 확실하지만, 항만협회의 주된 관심은 역시 전국적인 지정 항만 정비에 있었다.[87]

이와 같이 내무성 토목국-항만협회는 지방항 건설을 위해 지역 사회의 요구를 적극적으로 환기하였으나 지정 항만에 대한 국고 보조를 실현하기 위해서는 당연하게도 대장성을 설득할 필요가 있었다. 1935년도 예산에 관해서도 내무성은 새로운 5개 항이시마키(石巻)·오무타(大牟田)·사이키(佐伯)·와카쓰(若津)·야와타하마(八幡濱)의 지정 항만에 대한 국고 보조를 요구했지만 대장성은 이를 거부했다.[88] 이에 내무성 토목국은 『공업항의 약진工業港の躍進』, 『약진하는 일본의 경제 실상과 지방 항만 개량의 필요躍進日本の経済的実相と地方港湾改良の必要』라는 제목의 소책자 2권을 토목회의에서 배부하고 대장성을 비롯한 관계 관청에도 "새로운 의미의 대형항 집중주의"를 피력했다.[89]

여기에서는 중화학 공업 발달과 발동 기선·자동차 보급이라는 새로운 상황에 대응하여 해항을 어떻게 정비해 갈 것인가라는 문제 제기가 이루어졌다. 바꾸어 말하자면 최근 일본의 무역은 "과거처럼 섬유 공업 일색이 아니라 이밖에 각종 중공업이나 화학 공업이 발흥"하기 시작하

87 가와니시 히데미치(河西英通)에 의하면 미즈노 렌다로의 논설은 메이지대학(明治大學) 교수 고바야시 우시사부로(小林丑三郎)가 1913년 『지지신보(時事新報)』에 발표한 「도호쿠 지방 개발론(東北地方開発論)」의 표절이라고 한다. 河西英通, 『続·東北』, 中央公論新社, 2007, pp.99~100.

88 大瀧白櫻, 「地方港湾改良費国費補助に就て」, 『港湾』 13-2, 港湾協会, 昭和10.2.

89 新居善太郎文書190, 「土木会議参考資料」.

였는데, 외국에서 원료를 수입해야 하는 일본으로서는 해항 정비가 생산비 저하로 직결된다. 이뿐 아니라 이들 원료를 운송하는 교통 체계도 최근 변화하기 시작했다. 이는 기존의 철도 운송편 중에서 "하송인荷送人의 집에서 하수인荷受人의 집까지 직접 화물을 운송할 수 있는" 자동차의 보급과 "100톤에서 300톤급의 소형 발동 기선 증가"에 따라 "다양한 교통 수요가 있는 화물이 각각 적당한 운송 계통에 나뉘어 속하게 되는" 변화이다. 과거에는 쓰루미鶴見·가와사키川崎·아마가사키尼崎와 같은 도시부에 집중되어 있던 임해 공업 지대도 최근에는 다마玉, 오카야마현(岡山縣)·미나마타水俣, 구마모토현(熊本縣) 등 지방에 분산하는 경향이 있다. 따라서 "중요 항만에 집산하는 수상 화물을 최초 적재지와 최종 하역지인 내륙으로 반출함과 동시에 지방 항만 상호 간 수상 교통을 처리해야 하는 임무가 있는" 지방 항만 정비를 진행해야 한다고 내무성 토목국은 주장했다. 그리고 설득의 성과가 있었는지 1936년도 실행 예산에서는 17개 지정 항만의 신규 착공이 승인되었으며 이미 정해진 18개를 합해 총 35개 지정 항만에 국고 보조 교부가 이루어지게 되었다.[90]

나아가 내무성 토목국은 지금까지 민영으로 맡길 수밖에 없었던 일부 공업항을 현영縣營으로 만들고자 했다. 제4장 제3절에서 설명한 바와 같이 1910년대 말 내무성 토목국은 도카이만洞海灣 국영론을 주장하는 등 해항의 국영화현영화를 지향했으나 건설비를 마련할 수 없었기 때문에 공업항 정비는 사기업에 의존해야 했다. 하지만 위에서 검토한 것처럼 1930년대 중반에는 산업 진흥이라는 명목 아래 해항 건설 예산 확대를

90 「昭和十一年度港湾関係予算概要」, 『港湾』 14-8, 港湾協会, 昭和10.2.

시도할 수 있는 상황이었기 때문에 내무성 토목국은 게이힌운하京濱運河 및 도카이만이라는 2대 민영항의 현영화를 추진하게 된 것이다.

게이힌운하의 경우 1920년대 이후 가나가와현神奈川縣·요코하마시橫濱市·게이힌운하회사京濱運河會社가 각각 관여하는 상황이었다. 이와 같은 상황 속에서 간토대지진關東大地震 후인 1924년 내무성 토목국이 게이힌운하 정비를 시작한다. 그러나 도카이만의 사례와 마찬가지로 내무성 토목국은 계획을 입안하기는 했지만 예산을 획득하지는 못했고, 결국 1928년 게이힌운하회사의 운하 개착을 허용하는 방침을 내세웠다. 그런데 1936년 말이 되자 내무성 토목국은 입장을 바꿔 운하 개착을 국영 또는 현영으로 시행하기로 하고 각의 결정을 진행했다. 그 이유로는 공업 지대에 필수 불가결한 수도 및 도로 정비와 함께 개발할 필요가 있다는 점이 거론되었다. 당연히 게이힌운하회사는 반발했으나 운하 개착 현영화 배경에는 육군의 압력이 있었다는 설도 있으며 결국 회사의 반발은 통하지 않았다.[91]

또한 같은 해 1936년 후쿠오카현福岡縣은 와카마쓰축항회사若松築港會社에게 항전港錢 징수 폐지를 통보했다. 제4장 제3절에서 서술한 바와 같이 와카마쓰축항회사는 후쿠오카현의 허가를 받아 1893년부터 입항 선박에게 항전을 징수하고, 이 수입에 더해 조성한 매립지 매각 이익을 바탕으로 도카이만 개발을 진행 중이었다. 그러나 1910년대 말 내무성 토목국이 도카이만 개발에 뛰어들려 하였고, 1932년에는 항만협회가 「대와카마쓰항 건설 계획안大若松港建設計劃案」을 책정하였다. 이 안에서는 "와카마쓰항은 시대의 진운進運과 함께하므로 그것이 지니는 국가나 지방의

91 松浦茂樹, 『戰前の国土整備政策』, 日本経済評論社, 2000, pp.175~183.

중요 사명을 한층 발휘하기 위해서는 신속하게 경영을 공공의 손에 맡기고 항로 및 내항의 대대적인 개량을 시도함과 동시에 항내 제반 시설의 통제를 기하는 것이 매우 절실하다"[92]고 논했으며, 현영으로의 이관은 기정사실이 되었다. 1935년 6월 토목회의는 이 안을 승인하였고 같은 해 말 대장성은 총 200만 엔의 국고 보조를 승인했다. 그 결과 도카이만 축항 사업은 후쿠오카현으로 이관된다. 1936년부터 내무성 토목국에 의한 직할 공사가 시작되었으며 축항회사의 항전 징수는 유예 기간을 거쳐 1938년 폐지되었다.[93]

만주사변 발발 후 해항 행정은 토목 정책뿐만 아니라 교통 정책의 하나로도 다뤄지기 시작한다. 동해 노선 구축을 원하는 육군과 동해 연안 주요항쓰루가·후시키·니가타의 압력을 배경으로 체신성은 해항 행정에 더욱 관심을 가졌다. 한편 내무성 토목국도 산업 진흥이라는 명목으로 건설에 초점을 맞춰 해항 행정에 계속 관여했다. 체신성이 해항 행정에 대하여 본격적인 관심을 보이지 않는 가운데 1930년대 중반 해항 행정을 둘러싼 상황은 변화하기 시작했던 것이다.

92 「大若松港修築計画案概要」, 『港湾』 12-12, 港湾協会, 昭和7.12.

93 若築建設株式会社80年史編纂委員会編,, 『80年史-若築建設株式会社』, 若築建設株式会社, 1970, pp.194~195.

2. 전시 체제에서 전후로

1) 전시 체제와 해항 행정 – 교통성 구상과 국토 계획

1930년대 말 이후 체신성이 해항 행정에 본격적으로 뛰어들면서 여러 변화가 가속화되는데, 그 배경으로 살펴봐야 할 것이 이 시기 혁신 관료의 등장이다.[94] 정당 정치 퇴조에 따라 정당·재계로부터 영향을 받지 않고 자립적으로 장기 전망을 가지고 일관성 있는 정책을 추진하고자 하는 관료혁신 관료의 영향력이 일시적으로 높아졌다. 대장성·체신성·상공성商工省 등 경제 관료를 중심으로 한 혁신 관료의 등장은 기존에 "내정內政의 종합 관청"으로서 다른 관청보다 우월한 지위에 있었던 내무 관료의 영향력을 상대적으로 약화시켰다.[95]

혁신 관료 활동을 뒷받침했던 중심 제도는 종합 국책 기관이었다. 1935년 5월 설치된 내각조사국內閣調查局은 내각총리대신으로부터 자문을 받아 중요 국책에 대한 심사를 담당하는 기관으로 각 관청의 중견 관료들로 구성되었다. 다만 이후 종합 국책 기관의 변천은 평탄하지 않았으며 주어진 역할이 너무 방대한 결과, 각 관청 및 육해군 대립의 중심이 되었다. 한편, 여러 정치 세력과 대립 및 타협을 반복한 결과 몇 차례의 개편을 거쳐 1937년 10월 발족한 기획원企劃院은 통합 주체로서의 기능을 충분히 수행하지 못했다.[96]

---

94 혁신 관료에 대해서는 다음 문헌을 참고할 수 있다. 橋川文三, 「革新官僚」, 神島二郎編, 『現代日本思想体系 10 権力の思想』, 筑摩書房, 1965; 水谷三公, 『官僚の風貌』(日本の近代 3), 中央公論新社, 1999, pp.247~261.

95 黒澤良, 「第3章『新官僚』再考」, 『内務省の政治史－集権国家の変容』, 藤原書店, 2013.

96 御厨貴, 『政策の総合と権力－日本政治の戦前と戦後』, 東京大学出版会, 1996, p.95.

기획원에게 기대했던 것은 이해 발발한 중일전쟁 확대에 따라 전시 체제를 구축하는 것이었다. 기획원의 주요 관심은 구체적인 물동 계획에 쏠렸고, 그 결과 체신성이 본격적으로 해항 행정에 뛰어들게 된다. 왜냐하면 전시 체제 아래에서 선박 부족 상황이 문제로 부상했으며 이를 보완하기 위해서는 선박 수 자체를 늘리거나 가동률을 높일 필요가 있었기 때문이다. 그리고 가동률을 높이기 위해서는 해항에 머무르는 시간을 줄여야 했으므로 이를 위한 하역 능력 향상이 필요했다.

1938년 5월 기획원 내부에서 회람한 문서에서는 "항만 운영 기구가 오늘날과 같이 통일되지 않은 채 발달하여 꼼짝할 수 없고 정체 상태에 빠져버린 결과 더는 항만 행정 일원화나 항만 법규 제정 정도로는 이를 교정하는 것은 불가능하다"며 기존과 같이 항만법 제정을 추구하는 것만으로는 항만 운영 효율화는 실현할 수 없다고 논했다.[97]

이 문서에서는 지금까지 일본의 해항 건설을 맡아 온 대장성·내무성 두 관청도 엄격하게 비판하였다. 우선 대장성에 대해서는 "육상 건축 사업은 대장성 영선관재국營繕管財局 소관이지만 불행하게도 이들 시설의 축조 계획은 현재 항만 운영과 완전히 분리되어 있다"며 창고·상옥 건설이 무역업자의 이용 상황을 배려하지 않은 계획으로 진행되고 있다는 점을 비판했다.

내무성에 대한 비판은 더욱 신랄하다. 내무성 항만조사위원회에는 학계 전문가도 포함되어 있지만 "이른바 학계 전문가라고 하는 자들도 사실은 항만 사업의 현실에서 멀리 떨어진 부분적인 지식만 가지고 있거나

97 柏原兵太郎文書·94-2,「港湾問題研究資料」.

또는 실제 사정을 잘 알 만한 해당 사업 경영자가 참가하는 경우라도 업자 상호 간 이해관계나 타자에 대한 배려 등으로 인해 대승적 차원에서 공정한 의견을 주장하지 못하는 경우가 많아" 조사위원회 결의는 어디까지나 기술자의 의견을 정당화하는 것에 지나지 않는다고 비판했다.

물론 시설 정비를 요구한 것은 지역 유지였다. 따라서 이 문서에서는 지역 유지에 대한 비판의 목소리가 나왔다. "지방 도시 측에서는 기존 항만 시설이 이용되고 있는지의 여부도 모른 채 항만 확장 계획을 정치 과제로 다루며 경제적 의의 때문이 아니라 이사들의 면목 때문에 채용하고" 있다. "이번 사변에서 우연히 국항 또는 지방항의 사장死藏 시설이 군의 징용에 도움을 주었다는 사실은 이른바 요행수였으며 (…중략…) 만족해서 얻을만한 상황이었다고는 말할 수 없다"는 것이다. 게다가 대부분의 지방항은 많은 경우 현영 또는 시영이고 현과 시는 충분한 재원이 없으므로 "채산성을 따지지 않는 국항을 옆에 두고 이미 감가상각이 다한 시설을 지닌 민간업자를 상대로" 무리해서 경영을 하는 경우가 많다.

이러한 폐해를 없애기 위해서는 "우선 가장 먼저 현재의 운영 기구 조직 교체부터 착수해야" 한다. 그리고 이를 위해서는 "국책의 항만 사업 회사"를 설치할 필요가 있다는 결론이 나오는데 결과적으로 이듬해 1939년 6월에 초안이 만들어진 개혁안은 보다 구체적인 구상을 담게 된다.[98]

우선 해항 행정상의 문제는 ① 건설 계획에 계획성이 없다는 점, ② 이용자 관련 절차가 번잡한 점, ③ 관·공·사官·公·私의 시설이 혼재하여 낭비가 발생한다는 점이라는 3개로 집약된다. 각 관청이 분장하는 행정에

98 柏原兵太郎文書·94-3,「港湾国策要綱」.

관해서는 내각총리대신 감독 아래 '항만 관리국'을 설치하고 여기에 요코하마·오사카·고베·모지의 주요 4개 항의 경우 '지방 항무국'을 설치하여 이관한다. 이 점은 기존의 내무성-항만협회의 해항 행정 통일안과 거의 차이가 없다.

기획원 안의 특징은 항만에서의 하역·창고업 등을 통합하는 국책 회사 '항만 운영 회사'를 설립하는 데 있었다. 이 '항만 운영 회사'는 항만 간 경쟁을 야기할 가능성이 있으므로 항만 별로 설치하지는 않고 전국을 망라하는 단일 조직으로 한다는 점도 명기하였다.

그리고 운송력 증대라는 관점에서 해항 행정을 재편하고자 했던 기획원의 생각은 교통 행정을 일원적으로 관리하는 '교통성 구상'으로 발전한다. 1939년 1월 기획원 제6부는 교통 관련 행정을 통합하는 대형 관청인 교통성 설립 구상을 제시했다. 이는 교통성의 내국內局으로 철도·자동차·도로·해운·항만·항공이라는 6개 국과 외국外局인 국제관광국國際觀光局을 설치하는 것이다. 나아가 현재 설치된 외국인 철도원鐵道院·통신원通信院·토목원土木院·등대국燈臺局을 포함하여 기존에 체신성·철도성·내무성 토목국 등으로 나뉘어 있던 교통 관련 관청을 통합하고자 하는 구상이다.[99]

그러나 체신성이 주도하는 해항 행정 일원화는 쉽게 진행되지 않았다. 전시 체제 아래에서도 내무성 토목국의 해항 건설에 대한 적극적인 자세가 변하지 않았기 때문이다. 혁신 관료의 등장은 내무성 간부층에

99 原田隆司, 「戦時下日本の行政構想－昭和10年代の『交通省』構想をめぐって」, 戦時下日本社会研究会編, 『戦時下の日本』, 行路社, 1992, pp.138~141. 교통성 구상 자체는 1936년 6월 육해군이 히로타 고우키(廣田弘毅) 내각에게 제출한 '국책 대강안(國策大綱案)'에도 포함되었는데, 이는 히로타 고우키 내각 타도를 목적으로 제출한 것으로 구체성을 띠지 않았다.

게는 스스로의 영향력을 감소시키는 씁쓸한 일이었지만 토목기사에게는 숙원이었던 대우 개선·지위 상승 실현을 가져오는 일로 인식되었다.[100] 이에 내무성 토목기사는 혁신 관료의 신체제 운동新體制運動에 합류하게 된다.[101]

내무성 토목기사에 의한 대우 개선·지위 상승 요구 운동 자체는 1910년대부터 전개되었는데, 정치적으로 큰 영향력을 발휘하는 것은 1920년대 말부터이다. 하마구치 오사치 내각의 긴축 재정은 공공사업 삭감에 그치지 않고 토목출장소 폐지 등 기관技官 자리를 줄이는 데까지 이르렀기 때문에 토목기사의 반발을 샀다. 앞 절에서 살펴본 산업 진흥 계획도 자리가 줄어드는 것에 반발한 토목기사들의 정치 운동이라는 측면이 있었던 것이다.[102]

국내 상황에 불만이 있었던 토목기사들은 대륙에서 활로를 찾았다. 위에서 언급한 운동의 중심 인물이었던 미야모토 다케노스케宮本武之輔는 만주사변 직후 이미 대륙을 "기술계 광구匡救의 절호 지대"라고 평가하며 토목기사의 만주국 파견에 착수했다.[103] 미야모토 다케노스케는 육군 수뇌부와 소통을 시도한 다음 1938년 7월까지 6년간 1,000명이 넘는 내무

100 정부 내부에서 토목기사의 지위는 1890년대까지는 그렇게 낮지 않았으나 제국대학 등 고등 교육 제도 및 문관 임용 고등 시험 제도 정착으로 인해 점차 낮아졌다. 기사의 출세는 문관보다 늦었고 자리 자체도 적었다. 내무성 토목국에서는 칙임관(勅任官) 기사 정원은 기감(技監)과 연구소 소장 및 전국 8개 지방 토목출장소 소장 등 10개에 지나지 않았다. 또한 국장 자리의 경우, 후루이치 고우이(古市公威)(1890.6~1891.7·1891.8~1894.6·1896.2~1898.7) 이후는 기관(技官) 취임이 없었으며, 과장 자리도 제1·2기술과 과장 이외에 서기실·하천과·도로과·항만과의 경우는 문관이 차지했다. 水谷三公, 앞의 책, p.262.

101 水谷三公, 위의 책, pp.261~264; 黒澤良, 위의 책, pp.148~255.

102 加瀬和俊, 「補章 II 失業救済事業拡張の動態過程」, 『戦前日本の失業対策－救済型公共土木事業の史的分析』, 日本経済評論社, 1998.

103 大淀昇一, 『技術官僚の政治参画』, 中央公論新社, 1997, pp.121~123.

성 토목기사를 파견하였다.[104] 나아가 1937년 발족한 6개 관청 기술자 협의회六省技術者協議会에서 체신성 기술자들과 관계를 맺으면서 미야모토 다케노스케 등 내무성 토목기사들은 신체제 운동에 참가하게 된다. 미야모토 다케노스케는 1938년 흥아원興亞院[11)] 기술부 부장, 1941년에는 기획원 차장으로 취임하는 등 고노에 후미마로近衛文麿 내각을 지원한다.[105]

그런데 혁신 관료와 토목기사의 관심이 모든 면에서 일치했던 것은 아니다. 뒤에서 설명하겠지만 해항 행정 일원화에 관해서는 골이 쉽게 메워지지 않았다. 양측의 관심이 일치하는 것은 국토 계획이었다. 내무성 토목기사들 사이에서 독일의 지방 계획을 모델 삼아 지방 계획법地方計劃法 입법이 시작된 것은 1939년경이다. 전국적인 공업 분산과 대도시 억제를 추진하는 내용의 지방 계획 법안은 지방의 관점에서 작성된 것으로 국가의 입장을 강조한 것은 아니었다. 한편 같은 시기 혁신 관료들이 검토한 국토 계획은 동아신질서東亞新秩序나 대동아공영권大東亞共榮圈으로 이어지는 것이었으며, 따라서 일본 본토만이 아니라 대륙도 포함한 국토 종합 이용 계획이라는 형태를 띠었다. 1940년 2월 말 산업 배치와 인구 배치, 교통 계획 및 치수 이수 계획을 조합한 '종합 입지 계획 책정 요강總合立地計劃策定要綱'이 만주국 국무원에서 결정되었다. 그리고 일본 국내에서도 이에 대응하여 같은 해 9월 말 기획원이 '국토 계획 설정 요강國土計劃設定要綱'을 입안하고 각의 결정에 이른다.[106]

이들 국토 계획은 인구 및 산업 배치, 그리고 이에 응하는 형태의 자

104 이는 당시 내무성 계열 토목기사 관료의 약 10%에 해당한다. 黒澤良, 앞의 책, p.151.
105 위의 책, p.151.
106 御厨貴, 앞의 책, pp.213~218.

원 개발·교통 시설의 대계획grand plan을 제시하는 것으로 그 결과 해항의 배치가 중요해졌다. 예를 들어 미야모토 다케노스케의 「국토 계획과 항만 정책国土計画と港湾政策」이라는 논고를 통해 이 시기 내무성 계열 토목기사의 해항 행정 구상을 엿볼 수 있다.[107]

미야모토 다케노스케는 국토 계획을 "일본·만주·중국을 관통하는 종합 계획의 일환인 동시에 나아가 남방 지역까지 포괄하는 대형 종합 계획의 중핵을 구성하는 일을 전제로 하는" 것이라 자리매김하고 따라서 국토 계획을 책정할 때는 항만의 위치가 중요하다고 주장했다. 그리고 내무성 토목국이 제2종 중요항 선정 시 지역 균형을 중시한 점에 관해서는 "특히 나아가 1부현 1항이라는 획일적인 방침을 고수한 결과 매우 무리한 측면이 있다"고 비판하며 "국토 계획이라는 측면에서 보면 산업 배치 계획에 잘 맞는 항만 배치를 고려해야 한다"고 논하며 새로운 해항 건설 방침 수립의 필요성을 호소했다.

결과적으로 미야모토 다케노스케의 관심은 해항 배치로 향한다. 미야모토 다케노스케는 대륙과의 연락항으로는 "일본·만주·중국을 하나로 만드는 경제 제휴를 긴밀하게 하도록" 만주·조선·중국의 3개 항로를 설정한다. 첫째, 만주 항로는 대륙 쪽에서 다롄과 나진 2개 항을 상정한다. 그리고 동해 연안항들은 모두 거의 비슷한 거리에 위치하기 때문에 "여객·우편물·고급 잡화를 대상으로 하는" 연락항으로서 마이즈루·쓰루가·니가타의 3개 항을 상정하고, 일반 화물의 경우는 "여러 항을 병용해도 지장이 없다"며 현재 상태 유지를 확인했다. 둘째, 조선의 연

107 宮本武之輔, 「国土計画と港湾政策」, 『都市問題』 32-1, 後藤·安田記念東京都市研究所, 昭和 16.1.

락항으로는 현재의 시모노세키-부산 항로의 경우 처리 능력을 넘어선 상태이기 때문에 새롭게 하카타博多-여수 항로 정비를 제안했다. 셋째, 중국과의 연결은 대륙의 상하이上海・칭다오青島・톈진天津에 대하여 나가사키・하카타・모지 외 여러 항을 선정하여 "연락 속도 향상과 운송 능력 증강"을 꾀해야 한다고 미야모토 다케노스케는 주장했다.

한편 국내 인접항과의 경합 문제에 관해서는 "1개의 주요항에 대하여 배양항培養港, 보조항과 같은 것을 생각하고" 배후지의 면적・인구・생산 등의 관점에서 "종합적이고 유기적인 항만망을 설정"하는 일이 필요하다고 논했다. 특히 도쿄・요코하마, 오사카・고베, 나고야・욧카이치 등 인접항은 "이를 한 세트의 항만이라 간주하여 종합적인 기능을 발휘할 수 있도록 각 항만의 분담을 서로 의논하여 정하고 이중 투자와 불필요한 경쟁을 방지"하는 것이 매우 중요하다고 밝혔다. 그리고 임해 공업 지대로서 게이힌・나고야・욧카이치・히로시마・쵸후長府・이시카리石狩・하치노헤・히가시이와세・간다苅田 등을 상정하였다. 참고로 이들 공업 지대는 방공防空을 고려하여 분산 배치해야 한다고 논지를 펼쳤다.

그리고 1930년대 말부터 1940년대 초반에 걸쳐 이와 같은 구상에 따라 해항 정비가 실시되었다. 1939년 10월에는 토목회의가 간몬해협 개량 종합 계획關門海峽改良綜合計劃을 승인하였다. 이는 기존의 모지항과 시모노세키항만 포함되었던 간몬해협 구역에 고쿠라항小倉港을 추가하여 공업 지대로 설정한 고쿠라小倉・도바타戶畑・쵸후의 임해 공업 지대와 함께 정비하는 계획이다.[108] 나아가 1940년 6월에는 도쿄만 임해 공업 지대

108 「土木会議」, 『港湾』 17-11, 港湾協会, 昭和14.11.

계획東京灣臨海工業地帶計劃, 히로시마항 임해 공업 지대 계획廣島港臨海工業地帶計劃이 토목회의에서 승인을 받는 등 내무성 토목국은 전국 각지로 임해 공업 지대 분산 배치를 추진한다.[109] 한편 이러한 임해 공업 지대 조성은 '교통의 논리'에 포섭되는 것이 아니었기 때문에 기획원이 실현하고자 했던 교통성 구상과는 상반되었다.

2) 해무원 · 운수통신성의 탄생

기획원의 교통성 구상에 대해서는 내무성 토목기사뿐만 아니라 철도 관료들도 소극적이었다. 철도성 운수국 배차과 과장인 가시와바라 효타로柏原兵太郎는 기획원 서기관을 겸임하였음에도 불구하고 저서에서 "현재의 기구라도 운용을 잘하면 지금의 항만을 가지고 70%, 80% 능률을 올리기는 쉽다. 이번에 나는 약 3주간 여러 항을 돌아다니며 좌담회나 현황 시찰을 했는데 실로 문제가 산적해 있는 점에 놀랐다. 게다가 이들 문제는 전부 관련 관청이 마음을 먹으면 곧바로 해결할 수 있는 것들이다. 이를 추구하려 하지 않고 내버려 두면서 민간에서도 관청에서도 기구에 대해서만 언급하고 논하는 경향이 있다"[110]고 서술했다. 이처럼 교통성 설치 및 해항 행정 일원화에 관해서는 기획원 내부에서도 의견이 일치하지 않았다.

따라서 체신성은 당분간은 행정 기구 개혁을 수반하지 않는 항만 하역 효율화를 위해 움직일 수밖에 없었다. 그리고 이와 관련하여 부상한 과제 중 하나가 도쿄 개항 문제이다. 이 책에서도 논한 것처럼 도쿄 개

109 「土木会議港湾部会議」, 『港湾』 18-8, 港湾協会, 昭和15.8.
110 柏原兵太郎, 『統制経済下の貨物運送』, 交通研究所, 1941, p.280.

항을 요구하는 움직임은 1880년대부터 있었지만 요코하마의 반대로 실현되지 못했다. 하지만 간토대지진 부흥 사업을 계기로 도쿄만 시설 정비도 진행되었고 그 결과 도쿄항 입항 선박과 화물량이 급증하는 상황이었다.<표 6-6> 또한 도쿄가 공업 도시로서 크게 성장하면서 1934년에는 생산 물가액·공장 생산액·공장 수·직공 수 등 지수가 전국에서 1위를 기록한다.<표 6-7>[111] 이러한 실적을 배경으로 관련 관청은 도쿄 개항을 위해 움직이기 시작했고 1940년 12월 내무성·대장성·체신성·육해군성·철도성 및 기획원이 도쿄 개항에 대하여 합의하였으며 도쿄 개항 칙령東京開港勅令 원안을 발표한다.[112] 칙령 원안의 주요 내용은 도쿄항과 요코하마항을 합병하여 게이힌항京濱港이라는 이름으로 개항 지정하고 내지 및 만주·중국으로부터의 화물은 도쿄항 직항으로 함으로써 하역·운송 연료·보험료 등을 절감하는 것이었다.

당연히 요코하마 측은 반대 운동을 시작했고, 이에 1941년 1월과 6월 2차례에 걸쳐 가와다 이사오河田烈 대장성 장관과 무라타 쇼조村田省藏 체신성 장관이 요코하마시의회 대표와 회견하여 설득을 시도한다.[113] 그런데 관련 관청이 합의한 이상 도쿄 개항을 철회하는 것은 비현실적이었기 때문에 문제는 보상을 둘러싼 조건 투쟁으로 옮겨 간다. 1941년 2월 요코하마시 시장으로 취임한 나카라이 기요시半井清는 간토대지진 부흥 자금으로 도입한 미국 달러 채권 잔고의 이자 및 환율 차손을 정부가 떠안는 것을 조건으로 도쿄 개항을 인정하겠다는 방침을 내세우고 요코

111 『東京港史』 1(総説), pp.96~100.

112 『横浜市史』 II-1(下), p.369.

113 半井清文書J-58, 「東京開港問題に関する河田蔵相村田逓相と横浜市会代表者顛末」; 半井清文書J-8, 「東京開港問題に関する大蔵·逓信両大臣と横浜市会代表者第2回会見並経過報告懇談会顛末」.

〈표 6-6〉 도쿄항(東京港) 입항 선박 수·톤·화물 취급량 추이

연도	입항 선박 수(척)	입항 선박 총 톤(천 톤)	출입 화물량(천 톤)
1927	1,654	2,834	2,314
1928	1,869	3,399	2,788
1929	1,935	3,501	2,968
1930	1,972	3,823	2,892
1931	2,387	4,882	3,819
1932	2,715	5,858	4,392
1933	2,904	6,587	5,066
1934	3,037	7,258	5,741
1935	3,353	8,092	6,042
1936	3,822	8,347	6,374
1937	3,755	7,865	6,755
1938	3,087	7,941	7,240
1939	2,936	8,353	7,676
1940	2,772	7,956	8,312

출처 : 東京都港湾局, 『東京港史』, 東京都港湾局, p.96.

〈표 6-7〉 도시별 생산 관련 실적(1934)

도시	생산 물가액 (천 엔)	공장 생산액 (천 엔)	공장 수	직공 수(천 명)
도쿄시(東京市)	1,481,571	1,295,245	11,526	257
오사카시(大阪市)	1,447,672	1,261,434	10,584	223
나고야시(名古屋市)	461,681	390,425	3,473	94
고베시(神戸市)	370,772	363,001	895	62
요코하마시(横濱市)	301,133	141,733	461	-

출처 : 東京都港湾局, 『東京港史 第一巻 総説』, 東京都港湾局, p.100.

하마시의회의 중심 인물인 아카오 히코사쿠赤尾彦作와 함께 시의회 설득에 나섰다. 결과적으로 이해 5월 대장성과 거래가 성립하였고 도쿄 개항 문제는 해결되었다.[114]

나아가 체신성은 해항 행정 운용의 효율화를 위해 국책 회사인 '항만

114 横浜市総務局市史編集室, 『横浜市史』 II-1(上), 横浜市, 1993, pp.33~34.

운영 회사' 구상 실현에 착수한다. 1941년 9월 공포한 항만 운송업 통제령港彎運送業統制令은 항마다 난립한 항만 운송업자를 체신대신의 명령을 통해 강제적으로 합병하여 1항 1사 제도를 도입하는 것이었다.[115] 「항만 운송업 통제령 요강안港彎運送業統制令要綱案」에는 항만 운송업을 통제하는 '중앙 단체'와 '지구 별 단체' 설립을 명기하였으며,[116] 이 통제령과 기획원 안의 '항만 운영 회사'는 지향하는 바가 같다고 할 수 있겠다.

이렇게 해항을 둘러싼 지역 및 운송업의 경합을 통제하기 시작한 체신성은 드디어 해항 행정 통일에도 나선다. 1941년 12월 체신성은 관선국과 등대국을 통합하여 외국인 해무원海務院을 설치한다. 초대 장관에는 기획원 교통부제6부장을 역임한 해군 중장 하라 기요시原清가 취임하였다. 이와 더불어 지방 부국도 통합하여 지방 체신국에서 해사부를 독립시켜 해무국을 설치, 세관 소관의 항무부·항칙 사무·해항 검역 사무를 이관하였다. 해무국은 요코하마·나고야·고베·모지·하코다테의 5곳에 설치하고 지국을 도쿄 외 22개 곳에 마련했다. 내무성 국토국1941년 9월 토목국에서 개편 소관 건설 행정 외 대부분의 행정 기능이 해무원으로 일원화되면서 '운영 행정'으로서 해항 행정이 본격적으로 시작된 것이다.[117]

그러나 기획원 및 체신성을 중심으로 진행한 해항 행정 일원화 시도에는 비판의 목소리도 많았다. 예를 들어 1942년 5월 열린 대동아건설심의회大東亞建設審議會 제8부회에서는 민간 위원들이 비효율적인 항만 하역

115 香川正俊, 「15年戦争期における交通行政機構の一元化過程と内閣総理大臣の権限」, 片岡寛光編, 『現代行政国家と政策過程』, 早稲田大学出版部, 1994, p.326.
116 内閣総理大臣官房総務課資料, 「企画院事務連絡会議の件 3」, 港湾運送業統制令要綱案.
117 香川正俊, 「太平洋戦争期における港湾行政の一元化過程」, 北見俊郎教授還暦記念事業会編, 『港と経済·社会の変貌』, 時潮社, 1985, pp.71~73.

개선을 요구하는 의견을 내놓았다.[118] 고토 게이타五島慶太는 항만 운송업 통제령 공포 및 해무원 설립 이후에도 항만 하역에 관해서는 "지금까지 현저하게 능률이 높아졌다는 이야기를 듣지 못했다"고 논하며, 해무원 설치에서 더 나아가 교통 행정 일원화를 위한 교통성 설치의 필요성을 호소했다.

이에 대하여 하라 기요시 해무원 장관은 항만 운송업 통제 성과를 다음과 같이 설명했다. 6대 항 및 와카마쓰항 등 원래부터 업자가 많고 업태가 복잡한 해항에서는 통제 시행이 늦어지고 있지만 지방항에서는 착실히 통합의 결실이 나오고 있다. 지금까지 후시키 · 히로시마 · 오산尾三 · 우베 · 오노다 · 가라쓰 · 하코다테의 7개 항에서 신규 회사가 설립되었으며 나아가 이들 지역별 회사를 통괄하는 항만운송업중앙협의회港灣運送業中央協議會를 세워 지역 통합 정비 및 자재 배급 등 정부 협력 기관으로 운용 중이다. 그리고 해항 행정 관련 관청 간 연락을 긴밀하게 만들기 위하여 주요항에는 관계 관민을 망라한 '임시항무협의회臨時港務協議會'를 설치하였다. 하라 기요시는 앞으로 항만 하역의 추가 효율화를 위한 접안 부두 · 계선 잔교 등 시설 정비를 진행함과 동시에 각 항만에서 하역 회사 설립을 추진하겠다고 밝히며, 해무원 주도 해항 행정 일원화에 대한 이해를 구했다.

그런데 고토 게이타 이외의 민간 위원들은 항만 운송업 통제 성과를 어느 정도 인정하였지만 추가적으로 항만 하역업 효율화 · 하역 시설 정비 및 이를 추진하기 위한 해항 행정 일원화를 요구했다. 그리고 이를 위해

118 八田嘉明文書1597, 「大東亜建設審議会第八部会議事速記録」.

서는 체신성뿐만 아니라 관청의 경계를 넘는 종합적인 운용이 필요했다.

이에 해무원은 1942년 10월 「전시 항만 하역 증강에 관한 건戦時港湾荷役増強ニ関スル件」을 제출한다.[119] 이는 주요항의 표준 하역 능률을 50% 높이는 것을 목표로 하며 이를 위한 노무자 확보나 식량·작업용 필수 물자 증배增配, 임금 특례 조치, 능률 장려금 교부 등을 관련 관청과 협력하여 진행한다는 내용이었다. 구체적으로는 각 항만의 해무국을 중심으로 육군 선박 운송부·지방 해군 운수부·수상경찰서·세관 등 관청별 파견 기관, 항만 운송업 단체·육상 소운송업자 단체 등의 대표를 모은 항만 하역증강연락위원회港灣荷役增强連絡委員會를 설치함으로써 연계 강화를 도모하고자 구상하였다. 또한 체신성에서는 해무원으로의 해항 건설 행정 이관을 검토했을 것으로 본다.

하지만 건설 행정 이관에 대해서는 내무성 국토국이 반발했기 때문에 기획원-체신성에 의한 지방 행정 기관의 종합적 운용 시도는 지방 장관을 중심으로 바뀌게 된다. 1942년 11월 지방각청연락협의회地方各廳連絡協議會가 설치되었는데 이는 도부현道府縣이 주최하고 토목출장소나 세관, 해무국 등을 포함한 관청별 지방 파견 기관이 참가한 것이었다. 이 회의는 항만 하역만이 아니라 광범위한 행정 과제에 대응하기 위한 횡단 조직으로 설립되었으나 〈표 6-8〉을 통해 알 수 있듯이 주요 의제는 항만 운영이었다.[120]

게다가 이듬해 1943년 3월에는 "지방 장관을 중심으로" 해항의 종합

119 八田嘉明文書·664, 「戦時港湾代荷役増強ニ関スル件」.
120 新居善太郎文書·644, 「地方局長事務引継書(地方各庁連絡協議会開催状況調 [昭和18·6·10 報告現在])」.

〈표 6-8〉 지방관청연락협의회 개최 상황 조사

도부현	개최 일시	주요 협의 항목	도부현	개최 일시	주요 협의 항목
홋카이도(北海道)	1942.12.22	협의회 운영 방법		1943.3.29	항만 부회 설치
	1943.1.6	운수, 광산 및 노무		1943.3.30	항만 부회 운영 방법 (부회)
	1943.1.25	조선, 제철 및 노무		1943.4.5	항만 운영 (부회 간사회)
	1943.3.22	제철, 조선, 운수, 노무 등		1943.4.12	항만 운영 (부회 간사회)
도쿄부(東京府)	1942.12.23	협의회 운영 방법, 군수품 생산, 전력 관리, 목재 수급 및 조선		1943.4.19	항만 운영 (부회 간사회)
	1943.1.15	항공기 제작		1943.5.3	항만 운영 (부회 간사회)
	1943.3.27	항공기 제작		1943.5.10	항만 운영 (부회 간사회)
	1943.4.2	항만 운영 및 생산 증강 특별위원회 설치		1943.5.17	항만 운영 (부회 간사회)
	1943.4.22	항만 운영 (부회)		1943.5.24	항만 운영 (부회 간사회)
가나가와현(神奈川縣)	1942.12.10	제철, 조선 및 항만 하역		1943.5.26	항만 운영 (부회)
	1942.12.11	제철 및 조선 (부회)		1943.5.31	항만 운영 (부회 간사회)
	1942.12.14	운수 (부회)	효고현(兵庫縣)	1942.12.9	협의회 운영 방법
	1942.12.28	제철, 조선 및 항만 하역		1942.12.21	제철 (부회)
	1943.1.7	경금속 및 목조선 (부회)		1942.12.22	계획 조선 (부회)
	1943.1.23	목조선 (부회)		1943.3.21	항만 부회 설치
	1943.1.29	제철 (부회)		1943.3.31	항만 부회 운영 방법 (부회)
	1943.2.22	목조선 (부회)		1943.4.5	항만 운영 (부회 연락원회)
	1943.2.27	경금속, 목조선, 제철 및 운수		1943.4.9	항만 운영
	1943.3.1	목조선 (부회)		1943.4.16	항만 운영 (부회 특별 간사회)
	1943.3.13	항공기 제작 (부회)		1943.4.27	항만 운영 (부회 특별 간사회)
	1943.3.26	노무 대책 등		1943.5.03	항만 운영 (부회)
	1943.4.1	목조선 (부회)		1943.5.26	항만 운영 (부회)
	1943.4.1	항만 운영 (위원회)	후쿠오카현(福岡縣)	1942.12.10	협의회 운영 방법
	1943.4.5	목조선 (부회)		1942.12.21	석탄 증산
	1943.4.6	항만 운영 (위원회, 간사회)		1942.12.22	제철
	1943.4.14	항만 운영 (위원회, 간사회)		1943.2.2	석탄 증산 및 제철
	1943.4.16	항만 운영 (부회)		1943.2.10	조선
	1943.4.21	항만 운영 (위원회, 간사회)		1943.2.27	철, 석탄의 증산 및 수송
	1943.4.28	항만 운영 (위원회, 간사회)		1943.3.20	석탄 및 철강 증산

도부현	개최 일시	주요 협의 항목
	1943.4.30	일반 생산 증강 등
	1943.5.5	항만 운영 (위원회, 간사회)
	1943.5.5	목조선 (부회)
	1943.5.6	목조선 (부회)
	1943.5.8	항만 운영 (위원회)
	1943.5.12	항만 운영 (위원회, 상임 간사회)
	1943.5.17	항만 운영, 목조선, 교통 등
	1943.5.19	항만 운영 (위원회, 상임 간사회)
	1943.5.22	목조선 (부회)
	1943.5.26	항만 운영 (위원회, 상임 간사회)
아이치현 (愛知縣)	1942.12.3	협의회 운영 방법
	1943.3.9	수도 설비 확장 (위원회)
	1943.4.1	수도 설비 확장 (위원회 건설부, 수도 협의회)
	1943.4.9	항만 운영 (부회)
	1943.4.23	항만 운영 (위원회, 부회)
	1942.4.28	항만 운영 (소위원회)
오사카부 (大阪府)	1942.12.14	협의회 운영 방법
	1943.1.12	부회 및 간사회 운영 방법
	1943.1.16	생산 증강 추진대 설치 (부회 간사회)
	1943.1.29	석탄 및 전력 수급 (부회 간사회)
	1943.2.20	생산 증간 관련 중요 법안 (간사회)

도부현	개최 일시	주요 협의 항목
	1943.4.6	항만 운영
	1943.4.13	항만 운영 (간사회)
	1943.4.26	석탄, 철강 및 항만 운영
	1943.5.5	항만 운영
	1943.5.20	석탄, 제철 및 항만 운영
	1943.6.19	석탄, 금속 및 항만 운영
나가사키현 (長崎縣)	1942.12.12	협의회 운영 방법, 계획 조선 및 석탄 증산
	1943.2.12	계획 조선 및 석탄 증산
	1943.4.7	계획 조선, 석탄 증산 및 기타 생산력 증강
	1943.5.12	계획 조선, 석탄 증산 및 항만 운영
히로시마현 (廣島縣) (1943.01.16 승인)	1943.1.22	협의회 운영 방법 및 조선
미야기현 (宮城縣) (1943.02.22 승인)	1943.2.23	운수, 소금 증산, 목조선 및 금광업 정비
	1943.3.20	목조선, 운수 및 금광업 정비
니가타현 (新潟縣) (1943.02.24)	1943.2.24	협의회 운영 방법, 항만 운영 및 운수
	1943.3.20	목조선, 항운, 자재, 노동력 및 금광업 정비
야마구치현 (山口縣) (1943.03.16 승인)	1943.3.30	협의회 운영 방법
	1943.4.12	목조선
	1943.5.12	항만 운영

출처 : 新居善太郎文書644

적 운영을 시도하는 것이 각의 결정되었다.[121] 이는 내각총리대신이 지정하는 해항에서는 세관장·해무국장·철도국장·내무성 토목출장소 소장·공무관工務官·노무관勞務官·석탄 조정관·육해군 공장 관리관에 대한 지시권을 지방 장관에게 준 것이다. 대상이 되는 해항은 기타규슈모지·야하타 부근·고베·오사카·나고야·요코하마·도쿄의 6개 항으로 도쿄·오사카·가나가와·효고·아이치·후쿠오카 지사 및 경시총감警視總監12)에게 항만 운영 종합 조정을 맡겼다.[122]

그리고 이해 7월 보다 광역의 지방 행정을 위한 지방행정협의회地方行政協議會가 호시노 나오키星野直樹 내각 서기관장과 스즈키 데이치鈴木貞一 기획원 총재 등의 주도로 만들어진다. 이 협의회는 일본 본토를 홋카이北海·도호쿠·간토·도카이·호쿠리쿠·긴키·츄고쿠·시코쿠·규슈라는 9개 구역으로 나누고 구역마다 지방행정협의회를 설치하는 것이었다. 각 협의회는 홋카이도·미야기현·도쿄도·아이치현·니가타현·오사카부·히로시마현·에히메현·후쿠오카현에 설치하고 회장은 해당 지방 장관이 취임하기로 했다. 그리고 재무국장·세관장·지방 전매국장이상, 대장성·영림국장농림성·광산 감독국장·지방 연료국장·공무관工務官 사무소 소장이상, 상공성·체신국장·해무국장이상, 체신성·철도국장철도성·노무관 사무소 소장후생성 등 각 관청 대표가 위원으로 이름을 올렸다.[123]

이처럼 기획원-체신성은 전시 체제의 일환으로 지역별로 지방 장관의 권한 집중을 추진하였으나 이는 내무성 토목국은 물론 지방 관청에게도 바람직한 일은 아니었다. 협의회 설치와 동시에 지방 장관 쇄신이

121 新居善太郎文書·644,「地方局長事務引継書(港湾行政ノ総合運営体制確立ニ関スル応急措置ノ件 [昭和18·3·11閣議決定要旨])」.

122 新居善太郎文書·644,「地方局長事務引継書(港湾行政ノ総合的運営ニ関スル応急措置ニ付, 東京, 大阪, 神奈川, 兵庫, 愛知, 福岡の各府県知事及警視総監ニ対スル内閣総理大臣ノ示達)」.

123 滝口剛「地方行政協議会と戦時業務 (1)－東条·小磯内閣の内務行政」,『阪大法学』50-3, 大学大学院法学研究科, 2000, pp.405~407.

이루어져 홋카이도를 제외한 각 협의회 회장이 내각 주도로 새롭게 취임하였기 때문이다. 새롭게 취임한 지방 장관에는 가와라다 가키치河原田稼吉, 오사카부, 전 내무·문부대신 · 우치다 노부야內田信也, 미야기현, 전 철도대신 · 요시노 신지吉野信次, 아이치현, 전 상공대신 · 요시다 시게루吉田茂, 후쿠오카현, 전 후생대신 등 장관 경험자가 포함되었으며, 내무성이 인사를 주도한 것은 아니었다. 부현을 지방 행정의 기본 단위라고 생각하는 내무성 지방국은 지역 구역별 행정을 지향하는 지방행정협의회 설치에 소극적이었던 것이다.[124]

내무성 지방국의 소극적인 자세에도 불구하고 내각 주도로 전시 체제는 강화되었다. 1943년 9월 전황이 악화하자 각의 결정된 「현 정세에서의 국정 운영 요강現情勢下ニ於ケル国政運営要綱」[125]은 지방행정협의회 강화 · 해륙 운송 일관화 노력도 언급하였으며 이에 교통 관련 관청은 개편된다. 그리고 이듬해 10월 운수통신성運輸通信省 설치가 각의 결정되었고[126] 내무성 국토국 항만과는 운수통신성으로 이관되었다.

3) 운수통신성의 항만 행정 구상

그런데 운수통신성은 기획원-체신성이 처음에 구상했던 교통성과는 꽤나 다른 모습이었다. 운수통신성은 철도성과 체신성해무원을 모체로, 그 결절점에 해당하는 해항 행정 사무내무성 국토국 항만과·상공성 기업국 창고 사무 등을 통합한 것이었는데, 교통성 구상에서 상정했던 내무성 국토국으로부터의 도로 · 하천 행정 이관은 실현하지 못했다. 따라서 기획원-체신성의 교통

124 위의 글, p.408.
125 伊藤隆他編, 『東條内閣総理大臣機密記録－東條英機大将言行録』, 東京大学出版会, 1990, pp.230~232.
126 위의 책, p.268.

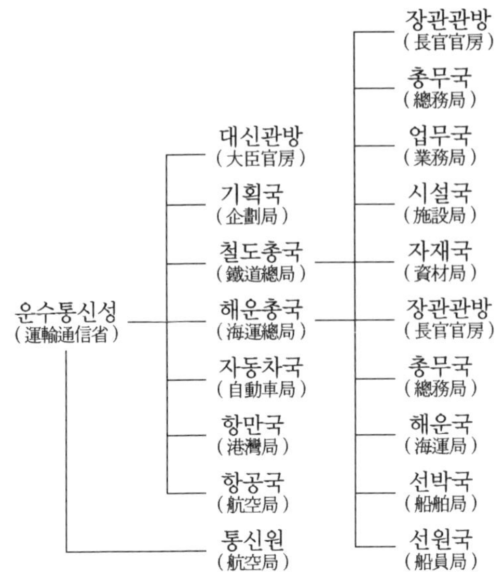

〈그림 6-3〉 운수통신성 조직도
출처 : 運輸省, 『運輸省三十年史』, 運輸経済研究センター, 1980, p.76.

행정 일원화 시도 그 자체가 불완전한 형태로 마무리되었다고 할 수 있겠다.[127]

심지어 운수통신성 내부에서도 해항 운영 행정과 해항 건설 행정은 분리되었다. 운수통신성의 조직도는 〈그림 6-3〉과 같은데, 계선·하역·세관·창고 등 운영 행정은 구 해무원의 사무를 계승한 해운총국海運總局으로 이관하는 한편, 해항 건설 행정은 항무국구 내무성 국토국 항만과이 담당하기로 했다. 국토국 항만과의 마지막 과장이자, 운수통신성 초대 항만국장에 취임한 시마노 데이조嶋野貞三가 "이상적으로는 항만 본래의 행정 사무인 관리·건설·운영·임항 철도·임항창고 등의 사무를 모으고 싶었으나, 갑자기 편성을 바꾸는 것은 어려웠다"[128]고 회상하는 것을 보아서는 내무성 계열 토목기사를 중심으로 해항 행정을 일원화하고자 하는 의도가 내무성 내부에 있었음을 알 수 있다. 아마도 내무성 계열 토목기사는 항무국으로의 승격과 맞바꾸어 해항 행정 이관에 동의했을 것이다.[129]

127 香川正俊, 앞의 글, pp.345~346.

128 嶋野貞三, 「港湾局の昔話し」, 『港湾』 27-8, 港湾協会, 昭和25.8.

129 기관이었던 시마노 데이조(嶋野貞三)에게 내무성에서 운수통신성으로의 이관은 환영할 만한 일이었다고 보인다. 시마노 데이조의 회상에 따르면 "내무성 행정은 지방 행정 중심의 경향이

결론적으로 운수통신성의 설치는 해항 행정의 일원화를 의미하는 것은 아니었다. 선행 연구에서 지적하듯이 구 철도성 계열 철도총국, 구 체신성 계열 해운총국, 그리고 구 내무성 계열 항만국이라는 3개 부국 사이의 관청 내 할거주의는 심각했다. 일만창고日満倉庫 사장 이치카와 가즈조市川數造는 1943년 핫타 요시아키八田嘉明 운수통신성 장관에게 제출했다고 추측되는 문서에서 "운수통신성의 탄생으로 인해 오랫동안 요망해온 항만 행정 일원화는 일단 해결되었지만, 해륙 수송의 일관적인 강화를 도모하는데 치명적인 장애물인 항만 운영 방책에 관해서는 향후에도 문제가 남았다"며 운수통신성 발족이 문제를 근본적으로 해결하는 데 도움이 되지 않는다는 견해를 밝혔다.[130]

그리고 이러한 견해의 배경에는 당연하게도 내무성 계열 토목기사들의 저항이 있었다. 내무성이 주도했던 항만협회에서도 운수통신성에 대한 평가는 나뉘었다. 1943년 말 발행된 『항만』에는 '운수통신성에게 바란다'라는 제목의 특집이 구성되었는데, 전 내무기감內務技監 아오야마 아키라青山士의 기고에서는 "이 시점에서 초비상 조치로 운수통신성이 탄생했고, 이는 진정 대동아전쟁에서 이기기 위함일 것이다. 하지만 전쟁은 수년 혹은 십수 년에 그치지만 국가는 만세에 걸치므로 국정 운영이 도랑에 빠지지 않는 것에 마음이 팔려 희망의 별을 잃어버리면 안 된다"고 운수통신성에 대한 소극적인 의견을 내비쳤다. 한편, 전 체신성 관선국장 미야자키 기요노리宮崎清則는 ① 도로 행정의 운수통신성 이관, ② 운수

강해 사안에 소극적이었다", "신설 관청의 분위기는 내무성과 많이 다르다"며 운수통신성으로의 이관을 기뻐하면서도 "철도총국과 해운총국 사이에 끼어 넋을 놓고 있으면 없어질 지도 모른다"고 불안한 심정이었음을 토로하기도 한다.

130 八田嘉明文書729, 「港湾運営及之ニ対スル倉庫問題私見」.

통신성 내부에 해륙 교통 계획을 종합적으로 입안하는 기획국 설치, ③ 항만 경찰 통합, ④ 항운 회사 기능 강화라는 4개 사항을 들며 운수통신성의 추가적인 기능 강화를 요구했다.[131] 제5장에서 살펴본 바와 같이 항만협회는 관청 간 이해관계가 충돌하는 장이었고, 운수통신성을 둘러싸고도 역시나 내무성과 체신성은 의견 일치에 이르지 못한 것이다.

관청 내 할거주의 타파를 목표로 운수통신성 내부에서도 항만법 초안 작성이 시작되었다. 1943년 12월에는 항만법안 요강이 만들어졌고, 요강 및 동 법안에 관한 칙령 위임 사항(안)·명령 위임 사항(안)을 정부 내부에서 회람하였다.[132] 이 항만법안 요강 및 위임 사항 안은 기획원-체신성 계열이 전시 체제 구축을 위해 만들어 온 해항 행정 구상의 집대성이었다고 할 수 있다.

운수통신성 항만법안에서는 주무 대신이 지정하는 인정항認定港과 그 외의 "항만으로서 해당 지방에서 중요한" 준용항準用港의 2종류로 나누고,칙령 위임 사항 안, 제1 인정항은 주무 대신, 준용항은 지방 장관이 각각 관리하도록 하였다.칙령 위임 사항 안, 제5 제2항 관련 그리고 주무 대신이 필요하다고 인정할 때는 직권 일부를 해운국장 또는 지방 장관에게 위임할 수 있다.제24

중요항에 국한하여 정비를 추진하고자 하는 이 법안에서는 해항 관련 비용은 국고 부담이 원칙이며,제27 해항에서 얻는 수입은 인정항의 경우는 주무 대신 또는 해무국장, 준용항의 경우는 행정청의 몫이 된다.제29·30 물론 운수통신성 항만법안에서도 관련 지방 단체의 비용 부담은 규정하지만칙령 위임 사항안, 제27·32 관련 그 부담 비중이 명확하지 않아 운수통신성

131 「運輸通信省に望む」, 『港湾』 21-12, 港湾協会, 昭和18.12.
132 八田嘉明文書614, 「港湾法案関係資料」.

의 주요 관심사가 내무성과 달랐음을 알 수 있다.

1890년대 대장성은 시를, 1920년대 내무성은 부현을 기본 단위로 해항 운영을 구상하였지만, 이와 대조적으로 운수통신성은 전시 체제 아래에서 지방 구역을 기본 단위로 해항 운영을 구상한 것이다.

다양한 관청·기업이 관여하는 해항 운영에는 관련 관청·기업을 망라한 항만위원회를 설치하는 것이 바람직하다. 운수통신성의 항만법안에서도 역시나 중앙·지방 차원의 항만위원회 설치를 규정하였다. 그리고 지방항만위원회는 시정촌이나 부현 단위가 아니라 지방행정협의회 구역에 설치하고 위원장은 지방행정협의회 회장이 겸임하도록 한 점이 운수통신성안의 최대 특징이라고 할 수 있다.

물론 이러한 내용의 항만법안 요강에 대하여 내무성 지방국은 반발했다. 내무성 지방국은 "항만 운영의 능률 등을 최고로 발휘하기 위해서는 약한 해운국보다 지방 행정의 중추이자 종합 행정을 담당하는 지방 장관으로 하여금 관리토록 하는" 것이 적당하며 또한 "지방항만위원회 설치 취지는 지방행정협의회 운영에 따라 충분히 이를 달성할 수 있으며, 별도로 이를 설치하면 기구를 복잡하게 할" 우려가 있다 등의 의견을 내놓으며, 지방 장관 중심의 항만 운영을 요구했다. 그리고 이해 3월, 지방 장관 중심으로 해항 운영 체제 확립을 지향하는 것에 대한 각의 결정이 이뤄졌고, 내무성 지방국은 도도부현都道府縣을 주체로 한 지방각청연락회의地方各廳連絡會議 운용을 통해 하역 능력 증강을 도모해야 한다고 주장했다.[133]

133 八田嘉明文書614, 「港湾法案関係資料」(港湾法案要綱案ニ対スル意見説明[地方局]).

4) 전시 체제의 종언

그러나 1945년 8월 전쟁이 끝나면서 운수통신성의 항만법안도 성립하지 못했다. 전시 체제를 배경으로 한 기획원-체신성 계열의 해항 행정 구상은 전쟁 종결과 함께 수정할 수밖에 없게 된 것이다. 운수통신성 아래 해운국으로 통합되었던 각 관청의 행정 사무는 원래대로 돌아갔다. 1946년 2월 세관 업무가 대장성으로 옮겨졌고, 이듬해 1947년 4월에는 동식물 검역 사무 및 해항 검역 사무도 농림성·후생성으로 이관되었다.[134]

한편 구 체신성 계열의 해항 행정 정리도 진행되었다. 1947년 2월 기존에 철도총국·해운총국으로 나뉘어 있던 창고 업무가 항만국으로 이관됨과 동시에 독립해 있던 항만국 자체를 해운총국 아래에 두기 시작한다.[135] 그리고 다음 해인 1948년 1월에는 내무성을 해체하고 국토국이 독립하여 건설원建設院, 7월부터 건설성(建設省)이 되었으나 이때도 건설 사무는 운수성運輸省, 1945년 2월, 운수통신성에서 통신원(通信院)이 분리에 남았다. 다양한 해항 행정 중, 항만 운송·창고·건설 행정을 운수성 항만국이 소관하게 된 것이다. 이렇게 전전戰前 반복되었던 대장성과 내무성 간 해항 행정을 둘러싼 경쟁은 1940년대 말, 대장성과 운수성 사이에서 재연한다.

직접적인 계기는 연합국군총사령부GHQ가 요코하마항·고베항의 접수 해제를 검토하기 시작한 일이었다. 1947년 6월경부터 미국 본국에서 일본의 경제 부흥을 본격적으로 고려하기 시작하면서 게이힌·고베 두 항의 접수 해제도 검토하게 된다. 그리고 이에 같은 해 말 요코하마지방

---

134 香川正俊, 「港湾法制定における政治状況と政策決定過程」, 梅村勲編, 『熊本学園創立50周年記念論集』, 熊本商科大学, 1992, p.4.

135 日本港湾協会, 『新版日本港湾史』, 日本港湾協会, 2007, p.225.

종전연락회의横濱地方終戰連絡會議 및 도쿄중앙종전연락회의東京中央終戰連絡會議에게 접수 해제 후 두 항의 운영 계획 제출을 요구한다.[13)] GHQ는 미국 본토의 일반적인 해항 운영 기관인 항만 공사Port Authority 방식을 주장했으나,[136] 각 관청에서 작성한 항만법 초안은 완전히 다른 내용이었다. 바꾸어 말하자면 관청마다 지금까지의 경위를 반영하여 각자의 관심에 맞춰 초안을 만든 것이다.

1948년 2월경 대장성은 개항 운영 법안의 초안을 작성했던 것으로 보인다.[137] 이 법안은 "개항 운영은 지방의 이익을 반영함과 동시에 외국 무역 등에 관한 국가 이익과 조정하고, 개항의 행정 기관을 합리화하여 행정 사무 간소화와 능률 증진을 도모하는 것을 목적"제1조으로 하는 것이었다.

구체적인 방법으로는 전국의 개항을 제1종 개항 · 제2종 개항으로 분류하고 각각의 개항 운영은 해항 관련 기업이 참가하는 항만운영위원회가 담당하도록 정했다. 위원장은 "관할 지방 공공 단체의 장이 이를 맡도록" 하며, 위원회도 해당 지방 공공 단체에 속하도록 한다. 제1종 개항과 제2종 개항은 항만운영위원회의 위원 수가 다른데 제1종 개항에는 15~39명, 제2종 개항에는 9~33명의 위원이 취임할 수 있다.제5·6조

항만운영위원회의 소관 사항은 ① 항만 시설 건설 · 유지 · 개량 계획, ② 항만 영업용 선박 운영 및 항만 하역 작업 계획, ③ 항만 영업자의 이익 · 영업료율 조정, ④ 항만의 질서 · 보건 위생 유지, ⑤ 임시 물자 수급 조정법에 입각한 항만 영업자 · 항만 시설 소유자 또는 관리자에 대한 지정 생산

136 香川正俊, 앞의 글, p.6.
137 河合光栄家資料58, 「昭和23年度港湾法要綱案(開港運営法)」.

자재 할당 계획, ⑥ 기타 항만 운영에 관한 사항이라는 6개이다.제18조

이처럼 운영 기관으로서 항만운영위원회를 설치하고 집행 기관으로서 세관을 설치하는 점이 개항 운영 법안의 특징이다. 세관이 소관하는 사항은 무역 사무 외에 ① 수출입 식물이나 동물에 대한 검역 사무, ② 항칙법 시행에 필요한 행정 경찰 사무, ③ 수출입 증명·무역 금융 등 무역청의 위임 사항, ④ 국유 항만 시설의 관리 운영 등이다.제23조 과거 대장성은 항만 공사에 가까운 형태로 구상하였으나, 1920년대 세관으로 해항 행정을 일원화했던 경위도 있어 전후에는 세관 중심의 해항 행정을 지향한 것으로 보인다.

세관 중심의 해항 행정 구상을 내놓은 대장성에 대한 운수성의 반응은 약간 복잡했다. 이는 운수성 내부에 구 체신성 계열 해운총국과 구 내무성 계열 항만국이 있고 서로 다른 해항 행정을 구상했기 때문이다. 대장성과 마찬가지로 1948년 경 운수성 항만국 내부에서도 항만법 검토를 시작한다.[138] 게다가 항만국 안에도 관리과와 항정과港政課가 있었고 각각 초안을 작성하는 방식을 취했다. 관리과가 내놓은 제1안은 내무성 토목국의 방향성을 계승하여 "항만 관리·운영에 대한 공물公物 개념에서" 검토한 것이었다. 반면 항정과에서 검토한 제2안은 제1안을 "공물 개념에서 출발하여 주로 공공성 담보에 중점을 두지만 항만 기능을 기업적 측면에서 파악하는 부분이 적다"고 비판하였으며, "버스 사업·수도 사업과 같이 공익 사업으로" 항만법 초안을 만들었다.

최종적으로 항만국이 정리한 제3안은 항만은 공물이기 때문에 "공익

138 河合光栄家資料·58, 「昭和23年度港湾法要綱案」(港湾法要綱案[23, 11, 1]検討資料[22, 12, 3]その1).

사업적인 관점에서만 규정할 수 없다"며 항만 계획을 "하나의 도시 계획으로 보고 항만을 조성, 거기에서 항만 사업을 운영하며 나아가 항만업, 창고업이 따라 움직이는" 것으로 규정하였다.

항만을 "영조물 개념에 기반하여 기준을 삼고 따르는" 것이 아니라 공익 사업으로 간주하는 운수성 초안에서는 국가·지방 공공 단체가 단독 또는 공동으로 설립한 공기업이 항만을 운영하도록 규정하였다.[제14조] 그리고 항만 계획을 도시 계획의 일부로 자리매김하고 시정촌에게 계획 사업을 실시할 수 있는 권한을 주었다.[제21조] 또한 항만 건설 공사 시행은 운수성 장관의 허가를 받아야 하는 허가제가 되었으며, 국가가 직접 시행하는 경우에는 운수성이 시행토록 했다.[제46조] 정리하자면 구 체신성 계열이 중시했던 공익 사업으로서의 해항 행정 구상과 구 내무성 계열의 공물 개념·국토 계획의 일환으로서의 해항 행정 구상을 절충한 것이 1948년 운수성 초안이었다고 할 수 있다.

5) 항만법 성립

하지만 1948년 운수성 초안은 실현되지 못했다. 그 이유는 운수성 내부에서 이해 말부터 이듬해 초에 걸쳐 구 체신성 계열로부터 구 내무성 계열로 항만법 초안 작성 주도권이 옮겨갔기 때문이다. 운수성이 초안 작업 중이었던 1948년 4월 구 내무성 관료인 마쓰무라 기요유키[松村淸之]가 운수성 항만국 항만 관리과 과장을 맡기 시작하고, 나아가 1949년 2월에는 「행정기구 쇄신 및 인원 정리에 관한 건[行政機構刷新及び人員整理に関する件]」이 각의 결정되면서 해운총국 폐지가 내정된다. 결국 항만국은 1949년 2월경부터 항만법 검토를 시작했다고 보인다.[139]

마쓰무라 기요유키는 "1948년 말 초안은 매우 해운국 계통 사상에 치우친 초안으로 중앙 집권적으로 완성한 초안이며, 또한 도로법이나 하천법과 유사하게 항만을 공공물로 간주하는 색채가 매우 열어, 사업법적으로 항만을 자리매김하는 초안이었습니다. (…중략…) 그 중 항만 운송업이나 창고업에 국가가 뛰어든다는 내용이 있었는지 항만 운송업자, 창고업자 등 해운 관련 업계로부터 맹렬한 반대가 일어난 것입니다. 결과적으로 사기업 관계자가 사령부에게 호소하고 운수성에게도 호소함으로써 결국 그 초안은 완전히 백지로 돌아가는 것이 결정되었습니다"[140]라고 후에 회상하였다.[141] 이렇게 운수성 내부의 항만법 초안 작성 주도권은 구 내무성 계열로 돌아가게 된 것이다.

구 내무성 계열 해항 행정 구상은 도도부현을 단위로 한다는 점이 특징이었다. 마쓰무라 기요유키는 민영 항만 기업의 집합체로서 발전한 역사를 지니는 영미의 해항과 일본의 해항은 문제의 포인트가 다르다고 지적하며, "일본은 처음부터 공공 항만으로서 완성되었기 때문에 항만 공사라는 문제로 가기보다는 오히려 지자체를 항만 관리자로 하는 것이 좋고, 또한 그것이 현실적이라 이해한다"라고 의견을 피력했다. 그러나 "저쪽GHQ–저자 주이 항만 공사를 만들라고 재촉한다. 그렇게 하지 않으면 항만법을 상대하지 않겠다. 대잔교를 돌려주지 않겠다. 이러한 사태 때문에 어쩔 수 없이 항만 공사를 '항만국'이라는 이름으로 고쳐 조문을 완성했다"라고 설명했다.[142]

139 香川正俊, 앞의 글, p.11.

140 「港湾法制定の経過とその後の問題点」, 『港湾』 57-9, 港湾協会, 昭和55.9, p.29.

141 참고로 마쓰무라 기요유키는 1950년 5월 항만법이 공포된 직후인 7월 지방자치청(地方自治廳)으로 돌아갔다. 위의 글, p.28.

점령기 일본에서는 GHQ의 승인을 받는 것이 무엇보다 중요했다. 구 내무성 계열 입장에서 행운이었던 것은 도도부현을 주체로 하는 해항 행정 구상이 세관을 주체로 하는 대장성 계열 해항 행정 구상 보다 GHQ의 구상과 친화적이었다는 점이다. 1949년 8월 GHQ가 행정관리청行政管理廳에게 세관을 주체로 하는 해항 행정 구상을 부정하는 견해를 명확히 함으로써 대장성은 항만법 문제로부터 발을 뺄 수밖에 없었다. GHQ는 운수성이 직접 해항 행정에 관여하는 것도 부정했으나 지방 공공 단체가 항만 관리자가 되는 것은 인정했다.[143]

이렇게 1950년 1월 각의 결정된 항만법은 항무국 설치에 대하여 규정한 것은 아니었지만 사실상 도도부현에 의한 해항 행정을 주안으로 하였다. 항만법에서는 항무국은 지방 공공 단체가 설립하는 '영리를 목적으로 하지 않는 법인'으로 규정하였다.[제4·5조] 항무국 업무는 항만 시설 공사 입안·시행·관리, 항만 발전을 위한 조사 연구, 상옥·하역 기계 등의 관리·규제 등이라 하였으며,[제12조] 항무국이 직접 항만 운송업·창고업에 진출하는 것은 금하였다.[제13조]

그리고 구 내무성 계열 항만 법안이니만큼 당연히 공사비에 대해서도 언급한다. 정령 규정에 따르면 '중요 항만'의 건설 공사에 필요한 비용은 건설·개량의 경우는 반액, 전쟁 복구의 경우는 60%를 국가가 부담하기로 되어 있다.[제42조] 또한 국가가 특별히 필요하다고 인정할 경우에는 예산 범위 내에서 항만 관리자가 행하는 항만 공사비 전부 또는 일부를 보조할 수 있다고 정하였다.[제43조]

---

142 위의 글, p.28.
143 香川正俊, 앞의 글, p.13.

바꾸어 말하자면 항무국을 운영 기관이 아니라 시설 건설·관리 기관으로 자리매김하는 점이 이 법안의 특징이었다고 할 수 있다. 하지만 이와 같은 항만 법안에 대하여 요코하마·고베 두 시가 반발했다. GHQ에 의한 접수 해제 선언을 그 누구보다 기대했던 것이 요코하마·고베였다. 특히 요코하마시는 전전부터 해항 정비 비용을 부담하였고, 1930년대 말 도쿄 개항 반대 운동이 활발했던 역사도 있어 스스로 요코하마항 운영에 뛰어들 생각이었다. 이에 발 빠르게도 1948년 6월 관련 관청 권한을 항만 공사에 집약하는 「요코하마항 항청 설치안横濱港々廳設置案」을 작성한다.[144] 그리고 요코하마시는 다른 해항 도시도쿄도·나고야시·오사카시·고베시에게 공동 투쟁을 요청하며 5대도시항만협의회五大都市港灣協議會를 결성, 1950년 2월에는 「항만법안 수정에 관한 요청서港湾法案修正に関する要請書」를 다양한 대상에게 배포했다.[145] 5대도시항만협의회가 수정을 요청한 주요 사항은 ① 항만국에 '항의 해륙 양쪽에 걸친 연락 조정' 권한을 부여할 것, ② 복수의 지방 공공 단체가 관여하는 경우에는 단독으로 항만국을 설치할 수 있도록 할 것이었다.

구체적으로는 다음과 같이 수정을 요구했다. 첫 번째 사항에 대해서는 제12조에 '항만 구역 및 임항 지구 내 창고업, 항만 운송업 등의 항만

144 河合光栄家資料46, 「横浜港々庁設置要領(案)」. 항만 공사 구상을 검토함과 동시에 자유항 문제도 재연하였다. 1947년 12월 요코하마상공회의소(橫濱商工會議所)·요코하마무역협회(橫濱貿易協會)·요코하마공업구락부(橫濱工業俱樂部)·요코하마시부흥회(橫濱市復興會)가 연명으로 임해 공업 지대 일부를 자유항 구역으로 해달라는 진정을 관련 관청을 상대로 진행했는데, 대장성의 반대로 실현되지 못했다. 横浜市総務局市史編集室, 『横浜市史 II 第二巻上』, 横浜市, 1999, p.384.

145 河合光栄家資料57, 「昭和25年度3月以降港湾法関係書類(港湾法修正に関する要請書)」. 참고로 5대도시항만협의회(五大都市港灣協議會)는 1950년 11월 간몬항이 추가되어 6대 도시 항만 관리자 협의회(六大都市港灣管理者協議會)로 바뀐다. 위의 책, p.384.

및 부두 작업을 감독 조정하고 그 발전 개선을 도모할 것', '선박 입출항, 선석船席 지정을 포함하여 항내 선박 운항을 규제할 것' 등의 문구를 삽입하고 항무국의 항만 운송업·창고업 진출을 금하는 제13조를 삭제하는 것이었다. 두 번째 사항에 대해서는 제4조에 관련 지방 공공 단체 협의가 이뤄지지 않을 경우 '기존 해당 항만 건설·관리에 가장 이바지한 지방 공공 단체가 단독으로 설립 신청을 할 수 있다'는 문구를 넣는다는 것이었다.

5대도시항만협의회의 수정 요청에 반발한 것은 항만 운송업이나 창고업 등 항만 관련 기업이었다. 당연하지만 이들은 항무국이 항만 운송업이나 창고업에 진출하는 것을 반대했다. 같은 해 2월 중에는 일본항운협회日本港運協會·일본창고협회日本倉庫協會·전일본항만노동조합全日本勞動組合 간토 지방 본부가 잇달아 5대도시항만협의회의 수정안에 반대하는 성명을 발표하고 나아가 GHQ에게도 항만법안 수정을 요구했다.[146]

결과적으로 GHQ는 5대도시항만협의회의 요구를 받아들이지 않았다. 2월 28일 GHQ는 운수성에게 항만법안 수정을 요청하였으나 그것은 5대도시항만협의회의 희망과는 완전히 다른 수정 요구였다. GHQ가 요구한 것은 어디까지나 "지방 공공 단체에게 최대한의 지방 자치권을 부여"하는 것으로 항무국의 업무 내용에 대해서는 언급하지 않았다. GHQ가 구체적으로 요구한 것은 "운수대신運輸大臣의 간섭, 인가 및 허가" 권, 건설비의 국고 부담 비중은 삭제할 것 등에 그쳤다.[147]

146 河合光栄家資料57, 「昭和25年度3月以降港湾法関係書類(五代都市港湾協議会より提案の「港湾法案修正陳情」に対する反対陳情)」.

147 大阪市行政局行政調査室, 『港湾法制定経過資料及び港湾法』, 大阪市行政局行政調査室, 1950, pp.41~44.

운수성은 GHQ의 수정 요구만을 받아들였으며, 5대도시항만협의회의 요구는 기각되었다. 이후 4월 14일에는 수정안이 각의 결정되었고, 26일 GHQ 승인과 중의원 및 참의원參議院 의결을 거쳐 같은 해 5월 31일 항만법을 공포·시행하였다.

이와 같은 경위를 거쳐 메이지明治시대부터 현안이었던 항만법이 드디어 성립하였다. 그런데 초안 작성자인 운수성 관료 스스로 인정하듯이 항만법은 거의 실효성이 없었다.[148] 항무국이 설치된 곳은 현과 시 또는 복수의 시가 해항의 공동 운영을 지향했던 해항도카이항무국(東海港務局)·고쿠라항무국(小倉港務局) 및 사기업이 단독 운영했던 해항니이하마(新居濱)항무국뿐이었다.[149] 그 주된 이유로는 다음과 같은 2가지 사항을 들 수 있다.

첫째, 항만 관리자의 지위를 둘러싸고 지방 단체 간 대립이 일어났다. 전시 체제 아래에서는 도쿄항과 요코하마항이 합병하여 게이힌항이 되었고, 시모노세키항과 모지항이 합병하여 간몬항이 되는 등 과거 경쟁 관계에 있던 인접항의 합병이 이루어졌다. 하지만 요코하마의 사례에서도 명확해졌듯이 강압적인 합병은 오히려 각 지역의 지역 이익을 환기시켰다. 운수성 항만국은 원래 게이힌항을 단위로 항무국을 설립할 생

148 운수성 항만국에서 초안 작업에 임한 마키하타 시즈히코(卷幡静彦)는 1980년 "현실적으로는 전국 항만 중 겨우 1곳에만 항무국이 성립하였으며 입안 작업 중 예상한 것처럼 무언가 쓸모없는 노력을 했다"고 회고한다. 卷幡静彦, 「港湾法制定苦労話」, 『港湾』, 57-9, 港湾協会, 昭和55.9, p.49.

149 이후 도카이만(洞海灣)·고쿠라항(小倉港)은 모지·시모노세키 두 항과 합병하여 기타큐슈항(北九州港)이 되었기 때문에 항무국은 폐지한다. 현존하는 항무국은 니이하마(新居灣)항무국뿐이다. 日本港湾協会, 앞의 책, 24면. 니이하마는 벳시동산(別子銅山)을 중심으로 하는 스미토모(住友) 계열 기업의 집적지로, 이들에 의해 해항 정비도 이루어졌다. 이와 같은 경위로 인해 항만법 아래, 스미토모·에히메현(愛媛縣)·니이하마시(新居灣市) 삼자가 출자하여 항무국이 설립되었다. 「港湾法制定の経過とその後の問題点」, 『港湾』 57-9, 港湾協会, 昭和55.9, p.32.

각이었으나, 요코하마시·가와사키시의 강경한 태도 때문에 양보하여 도쿄도·가와사키시·요코하마시 각각 단독으로 운영하게 된 것이다.[150]

둘째, 항무국에는 재원이 없었다. 항무국에게 주어진 독립 재원은 시설 사용료·임대료·급수 등 서비스 요금뿐이었기 때문에 독립적으로 건설 공사를 하는 것은 불가능했다.[제29조] 또한 항무국은 독자적으로 채권을 발행할 수 있었으나 이에 대한 통제를 요구하던 GHQ에 의해 기채는 소관 행정 관청의 허가를 받아야 하도록 수정되었다.[제30조][151] 그 결과 실제 채권을 발행하고자 했을 때 자치성[自治省]은 "항만 공사라 할지라도 지방 자치 단체 그 자체는 아니다. 따라서 채권 발행은 무리다"[152]라고 판단하였고, 독자적인 채권 발행에 이르지 못했다. 따라서 해항 정비에는 기채를 할 수 있는 부현 또는 시정촌이 스스로 뛰어들 수밖에 없었으며, 복수의 지방 단체가 관리하는 경우에는 기채가 용이한 일부 사무 조합을 설립하는 형태가 되었다.[153]

한편 해항 정비 비용 부담의 원칙을 명기한 것은 구 내무성 계열 토목기사 입장에서는 항만법의 큰 성과였다. 항만법에서는 전국 항만을 중요 항만·피난항·지방 항만이라는 세 종류로 분류하고, 수역 시설·외곽 시설·계류 시설 건설 및 개량 공사에 대해서는 중요 항만의 경우 총 비용의 반액, 피난항은 75%를 중앙 정부가 부담하고, 지방항은 총 비용의 40% 이내에서 보조금을 지급하도록 명기하였다.[제5장] 나아가 이듬해

150 「港湾法制定の経過とその後の問題点」, 『港湾』 57-9, 港湾協会, 昭和55.9, p.32.
151 大阪市行政局行政調査室, 위의 책, p.48.
152 「港湾法制定の経過とその後の問題点」, 『港湾』 57-9, 港湾協会, 昭和55.9, p.38.
153 현과 시가 공동으로 하는 항만 관리 조합으로는 나고야항·기타규슈항 등이 있다. 日本港湾協会, 앞의 책, pp.24~25.

〈표 6-9〉 중요 항만 일람(1951~60)

지정년월	항만수	항만명
1951.1	47	하코다테(函館)·오타루(小樽)·무로란(室蘭)·아오모리(青森)·하치노헤(八戸)·미야코(宮古)·시오가마(鹽釜)·아키타(秋田)·후나가와(船川)·사카타(酒田)·오나하마(小名浜)·게이힌(京浜)·요코스카(横須賀)·니가타(新潟)·후시키 히가시이와세(伏木東岩瀬)·나나오(七尾)·쓰루가(敦賀)·시미즈(清水)·나고야(名古屋)·욧카이치(四日市)·마이즈루(舞鶴)·오사카(大阪)·고베(神戸)·시카마(飾磨)·와카야마시모쓰(和歌山下津)·사카이(境)·우노(宇野)·히로시마(廣島)·오노미치 이토자키(尾道絲崎)·구레(呉)·우베(宇部)·간몬(關門)·고마쓰시마(小松島)·다카마쓰(高松)·이마바리(今治)·마쓰야마(松山)·고치(高知)·하카타(博多)·간다(苅田)·가라쓰(唐津)·이마리(伊万里)·나가사키(長崎)·사세보(佐世保)·미스미(三角)·오이타(大分)·호소시마(細島)·가고시마(鹿児島)
1951.9	13	쿠시로(釧路)·가마이시(釜石)·나오에쓰(直江津)·료우츠(兩津)·아마가사키(尼崎)·도쿠야마 구다마쓰(徳山下松)·사카이데(坂出)·니이하마(新居浜)·미이케(三池)·후쿠에(福江)·이즈하라(嚴原)·쓰쿠미(津久見)·벳푸(別府) (항명변경) 후시키 히가시이와세(伏木東岩瀬) → 후시키 도야마(伏木富山), 시카마(飾磨) → 히메지(姫路)
1952.2	3	루모이(留萌)·이와나이(岩内)·아부라쓰(油津)
1954.7	1	나제(名瀬)
1957.5	4	왓카나이(稚内)·지바(千葉)·키누우라(衣浦)·하마다(浜田)
1959.6	6	오후나토(大船渡)·사카이(堺)·사이고(西郷)·미타지리(三田尻)·고노우라(郷ノ浦)·야쓰시로(八代)
1960.6	6	미즈시마(水島)·오노다(小野田)·야와타하마(八幡浜)·우와지마(宇和島)·미나마타(水俣)·니시노오모테(西之表)

실선은 특정 중요 항만, 점선은 준특정 중요 항만을 가리킨다
출처 : 日本港湾協会, 『日本港湾史』, 日本港湾協会, 1978, p.50.

인 1951년 6월 개정을 통해 특정 중요 항만特定重要港灣·준특정 중요 항만準特定重要港灣이 더해져 이들 해항에는 특례 조치로서 중앙 정부의 비용 부담 비중이 높아졌다. 또한 특정 중요 항만·중요 항만·피난항 정비 시, 항만 관리자와 협의가 이루어졌을 경우, 정부가 직접 시설 정비에 나서는 것도 가능해졌다.제52조[154]<표 6-9>

즉, 항만법 제정으로 인해 도도부현 및 시정촌이 주요 관리자가 된 반면, 시설 정비는 기존과 마찬가지로 구 내무성 계열 토목기사가 직할로 공사를 맡았다. 또한 항만법 제정 이듬해인 1951년에는 항만 운송 사업

154 참고로 특정 중요 항만으로는 1951년 9월 게이힌·나고야·오사카·고베·간몬, 1952년 2월 시미즈·욧카이치, 1965년에는 무로란·치바·와카야마 시모쓰·도쿠야마 구타마쓰(德山下松), 1967년 6월 니가타·히메지가 지정되었다. 준특정 중요 항만으로는 요코스카·마이즈루·구레·가리타·사세보의 5개 항만을 지정하였다. 日本港湾協会, 『日本港湾史』, 日本港湾協会, 1978, pp.71~80.

법港灣運送事業法도 제정, 창고·하역 등 항운업자의 지휘 감독권은 구 체신성 계열 운수성 해무국에 남게 되었다. 한편 대장성은 항만법 제정 이후에도 세관에 항무부를 설치하고자 하는 의지를 이어갔고 GHQ에게도 의견을 개진했으나 최종적으로 실현에 이르지는 못했으며 관세 징수 및 항내 감시 감독 기관으로 활동을 계속한다.[155] 그 결과 대장성은 외곽 단체인 일본관세협회日本關稅協會를 통해 「항만 행정 기구 간소화에 관한 의견서港湾行政の機構簡素化に関する意見書」를 각 정당에 제출하는 등 전후에도 해항 행정 일원화를 지속적으로 요구한다.[156]

정리

1930년대부터 1940년대에 걸쳐 진행된 정당의 쇠락과 전시 체제화는 해항 행정을 둘러싼 상황을 크게 바꿨다. 정당과 이어져 있던 내무성은 영향력이 줄었고, 대신에 군부와 연계했던 체신성의 영향력이 커졌다. 체신성은 만주사변 후 본격적으로 진행된 동해 노선 구축 과정을 통해 해항 행정에 뛰어들었다. 하지만 체신성은 해륙 교통의 결절점으로서 해항에 관심을 가졌기 때문에 동해 노선에 기대했던 동해 연안항의 생각에 부응하는 것은 아니었다.

각 지역의 기대에 응한 것은 역시 내무성이었다. 쇼와공황昭和恐慌14)에 대한 대책으로 나온 농촌 구제·산업 진흥의 일환으로 내무성은 지방 항

155 大蔵省関税局編, 『税関百年史』 下, 日本関税協会, 1973, pp.189~194.
156 위의 책, pp.210~214.

만 건설을 시작했다. 이미 1920년대 말부터 내무성은 중소 항만 건설에 뛰어들었으나 공업항 건설을 명목으로 이를 더욱 본격적으로 진행하기 시작한 것이다. 내무성의 움직임은 지방 중소 항만뿐만 아니라 주요 항만에도 영향을 미쳐 게이힌운하·도카이만 건설 공사를 현영으로 추진하기도 한다.

1937년 이후 전시 체제화가 진행되는 가운데 체신성은 해항 행정 통일을 위해 움직이기 시작한다. 전시 체제 아래 문제가 된 것은 해상 수송력이었으며 선박 부족을 보충하기 위하여 항만 하역 효율화를 시도하였다. 해상 수송력과 항만 하역에 대한 관심은 철도·도로·해운을 일관되게 관리하는 교통성 구상으로 이어진다. 하지만 행정 기구 개혁을 수반하는 교통성 설치는 체신성 단독으로 할 수 없었고, 관청을 횡단하는 네트워크가 필수 불가결했다. 같은 시기 혁신 관료가 등장하고 종합 국책 기관으로 기획원이 설치된 것은 체신성에게 유리한 상황이라 인식되었다.

그러나 행정 기구 개혁의 벽은 높아 기획원은 원래 생각한 것과 같은 국책 전체를 통합하는 조직이 되지 않았으며, 결과적으로 교통성 구상은 실현되지 못했다. 해무원 설치 및 운수통신성으로의 통합은 해항 행정 일원화에 도움이 되는 일은 아니었던 것이다. 내무성 계열 토목기사 중에는 혁신 관료에게 동조하는 자도 있었으나, 그것이 해항 건설을 중시하는 내무성과 항만 하역 효율화를 지향하는 체신성 사이에 있던 생각의 차이를 좁히지는 못했다. 그 결과 구 체신성은 항만 하역 효율화에 관심을 집중할 수밖에 없었으며, 창고 회사 등 항운 회사 통세를 강화해 간다. 그리고 항운 회사 통제도 지방 항만에서는 실현되었지만 대형 해항에서는 그러지 못했다.

요약하자면 전시 체제 아래에서는 표면적으로 해항 행정 일원화를 이루기는 했으나 실태는 여전히 행정상 공백이 있는 상태였다. 따라서 해항 행정 일원화를 둘러싼 구 내무성·대장성·구 체신성 3자 간 경쟁은 전후에도 이어진다. 요코하마·고베 두 항의 접수 해제를 위하여 세 관청이 초안을 작성한 항만 법안은 각자의 관심을 반영하여 서로 전혀 다른 것이 되었으며, 해항 행정 일원화가 어렵다는 사실을 다시 한번 각인시켰다. 최종적으로 성립한 항만법은 GHQ의 의향을 우선시한 것으로 초안 작성자 스스로 인정하듯이 실효성이 거의 없는 것이었다. 항만법에 규정된 포트 오소리티port authority, 항무국은 거의 설립되지 않았고, 실제로는 기존과 같이 도도부현·시정촌에 의한 해항 행정이 전개되었다.

그리고 해항의 관리와 건설이 분리된 점도 역시 기존 방식 그대로였다. 항운 회사의 지휘 감독은 구 체신성 계열 운수성 해무국이 계승하였고, 해항 건설은 구 내무성 계열 운수성 항무국이 담당하는 체제가 정비되었다. 나아가 항만법·항만 운송 사업법과 함께 1950년에 국토 종합 개발법國土總合開發法이 제정된 것도 매우 상징적이다. 구 내무성 계열건설성(建設省)이 초안을 작성한 이 법은 전국적인 국토 계획이라는 시점을 결여한 것이었다. 하지만 그렇기 때문에 오히려 각 지역의 지역 이익을 반영하는 기능을 하게 되었다.[157] 그리고 1930년대 등장했던 지방 공업항 구상은 이들 '국토 계획' 속에 편입하여 1950년대 이후 실현된다.

---

157 御厨貴, 앞의 책, pp.232~233.

종장

국민 국가 시대의 해항

근대의 해항은 해륙 교통의 터미널 기능을 지니는 경제적인 공간임과 동시에 여러 행정 분야가 교차하는 공간이기도 하다. 또한 해항 도시로서 발전한다는 것은 지역 사회의 미래를 좌우할 가능성이 있기 때문에 지역 간 경쟁도 심하다. 따라서 관청 간·지역 간 경쟁이 일어났던 근대 해항은 매우 정치적인 공간이기도 했다.

하지만 그럼에도 불구하고 해항과 관련된 정부 관청의 이익 및 지역 이익은 성립하기 힘든 것이었다. 해항 관련 관청은 해항 행정을 독립적인 것으로 다루지 않고 각기 다른 정책 과제의 일부로 해항 행정을 자리매김하는데 그쳤다. 따라서 어떠한 관련 관청도 해항 행정에 대하여 지속적으로 관심을 가질 수 없었다. 그리고 해항 건설에는 많은 비용이 필요하지만 단기적으로는 눈에 보이는 효과가 나타나지 않기 때문에 지역 이익으로 성립하기도 쉽지 않았다.

국가와 지역, 어느 차원에서도 이익이 쉽게 성립하지 않은 상황 속에서 해항 건설을 추진했던 것은 이 두 차원의 경계에 위치한 세계시민형 행위자였다. 이 책은 이와 같은 관점에서 근대 일본의 해항사를 살펴보았다. 아래에서 세계시민형 행위자라는 시점에서 이 책이 밝혀 낸 사실을 정리하겠다.

1, 세계시민형 행위자

해항 정비 과정에서 가장 큰 역할을 한 행위자는 지방 장관, 세관장 등 지방 관료였다. 특히 지방 장관의 역할이 매우 중요했으며, 1870년대부터 1900년대에 걸쳐서는 지방 장관의 관심이 해항 건설의 귀추에 큰 영향을 미쳤다. 히로시마현廣島縣 현령縣令 센다 사다아키千田貞曉나 후쿠오카현福岡縣 현령 야스바 야스카즈安場保和는 축항 사업을 완성할 수 있었는데 이는 그들이 해항 건설에 큰 관심을 가진 결과였다.

그러나 해항 건설을 이익으로 실감하는 범위는 한정적이다. 근대 해항은 육상 교통과 해상 교통의 터미널이라는 점이 특징이고, 따라서 배후지 규모가 해항의 규모를 결정한다. 그런데 해항 관련 이익을 배후지에서 반드시 공유했던 것은 아니다. 오카사부大阪府 지사 니시무라 스테조西村捨三는 오사카大阪 축항을 오사카부 전체의 지역 이익으로 만드는 것을 단념하고 보다 좁은 범위인 오사카시大阪市의 지역 이익으로 성립시키는 것을 목표로 삼을 수밖에 없었다. 그리고 실제로는 이것조차 어려웠다.

오사카 축항을 둘러싸고는 시영 축항을 추진하는 그룹게이카쿠파(京鶴派)과 고베항과의 공존을 지향하는 그룹한카쿠파(阪鶴派) 사이에 대립이 생겼고, 나아가 청일전쟁 이후 선박 대형화에 대응하기 위한 축항 확대파도 등장하며 오사카시 내부 의견은 쉽게 통합되지 못했다. 게다가 역대 오사카부 지사가 각자 다른 그룹의 의견을 지지했기 때문에 오사카 축항을 둘러싼 혼란은 점차 심해졌다.

혼란의 원인 중 하나는 비용 문제였다. 3,000톤급 선박에 대응하기 위해서는 7.3미터 정도, 6,000톤급 선박의 경우는 8.4미터 정도의 수심이 필요하다고 알려져 있다.<권말 부록 3> 그리고 풍랑으로부터 선박을 지키고 항로와 계선 부두의 수심을 유지하기 위해서는 스케일이 큰 방파제·방사제防砂堤가 필요하다. 멀리까지 얕은 지형을 지닌 도쿄東京나 오사카에서 본격적으로 축항 공사를 하려면 연안부의 수심 유지와 외양까지의 항로 정비를 위해 막대한 비용이 필요했고, 그러므로 시영 축항을 추진하던 그룹조차 확대 설계안 실시에는 소극적일 수밖에 없었다.

그리고 결과적으로 장대한 축항 계획을 책정하는 내무성內務省 토목기사는 때때로 해항에 관한 지역 이익 성립의 저해 요인이 되었다. 1880년대부터 1890년대에 걸쳐 도쿄 축항은 거듭 계획되었지만, 토목기사의 자유로운 설계에 맡긴 결과, 도쿄부東京府(시)의 비용 부담 능력을 크게 웃도는 설계안의 입안만 이루어졌다. 물론 토목기사가 의도적으로 축항 계획을 지나치게 크게 만든 것은 아니었다. 그들은 기술자로서 이상적인 설계를 추구한 결과, 축항을 실현하지 못한 것이다. 1899년 후루이치 고우이古市公威가 입안한 총 공사비 4,000만 엔에 달하는 도쿄 축항 계획은 실현에 이르지 못하고, 어디까지나 도쿄 축항을 보완하기 위해 잠정 계획으로서 입안된 총 공사비 3,000만 엔의 제2차 요코하마 축항 계획이 실현된 것은 이러한 역설을 상징한다.

그런데 토목기사의 과도한 설계를 지원한 것은 군부였다. 잠재적인 해군력이기도 한 일본 해운업의 발전을 지향했던 해군은 군항 부근의 무역항 지정에는 반대하면서도 기존 무역항의 계선 시설 확충에는 열을 올렸다. 그리고 병참 거점으로서 해항 도시 정비를 추구했던 육군에게도 대량 인원이나 화물을 신속하게 상·하역할 수 있는 계선 부두 축항은 필수 불가결했으며 이는 축항 규모 확대를 지지하는 목소리로 이어졌다. 하지만 군부는 축항 규모 확대를 원했지만 이를 뒷받침하는 재원 마련에 힘을 쓰지는 않았다. 청일전쟁 이후 갑자기 확대된 오사카 축항에 대한 국고 보조는 총 공사비의 10%에도 미치지 않았고, 결과적으로 오사카 축항은 설계 축소나 공사 중단을 피할 수 없었다. 이처럼 군부 또한 해항에 관한 지역 이익 성립의 저해 요인이었다.

지방 장관과 함께 장대한 축항 계획을 지역 이익으로 성립시키고자 노력했던 것은 의회 정치인이나 지역 정치인이었다. 1890년대 철도 정비가 늦어진 상태였던 동해 연안항을 중심으로 무역항 지정을 요구하는 움직임이 나타난다. 통상 국가 구상을 주창하는 언론인의 해항론에 영향을 받은 이들은 자신들의 지역을 세계 교통망의 중계 지점으로 자리매김함으로써 해항에 관한 지역 이익을 성립하고자 노력했으며, 그러한 노력은 어느 정도 성공했다. 그러나 이들은 지역 차원에서는 성공하였으나, 국가 차원에서는 어려움에 직면한다. 왜냐하면 언론인들의 해항론은 국내 교통망과 국제 교통망의 터미널로서 주요 해항을 정비하는 이른바 '대형항 집중주의'에 입각한 논의였기 때문이다. 일정 규모 이상의 배후지를 필요로 하는 해항론에서는 같은 시기 전개된 철도 부설 요구나 하천 정비 요구와는 달리 제국의회라는 무대에서 각 지역의 협조를 얻는 것이 어려웠다.

1880년부터 1900년대까지 지방 장관이나 의회 정치인이 지녔던 한계를 뛰어넘은 것은 대장성大藏省 관료세관장였다. 대장성의 과제는 무역 급증에 대응할 수 있는 해항 시설을 정비하는 것이었다. 따라서 대장성 관료는 해항으로서 실적이 적은 도쿄나 오사카가 아니라 이미 존재하던 대형 해항인 요코하마橫濱·고베神戶의 축항을 지향했다. 그러나 이미 대형 항만이었던 요코하마와 고베에서는 해항 건설을 지역 이익으로 보는 분위기가 약했다. 비용 부담이 따르는 해항 건설을 실현하기 위해서는 여기에서도 지역 이익을 성립시킬 필요가 있었던 것이다. 제2차 요코하마 축항을 위한 요코하마시橫濱市의 지역 이익 성립에 중요한 역할을 한 것은 요코하마세관橫濱稅關 세관장인 미나카미 히로치카水上浩躬와 요코하마시 시장 이치하라 모리히로市原盛宏였다. 주목해야 할 부분은 이들이 요코하마 축항을 지역 이익으로 성립시키는 과정에서 도쿄항東京港의 위협을 강조하지 않고, 지역 주민이 참여하는 새로운 운영 방식법인화를 제안했다는 것이다. 이들은 해항을 공채 발행권을 가지는 법인으로서 시정과 분리함으로써 재정면에서 제국의회 및 시의회의 제약을 극복하고 해항 건설을 지역 이익으로 성립하고자 했다. 하지만 해항의 법인화는 내무성의 반대로 단념할 수밖에 없었다.

한편, 내무성의 제약을 극복하고자 한 것은 지역 기업인이었다. 1900년대에 들어서자 단순한 매립 사업에 그치지 않고 계선 설비 등을 갖춘 본격적인 축항 공사가 민영 사업으로 시작된다. 지방 기업인에게 축항 사업은 예를 들어 제2차 와카마쓰若松 축항처럼 원로 정치인과의 개인적인 인맥에 의해 국고 보조를 얻는 등 내무성 토목국의 제약으로부터 비교적 자유로웠다. 그러나 이들도 지역 이익 성립 문제는 피할 수 없었다. 1900년대까지 와카마쓰항若松港과 같이 지역 사회가 특정 사기업에 의존하는 경우, 사기업의 사적 이익과 지역 이익이 일치하기 때문에 이를 조정하는 것은 문제가 없었다. 그런데 지역 사회의 경제가 발전하고 특정 기업에 대한 의존도가 상대적으로 낮아지면 양자를 조정할 필요성이 생긴다. 1900년대 초반 도카이만洞海灣 연안에서 필요했던 것은 지역 이익 실현을 중앙 정부에게 요구하는 중개자가 아니라 변화한 지역 사회에 맞춰 지역 이익을 다시 새롭게 설정하는 조정자였다. 그리고 당사자인 지방 기업인은 그러한 조정자 역할을 하지 못했다.

이처럼 1900년대까지의 시기에는 지방 관료·의회 정치인·지역 기업인 등 배경과 관심이 다른 세계시민형 행위자들에 의해 각지의 해항 정비가 추진되었다. 법인화한 해항을 대상으로 경제 규모에 따라 단계적으로 시설 정비하는 것이 해항 행정의 원칙인 대장성에게 이러한 상황은 받아들일 수 있었다. 반면에 하천·도로와 마찬가지로 전국적인 건설 원칙을 확립하고자 했던 내무성 토목국에게는 이와 같은 상황은 혼란으로 인식되었으며 결과적으로 해항 건설 기본 방침을 확립하고 해항 행정을 일원화하는 일이 내무성 해항 행정의 주요 과제가 된다. 그리고 이를 실현하기 위한 계기가 된 것은 통치 주체로서의 정당의 등장이었다.

통치 주체로서의 정당은 내정 관련 종합 관청인 내무성과의 협조 아래 세계시민형 행위자의 계열화를 추구했다. 이른바 '관료의 정당화政黨化'는 상징적인 사례이다. 내무성 토목국은 제2차 사이온지 긴모치西園寺公望 내

각 당시 1907년 10월「중요 항만 선정·시설 방침重要港湾ノ選定及施設ノ方針」을 정했고 이 방침에 따라 1910년대 이후 각지에서 정우회政友會 계열 지사에 의해 지방항 건설이 시작되었다.

계열화는 지방 관료에 그치지 않았다. 정우회 계열 지사와 협조하여 움직이는 지역 유지가 필요했으며 1910년대에는 지역 기업인을 시작으로 지역 유지의 계열화가 진행되었다. 예를 들어 쓰루가敦賀에서 해항 건설을 지렛대 삼아 지역을 발전시키고자 했던 오와다 쇼시치大和田莊七의 정치 자원은 원래는 비非 내무성 계열 관료와의 인적 네트워크였다. 그런데 오와다 쇼시치는 1910년대 말이 되면 정우회 계열 지사를 통해 내무성 계열 관료와 인적 네트워크를 만듦으로써 제2차 쓰루가 축항을 후쿠이현福井縣 전체의 지역 이익으로 성립시키는데 성공했다. 또한 해항의 배후지가 반드시 현의 경계와 일치하는 것만은 아니다. 복수의 현에 걸쳐 지역 이익을 성립해야 할 때는 정우회 계열 중의원 의원의 네트워크가 유용했다. 후시키항伏木港이나 사카이항境港처럼 복수의 현에 걸친 지역 이익이 성립한 것도 이 시기였다. 이처럼 1910년대 말부터 20년대에 걸쳐 정우회-내무성에 의한 세계시민형 행위자의 계열화가 이루어진 것이다.

해항 행정의 일원화를 지향했던 내무성 토목국은 정당에 의한 계열화와는 별도로 독자적인 세계시민형 행위자의 계열화에 나섰다. 그것이 항만협회港灣協會이다. 항만협회 설립에 의해 내무성 토목국은 지방 관료뿐 아니라 선박 회사·창고 회사·하역업자 등 지금까지 내무성 토목국이 네트워크를 가지고 있지 않았던 해항 관련 기업인을 계열화할 수 있었다.

즉, 해항 행정의 일원화를 달성하지는 못했지만 내무성 토목국은 정당과는 또 다른 형태로 세계시민형 행위자의 계열화를 실현함으로써 해항 건설에 더욱 적극적으로 나설 수 있게 되었다. 1920년대 말에는 항만협회가 기존의 대형항 집중주의로부터 중소형항 분산주의로의 전환을 분명히 표명하였고, 부현府縣 단위로 해항 건설 행정을 적극 전개해 간다. 단, 중소형 해항의 배후지는 부현의 범위보다 작다. 따라서 부현을 단위로 중소형 해항에 관한 지역 이익을 성립하려면 현 내부에 복수의 해항을 건설해야만 했다. 이를 위해서 항만협회는 지정 항만 제도指定港灣制度를 정비하고 내무성 계열 여부와 관계없이 해항 기사를 동원하여 각 지역의 해항 건설 조사 및 설계 입안을 시작함으로써 해항 건설에 관한 지역 사회의 기대를 계속해서 환기한 것이다. 과거 장대한 축항 계획을 세움으로써 지역 이익 성립을 방해했던 토목기사는 해항 건설 예산 확대에 따라 지역 이익의 성립을 가능케 하는 존재로 변하기 시작했다.

그리고 이들의 노력을 지원한 것은 같은 시기 진행된 지방의 공업화이다. 광대한 배후지가 필요하지 않은 공업항이 등장한 결과 내무성 토목국은 중소형항으로 분산하는 것이 가능했다. 이처럼 계열화된 세계시민형 행위자가 해항에 관한 지역 이익을 성립시키고 이를 축적하는 형태로 각지의 해항 정비를 진행한 내무성식 해항 행정은 실질적으로 완성된다.

하지만 이와 동시에 진행된 것이 전시 체제화였다. 그리고 전시 체제화를 담당했던 것은 내무성 관료가 아니라 체신성遞信省이나 대장성 등 경제 관료였다. 전쟁 수행이라는 국가 이익이 무엇보다 우선시되는 상황에서 체신성 관료는 지역 이익을 대변하는 세계시민형 행위자의 역할을 부정하고 해항을 직할 운영하고자 했다. 그러나 이는 실효성이 없었다. 항운업자의 통합은 지지부진했고 행정 기구 개혁의 결과 성립한 해무원

海務院과 운수통신성運輸通信省 내부에는 할거주의가 남았다. 그리고 그 결과 경제 관료의 해항 운영에 많은 불만이 쏟아졌다.

따라서 전시 체제가 막을 내리자 해항 행정은 다시 다원화된다. 운수성으로 일원화한 세관·검역 등 해항 관련 사무는 원래 관청으로 돌아갔고, 운수성은 해항 건설과 운영을 담당하게 된다. 운수성 내부에서는 구 내무성 계열 토목기사가 해항 행정의 주도권을 쥐었으며, 1950년 공포된 항만법港灣法은 실질적으로는 도도부현都道府縣을 단위로 한 해항 행정을 추구했던 구 내무성의 의향을 반영한 것이었다. 이렇게 전후에는 건설에 주로 관심을 둔 구 내무성식 해항 행정이 전개된다. 특히 제1차 전국종합 개발 계획第一次全國總合開發計劃이 책정된 1962년 이후, '국토의 균형 발전'을 지향하여 전국에 임해 공업 지대를 분산 배치한다. 이는 각 지역의 지역 이익을 축적한 것으로서 국가 이익을 이해하는 과거의 내무성 토목국 및 정우회의 해항 건설 방침을 구체화한 것이기도 했다.

2. 국가 이익과 지역 이익

그러나 국가 이익이란 지역 이익을 축적한 결과물이 아니다. 지역 이익이 지역 사회에서 공유되어야 성립하는 것처럼, 국가 이익도 국가 차원에서 공유되어야 하는데, 이와 같은 측면은 근대 해항에서 잘 나타난다. 다른 정책 과제 중에는 지역 이익의 합이 국가 이익으로 '보이는' 것도 있지만, 이는 어디까지나 '보이는' 것으로 실제 국가 이익으로 성립한 것은 아니다. 공유되는 국가 이익이 없으면 인프라 정비는 단순히

'선심성 사업'으로 쉽게 변한다. 이와 같은 사례는 일일이 열거할 수 없을 만큼 많다.

근대 해항에서 이러한 문제가 두드러지는 것은 급속한 교통수단의 발전에 따라 해항이 터미널 기능을 가지게 되었기 때문이다. 따라서 근대 해항 문제는 공업항이 주류인 현대의 해항 문제보다 오히려 공항 문제와 유사하다. 근대 해항은 동일 지역에 복수 존재하는 것이 불가능하고 더군다나 급속도로 진행하던 선박 대형화에 대응해야 했다. 런던이나 함부르크와 같이 해항 도시로서 축적된 경험이 있는 것도 아니고, 상하이나 홍콩처럼 열강으로부터 터미널로서의 지위를 부여 받은 것도 아닌 일본의 해항 도시 입장에서 국가 지원은 필수 불가결했다.

도쿄나 오사카가 개항 당시부터 무역 거점으로 기대를 받았다면 문제는 더 단순했을지도 모른다. 하지만 개항 당시 사정은 소비 도시와 해항 도시의 분리를 가져왔고, 멀리까지 얕다는 지리적 요인은 그러한 분리를 심화했다. 따라서 특정 해항에 자본을 집중적으로 투하할 필요성이 반복해서 제기되었음에도 실현은 쉽지 않았던 것이다. 1880년대부터 1890년대에 걸쳐 경제학자나 국수주의자가 반복하여 주장한 대형항 집중주의는 대장성 관료를 포함하여 널리 국가 이익으로서 공유되었다. 그러나 해항 선정이라는 구체적인 정치 과정에 들어가면 공통의 이해는 성립하지 않았다.

구체적인 정치 과정에 들어가면 대형항 집중주의는 성립하지 않는다. 이를 상징하는 것이 내무성 토목국 및 정당의 행동이다. 내무성 토목국은 과도하게 설계하는 경향이 있었으나 이는 터미널 기능을 중시했기 때문이 아니라, 주로 수리 토목 기술상의 이유 때문이었다. 해항 건설보다 하천 개수가 전문인 내무성 토목국에게는 특정 해항에 자본을 집중해야 한다는 발상이 아예 없었던 것은 아니지만 약했다. 이들은 각지의 요구를 받아 해항을 설계하였고 나아가 그것은 지역의 기대보다 규모가 컸다. 또한 정당 지도자는 지역의 지지를 얻기 위해서 경제적 불균형을 바로잡을 수밖에 없었기 때문에 지역의 해항 건설 요구를 배제할 수 없었다.

그렇다면 중소형항 분산주의라면 성립하는가 하면 그렇지 않다. 1920년대 이후 내무성 토목국은 정당과 협조하여 중소형항 분산주의를 국가 이익으로 공유하고 했으나 잘되지 않았다. 항만협회가 대형항 집중주의에서 중소형항 분산주의로의 전환을 표명하였음에도 불구하고 1930년대에는 '새로운 의미의 대형항 집중주의'를 다시 제시한 것은 중소형항 분산주의가 국가 이익으로 성립하기 어려웠음을 말해준다. 공업항의 분산은 해항의 입지 문제가 아니라 어디까지나 공업 지대의 입지 문제로 인식되었기 때문에 가능했다.

이처럼 해항에 관한 국가 이익은 성립하지 않았다. 오해가 없도록 강조하자면 이 책의 의도는 내무성이나 정당을 비판하는 것이 아니다. 매우 좁은 영역의 국가라면 몰라도 일정 정도 이상의 영역을 지니는 국가가 '타자'인 해항 도시를 포함하여 국가 이익을 성립하는 것은 역시 어려운 문제이다. 오늘날 세계 최대 해항이 있는 싱가포르와 일본을 비교하면 해항을 둘러싼 전제 조건이 다르다는 점을 강조할 수밖에 없다.

이 책에서 주제로 삼은 것은 이와 같은 어려운 문제에 계속 도전한 세계시민형 행위자이다. 이들이 시도한 것은 해항이 형성하는 경제적인 배후지와 해항이 가져오는 이익을 실감하는 정치적 공간을 일치시키는 것이었다. 대형항 집중주의를 취하든 중소형항 분산주의를 취하든 해항 건설을 위한 이들의 시도는 필수 불가결했다. 이들의 존재를 무시하고는 통치가 성립하지 않는다는 사실은 전시 체제 아래 해항 행정의 기능 부전이 잘 보여준다. 지방 관료 · 의회 정치인 · 기업인 등 이들의 속성은 다양하지만 지역 이익을 성립시키고 이를 국가 이익과 연결한다는 의미에서 본질적인 차이는 없다.

물론 세계시민형 행위자가 만능은 아니다, 지역 사회에 뿌리를 내리지 않은 이들이 해항 건설을 주도함으로써 해항 내부에는 기존의 질서가 남게 되었다. 이는 광대한 매립지나 임항 철도에 의해 물리적으로 해항에서 분리된 도시 주민을 심리적으로도 해항에서 멀어지게 만드는 결과를 초래했다. 이렇게 국민 국가의 시대에도 해항은 계속 '타자'인 것이다.

주석

서장 근대 해항사란 무엇인가

1) 13~17세기 독일 북부 연안과 발트해 연안의 도시들 사이에 이루어진 연맹으로 해상 교통의 안전 확보를 통한 상권 확장 등을 목적으로 한 무역 공동체이다. 함부르크 외에 뤼베크(Lübeck), 비스마르(Wismar) 등이 속했다.

2) 현재는 오사카는 '大阪'이라 표시하지만 메이지(明治)시대 이전에는 '大坂'라 하였다.

3) 도쿄(東京)의 옛 지명을 말한다.

4) 각주9에서 설명하듯이 저자는 "꾸준한 관리가 필요한 이권, 인맥, 영향력 또는 흥미·관심사 등"을 폭 넓게 포함하는 개념임을 강조하기 위하여 일본 정치사 연구에서 일반적인 '지역 이익'과 '국가 이익' 대신 '로컬 인터레스트', '내셔널 인터레스트'를 사용한다. 이는 일본어가 외래어를 표기할 때 가타카나(カタカナ)라는 별도의 음절 문자를 사용하기에 가능한 구분으로, 원문에서는 'ローカル·インタレスト'와 'ナショナル·インタレスト'라 표기한다. 다만 한국어로는 '로컬 인터레스트'와 '내셔널 인터레스트'로 표기하는 것에 위화감이 있으며 가독성 또한 떨어지므로 저자의 의도를 충분히 이해하면서 '지역 이익'과 '국가 이익'으로 번역하였다.

5) 1890년 오이 겐타로(大井憲太郞)을 중심으로 결성된 정당으로 1881년 만들어졌던 같은 이름의 정당을 전신으로 한다. 1898년 진보당(進步黨)과 합당하여 헌정당(憲政黨)으로 거듭난다.

6) 정치인 중 의회를 구성하는 사람들을 말한다. 일본의 경우, 중의원(衆議院)과 참의원(參議院)으로 이루어진 국회와 지방 의회의 의원이 여기에 속한다.

7) 1900년 이토 히로부미(伊藤博文)를 초대 총재로 하여 결성된 정당이다. 헌정당 내의 구 자유당 계열 세력을 포섭하는 형태였으며, 이후, 1940년 해산하기까지 입헌민정당(立憲民政黨)과 함께 제국의회에서 양당제를 이끌었다.

8) 메이지유신(明治維新)부터 2001년까지 존재했던 중앙 관청으로 재정과 금융 분야를 소관하였다.

9) 1873년부터 1947년까지 존재했던 중앙 행정 기관으로, 경찰, 지방 행정을 담당했다.

10) 1885년 만들어진 중앙 관청으로 우편, 통신 행정을 관할하였다.

11) 1881년 설치된 중앙 관청으로 농림 수산과 상공업 일체의 행정을 소관하였다. 1925년 농림성(農林省)과 상공성(商工省)으로 분할 개편된다.

12) 관료제의 역기능 중 하나로 자신이 속한 부서 또는 집단의 이익만을 가장 중시하는 생각이나 행동을 말한다.

13) 메이지유신을 이끌었던 사쓰마(薩摩)·쵸슈(長州)·도사(土佐)·비젠(肥前)을 중심으로 조직된 신정부를 말한다. 특히 사쓰마와 쵸슈 출신자들이 중심적인 역할을 하였다.

14) 1890년 대일본제국헌법(大日本帝國憲法) 시행부터 1947년 5월 3일 현재의 일본국헌법(日本國憲法) 시행까지 설치되었던 의회이다. 중의원과 귀족원(貴族院)의 양원제이다.

15) 막부(幕府)란 1192년부터 1868년까지 일본을 실질적으로 통치했던 쇼군(將軍)의 정부를 말한다. 에도막부는 1603년 도쿠가와 이에야스(德川家康)이 세운 에도(江戶), 즉, 도쿄(東京)를 본거지로 하는 무가(武家) 정권을 말한다.

16) 1868년부터 1912년까지이다. 기본적으로 메이지천황(明治天皇)의 재위 기간을 뜻하나, 메이지유신을 전후 하여 약간의 차이가 있다.

17) 원문에서 '日本海'라고 칭하는 해역은 '동해'로 번역하였다. 단, 기관명·단체명 등 고유명사의 경우에는 일본식 발음을 그대로 사용하여 '니혼카이'라고 하였다(예 : 니혼카이항만공영회(日本海港灣共榮會))

18) 에도시대 말, 막부가 개국하며 서구 열강과 체결한 일련의 조약을 일컫는다. 기본적으로 불평등 조약이었다.

19) 메이지시대 초기의 산업 정책으로 서구 열강에 대항하여 근대 기술의 도입, 자본주의적 생산 방법 육성 등을 목표로 하였다.

20) 1931년 9월 일본 관동군(關東軍)이 류탸오후사건(柳條湖事件)을 빌미삼아 만주를 침략하기 위해 시작한 전투를 말한다. 만주사변 이듬해에는 만주국(滿洲國)이 성립하였으며, 이는 1945년까지 이어지는 중일전쟁의 시작을 알리는 전투였다.

제1장 일본 해항 행정의 시작

1) 여기에서는 1603년 도쿠가와 이에야스가 세운 에도막부(江戶幕府)를 가리킨다.

2) 쇼군으로부터 영지(領地)를 받은 영주들이 통치하던 영역 및 기구를 뜻하며, 에도시대 말기가 되면 260여개가 존재하게 된다. 에도시대의 지배 체제는 중앙의 막부와 지방의 번으로 구성된 막번(幕藩) 체제였다.

3) 1870년 설치되어 식산흥업 정책을 수행했던 중앙 행정 기관이다. 1885년 내각 제도 설립과 함께 폐지되었다.

4) 메이지시대 초기의 관직 중 하나로 여기에서는 각 현에서 지사 바로 아래의 자리를 가리킨다. 판사 다음에는 권판사(權判事)가 이어진다.

5) 1868년 외교 · 무역 · 영토 등을 관할하는 관청으로서 설치되었다. 이듬해 외무성으로 개편된다.

6) 메이지시대 일본의 대표적인 기업인 중 한 명으로 '근대 오사카 경제의 아버지'라고 불린다. 오사카 조폐국 설립에 중요한 역할을 하였으며, 오사카상선(大阪商船) 등을 경영하였다.

7) 1869년 설치된 중앙 행정 기관으로 일본의 외교를 관장한다. 설치 이후 이름이 바뀌지 않고 현존하는 유일한 관청이다.

8) 상급 행정 기관이 하급 행정 기관이나 직원에게 소관 업무에 관한 지휘 · 명령을 위해 발신하는 문서.

9) 에도시대 홋카이도(北海道)의 행정을 담당했던 관직으로, 하코다테(函館) 개항 후에는 그곳에서의 통상, 외교 등을 관장하였다.

10) 외국 선박이 입항할 때 톤수를 기준으로 부과하는 세금을 말한다.

11) 1858년 미국과 일본이 체결한 미일 수호 통상 조약(Treaty of Amity and Commerce)의 부칙으로 개항에서 미국인의 무역 활동에 관한 규칙이다. 관세 자주권이 없는 등 불평등한 내용이었다.

12) 자력 항행 능력이 없어 다른 선박에 의하여 끌리거나 밀려서 항행되는 선박으로 바지선이라고도 한다.

13) 근세에서 근대에 걸쳐 일본에서 널리 사용된 작은 배로 대형 선박과 육지 사이를 오가며 연락 및 하역을 담당하였다. 부선의 일종이다.

14) 메이지시대 초기, 구체적으로는 1886년 이전의 법률 형식을 말한다.

15) 전전(戰前) 일본에서 사용된 고등 기술 관료의 관직명이다.

16) 메이지시대 초기 대장성(大藏省) 장관을 일컫던 말이다.

17) 메이지시대 초기, 내각 제도가 설립되기 이전 1871년부터 1885년까지 최고 정치 기관이었던 쇼인(正院)의 수장을 가리킨다.

18) 1874년 대장성에서 내무성으로 이관되었다. 신사 · 관청 · 창고 · 교량 · 항만 · 수로 · 도로 등의 건조를 관장하였다.

19) 메이지시대 초기의 내무성 장관을 가리킨다.

20) 메이지 신정부의 정책에 불만을 가졌던 사족(士族)으로 에도시대까지 지녔던 특권이 없어지고 생활이 궁핍해 지면서 일부 사족 가운데 등장하였다.

21) 1874년 정한론(征韓論) 무산에 불만을 품은 불평사족들이 이와쿠라 도모미(岩倉具視)의 암살을 시도한 사건이다.
22) 1874년 규슈(九州) 사가현(佐賀縣)에서 불평사족이 메이지 신정부를 상대로 일으킨 대규모 반란이다.
23) 1874년 대장성에서 내무성으로 이관되었다. 교통 · 통신 · 우편 업무를 담당하였다.
24) 1875년 메이지 정부의 중요 인물인 오쿠보 도시미치(大久保利通), 기도 다카요시(木戸孝允), 이타가키 다이스케(板垣退助) 등이 오사카에 모여 향후의 정부 방침, 구체적으로는 입헌 정치 수립 등에 대해 논의한 비밀 회담이다.
25) 1871년부터 1873년까지 일본에서 미국, 유럽 각국에 파견된 100여명 규모의 사절단으로 서구 문명 시찰 및 조사를 목적으로 하였다. 부차적으로 구조약(舊條約) 개정 타진이라는 목적도 있었으나 성공하지는 못했다.
26) 토목료(土木寮)의 수장인 '두(頭)'의 바로 아래 직위에 해당한다.
27) 일본 혼슈(本州)의 동부를 간토(關東), 서부를 간사이(關西)라고 한다.
28) 조정의 회의를 뜻한다.
29) 메이지시대 초기 공부성(工部省) 장관을 부르던 말이다.
30) 일본의 북부, 홋카이도 및 혼슈 동북부의 도호쿠(東北) 지방을 가리킨다.
31) 오사카와 교토(京都)에 걸친 지역을 말한다.
32) 메이지시대 초기 계획되었던 도쿄와 교토를 잇는 국철 노선으로, 에도시대의 나카센도(中山道), 즉, 도쿄-나가노(長野)-기후(岐阜)-교토의 내륙 경로이다.
33) 기업 공채증 발행 조례(起業公債證書發行條例)에 입각하여 발행한 식산흥업 공채로 일본 최초의 국채이다.
34) 에도막부를 무너뜨림과 동시에 진행된 일련의 근대화 개혁을 총칭한다. 메이지유신의 결과, 중앙집권의 통일 국가와 자본주의 발전으로 이어졌다.
35) 일본 혼슈의 북동부 지역을 일컫는다. 일반적으로 아오모리현(青森縣) · 이와테현(巖手縣) · 미야기현(宮城縣) · 아키타현(秋田縣) · 야마가타현(山形縣) · 후쿠시마현(福島縣)의 6개 현을 가리킨다.
36) 나가노현(長野縣)과 니가타현(新潟縣)을 총칭하는 말이다.
37) 이와사키 야타로(巖崎彌太郎)가 창업한 회사로 해운업이 주력 사업이었다. 이후 제국 일본의 팽창 속 사업 확장을 통해 미쓰비시 재벌(三菱財閥)로 거듭난다. 전후 재벌 해체의 대상이 되었으며, 현재는 미쓰비시그룹(Mitsubishi Group)으로 남아있다.
38) 교토 · 오사카 · 고베라는 3개 도시를 총칭하는 말이다.
39) 1881년 설립된 일본 최초의 사설 철도 회사로 1906년 철도 국유법(鐵道國有法)으로 국유화되기 까지 동일본 지역에서 많은 노선을 건설, 운영하였다.
40) 중세 이후, 근대 이전의 시기를 가리키는 개념으로, 일본에서는 주로 에도시대(1603~1868년)가 여기에 속한다.
41) 에도막부 말기부터 메이지시대 초기에 설치되었던 최고 행정 기관이다. 1885년 내각 제도 시작과 함께 폐지되었다.
42) 1871년부터 1886년까지 현의 우두머리를 칭하던 말이다.
43) 일본 혼슈 서부, 시코쿠(四國), 규슈(九州)로 둘러 쌓인 일본 최대의 내해를 말한다.
44) 츄고쿠지방(中國地方) 중, 세토내해(瀨戸內海) 쪽을 산요지방(山陽地方), 동해 쪽을 산인지방(山陰地方)이라 한다. 전자에는 오카야마현(岡山縣) · 히로시마현(廣島縣) · 야마구치현(山口縣) 남부, 후자에는 돗토리현(鳥取縣) · 시마네현(島根縣) · 야마구치현 북부가 속한다.
45) 일본 혼슈의 가장 서쪽 지방으로 돗토리현, 시마네현, 오카야마현, 히로시마현, 야마구치현이 여기에 속한다.

46) 메이지유신의 결과 실직하고 경제적으로 궁핍해진 사족을 구제하는 시책을 펼치기 위하여 부현(府縣)에서 적립한 기금.

47) 일본의 기업가. 근대 일본에 자본주의 경제 체제를 도입하고 은행, 해운 등 다양한 분야의 기업과 경제 단체를 설립하였다. '일본 자본주의의 아버지'라고 불린다.

48) 일본 오쿠라(大倉) 재벌의 창립자. 무기 상인에서 시작하여 무역, 건설, 제철 등 분야의 기업을 설립, 운영하였다.

49) 전전 일본에서 4번째로 컸던 야스다(安田) 재벌을 창립하였다. 환전 중개업을 시작으로 금융업, 철도, 해운업 등에 진출하였다.

50) 아사노(淺野) 재벌의 창립자이다. 시멘트 생산업을 바탕으로 해운, 조선, 광업, 가스 등에 진출하였다.

51) 치쿠호(筑豊)는 후쿠오카현(福岡縣) 중앙부를 가리키는 지명으로 메이지시대 석탄 산업이 흥한 곳이다. 치쿠호 석탄은 이 지역에서 생산되는 석탄을 통칭하는 말이다.

52) 계선거(繫船渠)라고도 한다. 조수 간만의 영향을 받지 않고 배의 높이를 일정하게 유지할 수 있는 하역, 수리 시설을 뜻한다.

53) 1853년 미국 제독 페리(M.C.Perry)가 함선을 이끌고 내항한 것에 위기를 느낀 에도막부가 해상 방어 강화를 목적으로 설치한 포대를 말한다. 총 6개를 설치했으며, 현재 제3 다이바(臺場)와 제6 다이바가 남아있다.

54) 전전 일본 해군의 근거지로 보급 · 출동 준비 · 훈련 등 함대의 후방을 통괄했던 기관이다.

55) 1875년 진수부(鎭守府) 설치를 정하면서 주변 해역을 크게 동쪽과 서쪽 2개로 나눠 동쪽 해역을 관장하는 진수부를 도카이(東海) 진수부라 하였다. 1884년 요코스카(橫須賀)로 이전하면서 요코스카 진수부로 개칭한다.

56) 1872년 설치된 조직으로 수로 측량, 해도 제작, 기상 관측 등 항해의 보안에 관련된 사무를 담당하였다. 1876년 수로국으로 개편되고, 내각 제도로 이행한 후 1885년에는 해군 수로부, 1888년에는 수로부가 되어 1945년 패전까지 이어진다. 기본적으로 전전 일본 해군 조직 중 하나이다.

57) 1에이커는 4,047제곱미터이다.

58) 1877년 규슈에서 사이고 다카모리(西鄕隆盛)을 중심으로 일어난 사족(士族)의 무력 반란으로, 메이지 정부의 승리로 끝났다. 일본이 근대로 이행하는 가운데 일어난 사족 반란들 중 가장 규모가 컸다.

59) 혼슈 중앙부 중 태평양 연안 지역을 가리킨다. 일반적으로 아이치현(愛知縣) · 기후현(岐阜縣) · 미에현(三重縣) · 시즈오카현(靜岡縣)을 포함한다.

60) 외국인 거류지 내에서만 가능한 외국인의 거주 · 영업 · 여행 등을 거류지 밖에서도 허가하는 것을 뜻한다.

61) 메이지 정부 초기 태정관제 아래에서 있었던 관직 중 하나이다. 각 관청의 수반인 '경(卿)'의 상위직이다.

62) 영국 · 미국 · 프랑스 · 네덜란드의 4개국과 일본이 체결한 무역 장정의 개정 협약으로 이 협약의 결과, 관세율이 크게 낮아졌다.

63) 내무성(內務省)의 장을 가리킨다.

64) 1885년 설립된 일본 최대의 해운 회사이다. 전전 미쓰비시 재벌(三菱財閥)의 중심 기업이었다.

65) 내각총리대신(內閣總理大臣)의 줄임말로 일본 내각의 수장이다. '총리(總理)', '수상(首相)'이라고도 하며, 이 책에서도 원문대로 이들을 혼용한다.

66) 미국 · 영국 · 프랑스 · 네덜란드 4개국 함대와 시모노세키(下關)를 포함 일본 혼슈 서남부를 다스렸던 쵸슈번(長州藩) 사이에 일어난 무력 충돌 사건을 가리킨다.

67) 내각의 의사를 결정하기 위해 여는 회의를 가리킨다.

제2장 국제 교통망 확충과 일본의 해항

1) 현재 시코쿠(四國) 고치현(高知縣)의 옛 지명을 말한다.
2) 1890년 성립한 지방 자치 제도인 부현제(府縣制)의 기본 단위이다. 오늘날의 광역 자치 단체에 해당한다고 할 수 있으나 실질적으로는 국가의 행정 구획에 지나지 않았다.
3) 1869년 만들어진 군무 기관을 가리킨다.
4) 혼슈(本州) 중앙부의 동해 연안 지역을 뜻한다. 일반적으로 니가타현(新潟縣)·도야마현(富山縣)·이시카와현(石川縣)·후쿠이현(福井縣)의 4개 현을 가리키나, 좁은 의미로 사용할 때는 니가타현이 제외되기도 한다.
5) 산요지방(山陽地方)과 산인지방(山陰地方)을 연결하는 철도의 총칭이다.
6) 도야마현 및 동해 연안에서 가장 먼저 개업한 철도 회사이다.
7) 1889년부터 1898년까지 도쿄시(東京市)·오사카시(大阪市)·교토시(京都市)에서 도입된 시제(市制)의 특례 조치로, 시의회와 행정을 분리한다는 취지로 운용되었으나, 실제로는 시의 행정에 중앙정부, 구체적으로는 내무성이 직접 관여한다는 측면에서 지방 자치가 제한되는 측면이 컸다.
8) 시제 아래에서 운용된 시의회의 보조 의결 기관을 가리킨다.
9) 1868년부터 1899년까지 오사카 니시구(西區)에 있던 외국인 거류지를 말한다.
10) 1886년 시행된 토목감독서 관제(土木監督署官制)에 따라 전국에 6곳이 설치되었다.
11) 도쿄에서 고베까지 이어지는 일본 철도의 대동맥 중 하나이다. 일본 철도 노선 중 가장 오래되었으며 수많은 지선이 존재한다.
12) 도카이도선(東海道線)과 함께 일본 철도의 대동맥을 이루는 산요본선(山陽本線)(고베-모지)을 건설, 운영했던 철도 회사이다.
13) 1879년 시가현(滋賀縣)에 설립된 국립은행으로 시가은행(滋賀銀行)의 전신이다.
14) 에도시대에 유래를 지니는 일본의 재벌이다. 오사카를 중심으로 사업을 펼쳤다.
15) 일본 3대 재벌 중 하나로, 세계에서 가장 역사가 오래된 재벌이다. 메이지시대에는 은행·창고·보험업에 진출하였다.
16) 바다와 육지 사이의 토지를 가리킨다.
17) 제국의회의 상원을 말한다. 하원인 중의원과 달리 신분에 의거하여 황족, 화족(華族) 등이 의원을 맡았다.
18) 조세 등을 경감하여 국민의 부담을 덜고 생활을 재건한다는 의미이다. 1890년대부터 1900년대 제국의회에서 자유당, 입헌개진당(立憲改進黨) 등이 주장했다.
19) 현재 교토부(京都府) 북부를 가리키는 옛 지명이다.
20) 1858년 에도막부가 미국·네덜란드·러시아·영국·프랑스와 맺은 불평등 조약의 총칭이다.
21) 1876년 조선과 일본 사이에서 체결된 강화도조약의 정식 명칭이다.
22) 1883년 조인된 조선과 일본 간 통상 관계에 관한 전문 42조의 조약을 말한다.
23) 1885년 설치되었다. 행정부, 법제부, 사법부로 구성되며 법안 및 법제의 심사와 조사를 담당한다.
24) 1889년 설립되었으며 연선(沿線) 탄광의 석탄을 적출항(積出港)으로 운반하는 사업을 중심으로 하였다.
25) 오늘날 홋카이도 유바리(夕張市) 일대에서 산출된 석탄을 가리킨다. 좁은 의미로는 홋카이도탄광기선(北海道炭礦汽船)에서 개발한 유바리탄광(夕張炭鑛)의 석탄을 말한다.
26) 독회란 신중한 심의를 위하여 의회에 마련된 절차를 가리킨다. 제국의회의 경우 제1독회에서는 의안 전체에 대한 토의, 제2독회에서는 축차 심의를 하였으며, 제 3독회에서 의안 전체를 다시 심의하는 삼독회제를 운용하였다.

제3장 조약 개정과 해항 행정

1) 일본의 중앙 행정 기관을 부르는 호칭이다. 대한민국의 '부(部)'에 해당한다.
2) '북쪽을 향하는 배들'이라는 뜻으로 에도시대부터 메이지시대에 걸쳐 활약한 동해 해운 또는 이에 사용된 선박을 말한다. 구체적인 경로는 오사카에서 시작하여 세토내해, 간몬해협(關門海峡)을 거쳐 동해로 나와 홋카이도로 이어지는 것이다. 철도로 대체되기 전까지 국내 물류, 상업에 큰 기여를 하였다.
3) 정부가 해운업자에게 선박 운항을 명령하는 항로이다. 이윤을 남기기는 힘들지만 주민 편의, 정치적 필요에 따라 운항이 필요한 항로가 대상이 되며, 보조금을 지급하거나 세금을 경감하는 등의 혜택을 주는 경우가 많다.
4) 1899년부터 일본 목선(和船), 서양 범선을 가지고 해운업을 시작하였으나 이후 선박을 기선으로 바꾸면서 사업을 확장하였으며, 1903년에는 오이에상선합자회사(大家商船合資會社)를 설립한다.
5) 사할린 남부에 위치한 도시이다. 1905년부터 1945년까지 일본의 지배를 받았다. 현재 사할린섬에서 가장 큰 항구 도시이다.
6) 관료, 군인 등이 아닌 일반 정당원 출신의 정치가 세력을 속칭하는 말이다. 일본에서는 특히 보수 정당에서 관료파와 양대 산맥을 이룬다.
7) 반식재상(伴食宰相)이라고도 한다. 능력, 권력 없이 자리를 차지하고 있는 벼슬아치를 일컫는 말이다.
8) 흉작, 기근 등을 대비하여 미곡이나 현금을 저장하는 것을 말한다. 메이지시대 초반에는 비황 저축법(備荒儲蓄法)에 의해 운용되었다.
9) 일본 지방 행정의 가장 기초가 되는 단위를 가리킨다. 메이지시대에는 부현, 현재는 도도부현(都道府県) 아래에 시정촌이 존재한다.
10) 오사카와 고베를 총칭하여 일컫는 말이다.
11) 메이지 정부가 거대 자금을 투입하여 홋카이도를 개발한 일련의 사업들을 말한다. 혼슈(本州)에서 홋카이도로의 이주, 농경지 확대, 광산·수산·임산 자원 개발 등이 포함된다.
12) 1901년 조업을 시작한 일본 굴지의 제철소로 전전(戰前)에는 국내 철강 생산량의 절반 이상을 담당하였다.
13) 청나라 말기인 1899년부터 1901년에 걸쳐 산둥(山東)지방을 중심으로 의화단(義和團)이 일으킨 외세 배척 운동이다. 의화단운동이 서구 열강에 의해 진압되고 신축조약(辛丑條約) 체결이 이뤄지면서 청은 반식민지 상태에 놓인다.
14) 국가 또는 광역 자치 단체가 소관하는 사무 일부를 분장하기 위하여 지방(광역 자치 단체 및 기초 자치 단체 단위)에 설치한 보조 기관을 말한다.

제4장 긴축 재정과 해항 건설

1) 메이지시대, 협궤 중심이던 일본의 철도를 고속화하고 대량 수송에 적합하도록 개량하기 위한 방법에 관한 의견 중 하나를 일컫는 말이다. 기존 노선의 개조보다 신노선 건설에 중점을 두는 것으로 '개주건종론(改主建從論)', 즉 신노선 건설보다 기존 노선 개조를 우선시하는 방법과 대비된다.
2) 1900년 유럽·러시아와 극동아시아 간 선박을 운항하면서 영업을 시작하였다.
3) 나가노현에서 발원하여 기후현·아이치현·미에현을 거쳐 이세만(伊勢灣)으로 흘러 들어가는 길이 227킬로미터의 하천이다.
4) 배가 떠 있을 때, 선저(船底)부터 수면까지의 수직 거리.
5) 1914년 밝혀진 일본 해군의 뇌물 수수 사건이다. 군수품 발주등과 관련하여 해군 장교로부터 독일 지멘스(Siemens)사로 정보가 누출되었다.
6) 저수 공사는 하천 수심 증가 등을 통해 교통 상의 편익을 도모하는 공사인 반면, 고수 공사는 홍수를 막기 위한 공사이다.
7) 기후현 북부와 도야마현 서부를 흘러 도야마만(富山灣)에 이르는 하천으로 총 길이 115킬로미터이다.

8) 니가타현과 나가노현을 거쳐 니가타시(新潟市)에서 동해로 흘러 들어가는 하천이다. 일본에서 가장 긴 하천으로 총 길이가 367킬로미터에 달한다.
9) 야스다 젠지로(安田善次郎)가 세운 야스다재벌(安田財閥)(일본 4대 재벌 중 하나)의 계열 회사들을 일컫는 말이다.
10) 시영으로 운행되는 노면 전차를 가리킨다. 오사카시는 일본에서 최초로 시전(市電)이 운행된 도시이다. 오늘날에는 시영 외에 시가지에서 운행되는 노면 전차 전반을 일컫기도 한다.
11) 1888년 설립된 철도 회사이다. 오사카·교토 등 지역을 중심으로 노선을 전개했으며 1907년 국유화되었다.
12) 1884년 오사카 지역의 소형 선주들이 연합하여 설립한 해운 회사이다. 오랜 기간 일본우선(日本郵船)과 함께 일본의 2대 해운 회사로 명성을 날렸으나, 1964년 미쓰이선박(三井船舶)과 합병하였다.
13) 현재의 도쿄해양대학(東京海洋大學)이다. 1875년 미쓰비시기선회사(三菱汽船會社)에서 설립한 미쓰비시상선학교(三菱商船學校)가 1882년 농상무성(農商務省) 관할이 되면서 도쿄상선학교(東京商船學校)로 이름을 바꾸었으며, 외양 선원 양성의 중심이었다.
14) 러일전쟁 후 체결된 포츠머스조약에 의해 일본이 차지하게 된 동청철도(東淸鐵道) 및 부속지를 기반으로 1906년 설립된 철도 회사이다. 줄여서 '만철(滿鐵)'이라고도 부른다.
15) 1898년 개통한 오사카역(大阪驛)과 임해 지역을 잇는 노선으로 특히 중일전쟁 이후 군수 사업의 발달과 함께 수송력이 정점에 달했다. 1906년 국유화 전까지는 니시나리철도(西城鐵道)에서 운행하였다.
16) '시정광(市政狂)'과 '도남생(圖南生)'은 필명으로 보인다. '시정광'은 '시정(市政) 매니아', '도남생'은 '원대한 포부(圖南)를 지닌 서생' 정도로 해석할 수 있겠다.
17) 이름 그대로 게이힌(京濱)지방, 즉, 도쿄와 요코하마 일대에 걸친 일본 최대의 공업 지대이다.
18) 회의에서 예정된 안건 외에 제출된 의제를 가리킨다.
19) 1910년 만들어진 입헌국민당을 가리킨다. 1922년 해산까지 제국의회에서 입헌정우회와 함께 2대 정당으로 자리매김하였다.

제5장 정당 내각기의 해항 행정

1) 1912년부터 도쿄의 신바시(新橋)와 쓰루가(敦賀) 사이를 운행하기 시작하였다. 쓰루가항역(敦賀港驛)에 블라디보스토크 직행 선박과 연락하였으며, 블라디보스토크에서는 시베리아철도로 다시 유럽까지 이어지는 형태였다. 이 경로를 이용하면 도쿄에서 파리까지 약 17일이면 이동할 수 있었고 이는 선박만을 이용할 때보다 약 2주를 단축하는 것이었다.
2) 19세기말 이후 우후죽순 진출한 일본의 해운 회사를 1912년 조선총독부가 통합하여 설립하였다. 설립 초기에는 한반도 연안 항로 중심으로 운항하였으나 제1차 세계대전 이후 근해 항로로 적극 진출하였다. 조선우선주식회사(朝鮮郵船株式會社)의 상세한 연혁 및 사업 전개 내용에 대해서는 다음 자료를 참고할 수 있다. 하지영·최민경, 『조선우선주식회사 25년사』, 소명출판, 2023.
3) 'エゾ松'의 오기로 보인다.
4) 조선 북부지방을 가리키는 말로, 주로 함경남도·함경북도를 포함한다.
5) 북위 36도 동경 133도 부근의 제도이다. 주요 섬은 도고섬(島後島)·지부리섬(知夫里島)·니시노시마섬(西ノ島)·나카노시마섬(中ノ島)이며 그밖에 약 180개의 작은 섬들로 이뤄진다.
6) 일본 혼슈(本州) 중 동해에 면한 지역을 가리키는 말이다. 태평양에 면한 지역을 말하는 '오모테니혼(表日本)'과 짝을 이루는 호칭이다.
7) '대안자(對岸子)'는 필명으로 보인다. 해석하자면 '대안(對岸)의 자식', '대안의 아들'이라고 할 수 있겠다.

8) 나가노현(長野縣) 북부 지방을 가리킨다.
9) 원문은 'ターミナス'로 되어 있으나 'ターミナル'의 오기로 보인다.
10) 1924년 제2차 호헌 운동(第2次護憲運動)을 주도했던 입헌정우회(立憲政友會) · 헌정회(憲政會) · 혁신구락부(革新俱樂部)를 말한다. 제2차 호헌 운동은 제1차 호헌 운동(1912~1913)과 마찬가지로 번벌 전제 정치를 타도하고 입헌 정치를 옹호하는 것이었다.
11) 1923년 9월 1일 일본 간토(關東)지방에서 일어난 규모 7.9의 대지진을 말한다.
12) 간토대지진(關東大地震) 후 도쿄와 요코하마 간 해상 운송의 중요성이 높아지면서 만들어졌다. 현재의 하네다공항(羽田空港) 인근에서 북쪽(도쿄도(東京都) 방면)과 남쪽(가나가와현(神奈川縣) 방면)으로 나뉜다.
13) 정식 명칭은 '해군 군비 제한에 관한 조약'으로 미국 · 영국 · 일본 · 프랑스 · 이탈리아의 해군 군축을 골자로 한다. 전함 및 항공모함 등의 건조와 보유를 제한하는 내용을 포함한다.
14) 상설의 평의원을 말한다.
15) 1920년 메이지천황 사망 후 메이지천황과 그의 아내의 제사를 목적으로 만들어진 신사이다.

제6장 전시 체제와 해항 행정

1) 천보산(天寶山)과 두만강(중국식 명칭 : 투먼강(圖們江))을 연결하는 노선이라는 데서 이름이 유래하였다. 1920년대 광산 개발과 함께 부설된 노선으로 지정학적 의미가 컸다.
2) 북양군벌(北洋軍閥)의 한 파벌로 마적단 출신의 장쭤린(張作霖)을 수장으로 했다. 중국 동북지방을 거점으로 하였으며 장쭤린이 일본 관동군에게 암살당한 뒤에는 아들 장쉐량(張學良)이 이끌었으나 만주사변 이후 급격하게 힘을 잃었다.
3) 1912년부터 1928년 베이징(北京)에 존재했던 중화민국(中華民國)의 정부를 일컬으며 북양정부(北洋政府)라고도 한다. 초대 대총통(大總統)은 위안스카이(袁世凱)였고 군벌 세력들이 정권을 장악하였다.
4) 제국 일본의 육군 주력 부대 중 하나로 산하이관(山海關) 동쪽에 주둔한 군이라는 뜻이다. 러일전쟁 승리 후 러시아의 조차지인 랴오둥반도(遼東半島)에 설치한 관동주(關東州)와 남만주철도(南滿洲鐵道) 경비를 위해 주둔한 것이 시초이다. 만주사변 등을 일으키며 일본에 의한 대륙 침략의 주동적인 역할을 하였다.
5) 오사카상선(大阪商船) 등의 사할린 및 홋카이도 노선을 통합 운영하기 위하여 1914년 설립되었다.
6) 러일전쟁 후 일본에 편입된 사할린 남부 지역(북위 50도선 이남)을 관할하기 위해 1907년 설치된 지방 행정 관청이다.
7) 1932년 5월 15일 일어난 쿠데타 사건으로 무장한 해군 청년 장교들이 총리 관저에 침입하여 이누카이 쓰요시(犬養毅) 총리를 살해하였다. 세계 대공황의 여파로 사회적 불안이 높아진 가운데 군의 축소를 주장하던 이누카이 쓰요시 총리가 해군 청년 장교들의 불만을 샀다고 여겨진다.
8) 1932년부터 1934년까지 실시된 경기 부양을 위한 공공사업(총 8억 6,487만 엔)으로 각 지역에서 이루어진 토목 공사가 중심이었다.
9) 철도성(鐵道省)이 운영, 관리하는 노선을 가리킨다.
10) 제5장에서 설명한 구아 국제연락급행열차(歐亞國際連絡急行列車)를 가리킨다.
11) 1938년 설치된 일본의 국가 기관으로 점령지와 관련된 행정 업무 · 개발 사업을 총괄하는 곳이다. 1942년 척무성(拓務省) 등과 통합되어 대동아성(大東亞省)이 된다.
12) 경시청(警視廳)의 수장으로 내무대신의 지휘 감독 아래 도쿄부(東京府)(1943년부터는 도쿄도(東京都))의 경찰, 소방 등의 사무를 관리하였다.
13) 패전 후 일본에는 전쟁 종결과 관련하여 연합국군총사령부(GHQ)의 요구 사항을 일본의 관계 기관에

전달하고 그 실행을 책임지는 기관으로 종전연락사무국(終戰連絡事務局)이 설치되었다. 외무성(外務省)의 외국으로 설치된 종전연락사무국은 중앙 기관으로 종전연락중앙사무국(終戰連絡中央事務局)과 종전연락지방사무국(終戰連絡地方事務局)으로 구성되었으며 후자의 경우 1945년 9월 23일 시점에 15곳에 설치되었다.

14) 1929년 미국의 대공황이 일본에도 영향을 미쳐 1930년부터 1931년에 걸쳐 일본 경제는 심각한 위기 상황에 빠졌다. 전전 일본에서 가장 심각했던 경제 공황이다.

부록

〈표 1〉 주요항 건설 공사 일람

항만명 / 종별 / 지정년	공사 (18 78, 79, 80, 85, 90, 95 / 19 00, 05, 10)
요코하마(橫濱) 제1종 1907	제1차 1889~96; 제2차 전기 1900~05; 제2차 후기 1906~17
고베(神戶) 제1종 1907	제1차 1906~13
쓰루가(敦賀) 제1종 1907	제1차 1909~
간몬해협(關門海峽) 제1종 1907	
모지(門司) 제1종 1907	축항회사 1888~99
시모노세키(下關) 제1종 1907	
오사카(大阪) 제2종 1907	제1차 1897~15 중단
도쿄(東京) 제2종 1907	스미다가와(隅田川) 개 1906~11
게이힌 운하(京濱運河)	
나가사키(長崎) 제2종 1907	제1차 1882~89; 제2차 1897~1906
니가타(新潟) 제2종 1907	시나노가와(信濃川) 하구부(流末) 1896~1903; 시나노가와(信濃川 1907~26
후나가와·츠치자키(船川·土崎) 제2종 1907	
가고시마(鹿兒島) 제2종 1907	준설 1892~94; 내항확장 1900~05
아오모리(靑森) 제2종 1907	
사카이(境) 제2종 1907	제1차 1900~04; 제2차 1906~08
센다이만(仙臺灣) 제2종 1910	노비루(野蒜) 1878~82

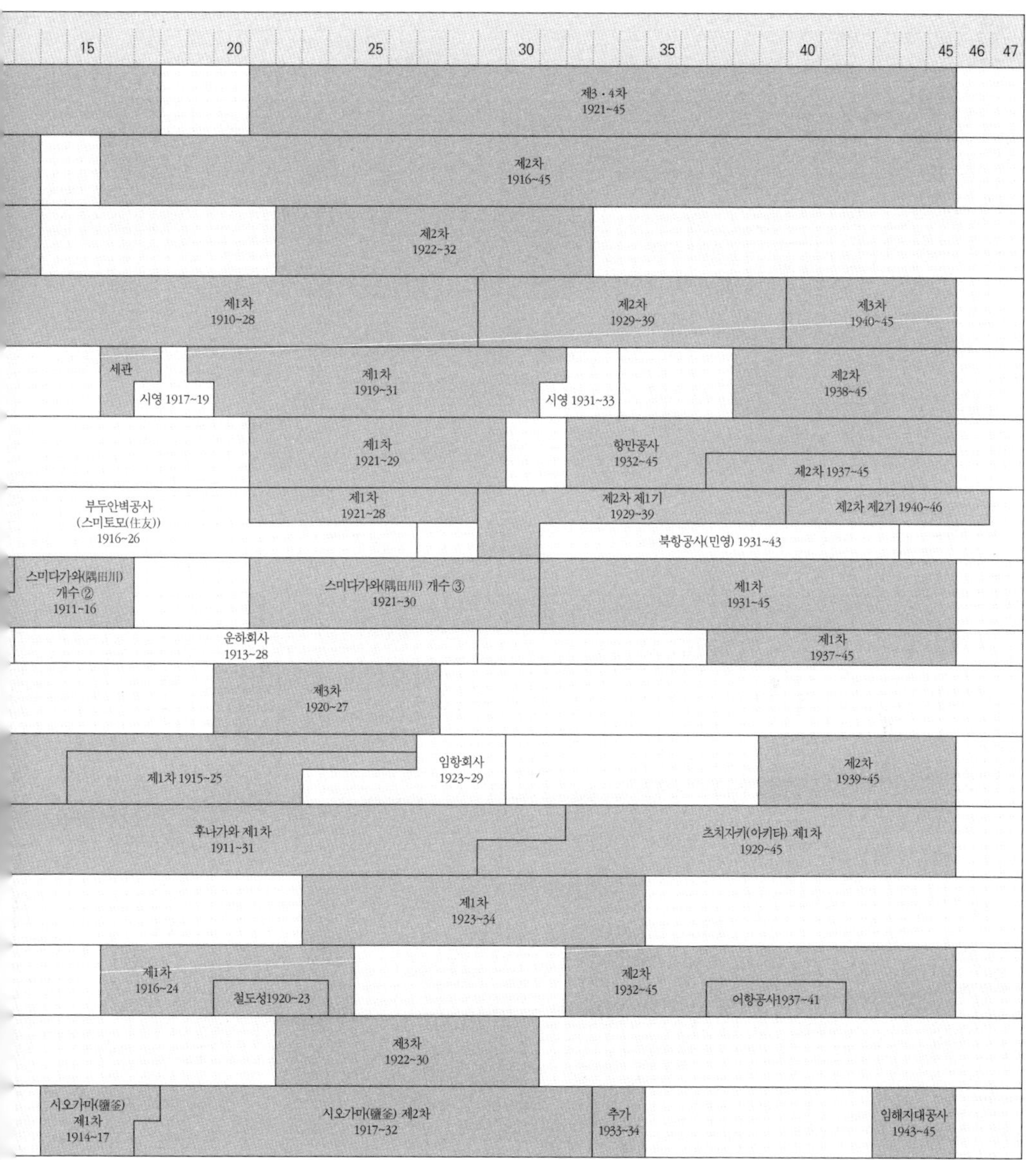
15
20
25
30
35
40
45
46
47
제3·4차
1921~45
제2차
1916~45
제2차
1922~32
제1차
1910~28
제2차
1929~39
제3차
1940~45
세관
시영 1917~19
제1차
1919~31
시영 1931~33
제2차
1938~45
제1차
1921~29
항만공사
1932~45
제2차 1937~45
부두안벽공사
(스미토모(住友))
1916~26
제1차
1921~28
제2차 제1기
1929~39
제2차 제2기 1940~46
북항공사(민영) 1931~43
스미다가와(隅田川)
개수②
1911~16
스미다가와(隅田川) 개수③
1921~30
제1차
1931~45
운하회사
1913~28
제1차
1937~45
제3차
1920~27
제1차 1915~25
임항회사
1923~29
제2차
1939~45
후나가와 제1차
1911~31
츠치자키(아키타) 제1차
1929~45
제1차
1923~34
제1차
1916~24
철도성1920~23
제2차
1932~45
어항공사1937~41
제3차
1922~30
시오가마(鹽釜)
제1차
1914~17
시오가마(鹽釜) 제2차
1917~32
추가
1933~34
임해지대공사
1943~45

항만명 종별 지정년	18 78 79 80 … 85 … 90 … 95 … 19 00 … 05 … 10
욧카이치(四日市) 제2종 1910	시영 1906~10
나고야(名古屋) 제2종 1919	제1차 1896~1911
와카마츠(도카이만)(若松(洞海灣)) 제2종 1921	제1차 1889~94 / 제1차확장, 제2차 1899~1906
후시키(伏木) 제2종 1921	오야베가와(小矢部川) 개수(제1차 1904~12
이마바리(今治) 제2종 1921	
다카마츠(高松) 제2종 1921	제1차 1897~1899 / 제2차 1901~04 / 제3차 1906~07
고마쓰시마(小松島) 제2종 1921	
시미즈(清水) 제2종 1920	매 1909
미야코(宮古) 제2종 1920	
오나바마(小名濱) 제2종 1927	
호소시마(細島) 제2종 1927	제1차 1894~95 / 제2차 1901 / 제3차 1907~11
오이타(大分) 제2종 1927	
우라도(고치)(浦戶(高知)) 제2종 1927	
나나오(七尾) 제2종 1927	
오노미치(尾道) 제2종 1927	제1차 1888~89
하카다(博多) 제2종 1927	축항회사 1898~1908
마이즈루(舞鶴) 제2종 1928	제1차 1908~

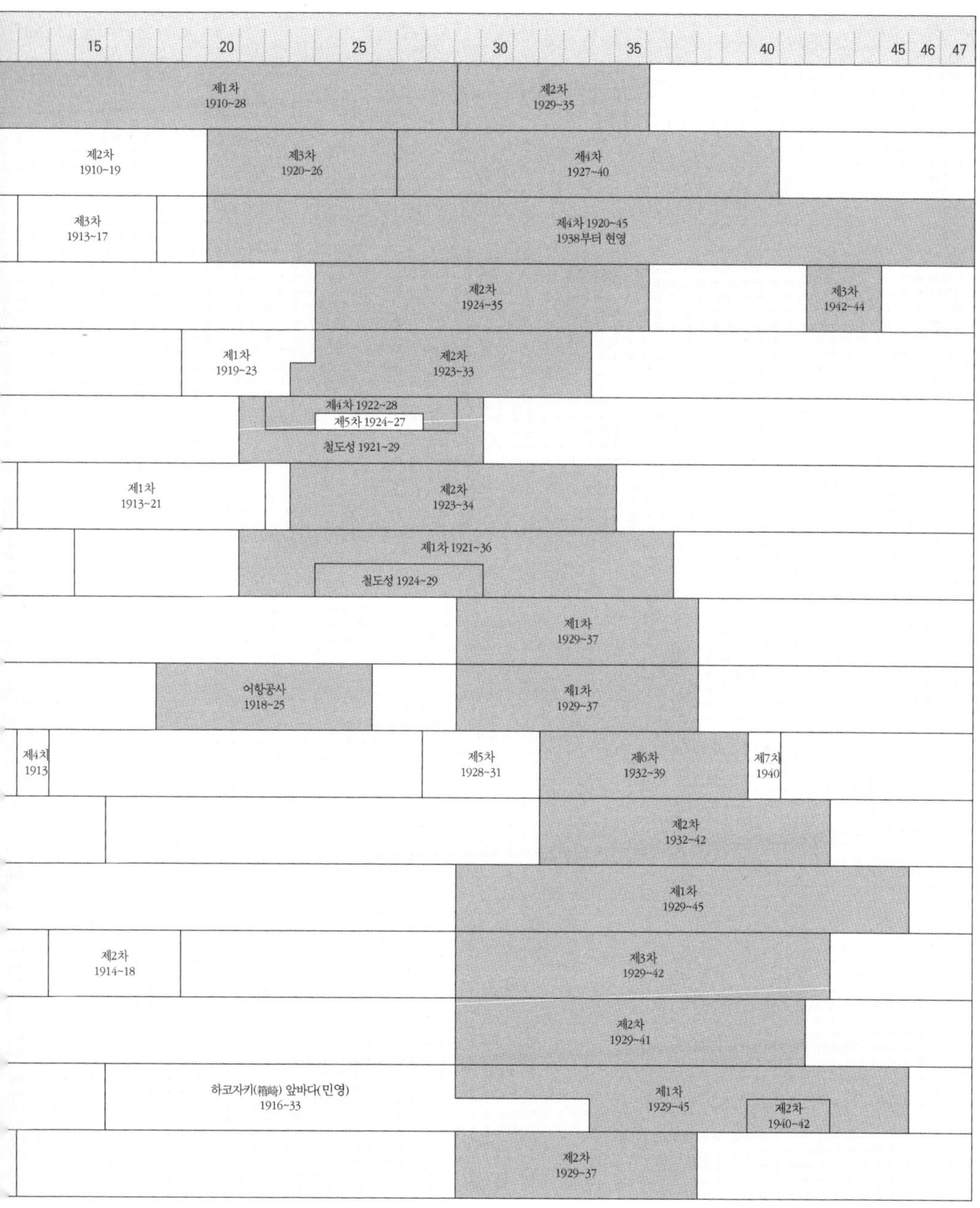
15
20
25
30
35
40
45
46
47
제1차 1910~28
제2차 1929~35
제2차 1910~19
제3차 1920~26
제4차 1927~40
제3차 1913~17
제4차 1920~45 1938부터 현영
제2차 1924~35
제3차 1942~44
제1차 1919~23
제2차 1923~33
제4차 1922~28
제5차 1924~27
철도성 1921~29
제1차 1913~21
제2차 1923~34
제1차 1921~36
철도성 1924~29
제1차 1929~37
어항공사 1918~25
제1차 1929~37
제4차 1913
제5차 1928~31
제6차 1932~39
제7차 1940
제2차 1932~42
제1차 1929~45
제2차 1914~18
제3차 1929~42
제2차 1929~41
하코자키(箱崎) 앞바다(민영) 1916~33
제1차 1929~45
제2차 1940~42
제2차 1929~37

항만명 종별 지정년	18 78	79	80	85	90	95	19 00	05	10
사카다 (酒田) 제2종 1929									
우노 (宇野) 제2종 1929								제1차 1906~09	
미스미 (三角) 제2종 1929				제1차 1884~87					
우지나(히로시마) (宇品(廣島)) 제2종 1929				제1차 1880~89					
와카야마 (和歌山) 제2종 1933									
시카마 (飾磨) 제2종 1935									
하치노헤 (八戶) 제2종 1935									
우베 (宇部) 제2종 1935									
고쿠라 (小倉) 제2종 1940									

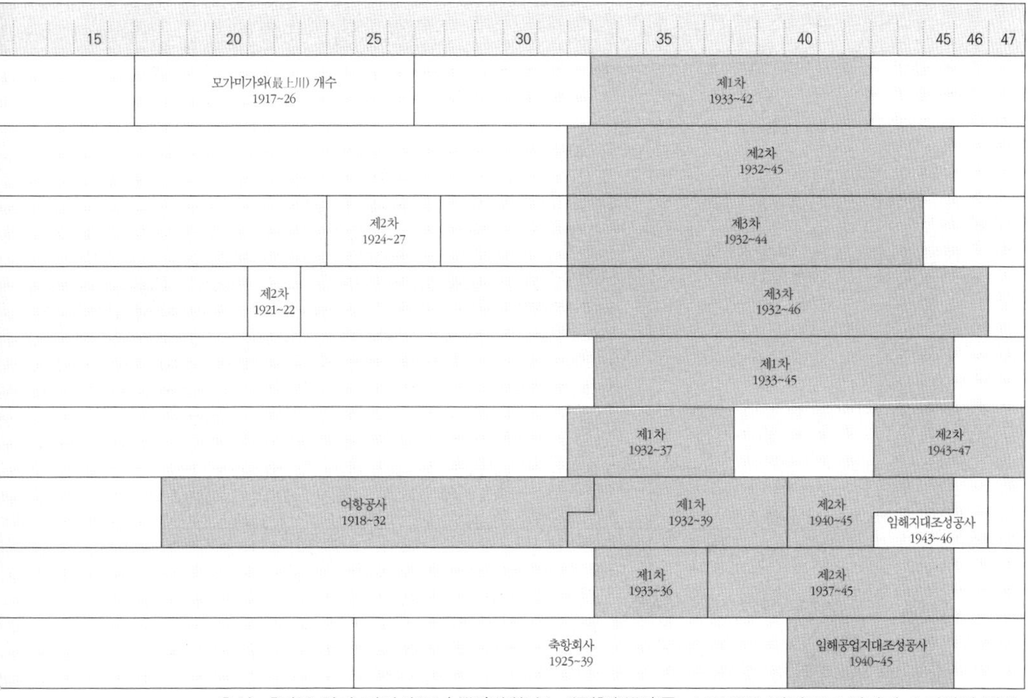

출처 : 『일본 항만 건설사(日本港湾修築史)』(運輸省港湾局, 1951)를 바탕으로 역자가 수정하여 작성.
음영 부분은 국고 보조가 이루어진 공사를 가리킨다.

〈표 2〉 내무성(內務省) 제2차 항만조사회 위원 명부(1908~1922)

	1908		1909	
회장	내무대신 (內務大臣)	하라 다카시 (原敬)	내무대신 (內務大臣)	히라타 도스케 (平田東助)
위원	내무차관 (內務次官)	요시와라 사부로 (吉原三郞)	내무차관 (內務次官)	이치키 기토쿠로 (一木喜德郞)
	내무성 지방국장 (內務省地方局長)	도코나미 다케지로 (床次竹二郞)	내무성 지방국장 (內務省地方局長)	도코나미 다케지로 (床次竹二郞)
	내무성 토목국장 (內務省土木局長)	이누즈카 쇼타로 (犬塚庄太郞)	내무성 토목국장 (內務省土木局長)	이누즈카 쇼타로 (犬塚庄太郞)
	내무기사 (內務技師)	오키노 다다오 (沖野忠雄)	내무기사 (內務技師)	오키노 다다오 (沖野忠雄)
		곤도 도라고로 (近藤虎五郞)		곤도 도라고로 (近藤虎五郞)
	외무성 통상국장 (外務省通商局長)	이시이 기쿠지로 (石井菊次郞)	외무성 통상국장 (外務省通商局長)	이시이 기쿠지로 (石井菊次郞)
	재무차관 (大藏次官)	미즈마치 가소로쿠 (水町架裝六)	재무차관 (大藏次官)	와카쓰키 레이지로 (若槻礼次郞)
	대장성 주세국장 (大藏省主稅局長)	사쿠라이 데쓰타로 (桜井鉄太郞)	대장성 주세국장 (大藏省主稅局長)	사쿠라이 데쓰타로 (桜井鉄太郞)
	대장성 이재국장 (大藏省理財局長)	쇼다 가즈에 (勝田主計)	대장성 이재국장 (大藏省理財局長)	쇼다 가즈에 (勝田主計)
	육군차관 (陸軍次官)	이시모토 신로쿠 (石本新六)	육군차관 (陸軍次官)	이시모토 신로쿠 (石本新六)
	육군소장 (陸軍少将)	오오사와 가이오 (大澤界雄)	육군소장 (陸軍少将)	오오사와 가이오 (大澤界雄)
	해군차관 (海軍次官)	가토 도모사부로 (加藤友三郞)	해군차관 (海軍次官)	가토 도모사부로 (加藤友三郞)
	해군소장 (海軍少将)	사카모토 하지메 (坂本一)	해군소장 (海軍少将)	나카오 다케시 (中尾雄)
	해군대령 (海軍大佐)	야마야 다닌 (山屋他人)	해군대령 (海軍大佐)	야마야 다닌 (山屋他人)
	농상무차관 (農商務次官)	구메 가나야 (久米金彌)	농상무차관 (農商務次官)	오시카와 노리요시 (押川則吉)
	제국철도청 총재 (帝国鉄道庁総裁)	히라이 세이지로 (平井晴二郞)	제국철도청 총재 (帝国鉄道庁総裁)	히라이 세이지로 (平井晴二郞)
	통신성 관선국장 (通信省管船局長)	우치다 가키치 (内田嘉吉)	통신성 관선국장 (通信省管船局長)	우치다 가키치 (内田嘉吉)
	통신기사 (通信技師)	이토 지사부로 (伊東治三郞)	통신기사 (通信技師)	이토 지사부로 (伊東治三郞)
	도쿄제국대학 공과대학 교수 (東京帝国大学工科大学教授)	히로이 이사미 (廣井勇)	도쿄제국대학 공과대학 교수 (東京帝国大学工科大学教授)	히로이 이사미 (廣井勇)

	1908		1909	
임시 위원	대장성 임시건축부 기사 (大蔵省 臨時建築部 技師)	쓰마키 요리나카 (妻木頼黄)	대장성 임시건축부 기사 (大蔵省臨時建築部技師)	쓰마키 요리나카 (妻木頼黄)
	내무기사 (内務技師)	하라다 데이스케 (原田貞介)	내무기사 (内務技師)	하라다 데이스케 (原田貞介)
		모테기 고지 (茂木鋼之)		모테기 고지 (茂木鋼之)
		다라오 겐자부로 (多羅尾源三郎)		다라오 겐자부로 (多羅尾源三郎)
		소다 헤이고로 (荘田平五郎)		소다 헤이고로 (荘田平五郎)
		단 다쿠마 (団琢磨)		단 다쿠마 (団琢磨)
		야스카와 게이지로 (安川敬二郎)		야스카와 게이지로 (安川敬二郎)
		가이지마 다스케 (貝島太助)		가이지마 다스케 (貝島太助)
		아소 다요시 (麻生太吉)		아소 다요시 (麻生太吉)
간사	내무서기관 (内務書記管)	도키 요시히라 (土岐嘉平)	내무서기관 (内務書記管)	도키 요시히라 (土岐嘉平)
	내무기사 (内務技師)	이치세 교지로 (市瀬泰次郎)	내무기사 (内務技師)	이치세 교지로 (市瀬泰次郎)
서기	내무속 (内務属)	나가타 겐타로 (永田源太郎)	내무속 (内務属)	나가타 겐타로 (永田源太郎)
		다나카 센 (田中遷)		미무라 히사시 (三村求)
		미무라 히사시 (三村求)		무라카와 도라오 (村川虎雄)
		모리 죠조 (森像三)		모리 죠조 (森像三)

	1910		1911	
회장	내무대신 (内務大臣)	히라타 도스케 (平田東助)	내무대신 (内務大臣)	히라타 도스케 (平田東助)
위원	내무차관 (内務次官)	이치키 기토쿠로 (一木喜徳郎)	내무차관 (内務次官)	이치키 기토쿠로 (一木喜徳郎)
	내무성 지방국장 (内務省地方局長)	도코나미 다케지로 (床次竹二郎)	내무성 지방국장 (内務省地方局長)	도코나미 다케지로 (床次竹二郎)

	1910		1911	
위원	내무성 토목국장 (内務省土木局長)	이누즈카 쇼타로 (犬塚庄太郎)	내무성 토목국장 (内務省土木局長)	미즈노 렌타로 (水野錬太郎)
	내무기사 (内務技師)	오키노 다다오 (沖野忠雄)	내무기사 (内務技師)	오키노 다다오 (沖野忠雄)
		곤도 도라고로 (近藤虎五郎)		곤도 도라고로 (近藤虎五郎)
	외무성 통상국장 (外務省通商局長)	이시이 기쿠지로 (石井菊次郎)	외무성 통상국장 (外務省通商局長)	이시이 기쿠지로 (石井菊次郎)
	재무차관 (大藏次官)	와카쓰키 레이지로 (若槻礼次郎)	재무차관 (大藏次官)	와카쓰키 레이지로 (若槻礼次郎)
	대장성 주세국장 (大藏省主税局長)	사쿠라이 데쓰타로 (桜井鉄太郎)	대장성 주세국장 (大藏省主税局長)	사쿠라이 데쓰타로 (桜井鉄太郎)
	대장성 이재국장 (大藏省理財局長)	쇼다 가즈에 (勝田主計)	대장성 이재국장 (大藏省理財局長)	쇼다 가즈에 (勝田主計)
	육군차관 (陸軍次官)	이시모토 신로쿠 (石本新六)	육군차관 (陸軍次官)	이시모토 신로쿠 (石本新六)
	육군소장 (陸軍少将)	오오사와 가이오 (大澤界雄)	육군소장 (陸軍少将)	오오사와 가이오 (大澤界雄)
	해군차관 (海軍次官)	다카라베 다케시 (財部彪)	해군차관 (海軍次官)	나카오 유 (中尾雄)
	해군소장 (海軍少将)	나카오 유 (中尾雄)	해군소장 (海軍少将)	다카라베 다케시 (財部彪)
	해군대령 (海軍大佐)	다카시마 만타로 (高島萬太郎)	해군대령 (海軍大佐)	다카시마 만타로 (高島萬太郎)
	농상무차관 (農商務次官)	오시카와 노리요시 (押川則吉)	농상무차관 (農商務次官)	오시카와 노리요시 (押川則吉)
	제국철도청 총재 (帝国鉄道庁総裁)	히라이 세이지로 (平井晴二郎)	제국철도청 총재 (帝国鉄道庁総裁)	히라이 세이지로 (平井晴二郎)
	통신성 관선국장 (通信省管船局長)	우치다 가키치 (内田嘉吉)	통신성 관선국장 (通信省管船局長)	유카와 모토오미 (湯河元臣)
	통신기사 (通信技師)	이토 지사부로 (伊東治三郎)	통신기사 (通信技師)	이토 지사부로 (伊東治三郎)
	도쿄제국대학 공과대학 교수 (東京帝国大学工科大学教授)	히로이 이사미 (廣井勇)	도쿄제국대학 공과대학 교수 (東京帝国大学工科大学教授)	히로이 이사미 (廣井勇)
임시 위원	대장성 임시건축부 기사 (大藏省臨時建築部技師)	쓰마키 요리나카 (妻木頼黄)	대장성 임시건축부 기사 (大藏省臨時建築部技師)	쓰마키 요리나카 (妻木頼黄)
	내무기사 (内務技師)	하라다 데이스케 (原田貞介)	내무기사 (内務技師)	고시바 야스토 (小柴保人)
		모테기 고지 (茂木鋼之)		하라다 데이스케 (原田貞介)

	1910		1911	
임시위원	내무기사 (內務技師)	다라오 겐자부로 (多羅尾源三郎)	내무기사 (內務技師)	모테기 고지 (茂木鋼之)
				다라오 겐자부로 (多羅尾源三郎)
간사	내무서기관 (內務書記管)	도키 가헤이 (土岐嘉平)	내무서기관 (內務書記管)	도키 가헤이 (土岐嘉平)
	내무기사 (內務技師)	이치노세 교지로 (市瀨恭次郎)	내무기사 (內務技師)	이치노세 교지로 (市瀨恭次郎)
서기	내무속 (內務屬)	나가타 겐타로 (永田源太郎)	내무속 (內務屬)	미무라 히사시 (三村求)
		미무라 히사시 (三村求)		무라카와 도라오 (村川虎雄)
		무라카와 도라오 (村川虎雄)		아라이 가메타로 (荒井亀太郎)
		아라이 가메타로 (荒井亀太郎)		모리 조조 (森像三)
		모리 죠조 (森像三)		

	1912		1913	
회장	내무대신 (內務大臣)	하라 다카시 (原敬)	내무대신 (內務大臣)	하라 다카시 (原敬)
위원	내무차관 (內務次官)	도코나미 다케지로 (床次竹二郎)	내무차관 (內務次官)	미즈노 렌타로 (水野練太郎)
	내무성 토목국장 (內務省土木局長)	미즈노 렌타로 (水野錬太郎)	내무성 토목국장 (內務省土木局長)	구보타 기요치카 (久保田政周)
	내무기감 (內務技監)	오키노 다다오 (沖野忠雄)	내무성 지방국장 (內務省地方局長)	고바시 이치타 (小橋一太)
	내무기사 (內務技師)	곤도 도라고로 (近藤虎五郞)	내무기감 (內務技監)	오키노 다다오 (沖野忠雄)
		고시바 야스토 (小柴保人)	내무기사 (內務技師)	곤도 도라고로 (近藤虎五郞)
	외무차관 (外務次官)	이시이 기쿠지로 (石井菊次郞)	외무성 통상국장 (外務省通商局長)	사카타 쥬지로 (坂田重次郞)
	대장성 주세국장 (大蔵省主税局長)	하시모토 게자부로 (橋本圭三郎)	재무차관 (大蔵次官)	쇼다 가즈에 (勝田主計)
	대장성 관세국장 (大蔵省関税局長)	사쿠라이 데쓰타로 (桜井鉄太郎)	대장성 이재국장 (大蔵省理財局長)	야마자키 시오로쿠 (山崎四男六)

	1912		1913	
위원	대장성 이재국장 (大蔵省理財局長)	쇼다 가즈에 (勝田主計)	전매국장관 (専売局長官)	사쿠라이 데쓰타로 (桜井鉄太郎)
	육군차관 (陸軍次官)	오카 이치노스케 (岡市之助)	육군차관 (陸軍次官)	혼고 후사타로 (本郷房太郎)
	육군공병대령 (陸軍工兵大佐)	다케우치 도오루 (武内徹)	육군소장 (陸軍少将)	다케우치 도오루 (武内徹)
	해군차관 (海軍次官)	다카라베 다케시 (財部彪)	해군소장 (海軍少将)	다카라베 다케시 (財部彪)
	해군소장 (海軍少将)	이토 오토지로 (伊東乙次郎)	해군중장 (海軍中将)	가와시마 레이지로 (川島令次郎)
	해군대령 (海軍大佐)	야마지 가즈요시 (山路一善)	해군대령 (海軍大佐)	야마지 가즈요시 (山路一善)
	농상무차관 (農商務次官)	오시카와 노리요시 (押川則吉)	농상무차관 (農商務次官)	하시모토 게이사부로 (橋本圭三郎)
	철도원 부총재 (**鐵道院**副総裁)	히라이 세이지로 (平井晴二郎)	철도원 부총재 (**鐵道院**副総裁)	노무라 류타로 (野村龍太郎)
	통신성 관선국장 (通信省管船局長)	유카와 모토오미 (湯河元臣)	통신성 관선국장 (通信省管船局長)	유카와 모토오미 (湯河元臣)
	통신기사 (通信技師)	이토 지사부로 (伊東治三郎)	통신기사 (通信技師)	이토 지사부로 (伊東治三郎)
	임시발전수력 조사국 기사 (臨時発電水力調査局技師)	나카야마 히데사부로 (中山秀三朗)	도쿄제국대학 공과대학 교수 (東京帝国大学工科大学教授)	나카야마 히데사부로 (中山秀三朗)
		후루이치 고우이 (古市公威)		후루이치 고우이 (古市公威)
	도쿄제국대학 공과대학 교수 (東京帝国大学工科大学教授)	히로이 이사미 (廣井勇)		히로이 이사미 (廣井勇)
		데라노 세이치 (寺野精一)		데라노 세이치 (寺野精一)
		모테기 고지 (茂木鋼之)		모테기 고지 (茂木鋼之)
		다라오 겐자부로 (多羅尾源三郎)		다라오 겐자부로 (多羅尾源三郎)
임시위원	대장성 임시건축부 기사 (大蔵省臨時建築部技師)	쓰마키 요리나카 (妻木頼黄)	-	-
	내무기사 (内務技師)	하라다 데이스케 (原田貞介)	내무기사 (内務技師)	하라다 데이스케 (原田貞介)
	철도원 기사 (鉄道院技師)	나가오 한페이 (長尾半平)	철도원 기사 (鉄道院技師)	후루카와 사카지로 (古川阪次郎)
		단 다쿠마 (団琢磨)		단 다쿠마 (団琢磨)

	1912		1913	
임시 위원	철도원 기사 (鉄道院技師)	아소 다키치 (麻生太吉)	철도원 기사 (鉄道院技師)	아소 다키치 (麻生太吉)
		에구치 사다에 (江口定条)		에구치 사다에 (江口定条)
간사	내무서기관(内務書記官)	도키 가헤이 (土岐嘉平)	내무서기관(内務書記管)	모토다 도시오 (元田敏夫)
	내무기사(内務技師)	이치노세 교지로 (市瀬泰次郎)	-	-
서기	내무속 (内務属)	미무라 히사시 (三村求)	내무속 (内務属)	미무라 히사시 (三村求)
		무라카와 도라오 (村川虎雄)		무라카와 도라오 (村川虎雄)
		아라이 가메타로 (荒井亀太郎)		아라이 가메타로 (荒井亀太郎)
		모리 죠조 (森像三)		모리죠조 (森像三)

	1914.5		1915.5	
회장	내무대신 (内務大臣)	오쿠마 시게노부 (大隈重信)	내무대신 (内務大臣)	오우라 가네타케 (大浦兼武)
위원	내무차관 (内務次官)	시모오카 츄지 (下岡忠治)	내무차관 (内務次官)	시모오카 츄지 (下岡忠治)
	내무성 토목국장 (内務省土木局長)	고바시 이치타 (小橋一太)	내무성 토목국장 (内務省土木局長)	고바시 이치타 (小橋一太)
	내무성 지방국장 (内務省地方局長)	와타나베 가쓰사부로 (渡辺勝三郎)	내무성 지방국장 (内務省地方局長)	와타나베 가쓰사부로 (渡辺勝三郎)
	내무기감 (内務技監)	오키노 다다오 (沖野忠雄)	내무기감 (内務技監)	오키노 다다오 (沖野忠雄)
	내무기사 (内務技師)	곤도 도라고로 (近藤虎五郎)	내무기사 (内務技師)	곤도 도라고로 (近藤虎五郎)
		오카자키 요시키 (岡崎芳樹)		오카자키 요시키 (岡崎芳樹)
	외무성 통상국장 (外務省通商局長)	사카타 쥬지로 (坂田重次郎)	외무성 통상국장 (外務省通商局長)	사카타 쥬지로 (坂田重次郎)
	재무차관 (大蔵次官)	하마구치 오사치 (浜口雄幸)	재무차관 (大蔵次官)	하마구치 오사치 (浜口雄幸)
	대장성 주세국장 (大蔵省主税局長)	스가와라 미치요시 (菅原通敬)	대장성 주세국장 (大蔵省主税局長)	스가와라 미치요시 (菅原通敬)

	1914.5		1915.5	
위원	대장성 이재국장 (大藏省理財局長)	야마자키 시오로쿠 (山崎四男六)	대장성 이재국장 (大藏省理財局長)	가미노 가쓰노스케 (神野勝之助)
	육군중장 (陸軍中将)	오시마 겐이치 (大島健一)	육군중장 (陸軍中将)	오시마 겐이치 (大島健一)
	육군소장 (陸軍少将)	다케우치 도오루 (武内徹)	육군소장 (陸軍少将)	다케우치 도오루 (武内徹)
	해군소장 (海軍少将)	스즈키 간타로 (鈴木貫太郎)	해군소장 (海軍少将)	스즈키 간타로 (鈴木貫太郎)
		에구치 린로쿠 (江口鱗六)		우에무라 헤키치 (上村經吉)
	농상무차관 (農商務次官)	가미야마 미쓰노신 (上山満之進)	농상무차관 (農商務次官)	가미야마 미쓰노신 (上山満之進)
	철도원 부총재 (鉄道院副総裁)	후루카와 사카지로 (古川阪次郎)	철도원 부총재 (鉄道院副総裁)	후루카와 사카지로 (古川阪次郎)
	통신성 관선국장 (通信省管船局長)	유카와 모토오미 (湯河元臣)	통신성 관선국장 (通信省管船局長)	유카와 모토오미 (湯河元臣)
	-	-	통신기사 (通信技師)	야자와 히사지로 (矢澤久次郎)
	도쿄제국대학 공과대학 교수 (東京帝国大学工科大学教授)	히로이 이사미 (廣井勇)	도쿄제국대학 공과대학 교수 (東京帝国大学工科大学教授)	히로이 이사미 (廣井勇)
		데라노 세이치 (寺野精一)		데라노 세이치 (寺野精一)
		나카야마 히데사부로 (中山秀三郎)		나카야마 히데사부로 (中山秀三朗)
		후루이치 고우이 (古市公威)		후루이치 고우이 (古市公威)
		모테기 고지 (茂木鋼之)		모테기 고지 (茂木鋼之)
		다라오 겐자부로 (多羅尾源三郎)		다라오 겐자부로 (多羅尾源三郎)
임시 위원	내무기사 (内務技師)	하라다 데이스케 (原田貞介)	내무기사 (内務技師)	하라다 데이스케 (原田貞介)
	철도원기사 (鉄道院技師)	이시마루 시게미 (石丸重美)	철도원기사 (鉄道院技師)	이시마루 시게미 (石丸重美)
	대장기사 (大蔵技師)	니와 스키히코 (丹羽鋼彦)	대장기사 (大蔵技師)	니와 스키히코 (丹羽鋼彦)
간사	내무서기관 (内務書記官)	모토다 도시오 (元田敏生)	토목국서기관 (土木局書記官)	이케다 히로시 (池田宏)
	내무기사 (内務技師)	아키 고이치 (安芸杏一)	내무기사 (内務技師)	아키 고이치 (安芸杏一)

	1914.5		1915.5	
서기	내무속 (内務属)	미무라 히사시 (三村求)	내무속 (内務属)	미무라 히사시 (三村求)
		무라카와 도라오 (村川虎雄)		무라카와 도라오 (村川虎雄)
		아라이 가메타로 (荒井亀太郎)		아라이 가메타로 (荒井亀太郎)
		모리 죠조 (森像三)		모리 죠조 (森像三)

	1916.5		1917.5	
회장	내무대신 (内務大臣)	이치키 기토쿠로 (一木喜徳郎)	내무대신 (内務大臣)	고토 신페이 (後藤新平)
위원	내무차관 (内務次官)	구보타 기요치카 (久保田政周)	내무차관 (内務次官)	미즈노 렌타로 (水野練太郎)
	내무성 토목국장 (内務省土木局長)	고바시 이치타 (小橋一太)	내무성 토목국장 (内務省土木局長)	고바시 이치타 (小橋一太)
	내무성 지방국장 (内務省地方局長)	와타나베 가쓰사부로 (渡辺勝三郎)	내무성 지방국장 (内務省地方局長)	와타나베 가쓰사부로 (渡辺勝三郎)
	내무기감 (内務技監)	오키노 다다오 (沖野忠雄)	내무기감 (内務技監)	오키노 다다오 (沖野忠雄)
	내무기사 (内務技師)	곤도 도라고로 (近藤虎五郎)	내무기사 (内務技師)	곤도 도라고로 (近藤虎五郎)
	내무기사 (内務技師)	오카자키 요시키 (岡崎芳樹)	내무기사 (内務技師)	오카자키 요시키 (岡崎芳樹)
	외무성 통상국장 (外務省通商局長)	사카타 시게지로 (坂田重次郎)	외무성 통상국장 (外務省通商局長)	나카무라 다카시 (中村巍)
	재무차관 (大蔵次官)	스가와라 미치요시 (菅原通敬)	재무차관 (大蔵次官)	이치키 오토히코 (市来乙彦)
	대장성 주세국장 (大蔵省主税局長)	마쓰모토 시게타케 (松本重威)	대장성 주세국장 (大蔵省主税局長)	마쓰모토 시게타케 (松本重威)
	대장성 이재국장 (大蔵省理財局長)	가미노 가쓰노스케 (神野勝之助)	대장성 이재국장 (大蔵省理財局長)	가미노 가쓰노스케 (神野勝之助)
	육군소장 (陸軍少将)	야마다 다카카즈 (山田隆一)	육군중장 (陸軍中将)	야마다 다카카즈 (山田隆一)
		다케우치 도오루 (武内徹)	육군소장 (陸軍少将)	호시노 쇼자부로 (星野庄三郎)
	해군소장 (海軍少将)	스즈키 간타로 (鈴木貫太郎)	해군소장 (海軍少将)	스즈키 간타로 (鈴木貫太郎)

	1916.5		1917.5	
위원	해군소장 (海軍少将)	가마야 로쿠로 (釜屋六郎)	해군소장 (海軍少将)	누노메 미츠조 (布目満造)
	농상무차관 (農商務次官)	우에야마 미츠노신 (上山満之進)	농상무차관 (農商務次官)	우에야마 미츠노신 (上山満之進)
	철도원 부총재 (鉄道院副総裁)	후루카와 사카지로 (古川阪次郎)	철도원부총재 (鉄道院副総裁)	후루카와 사카지로 (古川阪次郎)
	통신성 관선국장 (通信省管船局長)	와카미야 사다오 (若宮貞夫)	통신성 관선국장 (通信省管船局長)	와카미야 사다오 (若宮貞夫)
	통신기사 (通信技師)	야자와 히사지로 (矢澤久次郎)	통신기사 (通信技師)	야자와 히사지로 (矢澤久次郎)
	도쿄제국대학 공과대학 교수 (東京帝国大学工科大学教授)	히로이 이사미 (廣井勇)	도쿄제국대학 공과대학 교수 (東京帝国大学工科大学教授)	히로이 이사미 (廣井勇)
		데라노 세이치 (寺野精一)		데라노 세이치 (寺野精一)
		나카야마 히데사부로 (中山秀三郎)		나카야마 히데사부로 (中山秀三郎)
		후루이치 고우이 (古市公威)		후루이치 고우이 (古市公威)
		모테기 고지 (茂木鋼之)		모테기 고지 (茂木鋼之)
		다라오 겐자부로 (多羅尾源三郎)		다라오 겐자부로 (多羅尾源三郎)
임시 위원	내무기사 (内務技師)	하라다 데이스케 (原田貞介)	내무기사 (内務技師)	하라다 데이스케 (原田貞介)
	대장기사 (大蔵技師)	니와 스키히코 (丹羽鋼彦)	대장기사 (大蔵技師)	니와 스키히코 (丹羽鋼彦)
	철도원기사 (鉄道院技師)	스기우라 소사부로 (杉浦宗三郎)	철도원기사 (鉄道院技師)	스기우라 소사부로 (杉浦宗三郎)
간사	내무서기관 (内務書記官)	모토다 도시오 (元田敏生)	-	-
	내무기사 (内務技師)	아키 고이치 (安芸杏一)	-	-
서기	내부속 (内務属)	무라카와 도라오 (村川虎雄)	-	-
		아라이 가메타로 (荒井亀太郎)	-	-
		모리 쇼조 (森像三)	-	-
		오하타 히코조 (大畑彦三)	-	-

	1918.5		1919.5	
회장	내무대신 (内務大臣)	미즈노 렌타로 (水野錬太郎)	내무대신 (内務大臣)	도코나미 다케지로 (床次竹二郎)
위원	내무차관 (内務次官)	고바시 이치타 (小橋一太)	내무차관 (内務次官)	고바시 이치타 (小橋一太)
	내무성 토목국장 (内務省土木局長)	홋타 미쓰구 (堀田貢)	내무성 토목국장 (内務省土木局長)	홋타 미쓰구 (堀田貢)
	내무성 지방국장 (内務省地方局長)	소에다 게이치로 (添田敬一郎)	내무성 지방국장 (内務省地方局長)	소에다 게이치로 (添田敬一郎)
	내무기감 (内務技監)	오키노 다다오 (沖野忠雄)	내무기감 (内務技監)	하라다 데이스케 (原田貞介)
	내무기사 (内務技師)	곤도 도라고로 (近藤虎五郎)	내무기사 (内務技師)	곤도 도라고로 (近藤虎五郎)
		이치노세 교지로 (市瀬恭次郎)		이치노세 교지로 (市瀬恭次郎)
	외무성 통상국장 (外務省通商局長)	나카무라 다카시 (中村巍)	외무성 통상국장 (外務省通商局長)	다나카 도키치 (田中都吉)
	재무차관 (大蔵次官)	이치키 오토히코 (市来乙彦)	재무차관 (大蔵次官)	가미노 가쓰노스케 (神野勝之助)
	대장성 주세국장 (大蔵省主税局長)	마쓰모토 시게타케 (松本重威)	대장성 주세국장 (大蔵省主税局長)	마쓰모토 시게타케 (松本重威)
	대장성 이재국장 (大蔵省理財局長)	가미노 가쓰노스케 (神野勝之助)	대장성 이재국장 (大蔵省理財局長)	모리 슌로쿠로 (森俊六郎)
	육군중장 (陸軍中将)	야마다 다카카즈 (山田隆一)	육군중장 (陸軍中将)	야마나시 한조 (山梨半蔵)
	육군소장 (陸軍少将)	호시노 쇼사부로 (星野庄三郎)	육군소장 (陸軍少将)	호시노 쇼사부로 (星野庄三郎)
	해군중장 (海軍中将)	도치나이 소지로 (栃内曾次郎)	해군중장 (海軍中将)	도치나이 소지로 (栃内曾次郎)
	해군소장 (海軍少将)	누노메 미쓰조 (布目満造)	해군소장 (海軍少将)	누노메 미쓰조 (布目満造)
	농상무차관 (農商務次官)	가미야마 미쓰노신 (上山満之進)	농상무차관 (農商務次官)	이누즈카 가쓰다로 (犬塚勝太郎)
	-	-	철도원 부총재 (鉄道院副総裁)	이시마루 시게미 (石丸重美)
	통신성 관선국장 (通信省管船局長)	와카미야 사다오 (若宮貞夫)	통신성 관선국장 (通信省管船局長)	와카미야 사다오 (若宮貞夫)
	통신기사 (通信技師)	야자와 히사지로 (矢澤久次郎)	통신기사 (通信技師)	고제키 산페이 (小関三平)
	도쿄제국대학 공과대학 교수 (東京帝国大学工科大学教授)	히로이 이사미 (廣井勇)	도쿄제국대학 공과대학 교수 (東京帝国大学工科大学教授)	히로이 이사미 (廣井勇)

	1918.5		1919.5	
위원	도쿄제국대학 공과대학 교수 (東京帝国大学工科大学教授)	데라노 세이치 (寺野精一)	도쿄제국대학 공과대학 교수 (東京帝国大学工科大学教授)	데라노 세이치 (寺野精一)
		나카야마 히데사부로 (中山秀三朗)		나카야마 히데사부로 (中山秀三朗)
		후루이치 고우이 (古市公威)		후루이치 고우이 (古市公威)
		모테기 고지 (茂木鋼之)		오키노 다다오 (沖野忠雄)
		다라오 겐자부로 (多羅尾源三郎)		다라오 겐자부로 (多羅尾源三郎)
임시 위원	내무기사 (内務技師)	하라다 데이스케 (原田貞介)	-	-
	대장기사 (大蔵技師)	니와 스키히코 (丹羽鋤彦)	대장기사 (大蔵技師)	니와 스키히코 (丹羽鋤彦)
	철도원기사 (鉄道院技師)	스기우라 소사부로 (杉浦宗三郎)	철도원기사 (鉄道院技師)	스기우라 소사부로 (杉浦宗三郎)

	1920.7		1921.7	
회장	내무대신 (内務大臣)	도코나미 다케지로 (床次竹二郎)	내무대신 (内務大臣)	도코나미 다케지로 (床次竹二郎)
위원	내무차관 (内務次官)	고바시 이치타 (小橋一太)	내무차관 (内務次官)	고바시 이치타 (小橋一太)
	내무성 토목국장 (内務省土木局長)	홋타 미쓰구 (堀田貢)	내무성 지방국장 (内務省地方局長)	쓰카모토 세이지 (塚元清治)
	내무성 지방국장 (内務省地方局長)	소에다 게이치로 (添田敬一郎)	내무성 토목국장 (内務省土木局長)	홋타 미쓰구 (堀田貢)
	내무기감 (内務技監)	하라다 데이스케 (原田貞介)	내무기감 (内務技監)	하라다 데이스케 (原田貞介)
	내무기사 (内務技師)	곤도 도라고로 (近藤虎五郎)	내무성 참사관 (内務省参事官)	마쓰다 겐지 (松田源治)
		히다 고이치 (比田孝一)	내무기사 (内務技師)	곤도 도라고로 (近藤虎五郎)
	외무성 통상국장 (外務省通商局長)	다나카 도키치 (田中都吉)		히다 고이치 (比田孝一)
	재무차관 (大蔵次官)	가미노 가쓰노스케 (神野勝之助)	외무성 통상국장 (外務省通商局長)	다나카 도키치 (田中都吉)
	대장성 주세국장 (大蔵省主税局長)	마쓰모토 시게타케 (松本重武)	재무차관 (大蔵次官)	가미노 가쓰노스케 (神野勝之助)
	대장성 이재국장 (大蔵省理財局長)	모리 슌로쿠로 (森俊六郎)	대장성 주세국장 (大蔵省主税局長)	마쓰모토 시게타케 (松本重武)

	1920.7		1921.7	
위원	육군중장 (陸軍中将)	야마나시 한조 (山梨半蔵)	대장성 이재국장 (大蔵省理財局長)	오노 기이치 (小野義一)
	육군소장 (陸軍少将)	기시모토 시쿠타로 (岸本鹿太郎)	육군차관 (陸軍次官)	오노 미노부 (尾野実信)
	해군차관 (海軍次官)	도치나이 소지로 (栃内曽次郎)	육군소장 (陸軍少将)	와다 가메지 (和田亀治)
	해군소장 (海軍少将)	누노메 미쓰조 (布目満造)	해군차관 (海軍次官)	이데 겐지 (井出謙治)
	농상무차관 (農商務次官)	다나카 류조 (田中隆三)	해군대령 (海軍大佐)	이누즈카 스케지로 (犬塚助次郎)
	철도차관 (鉄道次官)	이시마루 시게미 (石丸重美)	농상무차관 (農商務次官)	다나카 류조 (田中隆三)
	통신성 관선국장 (通信省管船局長)	와카미야 사다오 (若宮貞夫)	통신성 관선국장 (通信省管船局長)	와카미야 사다오 (若宮貞夫)
	통신기사 (通信技師)	고제키 산페이 (小関三平)	통신기사 (通信技師)	고제키 산페이 (小関三平)
	도쿄제국대학 공과대학 교수 (東京帝国大学工科大学教授)	히로이 이사미 (廣井勇)	철도차관 (鉄道次官)	히로이 이사미 (廣井勇)
		데라노 세이치 (寺野精一)		데라노 세이치 (寺野精一)
		나카야마 히데사부로 (中山秀三朗)		나카야마 히데사부로 (中山秀三朗)
		후루이치 고우이 (古市公威)		후루이치 고우이 (古市公威)
		오키노 다다오 (沖野忠雄)		이시마루 시게미 (石丸重美)
		모테기 고지 (茂木鋼之)		모테기 고지 (茂木鋼之)
		다라오 겐자부로 (多羅尾源三郎)		다라오 겐자부로 (多羅尾源三郎)
임시 위원	철도원기사 (鉄道院技師)	스기우라 소사부로 (杉浦宗三郎)	내무성 위생국장 (内務省衛生局長)	우시오 시게노스케 (潮恵之輔)
	내무성 참사관 (内務省参事官)	이케다 히로시 (池田宏)	내무성 참사관 (内務省参事官)	야마가타 지로 (山県治郎)
	내무기사 (内務技師)	이치노세 교지로 (市瀬泰次郎)	내무기사 (内務技師)	이치노세 교지로 (市瀬泰次郎)
	-	-	재무기사 (大蔵技師)	야바시 겐키치 (矢橋賢吉)
	고베세관장 (神戸税関長)	마쓰모토 오사무 (松本修)	고베세관장 (神戸税関長)	마쓰모토 오사무 (松本修)

<table>
<tr><th></th><th colspan="2">1920.7</th><th colspan="2">1921.7</th></tr>
<tr><td rowspan="6"></td><td rowspan="2">요코하마세관장
(横浜税関長)</td><td>스즈키 시게루
(鈴木繁)</td><td>요코하마세관장
(横浜税関長)</td><td>스즈키 시게루
(鈴木繁)</td></tr>
<tr><td>구보타 기요치카
(久保田政周)</td><td>철도성 공무국장
(鉄道省工務局長)</td><td>오카노 노보루
(岡野昇)</td></tr>
<tr><td>효고현 지사
(兵庫県知事)</td><td>아리요시 츄이치
(有吉忠一)</td><td>효고현 지사
(兵庫県知事)</td><td>아리요시 츄이치
(有吉忠一)</td></tr>
<tr><td rowspan="3">가나가와현 지사
(神奈川県知事)</td><td rowspan="3">이노우에 코사이
(井上孝哉)</td><td rowspan="3">가나가와현 지사
(神奈川県知事)</td><td>이노우에 코사이
(井上孝哉)</td></tr>
<tr><td>구보타 기요치카
(久保田政周)</td></tr>
<tr><td>사쿠라이 데쓰타로
(桜井鉄太郎)</td></tr>
<tr><td rowspan="2">간사</td><td>내무서기관
(内務書記管)</td><td>니와 시치로
(丹羽七郎)</td><td>내무성 참사관
(内務省参事官)</td><td>미츠야 미야마츠
(三矢宮松)</td></tr>
<tr><td>내무기사
(内務技師)</td><td>아키 고이치
(安芸杏一)</td><td>내무기사
(内務技師)</td><td>아키 고이치
(安芸杏一)</td></tr>
<tr><td rowspan="4">서기</td><td rowspan="4">내무속
(内務属)</td><td>아라이 가메타로
(荒井亀太郎)</td><td rowspan="4">내무속
(内務属)</td><td>아라이 가메타로
(荒井亀太郎)</td></tr>
<tr><td>오하타 히코조
(大畑彦三)</td><td>오하타 히코조
(大畑彦三)</td></tr>
<tr><td>에모리 유이치
(江森猶一)</td><td>스즈키 에이치로
(鈴木栄一郎)</td></tr>
<tr><td>가와무라 다이스케
(河村大助)</td><td>모리야마 에이치
(森山鋭一)</td></tr>
</table>

<table>
<tr><th></th><th colspan="2">1922.7</th></tr>
<tr><td>회장</td><td>내무대신
(内務大臣)</td><td>미즈노 렌타로
(水野練太郎)</td></tr>
<tr><td rowspan="5">위원</td><td>경시총감
(警視総監)</td><td>홋타 미쓰구
(堀田貢)</td></tr>
<tr><td>내무성 지방국장
(内務省地方局長)</td><td>쓰카모토 세이지
(塚本清治)</td></tr>
<tr><td>내무기감
(内務技監)</td><td>하라다 데이스케
(原田貞介)</td></tr>
<tr><td>내누기사
(内務技師)</td><td>곤도 도라고로
(近藤虎五郎)</td></tr>
<tr><td>내무기사
(内務技師)</td><td>히다 고이치
(比田孝一)</td></tr>
</table>

	1922.7	
위원	외무성 통상국장 (外務省通商局長)	다나카 도키치 (田中都吉)
	대장성 주세국장 (大蔵省主税局長)	마쓰모토 시게타케 (松本重威)
	대장성 이재국장 (大蔵省理財局長)	오노 기이치 (小野義一)
	육군대장 (陸軍大将)	오노 미노부 (尾野実信)
	육군소장 (陸軍少将)	와다 가메지 (和田亀治)
	해군차관 (海軍次官)	이데 겐지 (井出謙治)
	해군대령 (海軍大佐)	이누즈카 스케지로 (犬塚助次郎)
	통신차관 (通信次官)	와카미야 사다오 (若宮貞夫)
	철도차관 (鉄道次官)	이시마루 시게미 (石丸重美)
		후루이치 고우이 (古市公威)
		히로이 이사미 (廣井勇)
		테라노 세이치 (寺野精一)
		나카야마 히데사부로 (中山秀三朗)
		모테기 고지 (茂木鋼之)
		다라오 겐자부로 (多羅尾源三郎)
임시 위원	내무성 위생국장 (内務省衛生局長)	우시오 시게노스케 (潮恵之輔)
	내무성 도시계획국장 (内務省都市計画局長)	야마가타 지로 (山県治郎)
	내무기사 (内務技師)	이치노세 교지로 (市瀬恭次郎)
		아키 교이치 (安芸杏一)
	재무기사	야바시 겐키치

	1922.7	
	(大蔵技師)	(矢橋賢吉)
임시 위원	고베세관장 (神戸税関長)	스기 이치로 (杉一郎)
	철도성 공무국장 (鉄道省工務局長)	오카노 노보루 (岡野昇)
	가나가와현 지사 (神奈川県知事)	이노우에 고사이 (井上孝哉)
간사	내무서기관 (内務書記管)	마쓰모토 가쿠 (松本學)
	내무기사 (内務技師)	스즈키 마사쓰구 (鈴木雅次)
서기	내무속 (内務属)	아라이 가메타로 (荒井亀太郎)
		오하타 히코조 (大畑彦三)
		스즈키 에이치로 (鈴木栄一郎)
		고다마 신지로 (児玉信治郎)

출처 : 『관원록(官員錄)』을 바탕으로 역자가 작성.

〈표 3〉 부두 길이 및 수심 요약표

선박 총 톤수	선체 길이	여유 길이	부두 길이	흘수(吃水)	여유 수심	부두 앞 수심
100	30	6	36	1.8	0.3	2.1
200	35	8	43	2.4	0.3	2.7
300	40	10	50	2.9	0.3	3.2
400	45	10	55	3.0	0.3	3.3
500	50	10	60	3.5	0.3	3.8
1,000	70	10	85	4.8	0.4	5.2
2,000	85	15	100	6.2	0.4	6.6
3,000	100	15	115	6.9	0.4	7.3
4,000	110	15	126	7.5	0.4	7.9
5,000	120	16	137	7.7	0.4	8.1
6,000	130	17	148	8.0	0.4	8.4
8,000	140	18	158	8.5	0.4	8.9
10,000	150	18	168	9.0	0.5	9.5
15,000	170	18	188	9.5	0.5	10.0
20,000	190	18	208	10.0	0.5	10.5
30,000	220	20	240	10.2	0.5	10.7
40,000	240	25	265	10.5	0.5	11.0
50,000	265	25	290	11.0	0.5	11.5
55,000	275	25	300	11.5	0.5	12.0

이 표는 대략을 나타낸 것으로 실제로는 다소의 차이가 있을 수 있다.
특히 흘수(吃水)는 만재 흘수(滿載吃水)를 기준으로 했기 때문에 얕게 입항할 경우
부두 수심은 이 표보다 작아도 된다.
출처 : 鈴木雅次, 『港湾』, 岩波書店, 1933, p.139.

관련 연표

연도	내용(해항 관련)	내용(일반)
1859	**7월** 안세이 조약(安政條約)에 따라 가나가와(神奈川)(요코하마(橫濱))·하코다테(箱館)·나가사키(長崎) 3개 항 개항	
1868	**1월** 고베항(神戶港) 개항 **9월** 오사카항(大阪港) 개항	
1869	**1월** 니가타항(新潟港) 개항	**8월** 대장성(大藏省) 설치 **11월** 수에즈 운하 개통
1870	**6월** 가나가와현(神奈川縣) 요코하마항 항장(港長)으로 퍼비스(G. Purvis)를 초빙(1873년 6월 임기 만료)	
1871		**12월** 이와쿠라사절단(岩倉使節團) 요코하마항 출발
1872	**6월** 대장성 「요코하마항 부두 축조안(橫浜港波止場築造伺)」 제출 **12월** 가나가와현 「요코하마항 일본 선박 정박 규칙(橫濱港日本船碇泊規則)」 공포	
1873		**11월** 내무성(內務省) 설치
1874	**2월** 내무성 토목권두(土木權頭) 이시이 쇼이치로(石井省一郎)가 「수리 행정 개선안(水政ヲ更正スル議)」 제출 **4월** 대장성 「요코하마항 대형 부두 신축안(橫浜港大波戶場新築之儀ニ付伺)」 제출	**5월** 대만 출병
1878	**7월** 노비루(野蒜) 축항 공사 착공	**3월** 오쿠보 도시미치(大久保利通) 내무경(內務卿) 「일반 식산 및 족·사족 수산안에 대한 질의(一般殖産及華士族授産の儀 同)」 제출
1879	**8월** 다구치 우키치(田口卯吉) 「선거(船渠) 개설안(船渠開設の議)」을 『도쿄경제잡지(東京經濟雜誌)』에 게재	
1880	**11월** 마쓰다 미치유키(松田道之) 도쿄부(東京府) 지사 「중앙 시구 획정안(中央市區劃定案)」을 발표	
1881	**3월** 요코하마상법회의소(橫濱商法會議所) 요코하마 축항에 관한 조사 시작 **11월** 내무성 기사(技師) 물더(A. T. L. R. Mulder) 도쿄 축항 사안(私案) 제출	**11월** 해군 수로부(水路部) 전국 해안 측량 12개년 계획(全國海 量十二ヶ年計劃) 작성
1884	**5월** 우지나(宇品) 축항 공사 착공	**12월** 도카이 진수부(東海鎭守府)가 요코하마에서 요코스카(橫 로 이전
1885	**2월** 요시카와 아키마사(芳川顯正) 도쿄부 지사 「힌카이 축항안 상신(品海築港之義ニ付上申)」 제출	**12월** 체신성(遞信省) 설치 공부성(工部省) 해체
1886	**9월** 가나가와현이 파머(H. S. Palmer)에게 요코하마 축항 조사 설계를 의뢰	
1888	**4월** 오쿠마 시게노부(大隈重信) 외무성 장관이 요코하마 축항을 청의(請議) **11월** 야마가타 아리토모(山縣有朋) 내무성 장관이 요코하마 축항에 드 리케(J. de Rijke)안 채택을 청의	
1889	**1월** 오쿠마 시게노부 외무성 장관이 요코하마 축항에 파머안(案) 채택을 청의[3월에 파머안 채택]	**4월** 구레(吳)에 제2 해군구(海軍區) 진수부, 사세보(佐世保)에 해군구 진수부 설치 결정

	3월 모지축항회사(門司築港會社) 설립[7월 축항 공사 착공] **7월** 특별 수출항 규칙 공포 **9월** 제1차 요코하마 축항 공사 착공	**5월** 마이즈루(舞鶴)에 제4 해군구 진수부 설치 결정(1901년 10월 개청) **11월** 제1회 제국의회 개회
90	**5월** 와카마쓰축항회사(若松築港會社) 설립[9월 제1차 와카마쓰 축항 공사 착공]	
91	**1월** 오사카에서 축항연구회(築港硏究會) 설립	**5월** 시베리아철도 착공 **7월** 동방협회(東邦協會) 설립
92	**9월** 체신성이 개항장규칙조사위원회(開港場規則取調委員會) 설치	
93	**1월** 미야즈항(宮津港)을 특별무역항으로 지정하는 법안이 귀족원(貴族院)과 중의원(衆議院) 양의원을 통과 **10월** 대장성이 화물 특별수출입 법안을 제출	
94	**3~4월** 드 리케가 「오사카 축항 계획서(大阪築港計劃書)」를 제출 **5월** 후시키항(伏木港)·오타루항(小樽港)을 특별무역항으로 지정 **6월** 무로란항(室蘭港)을 특별수출항으로 지정	**7월** 영일 통상 항해 조약 조인 **8월** 청일전쟁
95	**7월** 야마다 노부미치(山田信道) 오사카부(大阪府) 지사가 축항 공사 검토를 시작 **10월** 우쓰미 다다카쓰(內海忠勝) 오사카부 지사가 축항 설계 수정을 시작	
96	**10월** 하카타항(博多港)·가라쓰항(唐津港)·구치노쓰(口ノ津)·쓰루가항(敦賀港)·사카이항(境港)·하마다항(濱田港)을 개항 외 무역항으로 지정 **12월** 토목회(土木會)가 오사카 축항안을 수정 가결	**3월** 항해 장려법(航海奬勵法)·조선 장려법(造船奬勵法) 공포 **4월** 하천법(河川法) 공포
97	**4월** 「국고 보조 공공 단체 사업에 관한 법률(国庫ヨリ補助スル公共団体ノ事業ニ関スル法律)」 공포 **6월** 시미즈항(清水港)·욧카이치항(四日市港)·나나오항(七尾港)을 개항 외 무역항으로 지정 **10월** 제1차 오사카 축항 공사 착공	**6월** 야하타제철소(八幡製鐵所) 착공
98	**7월** 「개항 항칙(開港港則)」 공포[10월 요코하마항·고베항·나가사키항에 체신성 항무국(港務局) 설치]	
99	**5월** 제2차 요코하마 축항 (전기) 공사 착공 **7월** 미야즈항·쓰루가항·나나오항·후시키항을 개항으로 지정 **8월** 하마다항·사카이항·욧카이치항·다케토요항(武豊港)·시미즈항·무로란항·오타루항·모지항·하카타항·가라쓰항·구치노쓰항·미스미항(三角港)을 개항으로 지정	**3월** 독청조약(獨淸條約) 조인[독일이 자오저우만(膠州湾)을 조차] **7월** 영일 통상 항해 조약(개정 조약) 실시
0	**4월** 모지항에 체신성 항무국(港務局) 설치 **7월** 제1차 항만조사회(港灣調査會) 제1회 회의 **10월** 고베시(神戶市) 축항조사준비위원회 설치	
2	**4월** 체신성 항무국을 각 부현(府縣)으로 이관	
3	**3월** 제1차 항만조사회 폐지 **7월** 요코하마(横濱)에서 항만개량기성회(港灣改良期成會) 결성	
4		**2월** 러일전쟁 **9월** 시베리아철도 전선 개통
5	**9월** 다니구치 후사조(谷口房藏) 축항이용회(築港利用會) 결성 **12월** 대장성이 요코하마항 설비법안(横濱港設備法案)을 각의 제출	

1906	**2월** 러시아 동아기선(東亞汽船)이 쓰루가~블라디보스토크 간 정기항로 개시 **4월** 대장성이 임시고베항설비위원회(臨時神戸港設備委員會) 설치 **5월** 제2차 항만조사회의 제1회 회의[비공식] **9월** 사카타니 요시로(阪谷芳郎) 대장성 장관이 고베 축항에 관하여 연설	
1907	**10월** 제2차 항만조사회가 「중요항 선정 방침(重要港選定ノ方針)」 의결[제1종 중요 항만: 요코하마 · 고베 · 쓰루가 · 간몬해협(關門海峽), 제2종 중요 항만: 아오모리(青森) · 센다이만(仙台灣) · 아키타해안(秋田海岸) · 도쿄 · 니가타 · 이세만(伊勢灣) · 오사카 · 사카이 · 나가사키 · 가고시마(鹿兒島)]	**7월** 철도국유법(鐵道國有法) 시행
1908		**12월** 철도원(鐵道院) 설치[체신성으로부터 독립]
1909	**7월** 제1차 쓰루가 축항 공사 착공 **11월** 모지세관(門司稅關) 설치	**3월** 원양항로 보조법 공포
1910	**3월** 스즈키상점(鈴木商店) 다이리(大里)에 창고 건설 **7월** 간몬해협 개량 공사 착공	**8월** 한일병합
1911	**5월** 모지시(門司市) 항만조사위원회 설치	
1912	**6월** 오사카시가 임시항만조사회를 설치하고 제1차 오사카 축항 중단을 검토	
1913		**1월** 기모쓰키 가네유키(肝付兼行)가 오사카시 시장으로 취임[8월 **10월** 이케가미 시로(池上四郎)가 오사카시 시장에 취임
1914		**12월** 파나마운하 개통
1915	**4월** 모지세관 설비 공사 착공 **5월** 오사카시 항만과가 제1차 오사카 축항 중단안을 시 참사회에 제시 **6월** 와카마쓰시(若松市)가 시영 잡화부두 설계안을 완성 **11월** 오사카시의회가 제1차 오사카 축항의 일시 중단을 결정	
1916	**1월** 스미토모창고(住友倉庫)가 오사카항 항내 계선 안벽 공사에 착수 **10월** 와카마쓰축항회사가 제4차 설계안을 완성	
1917	**4월** 모지 시영 축항 공사 착공 내무성 토목국이 도카이만(洞海灣) 조사 개시	
1918	**5월** 내무성 토목국이 도카이만 축항 설계안 완성 **10월** 「항만 경영을 내무성이 통일 시행하는 건(港湾経営を内務省に於て統一施行する件)」을 각의 결정	**8월** 시베리아 출병 **9월** 하라 다카시(原敬) 내각 성립
1919	**4월** 제1차 모지 축항 공사 착공 **6월** 사카이항만건설기성회(境港灣修築期成會) 설립 **7월** 나고야항(名古屋港)을 제2종 중요항으로 지정 **12월** 내무성 토목국에 항만과(港灣課) 설치	
1920	**4월** 후쿠이현대안실업협회(福井縣對岸實業協會) 설립 **10월** 시미즈항 · 나하항(那覇港)을 제2종 중요항으로 지정 **11월** 조선총독부 명령항로로 후시키~나나오~블라디보스토크 간 정기항로 개시	
1921	**6월** 와카마쓰항 · 다카마쓰항(高松港) · 고마쓰시마항(小松島港) · 이마바리항(今治港) · 후시키항 · 이마리항(伊萬里港)을 제2종 중요항으로 지정	

922	**11월** 항만협회(港灣協會) 설립	**5월** 다카하시 고레키요(高橋是淸) 내각이 행정정리준비위원회 설치
924	**12월** 항무부·해항검역사무·항칙사무·식물검사사무를 세관으로 일원화	**6월** 가토 다카아키(加藤高明) 내각 성립 **9월** 간토대지진(關東大地震)
925	**3월** 임시항만조사회 설치	
926	**8월** 동해항만공영회(日本海港灣共榮會) 설립 **10월** 항만협회에 항만법 조사위원회를 설치	
27		**4월** 다나카 기이치(田中義一) 내각 성립
28	**5월** 항만협회가 항만법 초안을 다나카 기이치 내각에 건의 **10월** 오나바마항(小名濱港)·미야코항(宮古港)·나나오항(七尾港)·오노미치항(尾道港)·고치항(高知港)·하카타항·오이타항(大分港)·호소시마항(細島港)을 제2종 중요항으로 지정	
29	**3월** 내무성이 지정항만제도를 확충	
31		**9월** 류타오후사건(柳條湖事件) **12월** 이누카이 쓰요시(犬養毅) 내각 성립
32	**1월** 내무성 토목국이 산업 진흥 토목 사업 계획(産業振興土木事業計劃)을 입안 **4월** 5개성 회의(五省會議)에서 나진 축항 결정 도야마현대안무역척식진흥회(富山縣對岸貿易拓殖振興會) 설립 **6월** 단고항만협회(丹後港灣協會) 설립 **10월** 오바마항만건설기성동맹회(小濱港灣修築期成同盟會) 설립 **12월** 다롄기선(大連汽船)이 다롄~니가타 간 정기항로 개시	
33	**8월** 토목회의(土木會議) 설치 **9월** 교통심의회(交通審議會) 설치	
34	**12월** 하치노헤항(八戶港)·시키마항(飾磨港)·우베항(宇部港)을 제2종 중요항으로 지정 지정 항만에 대한 국고 보조 기준 책정	
35	**6월** 항만협회가 도호쿠지방항만조사위원회(東北地方港灣調査委員會)를 설치	**5월** 내각조사국(內閣調査局) 설치
36		**2월** 2·26사건
37		**7월** 루거우차오사건(盧溝橋事件) **10월** 기획원(企劃院) 설치
38	**4월** 도카이만 축항 사업을 후쿠오카현(福岡縣)으로 이관	
39	**10월** 간몬해협 개량 종합 계획(關門海峽改良綜合計劃) 책정	
40	**6월** 도쿄만 임해공업지대 계획(東京灣臨海工業地帶計劃) 책정 **7월** 모지·고쿠라·시모노세키항을 간몬항(關門港)으로 통합	
1	**5월** 도쿄항 개항 [게이힌항(京濱港)으로 통합] **9월** 항만운송업통제령(港灣運送業統制令) 공포 **12월** 세관이 항무·항칙·검역 등 해항 사무를 해무원(海務院)[지방해무국]에 이관	**9월** 내무성 토목국을 국토국(國土局)으로 개칭 **12월** 진주만 공습 해무원 설치
2	**12월** 와카마쓰항을 간몬항에 통합	**11월** 지방각청연락회의(地方各廳連絡會議) 설치
3		**11월** 운수통신성(運輸通信省) 설치

1945		**5월** 운수통신성이 운수성(運輸省)으로 개편 **8월** 포츠담선언 수락
1946	**2월** 세관 업무를 운수성에서 대장성으로 이관	
1947	**4월** 동식물 검역 사무 및 해항 검역 사무를 운수성에서 농림성(農林省)과 후생성(厚生省)으로 이관 **6월** GHQ가 요코하마항과 고베항의 운영 계획 제출을 지시	
1948		**1월** 내무성 해체[건설원(建設院) 설치] **7월** 건설원을 건설성(建設省)으로 개편
1950	**5월** 항만법(港灣法) 공포	
1951	**5월** 항만사업통제법(港灣事業統制法) 공포 **6월** 운수성이 특정 중요 항만(特定重要港灣)과 준특정 중요 항만(準特定重要港灣)을 지정	

도표 일람

참고문헌

1. 사료

미출판 사료

新居善太郎関係文書 [国立国会図書館憲政資料室蔵]

石崎敏行文書 [北九州市立文書館蔵]

井上馨関係文書 [国立国会図書館憲政資料室蔵]

大隈文書 [早稲田大学図書館蔵]

外務省記録 [外務省外交資料館蔵]

3門1類1項8号「横浜港則設立一件」

3門1類1項9号「神戸港港則設立一件」

3門1類1項19号「開港港則制定一件」

3門1類1項20号「特別輸出港規則同施行細則制定一件」

3門1類1項23号「本邦開港場関係雑件」

3門1類1項24号「開港碇泊料規則設定一件」

3門1類1項42号「本邦港務規則関係雑件」

3門1類2項16号 「横浜海岸石垣ヨリ乗船セシ英吉利国人『テールス』差押一件附波止場外上陸場設置ノ件」

3門6類7項9号 「横浜港ニ於テ帝国軍艦雲場号へ英吉利国風帆船『フランシス、ヘレデー』号衝突ニ係ル損害賠償一件」

3門13類1項2号「横浜海岸通仏国公使館前波止場増築ニ関シ同国公使苦情一件」

F門1類5項○目14号「本邦航運関係雑件」

各種調査会委員会文書 [国立公文書館蔵]

柏原兵太郎関係文書 [国立国会図書館憲政資料室寄託]

河合光栄家資料 [横浜市史資料室蔵]

京都府庁文書 [京都府総合資料館蔵]

鴻爪集 [高岡市立伏木図書館蔵]

公文雑纂 [国立公文書館蔵]

公文別録 [国立公文書館蔵]

公文類聚 [国立公文書館蔵]

公文録 [国立公文書館蔵]

小橋一太関係文書 [国立国会図書館憲政資料室蔵]

鮫島茂資料(丹羽鋤彦旧蔵資料) [横浜市史資料室蔵]

勝田家文書 [国立公文書館蔵]

昭和財政史資料 [国立公文書館蔵]

太政類典 [国立公文書館蔵]

高岡市立中央図書館所蔵古文献資料 [高岡市立中央図書館蔵]

富山県会議事速記録 [富山県公文書館蔵]

鳥居史郎家文書 [福井県文書館蔵]

内閣総理大臣官房総務課資料 [国立公文書館蔵]

内閣文庫 [国立公文書館蔵]

内務省警保局文書 [国立公文書館蔵]

半井清文書 [横浜市史資料室蔵]

八田嘉明文書 [早稲田大学現代政治経済研究所蔵]

藤井家文書 [高岡市立伏木図書館蔵]

松尾家文書 [国立公文書館蔵]

松本学関係文書 [国立国会図書館憲政資料室蔵]

密大日記 [防衛省防衛研究所図書館蔵]

水町家文書 [国立公文書館蔵]

水上浩躬資料 [横浜開港資料館蔵]

宮城県文書 [宮城県公文書館蔵]

宮津市永年保存文書 [宮津市役所蔵]

村上義一文書 [慶應義塾大学図書館蔵]

門司市会会議録 [北九州市立文書館蔵]

陸軍省雑文書 [防衛省防衛研究所図書館蔵]

陸軍省日記 [防衛省防衛研究所図書館蔵]

わかちく史料館所蔵文書 [わかちく史料館蔵]

Memorandom of points suggested by Mr.von Brandt charge d'affaries of the North

German Confideration. [U.S.National Archives]

출판 사료

秋元義親編,『日露貿易調査事業経過報告』, 日露協会, 1919.
安倍能成他編,『和辻哲朗全集』18, 岩波書店, 1990.
有島武,『有島武手記集』, 門司税関, 1942.
石井甲子五郎,『日本の港湾』, 時事新報社, 1898.
石井鉄太郎,『戸畑大観』, 戸畑新聞社, 1923.
石黒涵一郎,『舞鶴鉄道及港湾』, 私家版, 1892.
石崎敏行,『若松を語る』, 私家版, 1934.
池原鹿之助,『鶴原定吉君略伝』, 私家版, 1917.
伊藤隆他編,『東条内閣総理大臣機密記録－東条英機大将言行録』, 東京大学出版会, 1990.
伊東安男総合監修,『蘭人工師エッセル日本回想録』, 福井県三国町, 1990.
稲垣満次郎,『東方策結論草案』上, 哲学書院, 1892.
磐城顕彰会編,『国際港の礎石－小名浜港湾史』, 磐城顕彰会, 1964.
上野喬介編,『大阪市会鉄道敷設ニ関スル請願』, 私家版, 1894.
ヴェルナー・R, 金森誠也・安藤勉訳,『エルベ号艦長幕末記』, 新人物往来社, 1990.
運輸省第一港湾建設局新潟港工事事務所,『新潟港修築史－明治・大正・昭和』, 運輸省第一港湾建設局新潟港工事事務所, 1990
運輸省第二港湾建設局編,『横浜港修築史－明治・大正・昭和戦前期』, 運輸省第二港湾建設局京浜港工事事務所編, 1983.
江木千之翁経歴団刊行会編,『江木千之翁経歴談』上, 復刻版 : 大空社, 1987.
大石正巳,『日本之二大政策』, 青木嵩山堂, 1892.
大植寿栄一編,『西村捨三翁小伝』, 故西村捨三翁顕彰委員会, 1957.
大蔵省,『大日本外国貿易大照表』1, 大蔵省, 1909.
_____,『大日本外国貿易三十七年大照表(自明治元年至同三十七年)』, 大蔵省, 1909.
大蔵省関税局編,『税関百年史』上・下, 日本関税協会, 1973.
大阪市,『大阪市会史』1・3, 大阪市, 1912.
_____,『明治大正大阪市史』7, 日本評論社, 1935.

_____, 『大阪築港一〇〇年－海からのまちづくり』上, 大阪市港湾局, 1997.
大阪市行政局行政調査室, 『港湾法制定経過資料及び港湾法』, 大阪市行政局行政調査室, 1950.
大阪市港湾課編, 『大阪港勢一斑 大正7年』, 大阪市, 1926.
大阪市役所, 『大阪築港利用完成ニ関スル報告書』, 1913.
大阪商船三井船舶株式会社, 『大阪商船株式会社八十年史』, 大阪商船三井船舶, 1966.
大阪築港事務所編, 『大阪築港誌』, 大阪築港事務所, 1906.
海上保安庁水路部編, 『日本水路史－1871~1971』, 日本水路協会, 1971.
外務省調査部編, 『大日本外交文書』 6・7, 日本国際協会, 1939.
外務省調査部監修・日本学術振興会編, 『条約改正関係日本外交文書』 1(上), 日本国際協会, 1941.
柏原兵太郎, 『統制経済下の貨物運送』, 交通研究所, 1941.
神奈川県企画調査部・神奈川県県民部県史編集室, 『神奈川県史(各論編)』 2, 神奈川県, 1970.
北九州市開港百年史編さん委員会編, 『北九州の港史－北九州港開港百年を記念して』, 北九州市港湾局, 1990.
北日本汽船株式会社編, 『北日本汽船株式会社二十五年史』, 北日本汽船, 1939.
北山一郎, 『北山一郎自叙伝』, 私家版, 1949.
木下淑夫, 『国有鉄道の将来』, 鉄道時報局, 1924.
慶應義塾編, 『福澤諭吉全集』 9, 岩波書店, 1960.
馨光会編, 『都筑馨六伝』, 馨光会, 1926.
高野江基太郎, 『門司港誌』, 私家版, 1897.
神戸市会編, 『神戸市会史』 1, 神戸市会事務局, 1968.
神戸市港湾課, 『自由港ニ関スル説明』, 神戸市港湾課, 1923.
神戸市港湾部, 『自由港制度概観』, 神戸市港湾部, 1923.
__________, 『自由港問題調査参考資料』, 神戸市港湾部, 1923.
港湾協会, 『港湾協会10年史』, 港湾協会, 1934.
_______, 『港湾協会20年史』, 港湾協会, 1944.
故小橋先生記念事業会編, 『小橋杏城先生をおもふ』, 故小橋先生記念事業会, 1941.
小寺謙吉, 『自由港の驚くべき便益』, 私家版, 1923.

小寺謙吉,『コーペンハーゲン自由港』, 私家版, 1923.
小林竜夫・島田俊彦編,『現代史資料 (7) 満州事変』, みすず書房, 1964.
小林照夫,『日本の港の歴史－その現実と課題』, 成山堂書店, 1999.
故古市男爵記念事業会編,『古市公威』, 故古市男爵記念事業会, 1937.
故目賀田男爵伝記編纂会編,『男爵目賀田種太郎』, 故目賀田男爵伝記編纂会, 1938.
境港湾修築期成会編,『境港湾修築略史』, 境港湾修築期成記念会, 1941.
坂田幹太,『谷口房蔵翁伝』, 谷口翁伝記編纂委員会, 1931.
佐藤勝三郎編,『神戸築港問題沿革誌』, 神戸市, 1908.
島根県,『新修島根県史(通史篇)』2, 島根県, 1967.
島根県議会史編さん委員会編,『島根県議会史』2, 島根県議会事務局, 1959.
新修大阪市史編纂委員会編,『新修大阪市史』5, 大阪市, 1991;『新修大阪市史』6, 大阪市, 1995.
鈴木雅次,『港湾』, 岩波書店, 1933.
造船協会編,『日本近世造船史』, 弘道館, 1911.
大霞会編,『内務省史』3, 地方財務協会, 1971.
田口卯吉,『鼎軒田口卯吉全集』5, 復刻版 : 吉川弘文館, 1990.
田中一二,『帝国の関門』, 積善館, 1914.
谷口房蔵・中井隼太,『大阪築港完成意見』, 私家版, 1915.
塚野俊郎,『日本海貿易の要津新潟港』, 新潟商工会議所, 1932.
敦賀市史編さん委員会編,『敦賀市史(通史編)』下, 敦賀市, 1988.
『帝国議会貴族院委員会議録』各巻, 臨川書店.
『帝国議会衆議院委員会議録』各巻, 臨川書店.
『帝国議会衆議院議事速記録』各巻, 東京大学出版会.
逓信省,『逓信省年報』18, 逓信省, 1912.
逓信省管船局,『長崎海事局館内航通運輸ニ関スル報告』7, 逓信省管船局, 1909.
逓信省臨時調査局海事部編, 『逓信省臨時調査局海事部報告第一六号仏国ニ於ケル主要開港ニ関スル調査』, 1918.
鉄道史学会編,『鉄道史人物事典』, 鉄道史学会, 2013.
鉄道省編,『日本鉄道史』上, 鉄道省, 1921.

鉄道省運輸局編,『港湾と鉄道との関係調書』1, 鉄道省運輸局, 1921;『港湾と鉄道との関係調書』2, 鉄道省運輸局, 1922;『港湾と鉄道との関係調書』3, 鉄道省運輸局, 1925.
東京市,『東京市史稿(港湾篇)』3・4, 東京市役所, 1926.
富山県編,『富山県史(通史編)』VI, 富山県, 1984.
内政史研究会編,「松本学氏談話速記録 上」,『内政史研究資料』52~58, 1967.
内務省土木局,『港湾調査会議事録抜粋』, 内務省土木局, 1933.
__________編,『自由港の考察』, 港湾協会, 1923.
__________編,『港湾行政資料』1, 内務省土木局, 1922;『港湾行政資料』2, 内務省土木局, 1923.
内務省土木局新潟土木出張所,『伏木港修築工事概要』, 内務省新潟土木出張所, 1925.
内務省新潟土木出張所,『内務省新潟土木出張所沿革ト其ノ事業』, 内務省新潟土木出張所, 1930.
中谷隆風,『伏木港外国貿易之儀ニ付参考書』, 私家版, 1894.
中野金次郎,『海峡大観－関門海峡及北九州の対外的発展と其将来』, 海峡研究所, 1925.
中橋徳五郎,『興国策論』, 政教社, 1913.
中橋徳五郎翁伝記編纂会,『中橋徳五郎』上・下, 中橋徳五郎翁伝記編纂会, 1944.
中安信三郎,『北陸の偉人大和田翁』, 似玉堂出版部, 1928.
中山主膳編,『硯海日誌と門司築港』, 門司市立図書館, 1959.
名古屋港史編集委員会編,『名古屋港史(建設編・港勢編)』, 名古屋港管理組合, 1990.
新潟市,『対満通商貿易港としての新潟港』, 新潟市, 1932.
新潟市編,『新潟開港百年史』, 新潟市, 1969.
西村捨三,『御祭草紙』, 大林帳簿製造所, 1908.
日満実業協会編,『日本海商業委員会議事録』1, 日満実薬協会, 1935.
日本経営史研究所編,『近代日本海運生成史料』, 日本郵船, 1988.
日本港湾協会,『日本港湾史』, 日本港湾協会, 1978.
__________,『新版日本港湾史』, 日本港湾協会, 2007.
__________編,『大久保利通文書』5・9, 東京大学出版会, 1968.
橋本五雄編,『謝海言行録』, 復刻版 : 大空社, 1988.
浜田恒之助述・中川信吾編,『経世小策』, 中田書店, 1914.

原邦造,『原六郎翁伝』中, 1937.
原奎一郎編,『原敬日記』1・2・3, 福村出版, 1981.
原敬文書研究会編,『原敬関係文書』7・8, 日本放送出版協会, 1987.
広島県,『広島県統計書 明治14年』, 広島県, 1901.
______編,『千田知事と宇品港』, 広島県, 1940.
広島商工会議所,『港湾都市としての広島』, 広島商工会議所, 1928.
広瀬順晧編,『伊東已代治日記・記録ー未刊翠雨荘日記』3, ゆまに書房, 1999.
________監修・編集,『井上侯意見談話演説集』上(近代未刊史料叢書 9), ゆまに書房, 1999.
福井県編,『福井県史(通史編)』5, 福井県, 1994;『福井県史(資料編)』17, 福井県, 1993.
福岡県議会事務局編,『詳説福岡県議会史(大正編)』上, 福岡県議会, 1959.
福岡市港湾局福,『博多港史－開港百周年記念』, 福岡市港湾局, 2000.
福本日南,『海国政談』, 日本新聞社, 1892.
伏木港史編さん委員会編,『伏木港史』, 伏木港海運振興会, 1973.
藤森照信監修,『東京都市計画資料集成(明治・大正編)』31, 本の友社, 1988.
ブラントンR・H, 徳力真太郎訳,『お雇い外人の見た近代日本』, 講談社, 1986.
舞鶴市史編さん委員会編,『舞鶴市史(通史編)』下, 舞鶴市, 1982.
松尾小三郎,『大阪港湾調査報告』, 大阪市臨時港湾調査会, 1913.
満洲事情案内所編,『東満事情』, 満洲事情案内所, 1941.
宮津市史編さん委員会編,『宮津市史(通史編)』下, 宮津市, 2004.
室蘭市史編さん委員会編,『新室蘭市史』2, 室蘭市史編さん委員会, 1983.
明治期外交資料研究会編,『明治期外務省調書集成 条約改正関係調書集』11, クレス出版, 1996.
明治財政史編纂会編,『明治財政史』8, 明治財政史発行所, 1928.
安川敬一郎, 北九州市立自然史・歴史博物館編,『安川敬一郎日記』1, 北九州市立自然史・歴史博物館, 2007.
矢野剛,『全訂増補 商港論』, 二里木書店, 1943.
山崎謙編,『衆議院議員列伝』, 衆議院議員列伝発行所, 1901.
横浜港調査委員会第四部自由港部,『横浜港より観たる自由港問題』, 横浜港調査委員会第四部自由港部, 1923.

横浜市会事務局編,『横浜市会史』1, 横浜市会事務局, 1983.
横浜市編,『横浜市史(資料編)』2, 横浜市, 1962;『横浜市史』3(上), 横浜市, 1962;『横浜市史』3(下), 横浜市, 1963;『横浜市史』4(下), 横浜市, 1968.
横浜市役所横浜港調査委員会,『自由港の研究』, 横浜市役所横浜港調査委員会, 1923.
横浜商工会議所創立百周年記念事業企画特別委員会百年史編纂分科会編, 『横浜商工会議所百年史』, 横浜商工会議所,1981.
横浜税関,『新潟税関沿革史』, 横浜税関, 1904.
四日市港管理組合,『四日市港のあゆみ』, 四日市港管理組合, 1987.
四日市市教育会,『四日市港史』, 四日市市教育会, 1936.
淀川百年史編集委員会編,『淀川百年史』, 建設省近畿地方建設局, 1974.
臨時税関工事部,『横浜税関海面埋立工事報告』, 臨時税関工事部, 1906.
臨時横浜築港局編,『横浜築港誌』, 私家版, 1896.
若築建設株式会社,『若築建設百十年史』, 若築建設, 2000.
若築建設株式会社八十年史編纂委員会編,『八十年史－若築建設株式会社』, 若築建設株式会社, 1970.
若槻禮次郎,『古風庵回顧録』, 読売新聞社, 1950.
若松市編,『若松市誌』, 若松市, 1921.
和田新一郎,『的野半介』, 私家版, 1933.
Broodbank, Joseph G., *History of the Port of London*, Daniel o'Connor, 1921.
Clapp, Edwin J., *The port of Hamburg*, Yale University Press, 1910.

신문·잡지·기관지 등 정기간행물

『大阪朝日新聞』,『大阪時事新報』,『大阪新報』,『大阪毎日新聞』,『神戸又新日報』,『港湾』,『実業持論』,『若州新聞』,『自由党党報』,『政友』,『対岸時報』,『太陽』,『敦賀商業会議所月報』,『敦賀商業会議所事務報告』,『東京経済雑誌』,『[東京商工会議所] 事業成績報告書』,『東京日日新聞』,『東邦協会報告』,『都市問題』,『富山県対岸貿易拓殖振興会会報』,『新潟新聞』,『[日満実業協会] 事業報告書』,『日本商業雑誌』,『福岡日日新聞』,『貿易新報』,『門司新報』,『横浜貿易新聞』,『読売新聞』, *The Japan Weekly Mail*

2. 연구

安達正一,「神戸桟橋会社の成立過程と外国桟橋－五代友厚の事業を中心にして」,『国際関係研究(総合編)』20-2, 日本大学国際関係学部国際関係研究所, 1999.

有泉貞夫,『明治政治史の基礎過程－地方政治状況史論』, 吉川弘文館, 1980.

_______,『星亨』, 朝日新聞社, 1983.

飯塚一幸,「『対外硬』派・憲政本党基盤の変容－京都府丹後地域を事例に」, 山本四郎編,『近代日本の政党と官僚』, 東京創元社, 1991.

_______,「日露戦後の舞鶴鎮守府と舞鶴港」, 坂根嘉弘編,『軍港都市史研究(舞鶴編)』I, 清文堂出版, 2010.

五百旗頭薫,『条約改正史－法権回復への展望とナショナリズム』, 有斐閣, 2010.

石井孝,『増訂 港都横浜の誕生』, 有隣堂, 1976.

石塚裕道,「京浜工業地帯形成史序説－1910年代を中心に」,『研究紀要』51, 日本大学文理学部人文科学研究所, 1996.

伊藤隆,「『国是』と『国策』・『統制』・『計画』」, 中村隆英・尾高煌之助編,『日本経済史 6 二重構造』, 岩波書店, 1989.

伊藤之雄,『立憲国家と日露戦争－内政と外交 1889~1898』, 吉川弘文館, 1999.

_______,『大正デモクラシーと政党政治』, 山川出版社, 1987.

稲吉晃,「不平等条約の運用と港湾行政 (1)・(2)」『法学会雑誌』46-2・47-1, 首都大学東京法学会, 2006.

_____,「近代日本港湾史における『大港集中主義』と『小港分散主義』」,『土木史研究講演集』30, 土木学会土木史研究委員会, 2010.

内海孝,「横浜築港史論序説－産業資本確立期を中心に」,『郷土よこはま』88・89, 横浜市図書館郷土資料室, 1980.

_____,「産業資本確立期における神戸築港問題－横浜港との比較のなかから」,『郷土よこはま』91, 横浜市図書館郷土資料室, 1981.

_____,「日露戦後の港湾問題－「港湾政策」の成立過程」,『社会経済史学』47-6, 社会経済史学会, 1982.

遠藤芳信,「要塞地帯法の成立と治安体制－1899年要塞地帯法の成立過程を中心に (I)~(IV)」,『北海道教育大学紀要(人文科学・社会科学編)』 51-1~52-2, 北海道教育大学,

2000~2002.
老川慶喜,『明治期地方鉄道史研究』, 日本経済評論社, 1983.
_______,『近代日本の鉄道構想』, 日本経済評論社, 2008.
大豆生田稔,『近代日本の食糧政策』, ミネルヴァ書房, 1993.
大淀昇一,『技術官僚の政治参画』, 中央公論新社, 1997.
小川功,『企業破綻と金融破綻』, 九州大学出版会, 2002.
カウツ、エリッヒA, 山上徹訳,『海港立地論』, 時潮社, 1978.
香川正俊,「一五年戦争期における交通行政機構の一元化過程と内閣総理大臣の権限」, 片岡寛光編,『現代行政国家と政策過程』, 早稲田大学出版部, 1994.
_______,「太平洋戦争期における港湾行政の一元化過程」, 北見俊郎教授還暦記念事業会編,『港と経済・社会の変貌』, 時潮社, 1985.
_______,「港湾法制定における政治状況と政策決定過程」, 梅村勲編,『熊本学園創立50周年記念論集』, 熊本商科大学, 1992.
加瀬和俊,『戦前日本の失業対策－救済型公共土木事薬の史的分析』, 日本経済評論社, 1998.
加藤聖文,「吉会鉄道敷設問題－『満鮮一体化』の構図」,『日本植民地研究』9, 日本植民地研究会, 1997.
_______,『満鉄全史－「国策会社」の全貌』, 講談社, 2006.
神山恒雄,『明治経済政策史の研究』, 塙書房, 1995.
河西英通,『近代日本の地域思想』, 窓社, 1996.
_______,『続・東北』, 中央公論新社, 2007.
北原聡,「近代日本における交通インフラストラクチュアの形成－星亨と原敬」,『社会経済史学』63-1, 社会経済史学会, 1997.
北見俊郎,『港湾総論』, 成山堂書店, 1975.
黒澤良,『内務省の政治史－集権国家の変容』, 藤原書店, 2013.
小風秀雅,「明治前期における鉄道建設構想の展開」, 山本弘文編,『近代交通成立史の研究』, 法政大学出版局, 1994.
_______,『帝国主義下の日本海運－国際競争と対外自立』, 山川出版社, 1995.
小林瑞穂,「海軍水路部における創設者・柳楢悦の顕彰－1930年柳楢悦胸像除幕式を中心に」,『海事史研究』64, 日本海事史学会, 2007.

斉藤聖二,『日清戦争の軍事戦略』, 美蓉書房出版, 2003.
斎藤多喜夫,「幕末の開港港則」,『横浜開港資料館紀要』2, 横浜開港資料館, 2004.
斎藤伸義, 「自立経済と臨海工業地帯開発－東京都の港湾政策の検証から」, 栗田尚弥編, 『地域と占領－首都とその周辺』, 日本経済評論社, 2007.
酒田正敏,『近代日本における対外硬運動の研究』, 東京大学出版会, 1978.
佐藤元英・波多野澄雄,「解題 満洲事変前後の満鉄－刊行に寄せて」,『村上義一文書収録文書目録』, 2003.
沢本守幸,『公共投資一〇〇年のあゆみ－日本の経済発展とともに』, 大成出版社, 1981.
シヴェルブシュ・ヴォルフガング, 加藤二郎訳,『鉄道旅行の歴史－19世紀における空間と時間の工業化』, 法政大学出版局, 1982.
柴崎力栄,「海軍の広報を担当した肝付兼行」,『大阪工業大学紀要(人文社会篇)』55-2, 大阪工業大学, 2011.
紫田悦子,「戦後わが国における港湾研究」, 北見俊郎教授還暦記念事業会編,『港と経済・社会の変貌』, 時潮社, 1985.
島崎武雄・山下正貴,「三角西港の築港に関する研究」,『日本土木史研究発表会論文集』1, 公益社団法人土木学会, 1981.
下村富士男,『明治初年条約改正史の研究』, 吉川弘文館, 1962.
清水憲一, 「北九州工業地帯と工場用地·海面埋立－工場地帯形成と地域経済」, 後藤靖編, 『日本帝国主義の経済政策』, 柏書房, 1991.
________,「安川家の発展とその蓄積構造」『北九州市史 近代・現代 産業経済』I, 1991.
清水唯一朗,『近代日本の官僚－維新官僚から学歴エリートへ』, 中央公論新社, 2013.
陣内秀信,『東京の空間人類学』, 筑摩書房, 1985.
杉山伸也,「幕末・明治初期の石炭輸出と上海石炭市場」, 新保博・安場保吉編著,『数量経済史論集 2 近代移行期の日本経済』, 日本経済評論社, 1989.
鈴木勇一郎,「大正8年道路法成立試論」,『紀要』45, 青山学院大学文学部, 2003.
園田英弘,『西洋化の構造－黒船・武士・国家』, 思文閣出版, 1993.
________,『世界一周の誕生－グローバリズムの起源』, 文藝春秋, 2003.
高見玄一郎,『近代港湾の成立と発展』, 東洋経済新報社, 1962.
高村直助,「沖守固と原六郎」,『横浜開港資料館紀要』26, 横浜開港資料館, 2008.

滝口剛,「地方行政協議会と戦時業務(1)－東条・小磯内閣の内務行政」,『阪大法学』50-3, 大阪大学大学院法学研究科, 2000.
武知京三,「四日市港をめぐる海運の動向」, 山本弘文編,『近代交通成立史の研究』, 法政大学出版局, 1994.
田中良一,「蔵原推郭と市原盛宏－その人となりと業績」, 同志社大学人文科学研究所編,『熊本バンド研究－日本プロテスタンティズムの一源流と展開』, みすず書房, 1965.
谷口忠義,「港湾調査はなぜ一九〇六年に開始されたのか」『社会経済史学』73-5, 社会経済史学会, 2008.
谷澤毅,『佐世保とキール海軍の記憶－日独軍港都市小史』, 塙書房, 2013.
土川信男,「護憲三派内閣期の政治過程」,『年報・近代日本研究』6, 山川出版社, 1984.
_______,「政党内閣と商工官僚」,『年報・近代日本研究』8, 山川出版社, 1986.
寺谷武明,『日本築港史論序説』, 時潮社, 1972.
_______,『近代日本港湾史』, 時潮社, 1993.
鳥海靖,「鉄道敷設法制定過程における鉄道期成同盟会の圧力活動」,『歴史学研究報告』13, 東京大学教養学部歴史学研究室, 1967.
内藤正中,「境港の朝鮮貿易」,『北東アジア文化研究』15, 鳥取看護大学・鳥取短期大学北東アジア文化総合研究所, 2002.
中川未来, 「一九世紀日本の世界認識と地域構想－『東方策士』稲垣満次郎の対外論形成と地域社会への展開」,『史林』97-2, 史学研究会, 2014.
長妻廣至,『補助金の社会史－近代日本における成立過程』, 人文書院, 2001.
中西道子,「横浜築港と下関砲撃事件賠償金」, 横浜開港資料館・横浜居留地研究会編,『横浜居留地と異文化交流－一九世紀後半の国際都市を読む』, 山川出版社, 1996.
中村尚史,『日本鉄道業の形成－1869~1894年』, 日本経済評論社, 1998.
_______,『地方からの産業革命－日本における企業勃興の原動力』, 名古屋大学出版会, 2010.
中村政則・石井寛治,「明治前期に於ける資本主義体制の構想」, 加藤周一他編,『日本近代思想体系 8 経済構想』, 岩波書店, 1988.
中元崇智,「栗原亮一と自由党『土佐派』の『通商国家構想』」,『日本史研究』516, 日本史研究会, 2005.
ナジタ・テツオ, 佐藤誠三郎監修・安田志郎訳,『原敬一政治技術の巨匠』, 読売新聞社, 1974.

成澤光,「原内閣と第一次世界大戦後の国内状況 (1)－日本政党政治史(大正七年~昭和七年)研究序説」,『法学志林』66-2, 法政大学法学志林協会, 1968.
橋川文三,「革新官僚」, 神島二郎編,『現代日本思想体系10 権力の思想』, 筑摩書房, 1965.
畠中茂朗,「明治期の関門地域における港湾整備－門司築港会社の事例を中心として」,『地域文化研究』15, 梅光女学院大学地域文化研究所, 2000.
服部敬,『近代地方政治と水利土木』, 思文閣出版, 1995.
原輝之,『北海道の近代と日露関係』, 札幌大学経済学部附属地域経済研究所, 2007.
原田敬一,『日本近代都市史研究』, 思文閣出版, 1997.
原田隆司,「戦時下日本の行政構想－昭和十年代の『交通省』構想をめぐって」, 戦時下日本社会研究会編,『戦時下の日本』, 行路社, 1992.
坂野潤治,『明治憲法体制の確立－富国強兵と民力休養』, 東京大学出版会, 1971.
樋口次郎,『祖父パーマー－横浜・近代水道の創設者』, 有隣堂, 1998.
日比野利信,「解題1 安川敬一郎と安川敬一郎日記」,『安川敬一郎日記』1, 北九州市立自然史・歴史博物館, 2007.
広瀬玲子,『国粋主義者の国家認識と国家構想』, 芙蓉書房出版, 2004.
深沢克己,『海港と文明－近世フランスの港町』, 山川出版社, 2002.
伏見岳人,『近代日本の予算政治1900~1914－桂太郎の政治指導政党内閣の確立過程』, 東京大学出版会, 2013.
藤森照信,『明治の東京計画』, 岩波書店, 1982.
古厩忠夫,『裏日本－近代日本を問いなおす』, 岩波書店, 1997.
星野裕司・北河大次郎,「三角築港の計画と整備」,『土木史研究講演集』23, 公益社団法人土木学会, 2004.
マートン・ロバート・K, 森東吾ほか訳,『社会理論と社会構造』, みすず書房, 1961.
増田廣實,「明治前期における全国的運輸機構の再編－内航海運から鉄道へ」, 山本弘文編,『近代交通成立史の研究』, 法政大学出版局, 1994.
升味準之輔,『日本政党史論』2, 東京大学出版会, 1975.
松浦茂樹,『明治の国土開発史－近代土木技術の礎』, 鹿島出版会, 1992.
________,『戦前の国土整備政策』, 日本経済評論社, 2000.
松沢裕作,『明治地方自治体制の起源－近世社会の危機と制度変容』, 東京大学出版会, 2009.

松下孝昭,『近代日本の鉄道政策－1890~1922年』, 日本経済評論社, 2004.
_______,『鉄道建設と地域政治』, 日本経済評論社, 2005.
_______,「軍事拠点と鉄道ネットワーク」, 坂根嘉弘編,『軍港都市史研究(舞鶴編)』I, 清文堂出版, 2010.
三木理文,『地域交通体系と局地鉄道－その史的展開』, 日本経済評論社, 2000.
御厨貴,『政策の総合と権力－日本政治の戦前と戦後』, 東京大学出版会, 1996.
_____,『明治国家をつくる』, 藤原書店, 2007.[『메이지 국가 형성과 지방 경영(明治国家形成と地方経営)』(東京大学出版会, 1980)과『수도계획의 정치－형성기 메이지국가의 실상(首都計画の政治－形成期明治国家の実像)』(山川出版社, 1983)의 합본 재판]
水谷三公,『英国貴族と近代－持続する統治1640~1880』, 東京大学出版会, 1987.
_______,『官僚の風貌(日本の近代13)』, 中央公論新社, 1999.
三谷太一郎,『日本政党政治の形成－原敬の政治指導の展開』, 東京大学出版会, 1967.(増補版, 1995)
宮本又郎,「大阪紡績の製品・市場戦略－大阪紡績経営史への断章」,『大阪大学経済学』35-1, 大阪大学大学院経済学研究科, 1985.
村山俊男,「内務省の河川政策の展開－1885~1896」『ヒストリア』199, 大阪歴史学会, 2006.
_______,「土木会に関する基礎的研究」,『神戸大学史学年報』21, 神戸大学史学研究会, 2006.
森田朋子,『開国と治外法権－領事裁判制度の運用とマリア・ルス号事件』, 吉川弘文館, 2005.
安井杏子,「旧条約下の不開港場と対外貿易」,『駒沢史学』75, 駒沢史学会, 2010.
安岡昭男,「東邦協会についての基礎的研究」,『法政大学文学部紀要』22, 法政大学文学部, 1976.
山崎有恒,「内務省の河川政策」, 高村直助編,『道と川の近代』, 山川出版社, 1996.
_______,「日本近代化手法をめぐる相克－内務省と工部省」, 鈴木淳編,『工部省とその時代』, 山川出版社, 2002.
_______,「明治末期の治水問題－臨時治水調査会を中心に」, 桜井良樹編,『地域政治と近代日本』, 日本経済評論社, 1998.
山村義照,「鎮守府設置と海軍制度改革問題」,『史友』25, 青山学院大学史学会, 1993.

山本泰督,「民間資本による神戸港の港湾設備建設－明治期における神戸港修築にかんする一考察」,『経済経営研究年報』20-1・2, 神戸大学経済経営研究所, 1970.

山森友嗣,「小浜港湾修築運動」,『福井県立美方高等学校研究集録』18, 1994.

芳井研一,『環日本海地域社会の変容－「満豪」・「間島」と「裏日本」』, 青木書店, 2000.

吉田律人,「丹羽鋤彦と帝都復興 ①－東京市河港課『震火災の一周年を迎かひて』」,『横浜市史資料室紀要』1, 横浜市史資料室, 2011.

歴史学研究会編,『港町と海域世界』(港町の世界史シリーズ ①), 青木書店, 2005.

____________,『港町のトポグラフィ』(港町の世界史シリーズ ②), 青木書店, 2006.

____________,『港町に生きる』(港町の世界史シリーズ ③), 青木書店, 2006.

ロルト・L・T・C, 高島平吾訳,『ヴィクトリアン・エンジニアリング－土木と機械の時代』, 鹿島出版会, 1989.

和田洋,「初期議会と鉄道問題」,『史学雑誌』84-10, 山川出版社, 1975.

저자 후기

도시 공간 및 사회 인프라와 정치의 관계가 막연하게 흥미롭다고 생각했던 저자가 요코하마横濱 축항 문제에 관심을 가지기 시작한 것은 2003년 여름이었다. 그러니깐 이 책의 완성까지 11년이 걸린 셈이다. 11년이라는 세월은 일반적으로는 스스로의 나태함을 자책하고 반성해야 마땅한 시간이지만 다시 한번 지금까지의 과정을 돌이켜 보면 천학비재淺學菲才한 저자가 우여곡절 속 한 권의 책을 써내기에는 역시나 이 정도의 시간은 필요했다고 생각한다.

기존 연구가 풍부하게 축적되어 있는 도시 계획이나 철도 건설과 달리 축항에 관해서는 정리된 실증 연구가 거의 없다는 사실이 처음에는 그저 단순하게 기뻤다. 그러나 정리된 연구가 없는 데는 당연하지만 그럴만한 이유가 있는 것이고 이 사실 때문에 저자는 바로 고민에 빠졌다. 정리된 연구가 없는 가장 큰 이유는 근대 일본의 해항 행정에는 '주역'이 없었기 때문이다. 섬나라인 일본에는 많은 해항이 있고 축항을 실현시킨 지역의 영웅에게 경의를 표하는 항구 도시(마을)港町은 적지 않다. 그러나 축항이라 해도 상항商港·공업항·어항·군항과 같이 다양한 역할이 요구되기 때문에 목적이나 실현 방법상 공통점은 거의 없다. 따라서 특정 축항에 대해 살펴보는 것은 비교적 쉽지만 이들을 서로 관련지어 하나의 이야기로 만들고자 하면 일관된 주체가 없다는 난제에 직면하게 되는 것이다.

해항에는 다양한 행위자가 관여하기 때문에 '주역'이 존재하지 않는다. 그러나 그렇기 때문에 '정치'가 역동적으로 전개된다는 사실을 알았을 때 이 책의 틀이 잡혔다. 제도가 일단 정해지면 정책이나 권한을 둘러싼 다툼은 제도 운용 문제에 지나지 않게 된다. 하지만 해항 행정은 제도가 쉽사리 정해지지 않았기 때문에 제도를 만들기 위한 시도가 반복되었던 것이다. 어디까지나 제도를 만들기 위한 시도였기 때문에 주역은 그때그때 정치 상황에 따라 바뀐다. 게다가 해항은 교통 인프라의 핵이었기 때문에 배후 교통망 구상과 연관해서 설계할 필요가 있었으며 이와 더불어 해항이 소재하는 도시의 자발성을 어디까지 인정할 것인가라는 지방 통치의 문제도 얽혀있었다. 이 책에서는 근대 일본에서 통치와 관련된 다양한 요소가 집약하는 '장場'으로서 해항을 그려내고자 했다. 그 목표에 한참 미치지 못한 이 책에 대한 비판이 지금까지 등한시되어 온 해항사 연구를 활성화시킬 수 있다면 저자로서는 더할 나위 없이 기쁠 것이다.

이 책은 2009년 9월 수도대학도쿄首都大學東京 사회과학연구과에서 정치학 박사 학위를 받은 박사 논문을 가필·수정한 것이다. 그리고 당연하지만 이 책을 완성하기까지 많은 분들과의 만남이 반드시 필요했다. 신세를 진 모든 분들의 성함을 여기에서 거론할 수 없어 아쉽지만 특히 아래의 분들께 감사의 마음을 전하고 싶다.

이오키베 가오루五百旗頭薰 선생님께서는 대학원 입학 이후 계속 지도해주셨다. 이해력과 표현력이 부족한 저자는 말 그대로 불초不肖 제자였지만 선생님은 인내심을 가지고 가르쳐주셨다. 선생님 스스로 실천하고 계셨던 자세, 즉, 꼼꼼이 사료를 읽으면서도 한편으로 작은 부분에 구애받지 않고 언제나 전체를 보는 자세를 저자도 이 책에 반영하고자 노력했으며 앞으로도 계속 그러한 자세를 지키고 싶다.

천자오빈陳肇斌 선생님께서는 논문 심사의 심사위원장을 맡아주셨다. 박사 논문을 집필하는 단계에 들어서서도 문제 의식을 명확하게 표현하지 못해 선생님께 걱정을 끼쳤다. 선생님이 던지신 심플한, 그렇기 때문에 본질을 찌르는 질문은 이 책 전체를 재구성하는데 반드시 필요한 것이었다.

오스기 사토루大杉覺께서는 논문 심사의 심사위원을 해주셨다. 석사과정 때부터 선생님께서는 저자의 연구에 관심을 가져주셨고 석사논문 심사도 해주셨다. 또한 수도대학도쿄 행정학연구회에서 발표할 기회를 주시는 등 선생님의 따뜻한 지도가 대학원에서 연구 활동을 이어나가는데 큰 버팀목이 되었다. 이 책이 선생님의 기대에 부응하는 것이기를 바란다.

이 책이 미쿠리야 다카시御廚貴 선생님의 연구에서 많은 영향을 받았다는 것은 금방 알 수 있는 사실이다. 2004년 겨울 처음으로 만나 뵌 이후 선생님께는 기회가 되는대로 연구에 대해 여쭈었고 미쿠리야주쿠御廚熟 연구회에서 발표하기도 했다. 선생님께서 귀중한 의견을 많이 주셨는데 저자의 능력이 부족하여 그것을 모두 반영하지는 못했다. 앞으로의 과제로 삼고자 한다.

고미야 가즈오小宮一夫 선생님께서는 박사논문과 이 책 집필 최종 단계에서 두 번 원고를 읽어 주셨다. 해항사 연구에 빠져버려 일본 근대사 공부가 부족한 저자가 범한 초보적인 오류를 많이 지적해 주셨으며 한편으로 저자에게 용기를 북돋아 주셨다.

앞에서 언급한 두 연구회 외에도 일본정치학회日本政治學會와 이 학회의 전전전후·비교정치사포럼戰前戰後·比較政治史フォーラム, 토목학회土木學會 토목사연구발표회土木史硏究發表會, 내무성연구회內務省硏究會에서도 이 책의 구상을 발

표할 기회를 얻었고 귀중한 의견도 받았다. 발표 기회를 주신 관계자 선생님들, 참가자분들에게 깊은 감사의 마음을 전한다.

도쿄도립대학東京都立大學 대학원현 수도대학도쿄 대학원에서 연구를 시작할 수 있었던 것은 행운이었다. 이 책과 관련하여 말하자면 '정치'와 '행정'을 분리하는 것이 아니라 하나로 생각하고 이를 지탱하는 '언어'를 중시하는 시각을 가질 수 있었던 점을 들 수 있다. 이러한 시각이 없었으면 이 책은 완성하지 못했을 것이다. 전통 있는 정치학 종합 세미나 수업에서 다양한 전문 분야의 선생님께서 주신 의견의 작은 결과물이 이 책이다. 그리고 선배님들, 동기 그 중에서도 구로사와 료黑澤良 · 무라이 데쓰야村井哲也 · 무라카미 히로아키村上浩昭 · 나가타 도모나리永田智成씨에게 받은 조언과 자극도 도움이 되었다. 마지막으로 도쿄도립대학 법학계 도서실은 고 마스미 준노스케升味準之輔를 비롯하여 재임하셨던 선생님들이 남기신 내정사 연구 관련 귀중한 사료를 소장하는데 이러한 사료를 일상적으로 접하면서 저자가 얻은 바는 이루어 말할 수 없다. 시미즈 다카후미淸水隆史 사서님과 사료의 유지 관리에 힘쓰고 계신 모든 분께 감사드린다.

저자는 2010년 10월부터 니가타대학新潟大學 법학부에서 근무하고 있다. 이 학부는 규모는 작지만 내실 있는 학문 공동체로 니가타대학 행정사연구회行政史硏究會에서 나눈 논의는 가필 · 수정 작업을 진행하는데 많은 도움이 되었다. 특히 효도 모리오兵藤守男 · 바바 다케시馬場健 두 분께 이 자리를 빌려 감사의 마음을 전하고 싶다.

이 책은 2011년 일본항만협회 항만 관련 연구 장려조성금과 2013~2015년도 과학연구비 보조금신진연구B 연구과제번호 25780090에 의한 연구 성과 중 일부이며 2014년도 과학연구비 보조금연구 성과 공개 촉진비의 지원을 받아 출판한 것이다. 책을 출판하는데 있어 나고야대학출판회名古屋大學出版會의 미키 신고三木信吾씨에게 신세를 졌다. 주로 1920년대까지의 상황을 분석했던 박사논문에 전시기戰時期를 추가하면 어떻겠냐고 제안한 것은 미키씨였다. 그리고 그렇게 내용을 추가함으로 인해 이 책이 의도하는 바가 보다 명료해졌다고 생각한다.

마지막으로 연구자의 길을 걷는 것을 이해하고 지원해 주신 아버지와 어머니께도 감사드린다. 스스로의 근황이나 감정 상태를 전하는 습관이 없는 저자 때문에 많이 불안하고 불만이 있으셨으리라 생각한다. 이 책은 무엇보다 두 분의 애정에 기대어 완성된 것이다. 그리고 이 책의 연구 기간 대부분을 함께 보낸 아내는 저자의 그러한 안 좋은 버릇을 일깨워주는 존재이다. 저자와 달리 희노애락을 잘 표현하는 아내는 이 책의 출판을 저자보다 더 기뻐해주었다. 이 책의 출판을 아내와 함께 할 수 있어서 진심으로 기쁘다.

2014년 9월

이나요시 아키라

역자 후기

『해항의 정치사—메이지에서 전후로』이하, 『해항의 정치사』와의 만남은 오로지 스스로의 공부를 위함이었다. 2018년 여름, 부경대학교 인문사회과학연구소에 몸담으면서 나에게는 해역인문학이라는 아젠다가 주어졌다. 아주 거칠게 정의하자면 해역인문학은 '해역海域'이라는 바다와 관련된 인간 활동의 범위에 주목하여 다양한 인문 현상을 살펴보는 학제적 학문이다. 매력적인 어젠다이기는 하지만 바다라고는 일상에서 벗어나 힐링을 할 수 있는 곳 정도로만 생각해 왔던 나에게 그것을 연구 대상으로 삼는다는 것은 말 그대로 하나부터 열까지 공부의 연속임을 의미했다(물론, 이는 현재 진행형이다).

특히 그 중에서도 가장 많은 공부가 필요했던 것이 해항海港, 항만과 관련된 부분이었다. 해역을 가로지르는 사람·문화·지식의 이동에 관한 연구를 진행하면서 해항의 존재가 매우 중요하다는 사실을 새삼 알게 되었다. 해역 인문네트워크란 결국 해항이라는 점과 점을 잇는 형태로 나타나며 그것의 발자취와 성격을 반영하기 때문이다. 그리고 조금 더 구체적으로 동북아해역에 초점을 맞춰 보니 근현대에 걸쳐 이 지역에서 해항의 형성과 전개의 중심에는 언제나 일본이 있었다는 점도 보이기 시작했다. 그렇다면 일본 해항의 역사 자체에 대하여 공부를 해 봐야겠다. 그러한 생각으로 손에 쥔 책이 바로 『해항의 정치사』였다.

『해항의 정치사』는 일본 니가타대학新潟大學 이나요시 아키라稻吉晃 선생님이 박사학위 논문을 가필·수정한 것이다. 일본은 섬나라이고 많은 해항이 있지만, 특히 근대 이후 이 해항들이 어떻게 구상되고 만들어졌는지에 대해서는 의외로 단편적인 연구만 존재해 왔다. 이는 저자가 후기에서 밝히듯이 근대 일본에 있어 해항 건설을 일관되게 주도하고 이끈 국가적 차원의 '주역'이 없었다는 사실과도 관련이 있는데, 그 결과 해항은 철도나 도시, 또는 토목사 연구의 일환으로만 다뤄져 왔다. 이 책은 이와 같은 기존 연구의 공백을 메우고 왜 해항 건설에는 국가적 차원의 '주역'이 없었는지, 그리고 그러한 '주역'이 없는 가운데 어떻게 실현에 이르게 되었는지를 분석함으로써 근대 이후 일본의 해항사를 종합적으로 집약하고자 한 성과물이다.

개인적인 공부를 위해 읽기 시작한 『해항의 정치사』를 번역해서 국내에 소개해야겠다고 마음먹은 것은 국가와 지역의 역동dynamism에 주목하여 근대 일본의 해항사를 정리하고자 한 이 책의 입체적인 시각 때문이다. 이러한 시각이 '지역의 대학'에 몸담고 있는 사람으로서 흥미로웠고, 많이 알릴 수 있다면 좋겠다는 생각이 들었다. 저자가 지적하듯이 19세기 후반부터 20세기 중반에 걸쳐 일본에서 해항을 정비하는데 가장 어려웠던 점은 그것을 지역 이익으로 성립시키는 일이었다. 철도나 도로처럼 지역 주민에게 즉각적인 편익을 주는 사업은 일시적인 갈등은 있어도 지역 사회에서 이익으로 공유되기 쉽다. 그리고 그 결과 국가적 차원에서 추진 주체를 결정하고 전개하는 과정 또한 비교적 원활했다. 하지만 해항 건설은 지역 주민이 그것의 효과를 실감하기 어려운 경우가 대부분이다. 그렇기 때문에 해항 건설을 지역 이익으로 만드는 과정 자체가 매우 정치적이고, 지역 이익이 어떻게 만들어지냐에 따라 국가적 차원의 추진 주체 및 과정도 바뀌었다.

저자는 다양한 1차 자료를 분석하여 이렇게 국가적 차원의 정해진 '주역' 없는 해항 건설 과정에서 가장 중요한 역할을 한 것은 국가와 지역의 경계에 위치한 세계시민형cosmopolitan 행위자였음을 밝혔다. 지방 관료 · 기업인 ·

의회 정치인과 같은 세계시민형 행위자는 지역 사회에 존재하지만 지역 사회 외부에도 관심을 지니는 자들로 중앙과의 적극적인 관계 형성을 바탕으로 해항 건설을 지역 이익으로 만들어내고 추진한다. 『해항의 정치사』에서는 근대 일본에서 추진된 여러 축항 사례 속 세계시민형 행위자의 활동과 그 결과를 상세하게 그려낸다. 그것은 '지역을 품고' 해항을 바라봄과 동시에 국내외 정치 · 경제 · 사회 상황에 대한 기민한 인식을 바탕으로 국가 이익과 연계시킨다는 측면에서 매우 역동적인 것이었다.

이 책은 기본적으로 일본 정치사 연구의 하나로 근대 일본 정치의 중요한 특징 중 하나인 중앙과 지방의 이익 교환 과정을 해항을 통해 다시 보는 작업이다. 하지만 세계시민형 행위자를 중심으로 지역과 국가의 역동 속에서 해항이 전개하는 과정에 주목하는 시각은 비단 근대 일본이라는 시공간에만 국한되지 않을 것이다. 조선이나 타이완臺灣과 같은 제국 일본의 식민지에서의 해항사를 다시 한번 살펴볼 수도 있을 것이고, 현대의 항만 (재)개발에도 이와 같은 시각을 적용하는 것이 가능할 것이다. 『해항의 정치사』는 해항은 어디까지나 매우 다양한 정치 요소들의 집합체로서 이해되어야 하며, 이를 위해서는 관련된 방대한 자료를 실증적으로 분석하는 작업이 얼마나 설득력이 있고 중요한지를 보여준다. 부족한 점이 많은 번역이지만 저자의 문제의식과 의도가 오류 없이 전해지기를 바라며 이 책이 국내의 해항, 나아가 해역인문학 연구에 있어 새로운 학문적 자극과 마중물이 되었으면 한다.

2023년 9월

최민경

찾아보기

ㄷ

ㄹ